S0-CAJ-227

ITALIA

1: 300 000 - 1 cm = 3 km

ATLANTE STRADALE e TURISTICO
ATLAS ROUTIER et TOURISTIQUE
TOURIST and MOTORING ATLAS
STRASSEN- und REISEATLAS
TOERISTISCHE WEGENATLAS
ATLAS DE CARRETERAS y TURÍSTICO

MICHELIN

B

Sommario / Sommaire / Contents
Inhaltsübersicht / Inhoud / Sumario

Copertina interna: Quadro d'insieme
Intérieur de couverture : Tableau d'assemblage
Inside front cover: Key to map pages
Umschlaginnenseite: Übersicht
Binnenzijde van het omslag: Overzichtskaart
Portada interior: Mapa índice

D - G

Grandi itinerari
Grands axes routiers
Main road map
Durchgangsstraßen
Grote verbindingswegen
Información general

H - I

Distanze
Tableau des distances
Distances
Entfernungenstabelle
Afstandstabel
Distancias

J - K

Tempi di percorrenza
Tableau des temps de parcours
Driving times chart
Fahrzeiten
Reistijdentabel
Tiempo de recorrido

L - Q

Legenda
Légende
Key
Zeichenerklärung
Verklaring van de tekens
Signos convencionales

C

2 - 91

Italia
Italie
Italy
Italien
Italië
Italia

92 - 107

Sicilia
Sicile
Sicily
Sizilien
Sicilië
Sicilia

108 - 121

Sardegna
Sardaigne
Sardinia
Sardinien
Sardinië
Cerdeña

122 -186

Indice completo
Index
Register
Índice

Piante di città / Plans de ville / Town plans

Stadtpläne / Stadsplattegronden / Planos de ciudades

123	Agrigento	139	Ferrara	157	Padova
123	Alessandria	139	Firenze	157	Palermo
124	Ancona		(pianta d'insieme)		(pianta d'insieme)
124	Aosta	140	Firenze	158	Palermo
125	Arezzo	141	Forlì	159	Parma
125	Ascoli Piceno	142	Genova	159	Pavia
126	Assisi		(pianta d'insieme)	160	Perugia
127	Bari	143	Genova	160	Pesaro
127	Bergamo	145	La Spezia	161	Pescara
128	Bologna	145	L'Aquila	160	Piacenza
	(pianta d'insieme)	146	Lecce	161	Pisa
129	Bologna	146	Livorno	163	Prato
130	Bolzano	147	Lucca	164	Ravenna
130	Brescia	148	Mantova	164	Reggio di Calabria
131	Brindisi	149	Messina	165	Reggio nell'Emilia
131	Cagliari	150	Milano	166	Rimini
134	Catania		(pianta d'insieme)	167	Roma
136	Como	151	Milano		(pianta d'insieme)
136	Cortina d'Ampezzo	152	Modena	168	Roma
137	Cosenza	154	Napoli	169	Salerno
137	Courmayer		(pianta d'insieme)	169	San Gimignano
137	Cremona	155	Napoli	170	San Marino
138	Cuneo	156	Novara	171	San Remo

172	Sassari
173	Siena
174	Siracusa
175	Sorrento
175	Spoleto
176	Stresa
176	Taormina
177	Taranto
178	Torino
	(pianta d'insieme)
179	Torino
180	Trento
180	Treviso
181	Trieste
182	Udine
182	Urbino
182	Varese
183	Venezia
184	Verona
185	Vicenza
186	Viterbo

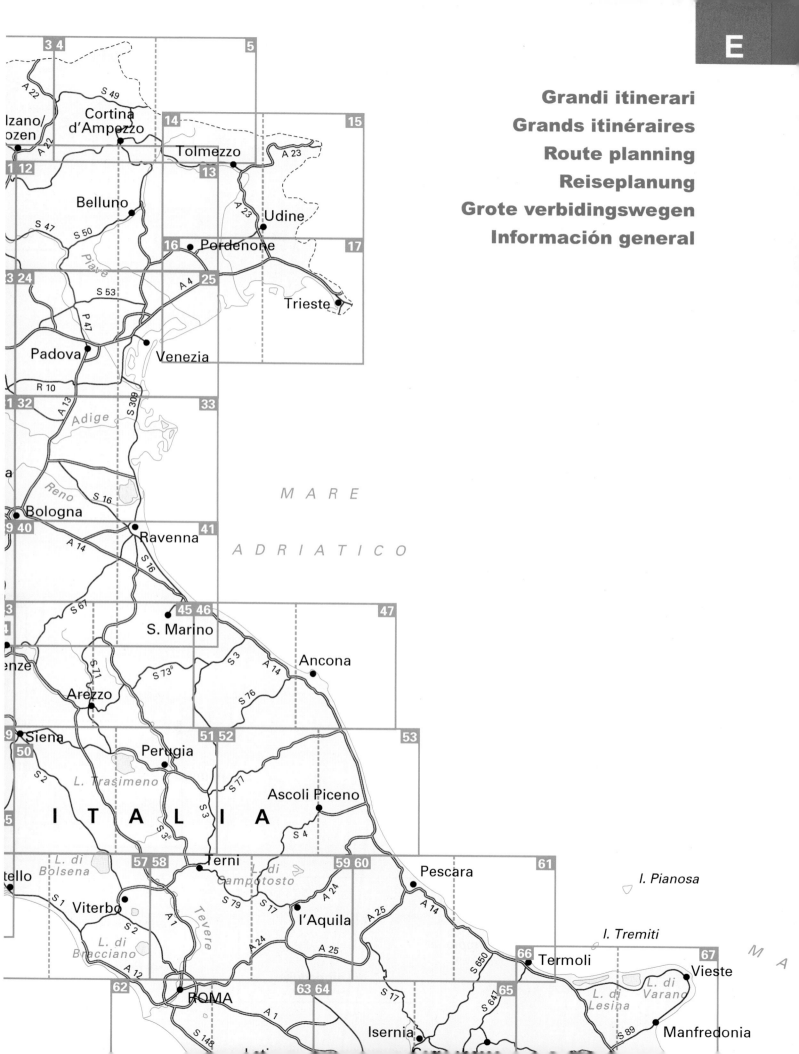

E

Grandi itinerari
Grands itinéraires
Route planning
Reiseplanung
Grote verbidingswegen
Información general

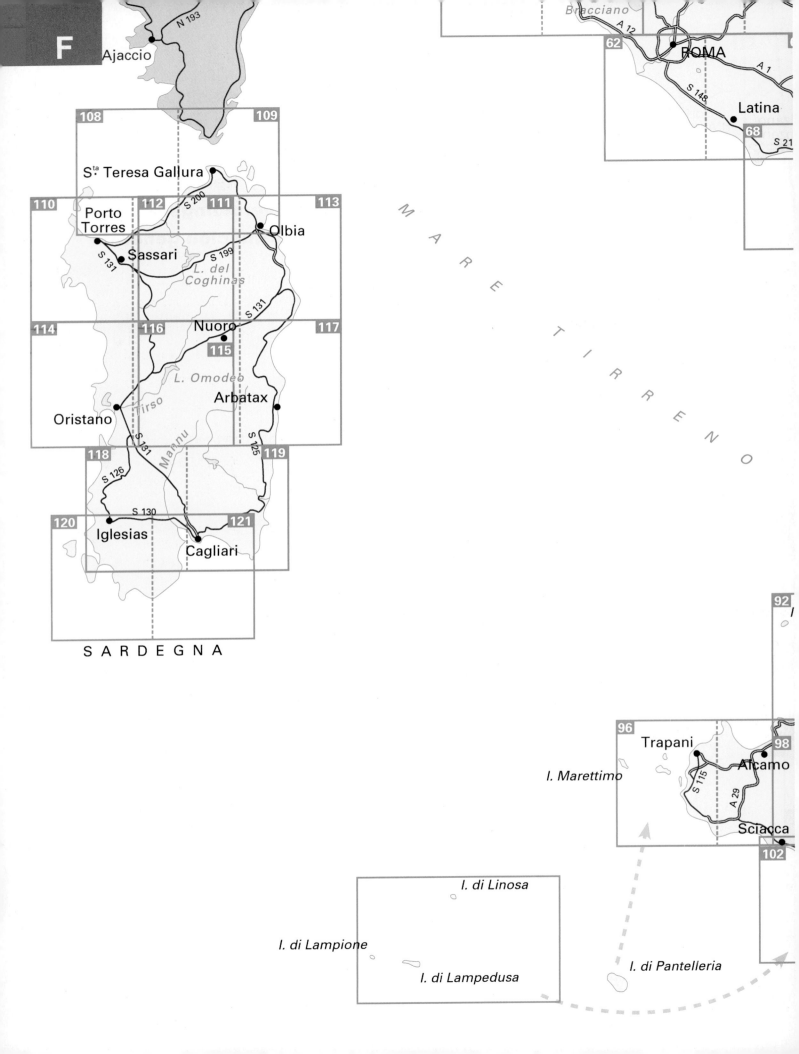

MARE ADRIATICO

66 Termoli
67 Vieste
63 64
S 650
S 17
Isernia
65
S 647
Campobasso
Manfredonia
S 89
L. di Varano
L. di Lesina
S 17
69 70
Foggia
71 72
73
Bari
A 1
S 655
A 16
A 14
Volturno
Benevento
S 96
80
81
Altamura
S 169
Brindisi
A 16
A 14
S 16
Napoli
Potenza
75
A 3
77
Matera
79
Lecce
I. d'Ischia
S 407
78
Manduria
Taranto
74
76
Ferrandina
82
83
I. di Capri
Agropoli
S 18
A 3
Lagonegro
S 106
S 7
Gallipoli
S 101
S 16
S 275
S 274
84
85
S 534
86
87
Cirò Marina
S 116
Crati
S 106
Cosenza
S 107
A 3
Crotone
S 106
88
89
S 280
93 94
95
. di Ustica
Vibo Valentia
MARE IONIO
Messina
91
Capo d'Orlando
A 3
S 106
Siderno
Palermo
90
Reggio di Calabria
99 100
A 20
101
97
Cefalù
A 18
A 19
A 20
S 121
S 189
Simeto
Adrano
Caltanissetta
A 19
103 104
Catania
105
S 640
S 115
S 417
S 194
SICILIA
Agrigento
106
S 121
107
A 18
Siracusa

Distanze

Le distanze sono calcolate a partire dal centro delle città e seguendo la strada che, pur non essendo necessariamente la più breve, offre le migliori condizioni di viaggio

Distances

Les distances sont comptées à partir du centre-ville et par la route la plus pratique, c'est à dire celle qui offre les meilleures conditions de roulage, mais qui n'est pas nécessairement la plus courte.

Distances

Distances are shown in kilometres and are calculated from town/city centres along the most practicable roads, although not necessarily taking the shortest route.

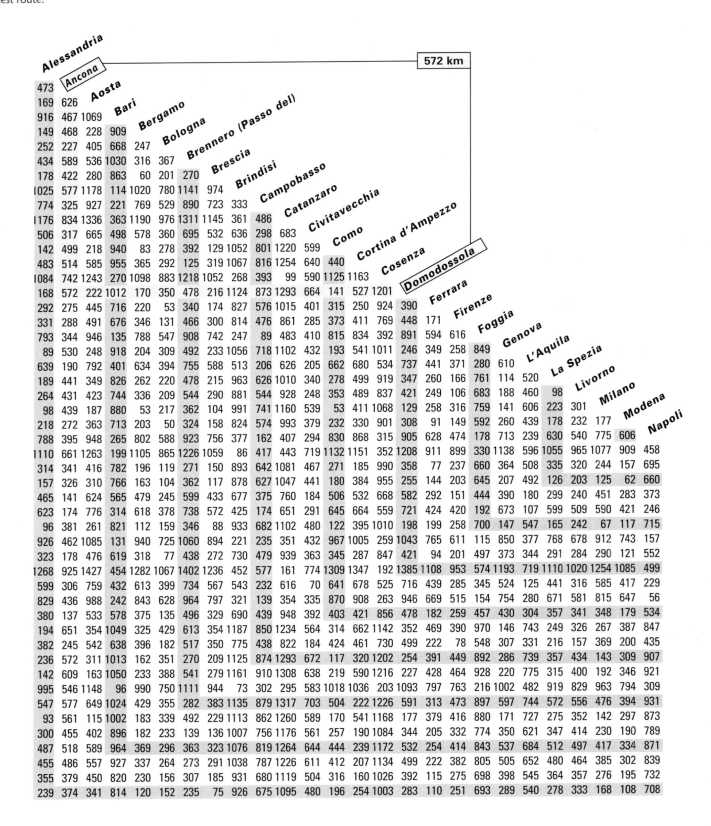

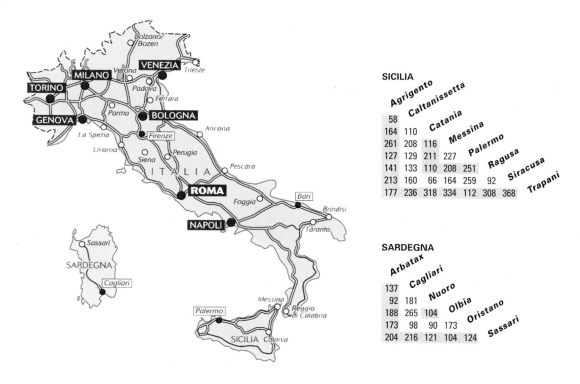

SICILIA

Agrigento							
58	Caltanissetta						
164	110	Catania					
261	208	116	Messina				
127	129	211	227	Palermo			
141	133	110	208	251	Ragusa		
213	160	66	164	259	92	Siracusa	
177	236	318	334	112	308	368	Trapani

SARDEGNA

Arbatax					
137	Cagliari				
92	181	Nuoro			
188	265	104	Olbia		
173	98	90	173	Oristano	
204	216	121	104	124	Sassari

Entfernungen

Die Entfernungen gelten ab Stadtmitte unter Berücksichtigung der günstigsten, jedoch nicht immer kürzesten Strecke.

Afstandstabel

De afstanden zijn berekend van centrum tot centrum langs de meest geschickte, maar niet noodzakelijkerwijze kortste route.

Distancias

El kilometraje está calculado desde el centro de la ciudad y por la carretera más práctica para el automovilista, que no tiene porqué ser la más corta.

Otranto																					
980	Padova																				
964	212	Parma																			
763	360	336	Perugia																		
512	492	475	273	Pescara																	
1019	226	66	393	530	Piacenza																
306	833	797	509	310	851	Potenza															
817	192	175	185	328	229	656	Ravenna														
537	1175	1139	852	725	1193	445	1032	Reggio di Calabria													
630	507	471	183	211	525	367	364	708	Roma												
406	737	701	413	286	755	105	593	447	269	Salerno											
776	250	233	214	287	287	616	85	1040	392	576	San Marino										
1273	492	336	525	801	274	985	500	1326	657	889	558	San Remo									
861	290	254	109	378	308	573	253	914	245	477	273	440	Siena								
1211	350	258	584	722	200	1044	422	1386	717	949	480	413	501	Sondrio							
1248	420	294	599	759	232	1059	458	1400	731	963	516	281	515	316	Susa						
158	865	848	646	395	902	155	700	387	512	258	659	1135	719	1094	1131	Taranto					
1222	248	447	588	727	456	1068	350	1410	741	973	485	723	525	583	655	1105	Tarvisio				
1200	371	246	550	711	184	1010	410	1352	683	915	468	233	467	266	66	1083	604	Torino			
1093	182	230	467	605	209	927	304	1268	600	831	362	477	383	164	408	977	348	357	Trento		
1162	189	388	528	668	396	1015	290	1356	682	914	425	664	465	524	596	1046	167	545	355	Trieste	
1125	157	356	496	636	364	977	258	1318	650	881	393	632	433	492	563	1008	99	513	323	75	Udine
1017	49	249	389	529	257	870	148	1211	544	774	286	525	326	385	456	901	224	406	215	164	133	Venezia
1012	84	148	386	523	148	846	223	1187	518	750	281	415	302	275	347	896	317	296	101	258	227	118	Verona

Tempi di percorrenza

Il tempo di percorrenza tra due località è riportato all'incrocio della fascia orizzontale con quella verticale.

Temps de parcours

Le temps de parcours entre deux localités est indiqué à l'intersection des bandes horizontales et verticales.

Driving times

The driving time between two towns is given at the intersection of horizontal and vertical bands.

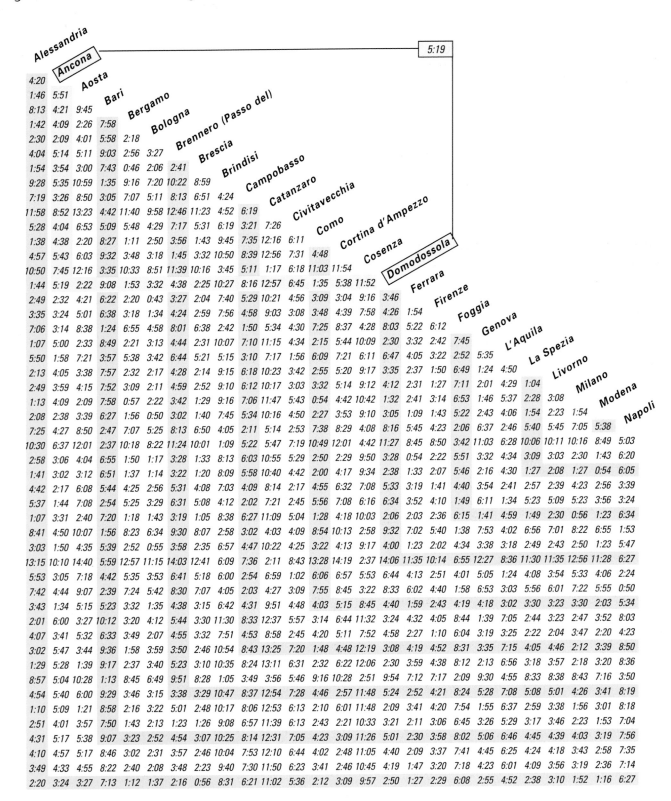

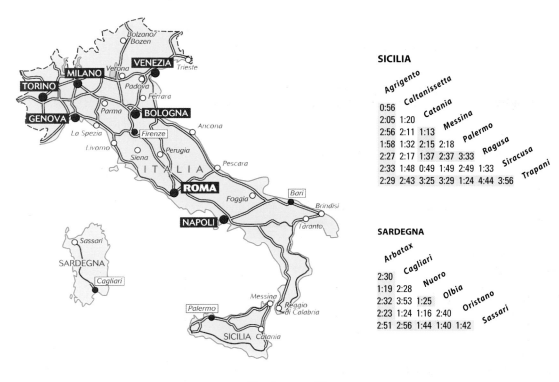

SICILIA

Agrigento
Caltanissetta
0:56	Catania
2:05	1:20	Messina
2:56	2:11	1:13	Palermo
1:58	1:32	2:15	2:18	Ragusa
2:27	2:17	1:37	2:37	3:33	Siracusa
2:33	1:48	0:49	1:49	2:49	1:33	Trapani
2:29	2:43	3:25	3:29	1:24	4:44	3:56

SARDEGNA

Arbatax
2:30	Cagliari
1:19	2:28	Nuoro
2:32	3:53	1:25	Olbia
2:23	1:24	1:16	2:40	Oristano
2:51	2:56	1:44	1:40	1:42	Sassari

Fahrzeiten

Die Fahrzeit in zwischen zwei Städten ist an dem Schnittpunkt der waagerechten und der senkrechten Spalten in der Tabelle abzulesen.

Reistijdentabel

De reistijd tussen twee steden vindt u op het snijpunt van de horizontale en verticale stroken.

Tiempos de recorrido

El tiempo de recorrido entre dos poblaciones resulta indicada en el cruce de la franja horizontal con aquella vertical.

Otranto
Padova
Parma
Perugia
Pescara
Piacenza
Potenza
Ravenna
Reggio di Calabria
Roma
Salerno
San Marino
San Remo
Siena
Sondrio
Susa
Taranto
Tarvisio
Torino
Trento
Trieste
Udine
Venezia
Verona

9:19																							
9:14	2:08																						
8:08	3:54	3:19																					
5:18	4:27	4:19	3:16																				
9:44	2:11	0:54	3:51	4:45																			
4:01	7:36	7:18	4:57	3:24	7:44																		
8:03	2:08	1:46	2:24	3:04	2:12	6:10																	
7:13	12:10	11:52	9:31	9:22	12:18	5:29	11:47																
7:05	4:47	4:29	2:09	2:17	4:56	3:47	4:25	8:14															
5:08	6:36	6:18	3:57	3:49	6:44	1:16	6:14	5:42	2:39														
7:47	2:33	2:26	2:46	2:49	2:52	5:55	1:14	11:06	4:39	6:11													
12:36	4:36	3:24	5:20	7:14	2:46	9:26	4:44	13:52	6:32	8:21	5:24												
8:56	3:01	2:43	1:36	4:34	3:10	5:46	2:40	10:13	2:53	4:41	3:19	4:48											
12:00	3:51	3:10	6:07	7:01	2:36	10:13	4:31	14:40	7:20	9:08	5:11	4:44	5:29										
11:40	4:15	2:51	5:53	6:42	2:14	10:00	4:12	14:26	7:06	8:55	4:51	2:49	5:16	3:58									
2:08	7:47	7:39	6:36	3:38	8:05	2:06	6:27	5:11	5:26	3:07	6:10	11:00	7:09	10:28	10:02								
11:53	2:18	4:04	6:14	6:54	4:06	9:42	4:01	14:08	6:48	8:37	5:04	6:37	4:58	6:40	6:02	10:14							
11:22	3:53	2:33	5:35	6:24	1:55	9:41	3:54	14:08	6:48	8:37	4:33	2:29	4:58	3:36	0:52	9:43	5:58						
10:14	1:41	2:11	4:21	5:15	2:03	8:27	2:45	12:54	5:33	7:22	3:25	4:35	3:43	2:54	3:59	8:34	4:13	3:36					
11:30	1:55	3:42	5:52	6:32	3:43	9:20	3:39	13:46	6:26	8:15	4:41	6:15	4:36	5:28	5:39	9:51	1:41	5:17	3:46				
11:09	1:35	3:21	5:31	6:11	3:22	8:59	3:18	13:25	6:05	7:54	4:20	5:54	4:15	5:07	5:18	9:30	1:02	4:56	3:25	0:57			
10:46	1:13	2:58	5:07	5:49	3:00	8:54	2:52	13:04	5:43	7:32	3:57	5:34	3:56	4:34	4:57	9:07	2:43	4:34	2:34	2:20	2:02		
9:37	1:02	1:34	3:44	4:38	1:32	7:51	2:08	12:17	4:57	6:46	2:48	4:04	3:07	3:17	3:28	7:58	3:06	3:06	1:04	2:45	2:26	1:56	

LEGENDA

Cartografia - 1 : 300 000

Strade
Autostrada
Doppia carreggiata di tipo autostradale

Svincoli: completo, parziale
Svincoli numerati

Aree di servizio - Alberghi - Ristorante o self-service

Strada di collegamento internazionale o nazionale
Strada di collegamento interregionale o di disimpegno

Strada rivestita - non rivestita
Strada per carri, sentiero
Autostrada, strada in costruzione

Larghezza delle strade
Carreggiate separate
4 corsie - 2 corsie larghe
2 o più corsie - 2 corsie strette

Distanze
(totali e parziali)
Tratto a pedaggio su autostrada
Tratto esente da pedaggio su autostrada
Su strada

Numerazione - Segnaletica
Strada europea - Autostrada
Strada statale / regionale / provinciale

Ostacoli
Forte pendenza (salita nel senso della freccia)
Passo - Altitudine
Percorso difficile o pericoloso

Passaggi della strada: a livello, cavalcavia, sottopassaggio

Casello - Strada a senso unico
Strada vietata - Strada a circolazione regolamentata
Innevamento : probabile periodo di chiusura
Strada con divieto di accesso per le roulottes

Trasporti
Ferrovia
Aeroporto - Aerodromo

Trasporto auto: (stagionale in rosso)
su traghetto
su chiatta (carico massimo in t.)
per ferrovia
Traghetto per trasporto passeggeri

Risorse alberghiere - Amministrazione
Le indicazioni si limitano alle risorse selezionate nella GUIDA MICHELIN
Località con pianta nella GUIDA MICHELIN
Capoluogo amministrativo
Confini amministrativi
Zona franca
Frontiera:
Dogana - Dogana con limitazioni

Sport - Divertimento
Golf - Ippodromo
Circuito Automobilistico - Porto turistico
Spiaggia - Parco divertimenti
Parco con animali, zoo
Albergo isolato
Rifugio - Campeggio
Funicolare, funivia, seggiovia
Ferrovia a cremagliera

Mete e luoghi d'interesse
Principali luoghi d'interesse, vedere LA GUIDA VERDE
Chioggia (▲)
Malcesine ○ Località o siti interessanti, luoghi di soggiorno
Edificio religioso - Castello, fortezza
Rovine - Monumento megalitico
Grotta - Ossario - Necropoli etrusca
Giardino, parco - Altri luoghi d'interesse
Palazzo, villa - Vestigia greco-romane
Scavi archeologici - Nuraghe
Panorama - Vista
Percorso pittoresco

Simboli vari
Teleferica industriale
Torre o pilone per telecomunicazioni
Industrie - Raffineria
Pozzo petrolifero o gas naturale - Centrale elettrica
Miniera - Cava - Faro
Diga - Cimitero militare
Parco nazionale o regionale

Piante di città

Curiosità
Edificio interessante
Costruzione religiosa interessante

Viabilità
Autostrada, strada a carreggiate separate
Numero dello svincolo
Grande via di circolazione
Senso unico - Via impraticabile, a circolazione regolamentata
Zona a traffico limitato
Via pedonale - Tranvia
Via Roma Via commerciale - Sottopassaggio (altezza inferiore a m 4,40)
Parcheggio
Porta - Sottopassaggio - Galleria
Stazione e ferrovia
Funicolare - Funivia, cabinovia
Ponte mobile - Traghetto per auto

Simboli vari
Ufficio informazioni turistiche
Moschea - Sinagoga
Torre - Ruderi - Mulino a vento
Giardino, parco, bosco - Cimitero - Calvario
Stadio - Golf - Ippodromo
Piscina : all'aperto, coperta
Vista - Panorama
Monumento - Fontana - Fabbrica - Centro commerciale
Porto turistico - Torre per telecomunicazioni - Faro
Aeroporto - Stazione della Metropolitana - Autostazione
Trasporto con traghetto :
passeggeri ed autovetture, solo passeggeri
Simbolo di riferimento comune alle piante
ed alle carte Michelin particolareggiate
Ufficio postale centrale
Ospedale - Mercato coperto
Edificio pubblico indicato con lettera :
P H Prefettura - Municipio
J Palazzo di Giustizia
M T Museo - Teatro
U Università
POL. Polizia (Questura, nelle grandi città) - Carabinieri
A.C.I. Automobile Club d'Italia

LÉGENDE

Cartographie - 1/300 000

Routes
Autoroute
Double chaussée de type autoroutier

Échangeurs : complet, partiels
Numéros d'échangeurs
Aire de service - Hôtels - Restaurant ou libre-service

Route de liaison internationale ou nationale
Route de liaison interrégionale ou de dégagement

Route revêtue - non revêtue
Chemin d'exploitation, sentier
Autoroute, route en construction

Largeur des routes
Chaussées séparées
4 voies - 2 voies larges
2 voies ou plus - 2 voies étroites
Distances
(totalisées et partielles)
Section à péage sur autoroute
Section libre sur autoroute
sur route
Numérotation - Signalisation
Route européenne - Autoroute
Route d'État / régionale / provinciale
Obstacles
7-12%   +12%
793   (560)
Forte déclivité (flèches dans le sens de la montée)
Col et sa cote d'altitude - Altitude
Parcours difficile ou dangereux

Passages de la route: à niveau, supérieur, inférieur

Barrière de péage - Route à sens unique
Route interdite - Route réglementée
Enneigement : période probable de fermeture
Route interdite aux caravanes
Transports
Voie ferrée
Aéroport - Aérodrome

Transport des autos : (liaison saisonnière en rouge)
par bateau
par bac (charge maximum en tonnes)
par voie ferrée
Bac pour piétons
Hébergement - Administration
Indications limitées aux ressources sélectionnées dans les guides MICHELIN
Localité possédant un plan dans le Guide MICHELIN
Capitale de division administrative
Limites administratives
Zone franche
Frontière :
Douane - Douane avec restriction
Sports - Loisirs
Golf - Hippodrome
Circuit automobile - Port de plaisance
Plage - Parc récréatif
Parc animalier, zoo
Hôtel ou restaurant isolé
Refuge de montagne - Camping, caravaning
Funiculaire, téléphérique, télésiège
Voie à crémaillère
Curiosités
Chioggia (▲)
Malcesine O
Principales curiosités : voir LE GUIDE VERT
Localités ou sites intéressants, lieux de séjour
Édifice religieux - Château, forteresse
Ruines - Monument mégalithique
Grotte - Ossuaire - Nécropole étrusque
Jardin, parc - Autres curiosités
Palais, villa - Vestiges gréco-romains
Fouilles archéologiques - Nuraghe
Panorama - Point de vue
Parcours pittoresque
Signes divers
Transporteur industriel aérien
Tour ou pylône de télécommunications
Industries - Raffinerie
Puits de pétrole ou de gaz - Centrale électrique
Mine - Carrière - Phare
Barrage - Cimetière militaire
Parc national - Parc naturel

Plans de ville

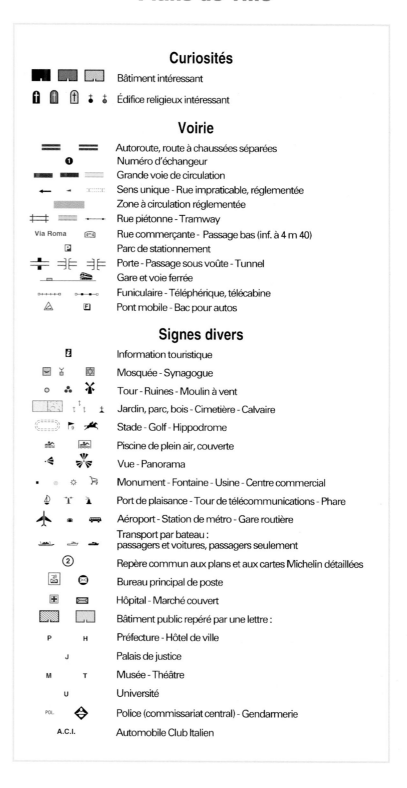

Curiosités
Bâtiment intéressant
Édifice religieux intéressant

Voirie
Autoroute, route à chaussées séparées
Numéro d'échangeur
Grande voie de circulation
Sens unique - Rue impraticable, réglementée
Zone à circulation réglementée
Rue piétonne - Tramway
Via Roma   Rue commerçante - Passage bas (inf. à 4 m 40)
Parc de stationnement
Porte - Passage sous voûte - Tunnel
Gare et voie ferrée
Funiculaire - Téléphérique, télécabine
Pont mobile - Bac pour autos

Signes divers
Information touristique
Mosquée - Synagogue
Tour - Ruines - Moulin à vent
Jardin, parc, bois - Cimetière - Calvaire
Stade - Golf - Hippodrome
Piscine de plein air, couverte
Vue - Panorama
Monument - Fontaine - Usine - Centre commercial
Port de plaisance - Tour de télécommunications - Phare
Aéroport - Station de métro - Gare routière
Transport par bateau :
passagers et voitures, passagers seulement
Repère commun aux plans et aux cartes Michelin détaillées
Bureau principal de poste
Hôpital - Marché couvert
Bâtiment public repéré par une lettre :
P   H   Préfecture - Hôtel de ville
J   Palais de justice
M   T   Musée - Théâtre
U   Université
POL.   Police (commissariat central) - Gendarmerie
A.C.I.   Automobile Club Italien

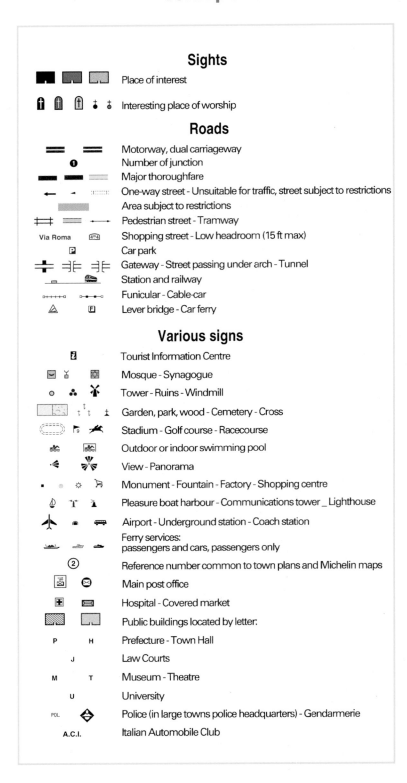

N

KEY

Mapping - 1 : 300 000

Roads
Motorway
Dual carriageway with motorway characteristics

Interchanges : complete, limited
Interchange numbers
Service area - Hotels - Restaurant or self-service

International and national road network
Interregional and less congested road

Road surfaced - unsurfaced
Rough track, footpath
Motorway, road under construction

Road widths
Dual carriageway
4 lanes - 2 wide lanes
2 or more lanes - 2 narrow lanes

Distances
(total and intermediate)
Toll roads on motorway
Toll-free section on motorway
on road

Numbering - Signs
E 54   A 96
S 36   R 25   P 25
European route - Motorway
State road - Regional road - Provincial road

Obstacles
Steep hill (ascent in the direction of the arrow)
Pass and its height above sea level - Altitude
Difficult or dangerous section of road

Level crossing: railway passing, under road, over road

Toll barrier - One way road
Prohibited road - Road subject to restrictions
Snowbound, impassable road during the period shown
Caravans prohibited on this road

Transportation
Railway
Airport - Airfield

Transportation of vehicles: (seasonal services in red)
by boat
by ferry (load limit in tons)
by rail
Passenger ferry

Accommodation - Administration
The information below corresponds to MICHELIN GUIDE selections
Town plan featured in THE MICHELIN GUIDE
Administrative district seat
Administrative boundaries
Free zone
National boundary:
Customs post - Secondary customs post

Sport & Recreation Facilities
Golf course - Horse racetrack
Racing circuit - Pleasure boat harbour
Beach - Country park
Safari park, zoo
Secluded hotel or restaurant
Mountain refuge hut - Caravan and camping sites
Funicular, cable car, chairlift
Rack railway

Sights
{ Chioggia (▲)
{ Malcesine O
Principal sights: see THE GREEN GUIDE
Towns or places of interest, Places to stay
Religious building - Historic house, castle
Ruins - Prehistoric monument
Cave - Ossuary - Etruscan necropolis
Garden, park - Other places of interest
Palace, villa - Greek or roman ruins
Archaeological excavations - Nuraghe
Panoramic view - Viewpoint
Scenic route

Other signs
Industrial cable way
Telecommunications tower or mast
Industrial activity - Refinery
Oil or gas well - Power station
Mine - Quarry - Lighthouse
Dam - Military cemetery
National park - Nature park

Town plans

Sights
Place of interest
Interesting place of worship

Roads
Motorway, dual carriageway
Number of junction
Major thoroughfare
One-way street - Unsuitable for traffic, street subject to restrictions
Area subject to restrictions
Pedestrian street - Tramway
Via Roma   Shopping street - Low headroom (15 ft max)
Car park
Gateway - Street passing under arch - Tunnel
Station and railway
Funicular - Cable-car
Lever bridge - Car ferry

Various signs
Tourist Information Centre
Mosque - Synagogue
Tower - Ruins - Windmill
Garden, park, wood - Cemetery - Cross
Stadium - Golf course - Racecourse
Outdoor or indoor swimming pool
View - Panorama
Monument - Fountain - Factory - Shopping centre
Pleasure boat harbour - Communications tower _ Lighthouse
Airport - Underground station - Coach station
Ferry services:
passengers and cars, passengers only
Reference number common to town plans and Michelin maps
Main post office
Hospital - Covered market
Public buildings located by letter:
P   H   Prefecture - Town Hall
J   Law Courts
M   T   Museum - Theatre
U   University
POL.   Police (in large towns police headquarters) - Gendarmerie
A.C.I.   Italian Automobile Club

ZEICHENERKLÄRUNG
Stadtpläne

Kartographie - 1 : 300 000

Straßen
Autobahn
Schnellstraße mit getrennten Fahrbahnen

Anschlussstellen: Voll - bzw. Teilanschlussstellen
Anschlussstellennummern
Tankstelle mit Raststätte - Hotel - Restaurant / SB-Restaurant

Internationale bzw.nationale Hauptverkehrsstraße
Überregionale Verbindungsstraße oder Umleitungsstrecke

Straße mit Belag - ohne Belag
Wirtschaftsweg, Pfad
Autobahn, Straße im Bau

Straßenbreiten
Getrennte Fahrbahnen
4 Fahrspuren - 2 breite Fahrspuren
2 oder mehr Fahrspuren - 2 schmale Fahrspuren
Straßenentfernungen
(Gesamt- und Teilentfernungen)
Mautstrecke auf der Autobahn
Mautfreie Strecke auf der Autobahn
auf der Straße
Nummerierung - Wegweisung
Europastraße - Autobahn
Staatsstraße - Regionale Straße - Provinzialstraße
Verkehrshindernisse
Starke Steigung (Steigung in Pfeilrichtung)
Pass mit Höhenangabe - Höhe
Schwierige oder gefährliche Strecke

Bahnübergänge: schnienengleich - Unterführung - Überführung
Mautstelle - Einbahnstraße
Gesperrte Straße - Straße mit Verkehrsbeschränkungen
Eingeschneite Straße: voraussichtl.Wintersperre
Für Wohnanhänger gesperrt
Verkehrsmittel
Bahnlinie
Flughafen - Flugplatz

Autotransport: (rotes Zeichen: saisonbedingte Verbindung)
per Schiff
per Fähre (Höchstbelastung in t)
per Bahn
Personenfähre
Unterkunft - Verwaltung
Gekennzeichnete Orte sind im MICHELIN-FÜHRER aufgeführt
Orte mit Stadtplan im MICHELIN-FÜHRER
Verwaltungshauptstadt
Verwaltungsgrenzen
Freizone
Staatsgrenze: Zoll - Zollstation mit Einschränkungen

Sport - Freizeit
Golfplatz - Pferderennbahn
Rennstrecke - Yachthafen
Badestrand - Erholungspark
Tierpark, Zoo Fernwanderweg
Abgelegenes Hotel oder Restaurant
Schutzhütte - Campingplatz
Standseilbahn, Seilbahn, Sessellift
Zahnradbahn
Sehenswürdigkeiten
Hauptsehenswürdigkeiten: siehe GRÜNER REISEFÜHRER
Sehenswerte Orte, Ferienorte
Sakral-Bau - Schloss, Burg, Festung
Ruine - Vorgeschichtliches Steindenkmal
Höhle - Ossarium - Etruskiche Nekropole
Garten, Park - Sonstige Sehenswürdigkeit
Ausgrabungen - Nuraghe
Palast, Villa - Griechische, römische Ruinen
Rundblick - Aussichtspunkt
Landschaftlich schöne Strecke
Sonstige Zeichen
Industrieschwebebahn
Funk-, Sendeturm
Industrieanlagen - Raffinerie
Erdöl-, Erdgasförderstelle - Kraftwerk
Bergwerk - Steinbruch - Leuchtturm
Staudamm - Soldatenfriedhof
Nationalpark - Naturpark

Sehenswürdigkeiten
Sehenswertes Gebäude
Sehenswerter Sakralbau

Straßen
Autobahn, Schnellstraße
Nummer der Anschlußstelle
Hauptverkehrsstraße
Einbahnstraße - Gesperrte Straße, mit Verkehrsbeschränkungen
Zone mit Verkehrsbeschränkungen
Fußgängerzone - Straßenbahn
Via Roma — Einkaufsstraße - Unterführung (Höhe bis 4,40 m)
Parkplatz, Parkhaus
Tor - Passage - Tunnel
Bahnhof und Bahnlinie
Standseilbahn - Seilschwebebahn
Bewegliche Brücke - Autofähre

Sonstige Zeichen
Informationsstelle
Moschee - Synagoge
Turm - Ruine - Windmühle
Garten, Park , Wäldchen - Friedhof - Bildstock
Stadion - Golfplatz - Pferderennbahn
Freibad - Hallenbad
Aussicht - Rundblick
Denkmal - Brunnen - Fabrik - Einkaufszentrum
Jachthafen - Funk-, Fernsehturm - Leuchtturm
Flughafen - U-Bahnstation - Autobusbahnhof
Schiffsverbindungen :
Autofähre - Personenfähre
Straßenkennzeichnung
(identisch auf Michelin - Stadtplänen und - Abschnittskarten)
Hauptpostamt
Krankenhaus - Markthalle
Öffentliches Gebäude, durch einen Buchstaben gekennzeichnet :
P   H   Präfektur - Rathaus
J   Gerichtsgebäude
M   T   Museum - Theater
U   Universität
POL.   Polizei (in größeren Städten Polizeipräsidium) - Gendarmerie
A.C.I.   Automobilclub von Italien

P

VERKLARING VAN DE TEKENS

Kaarten - 1 : 300 000

Plattegronden

Wegen
Autosnelweg
Gescheiden rijbanen van het type autosnelweg

Aansluitingen: volledig, gedeeltelijk
Afritnummers
Serviceplaatsen - Hotels - Restaurant of zelfbediening

Internationale of nationale verbindingsweg
Interregionale verbindingsweg

Verharde weg - onverharde weg
Landbouwweg, pad
Autosnelweg in aanleg, weg in aanleg

Breedte van de wegen
Gescheiden rijbanen
4 rijstroken - 2 brede rijstroken
2 of meer rijstroken - 2 smalle rijstroken

Afstanden
(totaal en gedeeltelijk)
Gedeelte met tol op autosnelwegen
Tolvrij gedeelte op autosnelwegen
op andere wegen

Wegnummers - Bewegwijzering
Europaweg - Autosnelweg
E 54   A 96
S 36   R 25   P 25
Nationale weg - Regionale weg - Provinciale weg

Hindernissen
7-12%   +12%
Steile helling (pijlen in de richting van de helling)
793   (560)
Pas - Hoogte
Moeilijk of gevaarlijk traject

Wegovergangen: gelijkvloers, overheen, onderdoor

Tol - Weg met eenrichtingsverkeer
Verboden weg - Beperkt opengestelde weg
12·8
Sneeuw : vermoedelijke sluitingsperiode
Verboden voor caravans

Vervoer
Spoorweg
Luchthaven - Vliegveld

Vervoer van auto's: (tijdens het seizoen: rood teken)
per boot
15   15
per veerpont (maximum draagvermogen in t.)
per spoor
Veerpont voor voetgangers

Verblijf - Administratie
Het onderstaande verwijst naar diverse Michelingidsen
2   1
R   P
Plaats met een plattegrond in DE MICHELIN GIDS
Hoofdplaats van administratief gebied
Administratieve grenzen
Vrije zone
Staatsgrens:
Douanekantoor - Douanekantoor met beperkte bevoegdheden

Sport - Recreatie
Golfterrein - Renbaan
Autocircuit - Jachthaven
Strand - Recreatiepark
Safaripark, dierentuin
Afgelegen hotel
Berghut - Kampeerterrein
Kabelspoor, kabelbaan, stoeltjeslift
Tandradbaan

Bezienswaardigheden
Belangrijkste bezienswaardigheden: zie DE GROENE GIDS
{ Chioggia (▲)
{ Malcesine O
Interessante steden of plaatsen, vakantieoorden
Kerkelijk gebouw - Kasteel, vesting
Ruïne - Megaliet
Grot - Ossuarium - Etruskische necropool
Tuin, park - Andere bezienswaardigheden
Paleis, villa - Grieks-Romeinse overblijfselen
Archeologische opgravingen - Nuraghe
Panorama - Uitzichtpunt
Schilderachtig traject

Diverse tekens
Kabelvrachtvervoer
Telecommunicatietoren of -mast
Industrie - Raffinaderij
Olie- of gasput - Elektriciteitscentrale
Mijn - Steengroeve - Vuurtoren
Stuwdam - Militaire begraafplaats
Nationaal of regionaal park

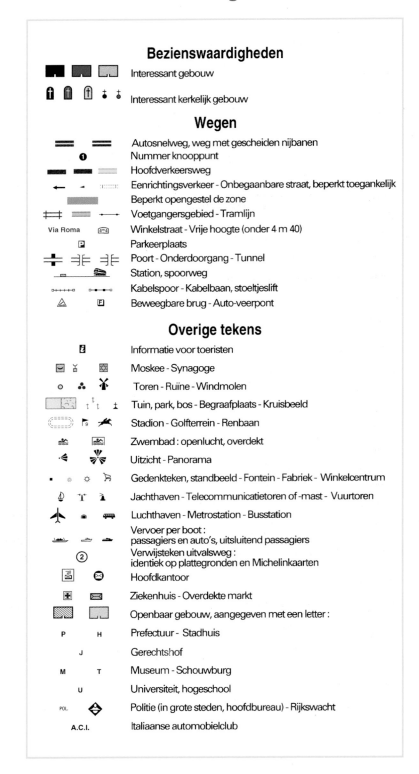

Bezienswaardigheden
Interessant gebouw

Interessant kerkelijk gebouw

Wegen
Autosnelweg, weg met gescheiden nijbanen
❶ Nummer knooppunt
Hoofdverkeersweg
Eenrichtingsverkeer - Onbegaanbare straat, beperkt toegankelijk
Beperkt opengestel de zone
Voetgangersgebied - Tramlijn
Via Roma   Winkelstraat - Vrije hoogte (onder 4 m 40)
P   Parkeerplaats
Poort - Onderdoorgang - Tunnel
Station, spoorweg
Kabelspoor - Kabelbaan, stoeltjeslift
Beweegbare brug - Auto-veerpont

Overige tekens
Informatie voor toeristen

Moskee - Synagoge

Toren - Ruïne - Windmolen

Tuin, park, bos - Begraafplaats - Kruisbeeld

Stadion - Golfterrein - Renbaan

Zwembad : openlucht, overdekt

Uitzicht - Panorama

Gedenkteken, standbeeld - Fontein - Fabriek - Winkelcentrum

Jachthaven - Telecommunicatietoren of -mast - Vuurtoren

Luchthaven - Metrostation - Busstation

Vervoer per boot :
passagiers en auto's, uitsluitend passagiers

② Verwijsteken uitvalsweg :
identiek op plattegronden en Michelinkaarten

Hoofdkantoor

Ziekenhuis - Overdekte markt

Openbaar gebouw, aangegeven met een letter :

P   H   Prefectuur - Stadhuis

J   Gerechtshof

M   T   Museum - Schouwburg

U   Universiteit, hogeschool

POL.   Politie (in grote steden, hoofdbureau) - Rijkswacht

A.C.I.   Italiaanse automobielclub

SIGNOS CONVENCIONALES

Cartografía - 1 : 300 000

Carreteras
Autopista
Autovía

Enlaces : completo, parciales
Números de los accesos

Áreas de servicio - Hotel - Restaurant o auto servicio

Carretera de comunicación internacional o nacional
Carretera de comunicación interregional o alternativo

Carretera asfaltada - sin asfaltar
Camino agrícola, sendero
Autopista, carretera en construcción

Ancho de las carreteras
Calzadas separadas
Cuatro carriles - Dos carriles anchos
Dos carriles o más - Dos carriles estrechos

Distancias
(totales y parciales)
Tramo de peaje en autopista
Tramo libre en autopista
en carretera

Numeración - Señalización
E 54   A 96
S 36   R 25   P 25
Carretera europea - Autopista
Carretera estatal - regional - provincial

Obstáculos
Pendiente Pronunciada (las flechas indican el sentido del ascenso)
Puerto - Altitud
Recorrido difícil o peligroso

Pasos de la carretera: a nivel, superior, inferior

Barrera de peaje - Carretera de sentido único
Tramo prohibido - Carretera restringida
Nevada : Período probable de cierre
Carretera prohibida a las caravanas

Transportes
Línea férrea
Aeropuerto - Aeródromo

Transporte de coches: (Enlace de temporada: signo rojo)
por barco
por barcaza (carga máxima en toneladas)
por línea férrea
Barcaza para el paso de peatones

Alojamiento - Administración
Indicaciones sobre los establecimientos seleccionados en LA GUÍA MICHELIN
Localidad con plano en LA GUÍA MICHELIN
Capital de división administrativa
Limites administrativos
Zona franca
Frontera: Aduanas - Aduana con restricciones

Deportes - Ocio
Golf - Hipódromo
Circuito de velocidad - Puerto deportivo
Playa - Zona recreativa
Reserva de animales, zoo
Hotel aislado
Refugio de montaña - Camping
Funicular, Teleférico, telesilla
Línea de cremallera

Curiosidades
{ Chioggia (▲)
Malcesine O
Principales curiosidades: ver LA GUÍA VERDE
Localidad o lugar interesante, lugar para quedarse
Edificio religioso - Castillo, fortaleza
Ruinas - Monumento megalítico
Cueva - Osario - Necrópolis etrusca
Jardín, parque - Curiosidades diversas
Palacio, villa - Vestigios grecorromanos
Restos arqueologicos - Nuraghe
Vista panorámica - Vista parcial
Recorrido pintoresco

Signos diversos
Transportador industrial aéreo
Torreta o poste de telecomunicación
Industrias - Refinería
Pozos de petróleo o de gas - Central eléctrica
Mina - Cantera - Faro
Presa - Cementerio militar
Parco nacional o regional

Planos de ciudades

Curiosidades
Edificio interesante
Edificio religioso interesante

Vías de circulación
Autopista, autovía
Número del acceso
Vía importante de circulación
Sentido único - Calle impraticable, de uso restringido
Zona de uso restringido
Calle peatonal - Tranvía
Via Roma   Calle comercial - Altura limitada (inferior 4,40 m)
Aparcamiento
Puerta - Pasaje cubierto - Túnel
Estación y línea férrea
Funicular - Teleférico, telecabina
Puente móvil - Barcaza para coches

Signos diversos
Oficina de Información de Turismo
Mezquita - Sinagoga
Torre - Ruinas - Molino de viento
Jardín, parque, bosque - Cementerio - Crucero
Estadio - Golf - Hipódromo
Piscina al aire libre, cubierta
Vista - Panorama
Monumento - Fuente - Fábrica - Centro comercial
Puerte deortivo - Torreta de telecomunicación - Faro
Aeropuerto - Boca de metro - Estación de autobuses
Transporte por barco :
pasajeros y vehículos, pasajeros solamente
(2)   Referencia común a los planos y a los mapas detallados Michelin
Oficina central de lista de correos
Hospital - Mercado cubierto
Edificio público localizado con letra :
P   H   Prefectura - Ayuntamiento
J   Palacio de Justicia
M   T   Museo - Teatro
U   Universidad, Escuela Superior
POL.   Policía (en las grandes ciudades : Jefatura) - Guardia Civil
A.C.I.   Club Automóvil Italiano

VOUS CONNAISSEZ NOS CARTES,
DÉCOUVREZ LE GROUPE MICHELIN

YOU ALREADY KNOW OUR MAPS,
NOW FIND OUT ABOUT THE MICHELIN GROUP

MICHELIN
Une meilleure façon d'avancer

L'aventure Michelin

Tout commence avec des balles en caoutchouc ! C'est ce que produit, vers 1880, la petite entreprise clermontoise dont héritent André et Édouard Michelin. Les deux frères saisissent vite le potentiel des nouveaux moyens de transport. L'invention du pneumatique démontable pour la bicyclette est leur première réussite. Mais c'est avec l'automobile qu'ils donnent la pleine mesure de leur créativité. Tout au long du 20e s., Michelin n'a cessé d'innover pour créer des pneumatiques plus fiables et plus performants, du poids lourd à la Formule 1, en passant par le métro et l'avion.

Très tôt, Michelin propose à ses clients des outils et des services destinés à faciliter leurs déplacements, à les rendre plus agréables... et plus fréquents. Dès 1900, le **Guide Michelin** fournit aux chauffeurs tous les renseignements utiles pour entretenir leur automobile, trouver où se loger et se restaurer. Il deviendra la référence en matière de gastronomie. Parallèlement, le Bureau des itinéraires offre aux voyageurs conseils et itinéraires personnalisés.

En 1910, la première collection de **cartes routières** remporte un succès immédiat ! En 1926, un premier guide régional invite à découvrir les plus beaux sites de Bretagne. Bientôt, chaque région de France a son **Guide Vert**. La collection s'ouvre ensuite à des destinations plus lointaines (de New York en 1968... à Taïwan en 2011).

Au 21e s., avec l'essor du numérique, le défi se poursuit pour les cartes et guides Michelin qui continuent d'accompagner le pneumatique. Aujourd'hui comme hier, la mission de Michelin reste l'aide à la mobilité, au service des voyageurs.

The Michelin Adventure

It all started with rubber balls! This was the product made by a small company based in Clermont-Ferrand that André and Edouard Michelin inherited, back in 1880. The brothers quickly saw the potential for a new means of transport and their first success was the invention of detachable pneumatic tyres for bicycles. However, the automobile was to provide the greatest scope for their creative talents.

Throughout the 20th century, Michelin never ceased developing and creating ever more reliable and high-performance tyres, not only for vehicles ranging from trucks to F1 but also for underground transit systems and aeroplanes.

*From early on, Michelin provided its customers with tools and services to facilitate mobility and make travelling a more pleasurable and more frequent experience. As early as 1900, the **Michelin Guide** supplied motorists with a host of useful information related to vehicle maintenance, accommodation and restaurants, and was to become a benchmark for good food. At the same time, the Travel Information Bureau offered travellers personalised tips and itineraries.*

*The publication of the first collection of roadmaps, in 1910, was an instant hit! In 1926, the first regional guide to France was published, devoted to the principal sites of Brittany, and before long each region of France had its own **Green Guide**. The collection was later extended to more far-flung destinations, including New York in 1968 and Taiwan in 2011.*

In the 21st century, with the growth of digital technology, the challenge for Michelin maps and guides is to continue to develop alongside the company's tyre activities. Now, as before, Michelin is committed to improving the mobility of travellers.

MICHELIN AUJOURD'HUI	MICHELIN TODAY

N°1 MONDIAL DES PNEUMATIQUES

- 70 sites de production dans 18 pays
- 111 000 employés de toutes cultures, sur tous les continents
- 6 000 personnes dans les centres de Recherche & Développement

WORLD NUMBER ONE TYRE MANUFACTURER

- *70 production sites in 18 countries*
- *111,000 employees from all cultures and on every continent*
- *6,000 people employed in research and development*

Avancer ensemble vers un
Moving forward together for

Mieux avancer, c'est d'abord innover pour mettre au point des pneus qui freinent plus court et offrent une meilleure adhérence, quel que soit l'état de la route.
C'est aussi aider les automobilistes à prendre soin de leur sécurité et de leurs pneus. Pour cela, Michelin organise partout dans le monde des opérations **Faites le plein d'air** pour rappeler à tous que la juste pression, c'est vital.

LA JUSTE PRESSION — **CORRECT TYRE PRESSURE**

- Sécurité
- Longévité
- Consommation de carburant optimale

BONNE PRESSION — RIGHT PRESSURE

- *Safety*
- *Longevity*
- *Optimum fuel consumption*

- Durée de vie des pneus réduite de 20% (- 8 000 km)

-0,5 bar — -0,5 bar

- *Durability reduced by 20% (- 8,000 km)*

- Risque d'éclatement
- Hausse de la consommation de carburant
- Distance de freinage augmentée sur sol mouillé

-1 bar — -1 bar

- *Risk of blowouts*
- *Increased fuel consumption*
- *Longer braking distances on wet surfaces*

monde où la mobilité est plus sûre
a world where mobility is safer

Moving forward means developing tyres with better road grip and shorter braking distances, whatever the state of the road. It also involves helping motorists take care of their safety and their tyres.

To do so, Michelin organises "Fill Up With Air" campaigns all over the world to remind us that correct tyre pressure is vital.

L'USURE	WEAR

COMMENT DETECTER L'USURE

La profondeur minimale des sculptures est fixée par la loi à 1,6 mm.
Les manufacturiers ont muni les pneus d'indicateurs d'usure.
Ce sont de petits pains de gomme moulés au fond des sculptures et d'une hauteur de 1,6 mm.

DETECTING TYRE WEAR

The legal minimum depth of tyre tread is 1.6 mm.
Tyre manufacturers equip their tyres with tread wear indicators, which are small blocks of rubber moulded into the base of the main grooves at a depth of 1.6 mm.

LES PNEUMATIQUES CONSTITUENT LE SEUL POINT DE CONTACT ENTRE LE VÉHICULE ET LA ROUTE.

TYRES ARE THE ONLY POINT OF CONTACT BETWEEN VEHICLE AND ROAD.

Ci-dessous, la zone de contact réelle photographiée.

The photo below shows the actual contact zone.

PNEU NEUF — NEW TYRE

Au-dessous de cette valeur, les pneus sont considérés comme lisses et dangereux sur chaussée mouillée.

PNEU USÉ (1,6 mm de sculpture) — WORN TYRE (1,6 mm tread)

If the tread depth is less than 1.6mm, tyres are considered to be worn and dangerous on wet surfaces.

Mieux avancer, c'est développer une mobilité durable

Moving forward means sustainable mobility

INNOVATION ET ENVIRONNEMENT

INNOVATION AND THE ENVIRONMENT

Chaque jour, Michelin innove pour diviser par deux d'ici à 2050 la quantité de matières premières utilisée dans la fabrication des pneumatiques, et développe dans ses usines les énergies renouvelables. La conception des pneus MICHELIN permet déjà d'économiser des milliards de litres de carburant, et donc des milliards de tonnes de CO2.

De même, Michelin choisit d'imprimer ses cartes et guides sur des «papiers issus de forêts gérées durablement». L'obtention de la certification ISO14001 atteste de son plein engagement dans une éco-conception au quotidien.

Un engagement que Michelin confirme en diversifiant ses supports de publication et en proposant des solutions numériques pour trouver plus facilement son chemin, dépenser moins de carburant.... et profiter de ses voyages !

Parce que, comme vous, Michelin s'engage dans la préservation de notre planète.

By 2050, Michelin aims to cut the quantity of raw materials used in its tyre manufacturing process by half and to have developed renewable energy in its facilities. The design of MICHELIN tyres has already saved billions of litres of fuel and, by extension, billions of tonnes of CO2.

Similarly, Michelin prints its maps and guides on paper produced from sustainably managed forests and is diversifying its publishing media by offering digital solutions to make travelling easier, more fuel efficient and more enjoyable!

The group's whole-hearted commitment to eco-design on a daily basis is demonstrated by ISO 14001 certification.

Like you, Michelin is committed to preserving our planet.

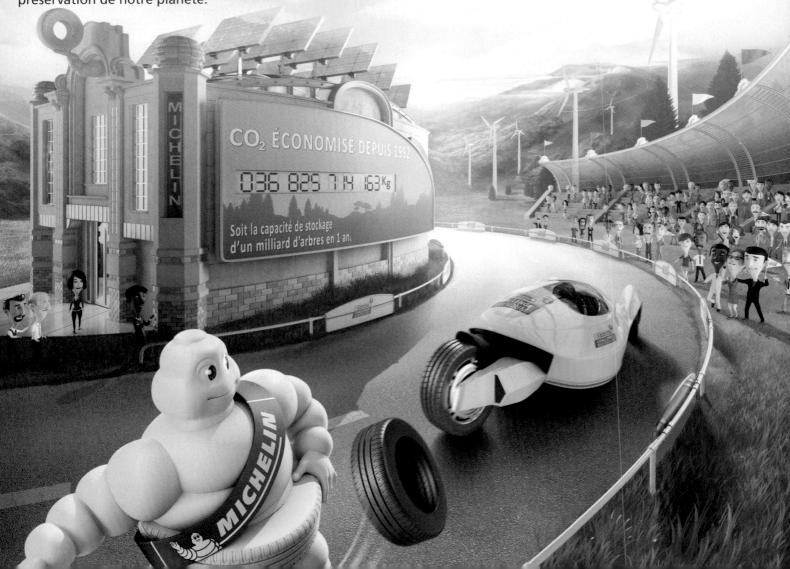

Chattez avec Bibendum

Rendez-vous sur :
www.michelin.com/corporate/fr
Découvrez l'actualité et l'histoire de Michelin.

Chat with Bibendum

Go to **www.michelin.com/corporate/fr**
*Find out more about
Michelin's history and the
latest news.*

QUIZZ

QUIZ

Michelin développe des pneumatiques pour tous les types de véhicules. Amusez-vous à identifier le bon pneu...

*Michelin develops tyres for all types of vehicles.
See if you can match the right tyre with the right vehicle...*

A

1

B

2

C

3

D

4

E

5

F

6

G

7

Solution : A-6 / B-4 / C-2 / D-1 / E-3 / F-7 / G-5

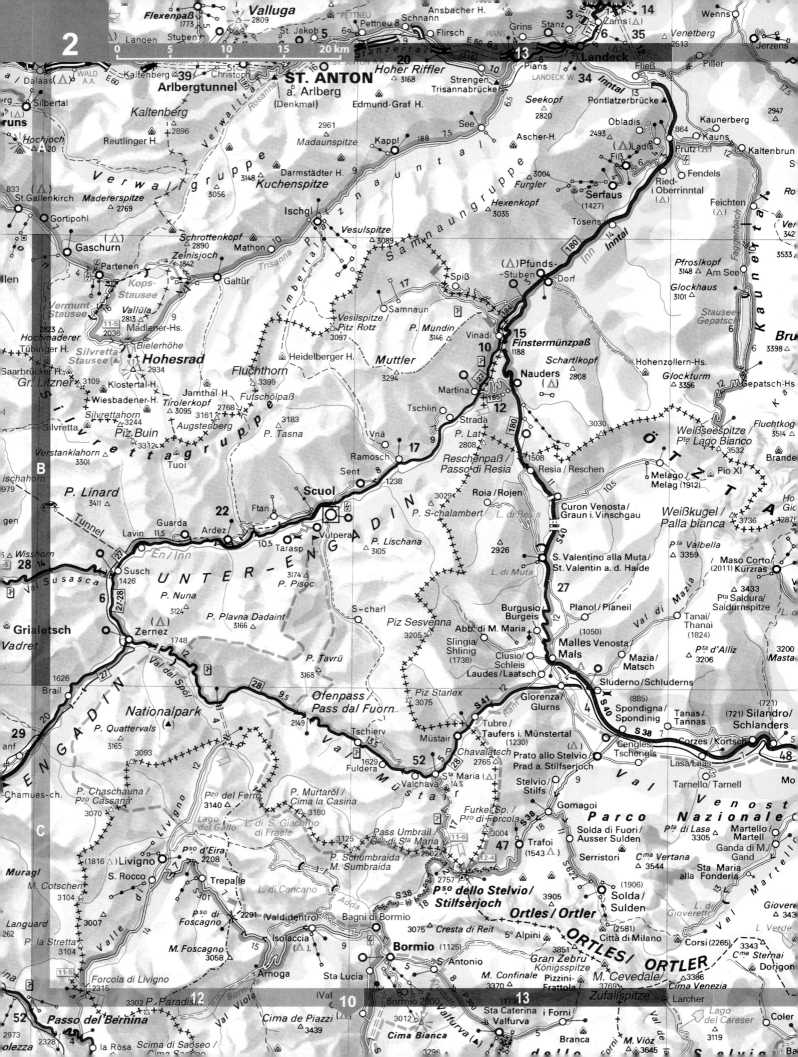

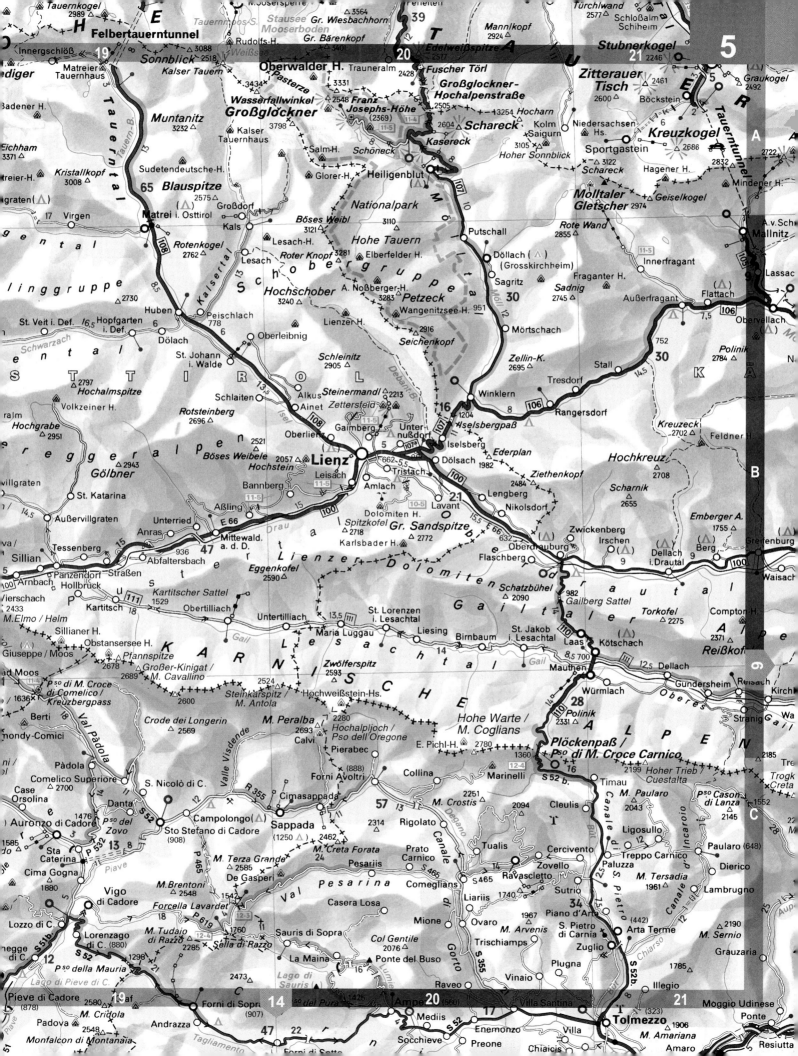

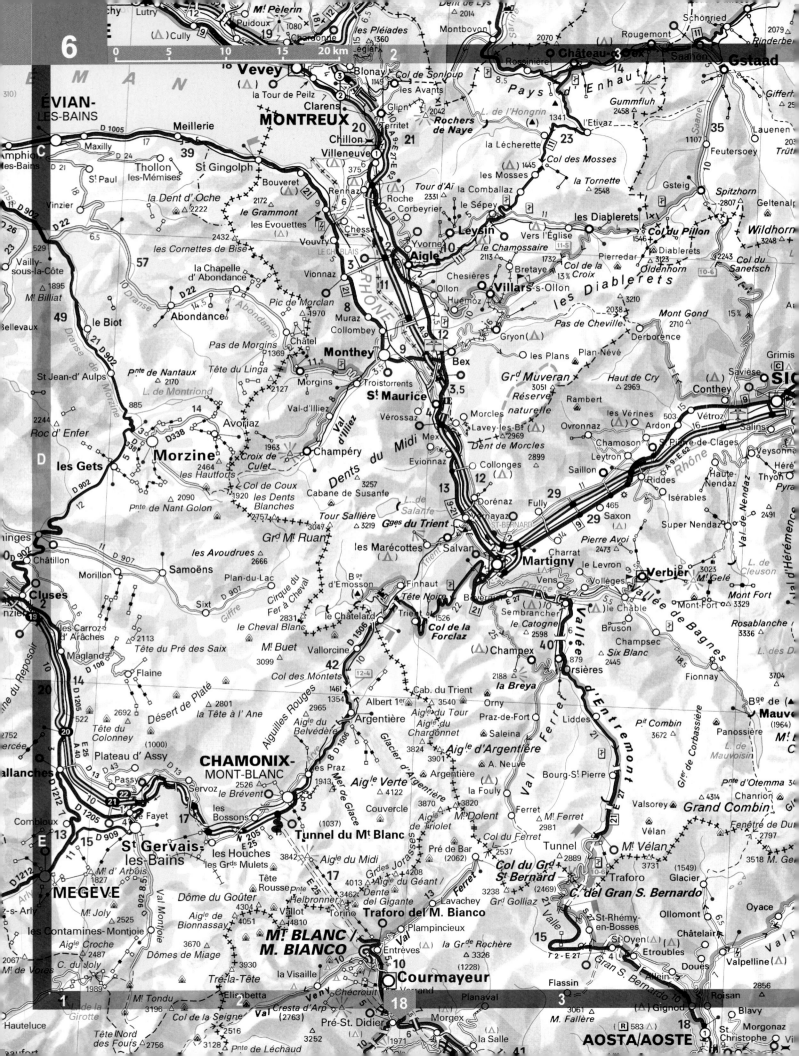

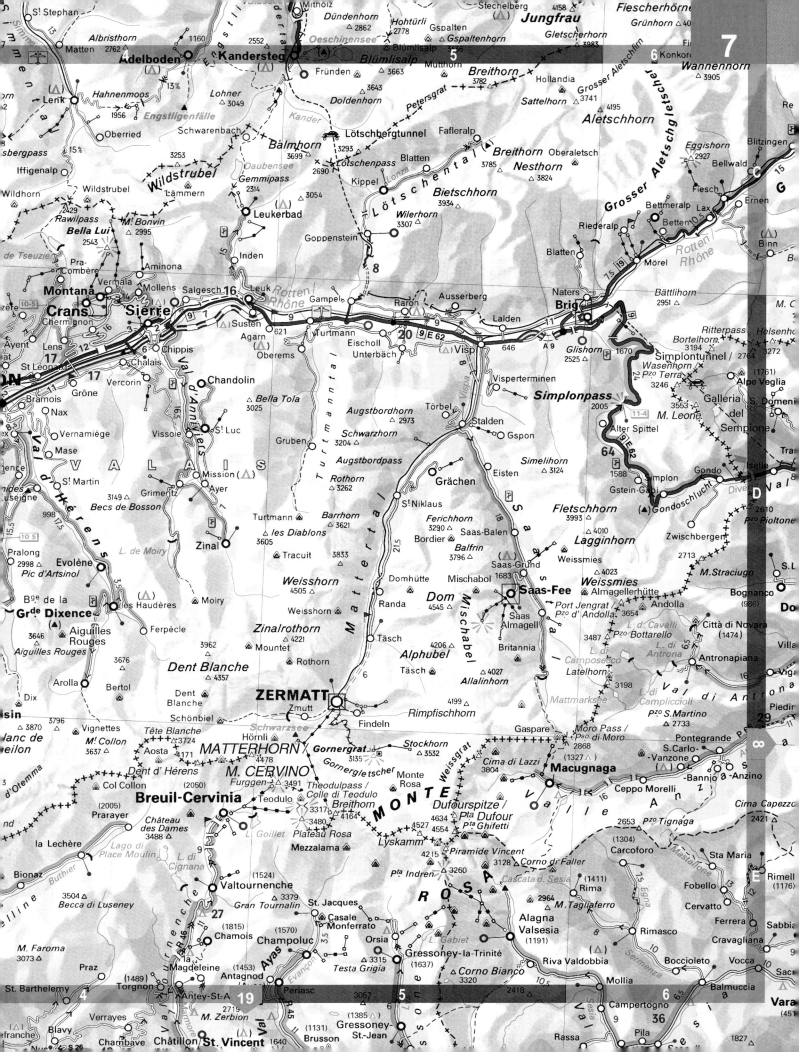

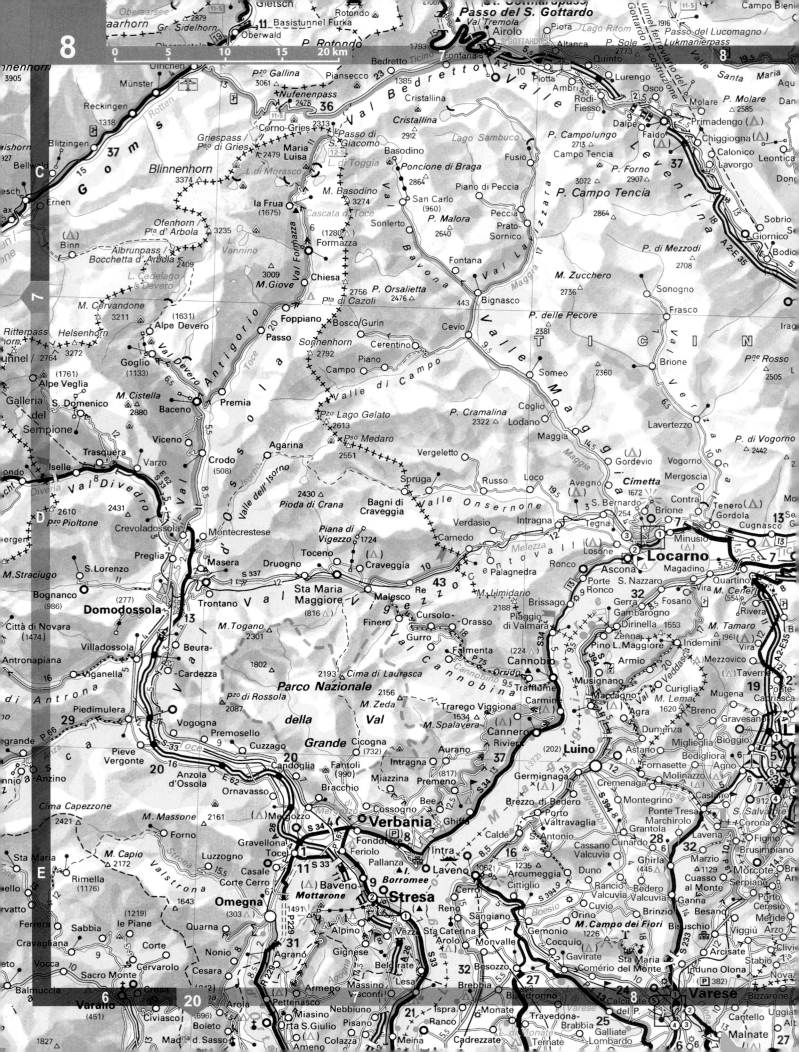

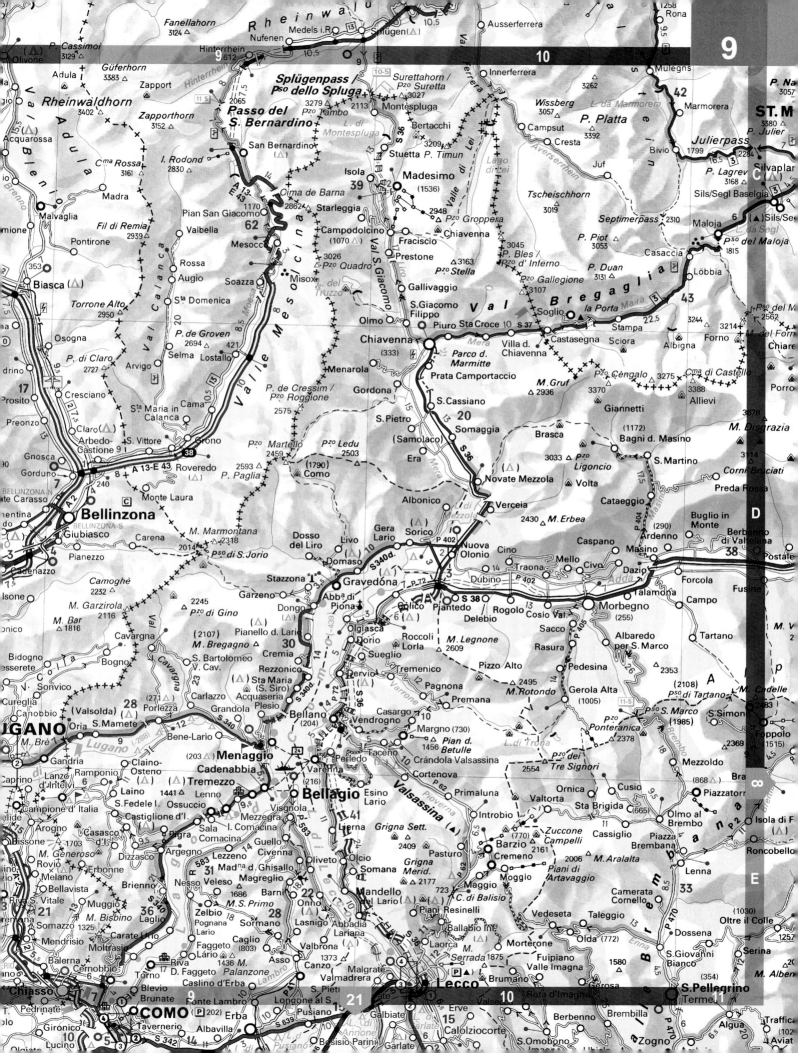

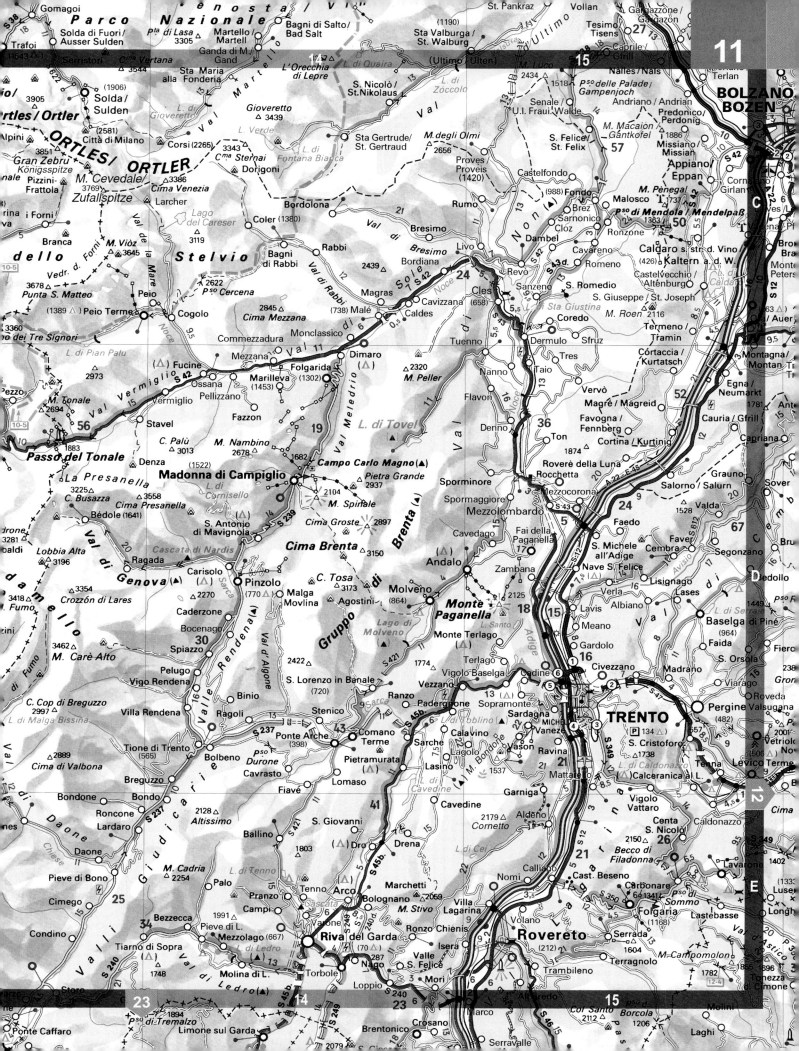

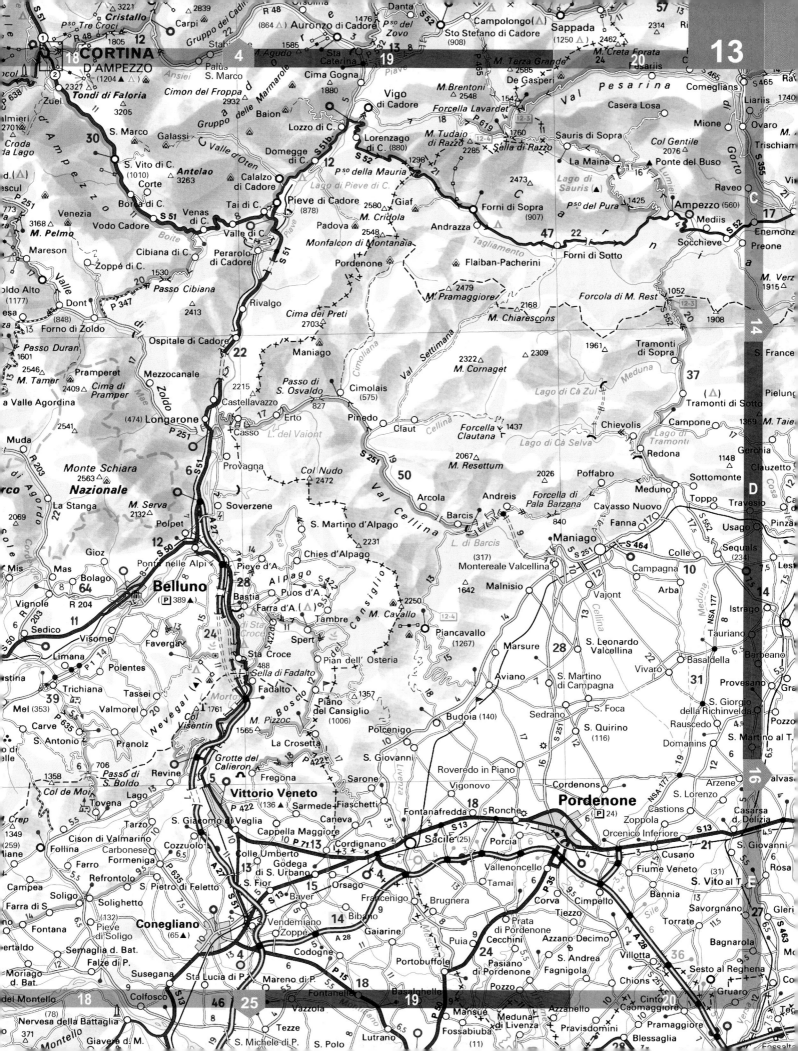

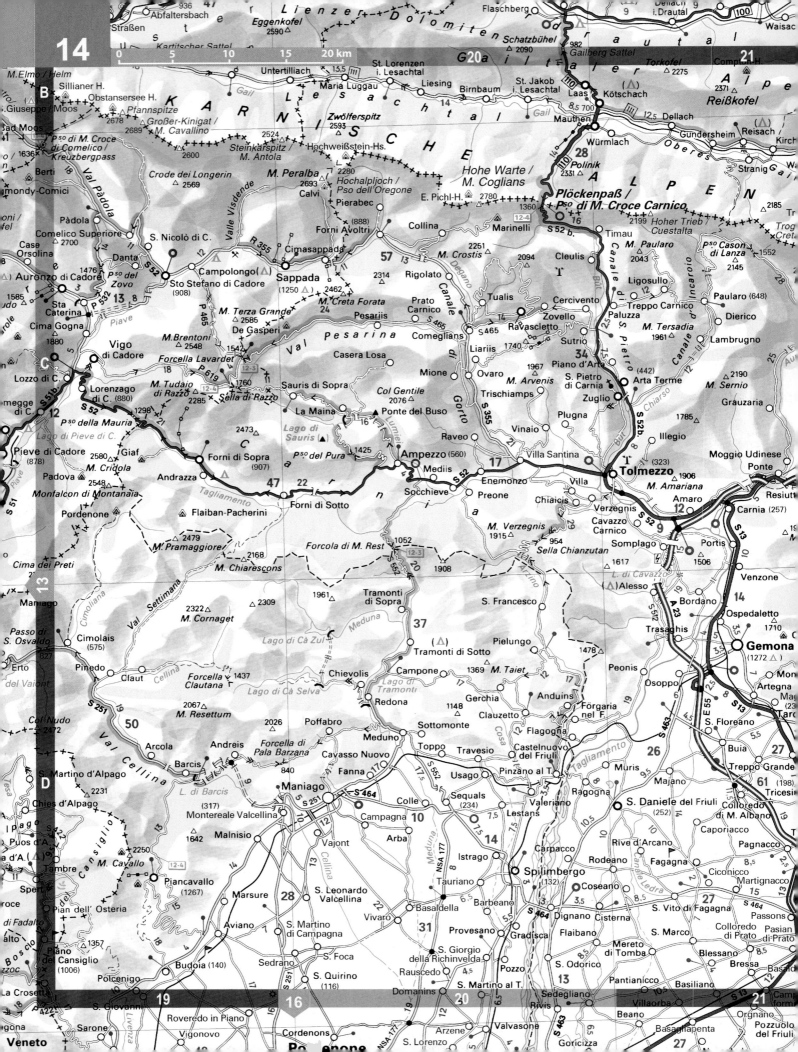

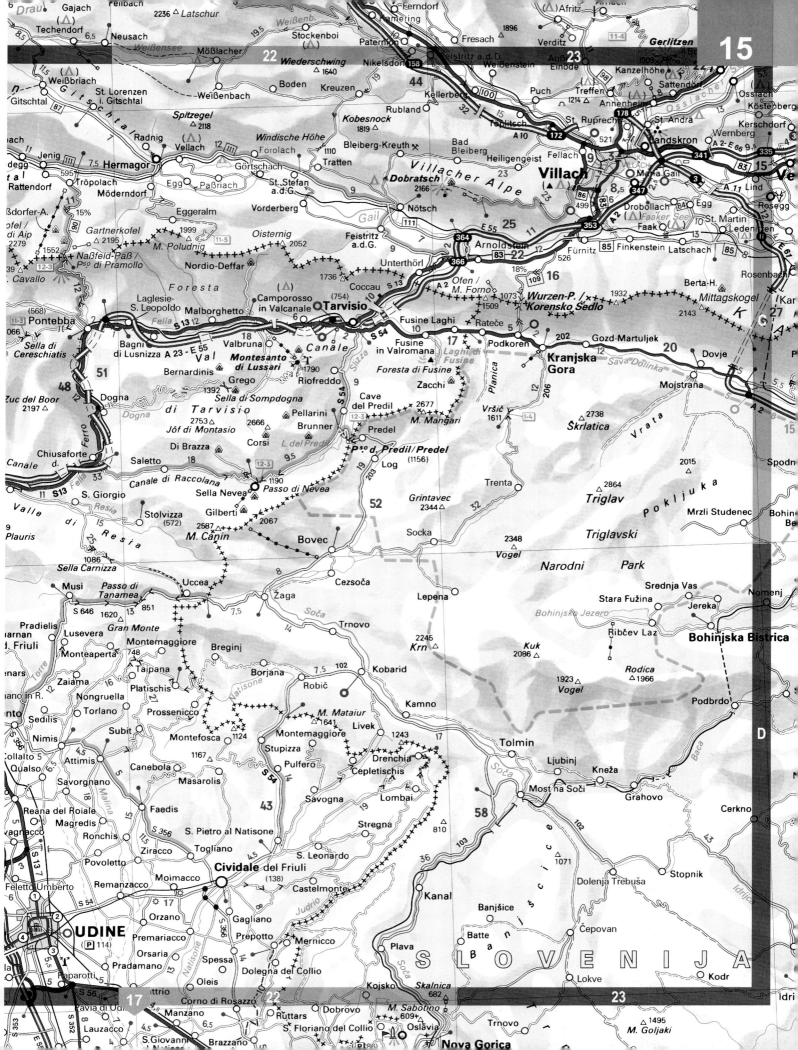

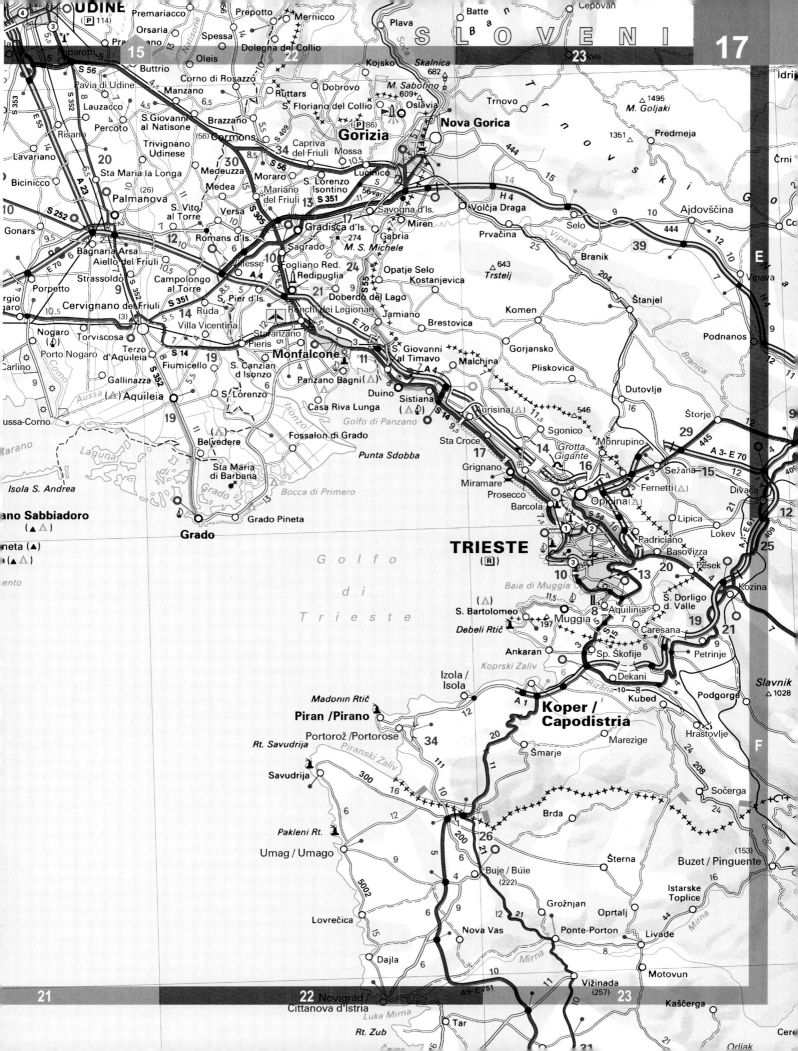

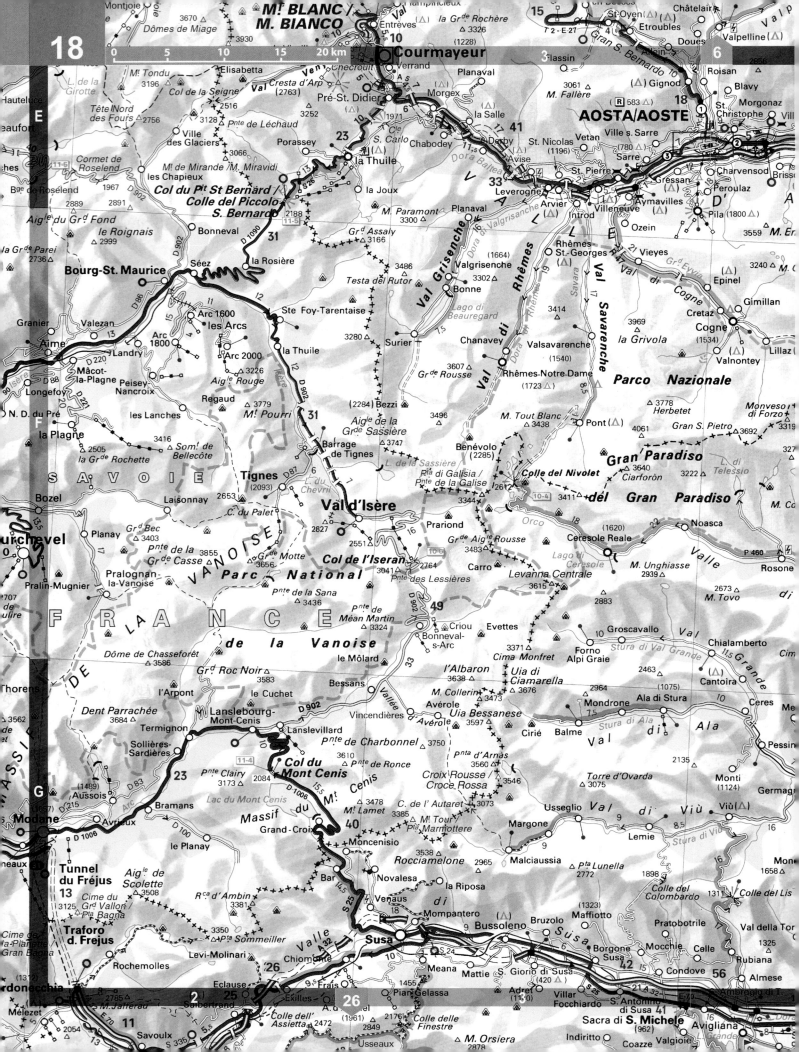

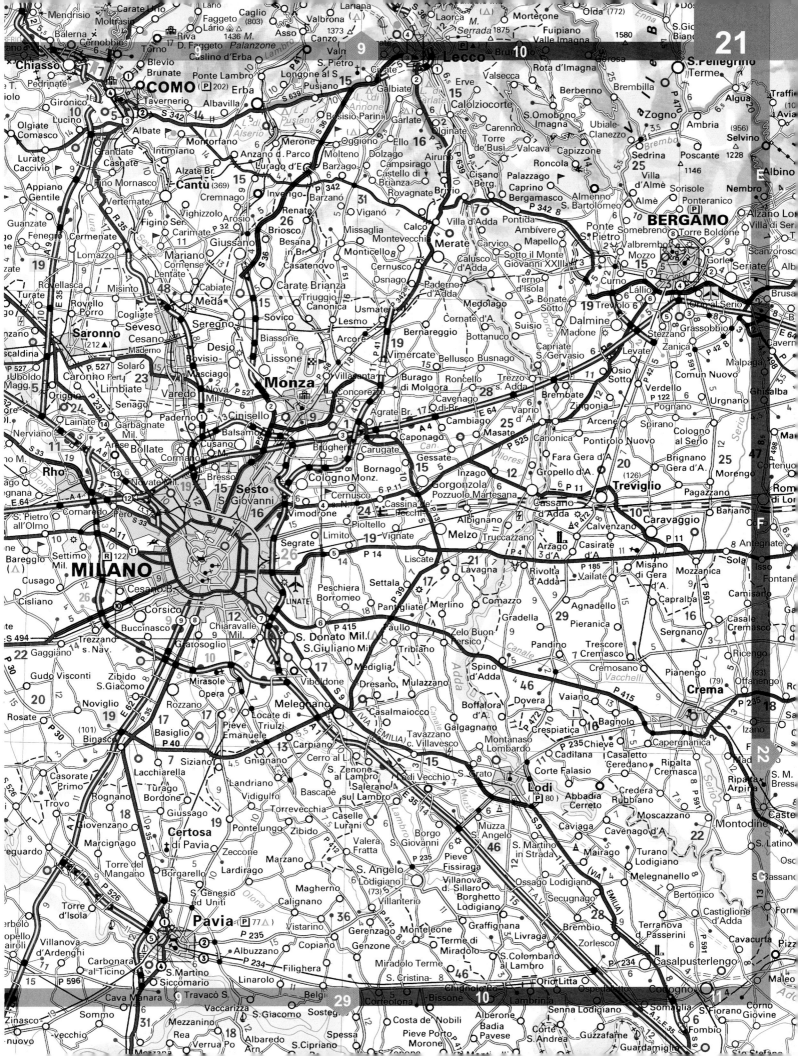

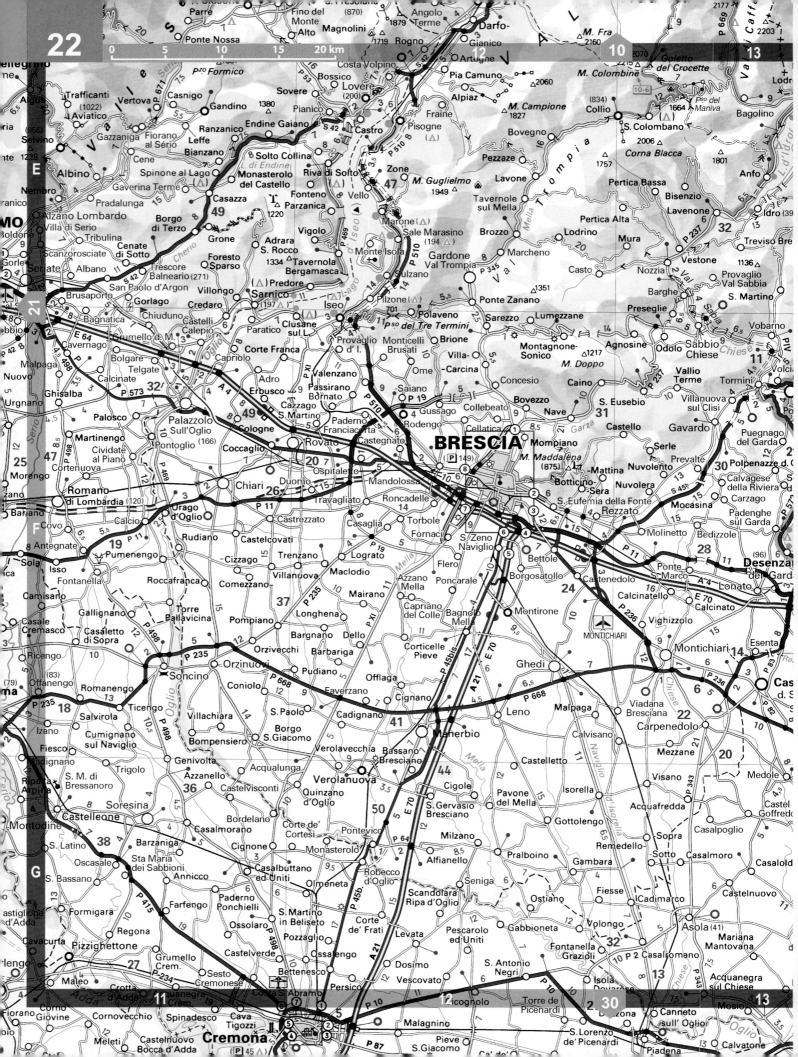

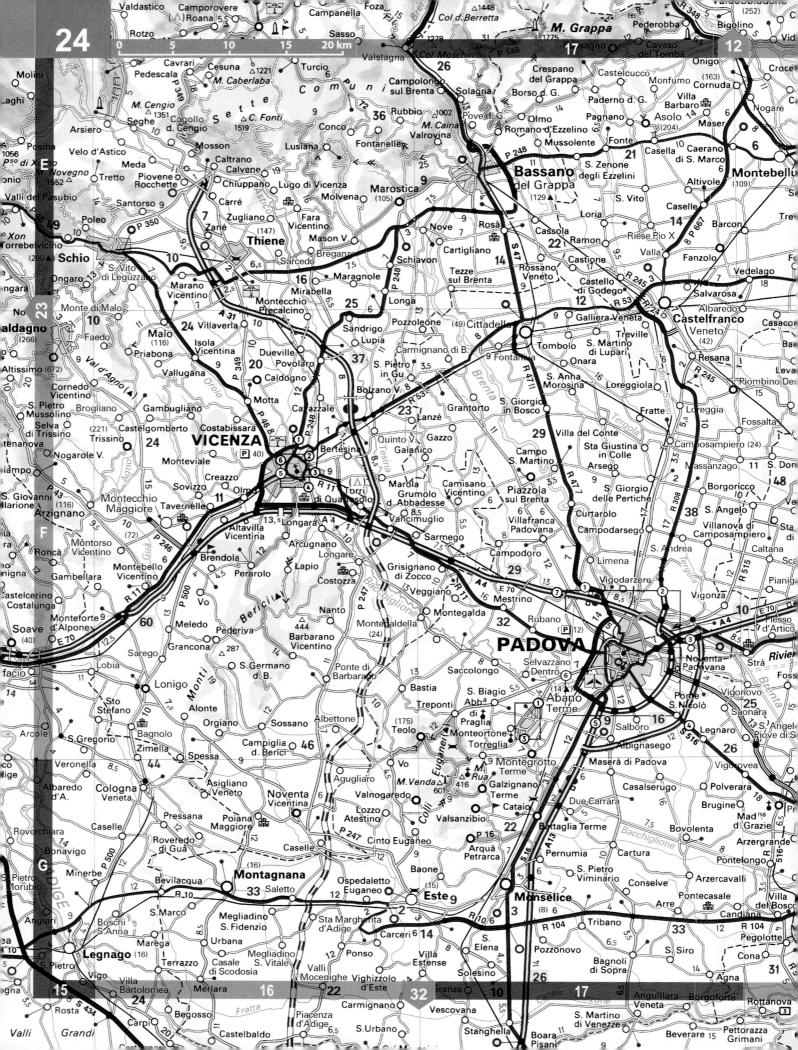

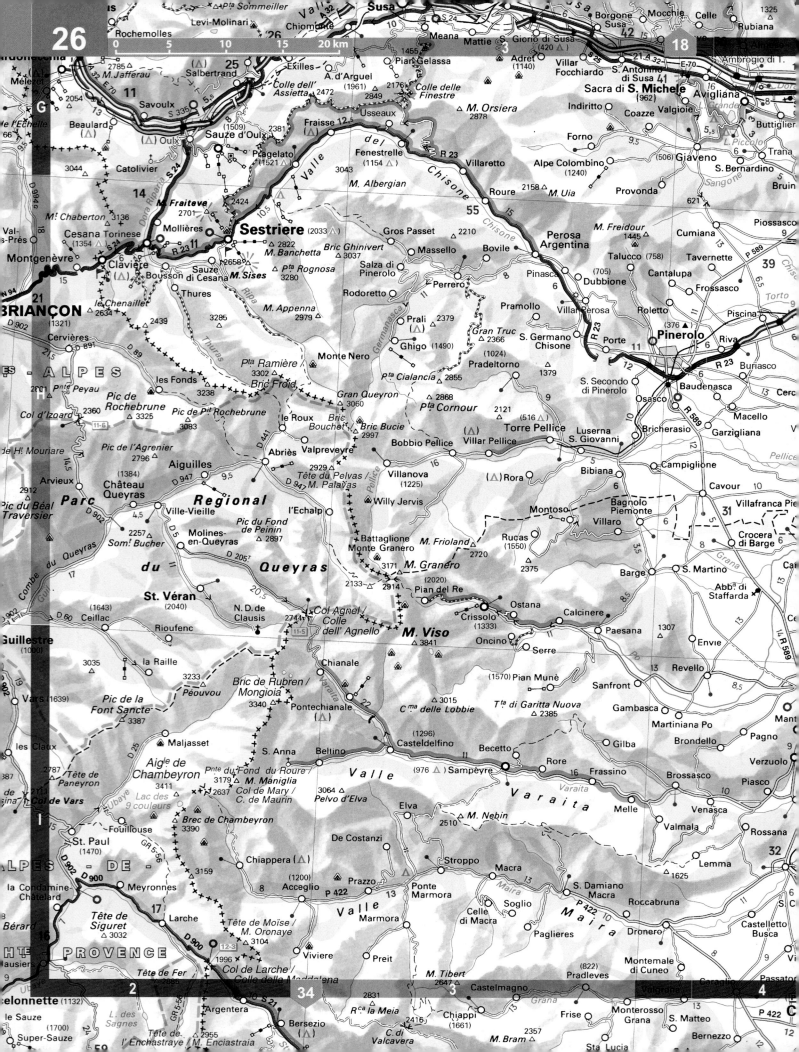

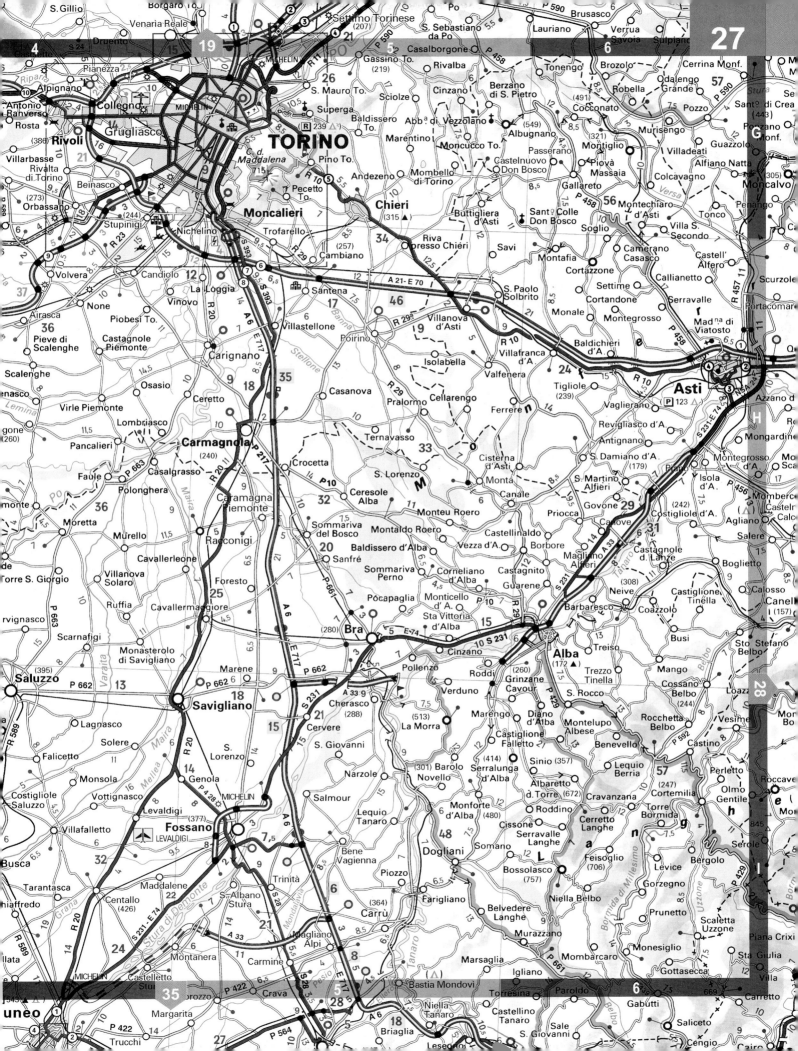

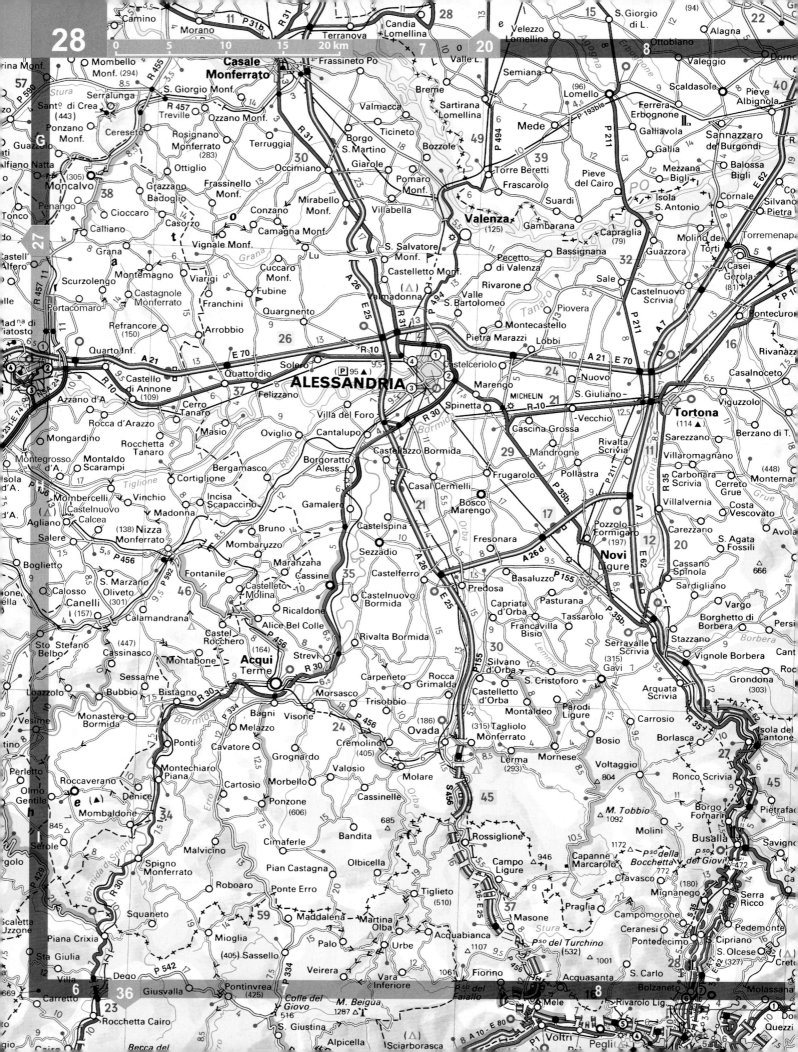

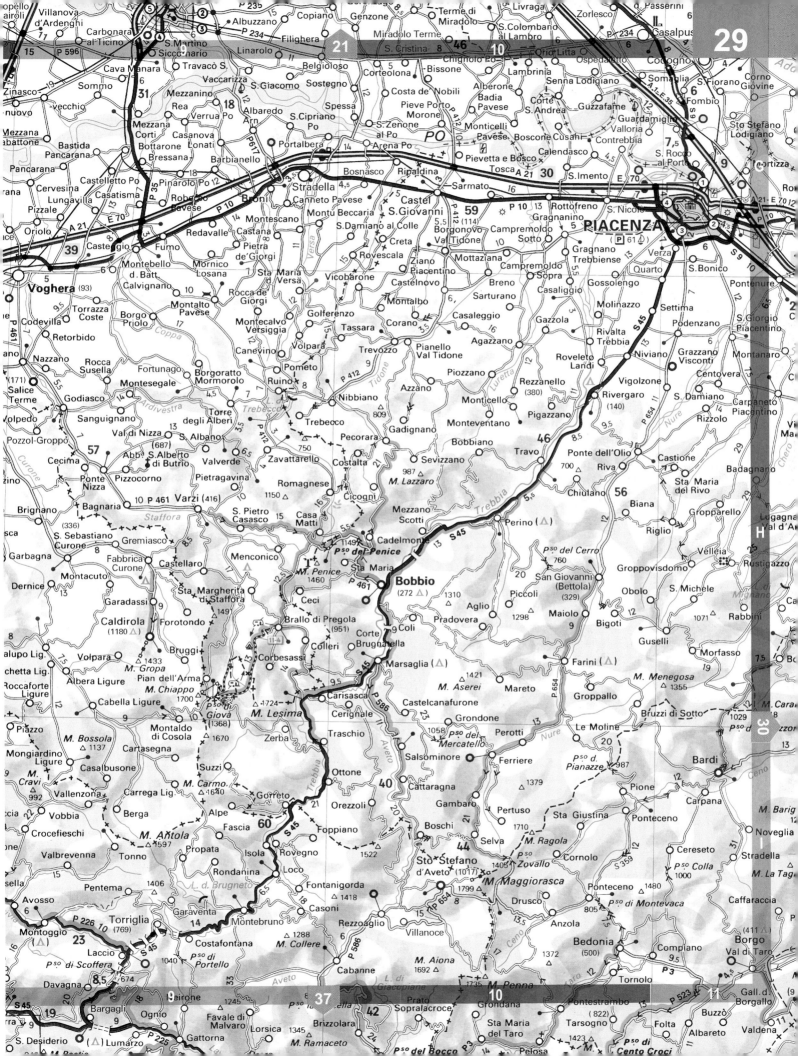

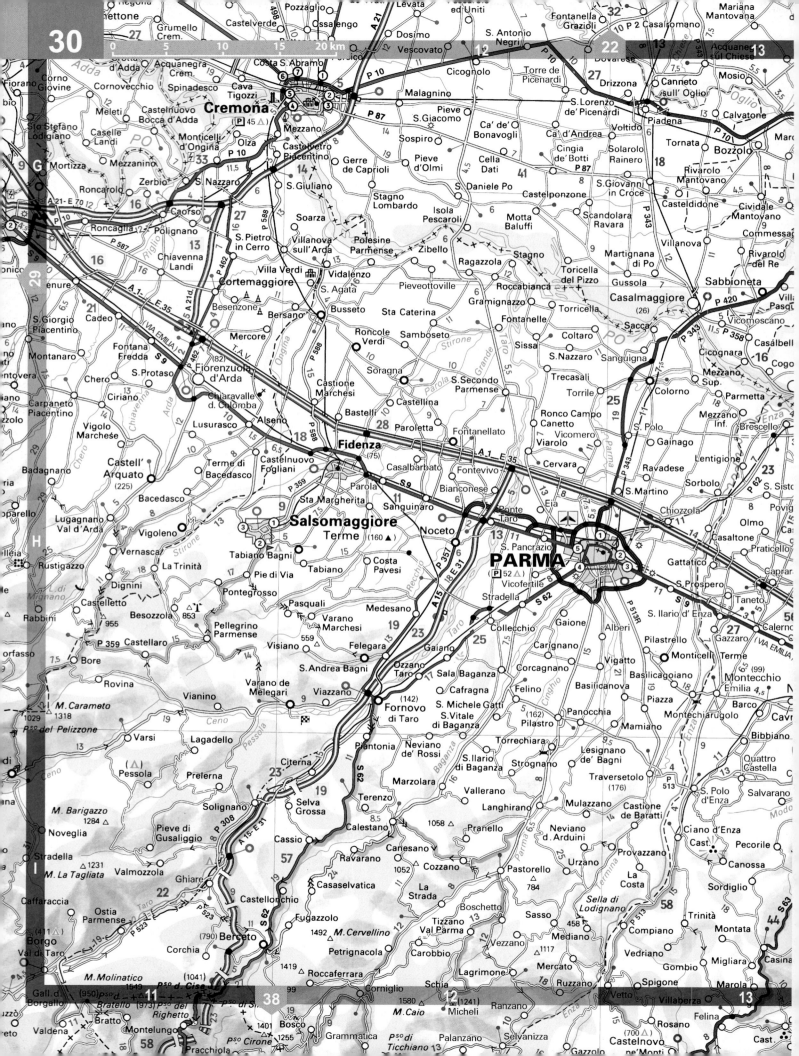

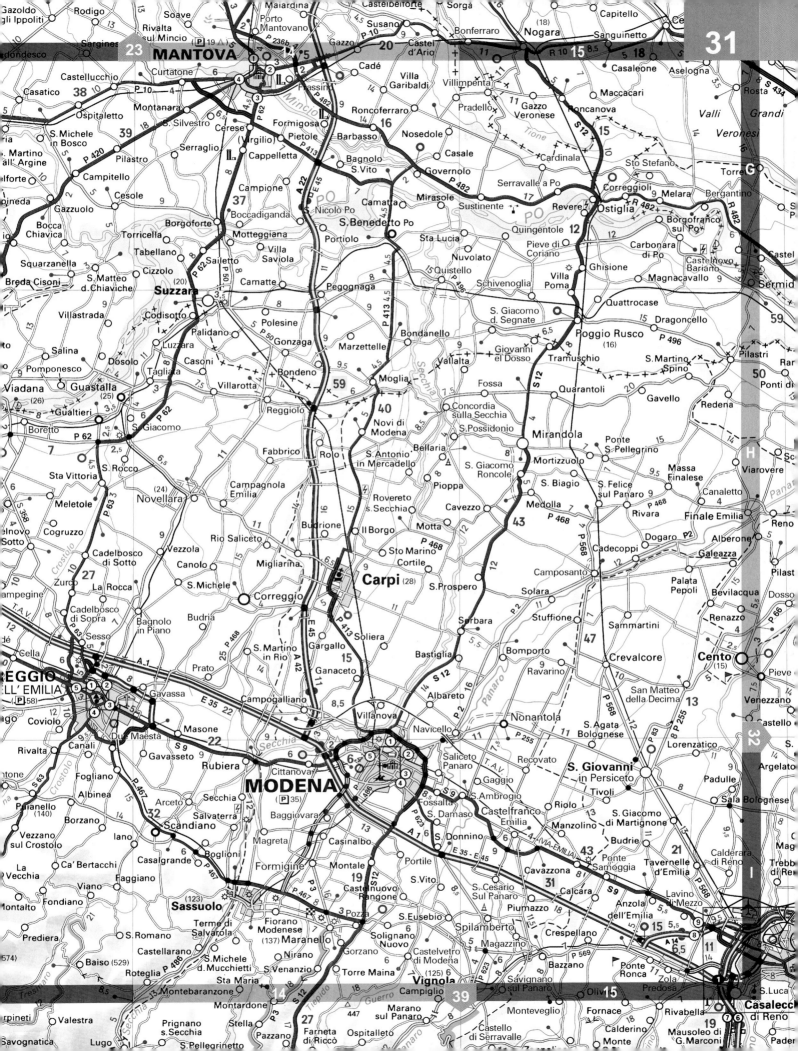

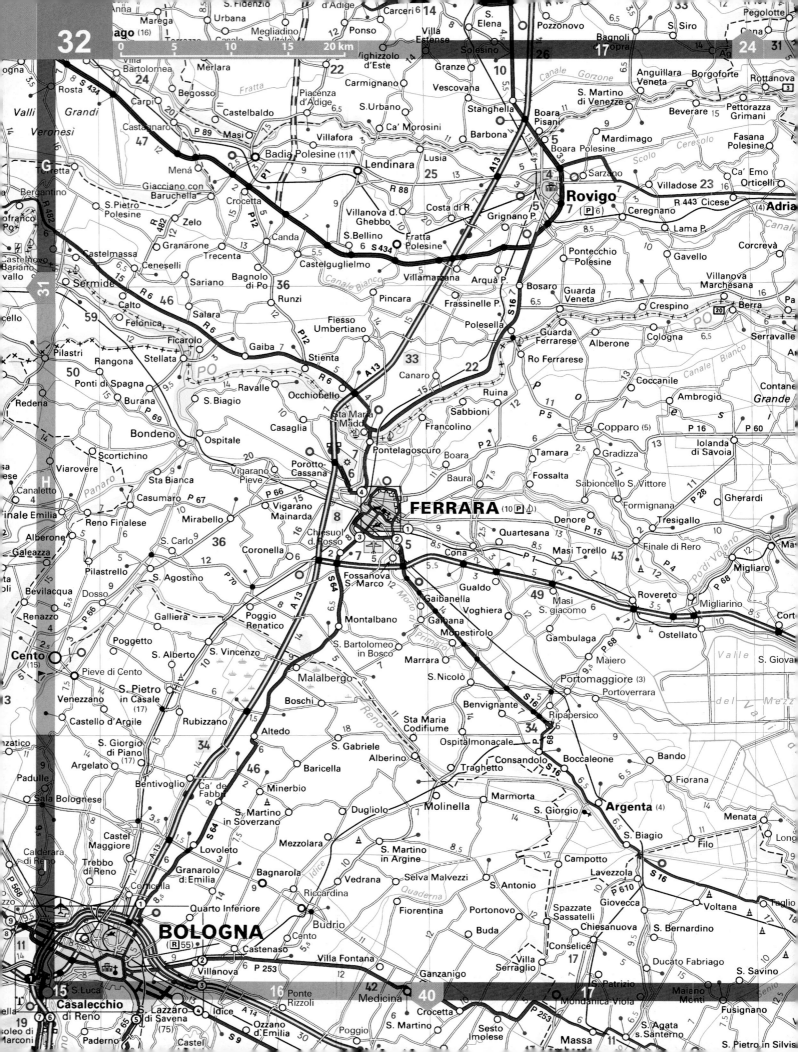

Cantarana
Ca' Bianca
Foce d. Brenta
Isola V
26
Martinelle
17
S. Anna
Isola V
ADIGE
16
S. Pietro
Cavanella d'Adige
Ca' Briani
Rosapineta (△)
Rosolina Mare (▲ △)
Tornova
Caleri
Norge Polesine
Isola Albarella
Loreo
Rosolina
15
13
Donada
Ca Cappello
Foce del Po di Levante
Bianco
Cavanella Po
Bottrighe
Porto Levante
Mazzorno
Donzella
Scanarello
Foce del Po di Maistra
Taglio di Po
Porto Viro
Contarina
(2)
bola
Boccasette
Isola d'Ariano
Piano
9,5
Pila
Bocche d. Po d. Pila
31
28
Ca' Venier
Ca' Zuliani
Ariano nel Polesine (4)
Tolle
5,5
Ferrarese
Riva
Porto Tolle
Po di Pila
Massenzatica
Segalare
Isola della Donzella
Ca' Mello
Scardovari
Isola di Polesine
Ferrarese
Mesola
Polesine Camerini
Po d Tolle
zzogoro
Bosco Mesola
Gnocca
Sacca di Scardovari
Italba
Oca
Cassella
Bonelli
P 68
Goro
Abb° di Pomposa
Bosco d. Mesola
Gnocchetta
Bocca del Po delle Tolle
P 68
6
Codigoro (4)
Taglio d. Falce
Gorino
Fiscaglia
Volano
Bocche del Po di Gnocca
Vaccolino
Lido di Volano
Marozzo
Valle Bertuzzi
Bacucco
Bocca del Po di Goro
P 15
16
Lagosanto
Lido d. Nazioni
Volania
S. Giuseppe
Lido di Pomposa
Lidi Ferraresi
Spina
Lido d. Scacchi
Comacchio
Porto Garibaldi
Saline
Lido d.Estensi
Lido di Spina
Comacchio
Foce del Reno
(▲)
trino
Anita
Cippo di A. Garibaldi ■
Mandriole
28
Casal Borsetti
S. Alberto
Reno
Cruser
Savarna
Marina Romea
Alfonsine
Porto Corsini
Torri
Marina di Ravenna
Pineta S. Vitale
38
Carmerlona
18
41
19
Borgo Fusara
Punta Marina
Lamone
S.309

0 5 10 15 20 km

Ceranesi • Pedemonte
Martina Olba • Acquabianca • S. Olcese
Mioglia • Palo (405) Sassello • Urbe Pso del Turchino (532) Pontedecimo • S. Cipriano
669 Vila Carretto Giusvalla Pontinvrea (425) Colle del Giovo M. Beigua Pso del Faiallo 1107 9,5 Var. Inferiore 7 8 Carlo Molassana
23 10 Rocchetta Cairo 8,5 516 1287 Mele 16 Bolzaneto
Cairo S 29 Becca del Tesoro 855 S. Giustina Alpicella Sciarborasca 8 A 10 - E 80 Rivarolo Lig. 6
Millesimo Montenotte Corona P 542 18 Pero 33 P1 Voltri Quezz.
8 Carcare Ferrania Stella S. Martino Arenzano Prà Pegli 4 1
A 6 Plodio 6 Santuario 15 6 Cogoleto Sestri Ponente 16 75
Montenotte Superiore Ellera P 334 S Invrea 12 Sampierdarena 10
Ronchi Pallare 14 Albisola Superiore 1 Celle Ligure Boccadasse GENOVA Quint al Mar
35 A 6-E 717 3 Albissola Marina (R)
Roviasca 15 P 29 Savona (P)
Quiliano 6 4
Mallare 5 Zinola
Bormida Segno A 10-E 80 Vado Ligure Calvi-Bastia
Piano dei Corsi 1028 S. Giorgio 4 Capo di Vado Ile Rousse
Rialto Feglino Bergeggi Valletta
P 490 3,5 I. di Bergeggi Barcelona
Calice Lig. Portio Spotorno Bastia Palau
Gorra Noli Porto Torres
S. Giacomo Gorra Verezzi Capo di Noli Golfo Aranci, Olbia
Tovo Varigotti Palermo
Verzi 39 Finale Ligure Tunis
Borgio Ver. Tanger
Loano Pietra Lig. Arbatax
Borghetto Sto Spirito
Ceriale GOLF
pochiesa
Albenga DI GEN
I. Gallinara
Sta Croce P O N E N T E
sio
le
a
D I
K

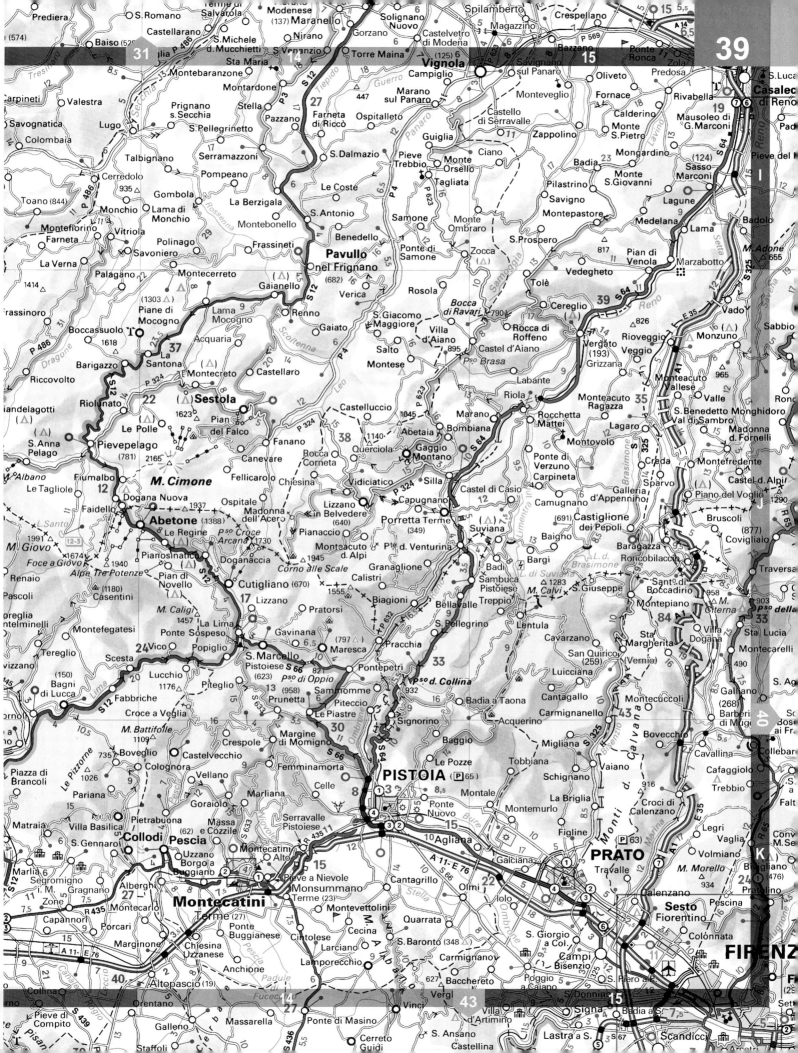

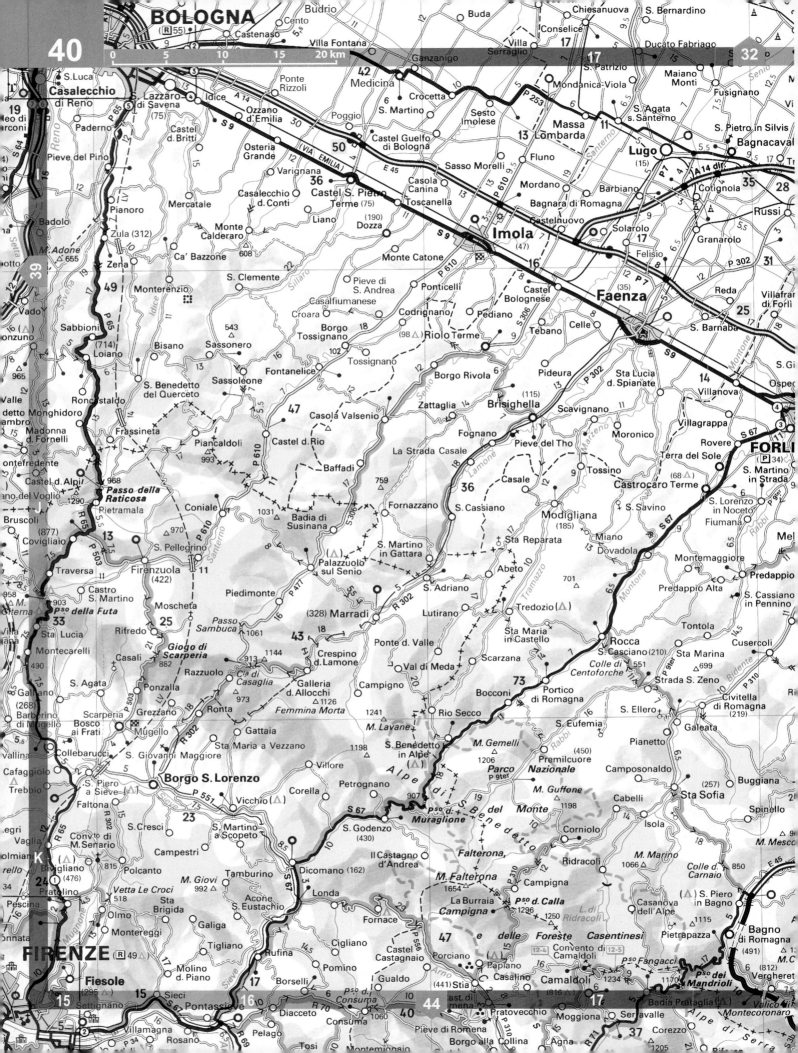

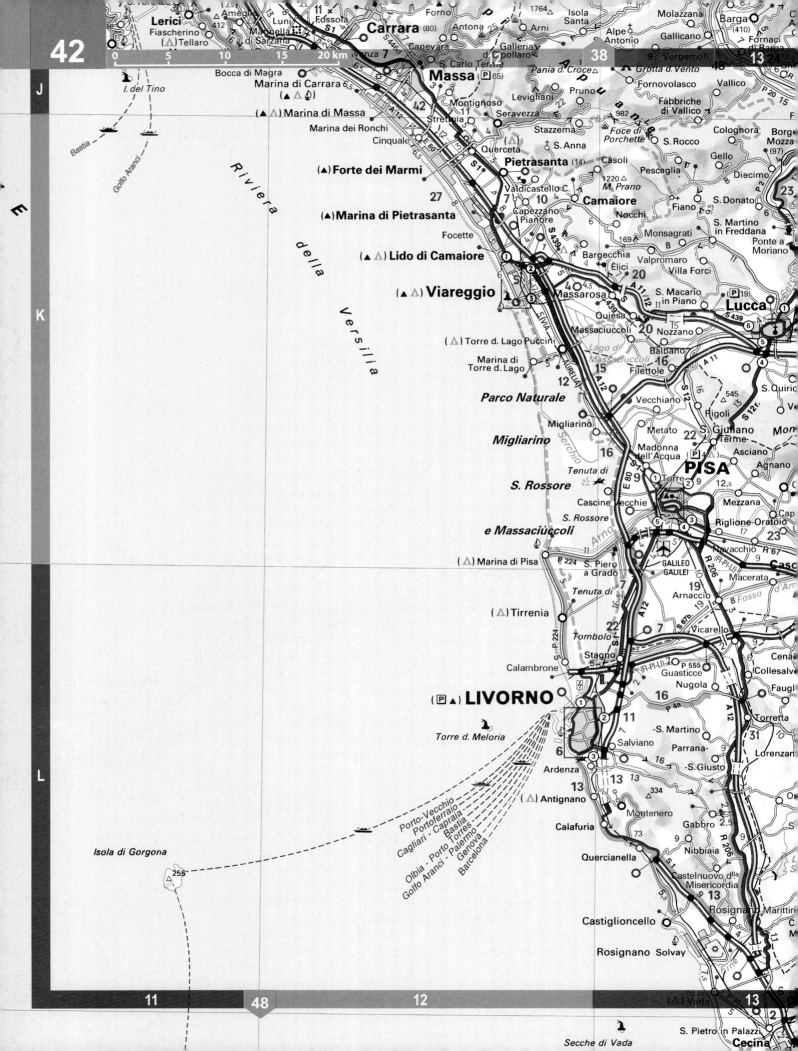

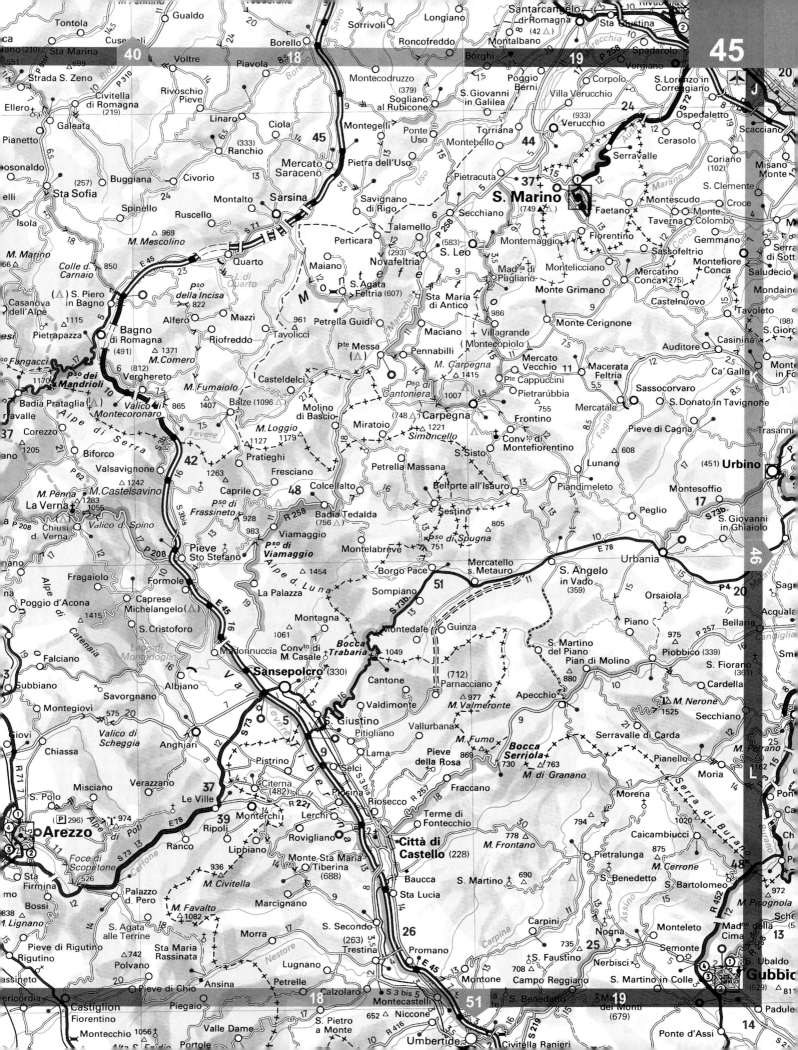

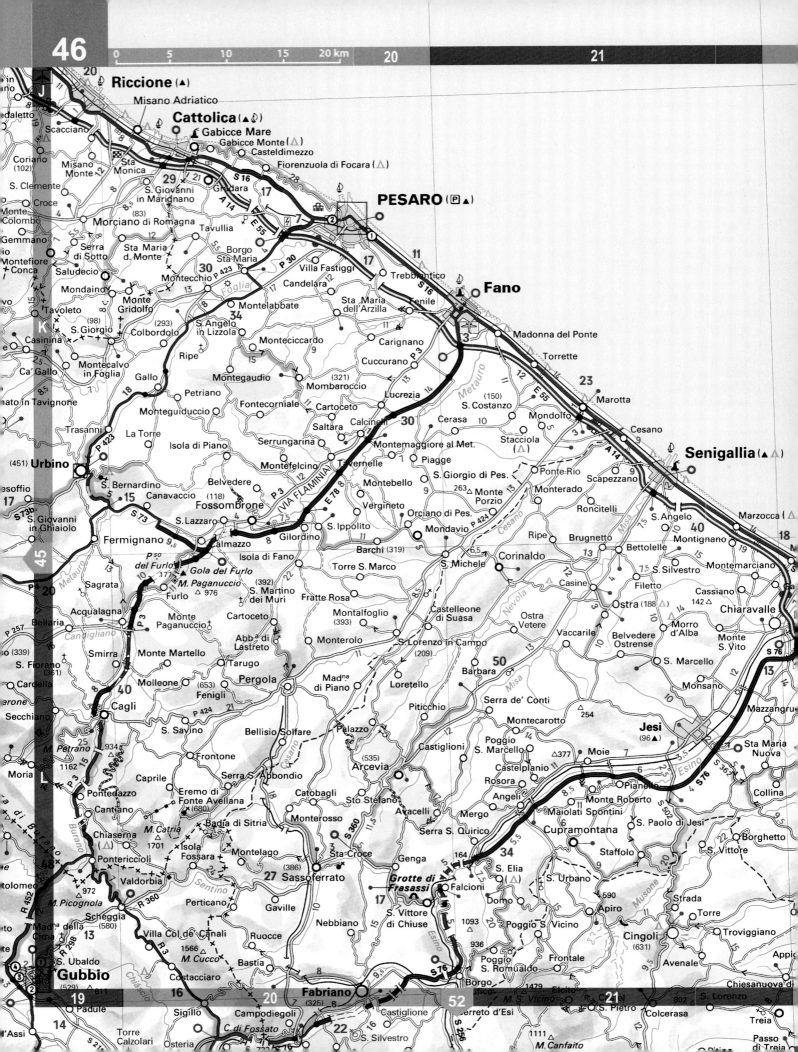

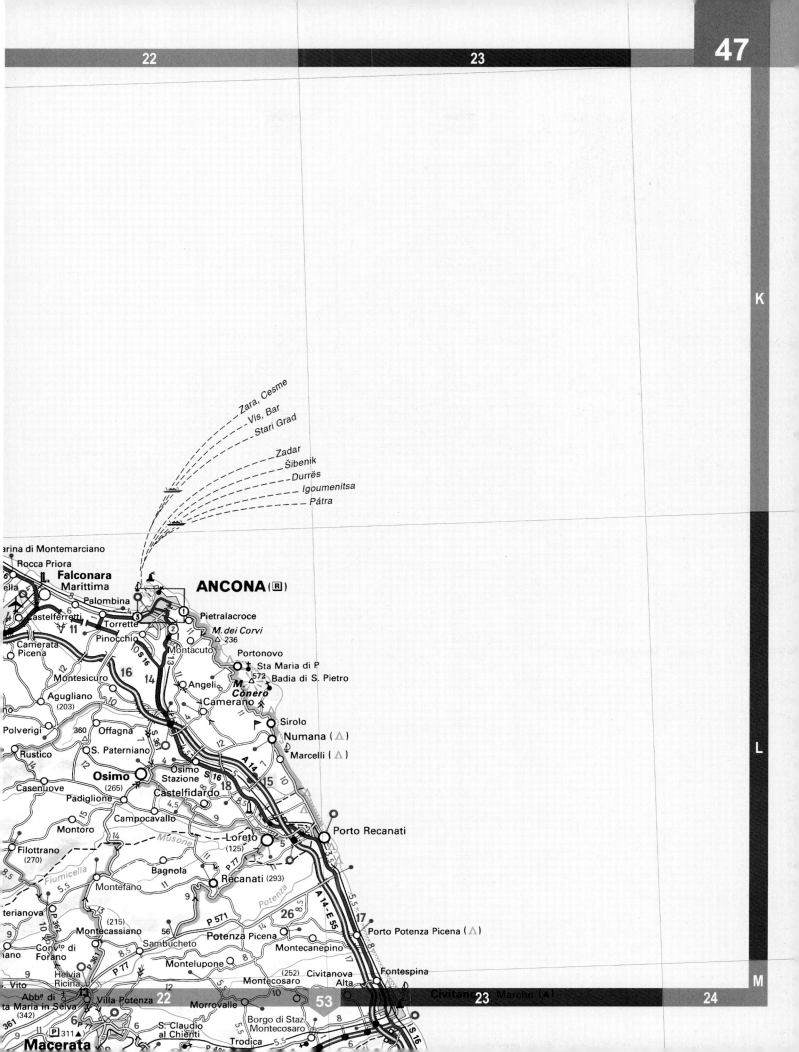

K

Zara, Cesme
Vis, Bar
Stari Grad

Zadar
Šibenik
Durrës
Igoumenitsa
Pátra

arina di Montemarciano
Rocca Priora
Falconara
Marittima
Palombina
Castelferretti
Torrette
11　Pinocchio
Camerata　**ANCONA** (Ⓡ)
Picena　Pietralacroce
Montesicuro　*M. dei Corvi*
16　**14**　△ 236
Montacuto
Agugliano　Angeli　Portonovo
(203)　Sta Maria di P
572　Badia di S. Pietro
Polverigi　360　Offagna　*M.*
Rustico　*Conero*
S. Paterniano　Camerano
Sirolo
Osimo　Osimo　Numana (△)
(265)　Stazione
Casenuove　Marcelli (△)
Padiglione　Castelfidardo
Campocavallo　**15**
Montoro
Filottrano　Loreto　Porto Recanati
(270)　(125)
Bagnola
Montefano　Recanati (293)
26　**17**
Montecassiano　Porto Potenza Picena (△)
(215)
Conv.to di　Sambucheto
Forano　Montelupone　Montecanepino
Helvia　Fontespina
Ricina　(252)　Civitanova
Montecosaro　Alta
22　**53**　**23** Marche (▲)　**24**
Villa Potenza　Morrovalle
Abb.a di
ta Maria in Selva　Borgo di Staz.
(342)　Montecosaro
311 ▲　S. Claudio　Trodica
Macerata　al Chienti

L

M

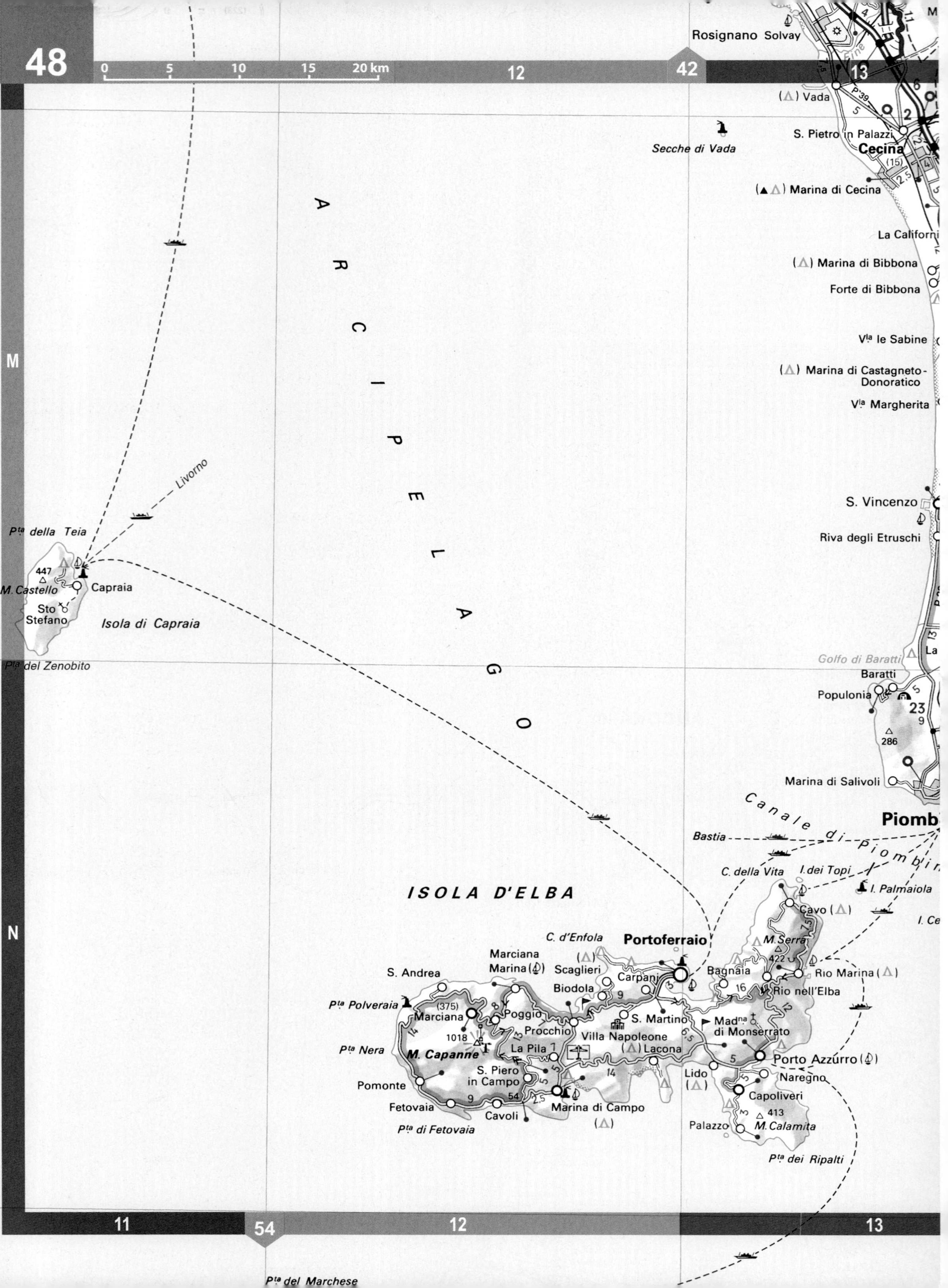

A
R
C
I
P
E
L
A
G
O

Livorno

P.ta della Teia

447
△
M. Castello
△ Capraia
Sto
Stefano

Isola di Capraia

P.ta del Zenobito

ISOLA D'ELBA

C. d'Enfola
Portoferraio
Marciana
Marina (⚓)
S. Andrea
Scaglieri
Biodola
Carpani
Bagnaia
P.ta Polveraia
(375)
Marciana
Poggio
S. Martino
Mad.na
di Monserrato
1018
Procchio
Villa Napoleone
Rio nell'Elba
P.ta Nera
La Pila
Lacona
M. Capanne
S. Piero
in Campo
Lido
(△)
Porto Azzurro (⚓)
Pomonte
54
14
Naregno
Fetovaia
Cavoli
Marina di Campo
(△)
Capoliveri
413
P.ta di Fetovaia
Palazzo
M. Calamita
P.ta dei Ripalti

Rosignano Solvay

(△) Vada
S. Pietro in Palazzi
Cecina
Secche di Vada
(15)

(▲ △) Marina di Cecina

La Californi

(△) Marina di Bibbona
Forte di Bibbona

V.la le Sabine

(△) Marina di Castagneto-
Donoratico
V.la Margherita

S. Vincenzo
Riva degli Etruschi

13

Golfo di Baratti
Baratti
Populonia
23
9
△
286

Marina di Salivoli

Canale di Piombino

Piomb

Bastia
C. della Vita
I. dei Topi
I. Palmaiola
M. Serra
422
Cavo (△)
I. Ce
Rio Marina (△)
16

P.ta del Marchese

M

N

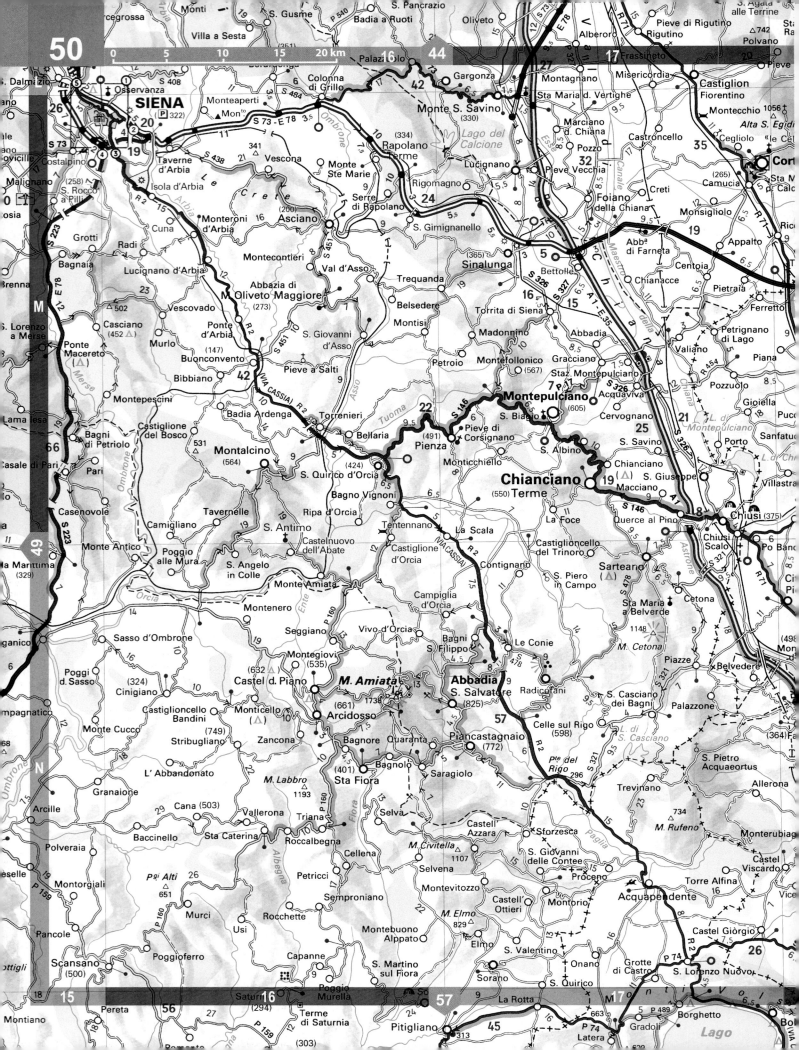

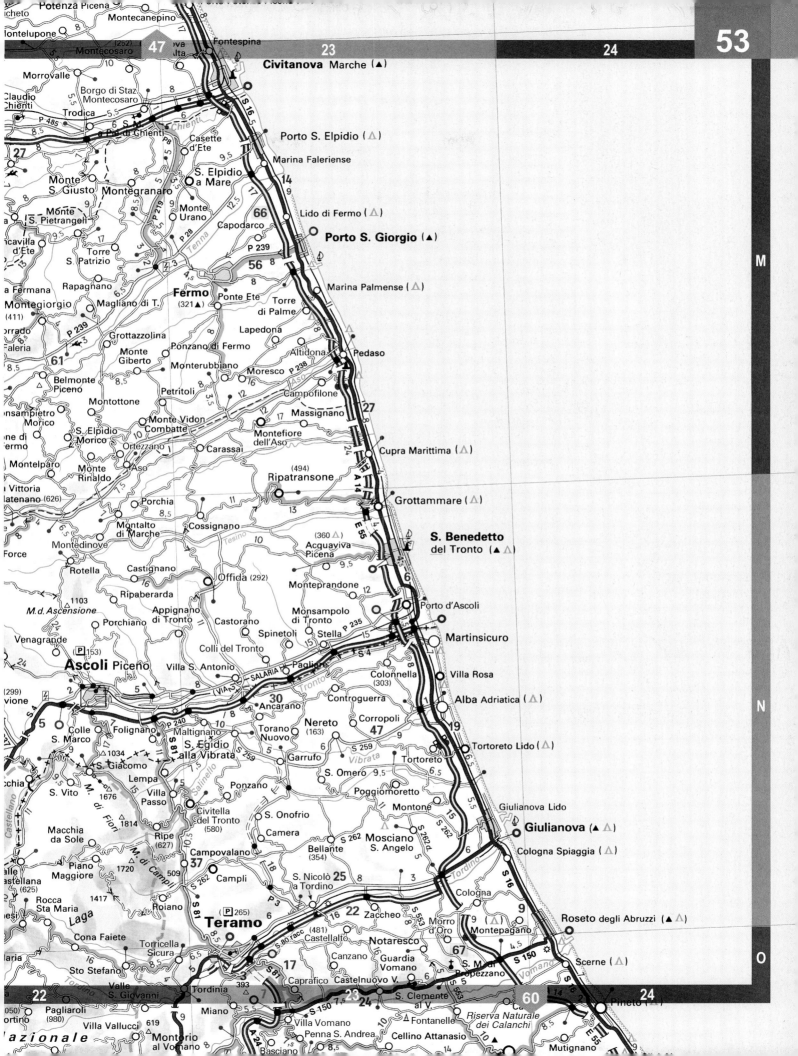

Potenza Picena
Montecanepino
Montelupone
Montecosaro
Morrovalle
Borgo di Staz.
Montecosaro
Claudio
Chienti
Trodica
Fontespina
Civitanova Marche (▲)
Pie di Chienti
27
Casette
d'Ete
Porto S. Elpidio (△)
Monte
S. Giusto
Montegranaro
S. Elpidio
a Mare
Marina Faleriense
14
Monte
S. Pietrangeli
Monte
Urano
66
Lido di Fermo (△)
cavilla
d'Ete
Torre
S. Patrizio
Capodarco
P 239
Porto S. Giorgio (▲)
Fermana
Rapagnano
56
Marina Palmense (△)
Montegiorgio
Magliano di T.
Fermo
(321▲)
Ponte Ete
Torre
di Palme
rrado
Faleria
61
Grottazzolina
Lapedona
Monte
Giberto
Monte
Vidon
Combatte
Monterubbiano
Altidona
Pedaso
Belmonte
Piceno
Moresco
P 238
Montottone
Petritoli
Campofilone
onsampietro
Morico
S. Elpidio
Morico
Massignano
27
one di
Fermo
Montefiore
dell'Aso
Carassai
Cupra Marittima (△)
Montelparo
Aso
Monte
Rinaldo
Ripatransone
(494)
A 14
Vittoria
latenano (626)
Porchia
Grottammare (△)
Force
Montedinove
Montalto
di Marche
Cossignano
Tesino
(360 △)
E 55
Acquaviva
Picena
S. Benedetto
del Tronto (▲ △)
Rotella
Castignano
Offida (292)
Montprandone
Porto d'Ascoli
M.d. Ascensione
Ripaberarda
Porchiano
Appignano
di Tronto
Castorano
Monsampolo
di Tronto
Venagrande
Spinetoli
Stella
P 235
Colli del Tronto
Martinsicuro
Ascoli Piceno
Villa S. Antonio
SALARIA
Pagliare
S 4
vione
Ancarano
Colonnella
(303)
Villa Rosa
Colle
S. Marco
Folignano
Maltignano
Torano
Nuovo
Nereto
(163)
Controguerra
Corropoli
47
Alba Adriatica (△)
S. Giacomo
S. Egidio
alla Vibrata
Garrufo
Vibrata
Tortoreto
19
Tortoreto Lido (△)
Lempa
Villa
Passo
Ponzano
S. Omero
Poggiomoretto
Montone
Giulianova Lido
Macchia
da Sole
Civitella
del Tronto
(580)
S. Onofrio
Camera
Mosciano
S. Angelo
Giulianova (▲ △)
Piano
Maggiore
Campovalano
Bellante
(354)
Cologna Spiaggia (△)
Rocca
Sta Maria
Ripe
(627)
Campli
S. Nicolò
a Tordino
25
Zaccheo
Cologna
Roiano
37
P 265
Teramo
(481)
22
Morro
d'Oro
Montepagano
Roseto degli Abruzzi (▲ △)
Torricella
Sicura
Castellalto
Notaresco
67
Sto Stefano
17
Canzano
Guardia
Vomano
S 150
Scerne (△)
22
Pagliaroli
Valle
S. Giovanni
Tordinia
Miano
23
24
S. Clemente
al V.
60
Pineto (△)
Villa Vomano
Villa Vallucci
Monterio
al Vomano
Basciano
Penna S. Andrea
Cellino Attanasio
Riserva Naturale
dei Calanchi
Mutignano
azionale

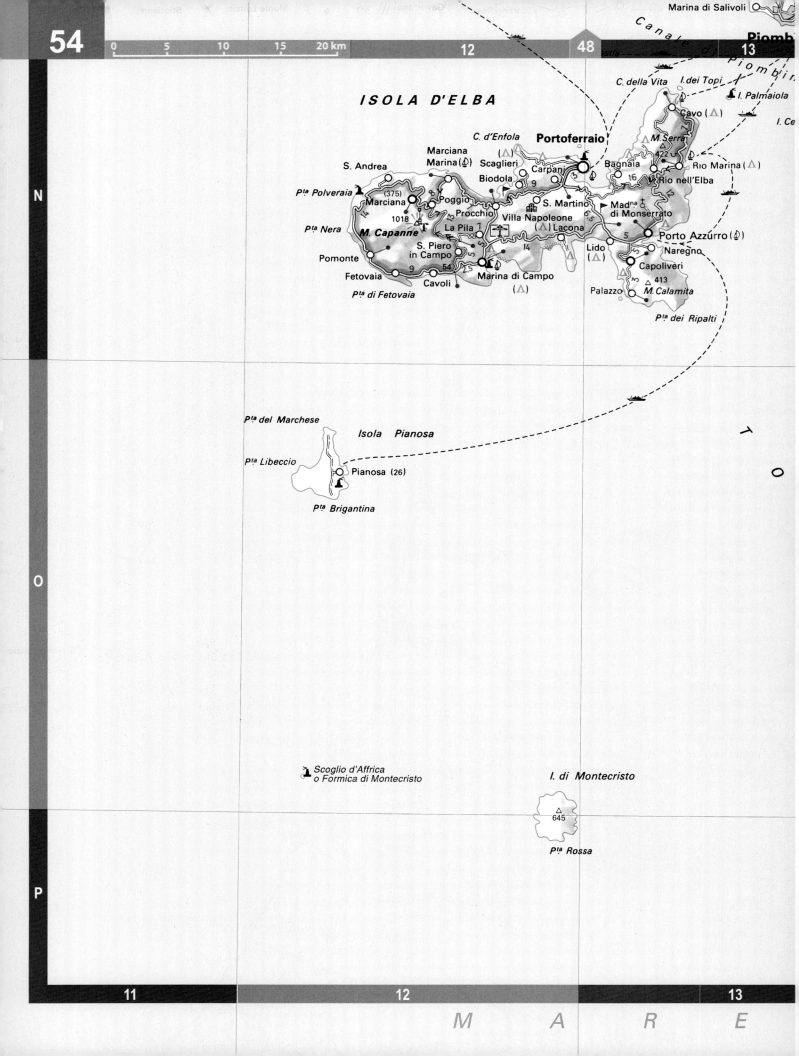

Marina di Salivoli

Canale di Piombino

Piombi

I. Ce

ISOLA D'ELBA

C. della Vita   I. dei Topi
C. d'Enfola   I. Palmaiola
Marciana   **Portoferraio**
Marina   M. Serra
S. Andrea   Scaglieri   Carpani   422
Biodola   Bagnaia
P.ta Polveraia   (375)   9   Rio Marina
Marciana   8   Carpani   Rio nell'Elba
1018   Poggio   S. Martino   16
P.ta Nera   Procchio   Villa Napoleone   Mad.na
M. Capanne   La Pila   1   di Monserrato
S. Piero   Lacona   Porto Azzurro
Pomonte   in Campo   14   Lido
9   54   Naregno
Fetovaia   Marina di Campo   Capoliveri
Cavoli   Palazzo   413
P.ta di Fetovaia   M. Calamita
P.ta dei Ripalti

N

P.ta del Marchese   *Isola Pianosa*

P.ta Libeccio
Pianosa (26)

O

P.ta Brigantina

Scoglio d'Affrica   *I. di Montecristo*
o Formica di Montecristo

△
645

P

P.ta Rossa

M   A   R   E

T
O

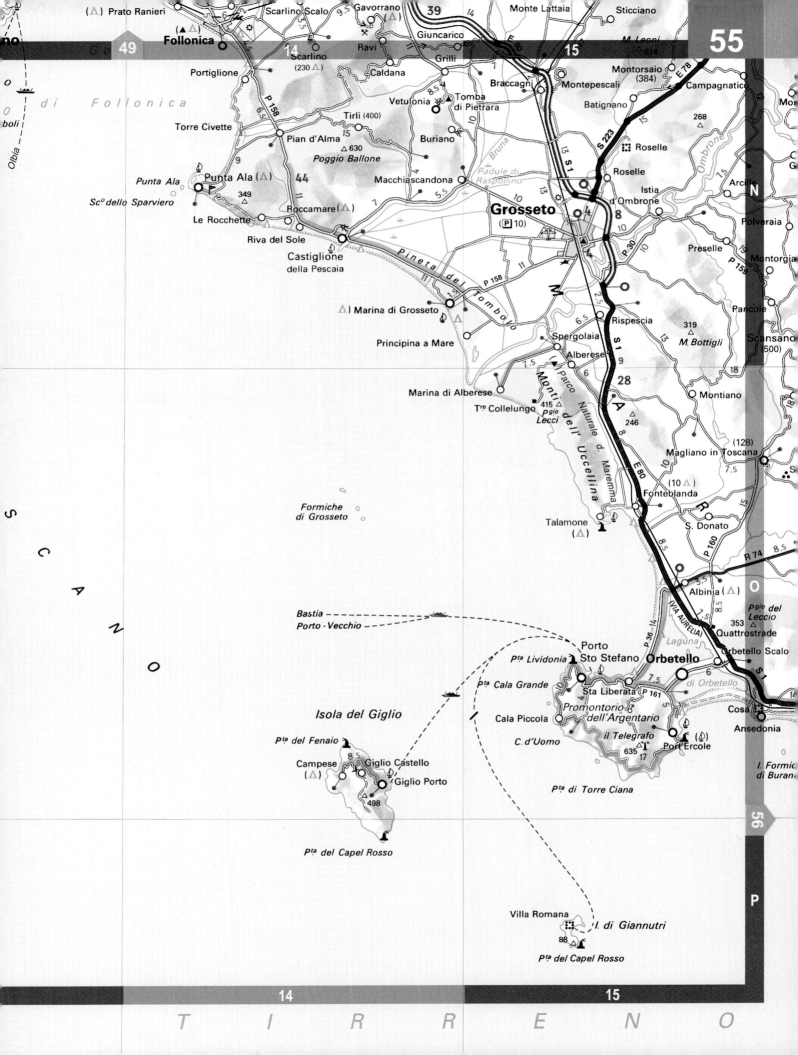

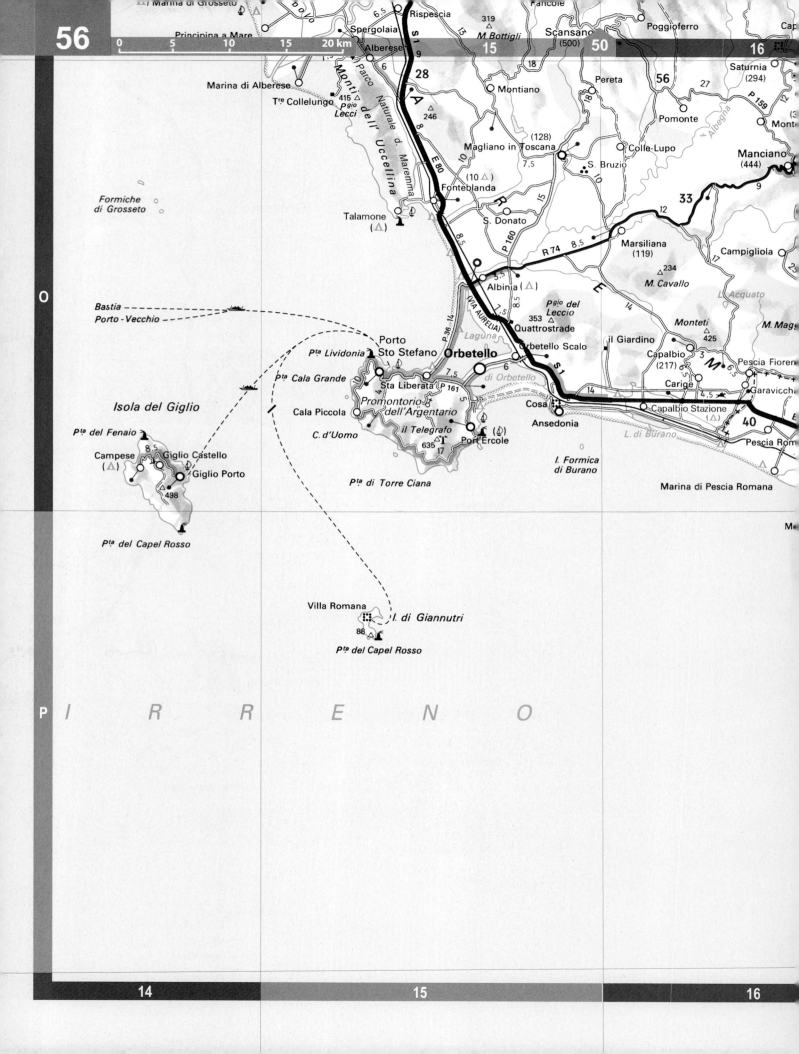

I Marina di Grosseto
Princinina a Mare
Spergolaia
Rispescia
319 △ M. Bottigli
Scansano (500)
Poggioferro
Cap

0   5   10   15   20 km

15   50   16

Alberese

Saturnia (294)

Marina di Alberese
Parco Naturale d. Maremma
28
18
Pereta
56
27
P 159

Tre Collelungo
415 P.gio Lecci
246
Montiano
Magliano in Toscana
(128)
Colle-Lupo
Pomonte
Manciano (444)

Monti dell' Uccellina
10
E 80
7,5
(10 △)
S. Bruzio
P.gio del Leccio
S. Donato
il Giardino
M. Cavallo
L. Acquato

Formiche di Grosseto
Fonteblanda
353
R 74
8,5
Marsiliana (119)
234
Monteti 425
M. Mag

Talamone (△)
8,5
P 160
Quattrostrade
Campigliola

Albinia (△)
5,5
7,5
Orbetello Scalo

Bastia
Porto-Vecchio
Porto Sto Stefano
Orbetello
di Orbetello
Capalbio (217)
3
Pescia Fioren

P.ta Lividonia
7,5
Carige
Garavicch

P.ta Cala Grande
Sta Liberata
P 161
5
Cosa
Capalbio Stazione (△)
4,5
40

Isola del Giglio
Promontorio dell'Argentario
Cala Piccola
C. d'Uomo
il Telegrafo
635   17
Port'Ercole
Ansedonia
L. di Burano
Pescia Rom

P.ta del Fenaio
Campese (△)
8,5
Giglio Castello
Giglio Porto
498
P.ta di Torre Ciana
I. Formica di Burano
Marina di Pescia Romana

P.ta del Capel Rosso

Villa Romana
I. di Giannutri
88 △
P.ta del Capel Rosso

M A R   T I R R E N O

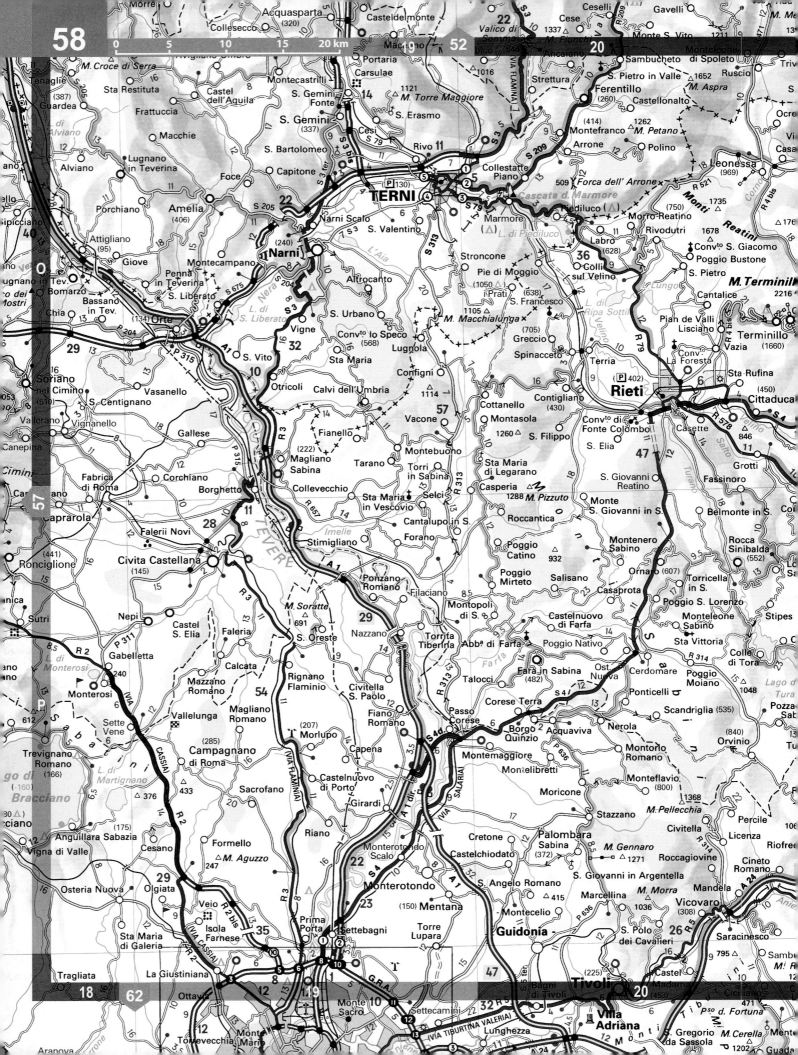

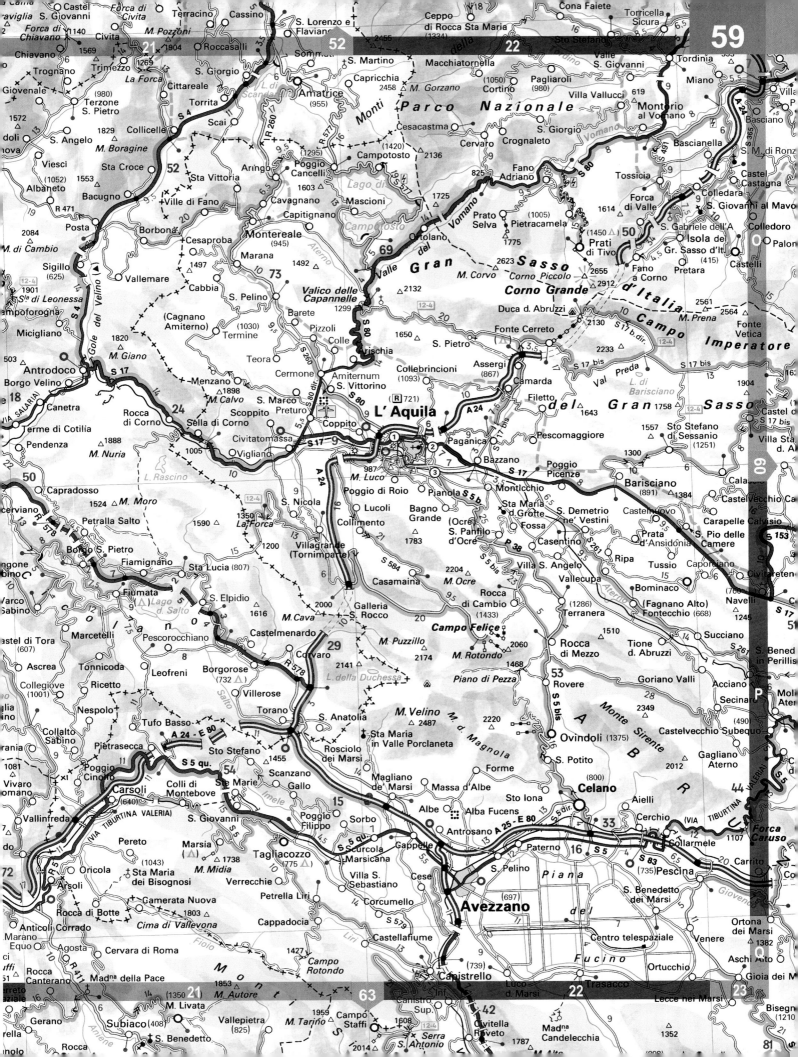

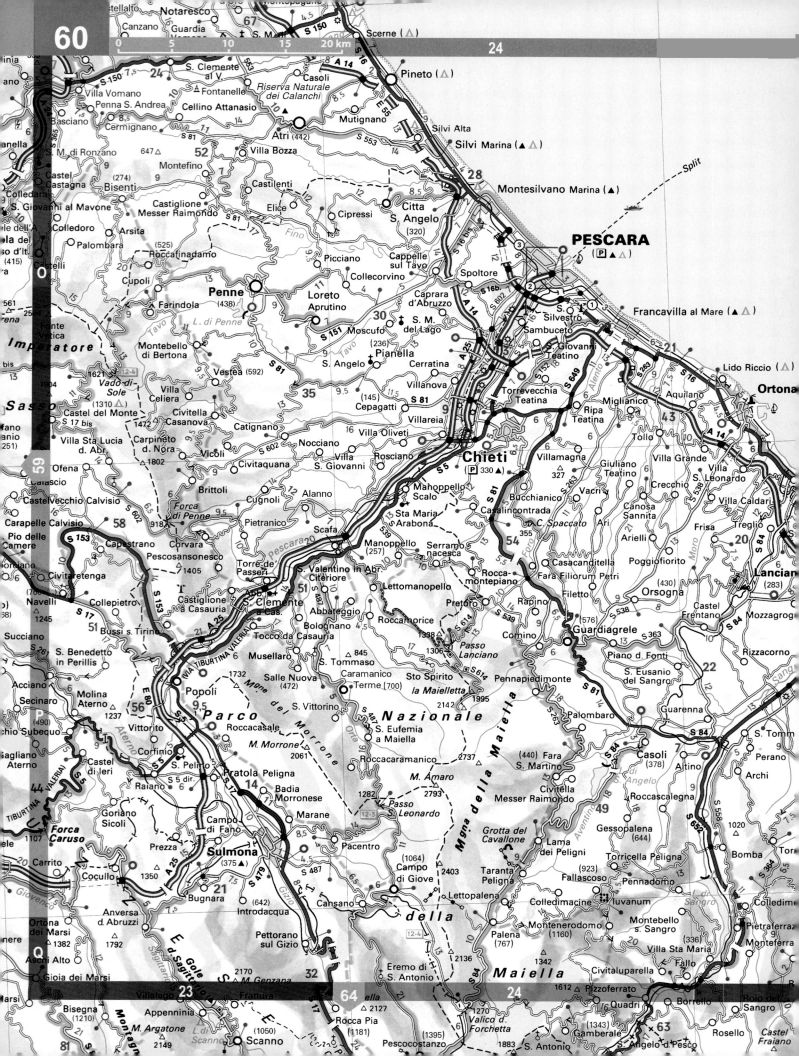

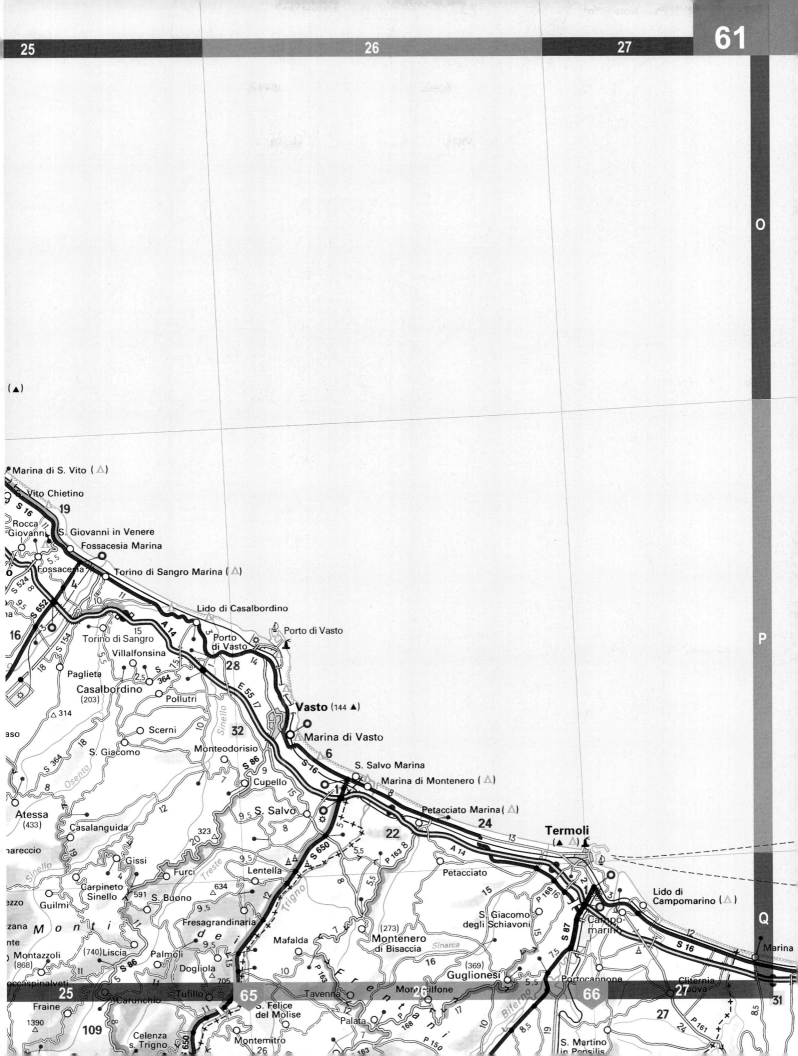

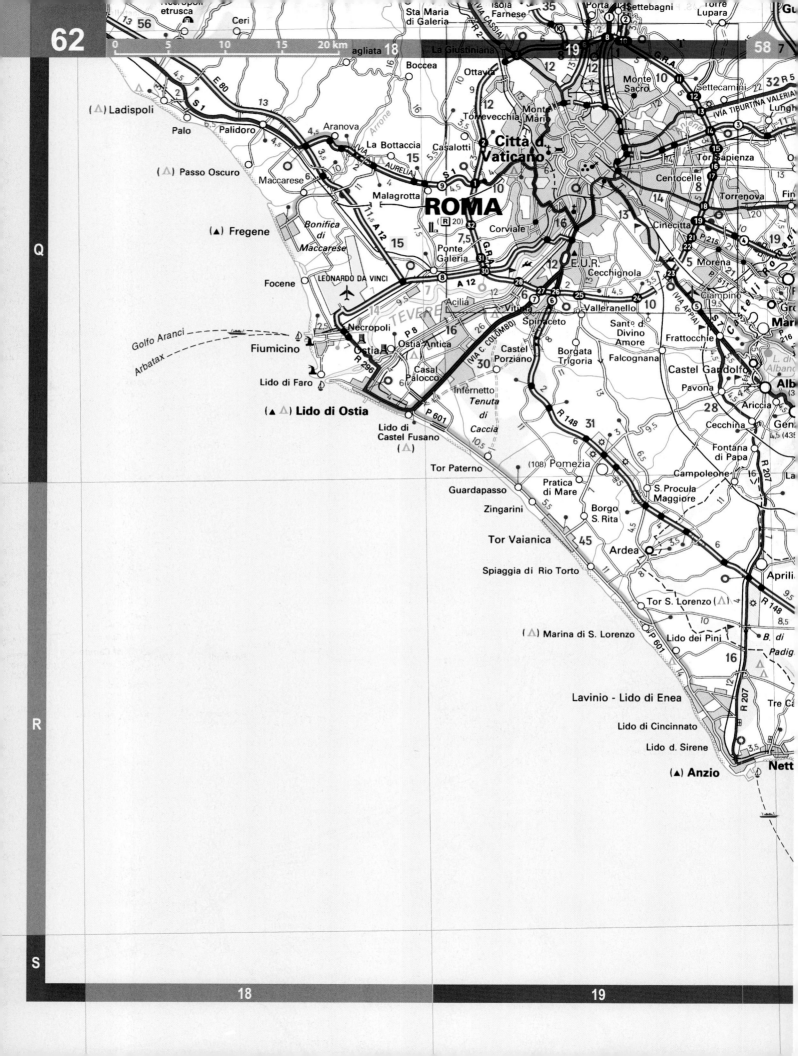

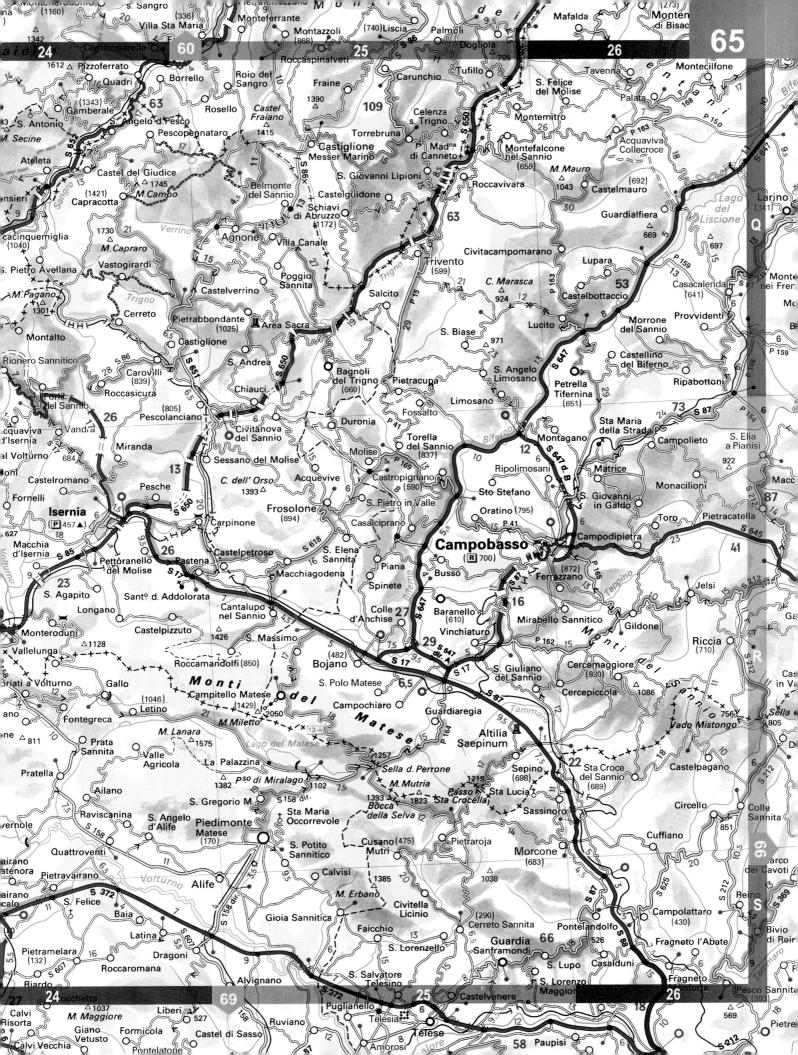

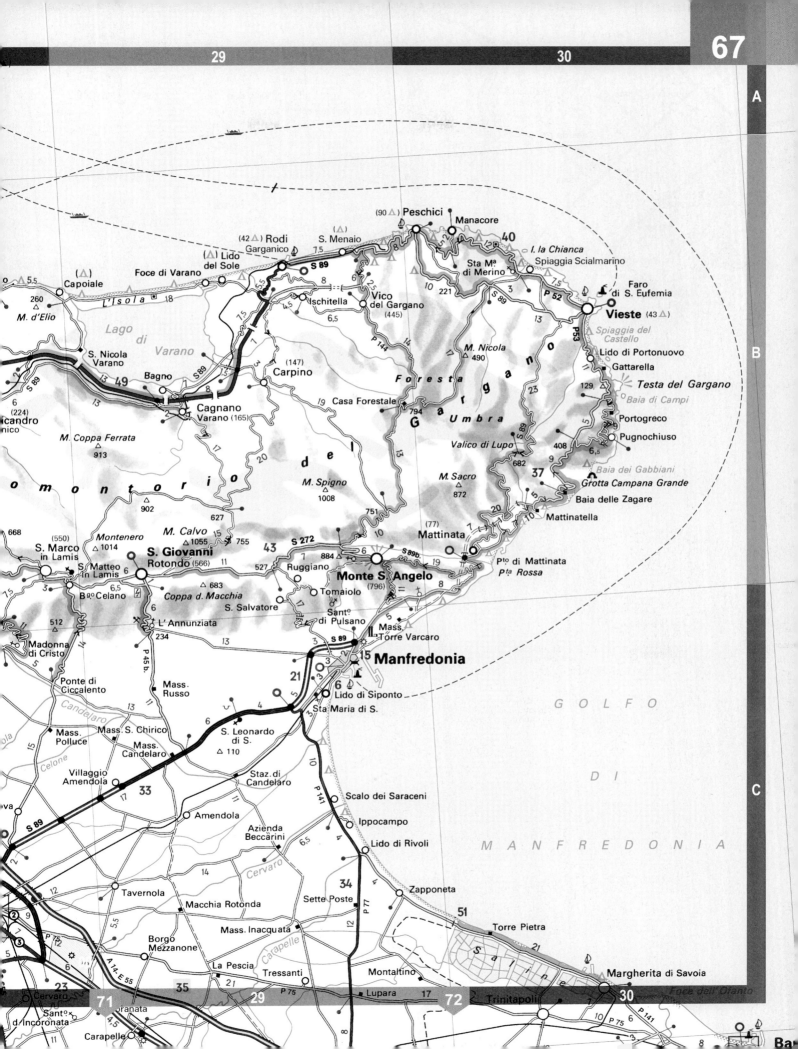

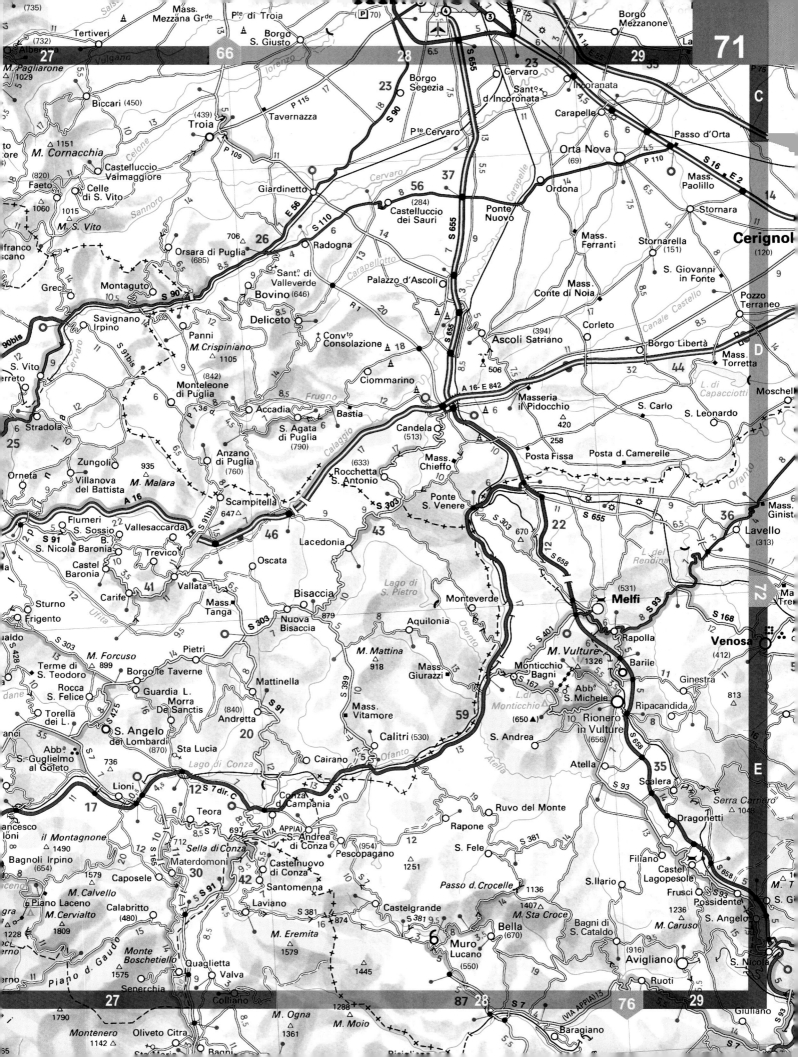

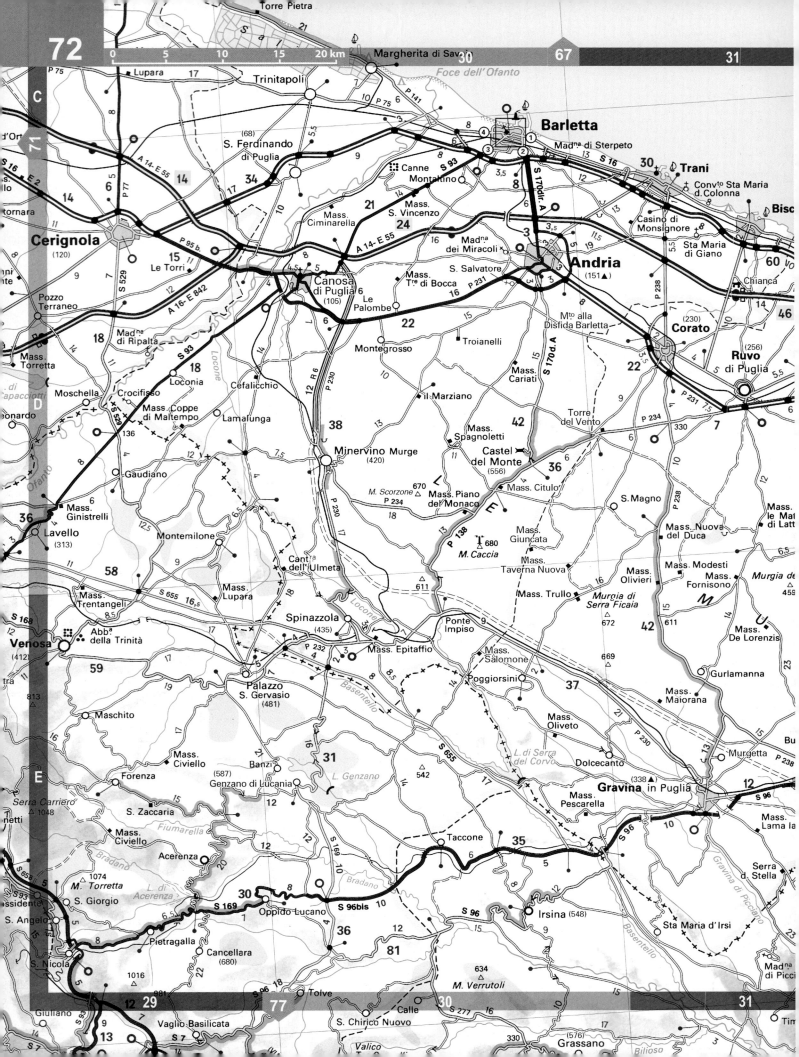

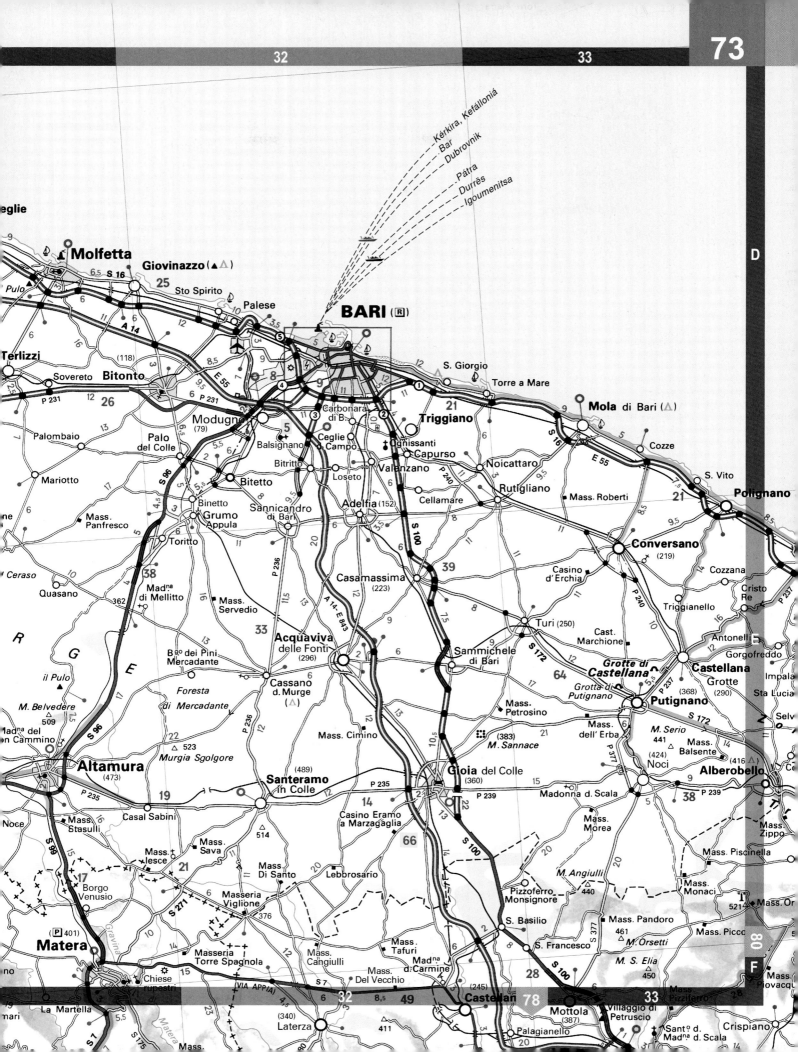

Molfetta
Giovinazzo (▲ △)
Sto Spirito
Pulo
Palese
25
S 16
6,5
A 14
11
4
12
10
3,5
5
BARI (R)
Kérkira, Kefállonia
Bar
Dubrovnik
Pátra
Durrës
Igoumenitsa

Terlizzi
Sovereto
Bitonto
(118)
E 55
8,5
9
S. Giorgio
Torre a Mare
P 231
12
26
6
9,5
P 231
Modugne
(79)
6,5
8
9
12
4
Carbonara di B.
5
11
3
Triggiano
21
Mola di Bari (△)
S 16
E 55
21
Palombaio
13
Palo del Colle
Ceglie del Campo
Ognissanti
Capurso
Noicattaro
Cozze
S. Vito
Polignano
Mariotto
S 98
Balsignano
Bitritto
Valenzano
Rutigliano
Cellamare
Mass. Roberti
17
Bitetto
Loseto
P 240
9,5
8,5
Binetto
Sannicandro di Bari
Adelfia (152)
Mass. Panfresco
4,5
Grumo Appula
6
3,5
S 100
Conversano (219)
Cozzana
Ceraso
Toritto
11
20
6
39
Casino d'Erchia
11
Triggianello
Cristo Re
Quasano
38
Mad.na di Mellitto
362
Casamassima (223)
Turi (250)
Cast. Marchione
Antonelli
Gorgofreddo
il Pulo
B.co dei Pini Mercadante
Mass. Servedio
33
A 14-E 843
12
7,5
S 172
64
Grotte di Castellana
Castellana Grotte (290)
Impa
M. Belvedere 509
S 96
Foresta di Mercadante
Acquaviva delle Fonti (296)
Sammichele di Bari
Grotta di Putignano
(368)
Sta Lucia
Mad.na del n Cammino
17
P 236
Cassano d. Murge (△)
13
Mass. Cimino
Mass. Petrosino
Putignano
M. Serio 441
Mass. Balsente
Selv
22
523
Murgia Sgolgore
12
Mass. dell' Erba
Noci
(424)
Alberobello
(416)
Altamura (473)
S 96
P 236
12
M. Sannace
(383)
21
P 235
19
Casal Sabini
Santeramo in Colle (489)
P 235
14
Gioia del Colle (360)
P 239
Madonna d. Scala
38
P 239
Noce
Mass. Stasulli
16
514
Casino Eramo a Marzagaglia
66
S 100
Mass. Morea
Mass. Zippo
Mass. Sava
Mass. Iesce
21
Mass. Di Santo
Lebbrosario
Pizzoferro Monsignore
M. Angiulli 440
Mass. Piscinella
Mass. Monaci
17
Borgo Venusio
S 271
Masseria Viglione
376
S. Basilio
S 377
Mass. Pandoro 461
M. Orsetti
Mass. Picco
521
Matera
(P) 401
Masseria Torre Spagnola
Mass. Cangiulli
Mass. Tafuri
Mad.na d'Carmine
S. Francesco
M. S. Elia 450
Chiese rupestri
15
(VIA APPIA)
S 7
28
S 100
La Martella
(340)
Laterza
411
(VIA APPIA) 32
8,5
49
Castellan
78
Mottola (387)
Villaggio di Petruscio
Crispiano
S 7
S 175
Palagianello
Santo d. Mad.na d. Scala
80
F

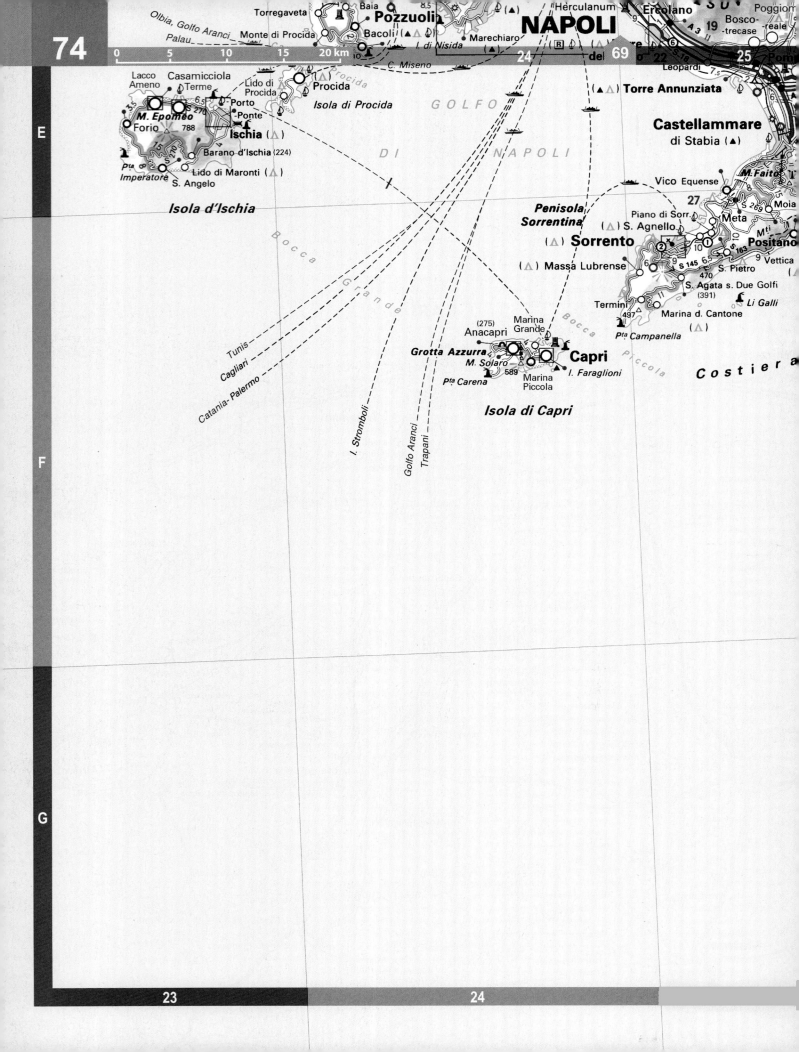

Torregaveta **Baia** 8,5 **Herculanum** **Ercolano** **Poggiom**

Pozzuoli **NAPOLI** 19 Bosco-trecase

Olbia, Golfo Aranci Monte di Procida **Bacoli** Marechiaro del **69** 25 Pom

Palau I. di Nisida 24 22

0 5 10 15 20 km C. Miseno

E

Lacco Ameno Casamicciola Terme Lido di Procida **Procida** **Torre Annunziata**

M. Epomeo S 270 Porto Isola di Procida GOLFO

Forio 788 Ponte **Castellammare**

Ischia **di Stabia**

Barano d'Ischia (224) DI **M. Faito**

P.ta Lido di Maronti Vico Equense Moia

Imperatore S. Angelo NAPOLI S 269

Isola d'Ischia 27

Piano di Sorr. **Meta**

Penisola S. Agnello S 10

Sorrentina **Sorrento** S 163 **Positano**

Bocca Massa Lubrense S 145 Vettica

Grande 470 S. Pietro

S. Agata s. Due Golfi Li Galli

(391)

Termini Marina d. Cantone

497 P.ta Campanella

(275) Marina

Tunis **Anacapri** Grande

Cagliari **Grotta Azzurra** **Capri** C o s t i e r a

M. Solaro Bocca

Catania-Palermo 589 I. Faraglioni

P.ta Carena Marina Piccola

Piccola

Isola di Capri

F

I. Stromboli

Golfo Aranci

Trapani

G

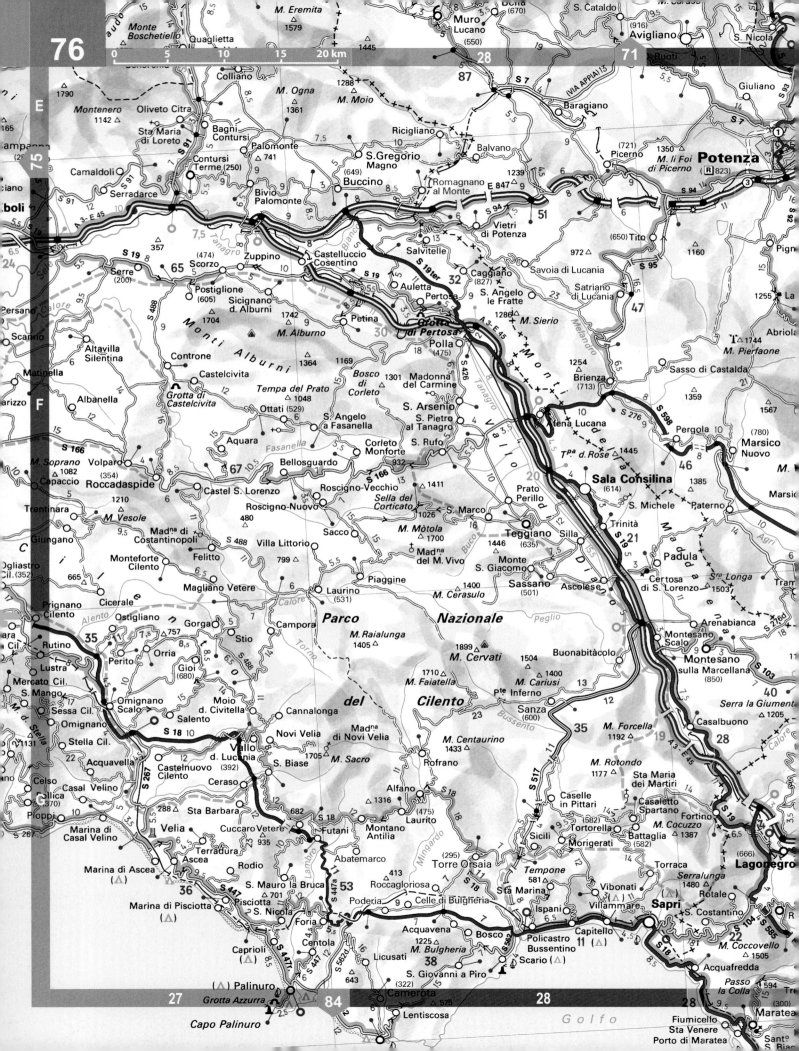

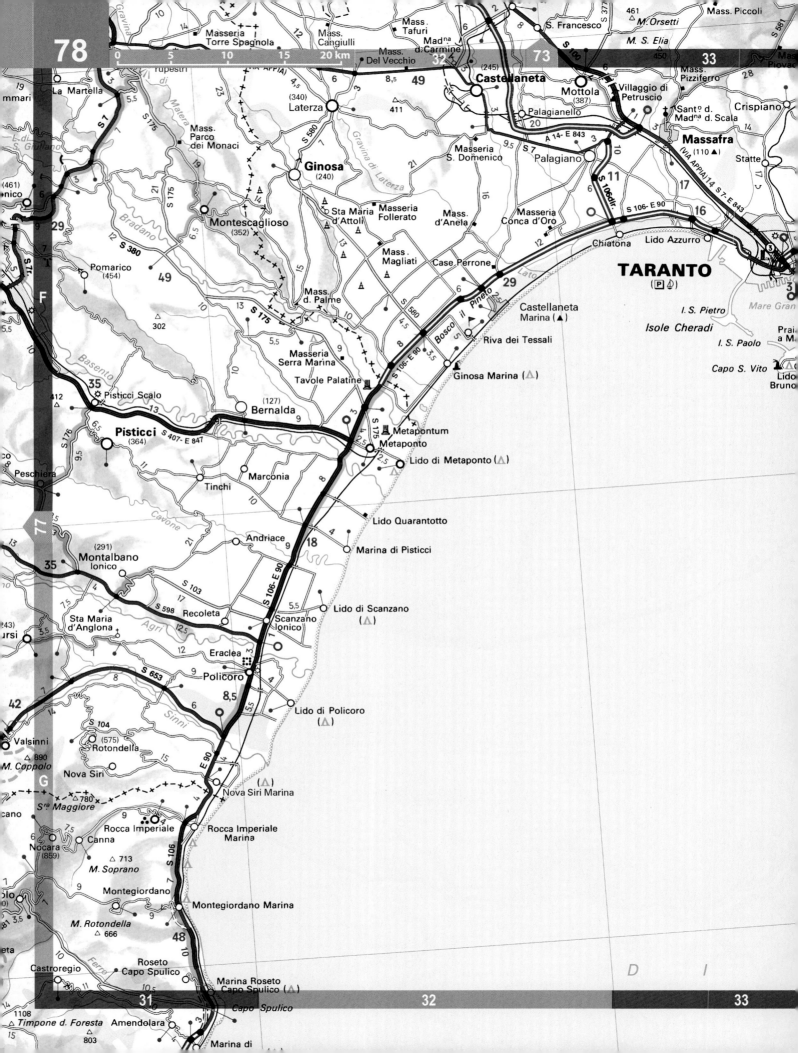

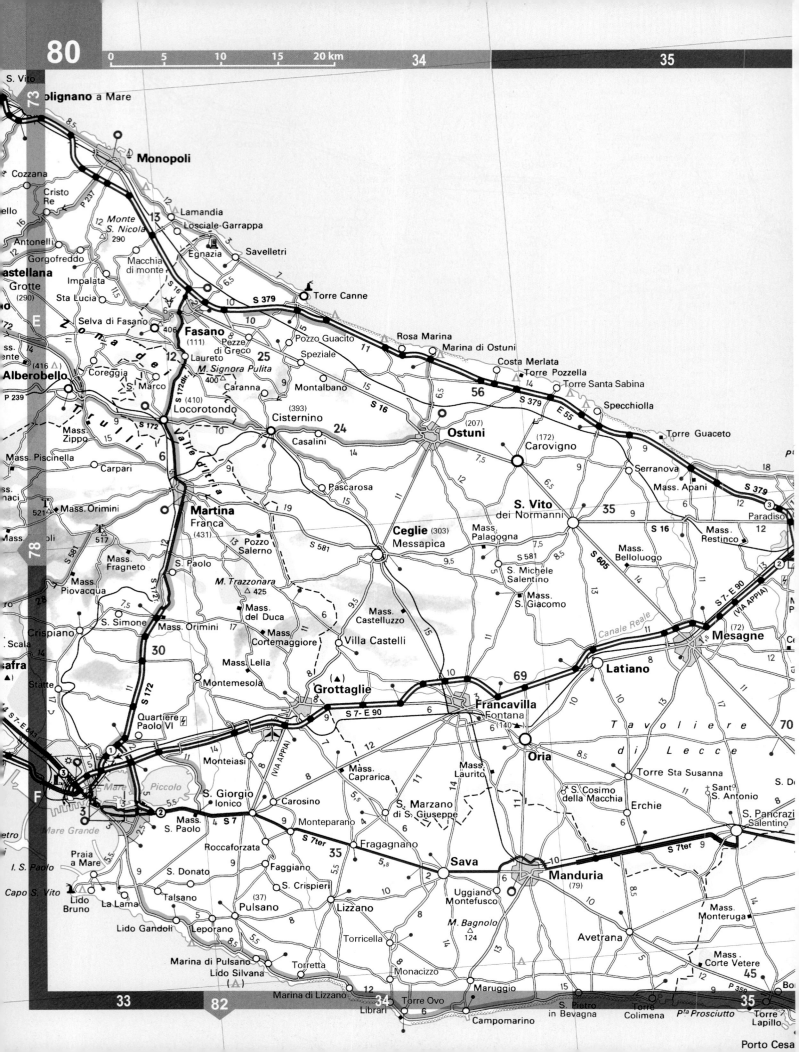

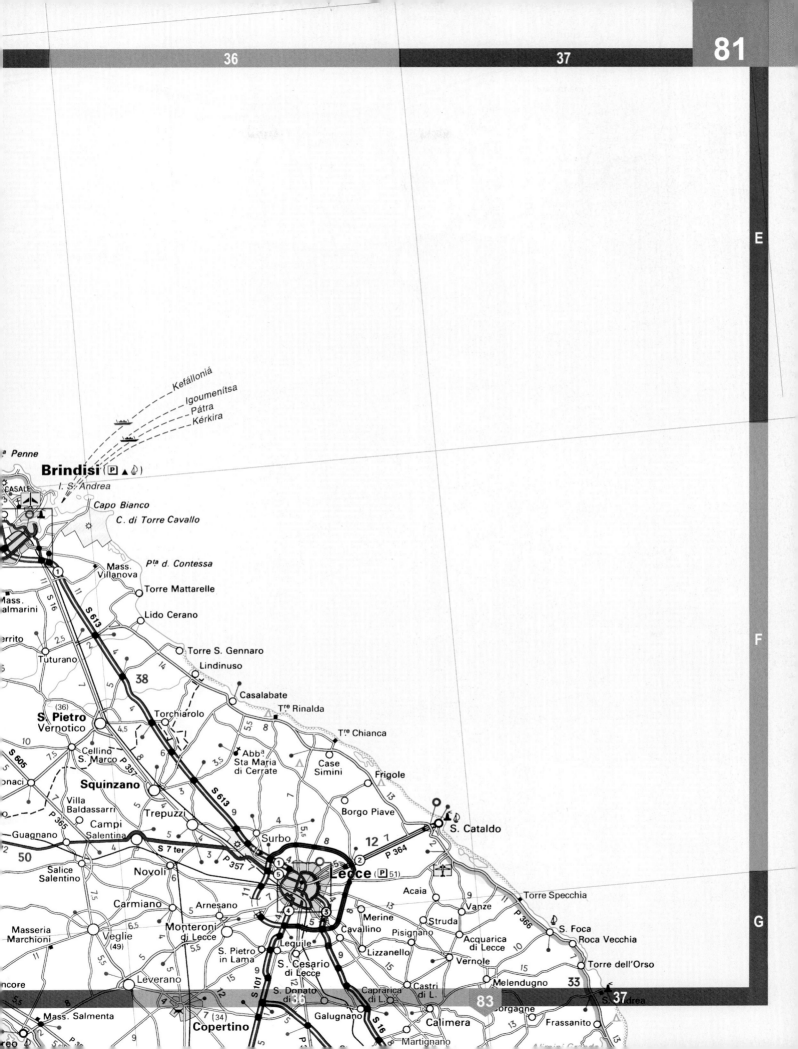

E

F

G

Kefálloniá
Igoumenítsa
Pátra
Kérkira

a Penne

Brindisi (Ⓟ ⚓ ⚓)

I. S. Andrea

CASALE

Capo Bianco

C. di Torre Cavallo

Pta d. Contessa

Mass.
Villanova

Mass.
almarini

Torre Mattarelle

S 16

Lido Cerano

errito

2,5

Torre S. Gennaro

Tuturano

14

Lindinuso

4

S 613

38

Casalabate

(36)

Torchiarolo

Tre Rinalda

S. Pietro
Vernotico

4,5

8

Tre Chianca

10

S 605

Cellino
S. Marco   P 357

6

Abbª
Sta Maria
di Cerrate

Case
Simini

onaci

7,5

3,5

Frigole

Squinzano

Villa
Baldassarri

13

Guagnano

P 365

Trepuzzi

5

S 613   9

Borgo Piave

S. Cataldo

Campi
Salentina

5

4

Surbo

5,5

8

12 7

50

S 7 ter

3

P 357

5,5

2

P 364

Novoli

6

Salice
Salentino

Lecce (Ⓟ 51)

Acaia

9

Torre Specchia

Carmiano

5

Arnesano

13

Vanze

P 366

Masseria
Marchioni

6,5

Monteroni
di Lecce

Merine

Struda

S. Foca
Roca Vecchia

Veglie
(49)

5,5

Pisignano

Acquarica
di Lecce

10

Cavallino

ncore

S. Pietro
in Lama

Lequile

9

Lizzanello

Vernole

15

Torre dell'Orso

Leverano

15

S. Cesario
di Lecce

15

Castri
di L.

Melendugno

33

S 101

S. Donato
di L.

Caprarica
di L.

36

83

orgagne

S. Andrea

Mass. Salmenta

7 (34)

Galugnano

S 16

Calimera

13

Frassanito

Copertino

Martignano

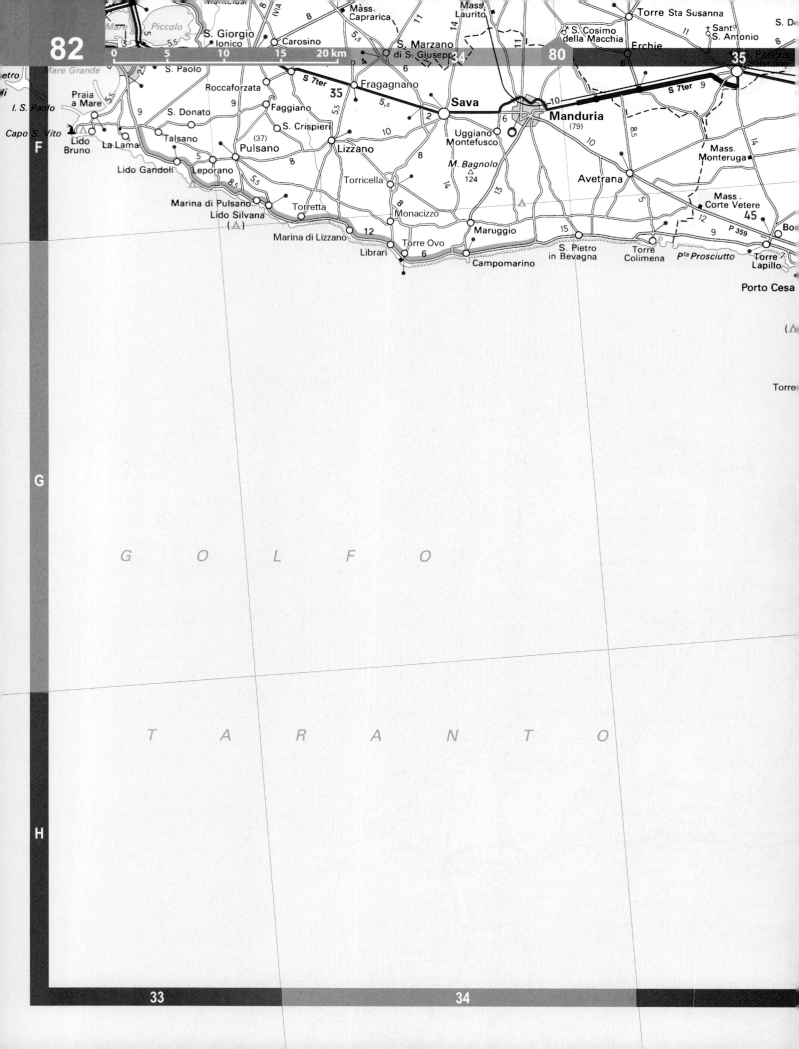

Mare Piccolo

Mare Grande

etro
Vi
I. S. Paolo
Capo S. Vito

F

Praia
a Mare
Lido
Bruno
La Lama
Lido Gandoli
Talsano
Leporano
S. Paolo
S. Donato
Faggiano
S. Crispieri
Roccaforzata
S. Giorgio
Ionico
Carosino
S. Paolo

Pulsano (37)
S 7ter 35
Fragagnano
Sava
S. Marzano
di S. Giusepp
Mass.
Caprarica
Montclasi

Torre Sta Susanna
S. Cosimo
della Macchia
Erchie
S. Antonio
Sant
Mass.
Laurito

80
35
Pancraz
Salentino
S 7ter

Manduria
(79)

Uggiano
Montefusco
M. Bagnolo
124

Avetrana

Mass.
Monteruga

Mass.
Corte Vetere
45

Lizzano
Torricella
Monacizzo
Torretta
Marina di Pulsano
Lido Silvana
(A)
Marina di Lizzano
Librari
Torre Ovo
Maruggio
Campomarino
S. Pietro
in Bevagna
Torre
Colimena
P.ta Prosciutto
Torre
Lapillo
Bo

P 359

Porto Cesa

(A

Torre

G

G O L F O

T A R A N T O

H

33
34

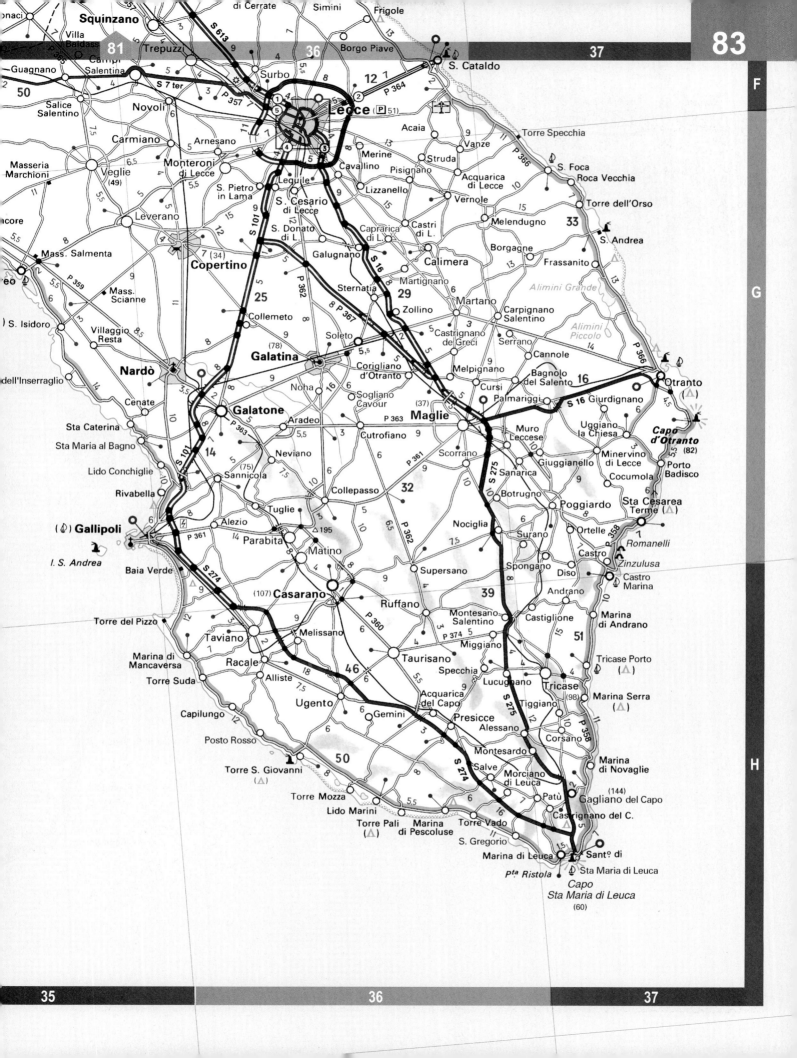

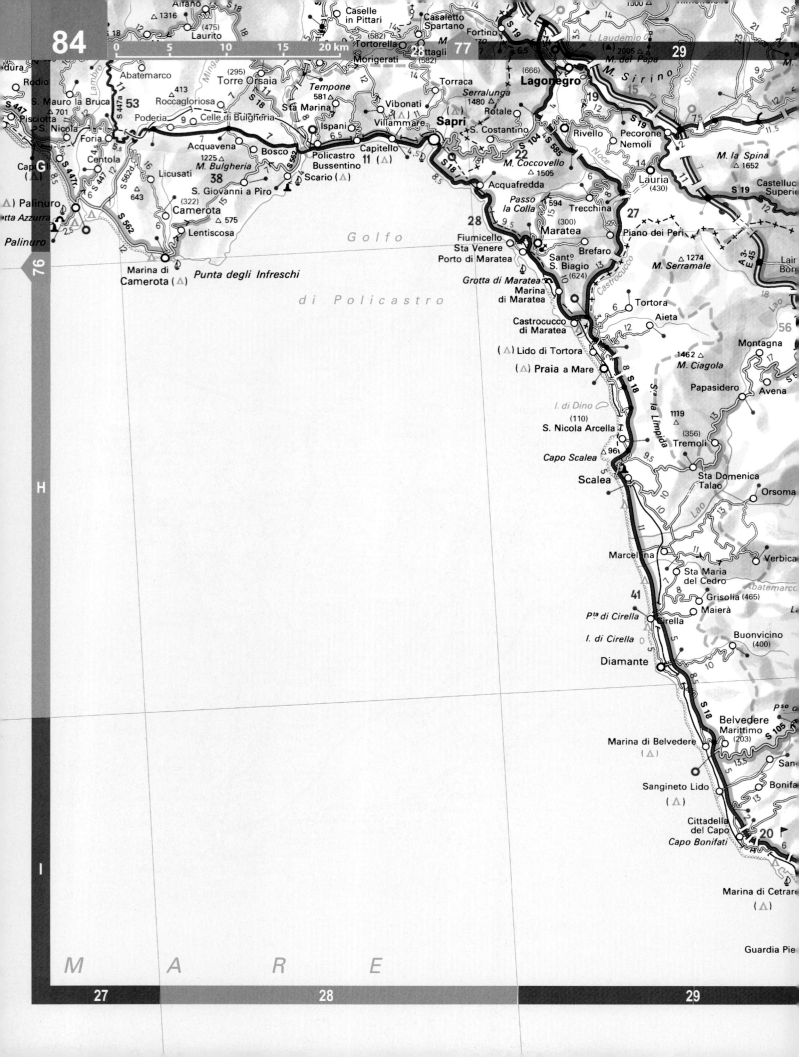

△ 1316
Caselle in Pittari
Casaletto Spartano
(475)
S 18
Laurito
(582)
Fortino
S 19
L. Laudemio
△ 2005
M. del Papa
1500

dura
Rodio
S. Mauro la Bruca
△ 701
S 447
Pisciotta
S. Nicola
Abatemarco
Torre Orsaia
413
Roccagloriosa
Poderia
9
Celle di Bulgheria
Tempone
581
Sta Marina
Ispani
6.5
Vibonati
Villammare
Sapri
Torraca
Serralunga
1480
Rotale
(666)
Lagonegro
M. Sirino
19
15
S 19
S 19
Rivello
Pecorone
Nemoli
M. la Spina
△ 1652
Castelluc Superio
S 19

Capo
(△)
tta Azzurra
Palinuro
tta Azzurra
Palinuro
Foria
Centola
Licusati
M. Bulgheria
1225 △
38
S. Giovanni a Piro
643
Camerota
△ 575
Lentiscosa
Acquavena
Bosco
Policastro Bussentino
Scario (△)
11 (△)
Capitello
4.5
S 18
8.5
Acquafredda
S 104
22
S 585
M. Coccovello
△ 1505
S. Costantino
S. Costantino
Noce
Lauria
(430)
11
S 19

28
Passo la Colla
594
Trecchina
(300)
27
M. Serramale
△ 1274
A 3-E 45
Lair Bor

76
Marina di Camerota (△)
Punta degli Infreschi
Fiumicello
Sta Venere
Porto di Maratea
Maratea
9.5
Santo S. Biagio
Brefaro
Castrocucco
Grotta di Maratea
Marina di Maratea
(624)
Tortora
Aieta
6

Golfo
di Policastro
Castrocucco di Maratea
(△) Lido di Tortora
(△) Praia a Mare
S 18
12
M. Ciagola
△ 1462 △
Papasidero
Avena
56

I. di Dino
(110)
S. Nicola Arcella
Capo Scalea
Scalea
96
Sra la Limpida
9.5
1119
(356)
Tremoli
Sta Domenica Talao
Orsoma

H
10
10
Lao
13
Marcellina
Sta Maria del Cedro
Verbica
Abatemarco
41
Grisolia (465)
Maierà
Buonvicino
(400)

Pta di Cirella
Cirella
I. di Cirella
Diamante
8.5
S 18
Belvedere Marittimo
(203)
S 105
Pso

I
Marina di Belvedere
(△)
13.5
San
Sangineto Lido
(△)
13
Bonifa
Cittadella del Capo
20
Capo Bonifati

Guardia Pie

Marina di Cetrare
(△)

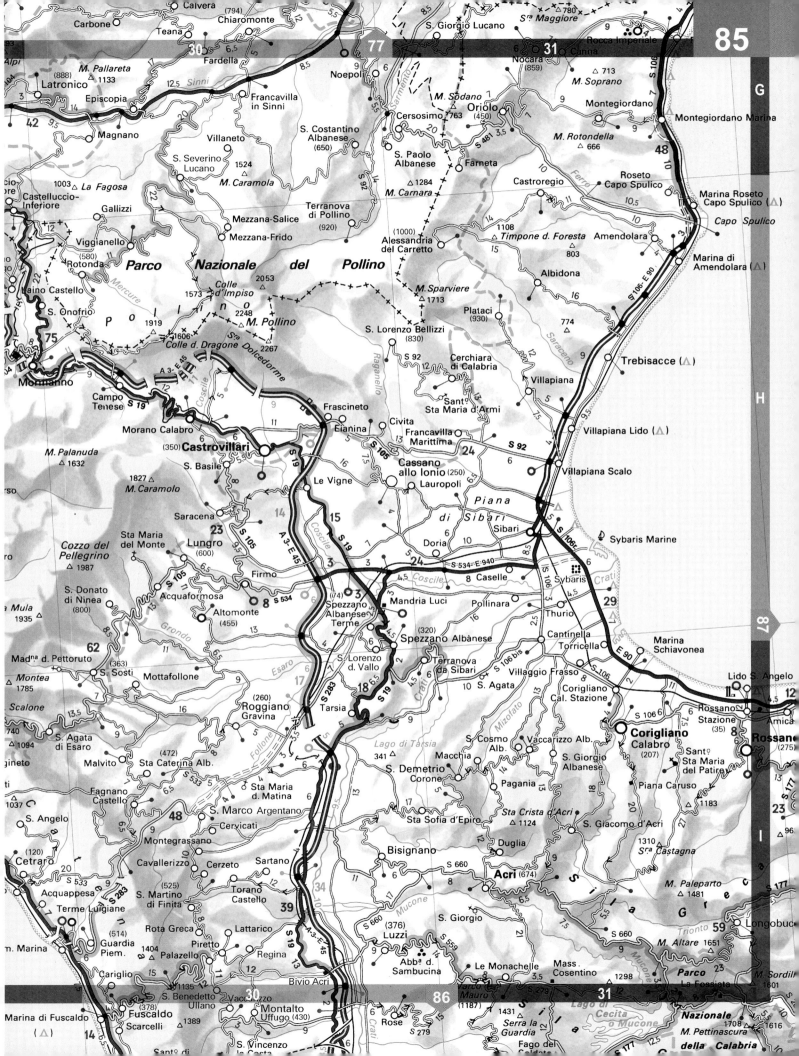

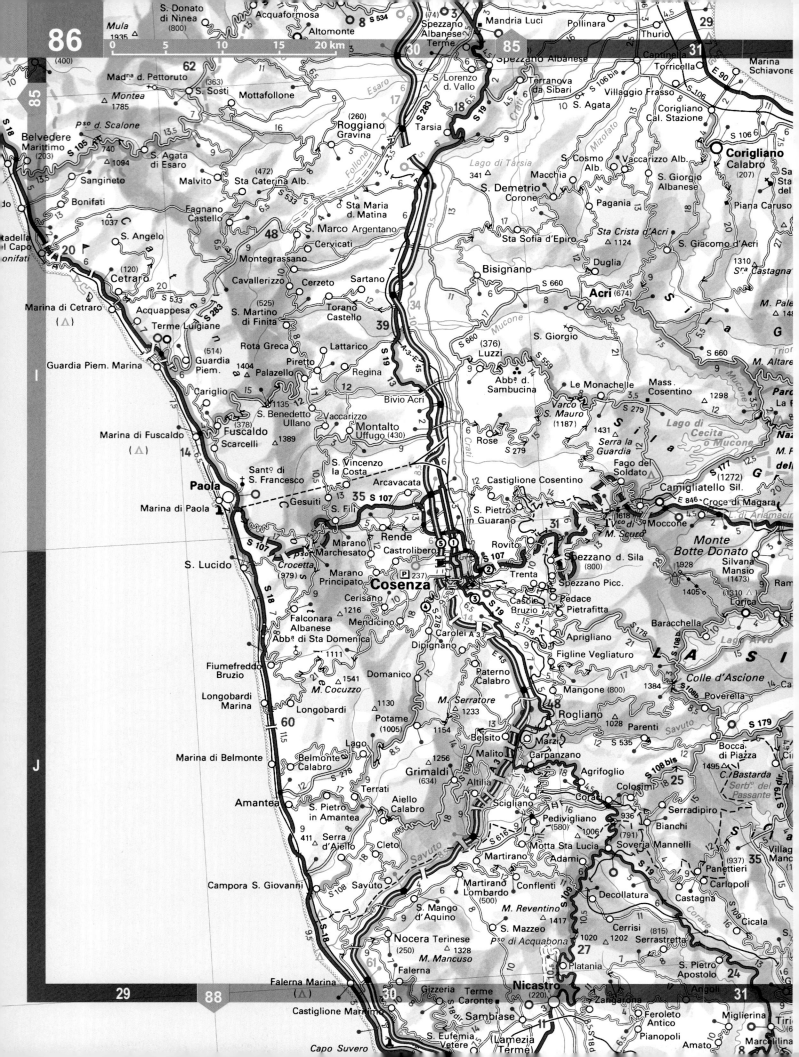

Lido S. Angelo
Capo Trionto
Mirto Crosia
S 106 - E 90
4,5
7,5 Foresta
Amica
Rossano (275)
Crosia
15
Calopezzati
S 531
20
105
Paludi (384)
Cropalati
448
St. di Pietrapaola
St. di Mandatoriccio-Campana
S 106
3,5
Caloveto
E 90 6
Pietrapaola
S 383
Cariati Marina
23
S 177 18
Destro
Mandatoriccio
S 108 ter
Cariati
S. Morello
624
Pta Fiume Nicà
M. Serino 948
13
Terravecchia
6,5
Crucoli Torretta
Longobucco
1651
S 282
Scala Coeli
9
2,5
Campana (617)
5
Crucoli
Cappella
M. Sordillo 1601
Bocchigliero (872)
529
M. Lelo
10
13
Cirò
Cirò Marina
Pta Alice
77 938
14
6
(324)
1708 1616
Calabria
Umbriatico (422)
127
S. Anastasia
Mezzocampo 1001
1454
17 M. Suvaro 631
Lipuda
54
7,5
Pino Grande
1014
Savelli
Verzino (549)
Carfizzi
S 106
Germano
Pallagorio
Melissa
E 90
Torre Melissa
1730
28
S 107
E 846
S 108 ter
S 492
11
S. Nicola dell'Alto
5,5
Palla Palla
(1049)
9,5
Castelsilano
645
Le Murgie 404
Strongoli (342)
8,5
S. Giovanni in Fiore
20
Zinga
5,5
43
Cagno
Infantino
Cerenzia
528
Casabona
6
10
Marina di Strongoli
Montenero 1881
Caccuri
Belvedere di Spinello
189
Fasana
6
1371
Croce di Agnara
S 107 - E 846
Bagni di Repole
8
Rocca di Neto
Bucchi
Trepidò-Sott.
Sta Rania
8
Neto
7,5
38
Sop.
10 Altilia
29
S 107 - E 846
Gabella Grande
1745
S 179
44
Cotronei (530)
Sta Severina (326)
13
Parco Nazionale
1765 M. Gariglione
Pagliarelle
Roccabernarda
5,5
22
21
Scandale
Crotone
della
Petilia Policastro (436)
S 109
9
S. Mauro Marchesato
Tirivolo 1723
M. Femminamorta
Foresta
8,5
260
Papanice
159
Calabria
Mesoraca
S 109 ter
S 106
Buturo
Filippa
S 109
Arietta
33
Cutro (218)
E 90
Santo Hera Lacinia
1240
6,5
Albi (710)
Petrona
Marcedusa
Termine Grosso
S. Anna
Salica
Capo Colonna
Taverna
Cerva
Belcastro
S 109
S 109
Rosito
Vermica
70
Sersale (778)
Andali
Vil. Turistico
S. Giovanni
Zagarise
10
S. Leonardo di Cutro
Isola di Capo Rizzuto (96)
Capo Cimiti
Fossato Serralta
Sellia (560)
S 180
31
Pentone
Cropani
Campolongo
S. Elia
Crichi
Steccato
S 106 - E 90
89
14
Soveria Simeri
Botricello
Le Castella
Capo Rizzuto
Pontegrande
Simeri
E 90
Catanzaro
Calabricata
Cropani Marina
106

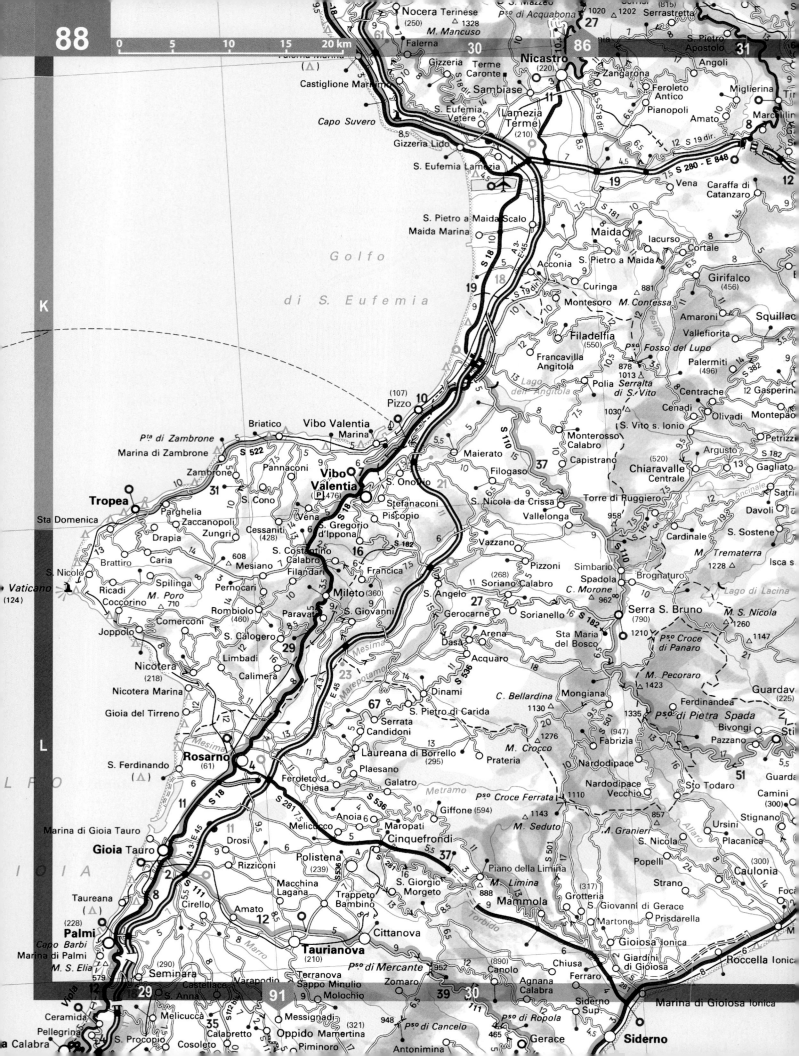

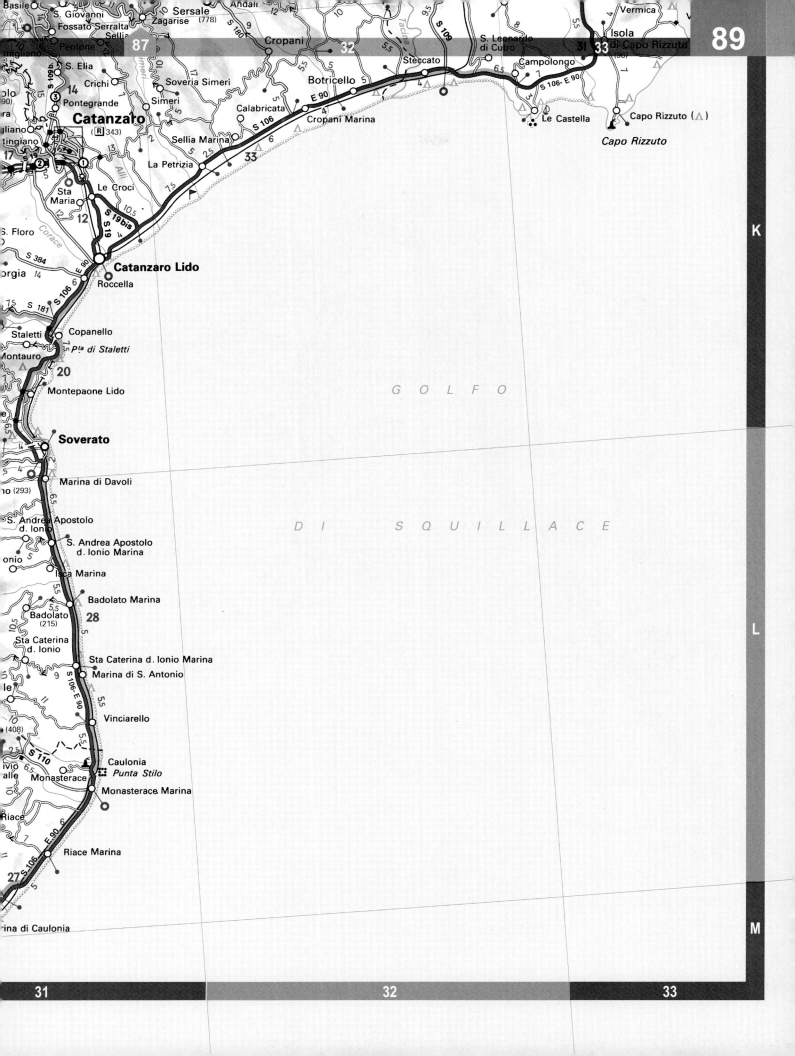

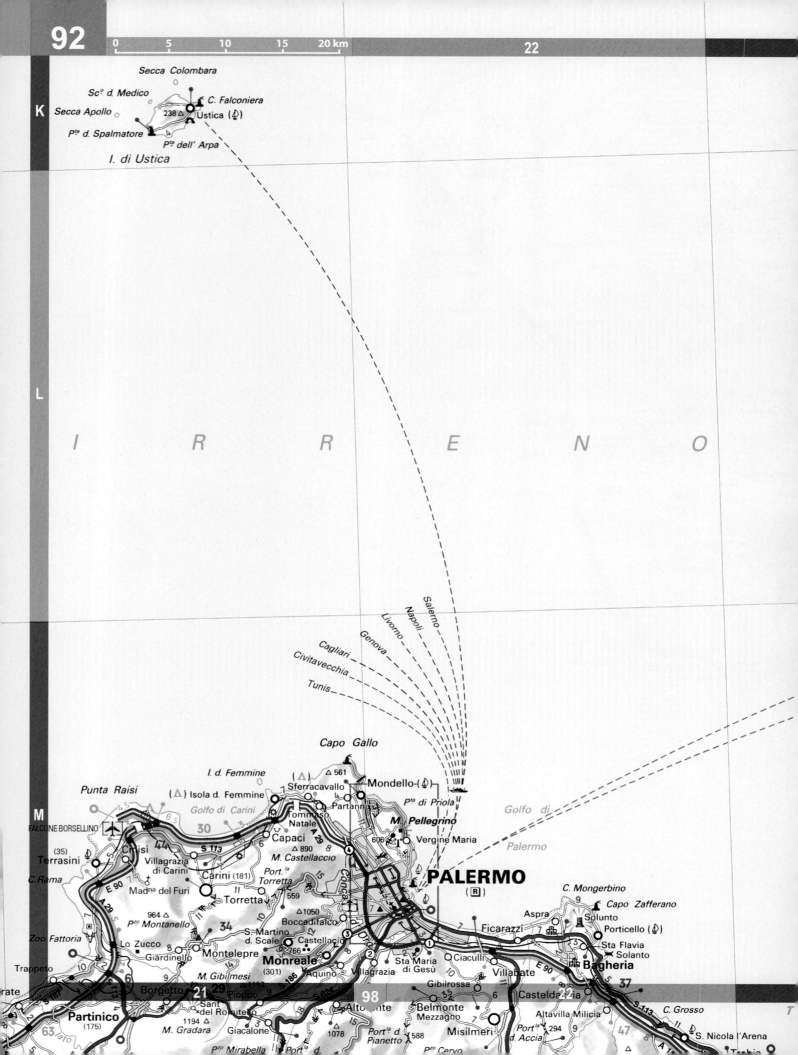

0   5   10   15   20 km

K

Secca Colombara
Scº d. Medico
Secca Apollo
Pta d. Spalmatore
Pta dell' Arpa
238 △ Ustica (⚓)
C. Falconiera
I. di Ustica

L

T I R R E N O

Salerno
Napoli
Livorno
Genova
Cagliari
Civitavecchia
Tunis

Capo Gallo

M

I. d. Femmine
△ 561
Isola d. Femmine
Sferracavallo
Mondello-(⚓)
Pta di Priola
Golfo di
Palermo
Golfo di Carini
Tommaso Natale
Partanna
Punta Raisi
FALCONE BORSELLINO
30
M. Pellegrino
606 △
Capaci
A 29
Vergine Maria
Crisi
△ 890
M. Castellaccio
Villagrazia di Carini
S 113
(35)
Terrasini
Port.la Torretta
Carini (181)
559
PALERMO
(R)
C. Mongerbino
C. Rama
Madna del Furi
E 90
A 29
Torretta
11
Capo Zafferano
Aspra
Solunto
964 △
Pzo Montanello
34
△1050
Boccadifalco
Ficarazzi
Porticello (⚓)
Zoo Fattoria
S. Martino d. Scale
766
Castellacio
3
Sta Flavia
Solanto
Lo Zucco
Giardinello
Montelepre
Aquino
Villagrazia
Sta Maria di Gesù
Ciaculli
Villabate
E 90
Bagheria
Trappeto
10
1152
186
Monreale
(301)
M. Gibilmesi
Gibilrossa
Castelda ia
S 113
C. Grosso
63
Partinico
(175)
1194 △
M. Gradara
Giacalone
Altofonte
1078
Belmonte Mezzagno
Altavilla Milicia
47
A 1
Sant del Romitello
Pioppo
21
29
98
22
37
Port.la d. Pianetto
588
Misilmeri
Port.la d'Accia
294
S. Nicola l'Arena
Pzo Mirabella
Pzo Cervo
Trebia

I. Alicudi

675
△

○ Alicudi Porto

L

M

Golfo di

ermini Imerese

Cefalù

99

C. Plaia

S113

S. Ambrogio   5

C. Raisigerbi

Finale   Milianni

Castel
di Tusa   Torremuzza   7

Sto Stefano
di Camastra

Marina di Car

9   25   10

Campofelice s 113.5

Lascari

28

4

10

Osservatorio

11

48

(614)

Halæsa

9   2

Motta d'Affermo

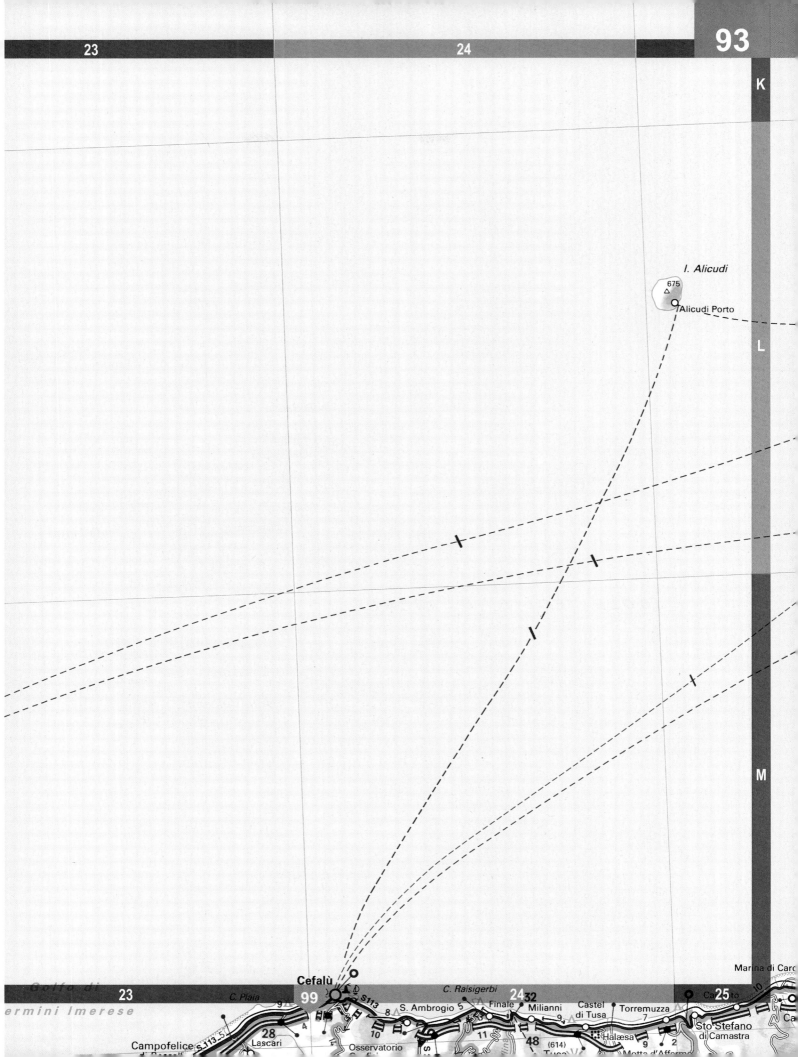

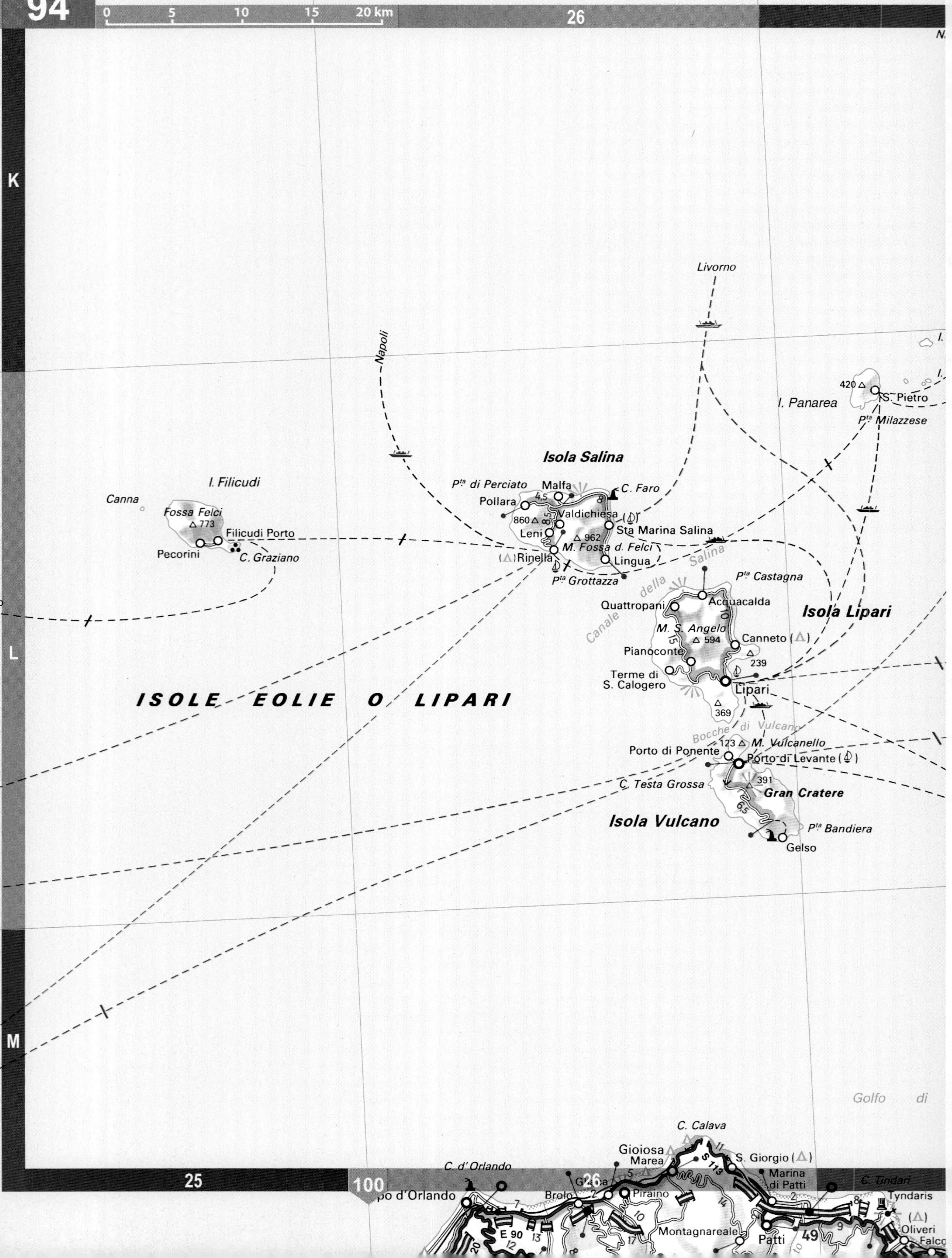

0 5 10 15 20 km

N.

K

Livorno

Napoli

I. Panarea

420 △

S. Pietro

P.ta Milazzese

Isola Salina

I. Filicudi

Canna

P.ta di Perciato   Malfa   C. Faro

Pollara   4.5

Fossa Felci
△ 773

860 △ ∞   Valdichiesa (I)

Filicudi Porto   Leni   Sta Marina Salina

Pecorini   C. Graziano   △ 962   M. Fossa d. Felci

cudi   (△) Rinella   Lingua

P.ta Grottazza   Salina

P.ta Castagna

Porto

della

Isola Lipari

Quattropani   Acquacalda

Canale

M. S. Angelo   Canneto (△)

L   Pianoconte   △ 594

239

Terme di
S. Calogero   Lipari

ISOLE   EOLIE   O   LIPARI

△
369

Bocche   di   Vulcano

123 △   M. Vulcanello

Porto di Ponente   Porto di Levante (⚓)

C. Testa Grossa   △ 391

Gran Cratere

6.5

Isola Vulcano   P.ta Bandiera

Gelso

M

Golfo   di

C. Calava

Gioiosa
Marea   S. Giorgio (△)

C. d'Orlando   Marina
di Patti   C. Tindaris

o d'Orlando   Brolo   Piraino   Tyndaris

E 90   Montagnareale   Patti   **49**   Oliveri

K

88

Tr

Sta nica

S. Nicolò

Capo Vaticano
(124)

G O L F O

D I G I O I A

Marina di Gio

Gi

Taurea
(Δ)

(228)
Palmi
Capo Barbi
Marina di Palmi
Elia

90

I. Stromboli

Ceramida
Pellegrina

Bagnara Calabra

38 S 18

S.

(450)

M

S 18

Favazzina

Scilla

Solano

A 3 E 45

Melia (Δ)

Campo
Calabro

S. Roberto

S 30

S.

Rosali

(511)

Calanna S. Alessio
in Aspr.

S 670

S 184

38

S.
Stefano
in Aspr

S 106

Gallico Laganadi

Cerasi

Orti

Vinco

Mosorrofa

Cataforio Cardeto

Reggio di Calabria

Isola Stromboli

S. Bartolo — L Strombolicchio

Sciara del Fuoco ▲ 924' S. Vincenzo

Ginostra Vancori

P.ta Lena

Basiluzzo

isca Bianca

C. Rasocolmo

S. Saba Sparta

S. Saba S 113 d

Rodia Castanea
d. Furie

Massa
S. Giorgio

Mortelle C. Peloro

Messina Costa

Faro Sup.

Divieto A 20 E 90 M. Ciccia
609

Torre Faro
Porticello
Sta Trada
Ganzirri
(Δ) Canitello

C. di Milazzo

Croce al
Promontario

Tono 6

Golfo di Milazzo

Villafranca Tirrena

S 113 13

Milazzo

Scala

Fossazzo

Spadafora 38

Gesso 12

Pace

Villa
S. Giovanni

Concessa

Catona

Gallico Marina

Pace
d. Mela

Sta Maria delle Grazie

Olivarella

Caldera

Valdina Venetico

Torregrotta

Condrò

S. Filippo

Saponara

Roccavaldina

Rometta
(600)

2

3

A 18 E 45

(P)

MESSINA

Archi

Patti

Fossazzo

29 14

7

Scala

3

Larderia

28

Tremestieri

7 Terreti 29

Castroreale 27 17

Terme

S. Biagi

Terme Vigliatore 9

Barcellona
Pozzo di Gotto

La Gala 9

Sta Lucia
del Mela
(215)

Mer
d. Mela

Sica

101

Monforte
S. Giorgio

Antennamare

Pier
Niceto

Pellegrino

Mili S. Pietro

Sto Stefano

REGGIO
DI CALABRIA

(P)

Vinco

Mosorrofa

0   5   10   15   20 km

(△)

M

P.ta del Sar
M. Cofa

G. di Bonagia   Cust

Cagliari

Tonnara Bonagia (⚓) △

I. Asinelli
Pizzolungo   S. Andrea
(751)   Bonagia

Lido di S. Giuliano   **Erice**

C. Grosso   (P) **Trapani**   ⚓   9 Valderice
                                                           Croc

I. Levanzo   I. Colombata   Saline   S 187

Grotta del   △   △   Xitta   41   8   S 113
Genovese   278   Napola

ISOLE

I SOLE

P.ta Mugnone   Levanzo   Nubia   12   Paceco   Dattilo
P.ta Troia   I. Maraone   I. Formica

P.ta Mugnone   Cast.   Pietretagliate
686 △   I. Formica
M. Falcone ⚓   Palma
P.ta Libeccio 🏰   Marettimo   P.ta Faraglione   Marausa   6

EGADI   Lido Marausa   S 115

P.ta Bassana   P.ta Sottile   7.5   VINCENZO FLORIO   42   9   Rilievo
I. Marettimo   M. Sta Caterina △ △   314   Favignana
                                        5   Birgi Novo   31
                                   I. Favignana   2   3
                                        P.ta Marsala   Saline   2   Vecchi
                                                         Birgi   △ 105   230 △

N   I. Grande   I. S. Pantaleo   21   13   22
                                                 Mozia **17**   Granatello
                                   Isole d.   Ss. Filippo   Madonna
                                   Stagnone   e Giacomo   11   d'Cava
                           Tunis   Borgo F

                                   P.ta d'Alga   Tabaccaro   Paolini
                           I. di Pantelleria   13   Nuccio   Matarocco
                                   C. Lilibeo o Boeo   10
                                                 11
                                   (▲ △) **Marsala**   Digerbato   3.5   Ciavolo   10

                                        Ponte   12   7   Sto Padre d. Perriere
                                   Lido Mediterraneo
                                   Lido Delfino   10   Terrenove
                                   Lido Signorino   4   Strasatti
                                                    13   S 115
                                   P.ta Parrino 🏰   Borgata Costiera

                                   Pizzolato   Petrosino   19   9

                                                          C. Feto   2

                                        Mazara del Vallo

Q

⚓ 8.5
Pantelleria   Cala Cinque Denti
Cuddie Rosse △56   P.ta Spadillo
Sesi   289   Bagno   Gadir
P.ta Fram   S. Vito   dell'Acqua   P.ta Tracino
Sataria   Siba   M.na Grande   Tracino
            836 △   M. Gibele
P.ta d. Tre Pietre   700
Scauri   560 △   20
Nica   P.to Dietro Isola
         Balata dei Turchi
I. di Pantelleria

Torretta-Granito

Karti

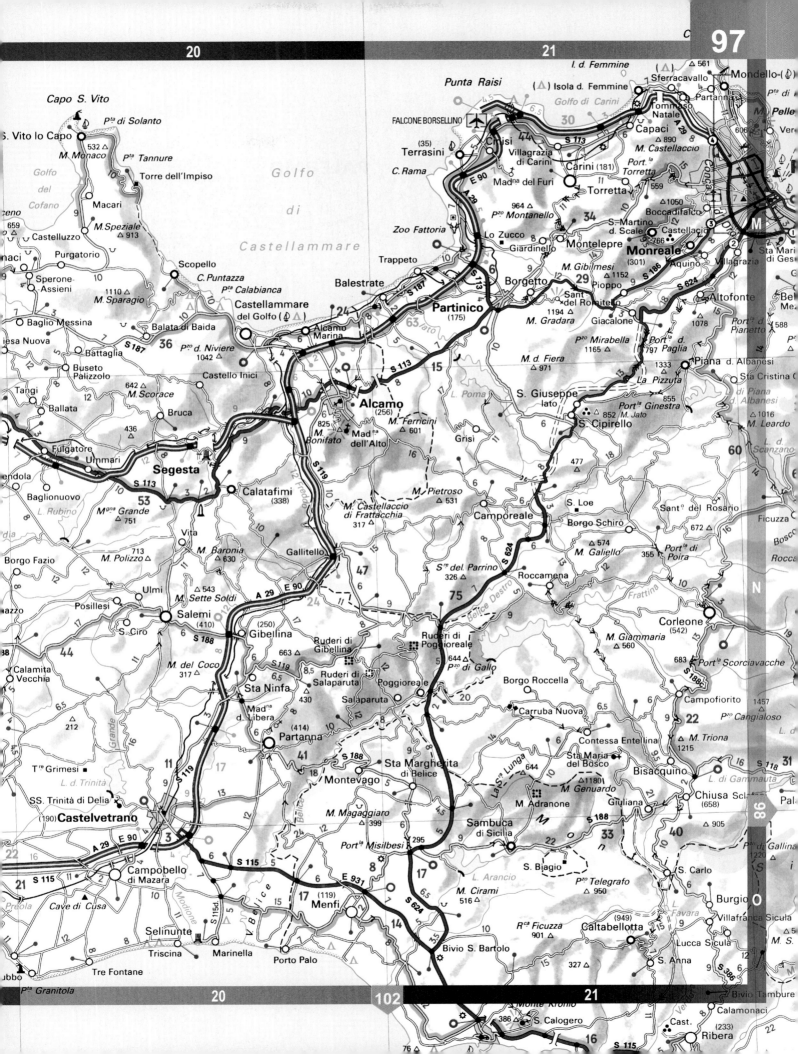

0 5 10 15 20 km

Golfo di

M

N

O

P

C. Calava
Gioiosa Marea
S. Giorgio (Δ)
C. d'Orlando
Capo d'Orlando
Brolo
Gliaca
Piraino
Marina di Patti
C. Tindari
Tyndaris (Δ)
Oliveri
Falco...
E 90
13
12
Naso (490)
Brolo
Montagnareale
Patti
49
9
Rocca di Capri Leone
S. Angelo di Brolo
Librizzi
Colla
Moreri
575
A 20
39
20
Torrenova
Capri Leone
Mirto
Castell' Umberto
S. Piero Patti
Braidi
Basicò
S. Agata di Militello
S. Marco d'Alunzio
Frazzano
S. Salvatore di Fitalia
Ficarra
Sinagra
Raccuia
S. Maria
Sta Barbara
Acquedolci
Militello Rosmarino
S. Filippo di F.
P.so d. Zita 716
Port.la Calcatizzo 892
Ucria
1103
Montalbano Elicona
Torre del Lauro
S 113
17
Galati Mamertino (790)
Longi
1282
P.zo d'Ucina
Tortorici
(450)
(920)
Marina di Caronia
27
Grotta di S. Teodoro
Iria
718
Alcara li Fusi
1315
S. Nicola
Rocche del Castro
Maru
66
Floresta
Polverello
1311
1259
M. Castellazzo
Canneto
Caronia (304)
833
P.zo Filio
1191
P.zo Tambulano
1451
L. Biviere
1757
S.ra del Re
1433
M. d. Morro
1264
Port.la d. Zoppo
Favoscuro
1341
M. Croce Mar...
66
51
1167
M. Trefinaidi
1260
P.zo Luminaria
P.zo Lippo
1287
M. Soro 1847
Trearie
M. Colla 1611
Roccella Valdemone
M. Rosso
Mistretta (900)
1686
P.zo Fau
1524
Portella Femmina Morta Miraglia
Porticelle Soprane
Sta Domenica Vittoria
Moio Alcantara
19
Malv...
M. Pomiere 1544
1571
P.gio Tornitore
Cuto
(754)
Alcantara
M. Castelli 1567
Troina
18
S 289
29
S 120
Randazzo
Passopisciaro
Montelaguardia
31
Rov...
52
Colle del Contrasto 1107
Capizzi (1139)
L'Ancipa
S. Teodoro
Cesarò (1150)
Maletto
S 284
1273
M. La Nave
M. Sta Maria 1632
M. Nero 2049
Sambughetti 1558
S 117
S.Elia
58
Malto
Bronte (760)
M. Pizzillo 2414
Portelle 839
Cerami (970)
Cerami
Troina (1116)
M. Femminamorta 910
Serra di Vito o di Caginia
31
MONTE ETNA
3340
Valle d. Bove
Villa Pietralunga
S 575
28
P.zo d' Eremita 807
1242
La Montagnola 2640
Nicosia (700)
1013
M. Schino d. Croce
M. Salici 1142
31
Sotto di Troina
M. Ruvolo 1410
M. Turchio 1291
Sapienza (1910)
Cantoniera d. Etna
Gagliano Castelferrato (651)
Villaggio Sta Margherita
Adrano
1398
M. Piniteddu
19
1025
Serra del Bosco 764
Sparacollo
Lago Pozzillo
Salso
Tarderia
Creta
S 117
Nissoria
S 121
514
Regalbuto
Mass. Intorella
Biancavilla (513)
Ragalna
34 (610)
Pedara
Leonforte
S 121
S. Giorgio
M. S. Agata 741
Agira (650)
52
Centuripe (733)
Sta Maria di Licodia
16
S 121
(698) Nicolosi
24
Assoro
R.ca d'Aquila 455
525
Massa Annunziata
Mascalucia
Belpasso
S. Pietro Clarenza
L. Nicoletti
Calderari
Catenanuova
Muglia
Paternò (225)
Camporotondo Etneo
Gravina d. C.
Parco Zoo di Sicilia
S. Giovanni Galermo
P 942
12
S 192
A 19
70
E 932
15
S 192
80
224
S 121
19
Misterbianc...
Sferro
Motta S. Anastasia
S 192
S 417
S 117b
27
Valguarnera
25
Borgo Franchetto
tel dica
104
26
A 19 - E 932
Gerbini
Giumarra
490
M. Iudica 765
475
170
Raddusa
Pergusa
Mulinello

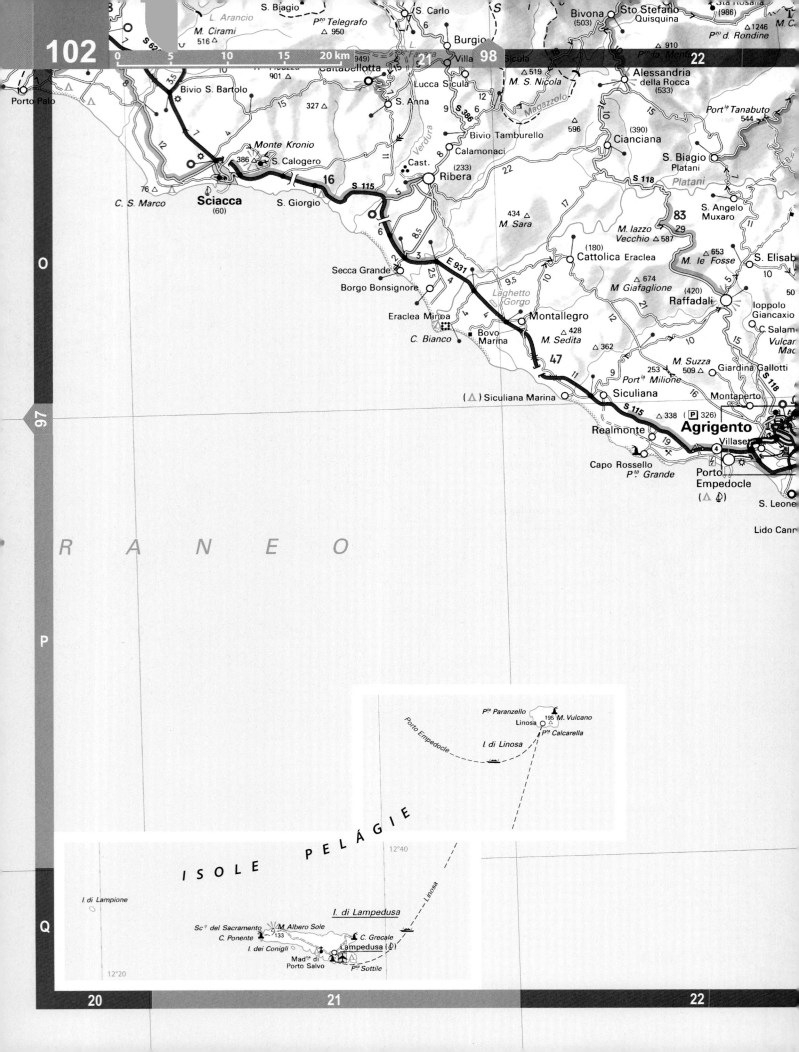

S. Biagio
S. Carlo
Bivona (503)
Sto Stefano
Quisquina
Sta Rosaria (986)
M. C

L. Arancio
M. Cirami 516△
P²⁰ Telegrafo △ 950
Burgio
6
P²⁰ d. Rondine △1246

0 5 10 15 20 km

Porto Palo
Bivio S. Bartolo
Caltabellotta 901 △
Villa Sicula
21
18
P²⁰ la Menti
Lucca Sicula
M. S. Nicola △519
Alessandria della Rocca (533)
Port¹ª Tanabuto 544

327 △
S. Anna
12
S 386
596
Cianciana
△910
15
S. Biagio Platani
Platani

Monte Kronio
386△ S. Calogero
Bivio Tamburello
Calamonaci (233)
22
S 118
S. Angelo Muxaro
△653
11

12
76 △
Sciacca (60)
S. Giorgio
S 115 16
Cast.
Ribera
5
M. Sara △434
17
M. Iazzo Vecchio △587
83
29
M. le Fosse
S. Elisab
10

C. S. Marco
6
8.5
3
E 931
9,5
Cattolica Eraclea (180)
M. Giafaglione △674
Raffadali (420)
Ioppolo Giancaxio
C. Salam
Vulcar
Mad

Secca Grande
Borgo Bonsignore
2
2,5
4
Laghetto Gorgo
10
Montallegro
12
50
15

Eraclea Minoa
C. Bianco
4
4
Bovo Marina
M. Sedita △428
M. Suzza △362
Giardina Gallotti
S 118

47
11
253 Port¹ª Milione
509 △
10
16

(△) Siculiana Marina
Siculiana
9
Montaperto
S 115
△338 (P) 326
Agrigento
Villase

Realmonte
19
4
Porto Empedocle (△ ⚓)
S. Leone

Capo Rossello
P.ta Grande
Lido Cann

R A N E O

I S O L E   P E L Á G I E

Porto Empedocle
P.ta Paranzello
Linosa
195 M. Vulcano
P.ta Calcarella
I. di Linosa

12°40
Linosa

I. di Lampione
I. di Lampedusa
12°20
Sc⁰ del Sacramento
M. Albero Sole
C. Ponente 133
C. Grecale
I. dei Conigli
Lampedusa (⚓)
Mad.ⁿᵃ di Porto Salvo
P.ta Sottile

O
97
P
Q

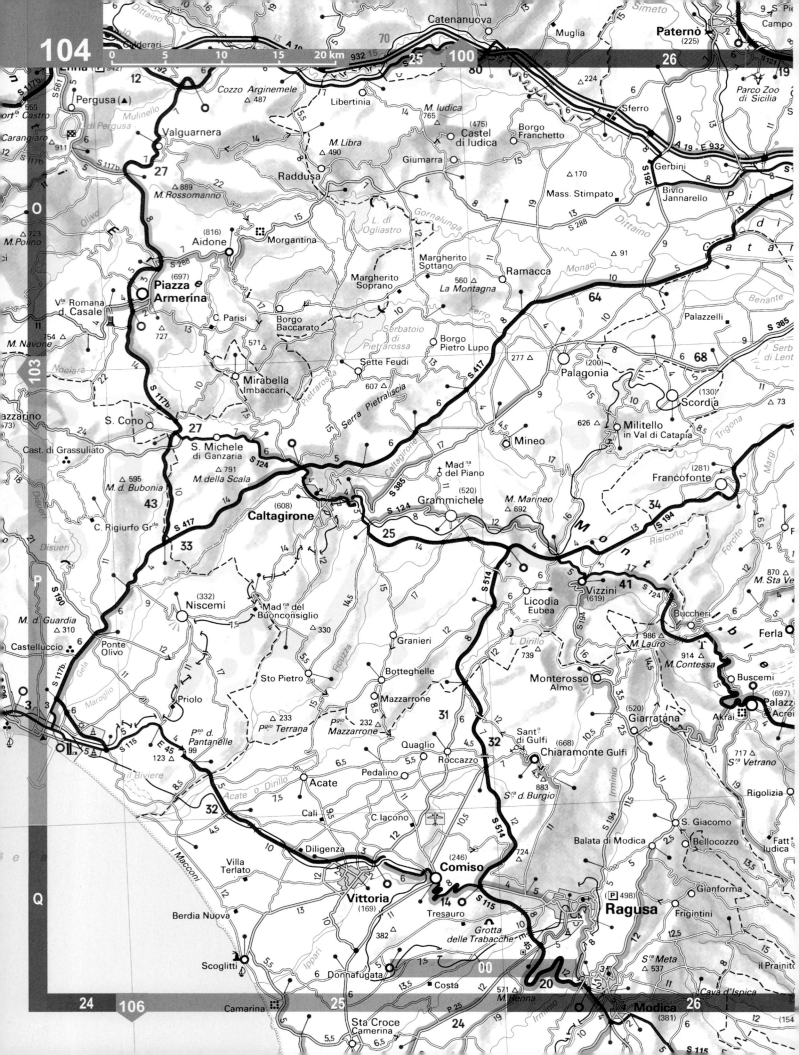

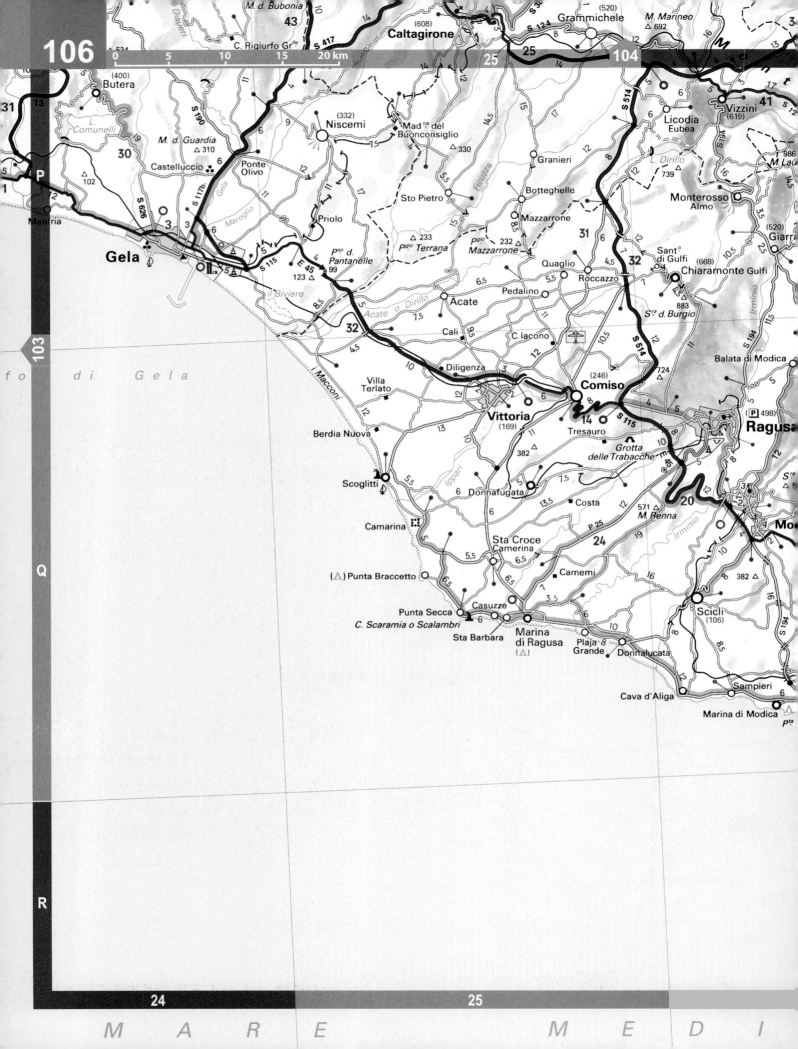

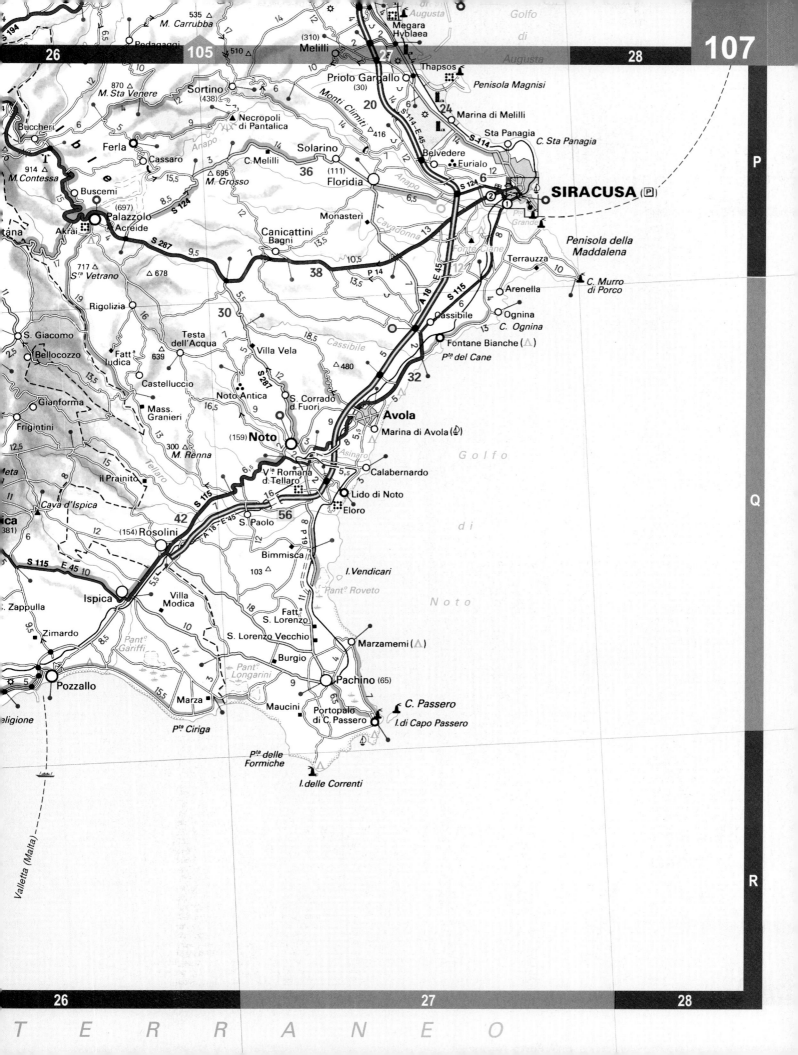

0   5   10   15   20 km   7   8

C

Belvedere-Campomoro

404 △

Grossa

P.ta d'Eccica

Castello
di Cagalla   383

P.ta di Senetosa   Tizzano   17

D48

276 △

Cap de Roccapina

Ile d

M   A   R   E

D   I   T   E   R   R   A   N   E   O

D

Isola Asinara

P.ta Caprara
o dello Scorno

Capo Molla

P.ta d. Scomunica

408 △

P.ta Sabina

P.to Mannu
della Reale

Cala d'Oliva

8

La Reale

P.ta Trabuccato

Tumbarino

13

Rada della Reale

GOLFO

P.ta li Canneddi   Cost

Isola Rossa   216 △   M.

I. Rossa

Tri

265 △

Fornelli

I. Piana

Badesi Mare   Badesi

ne

P.ta Barbarossa

Spiaggia d. Pelosa

DELL'   ASINARA   Muntiggi

P.ta Negra

Valledoria

E   Stintino

Ajaccio, Propriano   Marseille   Genova   Castelsardo   La Muddizza   Viddalba

araccio

348 △

Lu Bagnu   Multeddu

i Porri   **110**   8   9   P.ta Tramontana   L'Elefante   Sta Maria   10
Coghinas

Stagno di   Tergu   S. Giovanni   S 134   Bulzi

Pozzo
S. Nicola   **Porto Torres**   M. Tudderi   L. di C

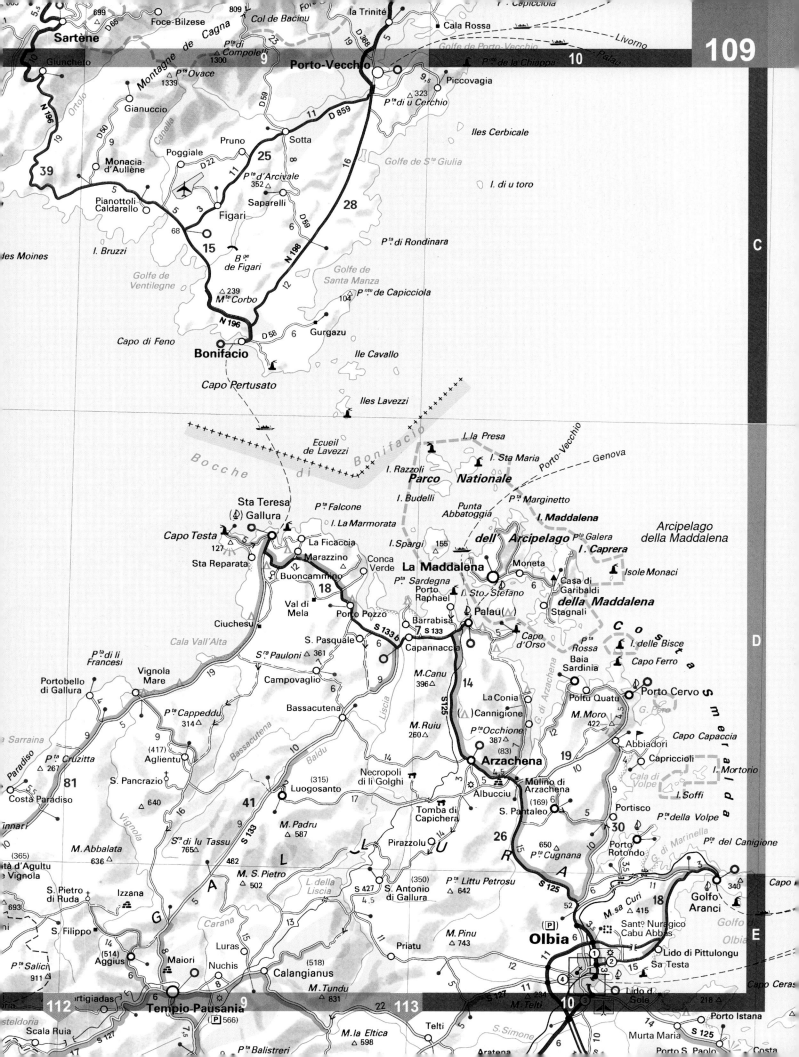

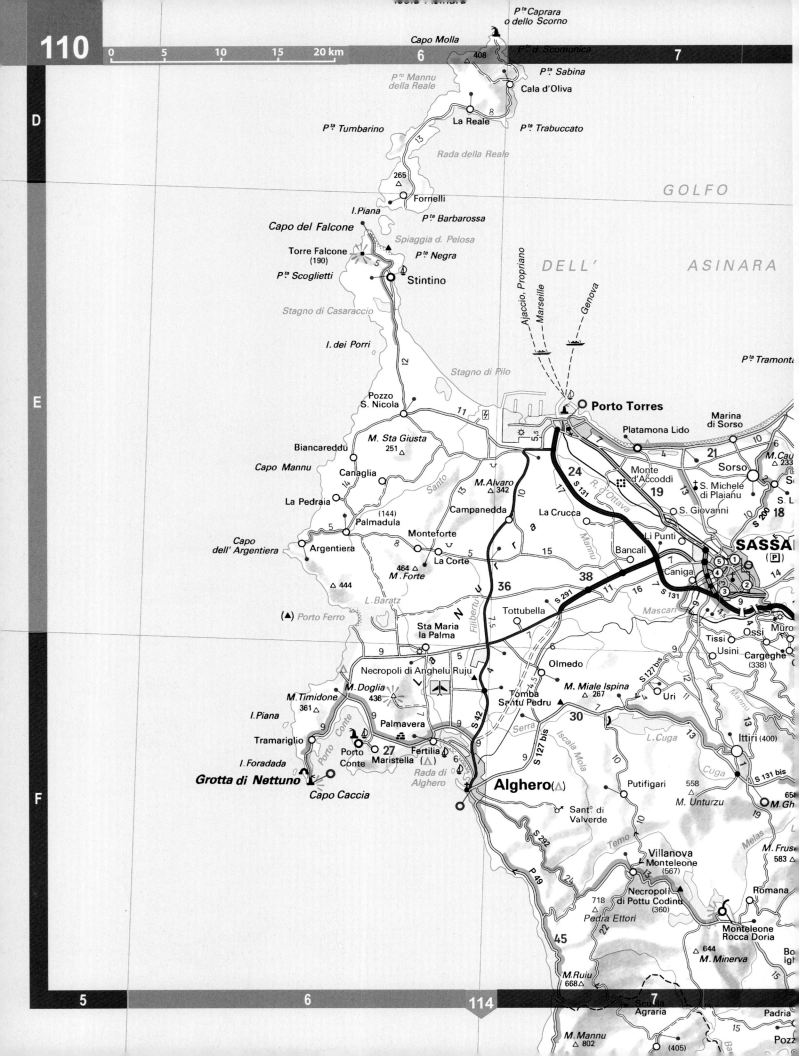

0   5   10   15   20 km

D

6   **7**

Isola Piana

Pᵗᵃ Caprara
o dello Scorno

Capo Molla

408 △

Pᵗᵃ d. Scomunica

Pᵗᵒ Mannu
della Reale

Pᵗᵃ Sabina
Cala d'Oliva

La Reale
8

Pᵗᵃ Trabuccato

Pᵗᵃ Tumbarino
13

Rada della Reale

GOLFO

265 △

Fornelli

I. Piana

Pᵗᵃ Barbarossa

Capo del Falcone

Spiaggia d. Pelosa

DELL'   ASINARA

Torre Falcone
(190)

Pᵗᵃ Negra

Pᵗᵃ Tramonta

Pᵗᵃ Scoglietti

Stintino

Ajaccio, Propriano
Marseille
Genova

Stagno di Casaraccio

I. dei Porri

12

Stagno di Pilo

E

Pozzo
S. Nicola

11

5.5

Porto Torres

Marina
di Sorso

Platamona Lido

M. Cau
233 △

M. Sta Giusta
251 △

7

4

21

Sorso

S. L

Biancareddu

Capo Mannu

Canaglia

Santo

24

S 131

R. d'Ottava

Monte
d'Accoddi

19

† S. Michelè
di Plaianu

S 200   18

La Pedraia

14

M. Alvaro
342 △

10

17

La Crucca

S. Giovanni

10

13

S. L

Palmadula

(144)

Campanedda

a

Mannu

Li Punti

Bancali

SASSA
(P)

5

Capo
dell' Argentiera

Argentiera

Monteforte

8

La Corte

15

r

7

Caniga

1
4
2

464 △

M. Forte

36

r

u

38

11

16   S 131

3

9

14

△ 444

S 291

7.5

L. Baratz

N

Filibertu

Tottubella

Mascari

4.5

Muro

(▲) Porto Ferro

Sta Maria
la Palma

9

5

Olmedo

S 127 bis

Tissi

Ossi

Usini

Cargeghe
(338)

Necropoli di Anghelu Ruju

4

4.5

M. Miale Ispina
267 △

Uri

II

M. Doglia
436

Tomba
Santu Pedru

30

7

M. Timidone
361 △

▲

S 127 bis

Serra

S 131 bis

I. Piana

Palmavera

9

S 42

Iscala Mola

L. Cuga

13

Ittiri (400)

Tramariglio

9

Porto Conte

Porto
Conte

27

Maristella (△)

Fertilia (△)

6

Rada di
Alghero

9

Cuga

1

I. Foradada

Grotta di Nettuno

Capo Caccia

Alghero(△)

Putifigari

558

M. Unturzu

S 131 bis

65

M. Gh

Santᵒ di
Valverde

S 292

Temo

10

19

M. Frus
583 △

P 49

Villanova
Monteleone
(567)

13

Necropoli
di Pottu Codinu
(360)

718
△

Romana

Pedra Ettori

24

45

22

644 △

M. Minerva

Monteleone
Rocca Doria

Bo
Igh

F

5   **6**   **114**

M. Ruiu
668 △

Scula
Agraria

7

Padria

M. Mannu
802 △

(405)

Pozz

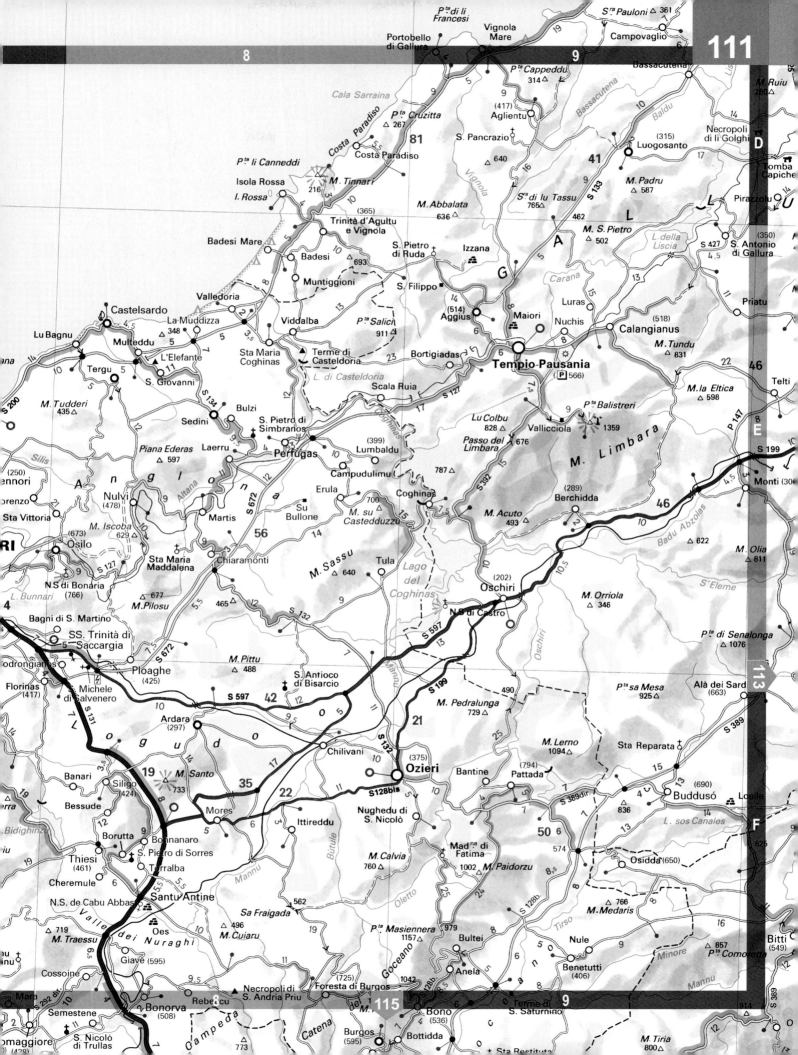

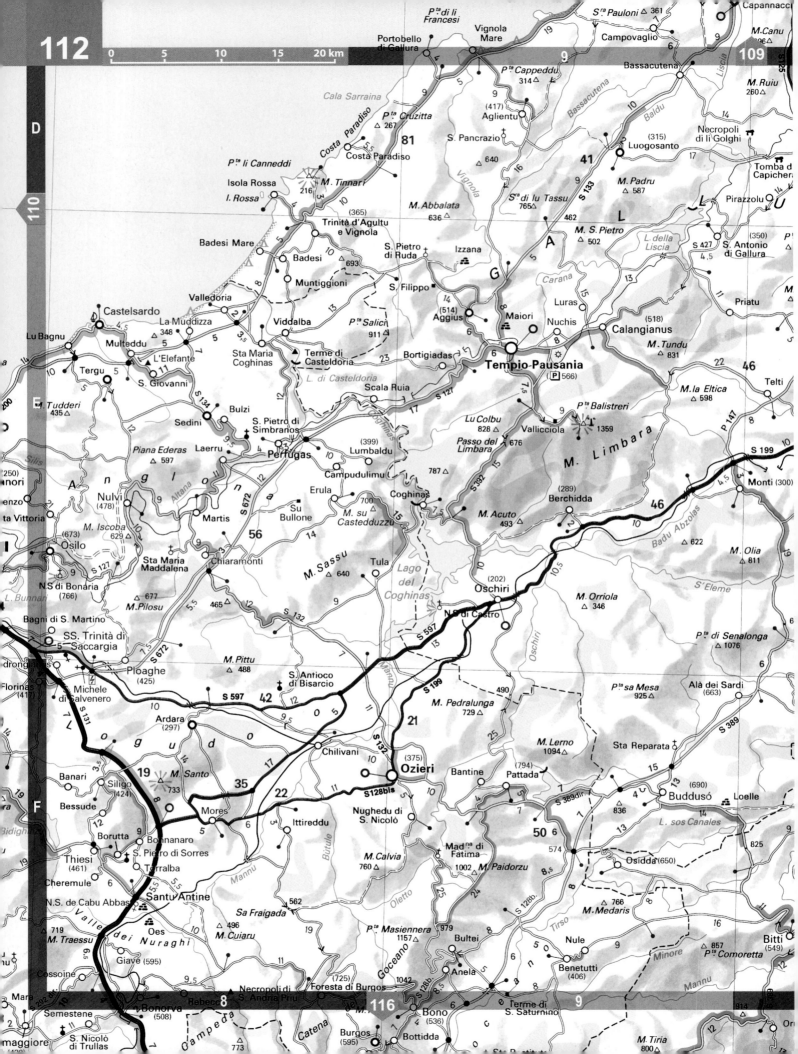

Rossa
Baia Sardinia
Capo Ferro
La Conia 10 Porto Quato Porto Cervo
(A) Cannigione
P.ta Occhione 387 △ (83)
M. Moro 422 △
Capo Capaccia
Abbiadori
Capriccioli
I. Mortorio

Arzachena 19
5 Mulino di Arzachena (169) 6
Albucciu
S. Pantaleo 6
Cala di Volpe
I. Soffi

26
R
A
650 P.ta Cugnana 30
Portisco
P.ta della Volpe

G. di Marinella
Porto Rotondo 3.5
P.ta del Canigione

Littu Petrosu 642
S 125
52
M.sa Curi 415 △ 18
Golfo Aranci
340 △
Capo Figari

Civitavecchia
Livorno, Piombino

Pinu 743
[P]
Olbia
6
Sant° Nuragico Cabu Abbas

Napoli, Fiumicino
Genova
Civitavecchia

Golfo di Olbia

Lido di Pittulongu
Sa Testa

11 1 2 15
S 127 11 4 234 3
M. Telti
Lido d. Sole

Capo Ceraso
P.ta Timone

218 △
564 △

P.ta del Canigione

Arbatax

Porto Istana
S 125
14
Murta Maria

I. Tavolara

S. Simone
Aratena
Enas
6
Loiri
S 131 d.c.n. 10

Porto S. Paolo
317 △ M. Ruiu
Costa Dorata
108 △
158 △ I. Molara

Capo Coda Cavallo

Su Canale
6 11 12
59 339 △

Monte Petrosu
10

Marina di lu Impostu

Berchiddeddu
Su Lemu
58

Stagno di S. Teodoro

S. Paolo
Mamusi (350)
Padru (165)
819 △ M. sa Pianedda

S. Teodoro (△)

P.ta Ittia 883
M. Nieddu
P.ta Maggiore 971 △
S 131 d.c.n.
9
Straulas
P.ta d'Ottiolu

P.ta di Colloredda 819 △
Agrustos
S 125
Cala di Budoni

13
8
M. Sempio 828 △
Brunella
Limpiddu
Budoni (△)
P.ta dell'Asino

20
Sa Pedrabianca (599)
S. Lorenzo
Tanaunella
11

Piras
Concas
513 △
12

Altana
4,5
11 3
Posada

L. di Posada
Torpè
Posada

11,5
5,5
La Caletta

Lodè
M. Tundu 675
5,5
4

P.ta sa Donna 1019 △
21
Siniscola
Sta Lucia (△)

Mamone (860)
P.ta Cupetti 1029 △
Siniscola
I. Ruia

Nortiddi
Cogoli
Cant. Guzzurra (799)
18
10
P.ta Unnichedda 433 △

Capo Comino

244 △ P.ta Ioanneddu

15
Monte Albo
S 131 d.c.n.
M. Senes 863 △
P.ta su Anzu 448 △

Onani
(521) Lula
P.ta Catirina 1127 △
7,5 7
M. Saraloi 854 △
1127
M. Turuddo
826 △ P.ta su Grabellu

23

ne (745)
48
9
Irgoli
Loculi
Onifai
S 125
Cala Liberotto
11
5 4,5

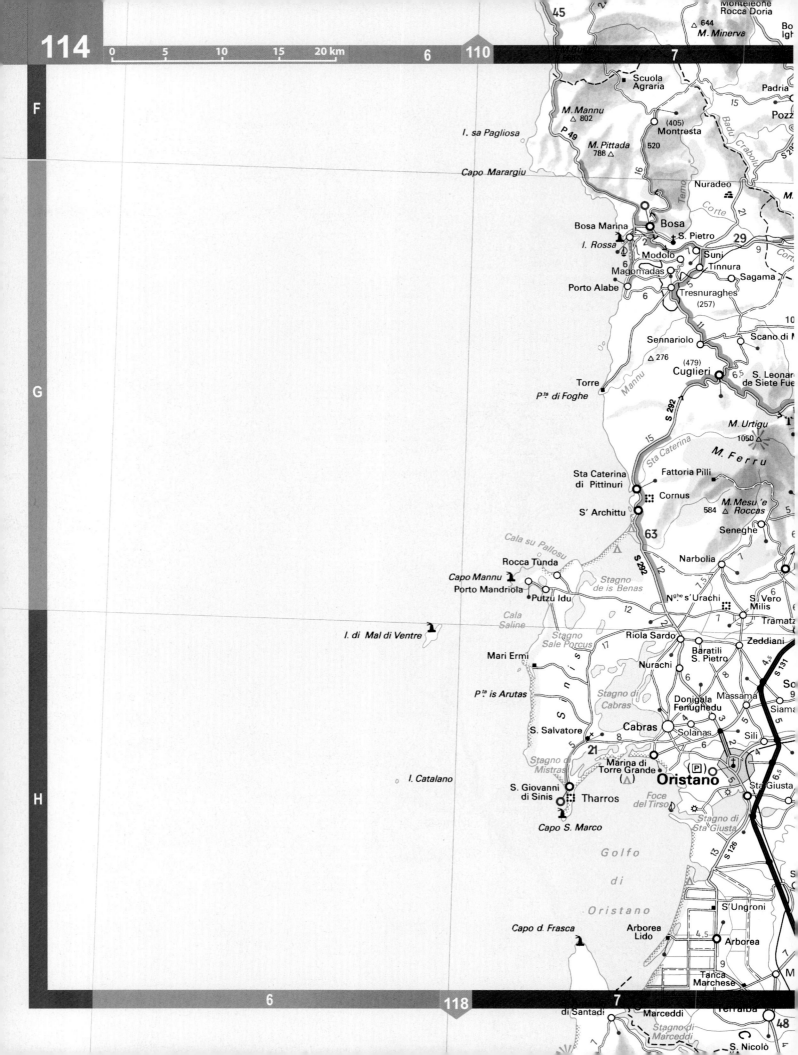

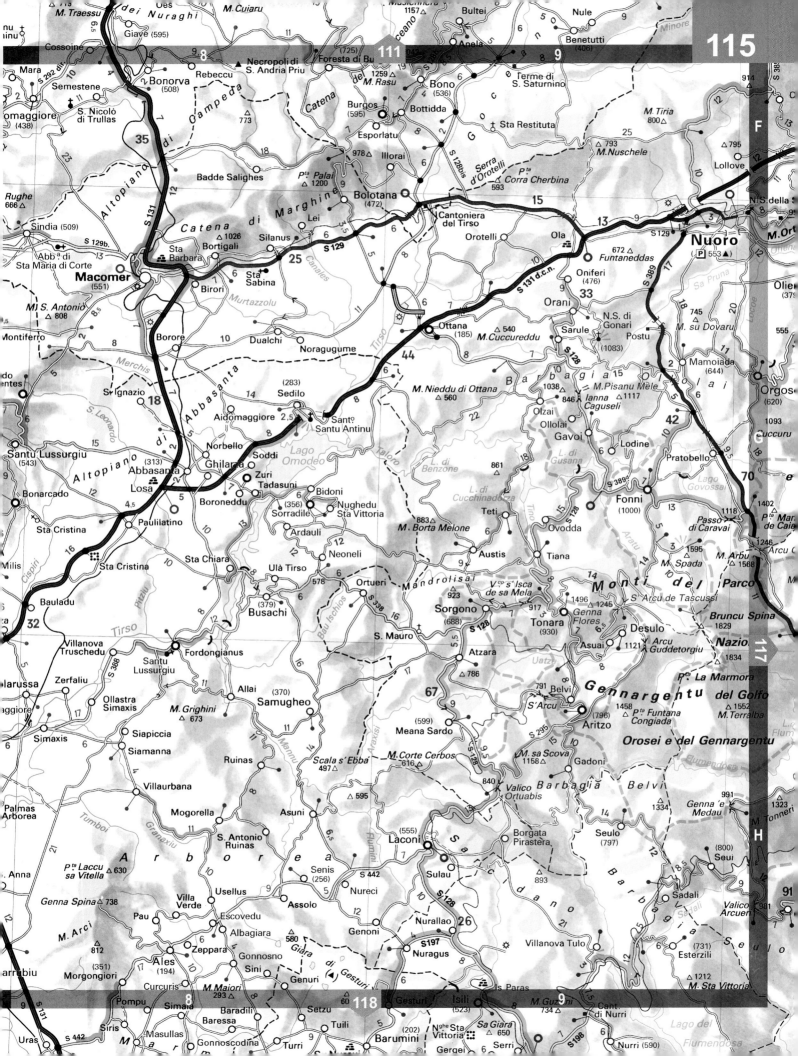

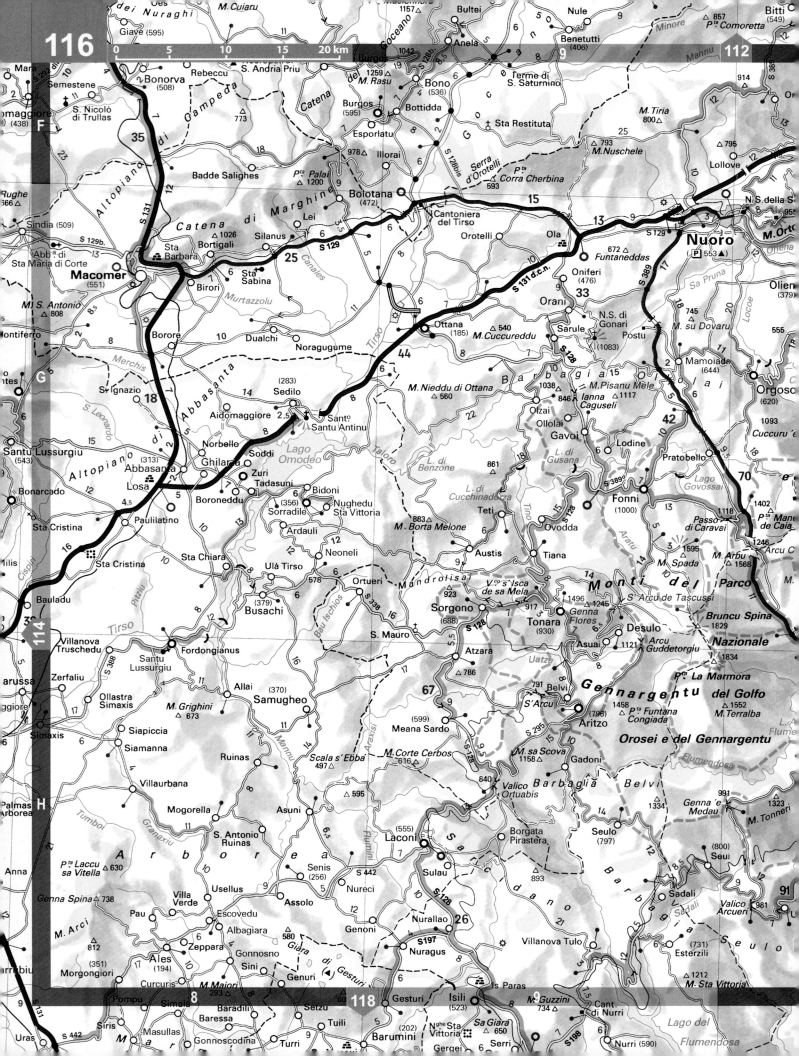

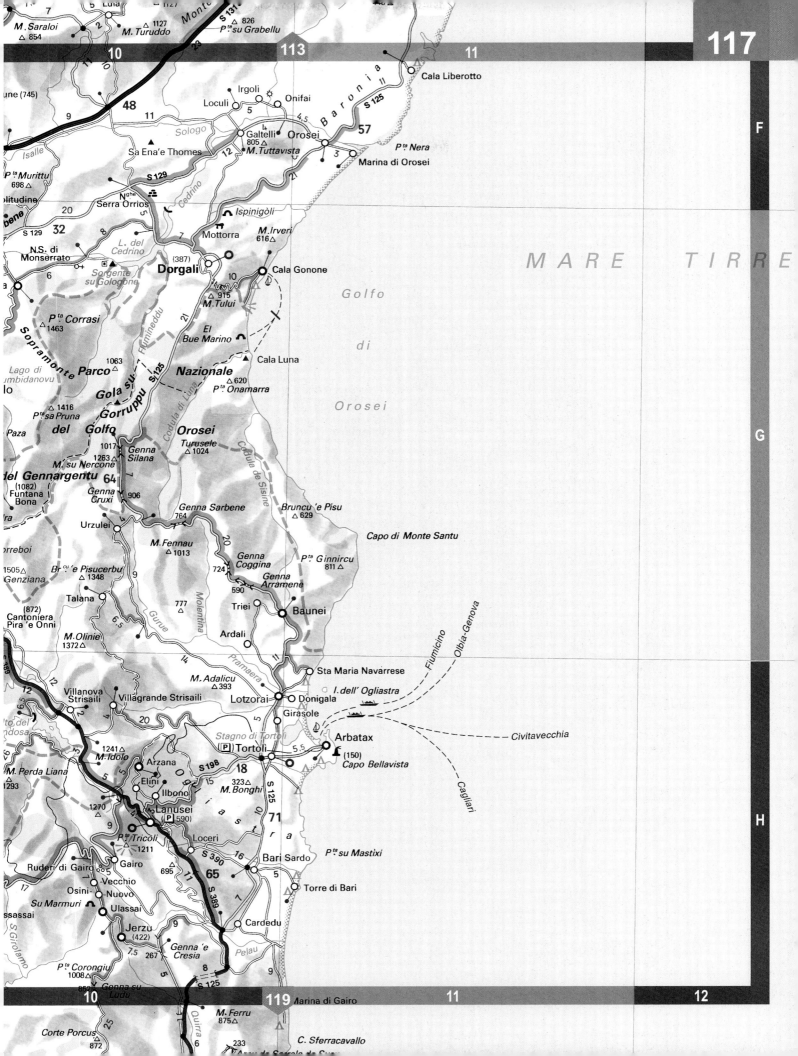

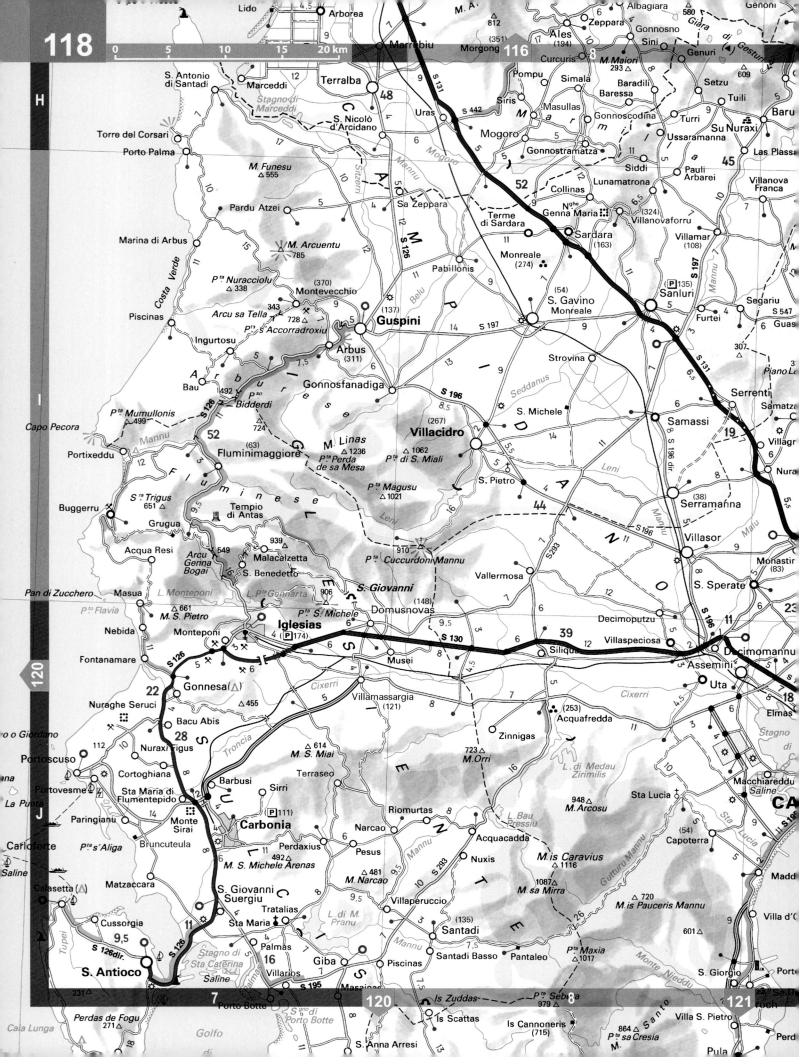

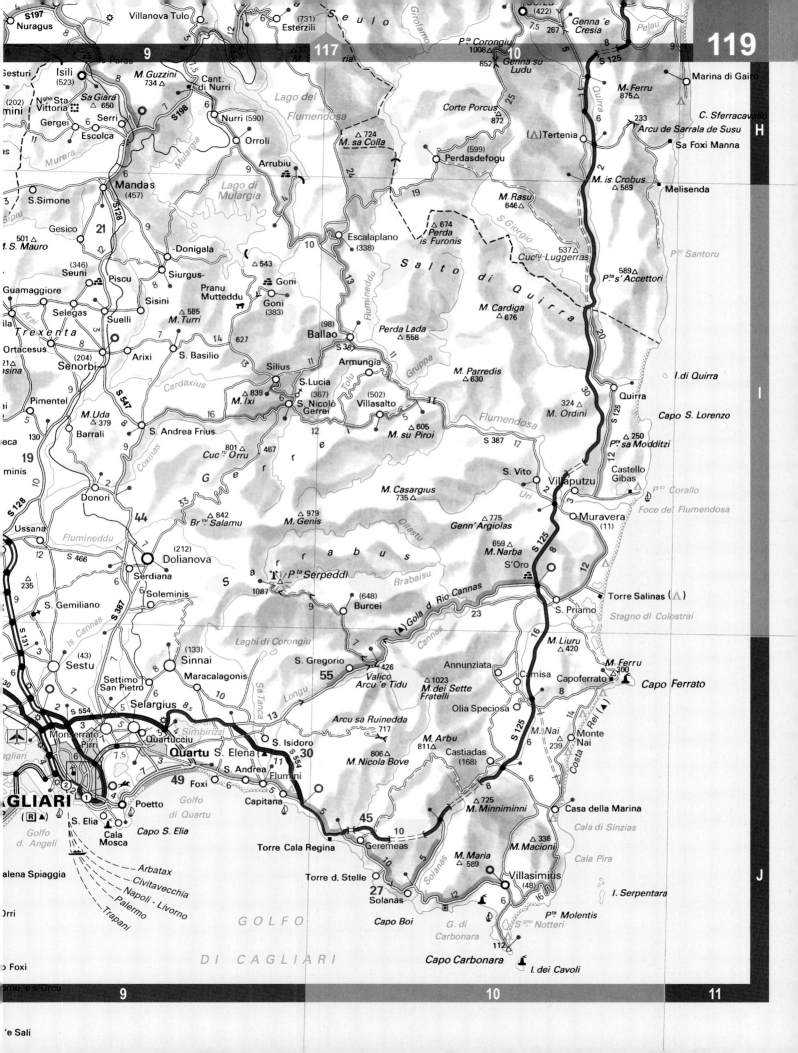

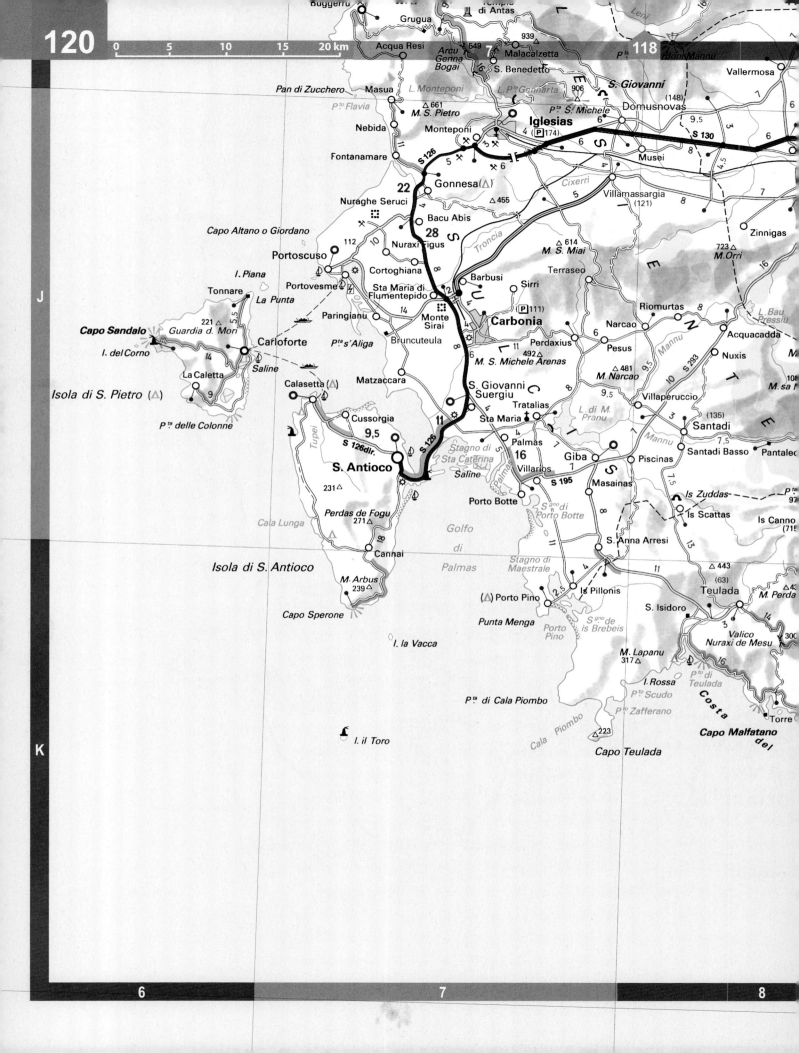

0 5 10 15 20 km

Buggerru

Grugua

Tempio di Antas

L. Leni

Acqua Resi

Arcu Genna Bogai

549

7

Malacalzetta

939

S. Benedetto

906

P.ta Mannu

S. Giovanni

Vallermosa

Pan di Zucchero

Masua

L. Monteponi

L. P.ta Gennarta

P.to Flavia

661
M. S. Pietro

Nebida

Monteponi

Iglesias

(148)

Domusnovas

S 130

Fontanamare

S 126

5

3

6

6

9,5

3

6

Gonnesa (Δ)

Musei

8

4,5

7

Nuraghe Seruci

22

455

Cixerri

Villamassargia

(121)

8

Zinnigas

Capo Altano o Giordano

Bacu Abis

28

614
M. S. Miai

723 Δ

M. Orri

16

Portoscuso

112

10

Nuraxi Figus

Troncia

492 Δ

Terraseo

Riomurtas

8

L. Bau Pressiu

I. Piana

Cortoghiana

Barbusi

Sirri

Acquacadda

Tonnare

La Punta

Portovesme

Sta Maria di Flumentepido

2

Carbonia

Narcao

6

Nuxis

S 283

Paringianu

14

Monte Sirai

4

(P) 111

Perdaxius

Pesus

481 Δ
M. Narcao

9,5

10

108

M.sa N

Capo Sandalo

Guardia d. Mori

221 Δ

5,5

Bruncuteula

M. S. Michele Arenas

6

Villaperuccio

I. del Corno

14

Carloforte

Saline

P.ta s'Aliga

Matzaccara

8

S. Giovanni Suergiu

L. C.

8

(135)

Santadi

7,5

La Caletta

9

Calasetta (Δ)

Tratalias

L. di M. Pranu

3

Santadi Basso

Pantaleo

Isola di S. Pietro (Δ)

Cussorgia

11

Sta Maria

Palmas

Giba

Piscinas

P.ta delle Colonne

9,5

S 126dir.

16

Villarios

S 195

7

Masainas

Is Zuddas

97

S. Antioco

231 Δ

S 126

Stagno di Sta Caterina

Saline

Porto Botte

S.gno di Porto Botte

S. Anna Arresi

Is Scattas

Is Canno
(715)

Perdas de Fogu

271 Δ

Golfo di Palmas

11

443 Δ

Teulada

M. Perda

Cala Lunga

Cannai

Stagno di Maestrale

(63)

43

M. Arbus
239 Δ

(Δ) Porto Pino

2,5

Is Pillonis

13

S. Isidoro

Valico Nuraxi de Mesu

300

Isola di S. Antioco

Capo Sperone

Punta Menga

S.gno de is Brebeis

4

Porto Pino

M. Lapanu
317 Δ

P.to di Teulada

14

16

I. la Vacca

I. Rossa

P.to Scudo

P.to Zafferano

Costa del

Torre

P.ta di Cala Piombo

Capo Malfatano

I. il Toro

Cala Piombo

223 Δ

Capo Teulada

J

K

6

7

8

CAGLIARI

GOLFO
DI CAGLIARI

Golfo
di Quartu

Golfo
d. Angeli

Capo Spartivento
Sud

Indice dei nomi - Piante di città
Index des localités - Plans de ville
Index of place names - Town plans
Ortsverzeichnis - Stadtpläne
Register - Stadsplattegronden
Índice - Planos de Ciudades

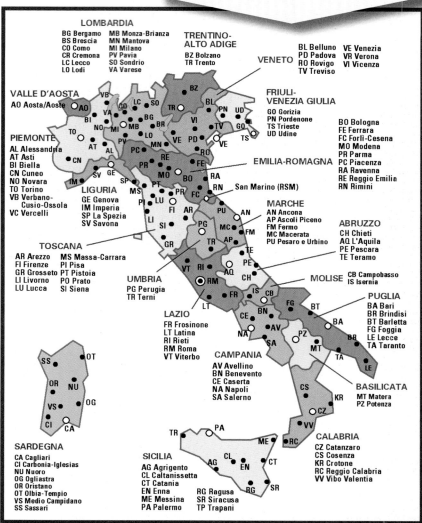

Sigle delle provinze presenti nell'indice
Abbreviations of province names contained in the index
Sigles des provinces répertoriées au nom
Im Index Vorhandene Kennzeiche
Afkorting van de provincie
Abreviaciones de los nombres de provincias

AG	Agrigento (Sicilia)
AL	Alessandria (Piemonte)
AN	Ancona (Marche)
AO	Aosta/Aoste (Valle d'Aosta)
AP	Ascoli-Piceno (Marche)
AQ	L'Aquila (Abruzzo)
AR	Arezzo (Toscana)
AT	Asti (Piemonte)
AV	Avellino (Campania)
BA	Bari (Puglia)
BG	Bergamo (Lombardia)
BI	Biella (Piemonte)
BL	Belluno (Veneto)
BN	Benevento (Campania)
BO	Bologna (Emilia-R.)
BR	Brindisi (Puglia)
BS	Brescia (Lombardia)
BT	Barletta-Andria-Trani (Puglia)
BZ	Bolzano (Trentino-Alto Adige)
CA	Cagliari (Sardegna)
CB	Campobasso (Molise)
CE	Caserta (Campania)
CH	Chieti (Abruzzo)
CI	Carbonia-Iglesias (Sardegna)
CL	Caltanissetta (Sicilia)
CN	Cuneo (Piemonte)
CO	Como (Lombardia)
CR	Cremona (Lombardia)
CS	Cosenza (Calabria)
CT	Catania (Sicilia)
CZ	Catanzaro (Calabria)
EN	Enna (Sicilia)
FC	Forlì-Cesena (Emilia-Romagna))
FE	Ferrara (Emilia-Romagna))
FG	Foggia (Puglia)
FI	Firenze (Toscana)
FM	Fermo (Marche)
FR	Frosinone (Lazio)
GE	Genova (Liguria)
GO	Gorizia (Friuli-Venezia Giulia)
GR	Grosseto (Toscana)
IM	Imperia (Liguria)
IS	Isernia (Molise)
KR	Crotone (Calabria)
LC	Lecco (Lombardia)
LE	Lecce (Puglia)
LI	Livorno (Toscana)

LO	Lodi (Lombardia)
LT	Latina (Lazio)
LU	Lucca (Toscana)
MB	Monza-Brianza (Lombardia)
MC	Macerata (Marche)
ME	Messina (Sicilia)
MI	Milano (Lombardia)
MN	Mantova (Lombardia)
MO	Modena (Emilia-Romagna)
MS	Massa-Carrara (Toscana)
MT	Matera (Basilicata)
NA	Napoli (Campania)
NO	Novara (Piemonte)
NU	Nuoro (Sardegna)
OG	Ogliastra (Sardegna)
OR	Oristano (Sardegna)
OT	Olbia-Tempio (Sardegna)
PA	Palermo (Sicilia)
PC	Piacenza (Emilia-Romagna)
PD	Padova (Veneto)
PE	Pescara (Abruzzo)
PG	Perugia (Umbria)
PI	Pisa (Toscana)
PN	Pordenone (Friuli-Venezia Giulia)
PO	Prato (Toscana)
PR	Parma (Emilia-R.)
PT	Pistoia (Toscana)
PU	Pesaro e Urbino (Marche)
PV	Pavia (Lombardia)
PZ	Potenza (Basilicata)
RA	Ravenna (Emilia-Romagna)
RC	Reggio Calabria (Calabria)
RE	Reggio Emilia (Emilia-Romagna)
RG	Ragusa (Sicilia)
RI	Rieti (Lazio)
RM	Roma (Lazio)
RN	Rimini (Emilia-Romagna)
RSM	San Marino (Rep. di)
RO	Rovigo (Veneto)
SA	Salerno (Campania)
SI	Siena (Toscana)
SO	Sondrio (Lombardia)
SP	La Spezia (Liguria)
SR	Siracusa (Sicilia)
SS	Sassari (Sardegna)
SV	Savona (Liguria)
TA	Taranto (Puglia)
TE	Teramo (Abruzzo)
TN	Trento

	(Trentino-Alto Adige)
TO	Torino (Piemonte)
TP	Trapani (Sicilia)
TR	Terni (Umbria)
TS	Trieste (Friuli-Venezia Giulia)
TV	Treviso (Veneto)
UD	Udine (Friuli-Venezia Giulia)
VA	Varese (Lombardia)
VB	Verbania-Cusio-Ossola (Piemonte)
VC	Vercelli (Piemonte)
VE	Venezia (Veneto)
VI	Vicenza (Veneto)
VR	Verona (Veneto)
VS	Medio-Campidano (Sardegna)
VT	Viterbo (Lazio)
VV	Vibo Valentia (Calabria)

Piante: segni convenzionali
Town plans: special signs
Plans de villes : signes particuliers
Stadtpläne: Bezondere zeichen
Plattegronden: overige tekens
Planos de ciudades: signos particulares

Zona a traffico limitato / Area subject to restrictions / Zone à circulation réglementée — Zone mit Verkehrsbeschränkungen / Beperkt opengestel de zone / Zona de transito restringido

Municipio, Museo, Università / Town Hall, Museum, University / Mairie, Musée, Université — Rathaus, Museum, Universität / Stadhuis, Museum, Universiteit / Ayuntamiento, Museo, Universidad

Informazioni turistiche / Tourist information centre / Information touristique — Informationsstelle / Informatie voor toeristen / Oficina de información de Turismo

Ufficio postale / post office / Bureau de poste — Postamt / Hoofdkantoor / Correo

Parcheggio / Car park / Parc de stationnement — Parkplatz / Parkeerplats / Aparcamiento

Ospedale, Stadio / Hospital, Stadium / Hôpital, Stade — Krankenhaus, Stadion / Ziekenhuis, Stadion / Hospital, Estadio

A

Abano Terme PD............24 F 17
Abatemarco SA.............76 G 28
Abatemarco (Fiume) CS...85 H 29
Abbadia SI..................50 M 17
Abbadia VT.................57 O 16
Abbadia Cerreto LO......21 G 10
Abbadia Lariana LC........9 E 10
Abbadia S. Salvatore SI...50 N 17
Abbalata (Monte) OT......109 D 9
Abbasanta OR..............115 G 8
Abbasanta (Altopiano di) OR115 G 8
Abbateggio PE..............60 P 24
Abbatoggia (Punta) OT....109 D 10
Abbiadori OT................109 D 10
Abbiategrasso MI...........20 F 8
Abetaia BO..................39 J 14
Abeto FI......................40 J 17
Abeto PG.....................52 N 21
Abetone PT..................39 J 14
Abisso (Rocca del) CN......34 J 4
Abriola PZ....................77 F 29
Abruzzese AQ................59 P 22
Abruzzo
  (Parco Nazionale d') AQ 64 Q 23
Abtei / Badia BZ..............4 C 17
Acaia LE......................81 F 36
Acate RG....................104 P 25
Acate (Fiume) RG..........104 P 25
Accadia FG...................71 D 28
Acceglio CN..................26 I 2
Accellica (Monte) AV.......70 E 27
Accesa (Lago dell') GR.....49 N 14
Accettori (Punta s') OG...119 I 10
Accettura MT................77 F 30
Accia (Portella dell') PA....98 M 22
Acciano AQ...................60 P 23
Acciarella LT.................63 R 20
Acciaroli SA..................75 G 27
Acconia CZ...................88 K 30
Accorradroxiu
  (Punta s') VS...............118 I 7
Accumoli RI..................52 N 21
Acerenza PZ.................72 E 29
Acerenza (Lago di) PZ.....72 E 29
Acerno SA....................75 E 27
Acerno (Le Croci di) SA....70 E 27
Acero (Forca d') AQ.........64 Q 23
Acerra NA....................70 E 25
Aci Bonaccorsi CT..........101 O 27
Aci Castello CT..............101 O 27
Aci Catena CT...............101 O 27
Aci S. Antonio CT...........101 O 27
Aci Trezza CT...............101 O 27
Acilia RM.....................62 Q 19
Acireale CT..................101 O 27
Acone S. Eustachio FI......40 K 16
Acqua (Bagno dell') TP....96 Q 17
Acqua Resi CI...............118 J 7
Acqua Tosta (Monte) RM..57 P 17
Acquabianca GE.............28 I 7
Acquabona (Passo di) CZ...86 J 31
Acquacadda CI.............118 J 8
Acquacalda ME.............94 L 26
Acquacanina MC.............52 M 21
Acquafondata FR...........64 R 23
Acquaformosa CS...........85 H 30
Acquafredda BS.............22 G 13
Acquafredda CA............118 J 8
Acquafredda PZ.............76 G 29
Acqualagna PS..............46 L 20
Acqualoreto TR..............51 N 19
Acqualunga BS..............22 G 11
Acquanegra Cremonese CR.30 G 12
Acquanegra sul Chiese MN.30 G 13
Acquapendente VT..........50 N 17
Acquappesa CS..............85 I 29
Acquaria MO.................39 J 14
Acquarica del Capo LE.....83 H 36
Acquarica di Lecce LE......81 G 36
Acquaro VV..................88 L 30
Acquasanta GE..............36 I 8
Acquasanta Terme AP......52 N 22
Acquaseria CO................9 D 9
Acquasparta TR.............51 N 19
Acquato (Lago) GR..........56 O 16
Acquavella SA...............75 G 27
Acquaviva RM...............58 P 20
Acquaviva SI.................50 M 17
Acquaviva Collecroce CB...65 Q 26
Acquaviva delle Fonti BA...73 E 32
Acquaviva d'Isernia IS......65 Q 24
Acquaviva Picena AP.......53 N 23
Acquaviva Platini CL.......99 O 23
Acquedolci ME..............100 M 25

Acquerino (Rifugio) PO.....39 J 15
Acquevive IS................65 R 25
Acqui Terme AL.............28 H 7
Acri CS.......................85 I 31
Acuto FR.....................63 Q 21
Acuto (Monte) PG...........51 M 18
Acuto (Monte) OT..........111 E 9
Adalicu (Monte) OG........117 H 10
Adamello TN.................11 D 13
Adamello (Monte) BS......10 D 13
Adami CZ.....................86 J 31
Adda SO.......................2 C 12
Addolorata
  (Santuario dell') IS.......65 R 24
Adelfia BA....................73 D 32
Adige BZ.......................3 C 14
Adige (Foce dell') RO.......33 G 18
Adone (Monte) BO..........40 I 15
Adrano CT...................100 O 26
Adranone (Monte) AG......97 N 21
Adrara S. Rocco BG.........22 E 11
Adret TO.....................26 G 3
Adria RO......................33 G 18
Adro BS.......................22 F 11
Aclanum AV..................70 D 27
Aec!anum AV.................70 D 27
Afers / Eores BZ..............4 B 17
Affi VR........................23 F 14
Affile RM......................63 Q 21
Africa (Scoglio d') LI........54 O 12
Afragola NA..................69 E 24
Africo RC.....................91 M 30
Agaggio Inferiore IM.......35 K 5
Agarina VB.....................8 D 7
Agazzano PC.................29 H 10
Agelli AP......................52 N 22
Agello PG.....................51 M 18
Agerola NA...................75 F 25
Aggius OT...................109 E 9
Agira EN.....................100 O 25
Agliana PT....................39 K 15
Agliano AT....................28 H 6
Agliè TO.......................19 F 5
Aglientu OT.................109 D 9
Aglio PC......................29 H 10
Agna AR......................44 K 17
Agna PD.......................24 G 17
Agnadello CR................21 F 10
Agnana Calabra RC........91 M 30
Agnano PI.....................42 K 13
Agnano NA...................69 E 24
Agnara (Croce di) CS.......87 J 32
Agnedo SO...................10 D 11
Agnellezze (Monte) BL.....12 D 18
Agnello (Colle dell') TO....26 H 2
Agner (Monte) BL...........12 D 17
Agnino MS....................38 J 12
Agnino MS....................38 J 12
Agno VI.......................24 F 16
Agno (Val d') VI..............24 F 15
Agnone IS.....................65 Q 25
Agnone Bagni SR...........105 P 27
Agnosine BS..................22 F 13
Agogna NO...................20 E 7
Agordo BL....................12 D 18
Agordo (Canale di) BL......13 D 18
Agosta RM....................59 Q 21
Agostini (Rifugio) TN.......11 D 14
Agra VA........................8 D 8
Agrano VB......................8 E 7
Agrate Brianza MI...........21 F 10
Agrate Conturbia NO.......20 E 7
Agresto (Monte dell') PZ...77 F 30
Agri PZ........................76 F 29
Agriano PG...................52 N 21
Agrifoglio CS.................86 J 31
Agrigento AG...............102 P 22
Agropoli SA...................75 F 26
Agrustos OT.................113 E 11
Agudo (Monte) BL............5 C 19
Agugliano AN.................47 L 22
Agugliaro VI..................24 G 16
Aguzzo (Monte) RM........58 P 19
Ahrntal / Valle Aurina BZ...4 B 17
Ahrntal / Aurina (Valle) BZ...4 A 17
Aidomaggiore OR..........115 G 8
Aidone EN...................104 O 25
Aielli AQ......................59 P 22
Aiello Calabro CS...........86 J 30
Aiello del Friuli UD..........17 E 22
Aiello del Sabato AV.......70 E 26
Aieta CS......................84 H 29
Aiguille de Triolet AO........6 E 3
Aiguilles de Bionnassay AO..6 E 2
Ailano CE.....................65 R 24
Aiona (Monte) GE...........29 I 10
Aip (Creta di) / Trogkofel UD.14 C 21
Airasca TO....................27 H 4

Airola BN......................70 D 25
Airole IM......................35 K 4
Airuno LC.....................21 E 10
Aisone CN....................34 J 3
Akrai
  (Palazzolo Acreide) SR.104 P 26
Ala TN.........................23 E 14
Ala (Val di) TO...............18 G 3
Alà dei Sardi OT............111 E 9
Ala di Stura TO...............18 G 3
Alagna PV.....................20 G 8
Alagna Valsesia VC..........7 E 6
Alanno PE....................60 P 23
Alano di Piave BL............12 E 17
Alassio SV....................35 J 6
Alatri FR.......................63 Q 22
Alba CN.......................27 H 6
Alba (Val di) TO..............4 C 17
Alba Adriatica TE............53 N 23
Alba Fucens AQ..............59 P 22
Albagiara OR................115 H 8
Albairate MI...................20 F 8
Albanella SA..................75 F 27
Albani (Colli) RM.............63 Q 20
Albano BG....................22 E 11
Albano (Lago di) RM........62 Q 20
Albano (Monte) MO.........38 J 13
Albano (Monte) PT..........39 K 14
Albano di Lucania PZ.......77 F 30
Albano Laziale RM...........62 Q 19
Albano Vercellese VC.......20 F 7
Albaredo Arnaboldi PV.....29 G 9
Albaredo TV..................24 F 18
Albaredo d'Adige VR........23 G 15
Albaredo per S. Marco SO...9 D 10
Albarella (Isola) RO.........33 G 19
Albareto MO..................31 H 14
Albareto PR...................37 I 11
Albaretto della Torre CN....27 I 6
Albate CO.....................21 E 9
Albavilla CO..................21 E 9
Albenga SV...................35 J 6
Albegna GR...................50 N 16
Albeins / Albes BZ............4 B 16
Alben (Monte) BG...........10 E 11
Albenga SV...................35 J 6
Albera Ligure AL.............29 H 9
Alberese GR..................55 N 15
Alberghi PT...................39 K 14
Albergian (Monte) TO......26 G 2
Alberi PR......................30 H 12
Alberino BL...................32 I 16
Albero Sole (Monte) AG..102 U 19
Alberobello BA...............80 E 33
Alberona FG..................66 C 27
Alberone PV..................29 G 10
Alberone vicino
  a Cento FE..................32 H 15
Alberone vicino
  a Guarda FE................32 H 17
Alberoni VE...................25 F 18
Alberoro AR...................44 L 17
Albettone VI..................24 F 16
Albi CZ........................87 J 31
Albiano AR....................45 L 18
Albiano TN....................11 D 15
Albiano d'Ivrea TO..........19 F 5
Albidona CS..................85 H 31
Albignano MI.................21 F 10
Albignasego PD..............24 F 17
Albinea RE....................31 I 13
Albinia GR....................55 O 15
Albino BG.....................22 E 11
Albiolo CO....................20 E 8
Albisola Superiore SV......36 I 7
Albissola Marina SV........36 J 7
Albo (Monte) NU...........113 F 10
Albonese PV..................20 G 8
Albonico CO...................9 D 10
Albosaggia SO...............10 D 11
Albucciu OT.................109 D 10
Albugnano AT................27 G 5
Alburni (Monti) SA..........76 F 27
Alburno (Monte) SA.........76 F 27
Albuzzano PV................21 G 9
Alcamo TP....................97 N 20
Alcamo Marina TP..........97 M 20
Alcantara CT................100 N 27
Alcantara (Gole dell') CT.101 N 27
Alcara li Fusi ME............100 M 26
Aldein / Aldino BZ...........12 C 16
Aldeno TN....................11 E 15

Aldino / Aldein BZ...........12 C 16
Alento SA.....................75 G 27
Alento CH.....................60 O 24
Ales OR......................115 H 8
Alessandria AL...............28 H 7
Alessandria
  del Carretto CS...........85 H 31
Alessandria
  della Rocca AG...........98 O 22
Alessano LE..................83 H 36
Alesso UD.....................14 D 21
Alezio LE......................83 G 36

Alfano SA.....................76 G 28
Alfedena AQ..................64 Q 24
Alfero FO......................41 K 18
Alfianello BS..................22 G 12
Alfiano Natta AL.............27 G 6
Alfonsine RA..................33 I 18
Alga (Punta d') TP...........96 N 19
Alghero SS...................110 F 6
Alghero (Rada di) SS......110 F 6
Algone (Val d') TN..........11 D 14
Algua BG......................21 E 11
Algund / Lagundo BZ........3 B 15

Ali ME.........................90 M 28
Alì Terme ME.................90 M 28
Alia PA.........................99 N 23
Alianello MT..................77 G 30
Aliano MT.....................77 G 30
Alice Bel Colle AL...........28 H 7
Alice Castello VC............19 F 6
Alice (Punta) KR.............87 I 33
Alicudi (Isola) ME............93 L 25
Alicudi Porto ME.............93 L 25
Alife CE.......................65 S 24
Aliga (Punta s') CI..........118 J 7

AGRIGENTO

A TEMPIO DELLA CONCORDIA
B TEMPIO DI HERA LACINIA
C TEMPIO DI ERACLE
D TEMPIO DI ZEUS OLIMPIO
E TEMPIO DI CASTORE E POLLUCE
F ORATORIO DI FALARIDE
G QUARTIERE ELLENISTICO ROMANO
K TOMBA DI TERONE
M¹ MUSEO ARCHEOLOGICO REGIONALE
N CHIESA DI SAN NICOLA

Circolazione regolamentata nel centro città

Crispi (V. F.)................Y 3
La Malfa (V. U.)............Y 6
Papa Luciani (Via).........Y 9
Petrarca (V.)................Y 12
Templi (V. dei).............Y 23

ALESSANDRIA

Bergamo (V.)................Z 2
Brigata Ravenna (Viale)...Z 3
Carducci (Pza)..............Z 4
Carlo Marx (Cso)...........Z 6
Casale (V.)..................Z 7
Cavallotti (Pza).............Z 8
Crimea (Cso)................Z 9
Dante Alighieri (V.).........Z 10
Fiume (V.)...................Y 12
Garibaldi (Pza)..............Z 14
Gobetti (Pza)................Y 15
Gramsci (V.)................Z 16
Lamarmora (Cso)..........Z 18
Libertà (Pza della).........Y 19
Machiavelli (V.).............YZ 20
Magenta (Lungo Tanaro)...Y 21
Marini (Cso Virginia)......Y 23
Martiri (V. dei).............Y 24
Morbelli (V.)................Y 26
Pistoia (V. Ernesto).......YZ 27
Pontida (V.)................Y 28
Roma (Cso).................YZ
Savona (Cso)...............Z 38
Solferino (Lungo Tanaro)...Y 39
S. Caterina da Siena
  (V.).........................Y 35
S. Dalmazzo (V.)...........Y 30
S. Giacomo d. Vittoria.....YZ 31
S. Maria di Castello (V.)...Y 36
S. Martino (Lungo Tanaro)..Y 32
S. Pio V (V.)................Y 34
Tivoli (V.)...................Z 40
Tiziano (Via Vecellio)......Y 41
Tripoli (V.)..................YZ 42
Turati (Pza).................YZ 43
Valfré (Pza).................Z 44
Vittorio Veneto (Pza)......Y 45
Vochieri (V.)................Z 46
1821 (V.)....................Y 48

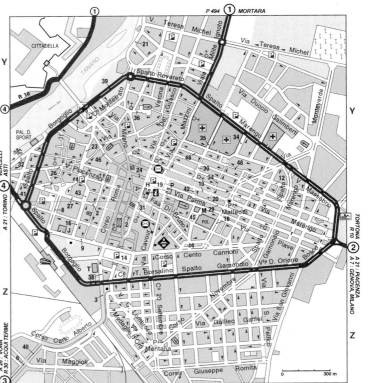

ANCONA

Garibaldi (Cso)	ABZ	
Giovanni XXIII (V.)	AY	6
Marconi (V.)	AZ	8
Pizzecolli (V. Ciriaco)	AYZ	13
Plebiscito (Pza)	AZ	14
Repubblica (Pza)	AZ	17
Roma (Pza)	AZ	19
Stamira (Cso)	AZ	
Stamira (Pza)	BZ	20
Thaon de Revel (V.)	CZ	21
Vecchini (V.)	BZ	22
24 Maggio (Piazzale)	BZ	23

Chiesa di Santa Maria della Piazza .... AZ **B**
Loggia dei Mercanti ... AZ **F**

Alimena *PA* .... 99 N 24
Alimini Grande *LE* .... 83 G 37
Alimini Piccolo *LE* .... 83 G 37
Aliminusa *PA* .... 99 N 23
Allai *OR* .... 115 H 8
Allaro *RC* .... 88 L 31
Alleghe *BL* .... 12 C 18
Allein *AO* .... 6 E 3
Allerona *TR* .... 50 N 17
Alli *CZ* .... 87 J 31
Allievi *SO* .... 9 D 10
Allione *BS* .... 10 D 12
Alliste *LE* .... 83 H 36
Alliz (Punta d') *BZ* .... 2 B 14
Allocchi (Galleria degli) *FI* .... 40 J 16
Allone *PG* .... 51 N 19
Allumiere *RM* .... 57 P 17
Almenno S. Salvatore *BG* .... 21 E 10
Almese *TO* .... 18 G 4
Alonte *VI* .... 24 F 16
Alpago *BL* .... 13 D 19
Alpe *GE* .... 29 I 9
Alpe d'Arguel *TO* .... 26 G 2
Alpe Campiascio *SO* .... 12 D 12
Alpe Cermis *TN* .... 12 D 16
Alpe Colombino *TO* .... 26 G 3
Alpe Devero *VB* .... 8 D 6
Alpe di Mera *VC* .... 19 E 6
Alpe di S. Antonio *LU* .... 38 J 13
Alpe Gera (Lago di) *SO* .... 10 D 11
Alpe Tre Potenze *PT* .... 39 J 13
Alpe Veglia *VB* .... 7 D 6
Alpette *TO* .... 19 F 4
Alpi Apuane (Parco Naturale) *MS* .... 38 J 12
Alpi (Monte) *PZ* .... 77 G 29
Alpi Orobie *SO* .... 10 D 11
Alpiaz *BS* .... 22 E 12
Alpicella *SV* .... 36 I 7
Alpignano *TO* .... 27 G 4
Alpino *VB* .... 8 E 7
Alpo *VR* .... 23 F 14
Alseno *PC* .... 30 H 11
Alserio (Lago di) *CO* .... 21 E 9
Alta S. Egidio *AR* .... 50 M 18
Altacroce (Monte) / Hochkreuz Spitze *BZ* .... 3 B 15
Altamura *BA* .... 73 E 31
Altamura (Pulo di) *BA* .... 73 E 31
Altana Nuoro e Sassari *OT* .... 112 F 10
Altana *SS* .... 111 E 8
Altano (Capo) *CA* .... 118 J 7
Altare *SV* .... 36 I 7
Altare (Monte) *CS* .... 85 I 31
Altavilla Irpina *AV* .... 70 D 26
Altavilla Milicia *PA* .... 98 M 22
Altavilla Silentina *SA* .... 75 F 27
Altavilla Vicentina *VI* .... 24 F 16
Altedo *BO* .... 32 I 16
Altenburg / Castelvecchio *BZ* .... 11 C 15
Altesina (Monte) *EN* .... 99 N 24
Alti (Poggi) *GR* .... 50 N 16
Altidona *AP* .... 53 M 23
Altilia *KR* .... 87 J 32
Altilia *CS* .... 86 J 30
Altilia Saepinum *CB* .... 65 R 25
Altino *CH* .... 60 P 24
Altino *VE* .... 25 F 19
Altipiani di Arcinazzo *FR* .... 63 Q 21
Altissimo *VI* .... 23 E 14
Altissimo (Località) *VI* .... 23 F 15
Altivole *TV* .... 24 E 17
Alto *CN* .... 35 J 5
Alto (Giogo) / Hochjoch *BZ* .... 3 B 14
Alto (Monte) *AQ* .... 64 Q 22
Alto (Monte) *GR* .... 49 M 15
Alto (Monte) *MS* .... 38 J 12
Altofonte *PA* .... 97 M 21
Altolia *ME* .... 90 M 28
Altomonte *CS* .... 85 H 30
Altopascio *LU* .... 39 K 14
Altrei / Anterivo *BZ* .... 12 D 16
Altrocanto *TR* .... 58 O 19
Alvano (Pizzo d') *AV* .... 70 E 25
Alvaro (Monte) *SS* .... 110 E 6
Alviano *TR* .... 58 O 18
Alviano (Lago di) *TR* .... 57 O 18
Alvignano *CE* .... 69 D 25
Alvisopoli *VE* .... 16 E 20
Alvito *FR* .... 64 Q 23
Alzano Lombardo *BG* .... 21 E 11
Alzate Brianza *CO* .... 21 E 9
Amalfi *SA* .... 75 F 25
Amandola *AP* .... 52 N 22

Amantea *CS* .... 86 J 30
Amariana (Monte) *UD* .... 14 C 21
Amaro *UD* .... 14 C 21
Amaro (Monte) *AQ* .... 60 P 24
Amaroni *CS* .... 88 K 31
Amaseno *FR* .... 63 R 22
Amaseno (Fiume) *LT* .... 63 R 21
Amato *VA* .... 29 E 7
Amato *CS* .... 88 K 31
Amato *RC* .... 88 L 29
Amatrice *RI* .... 59 O 21
Ambin (Rocca d') *TO* .... 18 G 2
Ambra *AR* .... 44 L 16
Ambria *BG* .... 21 E 11
Ambria *SO* .... 10 D 11
Ambrogio *FE* .... 32 H 17
Ameglia *SP* .... 38 J 11
Amelia *TR* .... 58 O 19
Amendola *FG* .... 67 C 29
Amendolara *CS* .... 85 H 31
Amendolea *RC* .... 90 N 29
Amendolea (Fiumara di) *RC* .... 90 M 29
Ameno *NO* .... 20 E 7
Amiata (Monte) *GR* .... 50 N 16
Amica *CS* .... 87 I 32
Amiternum *AQ* .... 59 O 21
Amorosi *BN* .... 70 D 25
Ampezzo *UD* .... 13 C 20
Ampezzo (Valle d') *BL* .... 4 C 18
Ampollino (Lago) *KR* .... 87 J 31
Anagni *FR* .... 63 Q 21
Anapo *CT* .... 104 P 26
Ancaiano *PG* .... 58 O 20
Ancaiano *SI* .... 49 M 15
Ancarano *TE* .... 53 N 23
Ancarano *PR* .... 39 K 14
Ancinale *CZ* .... 88 K 31
Anciolina *AR* .... 44 L 17
Ancipa (Lago) *EN* .... 100 N 25
Ancona *AN* .... 47 L 22
Andagna *IM* .... 35 K 5
Andali *CZ* .... 87 J 32
Andalo *TN* .... 11 D 15
Andezeno *TO* .... 27 G 5
Andolla (Pizzo d') *VB* .... 7 D 6
Andolla (Rifugio) *VB* .... 7 D 6
Andonno *CN* .... 34 J 4
Andora *SV* .... 35 K 6
Andorno Micca *BI* .... 19 F 6
Andrano *LE* .... 83 H 37
Andraz *BL* .... 4 C 17
Andrazza *UD* .... 13 C 19
Andreis *PN* .... 13 D 19
Andretta *AV* .... 71 E 27
Andria *BA* .... 72 D 30
Andriace *MT* .... 78 G 32
Andriano / Andrian *BZ* .... 3 C 15
Anduins *PN* .... 14 D 20

Anela *SS* .... 111 F 9
Anela (Masseria d') *TA* .... 78 F 32
Anfo *BS* .... 22 E 13
Angeli *AN* .... 47 L 22
Angeli di Mergo *AN* .... 46 L 21
Angeli (Golfo degli) *CA* .... 119 J 9
Angera *VA* .... 20 E 7
Anghebeni *TN* .... 23 E 15
Anghelu Ruiu (Necropoli) *SS* .... 110 F 6
Anghiari *AR* .... 45 L 18
Angiari *VR* .... 23 G 15
Angiolino (Cima dell') *TN* .... 19 F 4
Angiulli (Monte) *TA* .... 73 E 33
Anglona *SS* .... 111 E 8
Angoli *CZ* .... 88 K 31
Angolo Terme *BS* .... 10 E 12
Angri *SA* .... 75 E 25
Anguillara Sabazia *RM* .... 58 P 18
Anguillara Veneta *PD* .... 32 G 17
Aniene *FR* .... 63 Q 21
Anime (Cima delle) / Hintere Seelenkogl *BZ* .... 3 B 15
Anita *FE* .... 33 I 18
Anitrella *FR* .... 64 R 22
Annicco *CR* .... 22 G 11
Annifo *PG* .... 52 M 20
Annone (Lago di) *LC* .... 21 E 10
Annone Veneto *VE* .... 16 E 20
Annunziata *CA* .... 119 J 10
Annunziata Lunga (Passo) *CE* .... 64 R 24
Anoia *RC* .... 88 L 30
Ansedonia Cosa *GR* .... 56 O 15
Ansiei *BL* .... 4 C 18
Ansina *AR* .... 45 L 18
Antagnod *AO* .... 7 E 5
Antas (Tempio di) *CI* .... 118 I 7
Antegnate *BG* .... 22 F 11
Antelao *BL* .... 4 C 18
Antenna (Monte) *RC* .... 91 M 29
Antennamare *ME* .... 90 M 28
Anterivo / Altrei *BZ* .... 12 D 16
Antermoia / Untermoi *BZ* .... 4 B 17
Anterselva (Pizzo d') *VB* .... 7 D 6
Anterselva (Valle di) *BZ* .... 4 B 18
Anterselva di Mezzo / Antholz Mittertal *BZ* .... 4 B 18
Anterselva di Sopra / Antholz Obertal *BZ* .... 4 B 18
Antey-St. André *AO* .... 19 E 4
Antholz Mittertal / Anterselva di Mezzo *BZ* .... 4 B 18
Antholz Obertal / Anterselva di Sopra *BZ* .... 4 B 18
Anticoli Corrado *RM* .... 59 P 20
Antignano *AT* .... 27 H 6
Antignano *LI* .... 42 L 12
Antigorio (Val) *VB* .... 8 D 6

Antillo *ME* .... 101 N 27
Antola (Monte) *GE* .... 29 I 9
Antola (Monte) / Steinkarspitz *BL* .... 5 C 20
Antona *MS* .... 38 J 12
Antonelli *BA* .... 80 E 33
Antonimina *RC* .... 91 M 30
Antrodoco *RI* .... 59 O 21
Antrona (Lago di) *VB* .... 7 D 6
Antrona (Val di) *VB* .... 7 D 6
Antronapiana *VB* .... 7 D 6
Antrosano *AQ* .... 59 P 22
Anversa degli Abruzzi *AQ* .... 60 Q 23
Anza *VB* .... 8 E 6
Anzano del Parco *CO* .... 21 E 9
Anzano di Puglia *FG* .... 71 D 27
Anzasca (Valle) *VB* .... 7 E 5
Anzi *PZ* .... 77 F 29
Anzino *VB* .... 7 E 6
Anzio *RM* .... 62 R 19
Anzola *PR* .... 29 I 10
Anzola d'Emilia *BO* .... 31 I 15
Anzola d'Ossola *VB* .... 8 E 7
Anzone del Parco *CO* .... 21 E 9
Anzu (Punta su) *NU* .... 113 F 11
Aosta / Aoste *AO* .... 18 E 3
Aosta (Rifugio) *AO* .... 7 E 4

Aosta (Valle d') *AO* .... 18 E 3
Apani (Masseria) *BR* .... 80 E 35
Apecchio *PS* .... 45 L 19
Apice *BN* .... 70 D 26
Apiro *MC* .... 46 L 21
Apollo (Secca) *PA* .... 92 K 21
Apollosa *BN* .... 70 D 26
Appalto *AR* .... 50 M 17
Appenna (Monte) *TO* .... 26 H 2
Appennino *AQ* .... 64 Q 23
Appennino (Gall. d') *BO* .... 39 J 15
Appiano Gentile *CO* .... 21 E 8
Appiano s. str. d. vino / Eppan *BZ* .... 3 C 15
Appignano *MC* .... 47 L 22
Appignano di Tronto *AP* .... 53 N 22
Aprica (Passo dell') *SO* .... 10 D 12
Aprica *SO* .... 10 D 12
Apricale *IM* .... 35 K 4
Apricena *FG* .... 66 B 28
Apricena (Stazione di) *FG* .... 66 B 28
Aprigliano *CS* .... 86 J 31
Aprilia *LT* .... 62 R 19
Aprilia Marittima *UD* .... 16 E 21
Aquara *SA* .... 76 F 27
Aquila di Arroscia *IM* .... 35 J 6
Aquila (Rocca d') *EN* .... 100 O 25
Aquilano *CH* .... 60 O 25

Aquileia *UD* .... 17 E 22
Aquilinia *TS* .... 17 F 23
Aquilonia *AV* .... 71 E 28
Aquino *FR* .... 64 R 23
Aquino *PA* .... 97 M 21
Arabba *BL* .... 4 C 17
Aradeo *LE* .... 83 G 36
Aragona *AG* .... 103 O 22
Arai *CA* .... 119 I 9
Aralalta (Monte) *BG* .... 9 E 10
Arancio (Lago) *AG* .... 97 O 21
Aranova *RM* .... 62 Q 18
Arasi *RC* .... 90 M 29
Aratena *OT* .... 113 E 10
Aratu *NU* .... 115 G 9
Araxisi *NU* .... 115 H 8
Arba *PN* .... 13 D 20
Arbatax *OG* .... 117 H 11
Arbia *SI* .... 44 L 16
Arbola (Bocchetta d') *VB* .... 8 C 6
Arbola (Punta d') *VB* .... 8 C 6
Arborea *VC* .... 20 F 7
Arborea *CR* .... 114 H 7
Arborea (Località) *OR* .... 114 H 7
Arborea Lido *OR* .... 114 H 7
Arborio *VC* .... 20 F 7
Arbu (Monte) *CA* .... 119 J 10
Arbu (Monte) *OG* .... 115 G 10
Arburese *VS* .... 118 I 7

AOSTA

Anfiteatro	Y	E
Arco di Augusto	Y	B
Ponte	Y	G
Porta Pretoria	Y	A
Theatro	Y	D

Aubert (V.)	Z	
Conseil des Commis (Viale)	Z	8
Croix de Ville (V.)	Y	10
De Challand (Via)	Y	
De Maistre (V. X.)	Y	13
De Tillier (V.)	YZ	
Giovanni XXIII (Pza)	Y	15
Hôtel des États (V.)	Y	17
Narbonne (Pza)	Y	24
Porte Pretorianne (V.)	Y	25
S. Anselmo (V.)	Y	
S. Caveri (Pza)	Y	27
1_ Maggio (Via)	Z	29

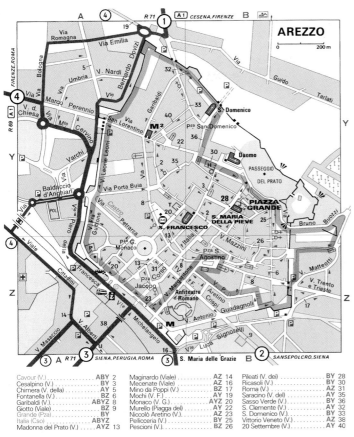

AREZZO

200 m

Armento PZ .... 77 G 30
Armenzano PG .... 51 M 20
Armi (Capo dell') RC .... 90 N 29
Armio VA .... 8 D 8
Armo IM .... 35 J 5
Armo RC .... 90 M 29
Armungia CA .... 119 I 10
Arnaccio PI .... 42 L 13
Arnara FR .... 63 R 22
Arnas (Punta d') TO .... 18 G 3
Arnasco SV .... 35 J 6
Arni LU .... 38 J 12
Arno FI .... 43 K 15
Arno (Fosso d') PI .... 42 L 13
Arno (Lago d') BS .... 10 D 13
Arnoga SO .... 2 C 12
Arola VB .... 20 E 7
Arolo VA .... 8 E 7
Arona NO .... 20 E 7
Arosio CO .... 21 E 9
Arpa (Punta dell') PA .... 92 K 21
Arquà Petrarca PD .... 24 G 17
Arquà Polesine RO .... 32 G 17
Arquata del Tronto AP .... 52 N 21
Arquata Scrivia AL .... 28 H 8
Arramene (Genna) OG .... 117 G 10
Arre PD .... 24 G 17
Arrobbio AT .... 28 H 7
Arrone RM .... 62 Q 18
Arrone TR .... 58 O 20
Arrone VT .... 57 O 17
Arrone (Forca dell') TR .... 58 O 20
Arroscia IM .... 35 J 5
Arrubiu CA .... 119 H 9
Arsago Seprio VA .... 20 E 8
Arsana PD .... 24 F 17
Arsiè BL .... 12 E 17
Arsiero VI .... 24 E 16
Arsita TE .... 60 O 23
Arsoli RM .... 59 P 21

Arta Terme UD .... 5 C 21
Artegna UD .... 14 D 21
Artemisio (Monti) RM .... 63 Q 20
Arten BL .... 12 D 17
Artena RM .... 63 Q 20
Artesina CN .... 35 J 5
Artogne BS .... 22 E 12
Arutas (Punta is) OR .... 114 H 7
Arvenis (Monte) UD .... 5 C 20
Arvier AO .... 18 E 3
Arvo CS .... 87 J 31
Arvo (Lago) CS .... 86 J 31
Arzachena OT .... 109 D 10
Arzachena (Golfo di) SS .... 109 D 10
Arzago d'Adda BG .... 21 F 10
Arzana OG .... 117 H 10
Arzano NA .... 69 E 24
Arzelato MS .... 38 I 11
Arzene PN .... 16 E 20
Arzercavalli PD .... 24 G 17
Arzergrande PD .... 24 G 17
Arzignano VI .... 24 F 15
Arzino UD .... 14 C 20
Ascea SA .... 76 G 27
Ascensione
(Monte dell') AP .... 53 N 22
Aschbach /
Rio di Lagundo BZ .... 3 C 15
Aschi Alto AQ .... 60 Q 23
Aschio MC .... 52 N 21
Asciano PI .... 42 K 13
Asciano SI .... 50 M 16
Asco (Colle d') CS .... 86 J 31
Ascolese SA .... 76 F 28
Ascoli Piceno AP .... 53 N 22
Ascoli Satriano FG .... 71 D 28
Ascrea RI .... 59 P 20
Aselogna VR .... 31 G 15
Aserei (Monte) PC .... 29 H 10
Asiago VI .... 12 E 16
Asigliano Veneto VI .... 24 G 16
Asigliano Vercellese VC .... 20 G 7
Asinara (Golfo dell') SS .... 108 D 7
Asinara (Isola) SS .... 108 D 6
Asinaro SR .... 105 Q 27
Asinelli (Isola) TP .... 96 M 19

Asino (Punta dell') OT .... 113 E 11
Aso AP .... 53 M 22
Aso (Fiume) AP .... 52 N 22
Asola MN .... 22 G 13
Asolo TV .... 24 E 17
Aspra PA .... 98 M 21
Aspra (Monte) PG .... 58 O 20
Aspromonte RC .... 90 M 29
Assa VI .... 12 E 16
Assemini CA .... 118 J 8
Assenza di Brenzone VR .... 23 E 14
Assergi AQ .... 59 O 22
Assieni TP .... 97 M 20
Assietta (Colle dell') TO .... 26 G 2
Assino PG .... 45 L 19
Assisi PG .... 51 M 19
Asso CO .... 9 E 9
Asso SI .... 50 M 16
Assolo OR .... 115 H 8
Assoro EN .... 100 O 25
Asta RE .... 38 J 13
Asta (Cima d') TN .... 12 D 16
Asta (Giogo d') BZ .... 4 B 17
Asti AT .... 27 H 6
Astico VI .... 24 E 16
Astrone SI .... 50 N 17
Astura LT .... 63 R 20
Asuai NU .... 115 G 9
Asuni OR .... 115 H 8
Ateleta AQ .... 65 Q 24
Atella PZ .... 71 E 28
Atella (Fiumara d') PZ .... 71 E 28
Atena Lucana SA .... 76 F 28
Aterno AQ .... 59 O 21
Atessa CH .... 61 P 25
Atina FR .... 64 R 23
Ato (Punta d') RC .... 90 M 29
Atrani SA .... 75 F 25
Atri TE .... 60 O 23
Atripalda AV .... 70 E 26
Attigliano TR .... 58 O 18
Attila CS .... 86 J 30
Attimis UD .... 15 D 21

Cavour (V.) .... ABY 2
Cesalpino (V.) .... BY 3
Chimera (V. della) .... AY 5
Fontanella (V.) .... BZ 6
Garibaldi (V.) .... ABYZ
Giotto (Viale) .... BZ 9
Grande (Pza) .... BY
Italia (Cso) .... ABYZ
Madonna del Prato (V.) ..... AYZ 13

Maginardo (Viale) .... AZ 14
Mecenate (Viale) .... AZ 16
Mino da Poppi (V.) .... BZ 17
Mochi (V. F.) .... AY 19
Monaco (V. G.) .... AYZ 20
Murello (Piagga del) .... AY 22
Niccolò Aretino (V.) .... AY 23
Pellicceria (V.) .... BY 25
Pescioni (V.) .... BZ 26

Pileati (V. dei) .... BY 28
Ricasoli (V.) .... BY 30
Roma (V.) .... AZ 31
Saracino (V. del) .... AY 35
Sasso Verde (V.) .... AY 36
S. Clemente (V.) .... AY 32
S. Domenico (V.) .... BY 33
Vittorio Veneto (V.) .... AZ 38
20 Settembre (V.) .... AY 40

Museo d'Arte Medievale e Moderna .... AY M²

Arbus VS .... 118 I 7
Arbus (Monte) CI .... 120 K 7
Arcade TV .... 25 E 18
Arcavacata CS .... 86 I 30
Arce FR .... 64 R 22
Arcene BG .... 21 F 10
Arceto RE .... 31 I 14
Arcetri FI .... 43 K 15
Arcevia AN .... 46 L 20
Archi CH .... 60 P 25
Archi RC .... 90 M 28
Archittu (S') OR .... 114 G 7
Arci (Monte) OR .... 115 H 8
Arcidosso GR .... 50 N 16
Arcille GR .... 49 N 15
Arcinazzo Romano RM .... 63 Q 21
Arcisate VA .... 8 E 8
Arco TN .... 11 E 14
Arcola SP .... 38 J 11
Arcola PN .... 13 D 19
Arcole VR .... 23 F 15
Arcore MI .... 21 F 9
Arcosu (Monte) CA .... 118 J 8
Arcu (S') NU .... 115 H 9
Arcu Correboi NU .... 116 G 10
Arcu de Sarrala
  de Susu OG .... 119 H 10
Arcu de Tascussi (S') NU ......115 H 9
Arcu 'e Tidu (Valico) CA ...... 119 J 10
Arcu Genna Bogai CI .... 118 I 7
Arcu Guddetorgiu NU .... 115 G 9
Arcu sa Ruinedda CA .... 119 J 10
Arcu sa Tella VS .... 118 I 7
Arcuentu (Monte) VS .... 118 I 7
Arcueri (Valico) OG .... 116 H 10
Arcugnano VI .... 24 F 16
Arcumeggia VA .... 8 E 8
Arda PC .... 30 H 11
Ardali OG .... 117 G 10
Ardara SS .... 111 F 8
Ardauli OR .... 115 G 8
Ardea RM .... 62 R 19
Ardenno SO .... 9 D 10
Ardenza LI .... 42 L 12
Ardesio BG .... 10 E 11
Ardivestra PV .... 29 H 9
Ardore RC .... 91 M 30
Ardore Marina RC .... 91 M 30

Area Sacra IS .... 65 Q 25
Aremogna AQ .... 64 Q 24
Arena VV .... 88 L 30
Arena Po PV .... 29 G 10
Arenabianca SA .... 76 G 29
Arenella SR .... 105 Q 27
Arenzano GE .... 36 I 8
Arera (Pizzo) BG .... 10 E 11
Arese MI .... 21 F 9
Arezzo AR .... 45 L 17
Argatone (Monte) AQ .... 64 Q 23
Argegno CO .... 9 E 9
Argelato BO .... 32 I 16
Argenta FE .... 32 I 17
Argentario
  (Promontorio d') GR .... 55 O 15
Argentera CN .... 34 I 2
Argentera TO .... 19 G 5
Argentera (Cima di) CN .... 34 J 3
Argentiera SS .... 110 E 6
Argentiera (Capo dell') SS .... 110 E 6
Argentina IM .... 35 K 5
Argentina (Val) IM .... 35 K 5
Arginemele (Cozzo) EN .... 100 O 25
Argiolas (Genn') CA .... 119 I 10
Argusto CZ .... 88 K 31
Ari CH .... 60 P 24
Ariamacina (Lago di) CS .... 86 J 31
Ariano (Isola d') RO .... 33 H 18
Ariano Ferrarese FE .... 33 H 18
Ariano Irpino AV .... 70 D 27
Ariano nel Polesine RO .... 33 H 18
Ariccia RM .... 62 Q 20
Arielli CH .... 60 P 24
Arienzo CE .... 70 D 25
Arietta CZ .... 87 J 32
Arigna SO .... 10 D 11
Arina BL .... 12 D 17
Aringo AQ .... 59 O 21
Arischia AQ .... 59 O 21
Aritzo NU .... 115 H 9
Arixi CA .... 119 I 9
Arlena di Castro VT .... 57 O 17
Arli AP .... 52 N 22
Arluno MI .... 20 F 8
Arma di Taggia IM .... 35 K 5
Armeno NO .... 20 E 7
Armentarola BZ .... 4 C 17

ASCOLI PICENO

Adriatico (V.) ..... BC
Alighieri (V. D.) ... C 2
Amadio (V.) C
Ariosto (V. L.) C
Arringo (Pza) .... BC 3
Bengasi (V.) .... A
Bonaccorsi (V. del) . BC 5

Buonaparte (V.) ..... C 6
Cairoli (V.) .... B 7
Canterine (V. del) .. A
Cappuccini (V. del) . A
Caro (V. A.) .... A
Castellano Sisto V
  (Lungotevere) ..... A
Cecco d'Ascoli
  (Pza) .... A 9
Cecco (Ponte di) .... A 10
Corfino (V. di) ..... A
De Gasperi (Viale A.) . C

Dino Angelini .... AB
Federici (Viale M.) C
Fortezza (V. della) ..... B 13
Lazzari Tullio (V.) ..... A 14
Matilia (V.) .... A
Matteotti (Pza) .... A
Mazzini (Corso) .... ABC
Mazzoni (V. A.) .... A
Napoli (Viale) C
Pacifici (V. M. E.) ..... B
Piave (V.) C

Piazzarola (V. d.) ...... B
Ponte Maggiore .... C 18
Ponte Pta Cartara .... A 20
Ponte Pta Tuffilla ...... C 21
Popolo (Pza del) .... B
Porta Tuffilla C
Pozzetto (Rua del) ...... A 23
Pretoriana (V.) .... B
Ricci (Viale) .... A
Roma (Pza) .... B 22

Sacconi (V. G.) C
Scariglia (V. M.) C
Serafino
  da Montegranaro
  (V. S.) .... A
Solesta (V. di) .... B 28
Sotto (Corso di) .... A
S. Agostino
  (Pza) .... B 24
S. Angelo (V.) .... B 25
S. Giuliano (V.) .... A 26

Templari (V. dei) .... A 29
Torri (V. delle) .... B
Trebbiani (V.) .... B 32
Trento e Trieste
  (Cso) .... B 33
Trivio (V. del) .... B 34
Tucci (V.) C
Vellei (Viale) .... B
Vidaclio (V.) .... B 35
Vittorio Emanuele
  (Corso) C
20 Settembre (V.) .... B 37

Battistero .... C E   Chiesa dei Santi Vincenzo ed Anastasio ..... B N   Loggia dei Mercanti .... B A

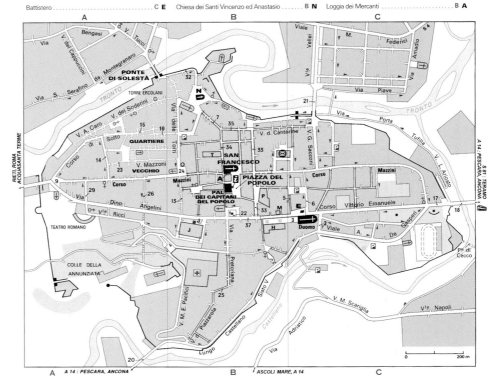

200 m

ASSISI

Aretino (V. Borgo) ... C	Fortini (V. A.) ... B 4	Merry del Val (V.) ... A 13
Brizi (V.) ... B 2	Fosso Cupo (V. del) ... AB 6	Metastasio (V.) ... B
Carceri (V. Eremo d.) ... C	Frate Elia (V.) ... A 7	Porta Perlici (V.) ... C 14
Colle (V. del) ... B	Galeazzo Alessi (V.) ... C 8	Porta S. Pietro (Piazzale) ... A
Comune (Pza del) ... B 3	Garibaldi (Piazzetta) ... B 9	Portica (V.) ... B 16
Cristofani (V.) ... B	Giotto (V.) ... B 10	Rocca (V. della) ... BC
Fontebella (V.) ... B	Marconi (Viale) ... A	San Francesco (V.) ... AB
	Matteotti (V.) ... B	Seminario (V. del) ... B 28
	Mazzini (Corso) ... B 12	S. Agnese (V.) ... B

S. Apollinare (V.) ... B 17	S. Pietro (Borgo) ... AB	
S. Chiara (Pza) ... BC 19	S. Pietro (Pza) ... B	
S. Croce (V.) ... B	S. Rufino (V.) ... B 26	
S. Francesco (Pza) ... A 20	Torrione (V. del) ... C 30	
S. Gabriele della Addolorata (V.) ... BC 21	Umberto I (Viale) ... C	
S. Giacomo (V.) ... A 23	Villamena (V.) ... C 31	
	Vittorio Emanuele II (Viale) ... ABC	

[Street map of Assisi — labels: PERUGIA R 147, SAN FRANCESCO, ROCCA MAGGIORE, S. MARIA DEGLI ANGELI, SAN PIETRO, TEMPIO DI MINERVA, SAN RUFINO, ANFITEATRO ROMANO, SANTA CHIARA, PTA NUOVA, PINCIO, R 444, EREMO DELLE CARCERI, R 147, CONVENTO DI S. DAMIANO, FOLIGNO TERNI FANO, SPELLO]

Atzara NU ... 115 H 9
Auditore PS ... 41 K 19
Auer / Ora BZ ... 12 C 15
Augusta SR ... 105 P 27
Augusta (Golfo di) SR ... 105 P 27
Augusta (Porto di) SR ... 105 P 27
Aulella MS ... 38 J 12
Auletta SA ... 76 F 28
Aulla MS ... 38 J 11
Aune BL ... 12 D 17
Aupa UD ... 14 C 21
Aurano VB ... 8 E 7
Aurelia RM ... 57 P 17
Aurina (Valle) / Ahrntal BZ ... 4 A 17
Aurine (Forcella) BL ... 12 D 17
Aurino BZ ... 4 B 17
Aurisina TS ... 17 E 23
Auronzo (Rifugio) BL ... 4 C 18
Auronzo di Cadore BL ... 5 C 19
Aurunci (Monti) FR ... 64 R 22
Ausa SMR ... 41 K 19
Ausoni (Monti) FR ... 63 R 21
Aussa-Corno UD ... 17 E 21
Ausser Sulden / Solda di Fuori BZ ... 2 C 13
Austis NU ... 115 G 9
Autaret (Col de l') TO ... 18 G 3
Autore (Monte) RM ... 63 Q 21
Avacelli AN ... 46 L 20
Avegno GE ... 37 I 9
Avelengo / Hafling BZ ... 3 C 15
Avella AV ... 70 E 25
Avella (Monti d') BN ... 70 E 26
Avellino AV ... 70 E 26
Avena CS ... 84 H 29
Avenale MC ... 46 L 21
Aventino CH ... 60 P 24
Avenza MS ... 38 J 12
Averau (Monte) BL ... 4 C 18
Averno (Lago d') NA ... 69 E 24
Aversa CE ... 69 E 24
Aveto GE ... 29 I 9
Avetrana TA ... 79 F 35
Avezzano AQ ... 59 P 22
Aviano PN ... 13 D 19
Aviatico BG ... 22 E 11
Avic (Monte) AO ... 19 E 4
Avigliana TO ... 26 G 4
Avigliano PZ ... 71 E 29

Avigliano Umbro TR ... 58 O 19
Avigna / Afing BZ ... 3 C 16
Avio TN ... 23 E 14
Avise AO ... 18 E 3
Avisio TN ... 12 C 16
Avola SR ... 105 Q 27
Avolasca AL ... 28 H 8
Avosso GE ... 29 I 9
Ayas AO ... 7 E 5
Ayas (Valle d') AO ... 7 E 5
Ayasse AO ... 19 F 5
Aymavilles AO ... 18 E 3
Azeglio TO ... 19 F 5
Azzago VR ... 23 F 15
Azzanello CR ... 22 G 11
Azzanello PN ... 16 E 19
Azzano PC ... 29 H 10
Azzano d'Asti AT ... 28 H 6
Azzano Decimo PN ... 13 E 20
Azzano Mella BS ... 22 F 12
Azzate VA ... 20 E 8
Azzone BG ... 10 E 12
Azzurra (Grotta (Anacapri) NA ... 74 F 24
Azzurra (Grotta (Palinuro) SA ... 84 G 27

B

Bacchereto PO ... 39 K 14
Bacchiglione PD ... 24 G 17
Bacchiglione VI ... 24 F 16
Baccinello GR ... 50 N 16
Bacedasco PC ... 30 H 11
Bacedasco (Terme di) PC ... 30 H 11
Baceno VB ... 8 D 6
Bacoli NA ... 69 E 24
Bacu Abis CI ... 118 J 7
Bacucco RO ... 33 H 19
Bacugno RI ... 59 O 21
Bad Bergfall / Bagni di Pervalle BZ ... 4 B 18
Bad Froi / Bagni Froi BZ ... 4 C 16
Bad Moos / Bagni di San Giuseppe BZ ... 4 B 19
Bad Rahmwald / Bagni di Selva BZ ... 4 B 17
Bad Salomonsbrunn / Bagni di Salomone BZ ... 4 B 18

Bad Salt / Bagni di Salto BZ ... 3 C 14
Badagnano PC ... 30 H 11
Badalucco IM ... 35 K 5
Badde Salighes NU ... 115 F 8
Badesi OT ... 108 E 8
Badesi Mare OT ... 108 E 8
Badesse SI ... 43 L 15
Badi BO ... 39 J 15
Badia BO ... 39 I 15
Badia PG ... 51 M 19
Badia / Abtei BZ ... 4 C 17
Badia (Val) / Gadertal BZ ... 4 B 17
Badia a Ruoti AR ... 44 L 16
Badia a Settimo FI ... 43 K 15
Badia a Taona PT ... 39 J 14
Badia Agnano AR ... 44 L 16
Badia al Pino AR ... 44 L 17
Badia Ardenga SI ... 50 M 16
Badia Calavena VR ... 23 F 15
Badia Coltibuono SI ... 44 L 16
Badia di Susinana FI ... 40 J 16
Badia Morronese AQ ... 60 P 23
Badia Pavese PV ... 29 G 10
Badia Polesine RO ... 32 G 16
Badia Prataglia AR ... 45 K 17
Badia Tedalda AR ... 45 K 18
Badoere TV ... 25 F 18
Badolato CZ ... 89 L 31
Badolato Marina CZ ... 89 L 31
Badolo BO ... 39 I 15
Badu Abzolas OT ... 111 E 9
Badu Crabolu SS ... 114 F 7
Baffadi RA ... 40 J 16
Baffe (Punta) GE ... 37 J 10
Bafia ME ... 101 M 27
Bagaladi RC ... 90 M 29
Baganza PR ... 30 I 12
Baggio PT ... 39 K 14
Baggiovara MO ... 31 I 14
Bagheria PA ... 98 M 22
Baglio Messina TP ... 97 M 20
Baglionuovo TP ... 97 N 20
Bagnacavallo RA ... 40 I 17
Bagnaia LI ... 48 N 13
Bagnaia SI ... 50 M 15
Bagnaia VT ... 57 O 18
Bagnara PG ... 52 M 20
Bagnara Calabra RC ... 90 M 29
Bagnara di Romagna RA ... 40 I 17

Bagnaria PV ... 29 H 9
Bagnaria Arsa UD ... 17 E 21
Bagnarola BO ... 32 I 16
Bagnarola PN ... 16 E 20
Bagnatica BG ... 22 F 11
Bagni AL ... 28 I 7
Bagni Contursi SA ... 76 E 27
Bagni del Masino SO ... 9 D 10
Bagni di Bormio SO ... 2 C 13
Bagni di Craveggia VB ... 8 D 7
Bagni di Lavina Bianca / Weisslahnbad BZ ... 3 C 16
Bagni di Lucca LU ... 39 J 13
Bagni di Lusnizza UD ... 15 C 22
Bagni di Nocera PG ... 52 M 20
Bagni di Pervalle / Bad Bergfall BZ ... 4 B 18
Bagni di Petriolo SI ... 50 M 15
Bagni di Rabbi TN ... 11 C 14
Bagni di Repole KR ... 87 J 32
Bagni di Salomone / Bad Salomonsbrunn BZ ... 4 B 18
Bagni di Salto / Bad Salt BZ ... 3 C 14
Bagni di San Giuseppe / Bad Moos BZ ... 4 B 19
Bagni di S. Martino SS ... 111 E 8
Bagni di Selva / Bad Rahmwald BZ ... 4 B 17
Bagni di Stigliano RM ... 57 P 18
Bagni di Tivoli RM ... 63 Q 20
Bagni di Vicarello RM ... 57 P 18
Bagni di Vinadio CN ... 34 J 3
Bagni di Viterbo VT ... 57 O 18
Bagni Froi / Bad Froi BZ ... 4 C 16
Bagni Minerali RC ... 91 M 30
Bagni di S. Cataldo PZ ... 71 E 28
Bagni S. Filippo SI ... 50 N 17
Bagno FG ... 67 B 29
Bagno a Ripoli FI ... 44 K 15
Bagno di Romagna FO ... 40 K 17
Bagno Grande AQ ... 59 P 22
Bagno Vignoni SI ... 50 M 16
Bagnoli del Trigno IS ... 65 Q 25
Bagnoli di Sopra PD ... 24 G 17
Bagnoli Irpino AV ... 70 E 27
Bagnolo vicino a Roccastrada GR ... 49 M 15

Bagnolo vicino a Sta Fiora GR ... 50 N 16
Bagnolo (Monte) TA ... 79 F 34
Bagnolo VR ... 23 G 14
Bagnolo VI ... 24 F 16
Bagnolo Cremasco CR ... 21 F 10
Bagnolo del Salento LE ... 83 G 37
Bagnolo di Po RO ... 32 G 16
Bagnolo in Piano RE ... 31 H 14
Bagnolo Mella BS ... 22 F 12
Bagnolo Piemonte CN ... 26 H 3
Bagnolo S. Vito MN ... 31 G 14
Bagnone MS ... 38 J 11
Bagnore GR ... 50 N 16
Bagnoregio VT ... 57 O 18
Bagnu (Lu) SS ... 111 E 8
Bagolino BS ... 22 E 13
Baia CE ... 65 S 24
Baia NA ... 69 E 24
Baia delle Zagare FG ... 67 B 30
Baia Domizia CE ... 69 D 23
Baia Sardinia OT ... 109 D 10
Baia Verde LE ... 83 G 36
Baiano AV ... 70 E 25
Baiardo IM ... 35 K 5
Baigno BO ... 39 J 15
Baion (Rifugio) BL ... 5 C 19
Baiso RE ... 31 I 13
Baitone (Monte) BS ... 10 D 13
Balangero TO ... 19 G 4
Balata di Baida TP ... 97 M 20
Balata di Modica RG ... 104 Q 26
Balate (Masseria) PA ... 99 N 23
Balatelle (Monte) PA ... 98 N 22
Balbano LU ... 38 K 13
Balconevisi PI ... 43 L 14
Baldichieri d'Asti AT ... 27 H 6
Baldissero d'Alba CN ... 27 H 5
Baldissero Torinese TO ... 27 G 5
Baldo (Monte) VR ... 23 E 14
Baldu OT ... 109 D 9
Balestrate PA ... 97 M 21
Balestrino SV ... 35 J 6
Balisio (Colle di) LC ... 9 E 10
Balistreri (Punta) OT ... 111 E 9
Ballabio Inferiore LC ... 9 E 10
Ballao CA ... 119 I 10
Ballone (Poggio) GR ... 49 N 14
Balme TO ... 18 G 3
Balmuccia VC ... 7 E 6
Balocco VC ... 20 F 6
Balossa Bigli PV ... 28 G 8
Balsente (Masseria) BA ... 73 E 33
Balsignano BA ... 73 D 32
Balsorano AQ ... 64 Q 22
Balsorano Vecchio AQ ... 64 Q 22
Balvano PZ ... 76 F 28
Balze (Località) FO ... 45 K 18
Balze (Voltera) PI ... 43 L 14
Balzola AL ... 20 G 7
Banari SS ... 111 F 8
Bancali SS ... 110 E 7
Banchetta (Monte) TO ... 26 H 2
Bandiera (Punta) ME ... 94 L 27
Bandita AR ... 28 I 7
Bando FE ... 32 I 17
Banna TO ... 19 G 5
Bannia PN ... 13 E 20
Bannio VB ... 7 E 6
Banzi PZ ... 72 E 30
Baone PD ... 24 G 17
Bar TO ... 18 G 2
Baracchella CS ... 86 J 31
Baraccone CE ... 64 R 24
Baradili OR ... 118 H 8
Baragazza BO ... 39 J 15
Baragiano PZ ... 76 E 28
Baranci (Croda dei) BZ ... 4 B 18
Baranello CB ... 65 R 25
Barano d'Ischia NA ... 74 E 23
Baratili S. Pietro OR ... 114 H 7
Baratti (Golfo di) LI ... 48 M 13
Baratz (Lago di) SS ... 110 E 6
Barbagia Belvi CA ... 115 H 9
Barbagia Ollolai NU ... 115 G 9
Barbagia Seulo CA ... 115 H 9
Barbania TO ... 19 G 4
Barbara AN ... 46 L 21
Barbarano Romano VT ... 57 P 18
Barbarano Vicentino VI ... 24 F 16
Barbaresco CN ... 27 H 6
Barbariga BS ... 22 F 12
Barbarossa (Punta) SS ... 108 E 6

Barbasso MN ... 31 G 14
Barbeano PN ... 14 D 20
Barbellino (Lago del) BG ... 10 D 12
Barberino di Mugello FI ... 39 J 15
Barberino Val d'Elsa FI ... 43 L 15
Barbi (Capo) RC ... 88 L 29
Barbianello PV ... 29 G 9
Barbiano RA ... 40 I 17
Barbona PD ... 32 G 17
Barbusi CI ... 118 J 7
Barcellona Pozzo di Gotto ME ... 101 M 27
Barchi PS ... 46 K 20
Barcis PN ... 13 D 19
Barcis (Lago di) PN ... 13 D 19
Barco RE ... 30 H 13
Barco TN ... 12 D 15
Barcola TS ... 17 E 23
Barcon TV ... 24 E 18
Bard AO ... 19 F 5
Bardi PR ... 29 I 11
Bardineto SV ... 35 J 6
Bardolino VR ... 23 F 14
Bardonecchia TO ... 26 G 2
Bareggio MI ... 21 F 8
Barengo NO ... 20 F 7
Baressa OR ... 118 H 8
Barete AQ ... 59 O 21
Barga LU ... 38 J 13
Bargagli GE ... 37 I 9
Bargecchia LU ... 38 K 12
Barghe BS ... 22 E 13
Bargi BO ... 39 J 15
Bargino PI ... 43 L 15
Bargnano BS ... 22 F 12
Bargone GE ... 37 J 10
Bari BA ... 73 D 32
Bari Sardo OG ... 117 H 10
Bariano BG ... 21 F 11
Baricella BO ... 32 I 16
Barigazzo MO ... 39 J 13
Barigazzo (Monte) PR ... 30 I 11
Barile PZ ... 71 E 28
Barisciano AQ ... 59 P 22
Barisciano (Lago di) AQ ... 59 O 22
Barletta BA ... 72 D 30
Barni CO ... 9 E 9
Barolo CN ... 27 I 5
Barone (Monte) BI ... 19 E 6
Baroni (Rifugio) BG ... 10 D 11
Baronia NU ... 117 F 11
Baronia (Monte) TP ... 97 N 20
Baronissi SA ... 75 E 26
Barrabisa OT ... 109 D 9
Barrafranca EN ... 103 O 24
Barrali CA ... 119 I 9
Barrea AQ ... 64 Q 23
Barrea (Lago di) AQ ... 64 Q 23
Barricata TN ... 12 E 16
Barriera Noce (Bivio) CL ... 99 O 24
Barumini VS ... 118 H 9
Barzago LC ... 21 E 9
Barzana (Forcella di Palla) PN ... 13 D 19
Barzaniga CR ... 22 G 11
Barzanò LC ... 21 E 9
Barzio LC ... 9 E 10
Basagliapenta UD ... 16 E 21
Basaldella PN ... 13 D 20
Basaldella UD ... 17 E 21
Basalghelle TV ... 16 E 19
Basaluzzo AL ... 28 H 8
Bascape PV ... 21 G 9
Baschi TR ... 51 N 18
Bascianella TE ... 59 O 23
Basciano TE ... 60 O 23
Baselga di Pinè TN ... 11 D 15
Baselice BN ... 70 C 26
Basentello MT ... 72 E 30
Basento PZ ... 77 F 29
Basicò ME ... 100 M 27
Basiglio MI ... 21 F 9
Basiliano UD ... 16 D 21
Basilicagoiano PR ... 30 H 13
Basilicanova PR ... 30 H 13
Basiluzzo (Isola) ME ... 94 L 27
Basodino (Monte) VB ... 8 C 7
Basovizza TS ... 17 F 23
Bassacutena OT ... 109 D 9
Bassacutena (Rio) OT ... 109 D 9
Bassano Bresciano BS ... 22 G 12
Bassano del Grappa VI ... 24 E 17
Bassano in Teverina VT ... 58 O 18
Bassano Romano VT ... 57 P 18

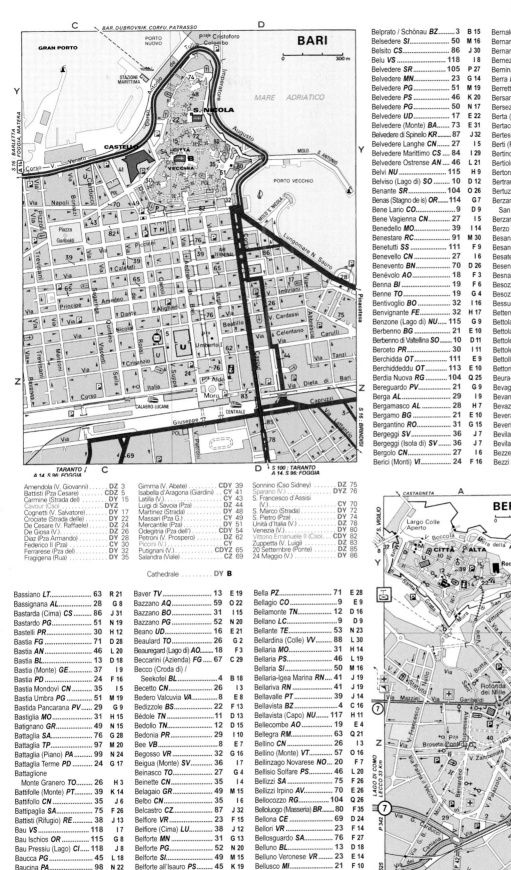

BARI

GRAN PORTO

BAR. DUBROVNIK, CORFU, PATRASSO

MARE ADRIATICO

S. NICOLA

CITTÀ VECCHIA

CASTELLO

PORTO VECCHIO

MOLO S. ANTONIO

Piazza Garibaldi

Lungomare N. Sauro

AIR TERMINAL

CALABRO-LUCANE

CENTRALE

TARANTO
A 14. S 96: FOGGIA

S 100 : TARANTO
A 14. S 96: FOGGIA

Belprato / Schönau BZ.....3	B 15	
Belsedere SI.....50	M 16	
Belsito CS.....86	J 31	
Belu VS.....118	I 8	
Belvedere SR.....105	P 27	
Belvedere MN.....23	G 14	
Belvedere PG.....51	M 19	
Belvedere PS.....46	K 20	
Belvedere PZ.....50	N 17	
Belvedere UD.....17	E 22	
Belvedere (Monte) BA.....73	E 31	
Belvedere di Spinello KR.....87	J 32	
Belvedere Langhe CN.....27	I 5	
Belvedere Marittimo CS.....84	I 29	
Belvedere Ostrense AN.....46	L 21	
Belvi NU.....115	H 9	
Belviso (Lago di) SO.....10	D 12	
Benante SR.....104	O 26	
Benas (Stagno de is) OR.....114	G 7	
Bene Lario CO.....9	D 9	
Bene Vagienna CN.....27	I 5	
Benedello MO.....39	I 14	
Benestare RC.....91	M 30	
Benetutti SS.....111	F 9	
Benevello CN.....27	I 6	
Benevento BN.....70	D 26	
Benévolo AO.....18	F 3	
Benna BI.....19	F 6	
Benne TO.....19	G 4	
Bentivoglio BO.....32	I 16	
Benvignante FE.....32	H 17	
Benzone (Lago di) NU.....115	G 9	
Berbenno BG.....21	E 10	
Berbenno di Valtellina SO.....10	D 11	
Berceto PR.....30	I 11	
Berchidda OT.....111	E 10	
Berchiddeddu OT.....113	E 10	
Berdia Nuova RG.....104	Q 25	
Bereguardo PV.....21	G 9	
Berga AL.....29	H 8	
Bergamasco AL.....28	H 7	
Bergamo BG.....21	E 10	
Bergantino RO.....31	G 15	
Bergeggi SV.....36	J 7	
Bergeggi (Isola di) SV.....36	J 7	
Bergolo CN.....27	I 6	
Berici (Monti) VI.....24	F 16	

Bernalda MT.....78	F 32	
Bernardins (Rifugio) UD.....15	C 22	
Bernareggio MI.....21	F 10	
Bernezzo CN.....34	I 4	
Bernina (Pizzo) SO.....10	C 11	
Berra FE.....32	H 17	
Berretta (Col della) VI.....12	E 17	
Bersano PC.....30	H 12	
Bersezio CN.....34	I 2	
Berta (Capo) IM.....35	K 6	
Bertacchi (Rifugio) SO.....9	C 10	
Bertinoro FO.....41	J 18	
Bertiolo UD.....16	E 21	
Bertonico LO.....21	G 11	
Bertrand (Monte) CN.....35	J 5	
Bertuzzi (Valle) FE.....33	H 18	
Berzano di San Pietro AT.....27	G 5	
Berzano di Tortona AL.....29	H 8	
Berzo BS.....10	E 12	
Besana in Brianza MI.....21	E 9	
Besano VA.....8	E 8	
Besate MI.....20	G 8	
Beseno (Castello) TN.....11	E 15	
Besnate VA.....8	E 8	
Besozzo VA.....8	E 7	
Besozzola PR.....30	H 11	
Bessude SS.....111	F 8	
Bettenesco CR.....22	G 12	
Bettola VR.....23	F 15	
Bettola PC.....29	H 10	
Bettole BS.....22	F 12	
Bettolelle AN.....46	L 21	
Bettole SI.....50	M 17	
Bettona PG.....51	M 19	
Beura-Cardezza VB.....8	D 6	
Bevagna PG.....51	N 19	
Bevano RA.....41	J 18	
Bevazzana UD.....16	E 21	
Beverino SP.....38	J 11	
Beverino RO.....32	G 16	
Bevilacqua BO.....31	H 15	
Bevilacqua VR.....24	G 16	
Bezzecca TN.....11	E 14	
Bezzi (Rifugio) AO.....18	F 3	

Biagioni PT.....39	J 14	
Biana PC.....29	H 10	
Bianca (Cima) SO.....10	C 13	
Bianca (Palla) / Weißkugel BZ.....2	B 14	
Bianca (Punta) AG.....103	P 22	
Biancade TV.....25	F 19	
Biancanelle (Poggio) PI.....43	L 13	
Biancano BN.....69	D 25	
Biancareddu SS.....110	E 6	
Biancavilla CT.....100	O 26	
Bianchi CS.....86	J 31	
Bianco RC.....91	M 30	
Bianco (Canale) FE.....32	H 17	
Bianco (Canale) RO.....32	G 16	
Bianco (Capo) AG.....102	O 21	
Bianco (Capo) BR.....81	F 36	
Bianco (Fiume) SA.....76	F 28	
Bianconese PR.....30	H 12	
Biandrate NO.....20	F 7	
Biandronno VA.....20	E 8	
Bianzano BG.....22	E 11	
Bianzè VC.....19	G 6	
Bianzone SO.....10	D 12	
Biasi (Rifugio) BZ.....3	B 15	
Biassono MI.....21	F 9	
Bibano TV.....13	E 19	
Bibbiano RE.....30	I 13	
Bibbiano SI.....50	M 16	
Bibbiena AR.....44	K 17	
Bibbona LI.....49	M 13	
Bibiana TO.....26	H 3	
Bibione VE.....16	F 21	
Bibione Pineda VE.....16	F 21	
Biccari FG.....71	C 27	
Bichl / Colle BZ.....3	B 15	
Bicinicco UD.....17	E 21	
Bidderdi (Passo) VS.....118	I 7	
Bidente FO.....40	J 17	
Bidighinzu (Lago) SS.....111	F 8	
Bidoni OR.....115	G 8	
Bielciuken AO.....19	E 5	
Biella BI.....19	F 6	
Bielmonte BI.....19	F 6	
Bienno BS.....10	E 12	
Bieno TN.....12	D 16	
Bientina PI.....43	K 13	

Amendola (V. Giovanni)	DZ	3
Battisti (Pza Cesare)	CDZ	5
Carmine (Strada del)	DY	15
Cavour (Cso)	DYZ	
Cognetti (V. Salvatore)	DY	17
Crociate (Strada delle)	DY	22
De Cesare (V. Raffaele)	DY	24
De Giosa (V.)	DY	28
Diaz (Pza Armando)	DY	28
Federico II (Pza)	CY	30
Ferrarese (Pza del)	DY	32
Fragigena (Rua)	DY	35
Gimma (V. Abate)	CDY	39
Isabella d'Aragona (Giardini)	CY	41
Latilla (V.)	CY	43
Luigi di Savoia (Pza)	DZ	44
Martinez (Strada)	DY	48
Massari (Pza G.)	DY	51
Mercantile (Pza)	DY	54
Odegitria (Pza dell')	CDY	54
Petroni (V. Prospero)	DY	62
Piccini (V.)	CY	65
Putignani (V.)	CDYZ	65
Salandra (Viale)	CZ	69
Sonnino (Cso Sidney)	DZ	75
Sparano (V.)	DYZ	76
S. Francesco d'Assisi (V.)	CY	70
S. Marco (Strada)	DY	72
S. Pietro (Pza)	DY	74
Unità d'Italia (V.)	DY	78
Venezia (V.)	DY	80
Vittorio Emanuele II (Cso)	CDY	82
Zuppetta (V. Luigi)	DZ	83
20 Settembre (Ponte)	DZ	85
24 Maggio (V.)	DY	86

Cathedrale | DY | **B**

Bassiano LT.....63	R 21	
Bassignana AL.....28	G 8	
Bastarda (Cima) CS.....86	J 31	
Bastardo PG.....51	N 19	
Bastelli PR.....30	H 12	
Bastia FG.....71	D 28	
Bastia AN.....46	L 20	
Bastia BL.....13	D 18	
Bastia (Monte) GE.....37	I 9	
Bastia PD.....24	F 16	
Bastia Mondovì CN.....35	I 5	
Bastia Umbra PG.....51	M 19	
Bastida Pancarana PV.....29	G 9	
Bastiglia MO.....31	H 15	
Batignano GR.....49	N 15	
Battaglia SA.....76	G 28	
Battaglia TP.....97	M 20	
Battaglia (Piano) PA.....99	N 24	
Battaglia Terme PD.....24	G 17	
Battaglione Monte Granero TO.....26	H 3	
Battifolle (Monte) PT.....39	K 14	
Battifollo CN.....35	J 6	
Battipaglia SA.....75	F 26	
Battisti (Rifugio) RE.....38	J 13	
Bau VS.....118	I 7	
Bau Ischios OR.....115	G 8	
Bau Pressiu (Lago di) CI.....118	I 7	
Baucca PG.....45	L 18	
Baucina PA.....98	N 22	
Baudenasca TO.....26	H 4	
Bauernkohlern / Colle di Villa BZ.....3	C 16	
Bauladu OR.....115	G 8	
Baunei OG.....117	G 10	
Baura FE.....32	H 17	
Baveno VB.....8	E 7	

Baver TV.....13	E 19	
Bazzano AQ.....59	O 22	
Bazzano BO.....31	I 15	
Bazzano PG.....52	N 20	
Beano UD.....16	E 21	
Beaulard TO.....26	G 2	
Beauregard (Lago di) AO.....18	F 3	
Beccarini (Azienda) FG.....67	C 29	
Becco (Croda di) / Seekofel BL.....4	B 18	
Becetto CN.....26	I 3	
Bedero Valcuvia VA.....8	E 8	
Bedizzole BS.....22	F 13	
Bédole TN.....11	D 13	
Bedollo TN.....12	D 16	
Bedonia PR.....29	I 10	
Bee VB.....8	E 7	
Begosso VR.....32	G 16	
Beigua (Monte) SV.....36	I 7	
Beinasco TO.....27	G 4	
Beinette CN.....35	I 4	
Belagaio GR.....49	M 15	
Belbo CN.....35	I 6	
Belcastro CZ.....87	J 32	
Belfiore VR.....23	F 15	
Belfiore (Cima) LU.....38	J 12	
Belforte MN.....31	G 13	
Belforte PG.....52	N 20	
Belforte SI.....49	M 15	
Belforte all'Isauro PS.....45	K 19	
Belforte del Chienti MC.....52	M 21	
Belgioioso PV.....21	G 9	
Belgirate VB.....8	E 7	
Belice AG.....97	N 20	
Belice (Valle) TP.....97	O 20	
Belice Destro PA.....97	N 21	
Belici CL.....99	N 23	

Bella PZ.....71	E 28	
Bellagio CO.....9	E 9	
Bellamonte TN.....12	D 16	
Bellano LC.....9	D 9	
Bellante TE.....53	N 23	
Bellardina (Colle) VV.....88	L 30	
Bellaria MO.....31	H 14	
Bellaria PS.....46	L 19	
Bellaria SI.....50	M 16	
Bellaria-Igea Marina RN.....41	J 19	
Bellariva RN.....41	J 19	
Bellavalle PT.....39	J 14	
Bellavista BZ.....4	C 16	
Bellavista (Capo) NU.....117	H 11	
Bellegra RM.....63	Q 21	
Bellino CN.....26	I 3	
Bellino (Monte) VT.....57	O 16	
Bellinzago Novarese NO.....20	F 7	
Bellisio Solfare PS.....46	L 20	
Bellizzi SA.....75	F 26	
Bellizzi Irpino AV.....70	E 26	
Bellocozzo RG.....104	Q 26	
Belloluogo (Masseria) BR.....80	F 35	
Bellona CE.....69	D 24	
Bellori VR.....23	F 14	
Bellosguardo SA.....76	F 27	
Belluno BL.....13	D 18	
Belluno Veronese VR.....23	E 14	
Belmonte MI.....21	F 10	
Belmonte Calabro CS.....86	J 30	
Belmonte Castello FR.....64	R 23	
Belmonte del Sannio IS.....65	Q 25	
Belmonte in Sabina RI.....58	P 20	
Belmonte Mezzagno PA.....98	M 22	
Belmonte Piceno AP.....53	M 22	
Belpasso CT.....100	O 26	

BERGAMO

CASTAGNETA

VAL BREMBANA
S. PELLEGRINO 25 km

VAL SERANA
CLUSONE 34 km

Largo Colle Aperto

CITTÀ ALTA

Rocca

Pza S. Agostino

PARCO SUARDI

PALAZZO DELLO SPORT

BRESCIA 51 km
LOVERE 41 km
LAGO D'ISEO

Rotonda dei Mille

AIR TERMINAL

Piazzale Marconi

BRESCIA 52 km

LAGO DI COMO
LECCO 33 km

MILANO

TREVIGLIO

A 4 : MILANO 47 km

CRÉMA

Baschenis (V. Evaristo)	AZ	2
Battisti (V. C.)	BY	3
Belotti (Largo Bortolo)	BZ	4
Bonomelli (V.)	BZ	6
Borfuro (V.)	AZ	7
Borgo Canale (V.)	AY	8
Brembate (V. P. da)	BZ	9
Camozzi (V.)	BZ	
Colleoni (V.)	AY	10
Duomo (Pza del)	AY	12

Giovanni XXIII (Viale)	BZ	13
Gombito (V.)	AY	14
Libertà (Pza della)	ABZ	17
Matteotti (Pza)	BZ	19
Mercato delle Scarpe (Pza)	AY	22
Muraine (Viale)	BY	26
Porta Dipinta (V.)	ABY	28
Previtali (V. Andrea)	AZ	29
S. Alessandro (V.)	BY	30
S. Tomaso (V.)	AZ	32
S. Vigilio (V.)	AY	32
Tasca (V.)	AZ	34
Tasso (V. T.)	AZ	
Tiraboschi (V.)	BZ	37
Tre Passi (V. Contrada dei)	AY	38
Vecchia (Pza)	AY	39
20 Settembre (V.)	AZ	40

Accademia Carrara | BY | **M¹**

Name	Page	Grid
Biferno *CB*	65	R 25
Bifolchi (Portella dei) *PA*	99	N 24
Biforco *AR*	45	K 17
Biglio *MS*	38	I 11
Bignone (Monte) *IM*	35	K 5
Bigolino *TV*	12	E 18
Bigoti *PC*	29	H 10
Bilioso *MT*	77	F 31
Bimmisca *SR*	107	Q 27
Binago *CO*	20	E 8
Binasco *MI*	21	G 9
Binetto *BA*	73	D 32
Binio *TN*	11	D 14
Biodola *LI*	48	N 12
Bioglio *BI*	19	F 6
Bionaz *AO*	7	E 4
Bionde di Visegna *VR*	23	G 15
Birchabruck / Ponte Nova *BZ*	12	C 16
Birgi Novo *TP*	96	N 19
Birgi Vecchi *TP*	96	N 19
Birnlücke / Picco (Forcella del) *BZ*	4	A 18
Birori *NU*	115	G 8
Bisaccia *AV*	71	D 28
Bisacquino *PA*	97	N 21
Bisano *BO*	40	J 16
Bisbino (Monte) *CO*	9	E 9
Bisce (Isola delle) *SS*	109	D 10
Bisceglie *BA*	72	D 31
Biscina *PG*	51	M 19
Bisegna *AQ*	64	Q 23
Bisenti *TE*	60	O 23
Bisentina (Isola) *VT*	57	O 17
Bisenzio *BS*	22	E 13
Bisenzio (Fiume) *PO*	29	K 15
Bisignano *CS*	85	I 30
Bissone *PV*	29	G 10
Bistagno *AL*	28	I 7
Bisuschio *VA*	8	E 8
Bithia *CA*	121	K 8
Bitonto *BA*	73	D 32
Bitritto *BA*	73	D 32
Bitti *NU*	112	F 10
Biviere (il) *CL*	104	P 25
Biviere (Lago) *ME*	100	N 25
Bivigliano *FI*	40	K 15
Bivio Acri *CS*	85	I 30
Bivio di Reino *BN*	70	D 26
Bivio Ercole *MC*	52	M 20
Bivio Guardavalle *RC*	89	L 31
Bivio Palomonte *SA*	76	F 27
Bivona *AG*	98	O 22
Bivongi *RC*	88	L 31
Bizzarone *CO*	20	E 8
Bizzozero *VA*	20	E 8
Blacca (Corna) *BS*	22	E 13
Blavy vicino a Nus *AO*	19	E 4
Blavy vicino a St-Christophe *AO*	18	E 4
Blera *VT*	57	P 18
Blessaglia *VE*	16	E 20
Blessano *UD*	14	D 21
Blevio *CO*	21	E 9
Blinnenhorn *VB*	8	C 6
Blufi *PA*	99	N 24
Blumau / Prato all'Isarco *BZ*	3	C 16
Blumone (Comune di) *BS*	10	E 13
Bo (Cima di) *BI*	19	E 6
Boara *FE*	32	H 17
Boara Pisani *PD*	32	G 17
Boara Polesine *RO*	32	G 17
Boario Terme *BS*	10	E 12
Bobbiano *PC*	29	H 10
Bobbio *PC*	29	H 10
Bobbio Pellice *TO*	26	H 3
Boca *NO*	20	E 7
Bocale Secondo *RC*	90	M 28
Bocca Chiavica *MN*	31	G 13
Bocca di Fiume *LT*	63	R 21
Bocca di Magra *SP*	38	J 11
Bocca di Piazza *CS*	86	J 31
Bocca Grande *NA*	74	F 24
Bocca Piccola *NA*	74	F 24
Boccadasse *GE*	36	I 8
Boccadifalco *PA*	97	M 21
Boccadirio (Santuario di) *BO*	39	J 15
Boccaleone *FE*	32	I 17
Boccasette *RO*	33	H 19
Boccassuolo *MO*	39	J 13
Boccea *RM*	62	Q 18
Bocche (Cima) *TN*	12	C 17
Boccheggiano *GR*	49	M 15
Bocchetta (Passo della) *GE*	28	I 8
Bocchigliero *CS*	87	I 32
Boccioleto *VC*	7	E 6
Bocco (Passo del) *GE*	37	I 10
Bocconi *FO*	40	J 17
Bocenago *TN*	11	D 14
Boeo (Capo) *TP*	96	N 19
Boesio *VA*	8	E 8
Boffalora d'Adda *LO*	21	F 10
Boffalora sopra Ticino *MI*	20	F 8
Bogliaco *BS*	23	E 13
Bogliasco *GE*	37	I 9
Boglietto *AT*	27	H 6
Boglioni *RE*	31	I 14
Bognanco *VB*	8	D 6
Bogogno *NO*	20	F 7
Boi (Capo) *CA*	119	J 10
Boirolo *SO*	10	D 11
Boissano *SV*	35	J 6
Boite *BL*	13	C 18
Bojano *CB*	65	R 25
Bolago *BL*	13	D 18
Bolbeno *TN*	11	D 14
Bolca *VR*	23	F 15
Boleto *VB*	20	E 7
Bolgare *BG*	22	F 11
Bolgheri *LI*	49	M 13
Bollate *MI*	21	F 9
Bollengo *TO*	19	F 5
Bologna *BO*	32	I 15
Bolognano *PE*	60	P 23
Bolognano *TN*	11	E 14
Bolognetta *PA*	98	N 22
Bolognola *MC*	52	N 21
Bolotana *NU*	115	G 8
Bolsena *VT*	57	O 17
Bolsena (Lago di) *VT*	57	O 17
Bolzaneto *GE*	36	I 8
Bolzano / Bozen *BZ*	3	C 16
Bolzano Vicentino *VI*	24	F 16
Bomarzo *VT*	57	O 18
Bomba *CH*	60	P 25
Bombiana *BO*	39	J 14
Bombile *RC*	91	M 30
Bominaco *AQ*	59	P 22
Bompensiere *CL*	103	O 23
Bompensiero *BS*	22	F 11
Bompietro *PA*	99	N 24
Bomporto *MO*	31	H 15
Bonagia (Golfo di) *TP*	96	M 19
Bonamico *RC*	91	M 30
Bonarcado *OR*	115	G 7
Bonassola *SP*	37	J 10
Bonate Sotto *BG*	21	F 10
Bonavicina-Borgo *VR*	23	G 15
Bonavigo *VR*	23	G 15
Boncore *LE*	79	G 35
Bondanello *MN*	31	G 14
Bondeno *FE*	32	H 16
Bondeno *MN*	31	H 14
Bondo *TN*	11	D 14
Bondone *TN*	23	E 13
Bondone (Monte) *TN*	11	D 15
Bonea *BN*	70	D 25
Bonefro *CB*	66	B 26
Bonelli *RO*	33	H 19
Bonferraro *VR*	23	G 15
Bonghi (Monte) *OG*	117	H 10
Bonifacio (Bocche di) *SS*	109	D 9
Bonifati *CS*	84	I 29
Bonifati (Capo) *CS*	84	I 29
Bonifato (Monte) *TP*	97	N 20
Bonito *AV*	70	D 26
Bonnanaro *SS*	111	F 8
Bonne *AO*	18	F 3
Bono *SS*	115	F 9
Bonorva *SS*	115	F 8
Bonu Ighinu *SS*	111	F 7
Bonze (Cima) *TO*	19	F 5
Boor (Zuc del) *UD*	15	C 21
Boragine (Monte) *RI*	59	O 21
Borbera *AL*	28	H 8
Borbona *RI*	59	O 21
Borbore *CN*	27	H 6
Borca di Cadore *BL*	13	C 18
Borca (Passo della) *TN*	23	E 15
Bordano *UD*	14	D 21
Bordiana *TN*	11	C 14
Bordighera *IM*	35	K 4
Bordino *TP*	97	N 19
Bordolano *CR*	22	G 11
Bordolona *TN*	11	C 14
Bordonchio *RN*	41	J 19
Bore *PR*	30	H 11
Borello *FO*	41	J 18
Borello (Torrente) *FO*	41	J 18
Boretto *RE*	31	H 13
Borgagne *LE*	83	G 37
Borgallo (Galleria del) *PR*	38	I 11
Borgaro Torinese *TO*	19	G 4
Borgata Costiera *TP*	96	N 19
Borgata Palo *CL*	103	O 23
Borgata Pirastera *OR*	115	H 9
Borgata Trigoria *RM*	62	Q 19
Borgetto *PA*	97	M 21
Borghetto *MC*	46	L 21
Borghetto *RA*	41	J 18
Borghetto *TN*	23	E 14
Borghetto vicino a Bolsena *VT*	57	O 17
Borghetto vicino a Viterbo *VT*	58	O 19
Borghetto d'Arroscia *IM*	35	J 5
Borghetto di Borbera *AL*	28	H 8
Borghetto di Vara *SP*	37	J 11
Borghetto Lodigiano *LO*	21	G 10
Borghetto Sto Spirito *SV*	35	J 6
Borghi *FO*	41	J 19
Borgia *CZ*	88	K 31
Borgiallo *TO*	19	F 5
Borgio Verezzi *SV*	36	J 6
Borgo (il) *MN*	31	H 14
Borgo a Buggiano *PT*	39	K 14
Borgo a Mozzano *LU*	39	K 13
Borgo alla Collina *AR*	44	K 17
Borgo Baccarato *EN*	104	O 25
Borgo Bainsizza *LT*	63	R 20
Borgo Bonsignore *AG*	102	O 21
Borgo Carso *LT*	63	R 20
Borgo Cascino *EN*	103	O 24
Borgo Celano *FG*	67	B 28
Borgo d'Ale *VC*	19	F 6
Borgo dei Pini Mercadante *BA*	73	E 32
Borgo di Stazione Montecosaro *MC*	53	M 22
Borgo di Terzo *BG*	22	E 11
Borgo Ermada *LT*	63	S 21
Borgo Faiti *LT*	63	R 20
Borgo Fazio *TP*	97	N 20
Borgo Flora *LT*	63	R 20
Borgo Fornari *GE*	28	I 8
Borgo Franchetto *CT*	104	O 26
Borgo Fusara *RA*	41	I 18
Borgo Grappa *LT*	63	R 20
Borgo Isonzo *LT*	63	R 20
Borgo le Taverne *AV*	71	E 27
Borgo Libertà *FG*	71	D 29
Borgo Mezzanone *FG*	67	C 29
Borgo Montello *LT*	63	R 20
Borgo Montenero *LT*	63	S 21
Borgo Pace *PS*	45	L 18
Borgo Panigale *BO*	31	I 15
Borgo Piave *LT*	63	R 20
Borgo Piave *LE*	81	F 36
Borgo Pietro Lupo *CT*	104	O 25
Borgo Podgora *LT*	63	R 20
Borgo Priolo *PV*	29	H 9
Borgo Quinzio *RI*	58	P 20
Borgo Regalmici *PA*	99	N 23
Borgo Rinazzo *TP*	96	N 19
Borgo Rivola *RA*	40	J 17
Borgo Roccella *PA*	97	N 21
Borgo Sabotino *LT*	63	R 20
Borgo S. Dalmazzo *CN*	34	J 4
Borgo S. Donato *LT*	63	R 20
Borgo S. Giacomo *BS*	22	F 11
Borgo S. Giovanni *LO*	21	G 10

BOLOGNA

Street	Grid
Arnaseo (V. R.)	GU 6
Arno (V.)	HV 9
Artigiano (V. d.)	GU 10
Bandiera (V. I.)	FV 12
Barbieri (V. F.)	GU 13
Barca (V. d.)	FV 15
Battaglia (V. d.)	HU 16
Bentivogli (V. G.)	GV 19
Beverara (V. della)	FU 20
Cadriano (V.)	GHU 21
Castiglione (V.)	HU 25
Cavazzoni (V. F.)	HV 27
Codivilla (V.)	GV 31
Colombo (V. C.)	FU 34
Coubertin (V. de)	FV 36
Dagnini (V. G.)	GV 39
Firenze (V.)	HV 42
Foscherara (V. d.)	GV 43
Gagarin (V. Y.)	FU 45
Gandhi (Viale M. K.)	FU 49
Marconi (V.)	EV 61
Marco Polo (V.)	FU 60
Mario (V. A.)	GV 63
Martelli (V. T.)	HV 66
Matteotti (V.)	GU 67
Mazzini (V.)	GV 69
Mezzofanti (V. G.)	GV 70
Montefiorino (V.)	FV 73
Ospedaletto (V. d.)	EU 79
Palagi (V. P.)	GV 81
Panigale (V.)	EU 82
Persicetana Vecchia (V.)	EU 85
Persicetana (V.)	EU 84
Pietra (V. d.)	EU 88
Pirandello (V. L.)	HU 90
Porrettana (Viale)	FVE 91
Putti (V. F.)	GV 96
Sabbioni (V. d.)	GV 100
Sabotino (V.)	FUV 102
Saffi (V. A.)	FU 103
Sigonio (V. C.)	GV 111
Sturzo (V. Don L.)	FV 112
S. Barbara (V.)	GV 105
S. Mamolo (V.)	FV 108
Timavo (V. d.)	FU 115
Tolmino (V.)	FU 117
Tosarelli (V. B.)	HU 118

Aldrovandi (Pza)	CY 3	Cavour (Pza)	CY 28	Garibaldi (V.)	CZ 51
Alessandrini (V.)	CX 4	Clavature (V.)	CY 30	Grada (V. della)	AY 52
Archiginnasio (V. d.)	CY 7	Collegio di Spagna (V.)	BY 33	Guinizelli (V.)	DZ 54
Bassi (V. U.)	BY	D'Azeglio (V. M.)	BZ 37	Indipendenza (V. d.)	CXY
Belmeloro (V.)	DY 18	Falegnami (V. d.)	CY 40	Lana (V. J. della)	DZ 55
Cairoli (V.)	BX 22	Galileo (Pza)	BY 46	Maggiore (Pza)	CY 57
Castagnoli (V. de)	CY 24	Galvani (Pza)	CY 48	Malpighi (Pza)	BY 58

Marconi (V. G)	BXY	Oberdan (V.)	CY 78	S. Giacomo (V.)	DY 106
Marsili (V. A.)	BYZ 64	Petroni (V. G.)	CY 87	Tagliapietre (V.)	BYZ 114
Matteotti (V.)	CX 67	Portanova (V.)	BY 94	Trombetti (V.)	CDY 120
Mezzofanti (V. G.)	DZ 70	Porta Ravegnana (Pza di)	CY 93	Urbana (V.)	BY 121
Mille (V. dei)	CX 72	Ranzani (V.)	DXY 97	Val d'Aposa (V.)	BY 123
Murri (V. A.)	DZ 75	Rizzoli (V.)	CY 99	Venezian (V. G.)	BY 124
Nettuno (Pza d.)	CY 76	Selmi (V.)	DY 109	4 Novembre (V.)	BY 126

BOLOGNA

Fontana del Nettuno . . . . CY **F**   Loggia della Mercanzia . . . . CY **C**   Museo Civico Archeologico . . . . . . BY **M¹**   Palazzo Comunale . . . . BY **H**   Torri pendenti . . . . CY **R**

Borgo S. Giusto *FG*	66 C 28	Borgomanero *NO*	20 E 7	Boroneddu *OR*	115 G 8
Borgo S. Lorenzo *FI*	40 K 16	Borgomaro *IM*	35 K 5	Borore *NU*	115 G 8
Borgo Sta Maria *LT*	63 R 20	Borgomasino *TO*	19 F 5	Borrello *CH*	65 Q 24
Borgo S. Martino *AL*	28 G 7	Borgone Susa *TO*	18 G 3	Borrello *PA*	99 N 24
Borgo S. Pietro *RI*	59 P 21	Borgonovo Ligure *GE*	37 I 10	Borriana *BI*	19 F 6
Borgo Sta Rita *RM*	62 R 19	Borgonovo Val Tidone *PC*	29 G 10	Bosco ai Frati *FI*	40 K 15
Borgo S. Siro *PV*	20 G 8	Borgoratto Alessandrino *AL*	28 H 7	Borromee (Isole) *VB*	8 E 7
Borgo Schirò *PA*	97 N 21	Borgoratto Mormorolo *PV*	29 H 9	Borselli *FI*	44 K 16
Borgo Segezia *FG*	71 C 28	Borgoricco *PD*	24 F 17	Borso del Grappa *TV*	24 E 17
Borgo Ticino *NO*	20 E 7	Borgorose *RI*	59 P 21	Borta Melone	
Borgo Tossignano *BO*	40 J 16	Borgosatollo *BS*	22 F 12	(Monte) *NU*	115 G 9
Borgo Tufico *AN*	46 L 20	Borgosesia *VC*	20 E 6	Bortigali *NU*	115 G 8
Borgo Val di Taro *PR*	30 I 11	Borlasca *GE*	28 I 8	Bortigiadas *OT*	111 E 9
Borgo Valsugana *TN*	12 D 16	Bormida *SV*	35 J 6	Borutta *SS*	111 F 8
Borgo Velino *RI*	59 O 21	Bormida (Fiume) *AL*	28 I 7	Borzano *RE*	31 I 13
Borgo Venusio *MT*	73 E 31	Bormida di Millesimo *SV*	35 J 6	Borzano *RE*	37 F 6
Borgo Vercelli *VC*	20 F 7	Bormida di Spigno *AL*	28 I 6	Borzonasca *GE*	37 I 10
Borgo Vodice *LT*	63 R 21	Bormina *SO*	10 C 12	Bosaro *RO*	32 H 17
Borgoforte *MN*	31 G 14	Bormio *SO*	2 C 13	Boschetiello (Monte) *AV*	71 E 27
Borgoforte *PD*	32 G 17	Bormio 2000 *SO*	10 C 13	Boschetto *PR*	30 I 12
Borgofranco d'Ivrea *TO*	19 F 5	Bornago *MI*	21 F 10	Boschi *BO*	32 H 16
Borgofranco sul Po *MN*	31 G 15	Bornato *BS*	22 F 12	Boschi *PC*	29 I 10
Borgolavezzaro *NO*	20 G 8	Borno *BS*	10 E 12	Boschi S. Anna *VR*	24 G 16

Bosco *SA*	76 G 28	Botrugno *LE*	83 G 36	Bovezzo *BS*	22 F 12
Bosco *PR*	38 I 12	Bottagna *SP*	38 J 11	Bovile *TO*	26 H 3
Bosco *PG*	51 M 19	Bottanuco *BG*	21 F 10	Boville Ernica *FR*	64 R 22
Bosco *VI*	12 E 16	Bottarello (Pizzo) *VB*	7 D 6	Bovino *FG*	71 D 28
Bosco ai Frati *FI*	40 K 15	Bottarone *PV*	29 G 9	Bovisio Masciago *MI*	21 F 9
Bosco Chiesanuova *VR*	23 F 15	Botte Donato (Monte) *CS*	86 J 31	Bovolenta *PD*	24 G 17
Bosco Marengo *AL*	28 H 8	Botteghelle *CT*	104 P 25	Bovolone *VR*	23 G 15
Bosco Mesola *FE*	33 H 18	Botticino-Mattina *BS*	22 F 12	Boz (Rifugio) *BL*	12 D 17
Bosco (Serra del) *EN*	100 N 25	Botticino-Sera *BS*	22 F 12	Bozen / Bolzano *BZ*	3 C 16
Boscone Cusani *PC*	29 G 10	Bottidda *SS*	115 F 9	Bozzente *CO*	20 E 8
Bosconero *TO*	19 G 5	Bottigli (Monte) *GR*	49 N 15	Bozzole *AL*	28 G 7
Boscoreale *NA*	70 E 25	Bottinaccio *FI*	43 K 15	Bozzolo *MN*	30 G 13
Boscotrecase *NA*	70 E 25	Bottrighe *RO*	33 G 18	Bra *CN*	27 H 5
Bosio *AL*	28 I 8	Bousson *TO*	26 H 2	Brabaisu *CA*	119 I 10
Bosisio Parini *LC*	21 E 9	Bova *RC*	91 N 29	Brabbia *VA*	20 E 8
Bosnasco *PV*	29 G 10	Bova Marina *RC*	90 N 29	Braccagni *GR*	49 N 15
Bossea (Grotta di) *CN*	35 J 5	Bovalino Marina *RC*	91 M 30	Braccano *MC*	52 M 21
Bossi *AR*	45 L 17	Bovalino Superiore *RC*	91 M 30	Bracchio *VB*	8 E 7
Bossico *BG*	22 E 12	Bove (Valle del) *CT*	100 N 27	Bracciano *RM*	57 P 18
Bossola (Monte) *AL*	29 I 9	Bovecchio *FI*	39 K 15	Bracciano (Lago di) *RM*	57 P 18
Botricello *CZ*	89 K 32	Bovegno *BS*	22 E 12	Bracco *GE*	37 J 10
		Boves *CN*	35 J 4	Bracco (Passo del) *SP*	37 J 10

BOLZANO

GÚNCINA, SARENTINO, S.GENESIO

400 m

Lago di Carezza
BRESSANONE, A22

A22, TRENTO

Alto Adige (V.) .... B 2
Brennero (V.) .... B 3
Dodiciville (V.) .... B 7
Domenicani (Pza) .... B 8
Erbe (Pza) .... B

Garibaldi (V.) .... B 10
Marconi (V. G.) .... A 14
Mostra (V. della) .... B 15
Museo (V.) .... AB
Ospedale (V.) .... A 16

Parrocchia (Pza) .... B 17
Portici (V.) .... B
Stazione (Viale) .... B 19
Streiter (V. Dottor) .... B 20
Walther (Pza) .... B 21

BRESCIA

400 m

Castellini (V. N.) .... CZ 3
Fratelli Porcellaga (V.) .... BY 7
Loggia (Pza della) .... BY 9

Martiri della Libertà (Cso) ..... AZ 13
Mercato (Pza del) .... BY 15
Palestro (Cso) .... BY

Paolo VI (Pza) .... BY 16
Pastrengo (V.) .... AY 17
S. Crocifissa di Rosa (V.) ...... CY 18

Vittoria (Pza) .... BY 20
Zanardelli (Cso) .... BZ 21
10 Giornate (V. delle) .... BY 22

Bronzolo / Branzoll BZ ...... 12 C 15
Brossasco CN ...... 26 I 4
Brosso TO ...... 19 F 5
Brozolo TO ...... 27 G 6
Brozzo BS ...... 22 E 12
Bruca TP ...... 97 N 20
Bruciati (Corni) SO ...... 10 D 11
Brucoli SR ...... 105 P 27
Brückele / Ponticello BZ ...... 4 B 18
Brufa PG ...... 51 M 19
Bruggi AL ...... 29 H 9
Brugherio MI ...... 21 F 9
Brugine PD ...... 24 G 17
Brugnato SP ...... 37 J 11
Brugnera TN ...... 13 E 19
Brugneto (Lago del) GE ...... 29 I 9
Brugnetto AN ...... 46 L 21
Bruino TO ...... 27 G 4
Brumano BG ...... 9 E 10
Bruna PG ...... 51 N 20
Bruna (Fiume) GR ...... 49 N 15
Brunate CO ...... 21 E 9
Bruncu 'e Pisu OG ...... 117 G 11
Bruncu Spina OG ...... 115 G 9
Bruncu Teula CI ...... 118 J 7
Bruneck / Brunico BZ ...... 4 B 17
Brunella NU ...... 113 E 10
Brunico / Bruneck BZ ...... 4 B 17
Brunner (Rifugio) UD ...... 15 C 22
Bruno AT ...... 28 H 7
Brusago TN ...... 12 D 15
Brusasco TO ...... 19 G 6
Bruscoli FI ...... 39 J 15
Brusimpiano VA ...... 8 E 8
Brusnengo BI ...... 20 F 6
Brussa VE ...... 16 F 20
Brusson AO ...... 19 E 5
Bruzolo TO ...... 18 G 3
Bruzzano (Capo) RC ...... 91 M 30
Bruzzano Zeffirio RC ...... 91 M 30
Bruzzi di Sotto PC ...... 29 H 10
Bubbio AT ...... 28 I 6
Bubonia (Monte di) CL ...... 104 P 25
Buccheri SR ...... 104 P 26
Bucchi KR ...... 87 J 33
Bucchianico CH ...... 60 P 24

Bucciano BN ...... 70 D 25
Buccino SA ...... 76 F 28
Bucine AR ...... 44 L 16
Buco SA ...... 76 F 28
Buda BO ...... 32 I 17
Buddusò OT ...... 111 F 9
Budelli (Isola) OT ...... 109 D 9
Budoia PN ...... 13 D 19
Budoni OT ...... 113 E 11
Budoni (Cala di) NU ...... 113 E 11
Budrio BO ...... 31 I 15
Budrio BO ...... 32 I 16
Budrio RE ...... 31 H 14
Budrione MO ...... 31 H 14
Bue Marino (El) NU ...... 117 G 10
Buggerru CI ...... 118 I 7
Buggiana FO ...... 40 K 17
Buggiano PG ...... 52 N 20
Buglio in Monte SO ...... 9 D 11
Bugnara AQ ...... 60 P 23
Buia UD ...... 14 D 21
Bulgheria (Monte) SA ...... 76 G 28
Bullone (Su) SS ...... 111 E 8
Bultei SS ...... 111 F 9
Bulzi SS ...... 111 E 8
Bundschen / Ponticello BZ ...... 3 C 16
Bunnari (Lago) SS ...... 111 E 7
Buole (Passo) TN ...... 23 E 15
Buonabitacolo SA ...... 76 G 28
Buonalbergo BN ...... 70 D 26
Buoncammino OT ...... 109 D 9
Buonconvento SI ...... 50 M 16
Buonfornello PA ...... 99 N 23
Buonvicino CS ...... 84 H 29
Burago di Molgora MI ...... 21 F 10
Burana FE ...... 32 H 16
Burano PS ...... 46 L 19
Burano VE ...... 16 F 19
Burano (Lago di) GR ...... 56 O 16
Burano (Serra di) PS ...... 45 L 19
Burcei CA ...... 119 J 10
Burco Sta Maria PS ...... 46 K 20
Bure PT ...... 39 K 14
Burgeis / Burgusio BZ ...... 2 B 13

Burgio AG ...... 97 O 21
Burgio SR ...... 107 Q 27
Burgio (Serra di) RG ...... 104 P 26
Burgos SS ...... 115 F 8
Burgstall / Postal BZ ...... 3 C 15
Burgusio / Burgeis BZ ...... 2 B 13
Buriano GR ...... 49 N 14
Buriasco TO ...... 26 H 4
Buronzo VC ...... 20 F 6
Burraia (Rifugio La) FO ...... 40 K 17
Burrainiti (Bivio) AG ...... 103 P 23
Busachi OR ...... 115 G 8
Busalla GE ...... 28 I 8
Busambra (Rocca) PA ...... 98 N 22
Busana RE ...... 38 I 12
Busano TO ...... 19 G 4
Busazza (Cima) TN ...... 11 D 13
Busca CN ...... 26 I 4
Buscate MI ...... 20 F 8
Buscemi SR ...... 104 P 26
Busche BL ...... 12 D 17
Buseto Palizzolo TP ...... 97 M 20
Busi CN ...... 26 H 6
Busnago MI ...... 21 F 10
Buso (Ponte del) UD ...... 5 C 20
Bussana Vecchia IM ...... 35 K 5
Bussento SA ...... 76 G 28
Busseto PR ...... 30 H 12
Bussi sul Tirino PE ...... 60 P 23
Busso CB ...... 65 R 25
Bussolengo VR ...... 23 F 14
Bussoleno TO ...... 18 G 3
Busto Arsizio VA ...... 20 F 8
Busto Garolfo MI ...... 20 F 8
Bût UD ...... 5 C 21
Butera CL ...... 103 P 24
Buthier AO ...... 7 E 4
Buti PI ...... 43 K 13
Buttapietra VR ...... 23 F 14
Buttigliera TO ...... 26 G 4
Buttigliera d'Asti AT ...... 27 G 5
Buttrio UD ...... 15 D 21
Bútule SS ...... 111 F 8
Buturo CZ ...... 87 J 31
Buzzò PR ...... 37 I 11

Bracigliano SA ...... 70 E 26
Bradano PZ ...... 72 E 29
Braemi CL ...... 103 P 24
Braidi ME ...... 100 M 27
Braies / Prags BZ ...... 4 B 18
Braies (Lago di) / Pragser Wildsee BZ ...... 4 B 18
Brallo di Pregola PV ...... 29 H 9
Bram (Monte) CN ...... 34 I 3
Branca PG ...... 51 M 20
Branca (Rifugio) SO ...... 11 C 13
Brancaleone Marina RC ...... 91 N 30
Brandizzo TO ...... 19 G 5
Branzi BG ...... 10 D 11
Branzoll / Bronzolo BZ ...... 12 C 15
Brasa (Passo) TN ...... 39 J 14
Brasca (Rifugio) SO ...... 9 D 10
Brasimone BO ...... 39 J 15
Brasimone (Lago di) BO ...... 39 J 15
Bratello (Passo del) MS ...... 38 I 11
Brattiro VV ...... 88 L 29
Bratto MS ...... 38 I 11
Bratto-Dorga BG ...... 10 E 12
Brazzano GO ...... 17 E 22
Brebbia VA ...... 20 E 7
Brebeis (Stagno de is) CA ...... 120 K 7
Breda Cisoni MN ...... 31 G 13
Breda di Piave TV ...... 25 E 18
Brefaro PZ ...... 84 H 29
Bregagno (Monte) CO ...... 9 D 9
Breganze VI ...... 24 E 16
Breguzzo TN ...... 11 D 14
Breia VC ...... 20 E 6
Brembana (Valle) BG ...... 9 E 10
Brembate BG ...... 21 F 10
Brembilla BG ...... 21 E 10
Brembio LO ...... 21 G 10
Brembo BG ...... 21 E 11
Breme PV ...... 28 G 7
Brendola VI ...... 24 F 16
Brenna SI ...... 49 M 15
Brennerbad / Terme di Brennero BZ ...... 3 B 16
Brennero (Passo del) / Brennerpaß BZ ...... 3 A 16
Brennerpaß / Brennero (Passo del) BZ ...... 3 A 16
Breno BS ...... 10 E 12
Breno PC ...... 29 G 10
Brenta TN ...... 12 D 16

Brenta (Cima) TN ...... 11 D 14
Brenta (Foce del) VE ...... 25 G 18
Brenta (Riviera del) VE ...... 24 F 18
Brenta (Taglio del) VE ...... 25 G 18
Brenta d'Abbà PD ...... 25 G 18
Brentari (Rifugio) TN ...... 12 D 16
Brentoni (Monte) BL ...... 5 C 19
Brentonico TN ...... 23 E 14
Brenzone VR ...... 23 E 14
Breonio VR ...... 23 F 14
Brescello RE ...... 30 H 13
Brescia BS ...... 22 F 12
Bresimo TN ...... 11 C 14
Bresimo (Val di) TN ...... 11 C 14
Bressa UD ...... 14 D 21
Bressana Bottarone PV ...... 29 G 9
Bressanone / Brixen BZ ...... 4 B 16
Bresso MI ...... 21 F 9
Brez TN ...... 11 C 15
Brezza CE ...... 69 D 24
Brezzo di Bedero VA ...... 8 E 8
Briaglia CN ...... 35 I 5
Brian VE ...... 16 F 20
Briatico VV ...... 88 K 30
Bric Bucie TO ...... 26 H 3
Bric Ghinivert TO ...... 26 H 2
Bricherasio TO ...... 26 H 3
Brienno CO ...... 9 E 9
Brienza PZ ...... 76 F 28
Brigantina (Punta) LI ...... 54 O 12
Brignano AL ...... 29 H 9
Brignano Gera d'Adda BG ...... 21 F 10
Brindisi BR ...... 81 F 35
Brindisi Montagna PZ ...... 77 F 29
Brinzio VA ...... 8 E 8
Briona NO ...... 20 F 7
Brione BS ...... 22 F 12
Briosco MI ...... 21 E 9
Brisighella RA ...... 40 J 17
Brissogne AO ...... 18 E 4
Brittoli PE ...... 60 P 23
Brivio LC ...... 21 E 10
Brizzolara GE ...... 37 I 10
Brocon (Passo del) TN ...... 12 D 17
Brognaturo VV ...... 88 L 31
Brolio S. Regolo SI ...... 44 L 16
Brolo ME ...... 100 M 26
Brondello CN ...... 26 I 4
Broni PV ...... 29 G 9
Bronte CT ...... 100 N 26

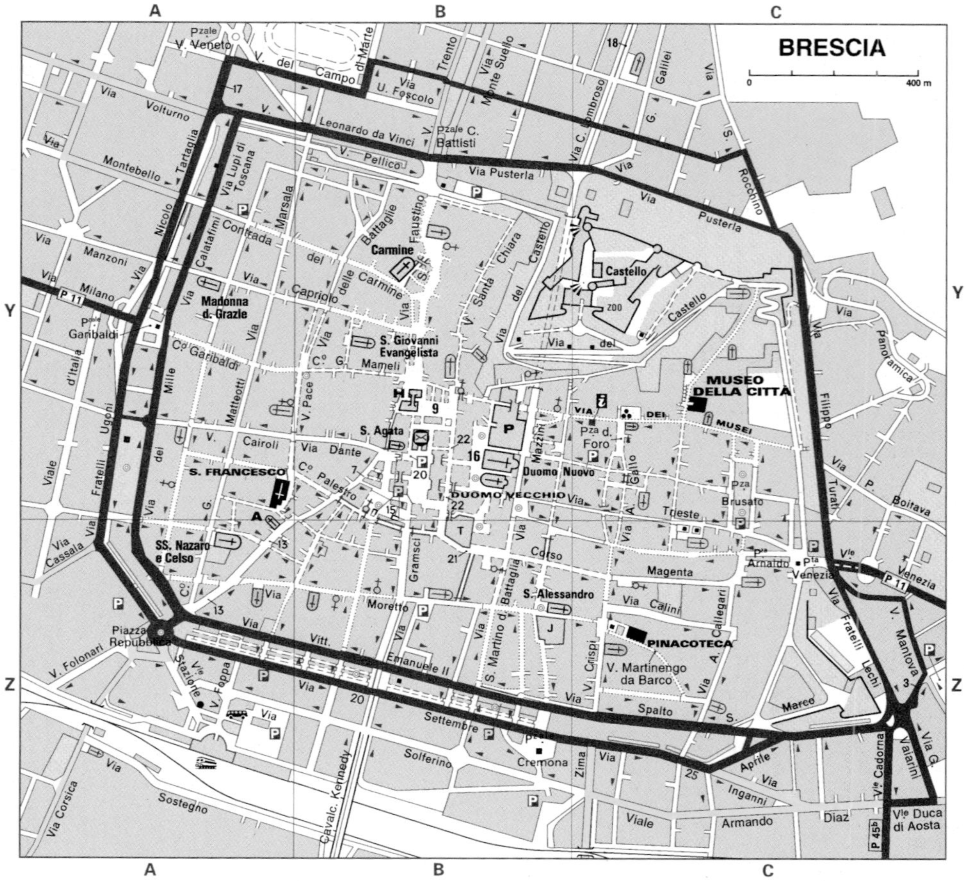

BRINDISI

Amena (V.)............... Y 4
Annunziata (V.)........... Y 6
Betolo (V.).............. Z 9
Cappellini (V.)........... Z 15
Cittadella (V.)........... Y 19
Colonne (V.)............. Y 21
Commenda (Viale)........ Z 22

De Marco (V. C.)......... Z 24
Garibaldi (Cso).......... Y
Madonna della Neve
Madonna della Scala (V.)... Z 33
Matteotti (Pza).......... Y 39
Montenegro (V.).......... Y 40
Osanna (V.)............. Z 42
Pozzo Traiano (V.)....... Y 47
Provinciale San Vito (V.).. Y 48

Regina Margherita
(Lungomare)........... Y 49
Santi (V.).............. Y 60
Sauro (V. Nazario)...... Z 61
S. Barbara (V.)......... Y 54
S. Dionisio (V.)........ Y 55
S. Margherita (V.)...... Y 58
Tarantini (V.).......... Y 64
Tunisi (V.)............. Y 69
Umberto I (Cso)........ YZ

Colonna Romana........ Y A

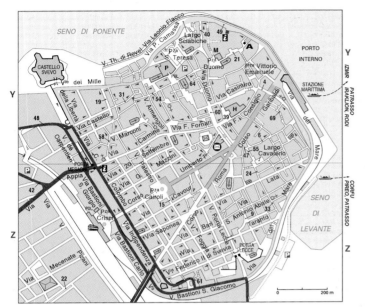

C

Ca' Bazzone BO............ 40 I 16
Ca' Bertacchi RE........... 31 I 13
Ca' Bianca VE.............. 25 G 18
Ca' Briani VE.............. 33 G 18
Ca' Cappello RO............ 33 G 18
Ca' Corniani VE............ 16 F 20
Ca' d'Andrea CR............ 30 G 12
Ca' de' Bonavogli CR....... 30 G 12
Ca' de Fabbri BO........... 32 I 16
Ca' di Biss MI............. 20 F 8
Ca' di David VR............ 23 F 14
Ca' Gallo PS............... 41 K 19
Ca' Mello RO............... 33 H 19
Ca' Morosini RO............ 32 G 16
Ca' Noghera VE............. 25 F 19
Ca' Selva (Lago di) PN..... 13 D 20
Ca' Tron TV................ 16 F 19
Ca' Venier RO.............. 33 H 19
Ca' Zul (Lago di) PN....... 13 D 20
Ca' Zuliani RO............. 33 H 19
Cabanne GE................ 29 I 10
Cabbia AQ................. 59 O 21
Cabella Ligure AL.......... 29 H 9
Cabelli FO................ 40 K 17
Caberlaba (Monte) VI....... 24 E 16
Cabianca (Monte) BG....... 10 D 11
Cabiate CO................ 21 E 9
Cabras OR................. 114 H 7
Cabras (Stagno di) OR...... 114 H 7
Cabu Abbas (Santuario
Nuragico) OT............. 109 E 10
Caccamo PA................ 98 N 23
Cacchiamo EN.............. 99 N 24
Caccia (Capo) SS........... 110 F 6
Caccia (Monte) BA......... 72 D 30
Caccuri KR................ 87 J 32
Cadé MN.................. 31 G 14
Cadecoppi MO............. 31 H 15
Cadelbosco di Sopra RE.... 31 H 13
Cadelbosco di Sotto RE.... 31 H 13
Cadelle (Monte) BG........ 10 D 11
Cadelmonte PC............ 29 H 10
Cadenabbia CO............ 9 E 9
Cadeo PC................. 30 H 11
Caderzone TN............. 11 D 14
Cadignano BS............. 22 F 12
Cadilana LO.............. 21 G 10
Cadimarco MN............ 22 G 13
Cadine TN................ 11 D 15
Cadini (Gruppo dei) BL.... 4 C 18
Cadino (Val) TN.......... 12 D 16
Cadipietra / Steinhaus BZ.. 4 B 17

Cadoneghe PD............. 24 F 17
Cadore BL................ 4 C 18
Cadria BS................ 23 E 13
Cadria (Monte) TN........ 11 E 14
Caerano di S. Marco TV... 24 E 18
Cafaggio LI.............. 49 M 13
Cafaggiolo FI............ 40 K 15
Cafasse TO............... 19 G 4
Caffaraccia PR........... 30 I 11
Caffaro BS............... 22 E 13
Caffaro (Val di) BS....... 10 E 13
Caffragna PR............. 30 H 12
Caggiano SA.............. 76 F 28
Caginia (Serra di) CT..... 100 N 26
Cagli PS................. 46 L 19
Cagliari CA.............. 119 J 9
Cagliari (Golfo di) CA.... 119 J 9
Cagliari (Stagno di) CA... 118 J 9
Caglio CO................ 9 E 9
Cagnano Amiterno AQ..... 59 O 21
Cagnano Varano FG....... 67 B 29
Cagno CO................ 21 E 9
Caguseli (Ianna) NU...... 115 G 9
Caianello CE............. 64 S 24
Caiazzo CE............... 69 D 25
Caicambiucci PG.......... 45 L 19
Caina PG................. 51 M 18
Caina (Monte) VI......... 24 E 17
Caiolo SO................ 10 D 11
Caira FR................. 64 R 23
Cairano AV............... 71 E 28
Cairate VA............... 20 E 8
Cairo (Monte) FR......... 64 R 23
Cairo Montenotte SV...... 36 I 6
Caivano NA............... 69 E 24
Cala d'Oliva SS........... 108 D 7
Cala Gonone NU.......... 117 G 10
Cala Grande (Punta) GR.. 55 O 15
Cala Liberotto NU........ 117 F 11
Cala Mosca CA........... 119 J 9
Cala Piccola GR.......... 55 O 15
Cala Piombo
(Punta di) CA........... 120 K 7
Cala Regina (Torre) CA... 119 J 10
Calabernardo SR......... 105 Q 27
Calabianca (Punta) TP... 97 M 20
Calabria (Parco
Nazionale della) CS..... 87 I 31

Calabricata CZ........... 89 K 32
Calabritto AV............ 71 E 27
Calafuria LI............. 42 L 12
Calaggio FG............. 71 D 28
Calaita (Lago di) TN..... 12 D 17
Calalzo di Cadore BL.... 5 C 19
Calamandrana AT........ 28 H 7
Calambrone PI.......... 42 L 12
Calamento (Val di) TN.. 12 D 16
Calamita (Monte) LI.... 48 N 13
Calamita Vecchia TP.... 97 N 19
Calamonaci AG.......... 102 O 21
Calangianus OT......... 109 E 9
Calanna RC............. 90 M 29
Calaresu OG............ 116 G 10
Calascibetta EN........ 99 O 24
Calascio AQ............ 59 P 23
Calasetta CI............ 118 J 7
Calatabiano CT......... 101 N 27
Calatafimi TP.......... 97 N 20
Calavà (Capo) ME....... 94 M 26
Calavino TN............ 11 D 14
Calbenzano AR......... 45 L 17
Calcara BO............. 31 I 15
Calcarelli PA........... 99 N 24
Calcata VT............. 58 P 19
Calceranica al Lago TN. 11 D 15
Calci PI............... 42 K 13
Calciano MT............ 77 F 30
Calcinaia PI........... 43 K 13
Calcinate BG........... 22 F 11
Calcinate del Pesce VA. 20 E 8
Calcinatello BS........ 22 F 13
Calcinato BS........... 22 F 13
Calcinelli PS.......... 46 K 20
Calcinere CN........... 26 H 3
Calcio BG.............. 22 F 11
Calco LC............... 21 E 10
Caldana GR............. 49 N 14
Caldana LI............. 49 M 13
Caldaro (Lago di) BZ... 11 C 15
Caldaro s. str. d. Vino /
Kaltern a. d. W. BZ... 11 C 15
Caldarola MC........... 52 M 21
Caldé VA............... 8 E 7
Calderà ME............. 95 M 27
Calderara di Reno BO.. 31 I 15
Calderari EN........... 99 O 25
Calderino BO........... 39 I 15
Caldes TN.............. 11 C 14
Caldiero VR............ 23 F 15

Caldirola AL........... 29 H 9
Caldogno VI............ 24 F 16
Caldonazzo TN.......... 11 E 15
Caldonazzo (Lago di) TN. 11 D 15
Calendasco PC.......... 29 G 10
Calenzano FI........... 39 K 15
Caleri RO.............. 33 G 18
Calerno RE............. 30 H 13
Cales CE............... 69 D 24
Calestano PR........... 30 I 12
Cali RG................ 104 Q 25
Calice / Kalch BZ...... 3 B 16
Calice Vi.............. 24 E 16
Calice al Cornoviglio SP. 38 J 11
Calice Ligure SV....... 36 J 6
Calieron (Grotte del) TV. 13 J 15
Caligi (Monte) PT...... 39 J 14
Calignano PV........... 21 G 9
Calimera VV............ 88 L 30
Calimera LE............ 83 G 36
Calisese FO............ 41 J 18
Calistri AV............ 71 E 28
Calitri AV............. 71 E 28
Calizzano SV........... 35 J 6
Calla (Passo della) FO. 40 K 17
Calle MT............... 77 E 30
Callianetto AT......... 27 G 6
Calliano AT............ 28 G 6
Calliano TN............ 11 E 15
Calmasino VR........... 23 F 14
Calmazzo PS............ 46 K 20
Calogero
Monte Kronio AG........ 102 O 21
Calogno EN............. 100 N 25
Calolziocorte LC....... 21 E 10
Calopezzati CS......... 87 I 32
Calore AV.............. 70 E 27
Calore BN.............. 70 D 25
Calore PZ.............. 76 G 29
Caloveto CS............ 87 I 32
Caltabellotta AG....... 97 O 21
Caltagirone CT......... 104 P 25
Caltagirone (Fiume) CT. 104 P 25
Caltanissetta CL....... 103 O 24
Caltavuturo PA......... 99 N 23

Caltignaga NO.......... 20 F 7
Calto RO............... 32 H 16
Caltrano VI............ 24 E 16
Calusco d'Adda BG...... 21 E 10
Caluso TO.............. 19 G 5
Calvagese
della Riviera BS....... 22 F 13
Calvana (Monti della) PO. 39 K 15
Calvatone CR........... 30 G 13
Calvello PZ............ 77 F 29
Calvello (Monte) AV.... 71 E 27
Calvene VI............. 24 E 16
Calvenzano BG.......... 21 F 10
Calvera PZ............. 77 G 30
Calvi (Monte) BO....... 39 J 15
Calvi (Rifugio) BG..... 5 C 20
Calvi (Monte) LI....... 49 M 13
Calvi dell'Umbria TR... 58 O 19
Calvi Risorta CE....... 69 D 24
Calvi Vecchia CE....... 69 D 24
Calvia (Monte) SS...... 111 F 8
Calvignano PV.......... 29 H 9
Calvilli (Monte) FR.... 64 R 22
Calvisano BS........... 22 F 13
Calvisi CE............. 65 S 25
Calvo (Monte) FG....... 67 B 29
Calvo (Monte) AQ....... 59 O 21
Calzolaro PG........... 51 L 18
Camagna Monferrato AL. 28 G 7
Camaiore LU............ 38 K 12
Camaldoli AR........... 44 K 17
Camaldoli NA........... 69 E 24
Camaldoli SA........... 75 F 27
Camaldoli
(Convento) AR.......... 40 K 17
Camandona BI.......... 19 F 6
Camarda AQ............ 59 O 22
Camarina RG........... 106 Q 25
Camastra AG........... 103 P 23
Camatta MN............ 31 G 14
Camatte MN............ 31 G 14
Cambiago MI........... 21 F 10
Cambiano TO........... 27 H 5
Cambio (Monte di) RI.. 59 O 21
Camemi RG............. 106 Q 25

Camera PG............. 51 N 19
Camera TE............. 53 N 23
Camerano AN........... 47 L 22
Camerano Casasco AT.. 27 G 6
Camerata Picena AN.... 47 L 22
Camerata Cornello BG.. 9 E 10
Camerata Nuova RM.... 59 P 21
Camerelle
(Posta delle) FG...... 71 D 29
Cameri NO............. 20 F 7
Camerino MC.......... 52 M 22
Camerota SA.......... 84 G 28
Camigliano SI......... 50 M 16
Camigliatello Silano CS. 86 I 31
Caminata / Kematen BZ. 3 B 16
Camini RC............ 88 L 31
Camino AL............ 20 G 6
Camino al Tagliam. UD. 16 E 20
Camino (Monte) BI.... 19 F 5
Camino (Pizzo) BS.... 10 E 12
Camisa CA............ 119 J 10
Camisano CR.......... 21 F 11
Camisano Vicentino VI. 24 F 17
Camitrici EN......... 103 O 24
Cammarata AG........ 98 O 22
Cammarata (Monte) AG. 98 O 22
Camogli GE........... 37 I 9
Camonica (Val) BS.... 10 E 12
Campagna PN......... 13 D 20
Campagna CS.......... 75 F 27
Campagna Lupia VE... 25 F 18
Campagnano
di Roma RM.......... 58 P 19
Campagnatico GR..... 50 N 15
Campagnola Emilia RE. 31 H 14
Campana CS........... 87 I 32
Campana (Cozzo) CL.. 99 O 23
Campana Grande
(Grotta)............. 67 B 30
Campana (Sasso) SO.. 10 C 12
Campanedda SS....... 110 E 7
Campanella VI........ 12 E 16
Campanella (Monte) CL. 103 O 23
Campanella (Punta) NA. 74 F 24

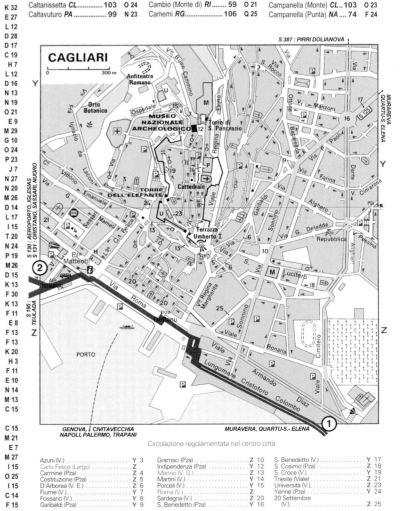

CAGLIARI

Azuni (V.)............... Y 3
Carlo Felice (Largo)....... Z
Carmine (Pza)............ Z 4
Costituzione (Pza)......... Z 5
D'Arborea (V. E.)......... Y 6
Fiume (V.)............... Y 7
Fossario (V.)............ Y 8
Garibaldi (Pza).......... Y 9

Gramsci (Pza)........... Z 10
Independenza (Pza)...... Y 12
Manno (V. G.)........... Y 13
Martini (V.)............. Y 14
Porcell (V.)............. Y 15
Roma (V.)............... Z
Sardegna (V.)........... Z 20
S. Benedetto (Pza)...... Y 16

S. Benedetto (V.)....... Y 17
S. Cosimo (Pza)......... Z 18
S. Croce (V.)........... Y 19
Trieste (Viale).......... Z 21
Universita (V.).......... Z 23
Yenne (Pza)............ Y 24
20 Settembre........... Z 25

Circolazione regolamentata nel centro città

Campea *TV* ... 13 E 18
Campeda
  (Altopiano di) *SS* ... 115 G 8
Campegine *RE* ... 31 H 13
Campello
  sul Clitunno *PG* ... 52 N 20
Campertogno *VC* ... 19 E 6
Campese *GR* ... 55 O 14
Campestri *FI* ... 40 K 16
Campi *PG* ... 52 N 21
Campi *TN* ... 11 E 14
Campi (Baia di) *FG* ... 67 B 30
Campi Bisenzio *FI* ... 39 K 15
Campi Salentina *LE* ... 81 F 36
Campiano *RA* ... 41 J 18
Campidano *VS* ... 118 H 7
Campiglia *SP* ... 38 J 11
Campiglia Cervo *BI* ... 19 J 10
Campiglia dei Berici *VI* ... 24 F 16
Campiglia dei Foci *SI* ... 43 L 15
Campiglia d'Orcia *SI* ... 50 N 17
Campiglia Marittima *LI* ... 49 M 13
Campiglia Soana *TO* ... 19 F 4
Campiglio *MO* ... 39 I 14
Campigliola *GR* ... 56 O 16
Campiglione *TO* ... 26 H 3
Campigna *FO* ... 40 K 17
Campigno *FI* ... 40 J 16
Campill / Longiarù *BZ* ... 4 C 17
Campione *MN* ... 31 G 14
Campione (Monte) *BS* ... 22 E 12
Campione del Garda *BS* ... 23 E 14
Campione d'Italia *CO* ... 9 E 8
Campitello *AQ* ... 59 O 22
Campitello di Fassa *TN* ... 4 C 17
Campitello Matese *CB* ... 65 R 25
Campli *TE* ... 53 N 23
Campli (Montagna di) *TE* ... 53 N 22
Campliccioli (Lago di) *VB* ... 7 D 6
Campo *SS* ... 9 D 10
Campo (Monte) *IS* ... 65 Q 24
Campo Calabro *RC* ... 90 M 28
Campo dei Fiori
  (Monte) *VA* ... 8 E 8
Campo di Fano *AQ* ... 60 P 23
Campo di Giove *AQ* ... 60 P 24
Campo di Pietra *TV* ... 16 E 19
Campo di Trens /
  Freienfeld *BZ* ... 3 B 16
Campo Felice *AQ* ... 59 P 22
Campo Imperatore *AQ* ... 59 O 22
Campo Ligure *GE* ... 28 I 8
Campo Lupino
  (Monte) *FR* ... 63 R 22
Campo Reggiano *PG* ... 51 L 19
Campo Rotondo *AQ* ... 59 Q 21
Campo S. Martino *PD* ... 24 F 17
Campo Soriano *LT* ... 63 R 21
Campo Staffi *FR* ... 63 Q 22
Campo Tenese *CS* ... 85 H 30
Campo Tures /
  Sand in Taufers *BZ* ... 4 B 17
Campobasso *CB* ... 65 R 25
Campobello di Licata *AG* ... 103 P 23
Campobello di Mazara *TP* ... 97 O 20
Campocatino *FR* ... 63 Q 22
Campocavallo *AN* ... 47 L 22
Campochiaro *CB* ... 65 R 25
Campochiesa *SV* ... 35 J 6
Campodalbero *VI* ... 23 F 15
Campodarsego *PD* ... 24 F 17
Campodiegoli *AN* ... 52 M 20
Campodimele *LT* ... 64 R 22
Campodipietra *CB* ... 65 R 26
Campodolcino *SO* ... 9 C 10
Campodonico *AN* ... 52 M 20
Campodoro *PD* ... 24 F 17
Campofelice di Fitalia *PA* ... 98 N 22
Campofelice
  di Roccella *PA* ... 99 N 23
Campofilone *AP* ... 53 M 23
Campofiorito *PA* ... 97 N 21
Campoformido *UD* ... 16 D 21
Campoforogna *RI* ... 58 O 20
Campofranco *CL* ... 103 O 23
Campogalliano *MO* ... 31 H 14
Campogrosso
  (Passo di) *TN* ... 23 E 15
Campolaro *BS* ... 10 E 13
Campolasta / Astfeld *BZ* ... 3 B 16
Campolato (Capo) *SR* ... 105 P 27
Campolattaro *BN* ... 65 S 26
Campoleone *LT* ... 63 R 19
Campoli Appennino *FR* ... 64 Q 23
Campoli del Monte
  Taburno *BN* ... 70 D 25

Campolieto *CB* ... 65 R 26
Campolongo *BL* ... 5 C 19
Campolongo *KR* ... 89 K 33
Campolongo (Passo di) *BL* ... 4 C 17
Campolongo al Torre *UD* ... 17 E 22
Campolongo Maggiore *VE* ... 24 G 18
Campolongo sul Brenta *VI* ... 24 E 17
Campomaggiore *PZ* ... 77 F 30
Campomarino *CB* ... 61 Q 27
Campomarino *TA* ... 79 G 34
Campomolon (Monte) *VI* ... 11 E 15
Campomorone *GE* ... 28 I 8
Campomulo *VI* ... 12 E 16
Campone *PN* ... 13 D 20
Camponogara *VE* ... 25 F 18
Campora *SA* ... 76 G 27
Campora S. Giovanni *CS* ... 86 J 30
Camporeale *PA* ... 97 N 21
Camporgiano *LU* ... 38 J 13
Camporosso *IM* ... 35 K 4
Camporosso
  in Valcanale *UD* ... 15 C 22
Camporotondo
  di Fiastrone *MC* ... 52 M 21
Camporotondo Etneo *CT* ... 100 O 27
Camporovere *VI* ... 12 E 16
Camposampiero *PD* ... 24 F 17
Camposano *NA* ... 70 E 25
Camposanto *MO* ... 31 H 15
Camposauro (Monte) *BN* ... 70 D 25
Camposecco (Lago di) *VB* ... 7 D 6
Camposilvano *TN* ... 23 E 15
Camposonaldo *FO* ... 40 K 17
Campotosto *AQ* ... 59 O 22
Campotosto (Lago di) *AQ* ... 59 O 22
Campotto *FE* ... 32 I 17
Campovaglio *OT* ... 109 D 9
Campovalano *TE* ... 53 N 22
Campoverde *LT* ... 63 R 20
Campremoldo Sopra *PC* ... 29 G 10
Campremoldo Sotto *PC* ... 29 G 10
Campsirago *LC* ... 21 E 10
Camucia *AR* ... 51 M 17
Camugnano *BO* ... 39 J 15
Cana *GR* ... 50 N 16
Canaglia *SS* ... 110 E 6
Canal S. Bovo *TN* ... 12 D 17
Canala (Sella) *BN* ... 70 C 26
Canale *CN* ... 27 H 5
Canale (Val) *UD* ... 15 C 22
Canale d'Agordo *BL* ... 12 C 17
Canale Monterano *RM* ... 57 P 18
Canale (Su) *OT* ... 113 E 10
Canales *NU* ... 115 G 8
Canales (Lago sos) *OT* ... 111 F 9
Canaletto *MO* ... 31 H 15
Canali *RE* ... 31 I 13
Canalicchio *PG* ... 51 N 19
Canalotto (Masseria) *CL* ... 103 O 24
Canapine (Forca) *PG* ... 52 N 21
Canaro *RO* ... 32 H 17
Canavaccio *PS* ... 46 K 20
Canazei *TN* ... 4 C 17
Cancano (Lago di) *SO* ... 2 C 12
Cancellara *PZ* ... 72 E 29
Cancelli *AN* ... 52 M 20
Cancello *CE* ... 70 E 25
Cancello ed Arnone *CE* ... 69 D 24
Cancelo (Passo di) *RC* ... 91 M 30
Canciano (Pizzo di) *SO* ... 10 D 11
Canda *RO* ... 32 G 16
Candela *FG* ... 71 D 28
Candelara *PS* ... 46 K 20
Candelaro *FG* ... 66 B 29
Candelaro (Masseria) *FG* ... 67 C 29
Candelaro
  (Stazione di) *FG* ... 67 C 29
Candeli *FI* ... 44 K 16
Candelo *BI* ... 19 F 6
Candelù *TV* ... 25 E 19
Candia Canavese *TO* ... 19 G 5
Candia (Lago di) *TO* ... 19 G 5
Candia Lomellina *PV* ... 20 G 7
Candiana *PD* ... 24 G 17
Candida Parolise *AV* ... 70 E 26
Candidoni *RC* ... 88 L 30
Candigliano *PS* ... 45 L 19
Candiolo *TO* ... 27 H 4
Candoglia *VB* ... 8 E 7
Cane (Passo del) /
  Hundskehljoch *BZ* ... 4 A 18
Cane (Punta del) *SR* ... 105 Q 27
Canebola *UD* ... 15 D 22
Canedole *MN* ... 23 G 14
Canegrate *MI* ... 20 F 8

Canelli *AT* ... 28 H 6
Canepina *VT* ... 57 O 18
Canesano *PR* ... 30 I 12
Canetra *RI* ... 59 O 21
Caneva *PN* ... 13 E 19
Canevara *MS* ... 38 J 12
Canevare *MO* ... 39 J 14
Canevino *PV* ... 29 H 9
Canfaito (Monte) *MC* ... 52 M 21
Cangialoso (Pizzo) *PA* ... 98 N 22
Cangiulli (Masseria) *TA* ... 73 E 32
Canicatti *AG* ... 103 O 23
Canicattini Bagni *SR* ... 105 P 27
Caniga *SS* ... 110 E 7
Canigione
  (Punta del) *OT* ... 109 D 10
Caniglia di Sotto
  (Casa) *FG* ... 66 B 28
Canin (Monte) *UD* ... 15 C 22
Canino *VT* ... 57 O 17
Canino (Monte) *VT* ... 57 O 17
Canischio *TO* ... 19 F 4
Canistro Inferiore *AQ* ... 63 Q 22
Canistro Superiore *AQ* ... 63 Q 22
Canitello *RC* ... 90 M 28
Canna *CS* ... 78 G 31
Canna *ME* ... 94 L 25
Cannai *CI* ... 120 J 7
Cannalonga *SA* ... 76 G 27
Cannara *PG* ... 51 N 19
Cannas *CA* ... 119 J 10
Cannas
  (Gola del Rio) *CA* ... 119 I 10
Cannas (Is) *CA* ... 119 J 9
Canne *BA* ... 72 D 30
Canneddi (Punta li) *SS* ... 108 D 8
Cannero Riviera *VB* ... 8 D 8
Canneto *PI* ... 49 M 14
Canneto (I. Lipari) *ME* ... 94 L 26
Canneto vicino a
  Sto Stefano di Cam *ME* ... 99 M 25
Canneto Pavese *PV* ... 29 G 9
Canneto sull'Oglio *MN* ... 30 G 13
Cannigione *OT* ... 109 D 10
Cannizzaro *CT* ... 101 O 27
Cannobina (Val) *VB* ... 8 D 7
Cannobino *VB* ... 8 D 7
Cannobio *VB* ... 8 D 8
Cannole *LE* ... 83 G 37
Cannoneris (Is) *CA* ... 121 J 8
Canolo *RC* ... 91 M 30
Canolo *RE* ... 31 H 14
Canonica *BG* ... 21 F 10
Canonica *RM* ... 21 F 9
Canosa di Puglia *BA* ... 72 D 30
Canosa Sannita *CH* ... 60 P 24
Canossa *RE* ... 30 I 13
Canove *CN* ... 27 H 6
Canove *VI* ... 12 E 16
Cansano *AQ* ... 60 P 24
Cansiglio (Bosco del) *BL* ... 13 D 19
Cantagallo *PO* ... 39 J 15
Cantagrillo *PT* ... 39 K 14
Cantalice *RI* ... 58 O 20
Cantalupa *TO* ... 26 H 3
Cantalupo *AL* ... 28 H 7
Cantalupo *BG* ... 21 F 10
Cantalupo in Sabina *RI* ... 58 P 19
Cantalupo Ligure *AL* ... 29 H 9
Cantalupo nel Sannio *IS* ... 65 R 25
Cantarana *VE* ... 25 G 18
Cantari (Monti) *FR* ... 63 Q 21
Cantello *VA* ... 8 E 8
Canterno (Lago di) *FR* ... 63 Q 21
Cantia *PS* ... 46 L 19
Cantiano *PS* ... 46 L 19
Cantinella *SA* ... 85 H 31
Cantoira *TO* ... 18 F 4
Cantone *PG* ... 45 L 18
Cantone *RE* ... 31 I 13
Cantone *TR* ... 51 N 18
Cantoniera (Passo di) *PS* ... 45 K 18
Cantù *CO* ... 21 E 9
Canu (Monte) *OT* ... 109 D 10
Canzano *TE* ... 53 O 23
Canzo *CO* ... 9 E 9
Canzoi (Valle di) *BL* ... 12 D 17
Caorera *BL* ... 12 E 17
Caoria *TN* ... 12 D 17
Caorle *VE* ... 16 F 20
Caorso *PC* ... 30 G 11
Capaccia (Capo) *OT* ... 109 D 10
Capaci *PA* ... 97 M 21
Capalbio *GR* ... 56 O 16
Capalbio Stazione *GR* ... 56 O 16
Capannaccia *OT* ... 109 D 9

Capanne *GR* ... 50 N 16
Capanne *PG* ... 51 M 18
Capanne (Monte) *LI* ... 48 N 12
Capanne di Sillano *LU* ... 38 J 12
Capanne Marcarolo *AL* ... 28 I 8
Capannelle
  (Valico delle) *AQ* ... 59 O 22
Capannole *AR* ... 44 L 16
Capannoli *PI* ... 43 L 14
Capannori *LU* ... 39 K 13
Capecchio *VT* ... 57 O 17
Capel Rosso (Punta del)
  (I. di Giannutri) *GR* ... 55 P 15
Capel Rosso (Punta del)
  (I. del Giglio) *GR* ... 55 P 14
Capena *RM* ... 58 P 19
Capergnanica *CR* ... 21 F 10
Caperino (Montagna del) *PZ* ... 77 F 30
Capestrano *AQ* ... 60 P 23
Capezzano Pianore *LU* ... 38 K 12
Capezzone (Cima) *VB* ... 8 E 6
Capichera (Tomba di) *OT* ... 109 H 36
Capilungo *LE* ... 83 H 36
Capio (Monte) *VC* ... 8 E 6
Capistrano *VV* ... 88 K 30
Capistrello *AQ* ... 59 Q 22
Capitana *CA* ... 119 J 9
Capitello *SA* ... 76 G 28
Capitello *VR* ... 23 F 14
Capitignano *SA* ... 75 E 26
Capitignano *AQ* ... 59 O 21
Capitone *TR* ... 58 O 19
Capizzi *ME* ... 100 N 25
Caplone (Monte) *BS* ... 23 E 13
Capo Calvanico *SA* ... 70 E 26
Capo di Ponte *BS* ... 10 D 13
Capo di Ponte (Parco Nazionale
  Inc. Rup.) *BS* ... 10 D 13
Capo d'Orlando *ME* ... 100 M 26
Capo Passero
  (Isola di) *SR* ... 107 Q 27
Capo Portiere *LT* ... 63 R 20
Capo Rizzuto *KR* ... 89 K 33
Capo Rossello *AG* ... 102 P 22
Capocavallo *PG* ... 51 M 18
Capodacqua *PG* ... 52 M 20
Capodarco *AP* ... 53 M 23
Capodimonte *NA* ... 69 E 24
Capodimonte *VT* ... 57 O 17
Capoferrato *CA* ... 119 J 10
Capoiale *FG* ... 67 B 28
Capolapiaggia *MC* ... 52 M 21
Capoliveri *LI* ... 48 N 13
Capolona *AR* ... 45 L 17
Caporciano *AQ* ... 59 P 23
Caporiacco *UD* ... 14 D 21
Caporosa *CS* ... 87 J 31
Caposele *AV* ... 71 E 27
Caposile *VE* ... 16 F 19
Capovalle *BS* ... 23 E 13
Cappadocia *AQ* ... 59 P 21
Cappeddu (Punta) *OT* ... 109 D 9
Cappella *KR* ... 87 I 33
Cappella Maggiore *TV* ... 13 E 19
Cappelle sul Tavo *PE* ... 60 O 24
Cappelletta *MN* ... 31 G 14
Cappelletta *IS* ... 65 Q 24
Cappradosso *RI* ... 59 P 21
Caprafico *TE* ... 60 O 23
Capraglia *AL* ... 28 G 8
Capraia *LI* ... 48 M 11
Capraia (Isola) *FG* ... 66 A 28
Capraia (Isola di) *LI* ... 48 M 11
Capralba *CR* ... 21 F 10
Capranica *VT* ... 57 P 18
Caprara Prenestina *RM* ... 63 Q 20
Caprara d'Abruzzo *PE* ... 60 O 24
Caprara (Punta) *SS* ... 108 D 6
Caprarica (Masseria) *TA* ... 79 F 34
Caprarica di Lecce *LE* ... 83 G 36
Caprarola *VT* ... 57 P 18
Caprauna *CN* ... 35 J 5
Caprese Michelangelo *AR* ... 45 L 17
Capri *NA* ... 74 F 24
Capri (Isola di) *NA* ... 74 F 24
Capri Leone *ME* ... 100 M 26
Capriata d'Orba *AL* ... 28 H 8
Capriate S. Gervasio *BG* ... 21 F 10
Capriati a Volturno *CE* ... 65 R 24

Capricchia *RI* ... 59 O 22
Capriccioli *OT* ... 109 D 10
Capriglia *AR* ... 45 K 18
Capriglio *PS* ... 46 L 20
Caprile *PL* ... 12 C 17
Caprile / Gfrill
  (vicino a Merano) *BZ* ... 3 C 15
Caprino Bergamasco *BG* ... 21 E 10
Caprino Veronese *VR* ... 23 F 14
Caprio *MS* ... 38 I 11
Capriolo *SA* ... 76 G 27
Capriolo *BS* ... 22 F 11
Capriva del Friuli *GO* ... 17 E 22
Capro (il) *BZ* ... 3 B 15
Caprolace (Lago di) *LT* ... 63 R 20
Capua *CE* ... 69 D 24
Capugnano *BO* ... 39 J 14
Capurso *BA* ... 73 D 32
Caraffa del Bianco *RC* ... 91 M 30
Caraffa di Catanzaro *CZ* ... 88 K 31
Caraglio *CN* ... 34 I 4
Caramagna Ligure *IM* ... 35 K 5
Caramagna Piemonte *CN* ... 27 H 5
Caramanico Terme *PE* ... 60 P 23
Carameto (Monte) *PR* ... 30 H 11
Caramola (Monte) *PZ* ... 77 G 30
Caramulo (Monte) *CS* ... 85 H 30
Carana *OT* ... 109 E 9
Carangiaro (Monte) *EN* ... 104 O 24
Caranna *BR* ... 80 E 34
Carano *TN* ... 12 D 16
Carano *BR* ... 63 R 20
Caranza *SP* ... 37 I 10
Carapelle *FG* ... 71 C 29
Carapelle Calvisio *AQ* ... 59 P 23
Carapelle (Torrente) *FG* ... 71 D 28
Carapellotto *FG* ... 71 D 28
Carasco *GE* ... 37 I 10
Carassai *AP* ... 53 M 23
Carate Brianza *MI* ... 21 E 9
Carate Brianza
  (Rifugio) *SO* ... 10 D 11
Carate Urio *CO* ... 9 E 9
Caravaggio *BG* ... 21 F 10
Caravai (Passo di) *NU* ... 115 G 9
Caravino *TO* ... 19 F 5
Caravius (Monte is) *CI* ... 118 J 8
Caravonica *IM* ... 35 K 5
Carbognano *VT* ... 58 P 18
Carbonara al Ticino *PV* ... 21 G 9
Carbonara (Capo) *CA* ... 119 J 10
Carbonara di Bari *BA* ... 73 D 32
Carbonara di Po *MN* ... 31 G 15
Carbonara (Golfo di) *CA* ... 119 J 10
Carbonara (Pizzo) *PA* ... 99 N 24
Carbonare *TN* ... 11 E 15
Carbone *PZ* ... 77 G 30
Carbone (Monte) *CN* ... 34 J 4
Carbonera *TV* ... 25 E 18
Carbonesca *PG* ... 51 M 19
Carbonia *CI* ... 118 J 7
Carbonin /
  Schluderbach *BZ* ... 4 C 18
Carcaci (Monte) *PA* ... 98 N 22
Carcaciotto (Borgata) *PA* ... 98 N 22
Carcare *SV* ... 36 I 6
Carcari *EN* ... 100 O 26
Carceri *PD* ... 24 G 16
Carceri (Eremo delle) *PG* ... 51 M 19
Carchitti *RM* ... 63 Q 20
Carcina *BS* ... 22 F 12
Carcoforo *VC* ... 7 E 6
Carda *AR* ... 44 L 17
Cardanxius *CA* ... 119 I 9
Carde *CN* ... 27 H 4
Cardedu *OG* ... 117 H 10
Cardella *PS* ... 45 L 19
Cardeto *RC* ... 90 M 29
Cardeto Sud *RC* ... 90 M 29
Cardezza *VB* ... 8 D 6
Cardinala *MN* ... 31 G 15
Cardinale *CZ* ... 88 L 31
Cardito *FR* ... 64 R 23
Cardito *NA* ... 69 E 24
Carè Alto (Monte) *TN* ... 11 D 14
Careggine *LU* ... 38 J 12
Carelli *RC* ... 91 M 30
Carema *TO* ... 19 F 5
Careni *LC* ... 21 E 10
Careri *RC* ... 91 M 30
Caresana *TS* ... 17 F 23
Caresana *VC* ... 20 G 7
Caresanablot *VC* ... 20 F 7
Careser (Lago del) *TN* ... 11 C 14
Carestiato (Rifugio) *BL* ... 12 D 18

Carezza al Lago /
  Karersee *BZ* ... 12 C 16
Carezzano *AL* ... 28 H 8
Carfalo *PI* ... 43 L 14
Carfizzi *KR* ... 87 J 32
Cargeghe *SS* ... 110 E 7
Caria *VV* ... 88 L 29
Cariati *CS* ... 87 I 32
Cariati (Masseria) *BA* ... 72 D 30
Cariati Marina *CS* ... 87 I 32
Carife *AV* ... 71 D 27
Carige *GR* ... 56 O 16
Cariglio *CS* ... 86 I 30
Carignano *PR* ... 30 H 12
Carignano *AG* ... 46 K 20
Carignano *TO* ... 27 H 5
Carini *PA* ... 97 M 21
Carini (Golfo di) *PA* ... 97 M 21
Carinola *CE* ... 69 D 23
Carisasca *PC* ... 29 H 9
Carisio *VC* ... 19 F 6
Carisolo *TN* ... 11 D 14
Cariusi (Monte) *SA* ... 76 G 28
Carlantino *FG* ... 66 C 26
Carlazzo *CO* ... 9 D 9
Carlentini *SR* ... 105 P 27
Carlino *UD* ... 16 E 21
Carlo Magno (Campo) *TN* ... 11 D 14
Carloforte *CI* ... 120 J 6
Carlopoli *CZ* ... 86 J 31
Carmagnola *TO* ... 27 H 5
Carmelia (Piani di) *RC* ... 90 M 29
Carmerlona *RA* ... 41 I 18
Carmiano *LE* ... 81 F 36
Carmignanello *PO* ... 39 K 15
Carmignano *PG* ... 39 K 15
Carmignano *PO* ... 32 G 16
Carmignano di Brenta *PD* ... 24 F 17
Carmine *VB* ... 8 D 8
Carmine *CN* ... 27 I 5
Carmo (Monte) *GE* ... 29 I 9
Carmo (Monte) *SV* ... 35 J 6
Carnago *VA* ... 20 E 8
Carnaio (Colle del) *FO* ... 40 K 17
Carnaiola *TR* ... 51 N 18
Carnara (Monte) *PZ* ... 77 G 31
Carnello *FR* ... 64 Q 22
Carnia (Località) *UD* ... 14 C 21
Carnia *UD* ... 14 C 19
Carnizza (Sella) *UD* ... 15 C 21
Carobbio *PR* ... 30 I 12
Carolei *CS* ... 86 J 30
Carona *BG* ... 10 D 11
Carona *SO* ... 10 D 12
Caronia *ME* ... 100 M 25
Caronno Pertusella *VA* ... 21 F 9
Caronte (Terme) *CZ* ... 88 K 30
Carosino *TA* ... 79 F 34
Carovigno *BR* ... 80 E 34
Carovilli *IS* ... 65 Q 24
Carpacco *UD* ... 14 D 20
Carpana *PR* ... 29 I 11
Carpaneto Piacentino *PC* ... 30 H 11
Carpani *LI* ... 48 N 12
Carpanzano *CS* ... 86 J 30
Carpari *TA* ... 80 E 33
Carpasio *IM* ... 35 K 5
Carpe *SV* ... 35 J 6
Carpegna *PS* ... 45 K 19
Carpegna (Monte) *PS* ... 41 K 18
Carpen *BL* ... 12 E 17
Carpenedolo *BS* ... 22 F 13
Carpeneto *AL* ... 28 H 7
Carpi *MO* ... 31 H 14
Carpi *VR* ... 32 G 16
Carpi (Rifugio) *BL* ... 4 C 18
Carpiano *MI* ... 21 F 9
Carpignano Salentino *LE* ... 83 G 37
Carpignano Sesia *NO* ... 20 F 7
Carpina *PG* ... 45 L 19
Carpinelli (Passo) *LU* ... 38 J 12
Carpineti *RE* ... 30 I 13
Carpineto della Nora *PE* ... 60 O 23
Carpineto Romano *RM* ... 63 R 21
Carpineto Sinello *CH* ... 61 P 25
Carpini *PG* ... 45 L 19
Carpino *FG* ... 67 B 29
Carpinone *IS* ... 65 R 24
Carrara *MS* ... 38 J 12
Carré *VI* ... 24 E 16
Carrega Ligure *AL* ... 29 I 9
Carretto *SV* ... 35 J 6
Carriero (Serra) *PZ* ... 71 E 29
Carrito *AQ* ... 60 P 23

Carro SP....... 37 J 10
Carrodano SP....... 37 J 10
Carrosio AL....... 28 I 8
Carrù CN....... 27 I 5
Carruba CT....... 101 N 27
Carruba Nuova PA....... 97 N 21
Carrubba (Monte) SR....... 105 P 27
Carsoli AQ....... 59 P 21
Carsulae TR....... 58 O 19
Cartasegna AL....... 29 I 9
Cartigliano VI....... 24 E 17
Cartoceto (vicino a Calcinelli) PS....... 46 K 20
Cartoceto (vicino ad Isola di Fano) PS....... 46 L 20
Cartosio AL....... 28 I 7
Cartura PD....... 24 G 17
Carugate MI....... 21 F 10
Carunchio CH....... 65 Q 25
Caruso (Forca) AQ....... 59 P 23
Caruso (Monte) PZ....... 71 E 29
Carve BL....... 13 D 18
Carvico BG....... 21 E 10
Casa Castalda PG....... 51 M 19
Casa della Marina CA....... 119 J 10
Casa Matti PV....... 29 H 9
Casa Riva Lunga GO....... 17 E 22
Casabella BS....... 99 O 23
Casabona KR....... 87 J 32
Casacalenda CB....... 65 Q 26
Casacanditella CH....... 60 P 24
Casacorba TV....... 24 F 18
Casagiove CE....... 69 D 24
Casaglia PI....... 49 L 13
Casaglia BS....... 22 F 12
Casaglia FE....... 32 H 16
Casaglia (Colla di) FI....... 40 J 16
Casal Borsetti RA....... 33 I 18
Casal Cermelli AL....... 28 H 7
Casal di Principe CE....... 69 D 24
Casal Palocco RM....... 62 Q 19
Casal Sabini BA....... 73 E 31
Casalsottano SA....... 75 G 27
Casal Velino SA....... 75 G 27
Casalabate LE....... 81 F 36
Casalanguida CH....... 61 P 25
Casalappi Ruschi LI....... 49 M 14
Casalàttico FR....... 64 R 23
Casalbarbato PR....... 30 H 12
Casalbellotto CR....... 30 H 13
Casalbordino CH....... 61 P 25
Casalbore AV....... 70 D 27
Casalborgone TO....... 19 G 5
Casalbuono SA....... 76 G 29
Casalbusone AL....... 29 I 9
Casalbuttano ed Uniti CR.. 22 G 11
Casalcassinese FR....... 64 R 23
Casalciprano CB....... 65 R 25
Casalduni BN....... 65 S 26
Casale RA....... 40 J 17
Casale MN....... 31 G 14
Casale Cinelli VT....... 57 P 17
Casale Corte Cerro VB.. 8 E 7
Casale Cremasco CR....... 21 F 11
Casale delle Palme LT....... 63 R 20
Casale di Pari GR....... 50 M 15
Casale di Scodosia PD....... 24 G 16
Casale Marittimo PI....... 49 M 13
Casale Monferrato AL....... 28 G 7
Casale Monferrato (Rifugio) AO....... 7 E 5
Casale sul Sile TV....... 25 F 18
Casale (Villa Romana del) (Piazza Armerina) EN.. 104 O 25
Casalecchio dei Conti BO. 40 I 16
Casalecchio di Reno BO.. 39 I 15
Casaleggio PC....... 29 H 10
Casaleggio Novara NO.. 20 F 7
Casaleone VR....... 23 G 15
Casaletto VT....... 57 P 18
Casaletto Ceredano CR.. 21 G 10
Casaletto di Sopra CR....... 22 F 11
Casaletto Spartano SA....... 76 G 28
Casalfiumanese BO....... 40 J 16
Casalgiordana PA....... 99 N 24
Casalgrande RE....... 31 I 14
Casalgrasso CN....... 27 H 4
Casali FI....... 40 J 16
Casalicchio AG....... 99 O 23
Casaliggio PC....... 29 G 10
Casalina MS....... 38 I 11
Casalincontrada CH....... 60 P 24
Casalini BR....... 80 E 34
Casalino AR....... 44 K 17
Casalino MO....... 20 F 7
Casalmaggiore CR....... 30 H 13
Casalmaiocco LO....... 21 F 10

Casalmorano CR....... 22 G 11
Casalmoro MN....... 22 G 13
Casalnoceto AL....... 28 H 8
Casalnuovo RC....... 91 M 29
Casalnuovo di Napoli NA. 69 E 25
Casalnuovo Monterotaro FG.66 C 27
Casaloldo MN....... 22 G 13
Casalone (Poggio) SI....... 49 M 15
Casalotti RM....... 62 Q 19
Casalpusterlengo LO....... 21 G 10
Casalromano MN....... 22 G 13
Casalserugo PD....... 24 G 17
Casalta PG....... 51 N 19
Casaltone PR....... 30 H 13
Casaluce CE....... 69 D 24
Casaluna PG....... 52 M 20
Casalvecchio di Puglia FG.. 66 C 27
Casalvecchio Siculo ME.. 90 N 27
Casalvieri FR....... 64 R 23
Casalvolone NO....... 20 F 7
Casamaina AQ....... 59 P 22
Casamari (Abbazia di) FR. 64 Q 22
Casamassima BA....... 73 E 32
Casamicciola Terme NA.. 74 E 23
Casanova AR....... 58 O 20
Casanova TO....... 27 H 5
Casanova dell'Alpe FO....... 40 K 17
Casanova Elvo VC....... 20 F 6
Casanova Lerrone SV....... 35 J 6
Casanova Lonati PV....... 29 G 9
Casape RM....... 63 Q 20
Casaprota RI....... 58 P 20
Casaraccio (Stagno di) SS.. 110 I 9
Casarano LE....... 83 G 36
Casargius (Monte) CA....... 119 I 10
Casarsa della Delizia PN.. 13 E 20
Casarza Ligure GE....... 37 J 10
Casasco d'Intelvi CO....... 9 E 9
Casaselvatica PR....... 30 I 12
Casastrada FI....... 43 L 14
Casateia / Gasteig BZ....... 3 B 17
Casatenovo LC....... 21 E 9
Casatico MN....... 31 G 13
Casatisma PV....... 29 G 9
Casazza BG....... 8 E 11
Cascana PG....... 52 N 21
Cascano CE....... 69 D 23
Cascia PG....... 52 N 21
Casciana Alta PI....... 43 L 13
Casciana Terme PI....... 43 L 13
Cascina SI....... 50 M 15
Cascina PI....... 43 L 13
Cascina (Torrente) PI....... 43 L 13
Cascina Grossa AL....... 28 H 8
Cascine Vecchie PI....... 42 K 13
Cascinette d'Ivrea TO....... 19 F 5
Case Orsolina BL....... 5 C 19
Case Perrone TA....... 79 F 32
Case Simini LE....... 81 F 36
Casei Gerola PV....... 28 G 8
Caselette TO....... 27 G 4
Casella SP....... 37 J 11
Casella GE....... 28 I 8
Casella TV....... 28 E 17
Caselle CS....... 85 H 31
Caselle TV....... 24 E 17
Caselle VR....... 24 G 16
Caselle VI....... 24 G 16
Caselle in Pittari SA....... 76 G 28
Caselle Landi LO....... 30 G 11
Caselle Lurani LO....... 21 G 10
Caselle Torinese TO....... 19 G 4
Casemurate RA....... 41 J 18
Casenove PG....... 52 N 20
Casenovole GR....... 50 M 15
Casentini (Rifugio) LU....... 39 J 13
Casentino AQ....... 59 P 22
Casera di Fuori BZ....... 3 B 14
Casera Losa UD....... 5 C 20
Casere / Kasern BZ....... 4 A 18
Caserta CE....... 69 D 25
Caserta Vecchia CE....... 69 D 25
Casette AP....... 53 O 20
Casette d'Ete AP....... 53 M 23
Casevecchie PG....... 51 N 20
Casi CE....... 69 D 24
Casier TV....... 25 F 18
Casies (Valle di) / Gsies BZ.4 B 17
Casignana RC....... 91 M 30
Casina RE....... 30 I 13
Casina (Cima la) SO....... 2 C 12
Casinalbo MO....... 31 I 14
Casine AN....... 46 L 21

Casinina PS....... 41 K 19
Casirate d'Adda BG....... 21 F 10
Caslino d'Erba CO....... 21 E 9
Casnate CO....... 21 E 9
Casnigo BG....... 22 E 11
Casola Canina BO....... 40 I 17
Casola in Lunigiana MS.. 38 J 12
Casola Valsenio RA....... 40 J 16
Casole d'Elsa SI....... 49 L 15
Casoli CH....... 60 P 24
Casoli LU....... 38 K 12
Casoli TE....... 60 O 23
Cason di Lanza (Passo) UD.. 14 C 21
Casoni GE....... 29 I 9
Casoni RE....... 31 H 14
Casorate Primo PV....... 21 G 9
Casorate Sempione VA.. 20 E 8
Casorezzo MI....... 20 F 8
Casoria NA....... 69 E 24
Casorzo AT....... 28 G 7
Casotto CN....... 35 J 5
Caspano SO....... 9 D 10
Casperia RI....... 58 O 20
Caspoggio SO....... 10 D 11
Cassana (Pizzo) SO....... 2 C 12
Cassano AR....... 70 D 26
Cassano allo Ionio CS....... 85 H 30
Cassano d'Adda MI....... 21 F 10
Cassano delle Murge BA.. 73 E 32
Cassano Irpino AV....... 70 E 27
Cassano Magnago VA....... 20 E 8
Cassano Spinola AL....... 28 H 8
Cassano Valcuvia VA....... 8 E 8
Cassaro SR....... 105 P 26
Cassella RO....... 33 H 19
Cassiano AN....... 46 L 21
Cassibile ME....... 105 Q 27
Cassibile (Fiume) SR....... 105 Q 27
Cassiglio BG....... 9 E 10
Cassina de' Pecchi MI....... 21 F 10
Cassinasco AT....... 28 H 6
Cassine AL....... 28 H 7
Cassinelle AL....... 28 I 7
Cassinetta di Lugagnano MI..20 F 8
Cassino FR....... 64 R 23
Cassino RI....... 52 N 21
Cassio PR....... 30 I 12
Casso PN....... 13 D 18
Cassola VI....... 24 E 17
Cassolnovo PV....... 20 F 8
Castagna CZ....... 86 J 31
Castagna (Punta) ME....... 94 L 26
Castagna (Serra) ME....... 85 I 31
Castagnaro VR....... 32 G 16
Castagneto Carducci LI....... 48 M 13
Castagneto Po TO....... 19 G 5
Castagnito CN....... 27 H 6
Castagno (il) FI....... 43 L 14
Castagno d'Andrea (il) FI.. 40 K 16
Castagnola PG....... 51 N 19
Castagnole delle Lanze AT..28 H 6
Castagnole Monferrato AT..28 H 6
Castagnole Piemonte TO.. 27 H 4
Castana PV....... 29 G 9
Castanea delle Furie ME.. 90 M 28
Castano Primo MI....... 20 F 8
Castedduzzu (Monte su) SS.111 E 8
Casteggio PV....... 29 G 9
Castegnato BS....... 22 F 12
Castel Baronia AV....... 71 D 27
Castel Bolognese RA....... 40 J 17
Castel Campagnano CE.. 70 D 25
Castel Castagna TE....... 59 O 23
Castel Castagnaio AR....... 44 K 16
Castel Cellesi VT....... 57 O 18
Castel d'Aiano BO....... 39 J 15
Castel d'Ario MN....... 23 G 14
Castel d'Azzano VR....... 23 F 14
Castel de' Britti BO....... 40 I 16
Castel del Bosco PI....... 43 L 14
Castel del Giudice IS....... 65 Q 24
Castel del Monte BA....... 72 D 30
Castel del Monte AQ....... 60 O 23
Castel del Piano GR....... 50 N 16
Castel del Piano PG....... 51 M 18
Castel del Rio BO....... 40 J 16
Castel dell'Alpi BO....... 39 J 15
Castel dell'Aquila TR....... 58 O 19
Castel di Casio BO....... 39 J 15
Castel di Fiori TR....... 51 N 18
Castel di Ieri AQ....... 60 P 23
Castel di Iudica CT....... 104 O 25
Castel di Lucio ME....... 99 N 24
Castel di Sangro AQ....... 64 Q 24
Castel di Sasso CE....... 69 D 24
Castel di Tora RI....... 58 P 20
Castel di Tusa ME....... 99 M 24

Castel Focognano AR....... 44 L 17
Castel Fraiano CH....... 65 Q 25
Castel Frentano CH....... 60 P 25
Castel Gandolfo RM....... 62 Q 19
Castel Ginnetti LT....... 63 R 20
Castel Giòrgio TR....... 50 N 17
Castel Giuliano RM....... 57 P 18
Castel Goffredo MN....... 22 G 13
Castel Guelfo di Bologna BO.. 40 I 17
Castel Lagopesole PZ....... 71 E 29
Castel Madama RM....... 58 Q 20
Castel Maggiore BO....... 32 I 16
Castel Morrone CE....... 69 D 25
Castel Porziano RM....... 62 Q 19
Castel Rigone PG....... 51 M 18
Castel Ritaldi PG....... 51 N 20
Castel Rocchero AT....... 28 H 7
Castel S. Giovanni PG....... 52 N 21
Castel S. Giovanni PC....... 29 G 10
Castel S. Elia VT....... 58 P 19
Castel S. Gimignano SI....... 43 L 15
Castel Sta Maria MC....... 52 M 21
Castel Sta Maria PG....... 52 N 21
Castel S. Niccolo AR....... 44 K 17
Castel S. Pietro MC....... 52 M 21
Castel S. Pietro Terme BO.. 40 I 16
Castel S. Venanzo MC....... 44 K 17
Castel S. Vincenzo IS....... 64 R 24
Castel Seprio VA....... 20 E 8
Castel Venzago BS....... 23 F 13
Castel Viscardo TR....... 50 N 18
Castel Vittorio IM....... 35 K 5
Castel Volturno CE....... 69 D 23
Castelbaldo PD....... 32 G 16
Castelbelforte MN....... 23 G 14
Castelbello / Kastelbell BZ.. 3 C 14
Castelbianco SV....... 35 J 6
Castelbottaccio CB....... 65 Q 26
Castelbuono PA....... 99 N 24
Castelcanafurone PC....... 29 H 10
Castelcerino VR....... 23 F 15
Castelceriolo AL....... 28 H 8
Castelchiodato RM....... 58 P 20
Castelcivita SA....... 76 F 27
Castelcivita (Grotta di) SA.. 76 F 27
Castelcovati BS....... 22 F 11
Castelcucco TV....... 24 E 17
Casteldaccia PA....... 98 M 22
Casteldame / Ehrenburg BZ..4 B 17
Casteldelci PS....... 45 K 18
Casteldelfino CN....... 26 I 3
Casteldimonte TR....... 51 N 19
Casteldidone CR....... 30 G 13
Casteldimezzo PS....... 46 K 20
Casteldoria (Terme di) SS.. 111 E 8
Castelfalfi FI....... 43 L 14
Castelferretti AN....... 47 L 22
Castelferro AL....... 28 H 7
Castelfidardo AN....... 47 L 22
Castelfiorentino FI....... 43 L 14
Castelfondo TN....... 3 C 15
Castelforte LT....... 64 S 23
Castelfranci AV....... 70 E 27
Castelfranco di Sopra AR.. 44 L 16
Castelfranco di Sotto PI.. 43 K 14
Castelfranco Emilia MO....... 31 I 15
Castelfranco in Miscano BN.70 D 27
Castelfranco Veneto TV.. 24 E 17
Castelgomberto VI....... 24 F 16
Castelgrande PZ....... 71 E 28
Castelguglielmo RO....... 32 G 16
Castelguidone CH....... 65 Q 25
Castellabate SA....... 75 G 26
Castellaccio (Monte) PA.. 97 M 21
Castellaccio di Fratacchia (Monte) PA....... 97 N 20
Castellace RC....... 90 M 29
Castellafiume AQ....... 59 Q 21
Castell'Alfero AT....... 27 H 6
Castellalto TE....... 53 N 23
Castellammare (Golfo di) TP.. 97 M 20
Castellammare del Golfo TP..97 M 20
Castellammare di Stabia NA..74 E 25
Castellamonte TO....... 19 F 5
Castellana (Grotte di) BA.. 73 E 33
Castellana Grotte BA....... 73 E 33
Castellana Sicula PA....... 99 N 24
Castellaneta TA....... 78 F 32
Castellaneta Marina TA.. 78 F 32
Castellano TE....... 53 N 22
Castellanza VA....... 20 F 8
Castell'Apertole VC....... 19 G 6
Castellarano RE....... 31 I 14

Castellaro IM....... 35 K 5
Castellaro MO....... 39 J 14
Castellaro PR....... 30 H 11
Castellaro PV....... 29 H 9
Castellaro Lagusello MN.. 23 F 13
Castell'Arquato PC....... 30 H 11
Castell'Azzara GR....... 50 N 17
Castellazzo Bormida AL.. 28 H 7
Castellazzo (Monte) ME.. 100 N 26
Castellazzo CR....... 22 G 11
Castelleone PG....... 51 N 19
Castelleone di Suasa AN.. 46 L 20
Castelleone CR....... 22 G 12
Castelletto BS....... 22 G 12
Castelletto PC....... 30 H 11
Castelletto Busca CN....... 26 I 4
Castelletto Cervo BI....... 20 F 6
Castelletto di Brenzone VR.. 23 E 14
Castelletto d'Orba AL....... 28 H 8
Castelletto Molina AT....... 28 H 7
Castelletto Monferrato AL. 28 G 7
Castelletto Po PV....... 29 G 9
Castelletto sopra Ticino NO.. 20 E 7
Castelletto Stura CN....... 27 I 4
Castelli TE....... 59 O 23
Castelli Calepio BG....... 22 F 11
Castelli (Monte) ME....... 100 N 25
Castelli Romani RM....... 62 Q 19
Castellina FI....... 43 K 14
Castellina in Chianti SI....... 44 L 15
Castellina Marittima PI....... 43 L 13
Castellina Scalo SI....... 43 L 15
Castellina PR....... 30 H 12
Castellinaldo CN....... 27 H 6
Castellino del Biferno CB.. 65 Q 26
Castellino Tanaro CN....... 35 I 5
Castellìri FR....... 64 Q 22
Castello (Canale) FG....... 71 D 29
Castello (Monte) LI....... 48 M 11
Castello (Spiaggia del) FG.. 67 B 30
Castello BS....... 22 F 13
Castello SP....... 37 J 10
Castello (Cima di) SO....... 9 D 11
Castello d'Agogna PV....... 20 G 8
Castello d'Argile BO....... 32 H 15
Castello dell'Acqua SO....... 10 D 12
Castello di Annone AT....... 28 H 6
Castello di Cisterna NA....... 70 E 25
Castello di Godego TV....... 24 E 17
Castello di Lago AV....... 70 D 26
Castello di Serravalle BO. 39 I 15
Castello Inici TP....... 97 N 20
Castello Lavazzo BL....... 13 D 18
Castello Molina di Fiemme TN....... 12 D 16
Castello Tesino TN....... 12 D 16
Castellonalto TR....... 58 O 20
Castellonchio PR....... 30 I 12
Castellonorato LT....... 64 S 23
Castell'Ottieri GR....... 50 N 17
Castelluccio MN....... 31 G 13
Castelluccio MO....... 39 J 14
Castelluccio PG....... 52 N 21
Castelluccio SR....... 105 Q 26
Castelluccio Cosentino SA.. 76 F 28
Castelluccio dei Sauri FG.. 71 D 28
Castelluccio-Inferiore PZ.. 85 G 29
Castelluccio-Superiore PZ.. 85 G 29
Castelluccio Valmaggiore FG.71 C 27
Castell'Umberto ME....... 100 M 26
Castelluzzo TP....... 97 M 20
Castelluzzo (Masseria) BR.. 79 F 34
Castelmagno CN....... 34 I 3
Castelmassa RO....... 32 G 15
Castelmauro CB....... 65 Q 26
Castelmenardo RI....... 59 P 21
Castelmezzano PZ....... 77 F 30
Castelmola ME....... 90 N 27
Castelmorrone UD....... 15 D 22
Castelnovetto PV....... 20 G 7
Castelnovo PC....... 29 H 10
Castelnovo Bariano RO....... 31 G 15
Castelnovo di Sotto RE....... 31 H 13
Castelnovo ne' Monti RE.. 38 I 13
Castelnuovo AQ....... 59 P 22
Castelnuovo MN....... 22 G 13
Castelnuovo PD....... 24 F 17
Castelnuovo PS....... 41 K 19
Castelnuovo RA....... 40 I 17
Castelnuovo TN....... 12 D 16
Castelnuovo Berardenga SI.. 50 L 16
Castelnuovo Bocca d'Adda LO.. 30 G 11
Castelnuovo Bormida AL. 28 H 7
Castelnuovo Calcea AT....... 28 H 6
Castelnuovo Cilento SA... 76 G 27

Castelnuovo dei Sabbioni AR.44 L 16
Castelnuovo del Friuli PN.. 14 D 20
Castelnuovo del Garda VR 23 F 14
Castelnuovo della Daunia FG.66 C 27
Castelnuovo della Misericordia LI....... 42 L 13
Castelnuovo dell'Abate SI. 50 N 16
Castelnuovo d'Elsa FI....... 43 L 14
Castelnuovo di Ceva CN.. 35 I 6
Castelnuovo di Conza SA. 71 E 27
Castelnuovo di Farfa RI....... 58 P 20
Castelnuovo di Garfagnana LU....... 38 J 13
Castelnuovo di Porto RM.. 58 P 19
Castelnuovo di Val di Cecina PI....... 49 M 14
Castelnuovo Don Bosco AT.. 27 G 5
Castelnuovo Fogliani PC.. 30 H 11
Castelnuovo Magra SP....... 38 J 12
Castelnuovo Nigra TO....... 19 F 5
Castelnuovo Rangone MO 31 I 14
Castelnuovo Scrivia AL....... 28 H 8
Castelnuovo Vomano TE.. 60 O 23
Castelpagano BN....... 65 R 26
Castelpetroso IS....... 65 R 25
Castelpizzuto IS....... 65 R 24
Castelplanio AN....... 46 L 21
Castelpoggio MS....... 38 J 12
Castelponzone CR....... 30 G 12
Castelpoto BN....... 70 D 26
Castelraimondo MC....... 52 M 21
Castelromano IS....... 65 R 24
Castelrotto / Kastelruth BZ.. 3 C 16
Castelsantangelo sul Nera MC....... 52 N 21
Castelsaraceno PZ....... 77 G 29
Castelsardo SS....... 108 E 8
Castelsavino (Monte) AR.. 45 K 17
Castelsilano KR....... 87 J 32
Casteltermini AG....... 98 O 22
Casteltodino TR....... 51 O 19
Castelvecchio / Altenburg BZ.. 11 C 15
Castelvecchio PT....... 39 K 14
Castelvecchio VI....... 23 F 15
Castelvecchio Calvisio AQ. 59 P 23
Castelvecchio di Rocca Barbena SV....... 35 J 6
Castelvecchio Pascoli LU.. 38 J 13
Castelvecchio Subequo AQ.. 60 P 23
Castelvenere BN....... 70 D 25
Castelverde CR....... 22 G 11
Castelvero VR....... 23 F 15
Castelverrino IS....... 65 Q 25
Castelvetere in Val Fortore BN....... 66 C 26
Castelvetere sul Calore AV.. 70 E 26
Castelvetrano TP....... 97 N 20
Castelvetro di Modena MO.. 31 I 14
Castelvetro Piacentino PC.. 30 G 11
Castelvisconti CR....... 22 G 11
Castenaso BO....... 32 I 16
Casterno MI....... 20 F 8
Castiadas CA....... 119 J 10
Castiglion Fibocchi AR....... 44 L 17
Castiglion Fiorentino AR.. 51 L 17
Castiglioncello LI....... 42 L 13
Castiglioncello Bandini GR.. 50 N 16
Castiglioncello del Trinoro SI.. 50 N 17
Castiglione AN....... 52 M 20
Castiglione IS....... 65 Q 24
Castiglione LE....... 83 H 37
Castiglione PG....... 51 M 19
Castiglione a Casauria PE.. 60 P 23
Castiglione Chiavarese GE.. 37 J 10
Castiglione Cosentino CS.. 86 I 30
Castiglione d'Adda LO....... 21 G 11
Castiglione dei Pepoli BO. 39 J 15
Castiglione del Bosco SI.. 50 M 16
Castiglione del Genovesi SA.75 E 26
Castiglione del Lago PG.. 51 M 18
Castiglione della Pescaia GR.49 N 14
Castiglione della Valle PG. 51 M 18
Castiglione delle Stiviere MN....... 22 F 13
Castiglione di Garfagnana LU.38 J 13
Castiglione di Ravenna RA.. 41 J 18
Castiglione di Sicilia CT.. 101 N 27
Castiglione d'Intelvi CO....... 9 E 9
Castiglione d'Orcia SI....... 50 M 16
Castiglione Falletto CN....... 27 I 5
Castiglione in Teverina VT. 57 O 18
Castiglione Mantovano MN.. 23 G 14
Castiglione Maritimo CZ.. 88 K 30
Castiglione Messer Marino CH....... 65 Q 25

Castiglione Messer
  Raimondo *TE* ...... 60 O 23
Castiglione Olona *VA* ...... 20 E 8
Castiglione Tinella *CN* ...... 27 H 6
Castiglioni *AN* ...... 46 L 21
Castignano *AP* ...... 53 N 22
Castilenti *TE* ...... 60 O 23
Castino *CN* ...... 27 I 6
Castion Veronese *VR* ...... 23 F 14
Castione *PC* ...... 29 H 11
Castione *TV* ...... 24 E 17
Castione Andevenno *SO* ...... 10 D 11
Castione de Baratti *PR* ...... 30 I 13
Castione
  della Presolana *BG* ...... 10 E 12
Castione Marchesi *PR* ...... 30 H 12
Castions *PN* ...... 13 E 20
Castions di Strada *UD* ...... 16 E 21
Casto *BS* ...... 22 E 12
Castorano *AP* ...... 53 N 23
Castrezzato *BS* ...... 22 F 11
Castri di Lecce *LE* ...... 83 G 36
Castrignano
  de' Greci *LE* ...... 83 G 36
Castrignano del Capo *LE* .. 83 H 37
Castro *BG* ...... 22 E 12
Castro *LE* ...... 83 G 37
Castro dei Volsci *FR* ...... 64 R 22
Castro Marina *LE* ...... 83 G 37
Castro (Portella) *EN* ...... 99 O 24
Castro (Rocche del) *ME* .. 100 M 26

Castro S. Martino *FI* ...... 40 J 15
Castrocaro Terme *FO* ...... 40 J 17
Castrocielo *FR* ...... 64 R 23
Castrocucco *PZ* ...... 84 H 29
Castrofilippo *AG* ...... 103 O 23
Castrolibero *CS* ...... 86 J 30
Castroncello *AR* ...... 50 M 17
Castronno *VA* ...... 20 E 8
Castronuovo di
  San Andrea *PZ* ...... 77 G 30
Castronuovo di Sicilia *PA* .. 98 N 23
Castropignano *CB* ...... 65 R 25
Castroreale *ME* ...... 101 M 27
Castroreale Terme *ME* ...... 101 M 27
Castroregio *CS* ...... 78 H 31
Castrovillari *CS* ...... 85 H 30
Casumaro *MO* ...... 32 H 16
Casuzze *RG* ...... 106 Q 25
Cataeggio *SO* ...... 9 D 10
Catafório *RC* ...... 90 M 29
Cataio *PD* ...... 24 G 17
Catalano (Isola) *OR* ...... 114 H 6
Catania *CT* ...... 101 O 27
Catania (Golfo di) *CT* ...... 105 O 27
Catania (Piana di) *CT* ...... 104 O 26
Catania-Fontanarossa
  (Aeroporto di) *CT* ...... 105 O 27
Catanzaro *CZ* ...... 89 K 31
Catanzaro Lido *CZ* ...... 89 K 31
Catena Costiera *CS* ...... 86 I 29

Catenaia (Alpe di) *AR* ...... 45 L 17
Catenanuova *EN* ...... 100 O 26
Catignano *PE* ...... 60 O 23
Catinaccio /
  Rosengarten *BZ* ...... 4 C 16
Catirina (Punta) *NU* ...... 113 F 10
Catobagli *AN* ...... 46 L 20
Catolivier *TO* ...... 26 G 2
Catona *RC* ...... 90 M 28
Catria (Monte) *PS* ...... 46 L 20
Cattaragna *PC* ...... 29 I 10
Cattolica *RN* ...... 41 K 20
Cattolica Eraclea *AG* ...... 102 O 22
Catullo (Grotte di) *BS* ...... 23 F 13
Catuso (Monte) *PA* ...... 99 N 23
Cau (Monte) *SS* ...... 110 E 7
Caulonia *RC* ...... 88 L 31
Caulonia (vicino a
  Monasterace) *RC* ...... 89 L 31
Cauria / Gfrill (vicino a
  Salorno) *BZ* ...... 11 D 15
Cautano *BN* ...... 70 D 25
Cava d'Aliga *RG* ...... 106 Q 26
Cava de' Tirreni *SA* ...... 75 E 26
Cava Manara *PV* ...... 29 G 9
Cava (Monte) *RI* ...... 59 P 21
Cava Tigozzi *CR* ...... 30 G 11
Cavacurta *LO* ...... 21 G 11
Cavadonna *SR* ...... 105 P 27
Cavaglià *BI* ...... 19 F 6
Cavaglietto *NO* ...... 20 F 7

Cavaglio d'Agogna *NO* ...... 20 F 7
Cavagnano *AQ* ...... 59 O 21
Cavaion Veronese *VR* ...... 23 F 14
Cavalese *TN* ...... 12 D 16
Cavallano *SI* ...... 43 L 15
Cavallerizzo *CS* ...... 85 I 30
Cavalleleone *CN* ...... 27 H 4
Cavallermaggiore *CN* ...... 27 H 5
Cavalli (Lago dei) *VB* ...... 7 D 6
Cavallina *FI* ...... 39 K 15
Cavallino *LE* ...... 81 G 36
Cavallino *VE* ...... 16 F 19
Cavallino (Monte) /
  Grosser-Kinigat *BZ* ...... 5 B 19
Cavallino *NO* ...... 20 F 7
Cavallo (Monte) *FR* ...... 64 R 23
Cavallo (Monte) *GR* ...... 56 O 16
Cavallo (Monte) *MC* ...... 52 N 20
Cavallo (Monte) *BZ* ...... 3 B 16
Cavallo (Monte) *PN* ...... 13 D 19
Cavallo (Monte) *UD* ...... 15 C 21
Cavallone
  (Grotta del) *CH* ...... 60 P 24
Cavalo *VR* ...... 23 F 14
Cavanella d'Adige *VE* ...... 33 G 18
Cavanella di Vara *SP* ...... 38 J 11
Cavanella Po *RO* ...... 33 G 18
Cavareno *TN* ...... 11 C 15
Cavargna *CO* ...... 9 D 9
Cavargna (Val) *CO* ...... 9 D 9
Cavaria *VA* ...... 20 E 8
Cavarzere *VE* ...... 33 G 18
Cavaso del Tomba *TV* ...... 12 E 17
Cavasso Nuovo *PN* ...... 13 D 20
Cavatore *AL* ...... 28 I 7
Cavazzale *VI* ...... 24 F 16
Cavazzo (Lago di) *UD* ...... 14 D 21
Cavazzo Carnico *UD* ...... 14 C 21
Cavazzona *MO* ...... 31 I 15
Cave *RM* ...... 63 Q 20
Cave del Predil *UD* ...... 15 C 22
Cavedago *TN* ...... 11 D 15
Cavedine *TN* ...... 11 E 14
Cavedine (Lago di) *TN* ...... 11 E 14
Cavenago d'Adda *LO* ...... 21 F 10
Cavenago di Brianza *MI* ...... 21 F 10
Cavernago *BG* ...... 22 F 11
Cavezzo *MO* ...... 31 H 15
Cavi *GE* ...... 37 J 10
Caviaga *LO* ...... 21 G 10
Caviola *BL* ...... 12 C 17
Cavo *LI* ...... 48 N 13
Cavo (Monte) *RM* ...... 63 Q 20
Cavogna (Monte) *PG* ...... 52 N 20
Cavola *RE* ...... 39 I 13
Cavoli *LE* ...... 48 N 12
Cavoli (Isola dei) *CA* ...... 119 J 10
Cavone *MT* ...... 78 F 31
Cavour *TO* ...... 26 H 4
Cavour (Canale) *VC* ...... 19 G 6
Cavrari *VI* ...... 24 E 16
Cavrasto *TN* ...... 11 D 14
Cavriago *RE* ...... 31 H 13
Cavriana *MN* ...... 23 F 13
Cavrié *TV* ...... 25 E 19
Cavriglia *AR* ...... 44 L 16
Cazoli (Punta di) *VB* ...... 8 C 7
Cazzago S. Martino *BS* ...... 22 F 12
Cazzano di Tramigna *VR* ...... 23 F 15
Ceccano *FR* ...... 63 R 21
Cecchignola *RM* ...... 62 Q 19
Cecchina *RM* ...... 62 Q 19
Cecchini di Pasiano *PN* ...... 13 E 19
Cece (Cima di) *TN* ...... 12 D 17
Ceci *RM* ...... 29 H 9
Cecima *PV* ...... 29 H 9
Cecina *LI* ...... 48 M 13
Cecina *PT* ...... 39 K 14
Cecina (Campo) *MS* ...... 38 J 12
Cecina (Fiume) *SI* ...... 49 M 15
Cecita (Lago di) *CS* ...... 86 I 31
Cedegolo *BS* ...... 10 D 13
Cedra *PR* ...... 38 I 12
Cedrino *NU* ...... 117 F 10
Cedrino (Lago del) *NU* ...... 117 G 10
Cefalà Diana *PA* ...... 98 N 22
Cefalicchio *BA* ...... 72 D 30
Cefalo (Monte) *LT* ...... 68 S 22
Cefalù *PA* ...... 99 M 24
Ceggia *VE* ...... 16 E 19
Ceglie del Campo *BA* ...... 73 D 32
Ceglie Messapica *BR* ...... 80 F 34
Cegliolo *AR* ...... 50 M 17
Cei (Lago di) *TN* ...... 11 E 15
Celano *AQ* ...... 59 P 22
Celenza sul Trigno *CH* ...... 65 Q 25

Celenza Valfortore *FG* ...... 66 C 26
Cella *FO* ...... 41 J 19
Cella *RE* ...... 31 H 13
Cella *DF* ...... 30 G 12
Cella Dati *CR* ...... 30 G 12
Cellamare *BA* ...... 73 D 32
Cellarengo *AT* ...... 27 H 5
Cellatica *BS* ...... 22 F 12
Celle *PT* ...... 39 K 14
Celle *RA* ...... 40 J 17
Celle *TO* ...... 18 G 4
Celle di Bulgheria *SA* ...... 76 G 28
Celle di Macra *CN* ...... 26 I 3
Celle di S. Vito *FG* ...... 71 D 27
Celle (le) *AR* ...... 50 M 17
Celle Ligure *SV* ...... 36 I 7
Celle sul Rigo *SI* ...... 50 N 17
Cellena *GR* ...... 50 N 16
Celleno *VT* ...... 57 O 18
Cellere *VT* ...... 57 O 17
Cellina *PN* ...... 13 D 19
Cellina (Val) *PN* ...... 13 D 19
Cellino Attanasio *TE* ...... 60 O 23
Cellino S. Marco *BR* ...... 79 F 35
Cellole *CE* ...... 69 D 23
Celone *FG* ...... 71 C 27
Celpenchio *PV* ...... 20 G 7
Celso *SA* ...... 75 G 27
Cembra *TN* ...... 11 D 15
Cembra (Val di) *TN* ...... 11 D 15
Cenadi *CZ* ...... 88 K 31
Cenaia *PI* ...... 43 L 13
Cenate *LE* ...... 83 G 36
Cenate di Sotto *BG* ...... 22 E 11
Cene *BG* ...... 22 E 11
Ceneselli *RO* ...... 32 G 16
Cenesi *SV* ...... 35 J 6
Cengello (Pizzo) *SO* ...... 9 D 10
Cengio *SV* ...... 35 I 6
Cengio (Monte) *VI* ...... 24 E 16
Cengles *BZ* ...... 2 C 13
Cennina *AR* ...... 44 L 16
Cenova *IM* ...... 35 K 6
Centa S. Nicolò *TN* ...... 11 E 15
Centallo *CN* ...... 27 I 4
Centaurino (Monte) *SA* ...... 76 G 28
Cento *BO* ...... 32 I 16
Cento Croci (Passo di) *SP* ...... 37 I 10
Cento *PC* ...... 31 H 15
Centocelle *RM* ...... 62 Q 19
Centoforche (Colle di) *FO* ...... 40 J 17
Centoia *AR* ...... 50 M 17
Centola *SA* ...... 76 G 27
Centovera *PC* ...... 29 H 11
Centrache *CZ* ...... 88 K 31
Centuripe *EN* ...... 100 O 26
Cepagatti *PE* ...... 60 O 24
Cepeletischis *UD* ...... 15 D 22
Ceppaloni *BN* ...... 70 D 26
Ceppo di Rocca
  Sta Maria *TE* ...... 52 N 22

Ceres *TO* ...... 18 G 4
Ceresara *MN* ...... 23 G 13
Cereschiatis (Sella di) *UD* ...... 15 C 21
Cereseto *AL* ...... 28 G 6
Cereseto *PR* ...... 29 I 11
Ceresole (Lago di) *TO* ...... 18 F 3
Ceresole Alba *CN* ...... 27 H 5
Ceresole Reale *TO* ...... 18 F 3
Ceresolo (Scolo) *RO* ...... 32 G 17
Cerete-Alto *BG* ...... 10 E 11
Cerete-Basso *BG* ...... 10 E 11
Ceretto *TO* ...... 27 H 4
Cerfone *AR* ...... 45 L 18
Cergnago *PV* ...... 20 G 8
Ceri *RM* ...... 57 Q 18
Ceriale *SV* ...... 35 J 6
Ceriana *IM* ...... 35 K 5
Cerignale *PC* ...... 29 H 10
Cerignola *FG* ...... 72 D 29
Cerisano *CS* ...... 86 J 30
Cerlongo *MN* ...... 23 G 13
Cermenate *CO* ...... 21 E 9
Cermignano *TE* ...... 60 O 23
Cermone *AQ* ...... 59 O 21
Cernobbio *CO* ...... 21 E 9
Cernusco *LC* ...... 21 E 10
Cernusco sul Naviglio *MI* ...... 21 F 9
Cerqueto (vicino a Gualdo
  Tadino) *PG* ...... 51 M 20
Cerqueto (vicino a
  Marsciano) *PG* ...... 51 N 18
Cerratina *PE* ...... 60 O 24
Cerrè *RE* ...... 38 I 13
Cerredolo *RE* ...... 39 I 13
Cerreto *AV* ...... 71 D 27
Cerreto *IS* ...... 65 Q 24
Cerreto (Passo del) *MS* ...... 38 J 12
Cerreto Alpi *RE* ...... 38 J 12
Cerreto d'Esi *AN* ...... 52 M 20
Cerreto di Spoleto *PG* ...... 52 N 20
Cerreto Grue *AL* ...... 28 H 8
Cerreto Guidi *FI* ...... 43 K 14
Cerreto Laziale *RM* ...... 63 Q 20
Cerreto (Monte) *NA* ...... 75 F 26
Cerreto Sannita *BN* ...... 65 S 25
Cerretto Langhe *CN* ...... 27 I 6
Cerrina Monferrato *AL* ...... 27 G 6
Cerrione *BI* ...... 19 F 6
Cerrisi *CZ* ...... 86 J 31
Cerrito *BR* ...... 79 F 35
Cerro *VA* ...... 8 E 7
Cerro (Forca di) *PG* ...... 52 N 20
Cerro al Lambro *MI* ...... 21 G 10
Cerro al Volturno *IS* ...... 64 R 24
Cerro (Passo del) *PC* ...... 29 H 10
Cerro Tanaro *AT* ...... 28 H 7
Cerro Veronese *VR* ...... 23 F 15
Cerrone (Monte) *PG* ...... 45 L 19
Cersosimo *PZ* ...... 77 G 31
Certaldo *FI* ...... 43 L 15
Certosa di Pesio *CN* ...... 35 J 4
Cerusulo (Monte) *SA* ...... 76 F 28
Cerva *CZ* ...... 87 J 32
Cervandone (Monte) *VB* ...... 8 D 6
Cervara *MS* ...... 38 I 11
Cervara *PR* ...... 30 H 12
Cervarese Sta Croce *PD* ...... 24 F 17
Cervaro *FG* ...... 71 C 28
Cervaro *TE* ...... 59 O 22
Cervaro (Forcella di) *FR* ...... 64 R 23
Cervaro (Ponte) *FG* ...... 71 C 28
Cervaro (Torrente) *AV* ...... 71 D 27
Cervarolo *VC* ...... 8 E 6
Cervasca *CN* ...... 34 I 4
Cervati (Monte) *SA* ...... 76 G 28
Cervatto *VC* ...... 7 E 6
Cervazzera *RE* ...... 38 I 13
Cervellino (Monte) *PR* ...... 30 I 12
Cerveno *BS* ...... 10 D 13
Cerventosa (Passo di) *AR* ...... 51 M 18
Cervara di Roma *RM* ...... 59 Q 21
Cervere *CN* ...... 27 I 5
Cervesina *PV* ...... 29 G 9
Cerveteri *RM* ...... 57 Q 18
Cervi (Monte dei) *PA* ...... 99 N 23
Cervia *RA* ...... 41 J 19
Cerviato (Monte) *AV* ...... 71 E 27
Cervicati *CS* ...... 85 I 30
Cervignano del Friuli *UD* ...... 17 E 21
Cervignasco *CN* ...... 27 H 4
Cervina (Punta) /
  Hirzerspitze *BZ* ...... 3 B 15
Cervinara *AV* ...... 70 D 25
Cervino *CE* ...... 70 D 25
Cervino (Monte) /
  Matterhorn *AO* ...... 7 G 8

CATANIA

Angelo Custode (V.) ... DZ 3
Benedetto (Pza A. d.) ... DZ 11
Biondi (V.) ... EY 12
Bovio (Pza G.) ... EY 15
Carlo Alberto (Pza) ... EY 19
Castello Ursino (V.) ... DZ 21
Conte di Torino (V.) ... EY 25
Currò (Pza) ... DZ 26
Cutelli (Pza) ... EZ 27
Dante (Pza) ... DY 29

Etnea (V.) ... DXY
Giuffrida (V. Vincenzo) ... EX 39
Guardie (Pza delle) ... EY 42
Imbriani (V. M. R.) ... DEX 43
Landolina (V.) ... EZ 45
Lupo (Pza Pietro) ... EY 47
Museo Biscari (V.) ... EZ 57
Orlando (V. Vitt. E.) ... EX 60
Porticello (V.) ... EZ 68
Rabbordone (V.) ... EY 69
Rapisardi (V. Michele) ... EY 70
Rotonda (V. d.) ... DYZ 77

Spirito Santo (Pza) ... EY 87
Stesicoro (Pza) ... DY 91
S. Anna (V.) ... DZ 79
S. Francesco d'Assisi (Pza) ... DZ 80
S. Gaetano alle Grotte (V.) ... DEY 81
S. Giuseppe al Duomo (V.) ... DZ 82
Teatro Massimo (V.) ... EYZ 92
Trento (Pza) ... EY 95
Umberto I (V.) ... DEX
Università (Pza dell') ... DZ 96
Verga (Pza) ... EX 98
Vittorio Emanuele III (Pza) ... EY 100

Cervo **IM** ..... 35 K 6
Cervo (Pizzo) **PA** ..... 98 M 22
Cervo (Torrente) **BI** ..... 19 E 5
Cervognano **SI** ..... 50 M 17
Cerzeto **CS** ..... 85 I 30
Cesa **CE** ..... 69 E 24
Cesacastma **TE** ..... 59 O 22
Cesana Torinese **TO** ..... 26 H 2
Cesano **AN** ..... 46 K 21
Cesano **RM** ..... 58 P 19
Cesano Boscone **MI** ..... 21 F 9
Cesano (Fiume) **PS** ..... 46 K 21
Cesano Maderno **MI** ..... 21 F 9
Cesaproba **AQ** ..... 59 O 21
Cesara **VB** ..... 8 E 7
Cesarò **ME** ..... 100 N 25
Cesarolo **VE** ..... 16 E 21
Cese **AQ** ..... 59 P 22
Cese **PG** ..... 52 N 20
Ceselli **PG** ..... 52 N 20
Cesen (Monte) **TV** ..... 12 E 18
Cesena **FO** ..... 41 J 18
Cesenatico **FO** ..... 41 J 19
Ceserano **MS** ..... 38 J 12
Cesi **MC** ..... 52 M 20
Cesi **TR** ..... 58 O 19
Cesiomaggiore **BL** ..... 12 D 17
Cesole **MN** ..... 31 G 13
Cessalto **TV** ..... 16 E 19
Cessaniti **VV** ..... 88 L 30
Cessapalombo **MC** ..... 52 M 21
Cessuta (Sella) **SA** ..... 77 G 29
Cesuna **VI** ..... 24 E 16
Cetara **SA** ..... 75 F 26
Cetica **AR** ..... 44 K 16
Cetinale **SI** ..... 49 M 15
Ceto **BS** ..... 10 D 13
Cetona **SI** ..... 50 N 17
Cetona (Monte) **SI** ..... 50 N 17
Cetraro **CS** ..... 85 I 29
Ceva **CN** ..... 35 I 6
Cevedale (Monte) **SO** ..... 11 C 13
Cevo **SO** ..... 10 D 13
Chabodey **AO** ..... 18 E 3
Challand-St. Anselme **AO** . 19 E 5
Chambave **AO** ..... 19 E 4
Chambeyron (Brec de) **CN** ..... 26 I 2
Chamois **AO** ..... 7 E 4
Champdepraz **AO** ..... 19 E 4
Champoluc **AO** ..... 7 E 5
Champorcher **AO** ..... 19 F 4
Chanavey **AO** ..... 18 F 3
Chardonney **AO** ..... 19 F 4
Charvensod **AO** ..... 18 E 3
Château des Dames **AO** ..... 7 E 4
Châtelair **AO** ..... 6 E 3
Châtillon **AO** ..... 19 E 4
Chécrouit **AO** ..... 6 E 2
Cheradi (Isole) **TA** ..... 78 F 33
Cherasco **CN** ..... 27 I 5
Cheremule **SS** ..... 111 F 8
Cherio **BG** ..... 22 E 11
Chero **PC** ..... 30 H 11
Chero (Torrente) **PC** ..... 30 H 11
Chia **VT** ..... 58 O 18
Chiaicis **UD** ..... 14 C 20
Chialamberto **TO** ..... 18 F 4
Chiampo **VI** ..... 23 F 15
Chiampo (Torrente) **VI** ..... 23 F 15
Chiana (Canale Maestro della) **AR** ..... 50 M 17
Chiana (Val di) **AR** ..... 50 L 17
Chianacce **AR** ..... 50 M 17
Chianale **CN** ..... 26 I 2
Chianca **BA** ..... 72 D 31
Chianca (Isola la) **FG** ..... 67 B 30
Chianca (Torre) **LE** ..... 81 F 36
Chianche **AV** ..... 70 D 26
Chianciano **SI** ..... 50 M 17
Chianciano Terme **SI** ..... 50 M 17
Chiani **TR** ..... 51 N 18
Chianni **PI** ..... 43 L 13
Chianti **SI** ..... 44 L 15
Chianti (Monti del) **SI** ..... 44 L 16
Chianzutan (Sella) **UD** ..... 14 C 20
Chiappa (Punta) **GE** ..... 37 J 9
Chiappera **CN** ..... 26 I 2
Chiappi **CN** ..... 34 I 3
Chiappo (Monte) **PC** ..... 29 H 9
Chiaramonte Gulfi **RG** .. 104 P 26
Chiaramonti **SS** ..... 111 E 8
Chiarano **TV** ..... 16 E 19
Chiaravalle **AN** ..... 46 L 21
Chiaravalle Centrale **CZ** .. 88 K 31
Chiaravalle della Colomba **PC** ..... 30 H 11
Chiaravalle Milanese **MI** .. 21 F 9

Chiareggio **SO** ..... 10 D 11
Chiarescons (Monte) **UD** .. 13 C 19
Chiari **BS** ..... 22 F 11
Chiaromonte **PZ** ..... 77 G 30
Chiarso **UD** ..... 5 C 21
Chiáscio **PG** ..... 46 L 20
Chiaserna **PS** ..... 46 L 20
Chiassa **AR** ..... 45 L 17
Chiauci **IS** ..... 65 Q 25
Chiavano (Forca di) **PG** .. 52 N 21
Chiavari **GE** ..... 37 J 9
Chiavenna (Rifugio) **SO** .... 9 D 10
Chiavenna **SO** ..... 9 C 10
Chiavenna (Torrente) **PC** .. 30 H 11
Chiavenna Landi **PC** ..... 30 G 11
Chiaverano **TO** ..... 19 F 5
Chibbò (Monte) **PA** ..... 99 O 23
Chieffo (Masseria) **FG** ..... 71 D 28
Chienes / Kiens **BZ** ..... 4 B 17
Chienti **MC** ..... 52 M 20
Chies d'Alpago **BL** ..... 13 D 19
Chiesa **BL** ..... 13 C 18
Chiesa **VB** ..... 8 C 7
Chiesa in Valmalenco **SO** . 10 D 11
Chiesa Nuova **BL** ..... 12 E 17
Chiesa Nuova **TP** ..... 97 M 19
Chiesanuova **FI** ..... 43 K 15
Chiesanuova **MC** ..... 52 M 20
Chiesanuova **RA** ..... 32 I 17
Chiesanuova di S. Vito **MC** 46 L 21
Chiese **BS** ..... 22 F 13
Chiesina **BO** ..... 39 J 14
Chiesina Uzzanese **PT** ..... 39 K 14
Chiesino **AR** ..... 44 L 17
Chiesuol del Fosso **FE** ..... 32 H 16
Chiesuola **RA** ..... 41 I 18
Chieti **CH** ..... 60 O 24
Chieuti **FG** ..... 66 B 27
Chieve **CR** ..... 22 F 10
Chievolis **PN** ..... 13 D 20
Chignolo Po **PV** ..... 29 G 10
Chilivani **SS** ..... 111 F 8
Chioggia **VE** ..... 25 G 18
Chioggia (Porto di) **VE** .... 25 G 18
Chiomonte **TO** ..... 18 G 2
Chions **PN** ..... 13 E 20
Chiotas (Digo del) **CN** ..... 34 J 4
Chiozzola **PR** ..... 30 H 13
Chirignago **VE** ..... 25 F 18
Chisola **TO** ..... 27 H 4
Chisone **TO** ..... 26 H 3
Chisone (Valle del) **TO** .... 26 G 2
Chitignano **AR** ..... 45 L 17
Chiuduno **BG** ..... 22 F 11
Chiulano **PC** ..... 29 H 10
Chiunzi (Valico di) **SA** ..... 75 E 25
Chiuppano **VI** ..... 24 E 16
Chiuro **SO** ..... 10 D 11
Chiusa **BZ** ..... 3 B 16
Chiusa **RC** ..... 88 M 30
Chiusa di Pesio **CN** ..... 35 J 5
Chiusa / Klausen **BZ** ..... 3 B 16
Chiusa Sclafani **PA** ..... 97 N 21
Chiusanico **IM** ..... 35 K 5
Chiusano di S. Domenico **AV** ..70 E 26
Chiusavecchia **IM** ..... 35 K 5
Chiusdino **SI** ..... 49 M 15
Chiusella **TO** ..... 19 F 5
Chiusi **SI** ..... 50 M 17
Chiusi (Lago di) **SI** ..... 50 M 17
Chiusi della Verna **AR** ..... 45 K 17
Chiusi Scalo **SI** ..... 50 M 17
Chiusola **SP** ..... 37 I 11
Chivasso **TO** ..... 19 G 5
Chizzola **TN** ..... 23 E 14
Ciaculli **PA** ..... 98 M 22
Ciagola (Monte) **CS** ..... 84 H 29
Cialancia (Punta) **TO** ..... 26 H 3
Ciampie **TN** ..... 12 C 17
Ciampino **RM** ..... 62 Q 19
Ciamprisco **CE** ..... 69 D 24
Cianciana **AG** ..... 102 O 22
Ciane (Fonte) **SR** ..... 105 P 27
Ciano **MO** ..... 39 I 15
Ciano **RE** ..... 30 I 13
Ciano d'Enza **RE** ..... 30 I 13
Ciarforòn **TO** ..... 18 F 3
Ciaudon (Testa) **CN** ..... 33 J 4
Ciavolo **TP** ..... 96 N 19
Cibiana di Cadore **BL** ..... 13 C 18
Cibottola **PG** ..... 51 N 18
Cicagna **GE** ..... 37 I 9

Cicala **CZ** ..... 86 J 31
Ciccalento (Ponte di) **FG** .. 67 C 28
Ciccia (Monte) **ME** ..... 90 M 28
Cicciano **NA** ..... 70 E 25
Cicerale **SA** ..... 75 F 27
Cicese **RO** ..... 32 G 17
Cichero **GE** ..... 37 I 9
Ciciliano **RM** ..... 63 Q 20
Cicogna **VB** ..... 8 D 7
Cicognara **MN** ..... 30 H 13
Cicogni **PC** ..... 29 H 10
Cicognolo **CR** ..... 30 G 12
Cicolano **RI** ..... 59 P 21
Ciconicco **UD** ..... 14 D 21
Cigliano **FI** ..... 40 K 16
Cigliano **VC** ..... 19 G 6
Cignana (Lago di) **AO** ..... 7 E 4
Cignano **BS** ..... 22 F 12
Cigno **CB** ..... 66 B 26
Cignone **CR** ..... 22 G 11
Cigole **BS** ..... 22 G 12
Cilavegna **PV** ..... 20 G 8
Cilento **SA** ..... 75 F 27
Cima Fiammante (Rifugio) **BZ** ..... 3 B 15
Cima Gogna **BL** ..... 5 C 19
Cima Tre Scarperi **BZ** ..... 4 C 18
Cimabanche **BL** ..... 4 C 18
Cimadolmo **TV** ..... 25 E 19
Cimaferle **AL** ..... 28 I 7
Cimasappada **BL** ..... 5 C 20
Cime Nere / Hintere Schwärze **BZ** ...3 B 14
Cimego **TN** ..... 11 E 13
Cimetta (Colle) **FR** ..... 63 Q 21
Ciminà **RC** ..... 91 M 30
Ciminarella (Masseria) **BA** 72 D 30
Cimini (Monti) **VT** ..... 57 O 18
Ciminna **PA** ..... 98 N 22
Cimino (Masseria) **BA** ..... 73 E 32
Cimino (Monte) **VT** ..... 57 O 18
Cimiti (Capo) **KR** ..... 87 K 33
Cimitile **NA** ..... 70 E 25
Cimolais **PN** ..... 13 D 19
Cimoliana **PN** ..... 13 D 19
Cimone (Monte) **MO** ..... 39 J 14
Cimpello **PN** ..... 13 E 20
Cinecitta **RM** ..... 62 Q 19
Cineto Romano **RM** ..... 58 P 20
Cinghio **PR** ..... 30 H 12
Cingia de' Botti **CR** ..... 30 G 12
Cingoli **MC** ..... 46 L 21
Cinigiano **GR** ..... 50 N 16
Cinisello Balsamo **MI** ..... 21 F 9
Cinisi **PA** ..... 97 M 21
Cino **SO** ..... 9 D 10
Cinquale **MS** ..... 38 K 12
Cinque Croci (Passo) **TN** .. 12 D 16
Cinque Denti (Cala) **TP** .. 96 Q 18
Cinque Terre **SP** ..... 37 J 11
Cinquefrondi **RC** ..... 88 L 30
Cinquemiglia (Piano della) **AQ** ..... 64 Q 23
Cinte Tesino **TN** ..... 12 D 16
Cinto Caomaggiore **VE** ..... 16 E 20
Cinto Euganeo **PD** ..... 24 G 16
Cintoia **FI** ..... 44 L 16
Cintolese **PT** ..... 39 K 14
Cinzano **CN** ..... 27 H 5
Cinzano **TO** ..... 27 G 5
Cioccaro **AT** ..... 28 G 6
Ciociaria **FR** ..... 63 Q 21
Ciola **FO** ..... 41 K 18
Ciommarino **FG** ..... 71 D 28
Ciorlano **CE** ..... 69 D 24
Cipollaro (Galleria del) **LU** .. 38 J 12
Cipressi **PE** ..... 60 O 24
Cirami (Monte) **AG** ..... 97 O 21
Circello **BN** ..... 65 R 26
Circeo (Cap) **LT** ..... 68 S 21
Circeo (Monte) **LT** ..... 68 S 21
Circeo (Parco Nazionale del) **LT** ..... 63 R 21
Cirella **RC** ..... 84 H 29
Cirella **RC** ..... 91 M 30
Cirella (Isola di) **CS** ..... 84 H 29
Cirella (Punta di) **CS** ..... 84 H 29
Cirello **RC** ..... 88 L 29
Ciriano **PC** ..... 30 H 11
Ciricilla **CZ** ..... 86 J 31
Cirigliano **MT** ..... 77 F 30
Cirié **TO** ..... 19 G 4
Cirié (Rifugio) **TO** ..... 18 G 3
Ciriegia (Colle di) **CN** ..... 34 J 3
Ciriga (Punta) **RG** ..... 107 Q 26
Cirò **KR** ..... 87 I 33

Cirò Marina **KR** ..... 87 I 33
Cirone (Passo) **PR** ..... 38 I 12
Cisa (Passo della) **PR** ..... 38 I 11
Cisano **VR** ..... 23 F 14
Cisano Bergamasco **BG** .. 21 E 10
Cisano sul Neva **SV** ..... 35 J 6
Cisigliana **MS** ..... 38 J 12
Cislago **VA** ..... 21 F 8
Cisliano **MI** ..... 21 F 8
Cismon **TN** ..... 12 D 17
Cismon del Grappa **VI** ..... 12 E 17
Cismon (Monte) **BL** ..... 12 E 17
Cison di Valmarino **TV** ..... 13 E 18
Cispiri **OR** ..... 115 G 8
Cissone **CN** ..... 27 I 6
Cistella (Monte) **VB** ..... 8 D 6
Cisterna **UD** ..... 14 D 20
Cisterna d'Asti **AT** ..... 27 H 6
Cisterna di Latina **LT** ..... 63 R 20
Cisternino **BR** ..... 80 E 34
Citelli (Rifugio) **CT** ..... 100 N 27
Citeriore **PE** ..... 60 P 23
Citerna **PG** ..... 45 L 18
Citerna (Monte) **FI** ..... 39 J 15
Città della Pieve **PG** ..... 50 N 18
Città di Castello **PG** ..... 45 L 18
Città di Milano (Rifugio) **BZ** ..2 C 13
Città di Novara (Rifugio) **VB** .7 D 6
Città S. Angelo **PE** ..... 60 O 24
Cittadella **PD** ..... 24 F 17
Cittadella del Capo **CS** ..... 84 I 29
Cittaducale **RI** ..... 58 O 20
Cittanova **MO** ..... 31 I 14
Cittanova **RC** ..... 88 L 30
Cittareale **RI** ..... 59 O 21
Cittiglio **VA** ..... 8 E 7
Citulo (Masseria) **BA** ..... 72 D 30
Ciuchesu **OT** ..... 109 D 9
Ciuffenna **AR** ..... 44 L 16
Civago **RE** ..... 38 J 13
Civate **LC** ..... 21 E 10
Civè **PG** ..... 25 G 18
Civenna **CO** ..... 9 E 9
Civetta (Monte) **BL** ..... 12 C 18
Civezza **IM** ..... 35 K 5
Civezzano **TN** ..... 11 D 15
Civiasco **VC** ..... 20 E 6
Cividale del Friuli **UD** ..... 15 D 22
Cividale Mantovano **MN** .. 30 G 13
Cividate al Piano **BG** ..... 22 F 11
Cividate Camuno **BS** ..... 10 E 12
Civiello (Masseria) **PZ** ..... 72 E 29
Civita **CS** ..... 85 H 30
Civita **PG** ..... 52 N 21
Civita **VT** ..... 57 O 18
Civita (Forca di) **PG** ..... 52 N 21
Civita Castellana **VT** ..... 58 P 19
Civita d'Antino **AQ** ..... 64 Q 22
Civitacampomarano **CB** .. 65 Q 26
Civitaluparella **CH** ..... 60 Q 24
Civitanova Alta **MC** ..... 53 M 23
Civitanova del Sannio **IS** .. 65 Q 25
Civitanova Marche **MC** .... 53 M 23
Civitaquana **PE** ..... 60 P 23
Civitaretenga **AQ** ..... 59 P 22
Civitate (Ponte di) **FG** ..... 66 B 27
Civitatomassa **AQ** ..... 59 O 21
Civitavecchia **FR** ..... 64 R 22
Civitavecchia **RM** ..... 57 P 17
Civitella (Monte) **GR** ..... 50 N 17
Civitella (Monte) **AR** ..... 45 L 18
Civitella Alfedena **AQ** ..... 64 Q 23
Civitella Casanova **PE** ..... 60 O 23
Civitella Cesi **VT** ..... 57 P 18
Civitella d'Agliano **VT** ..... 57 O 18
Civitella del Lago **TR** ..... 51 N 18
Civitella del Tronto **TE** ..... 53 N 23
Civitella di Romagna **FO** .. 40 J 17
Civitella in Val di Chiana **AR** 44 L 17
Civitella Licinio **BN** ..... 65 S 25
Civitella Marittima **GR** ..... 50 N 15
Civitella Messer Raimondo **CH** .. 60 P 24
Civitella Ranieri **PG** ..... 51 M 19
Civitella Roveto **AQ** ..... 64 Q 22
Civitella S. Paolo **RM** ..... 58 P 19
Civorio **FO** ..... 41 K 18
Cixerri **CI** ..... 118 J 7
Cizzago **BS** ..... 22 F 11
Cizzolo **MN** ..... 31 G 14
Claino-Osteno **CO** ..... 9 D 9
Clapier (Monte) **CN** ..... 34 J 3
Classe (Pineta di) **RA** ..... 41 I 18
Claut **PN** ..... 13 D 19
Clautana (Forcella) **PN** ..... 13 D 19

Clauzetto **PN** ..... 14 D 20
Clavière **TO** ..... 26 H 2
Cles **TN** ..... 11 C 15
Cleto **CS** ..... 86 J 30
Cleulis **UD** ..... 5 C 20
Climiti (Monti) **SR** ..... 105 P 27
Cliternia Nuova **CB** ..... 66 B 27
Clitunno (Fonti del) **PG** ..... 52 N 20
Clitunno (Tempio di) **PG** .. 52 N 20
Clivio **VA** ..... 8 E 8
Clusane sul Lago **BS** ..... 22 F 12
Clusio **BZ** ..... 2 B 13
Clusone **BG** ..... 10 E 11
Coazze **TO** ..... 26 G 3
Coazzolo **AT** ..... 27 H 6
Coca (Pizzo di) **BG** ..... 10 D 12
Coccaglio **BS** ..... 22 F 11
Coccanile **FE** ..... 32 H 17
Coccau **UD** ..... 15 C 22
Coccia (Poggio di) **VT** ..... 57 P 18
Coccola **RA** ..... 41 J 18
Cocconato **AT** ..... 27 G 6
Coccorino **VV** ..... 88 L 29
Coccovello (Monte) **PZ** ..... 76 G 29
Coco (Monte del) **TP** ..... 97 N 20
Cocquio Trevisago **VA** ..... 8 E 8
Cocullo **AQ** ..... 60 P 23
Cocumola **LE** ..... 83 G 37
Cocuzzo (Monte) **CS** ..... 86 J 30
Cocuzzo (Monte) **SA** ..... 76 G 28
Coda Cavallo (Capo) **OT** . 113 E 11
Coda (Rifugio) **BI** ..... 19 F 5
Codarda **LT** ..... 63 R 21
Codelago o Devero (Lago) **VB** ..8 C 6
Codevigo **PD** ..... 25 G 18
Codevilla **PV** ..... 29 H 9
Codigoro **FE** ..... 33 H 18
Codiponte **MS** ..... 38 J 12
Codisotto **RE** ..... 31 H 14
Codogne **TV** ..... 13 E 19
Codogno **LO** ..... 29 G 11
Codonfuri **RC** ..... 90 M 29
Codrignano **BO** ..... 40 J 16
Codroipo **UD** ..... 16 E 20
Codrongianos **SS** ..... 111 F 8
Codula de Sisine **OG** ..... 117 G 10
Codula di Luna **OG** ..... 117 G 10
Coeli Aula **FI** ..... 43 K 15
Cofano (Golfo del) **TP** ..... 97 M 20
Cofano (Monte) **TP** ..... 97 M 20
Coggina (Genna) **OG** ..... 117 G 10
Coggiola **BI** ..... 19 E 6
Coghinas (Torrente) **SS** .... 111 E 9
Coghinas (Fiume) **SS** ..... 111 E 8
Coghinas (Lago del) **OT** .. 111 E 9
Coglians (Monte) / Hohe Warte **UD** ..... 5 C 20
Cogliate **MI** ..... 21 F 9
Cogne **AO** ..... 18 F 4
Cogne (Val di) **AO** ..... 18 F 3
Cogoleto **GE** ..... 36 I 7
Cogoli **NU** ..... 113 F 10
Cogollo del Cengio **VI** ..... 24 E 16
Cogolo **TN** ..... 11 C 14
Cogorno **GE** ..... 37 J 10
Cogozzo **MN** ..... 30 H 13
Cogruzzo **RE** ..... 31 H 13
Col Collon (Rifugio) **AO** ....7 E 4
Col di Prà **BL** ..... 12 D 17
Colà **VR** ..... 23 F 14
Colazza **NO** ..... 20 E 7
Colbertaldo **TV** ..... 12 E 18
Colbordolo **PS** ..... 41 K 20
Colbu (Lu) **OT** ..... 111 E 9
Colcavagno **AT** ..... 27 G 6
Colcellalto **AR** ..... 45 K 18
Colcerasa **MC** ..... 52 M 21
Coldrano / Goldrain **BZ** ..... 2 C 14
Coleazzo (Monte) **BS** ..... 10 D 13
Coler **TN** ..... 11 C 14
Colere **BG** ..... 10 E 12
Colfelice **FR** ..... 64 R 22
Colfiorito **PG** ..... 52 M 20
Colfosco **TV** ..... 25 E 18
Coli **PC** ..... 29 H 10
Colla **AQ** ..... 100 M 26
Colla (Monte) **CT** ..... 100 N 26
Colla (Monte sa) **OG** ..... 119 H 10
Colla (Passo) **PR** ..... 29 I 11
Colla (Passo la) **PZ** ..... 76 G 29
Collagna **RE** ..... 38 I 12
Collalbo / Klobenstein **BZ** .... 3 C 16
Collalto **SI** ..... 49 L 15
Collalto **UD** ..... 14 D 21
Collalto / Hochgall **BZ** ..... 4 B 18

Collalto Sabino **RI** ..... 59 P 21
Collalunga (Cima di) **CN** .. 34 J 3
Collamato **AN** ..... 52 M 20
Collarmele **AQ** ..... 59 P 22
Collatoni **MC** ..... 52 N 20
Collazzone **PG** ..... 51 N 19
Colle **PN** ..... 13 D 20
Colle **AQ** ..... 59 O 21
Colle **AP** ..... 52 N 21
Colle Alto **FR** ..... 64 R 22
Colle / Bichl **BZ** ..... 3 B 15
Colle Croce **PG** ..... 52 M 20
Colle d'Anchise **CB** ..... 65 R 25
Colle di Tora **RI** ..... 58 P 20
Colle di Val d'Elsa **SI** ..... 43 L 15
Colle di Villa / Bauernkohlern **BZ** ..... 3 C 16
Colle Don Bosco (Santuario) **AT** ..... 27 G 6
Colle Isarco / Gossensaß **BZ** ...3 B 16
Colle-Lupo **GR** ..... 56 O 16
Colle San Paolo **PG** ..... 51 M 18
Colle S. Lorenzo **PG** ..... 51 N 20
Colle Sta Lucia **BL** ..... 12 C 18
Colle S. Magno **FR** ..... 64 R 23
Colle S. Marco **AP** ..... 53 N 22
Colle Sannita **BN** ..... 65 R 26
Colle Umberto **TV** ..... 13 E 19
Collebaldo **PG** ..... 51 N 18
Collebarucci **FI** ..... 40 K 15
Collebeato **BS** ..... 22 F 12
Collebrincioni **AQ** ..... 59 O 22
Collecchio **PG** ..... 30 H 12
Collecorvino **PE** ..... 60 O 24
Colledara **TE** ..... 59 O 23
Colledimacine **CH** ..... 60 P 24
Colledimezzo **CH** ..... 60 Q 25
Colledoro **TE** ..... 60 O 23
Colleferro **RM** ..... 63 Q 21
Collegiove **RI** ..... 59 P 21
Collegno **TO** ..... 27 G 4
Collelongo **AQ** ..... 64 Q 22
Collelungo **TR** ..... 51 N 18
Collelungo (Torre) **GR** ..... 55 O 15
Collemancio **PG** ..... 51 N 19
Collemeto **LE** ..... 83 G 36
Collemincio **PG** ..... 51 M 20
Colleoli **PI** ..... 43 L 14
Collepardo **FR** ..... 63 Q 22
Collepasso **LE** ..... 83 G 36
Collepepe **PG** ..... 51 N 19
Collepietra / Steinegg **BZ** ...3 C 16
Collepietro **AQ** ..... 60 P 23
Collepino **PG** ..... 51 M 20
Collere (Monte) **GE** ..... 29 I 9
Colleri **PC** ..... 29 H 9
Collerin (Monte) **TO** ..... 18 G 3
Collesalvetti **LI** ..... 42 L 13
Collesano **PA** ..... 99 N 23
Collesanto **MC** ..... 52 M 21
Collesecco **TR** ..... 51 N 19
Collesecco **PG** ..... 51 N 19
Collestatte Piano **TR** ..... 58 O 20
Collestrada **PG** ..... 51 M 19
Colletorto **CB** ..... 66 B 26
Collevalenza **PG** ..... 51 N 19
Collevecchio **RI** ..... 58 O 19
Colli a Volturno **IS** ..... 64 R 24
Colli del Tronto **AP** ..... 53 N 23
Colli Euganei **PD** ..... 24 G 17
Colli sul Velino **RI** ..... 58 O 20
Colliano **SA** ..... 76 E 27
Collicelle **RI** ..... 59 O 21
Collimento **AQ** ..... 59 P 22
Collina **AN** ..... 46 L 21
Collina **LU** ..... 43 K 13
Collina **UD** ..... 5 C 20
Collina (Passo della) **PT** ... 39 J 14
Collinas **VS** ..... 118 I 8
Colline Metallifere **PI** ..... 49 M 14
Collinello **FO** ..... 41 J 18
Collio **BS** ..... 22 E 13
Collodi **PT** ..... 39 K 13
Colloredda (Punta di) **OT** 113 E 10
Colloredo di Monte Albano **UD** ..... 14 D 21
Colloredo di Prato **UD** ..... 14 D 21
Colma di Monbarone **BI** .. 19 F 5
Colma la **VB** ..... 20 E 6
Colmurano **MC** ..... 52 M 22
Colobraro **MT** ..... 77 G 31
Cologna **FE** ..... 32 H 17
Cologna **TE** ..... 53 N 23
Cologna Spiaggia **TE** ..... 53 N 23
Cologna Veneta **VR** ..... 24 G 16
Cologne **BS** ..... 22 F 11

Cologno al Serio *BG* ... 21 F 11
Cologno Monzese *MI* ... 21 F 9
Colognola *PG* ... 51 M 19
Colognola ai Colli *VR* ... 23 F 15
Colognora (vicino a Diecimo) *LU* ... 38 K 13
Colognora (vicino a Villa Basilica) *LU* ... 39 K 13
Colombaia *RE* ... 39 I 13
Colombara (Secca) *PA* ... 92 K 21
Colombardo (Colle del) *TO* ... 18 G 3
Colombare *BS* ... 23 F 13
Colombata (Isola) *TP* ... 96 M 19
Colombine (Monte) *BS* ... 22 E 13
Colombo (Monte) *TO* ... 19 F 4
Colonna *RM* ... 63 Q 20
Colonna (Capo) *KR* ... 87 J 33
Colonna di Grillo *SI* ... 50 M 16
Colonnata *FI* ... 39 K 15
Colonnata (Cave di) *MS* ... 38 J 12
Colonne (Punta delle) *CI* ... 120 J 6
Colonnella *TE* ... 53 N 23
Colonnetta *TR* ... 51 N 18
Coloretta *MS* ... 37 I 11
Colorno *PR* ... 30 H 13
Colosimi *CS* ... 86 J 31
Colostrai (Stagno di) *CA* ... 119 I 10
Colpalombo *PG* ... 51 M 19
Colpetrazzo *PG* ... 51 N 19
Coltaro *PR* ... 30 H 12
Comabbio *VA* ... 20 E 8
Comabbio (Lago di) *VA* ... 20 E 8
Comacchio *FE* ... 33 H 18
Comacchio (Valli di) *FE* ... 32 H 17
Comano *MS* ... 38 J 12
Comano Terme *TN* ... 11 D 14
Comazzo *LO* ... 21 F 10
Combai *TV* ... 13 E 18
Combolo (Monte) *SO* ... 10 D 12
Comeglians *UD* ... 5 C 20
Comelico Superiore *BL* ... 5 C 19
Comerconi *VV* ... 88 L 29
Comero (Monte) *FO* ... 40 K 18
Comezzano-Cizzago *BS* ... 22 F 11
Comino *CH* ... 60 P 24
Comino (Capo) *NU* ... 113 F 11
Comiso *RG* ... 104 Q 25
Comitini *AG* ... 103 O 22
Commessaggio *MN* ... 31 G 13
Communitore (Monte) *AP* ... 52 N 21
Como *CO* ... 21 E 9

Como (Lago di) *LC* ... 9 E 9
Como (Rifugio) *CO* ... 9 D 9
Comoretta (Punta) *NU* ... 111 F 9
Compiano *PR* ... 29 I 10
Compiano *RE* ... 30 I 13
Compione *MS* ... 38 J 12
Comun Nuovo *BG* ... 21 F 11
Comuna *BI* ... 19 F 6
Comunanza *AP* ... 52 N 22
Comuneglia *SP* ... 37 I 10
Comunelli (Lago) *CL* ... 103 P 24
Cona Faiete *TE* ... 53 N 22
Cona *FE* ... 32 H 17
Cona *VE* ... 24 G 18
Conca *RN* ... 41 K 19
Conca Casale *IS* ... 64 R 24
Conca dei Marini *SA* ... 75 F 25
Conca di Campania *CE* ... 64 R 23
Conca d'Oro (Masseria) *TA* ... 78 F 32
Conca (Pizzo) *PA* ... 99 N 23
Concas *NU* ... 113 F 10
Concerviano *RI* ... 58 P 20
Concesio *BS* ... 22 F 12
Concessa *RC* ... 90 M 28
Conche *PD* ... 25 G 18
Conco *VI* ... 24 E 16
Concordia Sagittaria *VE* ... 16 E 20
Concordia sulla Secchia *MO* ... 31 H 14
Concorezzo *MI* ... 21 F 10
Condino *TN* ... 11 E 13
Condofuri Marina *RC* ... 90 N 29
Condove *TO* ... 18 G 3
Condrò *ME* ... 90 M 27
Conegliano *TV* ... 13 E 18
Conero (Monte) *AN* ... 47 L 22
Confienza *PV* ... 20 G 7
Configni *RI* ... 58 O 19
Confinale (Monte) *SO* ... 10 C 13
Confinale (Passo) *SO* ... 10 D 11
Conflenti *CZ* ... 86 J 30
Coniale *FI* ... 40 J 16
Conigli (Isola dei) *AG* ... 102 U 19
Coniolo *BS* ... 22 F 11
Consandolo *FE* ... 32 H 17
Conscenti *GE* ... 37 I 10
Conselice *RA* ... 32 I 17
Conselve *PD* ... 24 G 17
Consolazione (Convento) *FG* ... 71 D 28
Consuma *FI* ... 44 K 16

Consuma (Passo della) *AR* ... 44 K 16
Contane *FE* ... 32 H 18
Contarina *RO* ... 33 G 18
Conte di Noia (Masseria) *FG* ... 71 D 29
Conte (Porto) *SS* ... 110 F 6
Contessa (Monte) *SR* ... 104 P 26
Contessa Entellina *PA* ... 97 N 21
Contessa (Monte) *CZ* ... 88 K 31
Contessa (Punta della) *BR* ... 81 F 36
Contigliano *RI* ... 58 O 20
Contignano *SI* ... 50 N 17
Contrada *AV* ... 70 E 26
Contrasto (Colle del) *ME* ... 100 N 25
Contrebbia *PC* ... 29 G 10
Controguerra *TE* ... 53 N 23
Controne *SA* ... 76 F 27
Contursi Terme *SA* ... 76 F 27
Conversano *BA* ... 73 E 33
Conza (Lago di) *AV* ... 71 E 27
Conza (Sella di) *SA* ... 71 E 27
Conza della Campania *AV* ... 71 E 28
Conzano *AL* ... 28 G 7
Cop di Breguzzo (Cima) *TN* ... 11 D 13
Copanello *CZ* ... 89 K 31
Copertino *LE* ... 83 G 36
Copiano *PV* ... 21 G 9
Coppa *PV* ... 29 H 9
Coppa Ferrata (Monte) *FG* ... 72 B 29
Copparo *FE* ... 32 H 17
Coppe di Maltempo (Masseria) *BA* ... 72 D 29
Coppito *AQ* ... 59 O 22
Coppolo (Monte) *BL* ... 12 D 17
Coppolo (Monte) *MT* ... 77 G 31
Corace *CZ* ... 86 J 31
Coraci *CS* ... 86 J 31
Corallo (Porto) *CA* ... 119 I 10
Corana *PV* ... 28 G 8
Corano *PC* ... 29 H 10
Corato *BA* ... 72 D 31
Corbara *SA* ... 75 E 25
Corbara *TR* ... 51 N 18
Corbara (Lago di) *TR* ... 51 N 18
Corbesassi *PV* ... 29 H 9
Corbetta *MI* ... 20 F 8
Corbola *RO* ... 33 G 18
Corcagnano *PR* ... 30 H 12
Corchia *PR* ... 30 I 11

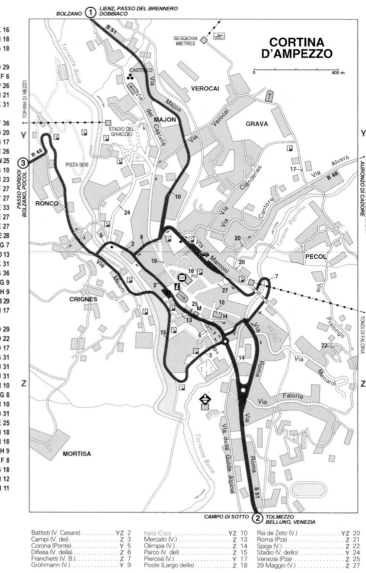

CORTINA D'AMPEZZO

COMO

Ambrosoli (V.) ... Z 2
Battisti (Vie Cesare) ... Z 3
Carcano (V.) ... Y 5
Castelnuovo (V.) ... Z 6
Cattaneo (Viale C.) ... Z 7
Cavallotti (Viale) ... Y 8

Gallio (V. T.) ... Y 14
Garibaldi (V.) ... Y 15
Giulio Cesare (Vle) ... Z 16
Leoni (V. Leone) ... Z 18
Lucini (V.) ... Y 19
Manzoni (V.) ... Y 21
Masia (Viale M.) ... Y 22
Piave (V.) ... Z 27
Plinio (V.) ... Y

Recchi (V.) ... Y 29
Rosselli (Viale F.) ... Y 30
S. Bartolomeo (Pza) ... Z 32
S. Rochetto (Pzale) ... Y 33
Trento (Largo Lario) ... Y 36
Trieste (Largo Lario) ... Y 37
Vittorio Emanuele II (V.) ... Y 40
Vittorio (Pza) ... Y 39
Volta (Pza) ... Y 42

Broletto ... Y A

Battisti (V. Cesare) ... YZ 2
Campi (V. dei) ... Z 3
Corona (Ponte) ... Y 5
Difesa (V. della) ... Z 6
Franchetti (V. B.) ... Z 7
Grohmann (V.) ... Y 9

Italia (Cso) ... YZ 10
Mercato (V.) ... Y 13
Olimpia (V.) ... Z 14
Parco (V. del) ... Z 15
Pierosà (V.) ... Y 17
Poste (Largo delle) ... Z 18

Ria de Zeto (V.) ... YZ 20
Roma (Pza) ... Y 21
Spiga (V.) ... Z 22
Stadio (V. dello) ... Z 24
Venezia (Pza) ... Z 25
29 Maggio (V.) ... Z 27

Corchiano *VT* ... 58 O 19
Corciano *PG* ... 51 M 18
Corcolle *RM* ... 63 Q 20
Corcrevà *RO* ... 32 G 18
Corcumello *AQ* ... 59 P 22
Cordenons *PN* ... 13 E 20
Cordevole *BL* ... 13 D 18
Cordignano *TV* ... 13 E 19
Cordovado *PN* ... 16 E 20
Coredo *TN* ... 11 C 15
Coreglia *BA* ... 80 E 33
Coreglia Antelminelli *LU* ... 39 J 13
Corella *FI* ... 40 K 16
Coreno Ausonio *FR* ... 64 R 23
Corese Terra *RI* ... 58 P 20
Corezzo *AR* ... 45 K 17
Corfinio *AQ* ... 60 P 23
Corfino *LU* ... 38 J 13
Cori *LT* ... 63 R 20
Coriano *RN* ... 41 K 19
Corigliano *CE* ... 64 S 23
Corigliano Calabro *CS* ... 85 I 31
Corigliano Calabro Stazione *CS* ... 85 I 31
Corigliano d'Otranto *LE* ... 83 G 36
Corinaldo *AN* ... 46 L 21
Corio *TO* ... 19 G 4
Corleone *PA* ... 97 N 21
Corleto *FG* ... 71 D 28
Corleto (Bosco di) *SA* ... 76 F 28
Corleto Monforte *SA* ... 76 F 28
Corleto Perticara *PZ* ... 77 F 30
Corlo (Lago del) *BL* ... 12 E 17
Cormano *MI* ... 21 F 9
Cormons *GO* ... 17 E 22
Cormor *UD* ... 16 E 21

Cornacchia (Monte) *FG* ... 71 C 27
Cornacchia (Monte) *AQ* ... 64 Q 22
Cornaget (Monte) *PN* ... 13 D 19
Cornaiano / Girlan *BZ* ... 3 C 15
Cornale *PV* ... 28 G 8
Cornaredo *MI* ... 21 F 9
Cornate d'Adda *MI* ... 21 F 10
Cornedo Vicentino *VI* ... 24 F 16
Corneliano d'Alba *CN* ... 27 H 5
Cornello (Passo) *PG* ... 52 M 20
Cornetto *TN* ... 11 E 15
Corniglia *SP* ... 37 J 11
Corniglio *PR* ... 38 I 12
Cornisello (Lago di) *TN* ... 11 D 14
Corno *RI* ... 58 O 20
Corno *LU* ... 38 J 13
Corno Bianco *VC* ... 7 E 5
Corno Bianco *BZ* ... 3 B 16
Corno Giovine *LO* ... 30 G 11
Corno di Rosazzo *UD* ... 17 E 22
Corno Grande *TE* ... 59 O 22
Corno (Isola del) *CA* ... 120 J 6
Cornolo *PR* ... 29 I 10
Cornone *FG* ... 66 B 27
Cornour (Punta) *TO* ... 26 H 3
Cornovecchio *LO* ... 30 G 11
Cornoviglio (Monte) *SP* ... 38 J 11
Cornuda *TV* ... 24 E 18
Cornus *OR* ... 114 G 7
Corona *SV* ... 36 I 7
Coronella *FE* ... 32 H 16
Corones (Plan de) / Kronplatz *BZ* ... 4 B 17
Corongiu (Laghi di) *CA* ... 119 J 9

Corongiu (Punta) *OG* ... 117 H 10
Corpo di Cava *SA* ... 75 E 26
Corpolo *RN* ... 41 J 19
Corra Cherbina (Punta) *NU* ... 115 F 9
Corrasi (Punta) *NU* ... 117 G 10
Correggio *RE* ... 31 H 14
Correggioli *MN* ... 31 G 15
Correnti (Isola delle) *SR* ... 107 Q 27
Correzzola *PD* ... 25 G 18
Corridonia *MC* ... 53 M 22
Corropoli *TE* ... 53 N 23
Corsaglia *CN* ... 35 I 5
Corsaglia (Torrente) *CN* ... 35 J 5
Corsano *LE* ... 83 H 37
Corsi (Piano dei) *SV* ... 36 J 6
Corsi (Rifugio) *BZ* ... 2 C 14
Corsi (Rifugio) *UD* ... 15 C 22
Corsico *MI* ... 21 F 9
Corsignano (Pieve di) *SI* ... 50 M 17
Corso (Portella) *AG* ... 103 P 23
Cortaccia s. str. d. vino / Kurtatsch a. d. Weinstraße *BZ* ... 11 D 15
Cortale *CZ* ... 88 K 31
Cortandone *AT* ... 27 H 6
Cortanze *AT* ... 27 G 6
Corte *BL* ... 13 C 18
Corte *NU* ... 115 G 9
Corte *VC* ... 8 E 6
Corte Brugnatella *PC* ... 29 H 10
Corte Centrale *FE* ... 32 H 18
Corte Cerbos (Monte) *NU* ... 115 H 9
Corte de' Cortesi *CR* ... 22 G 12
Corte de' Frati *CR* ... 22 G 12
Corte Falasio *LO* ... 21 G 10
Corte Franca *BS* ... 22 F 11

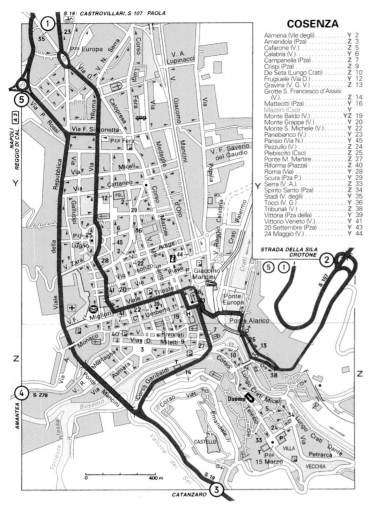

COSENZA

Alimena (Vle degli) . . . . Y 2
Amendola (Pza) . . . . Z 3
Cafarone (V.) . . . . Z 5
Calabria (V.) . . . . Z 6
Campanella (Pza) . . . . Z 7
Crispi (Pza) . . . . Z 9
De Seta (Lungo Crati) . . . . Z 10
Frugiuele (Via D.) . . . . Y 12
Gravina (V. G. V.) . . . . Z 13
Grotte S. Francesco d'Assisi
(V.) . . . . Z 14
Matteotti (Pza) . . . . Y 16
Mazzini (Cso) . . . . YZ
Monte Baldo (V.) . . . . YZ 19
Monte Grappa (V.) . . . . Y 20
Monte S. Michele (V.) . . . . Y 22
Panebianco (V.) . . . . Z 23
Parisio (Via N.) . . . . Y 45
Pezzullo (V.) . . . . Z 24
Plebiscito (Cso) . . . . Z 25
Ponte M. Martire . . . . Z 27
Riforma (Piazza) . . . . Z 29
Roma (Via) . . . . Y 28
Scura (Pza P.) . . . . Y 29
Serra (V. A.) . . . . Z 33
Spirito Santo (Pza) . . . . Y 34
Stadi (V. degli) . . . . Y 35
Tocci (V. G.) . . . . Z 36
Tribunali (V.) . . . . Z 38
Vittoria (Pza della) . . . . Y 39
Vittorio Veneto (V.) . . . . Y 43
20 Settembre (Pza) . . . . Y 43
24 Maggio (V.) . . . . Y 44

Corte Porcus *OG*	119	H 10	Corvia *PG*	51	N 20	Costa Viola *RC*	90	M 29
Corte S. Andrea *LO*	29	G 10	Corviale *RM*	62	Q 19	Costa Volpino *BG*	22	E 12
Corte Vetere (Masseria) *LE*	79	G 35	Corvo (Monte) *AQ*	59	O 22	Costabissara *VI*	24	F 16
Cortellazzo *VE*	16	F 20	Corzes / Kortsch *BZ*	2	C 14	Costacciaro *PG*	46	L 20
Cortemaggiore *PC*	30	H 11	Cosa *PN*	14	D 20	Costafontana *GE*	29	I 9
Cortemaggiore			Cosa Ansedonia *GR*	56	O 15	Costalpino *SI*	50	M 15
(Masseria) *TA*	79	F 34	Cosa (Fiume) *FR*	63	R 21	Costalta *PC*	29	H 10
Cortemilia *CN*	27	I 6	Coscerno (Monte) *PG*	52	N 20	Costalunga *VR*	24	F 15
Cortenedolo *BS*	10	D 12	Coscile *CS*	85	H 30	Costalunga (Passo di) /		
Corteno (Val di) *BS*	10	D 12	Coseano *UD*	14	D 21	Karerpaß *TN*	12	C 16
Corteno Golgi *BS*	10	D 12	Cosentino (Masseria) *CS*	86	I 31	Costanzana *VC*	20	G 7
Cortenova *LC*	9	D 10	Cosenza *CS*	86	J 30	Coste *VR*	23	F 14
Cortenuova *BG*	22	F 11	Cosimo (Pizzo) *PA*	99	N 24	Costeggiola *VR*	23	F 15
Corteolona *PV*	29	G 10	Cosio Valtellino *SO*	9	D 10	Costermano *VR*	23	F 14
Corticato (Sella del) *SA*	76	F 28	Cosoleto *RC*	90	M 29	Costey *AO*	19	F 5
Corticella *BO*	32	I 16	Cossano Belbo *CN*	27	I 6	Costigliole d'Asti *AT*	27	H 6
Corticelle Pieve *BS*	22	F 12	Cossato *BI*	19	F 6	Costigliole Saluzzo *CN*	27	I 4
Cortiglione *AT*	28	H 7	Cossignano *AP*	53	N 23	Costozza *VI*	24	F 16
Cortigno *PG*	52	N 20	Cossogno *VB*	8	E 7	Cotignola *RA*	40	I 17
Cortile *MO*	31	H 14	Cossoine *SS*	111	F 8	Cotronei *KR*	87	J 32
Cortina d'Ampezzo *BL*	4	C 18	Costa *BS*	23	E 13	Cotschen (Monte) *SO*	2	C 12
Cortina s. str. d. Vino /			Costa *RG*	104	Q 25	Cottanello *RI*	58	O 20
Kurtinig *BZ*	11	D 15	Costa Amalfitana *SA*	75	F 25	Courmayeur *AO*	6	E 2
Cortino *TE*	59	O 22	Costa di Rovigo *RO*	32	G 17	Covigliaio *FI*	40	J 15
Cortoghiana *CI*	118	J 7	Costa de' Nobili *PV*	29	G 10	Coviolo *RE*	31	H 13
Cortona *AR*	50	M 17	Costa Dorata *OT*	113	E 10	Covo *BG*	22	F 11
Corva *PN*	13	E 19	Costa Merlata *BR*	80	E 34	Coxinas *CA*	119	I 9
Corvara *PE*	60	P 23	Costa Paradiso *OT*	109	D 8	Cozzana *BA*	73	E 33
Corvara in Badia *BZ*	4	C 17	Costa Pavesi *PR*	30	H 12	Cozzano *PR*	30	I 12
Corvara / Rabenstein *BZ*	3	B 15	Costa Rossa (Brec) *CN*	35	J 4	Cozze *BA*	73	D 33
Corvaro *RI*	59	P 21	Costa S. Abramo *CR*	22	G 11	Cozzo *PV*	20	G 7
Corvi (Monte dei) *AN*	47	L 22	Costa Vescovato *AL*	28	H 8	Cozzuolo *TV*	13	E 18

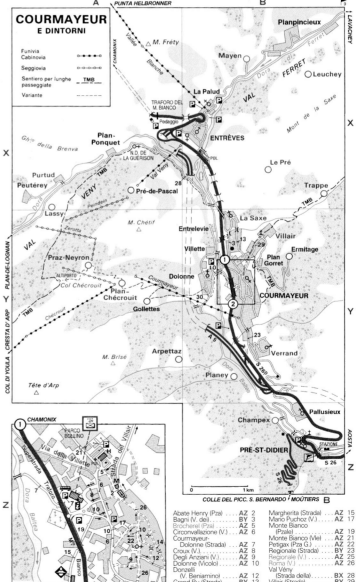

CREMONA

Boccaccino (V.) . . . . BZ 3
Cadorna (Pza L.) . . . . AZ 4
Campi (Cso) . . . . BZ 5
Cavour (Cso) . . . . BZ 6
Comune (Pza del) . . . . BZ 7
Garibaldi (Cso) . . . . AYZ
Geromini (V. Felice) . . . . BY 9
Ghinaglia (V. F.) . . . . AY 12
Ghisleri (V. A.) . . . . BY 13

Libertà (Pza della) . . . . BY 14
Mantova (V.) . . . . BY 17
Manzoni (V.) . . . . BY 18
Marconi (Pza) . . . . BZ 19
Marmolada (V.) . . . . BY 22
Matteotti (Cso) . . . . BYZ
Mazzini (Cso) . . . . BZ 23
Melone (V. Altobello) . . . . BZ 24
Mercatello (V.) . . . . BZ 25
Monteverdi (V. Claudio) . . . . . BZ 27
Novati (V.) . . . . BZ 28
Risorgimento (Pza) . . . . AY 29

Spalato (V.) . . . . AY 35
Stradivari (Pza) . . . . BZ 37
S. Maria in Betlem (V.) . . . . . . BZ 32
S. Rocco (V.) . . . . BZ 33
Tofane (V.) . . . . BZ 39
Ugolani Dati (V.) . . . . BY 40
Vacchelli (Cso) . . . . BZ 42
Verdi (V.) . . . . BZ 43
Vittorio Emanuele II
(Cso) . . . . AZ 45
4 Novembre (Pzal) . . . . BZ 46
20 Settembre (Cso) . . . . BZ 48

Battistero . . . . BZ **L**   Chiesadi Sant'Agostino . . . . . . **AZ B**   Palazzo Fodri . . . . BZ **D**

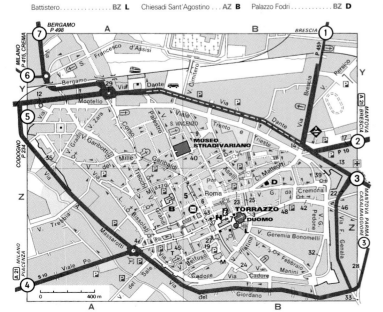

COURMAYEUR
E DINTORNI

Funivia
Cabinovia

Seggiovia

Sentiero per lunghe
passeggiate   TMB

Variante

Abate Henry (Pza) . . . . AZ 2
Bagni (V. dei) . . . . BY 3
Brocherel (Pza) . . . . AZ 5
Circonvallazione (V.) . . . . . . AZ 6
Courmayeur-
Dolonne (Strada) . . . . AZ 7
Croux (V.) . . . . AZ 8
Degli Anziani (V.) . . . . AZ 9
Dolonne (Vicolo) . . . . AZ 10
Donzelli
(V. Beniamino) . . . . AZ 12
Grand Ru (Strada) . . . . BY 13
Marconi (V.) . . . . AZ 14

Margherita (Strada) . . . . AZ 15
Mario Puchoz (V.) . . . . AZ 17
Monte Bianco
(Pzale) . . . . AZ 18
Monte Bianco (Vle) . . . . AZ 21
Petigax (Pza G.) . . . . AZ 22
Regionale (Strada) . . . . BY 23
Regionale (V.) . . . . AZ 24
Roma (V.) . . . . AZ 26
Val Vény
(Strada della) . . . . BX 28
Villair (Strada) . . . . BY 29
Vittoria (V. della) . . . . BY 30

CUNEO

Alba (V.)	Y 2
Audiffredi (Largo)	Y 3
Bellavista (V.)	Y 4
Boves (Pza)	Y 6
De Amicis (Largo Edmondo)	Y 8
Dronero (V.)	Y 10
Foro Boario (Pza)	Y 12
Galimberti (Pza)	Z 13
Garibaldi (Cso)	Z 14
Giovanni XXIII (Lungo Gesso)	YZ 15
Martiri d. Libertà (Pza)	Z 16
Mondovì (Via)	Y 7
Nizza (Cso)	Z
Roma (V.)	Y 21
Santa Maria (V.)	Y 23
Savigliano (V.)	Y 24
Virginio (Pza)	Y 26

Craco MT	77	F 31
Crana (Pioda di) VB	8	D 7
Crandola Valsassina LC	9	D 10
Crati CS	85	I 30
Crava CN	35	I 5
Cravagliana VC	8	E 6
Cravanzana CN	27	I 6
Cravasco GE	28	I 8
Craveggia VB	8	D 7
Cravi (Monte) GE	29	I 9
Crea (Santuario di) AL	28	G 6
Creazzo VI	24	F 16
Crecchio CH	60	P 24
Creda BO	39	J 15
Credaro BG	22	F 11
Credera Rubbiano CR	21	G 10
Crema CR	21	F 11
Cremenaga VA	8	E 8
Cremeno LC	9	E 10
Cremia CO	9	D 9
Cremolino AL	28	I 7
Cremona CR	30	G 12
Cremona alla Stua (Rifugio) BZ	3	B 15
Cremosano CR	21	F 10
Crep (Monte) TV	13	E 18
Crepaldo VE	16	F 20
Crescentino VC	19	G 6
Cresia (Genna 'e) OG	117	H 10
Cresia (Punta sa) CA	121	J 8
Crespadoro VI	23	F 15
Crespano del Grappa TV	24	E 17
Crespellano BO	31	I 15
Crespiatica LO	21	F 10
Crespina PI	43	L 13
Crespino RO	32	H 17
Crespino del Lamone FI	40	J 16
Crespole PT	39	K 14
Cressa NO	20	F 7
Cresta d'Arp AO	18	E 2
Cresto (Monte) BI	19	E 5
Creta PC	29	G 10
Creta Forata (Rifugio) UD	5	C 20
Creta (Portella) EN	99	N 24
Cretaz AO	18	F 4
Creti AR	50	M 17
Creto GE	29	I 9
Cretone RM	58	P 20
Crevacuore BI	20	E 6
Crevalcore BO	31	H 15

Crevoladossola VB	8	D 6
Crichi CZ	89	K 31
Cridola (Monte) BL	13	C 19
Crispiano TA	78	F 33
Crispiero MC	52	M 21
Crispiniano (Monte) FG	71	D 27
Crissolo CN	26	H 3
Cristallo BL	4	C 18
Cristo (Monte) LT	68	S 22
Cristo Re BA	72	E 33
Croara BO	40	J 16
Croce RN	41	K 19
Croce (Colle della) AQ	64	Q 23
Croce (Monte) TN	12	D 16
Croce (Pania della) LU	38	J 12
Croce (Pian delle) FR	63	R 21
Croce (Picco di) / Wilde Kreuzspitze BZ	3	B 16
Croce (Portella della) PA	98	N 23
Croce a Veglia PT	39	J 14
Croce al Promontario ME	95	M 27
Croce Arcana (Passo) PT	39	J 14
Croce d'Aune (Passo) BL	12	D 17
Croce dello Scrivano (Passo) PZ	77	F 29
Croce di Magara CS	86	J 31
Croce di Panaro (Passo) PZ	88	L 31
Croce di Raparo PZ	77	G 29
Croce di Serra (Monte) TR	58	O 18
Croce Dominii (Passo di) BS	10	E 13
Croce Ferrata (Passo) RC	88	L 30
Croce Mancina (Monte) ME	100	N 27
Crocera di Barge CN	26	H 4
Crocetta BO	40	I 17
Crocetta (Passo) CS	86	J 30
Crocetta (Goletto del) BS	22	E 13
Crocette TP	96	M 19

Croci (Monte di) PG	51	M 19
Croci (Vetta Le) FI	40	K 16
Croci di Calenzano FI	39	K 15
Crodo VB	8	D 6
Crognaleto TE	59	O 22
Cropalati CS	87	I 32
Cropani CZ	89	K 32
Cropani Marina CZ	89	K 32
Crosa VC	20	E 6
Crosano TN	23	E 14
Crosia CS	87	I 32
Crostis (Monte) UD	5	C 20
Crostolo RE	31	I 13
Crotone KR	87	J 33
Crotta d'Adda CR	30	G 11
Crova VC	20	G 6
Crozzón di Lares TN	11	D 13
Crucoli KR	87	I 33
Crucoli Torretta KR	87	I 33
Cruser TA	33	I 18
Cruxi (Genna) OG	117	G 10
Cruzitta (Punta) OT	109	D 8
Cuasso al Monte VA	8	E 8
Cucchinadorza (Lago di) NU	115	G 9
Cucco (Monte) PG	46	L 20
Cuccurano PS	46	K 20
Cuccureddu(Monte) NU	115	G 9
Cuccuru 'e Paza NU	116	G 10
Cuceglio TO	19	G 5
Cuddia TP	97	N 19
Cuestalta / Hoher Trieb UD	5	C 21
Cuffiano BN	65	R 26
Cuga SS	110	F 7
Cuga (Lago) SS	110	F 7
Cuggiono MI	20	F 8
Cuglieri OR	114	G 7
Cugnana (Punta) OT	109	D 10
Cugnoli PE	60	P 23
Cuiaru (Monte) SS	111	F 8
Cuma NA	69	E 24
Cumiana TO	26	H 4
Cumignano sul Naviglio CR	22	F 11
Cuna SI	50	M 16
Cunardo VA	8	E 8

Cuneo CN	35	I 4
Cuorgnè TO	19	F 4
Cupa CE	69	D 23
Cupello CH	61	P 26
Cupetti (Punta) NU	113	F 10
Cupi MC	52	M 21
Cupoli PE	60	O 23
Cupra Marittima AP	53	M 23
Cupramontana AN	46	L 21
Cura VT	57	P 18
Curcuris OR	116	H 8
Curi (Monte sa) OT	109	E 10
Curiglia VA	8	D 8
Curino BI	20	F 6
Curon Venosta / Graun im Vinschgau BZ	2	B 13
Curone AL	29	H 9
Cursi LE	83	G 36
Cursolo Orasso VB	8	D 7
Curtarolo PD	24	F 17
Curtatone MN	31	G 14
Curticelle SA	70	E 26
Cusa (Cave di) TP	97	O 20
Cusago MI	21	F 9
Cusano PN	13	E 19
Cusano Milanino MI	21	F 9
Cusano Mutri BN	65	R 25
Cusercoli FC	40	J 18
Cusio BG	9	E 10
Cusna (Monte) RE	38	J 13
Cussorgia CI	118	J 7
Custonaci TP	97	M 20
Custoza VR	23	F 14
Cutigliano PT	39	J 14
Cutro KR	87	J 32
Cutrofiano LE	83	G 36
Cuvio VA	8	E 8
Cuzzago VB	8	D 7

D

Dalmine BG	21	F 10
Dambel TN	11	C 15
Danta BL	5	C 19
Daone TN	11	E 13
Daone (Val di) TN	11	D 13
Darfo-Boario Terme BS	10	E 12
Darzo TN	23	E 13
Dasà VV	88	L 30
Dattilo TP	96	N 19
Daunia (Monti della) FG	66	C 27
Davagna GE	37	I 9
Davoli CZ	88	L 31
Dazio SO	9	D 10
De Costanzi CN	26	I 3
De Gasperi (Rifugio) UD	5	C 20
De Lorenzis (Masseria) BA	72	E 31
Decimomannu CA	118	J 8
Decimoputzu CA	118	J 8
Decollatura CZ	86	J 31
Decorata BN	70	C 26
Degano UD	5	C 20
Dego SV	36	I 6
Deiva Marina SP	37	J 10
Del Vecchio (Masseria) TA	78	F 32
Delebio SO	9	D 10
Delfino (Lido) TP	96	N 19
Delia CL	103	O 23
Delia (Fiume) AG	103	O 23
Delianuova RC	90	M 29
Deliceto FG	71	D 28
Dello BS	22	F 12
Demo BS	10	D 13
Demonte CN	34	J 3
Denice AL	28	I 7
Denno TN	11	D 15
Denore FC	32	H 17
Dent d'Hérens AO	7	E 4
Dente del Gigante AO	6	E 2
Denza (Rifugio) TN	11	D 13
Derby AO	18	E 3
Dermulo TN	11	C 15
Dernice AL	29	H 9
Deruta PG	51	N 19
Dervio LC	9	D 9
Desana VC	20	G 7
Dese VE	25	F 18
Dese (Fiume) VE	25	F 18
Desenzano del Garda BS	23	F 13
Desio MI	21	F 9
Destro CS	87	I 32
Desulo NU	115	G 9
Desusino (Monte) CL	103	P 24
Deta (Pizzo) AQ	64	Q 22
Deutschnofen / Nova Ponente BZ	12	C 16

Devero (Val) VB	8	D 6
Dezzo BG	10	E 12
Dezzo (Fiume) BS	10	E 12
Di Brazza (Rifugio) UD	15	C 22
Di Santo (Masseria) BA	73	E 32
Diacceto FI	44	K 16
Diamante CS	84	H 29
Diano Arentino IM	35	K 6
Diano Castello IM	35	K 6
Diano d'Alba CN	27	I 6
Diano Marina IM	35	K 6
Diano (Vallo di) SA	76	F 28
Diavolo (Passo del) AQ	64	Q 23
Diavolo (Pizzo del) BG	10	D 11
Dicomano FI	40	K 16
Dieci (Cima) BZ	4	C 17
Diecimo LU	38	K 13
Diegaro FC	41	J 18
Dierico UD	5	C 21
Dietro Isola (Porto) TP	96	Q 18
Digerbato TP	96	N 19
Dignano UD	14	D 20
Dignini PC	30	H 11
Diliella (Fattoria) CL	103	P 24
Diligenza RG	104	Q 25
Dimaro TN	11	D 14
Dinami VV	88	L 30
Dino (Isola di) CS	84	H 29
Dipignano CS	86	J 30
Dipilo (Pizzo) PA	99	N 23
Dirillo CT	104	P 25
Dirillo (Lago) CT	104	P 26
Disfida di Barletta (Monumento alla) BA	72	D 31
Disgrazia (Monte) SO	10	D 11
Diso LE	83	G 37
Disueri CL	104	P 24
Disueri (Lago) CL	104	P 24
Dittaino EN	100	O 25
Divedro (Val) VB	8	D 6
Diveria VB	8	D 6
Divieto ME	90	M 28
Divignano NO	20	F 7
Divino Amore (Santuario del) RM	62	Q 19
Dobbiaco / Toblach BZ	4	B 18
Dobbiaco (Lago di) BZ	4	B 18
Dobbiaco Nuovo BZ	4	B 18
Doberdò del Lago GO	17	E 22
Dodici (Cima) TN	12	E 16
Dogana Nuova MO	39	J 13
Doganaccia PT	39	J 14
Doganella LT	63	R 20
Dogaro MO	31	H 15
Doglia (Monte) SS	110	F 6
Dogliani CN	27	I 5
Dogliola CH	61	Q 25
Dogna UD	15	C 21
Dogna (Torrente) UD	15	C 22
Dolcè VR	23	F 14
Dolceacqua IM	35	K 4
Dolcecanto BA	72	E 30
Dolcedo IM	35	K 5
Dolcedorme (Serra) PZ	85	H 30
Dolegna del Collio GO	15	D 22
Dolianova CA	119	I 9
Dolo VE	25	F 18
Dolo (Torrente) MO	39	J 13
Dolomiti Bellunesi (Parco Nazionale delle) BL	12	D 17
Dolzago LC	21	E 10
Domanico CS	86	J 30
Domanins PN	13	D 20
Domaso CO	9	D 9
Domegge di Cadore BL	5	C 19
Domegliara VR	23	F 14
Domellето NO	20	F 7
Domenica (Città della) PG	51	M 19
Domicella AV	70	E 25
Domo AN	46	L 21
Domo di Sasso (Poggio) AR	44	K 16
Domodossola VB	8	D 6
Domu e s'Orcu (Sa) CA	121	J 9
Domus de Maria CA	121	K 8
Domusnovas CI	118	J 7
Donada RO	33	G 18
Donato BI	19	F 5
Dondenaz AO	19	F 4
Dongo CO	9	D 9
Donigala OG	117	H 11
Donigala Fenughedu OR	114	H 7
Donna Giacoma (Cozzo) PA	98	N 22
Donna (Punta sa) NU	113	F 10
Donnafugata RG	104	Q 25

Donnalucata RG	106	Q 25
Donnas AO	19	F 5
Donoratico LI	49	M 13
Donori CA	119	I 9
Dont BL	13	C 18
Donzella (Isola della) RO	33	H 19
Doppo (Monte) BS	22	F 12
Dora Baltea AO	18	E 3
Dora di Rhêmes AO	18	F 3
Dora di Valgrisanche AO	18	F 3
Dora Riparia TO	26	H 2
Dordo BG	21	E 10
Dorga BG	10	E 12
Dorgali NU	117	G 10
Doria CS	85	H 30
Dorigoni (Rifugio) TN	2	C 14
Dorio LC	9	D 9
Dorno PV	20	G 8
Dorra GE	37	I 9
Dosimo CR	22	G 12
Dosolo MN	31	H 13
Dossena BG	9	E 11
Dosso FE	32	H 16
Dosso del Liro CO	9	D 9
Dosson TV	25	F 18
Doues AO	6	E 3
Dovadola FC	40	J 17
Dovaru (Monte su) NU	115	G 9
Dovera CR	21	F 10
Dozza (vicino ad Imola) BO	40	I 16
Dozza BO	40	I 16
Dragonetti PZ	71	E 29
Dragone MO	39	J 13
Dragone (Colle del) PZ	85	H 30
Dragoni CE	65	S 24
Drapia VV	88	L 29
Drei Zinnen / Lavaredo (Tre Cime di) BL	4	C 18
Dreieck-Spitze / Triangolo di Riva BZ	4	B 18
Dreiherrnspitze / Tre Signori (Picco dei) BZ	4	A 18
Drena TN	11	E 14
Drenchia UD	15	D 22
Dresano MI	21	F 10
Drizzona CR	30	G 13
Dro TN	11	E 14
Dronero CN	26	I 4
Drosi RC	88	L 29
Druento TO	19	G 4
Druges AO	19	E 4
Druogno VB	8	D 7
Drusco PR	29	I 10
Dualchi NU	115	G 8
Duanera la Rocca FG	66	C 28
Dubbione TO	26	H 3
Dubino SO	9	D 10
Duca degli Abruzzi (Rifugio) AQ	59	O 22
Duca (Masseria del) TA	79	F 34
Duca (Masseria Nuova del) BA	72	D 31
Ducato Fabriago RA	32	I 17
Duchessa (Lago della) RI	59	P 22
Due Carrara PD	24	G 17
Due Maestà BN	31	I 13
Due Santi (Passo dei) MS	37	I 11
Duesanti PG	51	N 19
Dueville VI	24	F 16
Dufour (Punta) VB	7	E 4
Dugenta BN	70	D 25
Duglia CS	85	I 31
Dugliolo BO	32	I 16
Duino-Aurisina TS	17	E 22
Dumenza VA	8	D 8
Dunarobba TR	51	N 19
Duno VA	8	E 8
Duomo BS	22	F 12
Dura (Cima) BZ	4	B 18
Duran (Passo) BL	13	C 18
Durazzanino FO	41	J 18
Durazzano BN	70	D 25
Durnholz / Valdurna BZ	3	B 16
Durone (Passo) TN	11	D 14
Duronia CB	65	R 25

E

Ebba (Scala s') OR	115	H 8
Eboli SA	75	F 27
Eclause TO	26	G 2
Ederas (Piana) SS	111	G 8
Edolo BS	10	D 12
Ega (Val d') / Eggental BZ	3	C 16
Egadi (Isole) TP	96	N 18
Eggental / Ega (Val d') BZ	3	C 16
Egna VC	7	E 6

Egna / Neumarkt *BZ*...........11 D 15
Egnazia *BR*...........80 E 34
Egola *FI*...........43 L 14
Ehrenburg / Casteldame *BZ*....4 B 17
Eia *PR*...........30 H 12
Eianina *CS*...........85 H 30
Eira (Passo d') *SO*...........2 C 12
Eisack / Isarco *BZ*...........3 B 16
Eisacktal / Isarco (Val) *BZ*...3 B 16
Eita *SO*...........10 C 12
Elba (Isola d') *LI*...........48 N 12
Elcito *MC*...........52 M 21
Eleme (S') *OT*...........112 E 9
Eleutero *PA*...........98 N 22
Elice *PE*...........60 O 23
Elicona *ME*...........100 M 27
Elini *OG*...........117 H 10
Elio (Monte d') *FG*...........67 B 28
Elisabetta *AO*...........18 E 2
Ellena Soria *CN*...........34 J 4
Ellera *SV*...........36 I 7
Ellero *CN*...........35 J 5
Ello *LC*...........21 E 10
Elmas *CA*...........119 J 9
Elmo *GR*...........50 N 17
Elmo (Monte) *GR*...........50 N 17
Elmo (Monte) / Helm *BZ*...5 B 19
Eloro *SR*...........107 Q 27
Elsa *FI*...........43 L 14
Eltica (Monte la) *OT*.......111 E 9
Elva *CN*...........26 I 3
Elvo *BI*...........19 F 6
Emarèse *AO*...........19 E 5
Embrisi (Monte) *RC*...........90 M 29
Emilius (Monte) *AO*...........18 E 4
Empoli *FI*...........43 K 14
Ena 'e Tomes (Sa) *NU*.......117 F 10
Enas *OT*...........113 E 10
Enciastraia (Monte) *CN*...34 I 2
Endine (Lago di) *BG*...........22 E 11
Endine Gaiano *BG*...........22 E 11
Enego *VI*...........12 E 17
Enego 2000 *VI*...........12 E 16
Enemonzo *UD*...........14 C 20
Enfola (Capo d') *LI*...........48 N 12
Enna *EN*...........99 O 24
Enna *BG*...........9 E 10
Enneberg / Marebbe *BZ*....4 B 17
Ente *GR*...........50 N 16

Entracque *CN*...........34 J 4
Entrata (Sella) *RC*...........90 M 29
Entrèves *AO*...........6 E 2
Envie *CN*...........26 H 4
Enza *PR*...........38 I 12
Eolie o Lipari (Isole) *ME*...94 L 26
Eores / Afers *BZ*...........4 B 17
Epinel *AO*...........18 F 3
Episcopia *PZ*...........77 G 30
Epitaffio (Masseria) *BA*...72 E 30
Epomeo (Monte) *NA*...........74 E 23
Equi Terme *MS*...........38 J 12
Era (Passo d') *SO*...........9 D 10
Era (Fiume) *PI*...........43 L 14
Eraclea *MT*...........78 G 32
Eraclea *VE*...........16 F 20
Eraclea Mare *VE*...........16 F 20
Eraclea Minoa *AG*...........102 O 21
Eramo a Marzagaglia
  (Casino) *BA*...........73 E 32
Erba *CO*...........21 E 9
Erba (Masseria dell') *BA*...73 E 33
Erbano (Monte) *CE*...........65 S 25
Erbavuso *EN*...........99 O 24
Erbé *VR*...........23 G 14
Erbe (Passo di) *BZ*...........4 B 17
Erbea (Monte) *SO*...........9 D 10
Erbezzo *VR*...........23 F 14
Erbognone *PV*...........20 G 8
Erbonne *CO*...........9 E 9
Erbusco *BS*...........22 F 11
Erchia (Casino d') *BA*...73 E 33
Erchie *BR*...........79 F 35
Ercolano *NA*...........69 E 25
Ercolano Scavi *NA*...........70 E 25
Erei (Monti) *EN*...........104 O 24
Eremita (Monte) *SA*...........71 E 28
Eremita (Pizzo dell') *CT*...100 N 26
Erice *TP*...........96 M 19
Erli *SV*...........35 J 6
Ernici (Monti) *FR*...........63 Q 21
Erro *SV*...........36 I 7
Erula *SS*...........111 E 8
Erve *LC*...........21 E 10
Esanatoglia *MC*...........52 M 20
Esaro *CS*...........85 I 30
Escalaplano *CA*...........119 I 10
Escolca *CA*...........119 H 9

Escovedu *OR*...........115 H 8
Esenta *BS*...........22 F 13
Esine *BS*...........10 E 12
Esino *AN*...........46 L 20
Esino Lario *LC*...........9 E 10
Esperia *FR*...........64 R 23
Esporlatu *SS*...........115 F 8
Esse *AR*...........50 M 17
Este *PD*...........24 G 16
Esterzili *CA*...........115 H 9
Etna (Cantoniera dell') *CT*...100 N 26
Etna (Monte) *CT*...........100 N 26
Etsch / Adige *BZ*...........3 C 15
Etroubles *AO*...........6 E 3
Eurialo *SR*...........105 P 27
Eva (Punta) *CA*...........121 K 8
Evançon *AO*...........7 E 5
Exilles *TO*...........26 G 2

F

Fabbri *PG*...........51 N 20
Fabbrica Curone *AL*...........29 H 9
Fabbriche *LU*...........39 J 13
Fabbriche di Vallico *LU*...38 K 13
Fabbrico *RE*...........31 H 14
Fabriano *AN*...........52 L 20
Fabrica di Roma *VT*...........58 O 18
Fabrizia *VV*...........88 L 30
Fabro *TR*...........51 N 18
Fabro Scalo *TR*...........51 N 18
Facen *BL*...........12 D 17
Fadalto *BL*...........13 D 19
Fadalto (Sella di) *BL*...........13 D 19
Faedis *UD*...........15 D 22
Faedo *SO*...........10 D 11
Faedo *TN*...........11 D 15
Faedo *VI*...........24 F 16
Faenza *RA*...........40 J 17
Faetano *RSM*...........41 K 19
Faeto *FG*...........71 D 27
Fagagna *UD*...........14 D 21
Faggiano *TA*...........79 F 34
Fagnano Alto *AQ*...........59 P 22
Fagnano Castello *CS*...85 I 30
Fagnano Olona *VA*...........20 E 8
Fagnigola *PN*...........13 E 20
Fago del Soldato *CS*...86 I 31

FIRENZE

Agnelli (V. Giovanni)...........**BS** 4
Alberti (Pza L. B.)...........**BS** 6
Aretina (V.)...........**BS** 13
Chiantigiana (V.)...........**BS** 36
Colombo (Lungarno C.)...........**BS** 37

D'Annunzio (V. G.)...........**BS** 41
De Amicis (Viale E.)...........**BS** 45
Europa (Pza)...........**BS** 49
Giannotti (Viale D.)...........**BS** 58
Guidoni (Viale A.)...........**AR** 67
Mariti (V. G. F.)...........**AR** 81
Novoli (Viale A.)...........**AR** 91
Panche (V. delle)...........**AR** 100

Paoli (V.)...........**AS** 103
Paoli (Viale Pasquale)...........**BS** 105
Pietro Leopoldo (Pza)...........**BR** 114
Poggio Imperiale (Viale del.)...**BS** 118
Pollaiuolo (V. A. del)...........**AS** 121
Salviati (V.)...........**BR** 144
S. Domenico (V. di)...........**BR** 147
Villamagna (V. di)...........**BS** 196

Cenacolo di San Salvi.................**BS G**

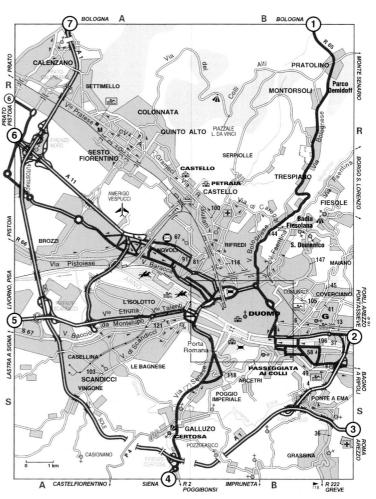

FERRARA

0   400 m

Borgo di Sotto (V.)...........BZ 3
Cavour (Viale)...........AY
Garibaldi (V.)...........ABY 6
Martiri d. Libertà (Cso)...BY 8
Pomposa (V.)...........BZ 9
Porta Reno (Cso)...........BZ 12
Saraceno (V.)...........BZ 15
Savonarola (V.)...........BZ 17
Spadari (V.)...........AY 18
S. Maurelio (V.)...........BZ 14
Terranuova (V.)...........BZ 18
Travaglio (Pza del)...........BZ 19
Trento Trieste (Pza)...........BZ 20
Voltapaletto (V.)...........BZ 21
Volte (V. delle)...........BZ 22

Castello Estense...........BY **B**
Palazzina di Marfisa d'Este . BZ **N**
Palazzo di Ludovico
il Moro...........BZ **M¹**
Palazzo
Schifanoia...........BZ **E**

Fai della Paganella *TN*......11 D 15
Faiallo (Passo del) *GE*...36 I 8
Faiano *SA*...........75 F 26
Faiatella *SA*...........76 G 28
Faicchio *BN*...........65 S 25
Faida *TN*...........11 D 15
Faidello *MO*...........39 J 13
Faiolo *TR*...........51 N 18
Faito (Monte) *NA*...........74 E 25
Falcade *BL*...........12 C 17
Falciano *AR*...........45 L 17
Falciano del Massico *CE*...69 D 23
Falcioni *AN*...........46 L 20
Falcognana *RM*...........62 Q 19
Falconara *CL*...........103 P 24
Falconara Albanese *CS*...86 J 30
Falconara Marittima *AN*...47 L 22
Falcone *ME*...........100 M 27
Falcone (Capo del) *SS*...110 E 6
Falcone (Monte) *TP*...........96 N 18
Falcone (Punta) *OT*...........109 D 9
Falconiera (Capo) *PA*...92 K 21
Faleria *AP*...........52 M 22
Falerii Novi *VT*...........58 P 19
Falerna *CZ*...........86 J 30
Falerna Marina *CZ*...........88 K 30
Falerone *AP*...........52 M 22
Falicetto *CN*...........27 I 4
Falier (Rifugio) *BL*...........12 C 17
Fallascoso *CH*...........60 P 24
Faller (Corno di) *VB*...........7 E 5
Fallère (Monte) *AO*...........18 E 3
Fallo *CH*...........65 Q 24

Falmenta *VB*...........8 D 7
Faloria (Tondi di) *BL*...........4 C 18
Falterona (Monte) *FI*...........40 K 17
Faltona *AR*...........51 L 17
Faltona *FI*...........40 K 16
Falvaterra *FR*...........64 R 22
Falzarego (Passo di) *BL*...4 C 18
Falze di Piave *TV*...........13 E 18
Falzes / Pfalzen *BZ*...........4 B 17
Fana (Corno di) / Toblacher
  Pfannhorn *BZ*...........4 B 18
Fanaco (Lago) *PA*...........98 O 22
Fanano *MO*...........39 J 14
Fanciullo *RM*...........57 P 17
Fangacci (Passo) *AR*...........40 K 17
Fanghetto *IM*...........35 K 4
Fano *PN*...........13 D 20
Fano *PS*...........46 K 21
Fano a Corno *TE*...........59 O 22
Fano Adriano *TE*...........59 O 22
Fantina *ME*...........101 M 27
Fantiscritti (Cave di) *MS*...38 J 12
Fantoli (Rifugio) *VB*...........8 E 7
Fanzarotta *CL*...........103 O 23
Fanzolo *TV*...........24 E 17

Fardella *PZ*...........77 G 30
Farfa *RI*...........58 P 20
Farfa (Abbazia di) *RI*...........58 P 20
Farfengo *CR*...........22 G 11
Farigliano *CN*...........27 I 5
Farindola *PE*...........60 O 23
Farini *PC*...........29 H 10
Farnese *VT*...........57 O 17
Farneta *CS*...........77 G 31
Farneta *MO*...........39 I 13
Farneta (Abbazia di) *AR*...50 M 17
Farneta di Riccò *MO*...........39 I 14
Faro (Capo) *ME*...........94 L 26
Faro Superiore *ME*...........90 M 28
Faroma (Monte) *AO*...........7 E 4
Farra d'Alpago *BL*...........13 D 19
Farra di Soligo *TV*...........13 E 18
Farro *TV*...........13 E 18
Fasana *KR*...........87 J 33
Fasana Polesine *RO*...........32 G 18
Fasanella *SA*...........76 F 27
Fasano *BS*...........23 F 13
Fasano *BR*...........80 E 34
Fasano *PA*...........99 N 24
Fascia *GE*...........29 I 9
Fassa (Val di) *TN*...........12 C 17
Fassinoro *RI*...........58 P 20
Fastello *VT*...........57 O 18
Fate (Monte delle) *FR*...63 R 21
Fattoria (Zoo) *PA*...........97 M 23
Fau (Pizzo) *ME*...........100 N 25
Fauglia *PI*...........42 L 13
Faule *CN*...........27 H 4
Favale di Malvaro *GE*...37 I 9

Favalto (Monte) *PG*	45 L 18	Felina *RE*	38 I 13
Favara *AG*	103 P 22	Felino *PR*	30 H 12
Favara (Lago) *AG*	97 O 21	Felisio *RA*	40 I 17
Favazzina *RC*	90 M 29	Felitto *SA*	76 F 27
Faver *TN*	11 D 15	Felizzano *AL*	28 H 7
Faverga *BL*	13 D 18	Fella *UD*	15 C 22
Faverzano *BS*	22 F 12	Fellicarolo *MO*	39 J 14
Favignana *TP*	96 N 18	Felonica *MN*	32 H 16
Favignana (Isola) *TP*	96 N 18	Feltre *BL*	12 D 17
Favogna / Fennberg *BZ*	11 D 15	Fema (Monte) *MC*	52 N 21
Favoscuro *ME*	100 N 26	Femmina Morta *FI*	40 J 16
Favria *TO*	19 G 5	Femmina Morta Miraglia	
Fazzon *TN*	11 D 14	(Portella) *ME*	100 N 25
Fedaia (Lago di) *TN*	4 C 17	Femminamorta *PT*	39 K 14
Fedaia (Passo di) *TN*	4 C 17	Femminamorta (Monte) *KR*	87 J 32
Feglino *SV*	36 J 6	Femminamorta (Monte) *EN*	100 N 25
Feisoglio *CN*	27 I 6	Femmine (Isola delle) *PA*	97 M 21
Felci (Fossa) *ME*	94 L 25	Fenaio (Punta del) *GR*	55 O 14
Feldthurns / Velturno *BZ*	4 B 16	Fenau (Punta del) *GR*	55 O 14
Felegara *PR*	30 H 12	Fenestrelle *TO*	26 G 3
Feletto *TO*	19 G 5	Fenigli *PS*	46 L 20
Feletto Umberto *UD*	15 D 21	Fenile *PS*	46 K 20
Fenis *AO*	19 E 4	Ferrera *VC*	8 E 6
Fennau (Monte) *OG*	117 G 10	Ferrera Erbognone *PV*	28 G 8
Fennberg / Favogna *BZ*	11 D 15	Ferrere *AT*	27 H 6
Ferdinandea *RC*	88 L 31	Ferrere *CN*	34 I 2
Ferentillo *TR*	58 O 20	Ferreto *VT*	57 O 18
Ferentino *FR*	63 Q 21	Ferriere (Monte) *TP*	97 N 21
Ferento *VT*	57 O 18	Ferriere *PC*	29 I 10
Feriolo *VB*	8 E 7	Ferriere (Le) *LT*	63 R 20
Ferla *SR*	104 P 26	Ferro *CS*	78 G 31
Fermignano *PS*	46 K 19	Ferro (Canale del) *UD*	15 C 21
Fermo *AP*	53 M 23	Ferro di Cavallo *PG*	51 M 19
Fernetti *TS*	17 E 23	Ferro (Pizzo del) *SO*	2 C 12
Ferno *VA*	20 F 8	Ferro (Porto) *SS*	110 F 6
Feroleto Antico *CZ*	88 K 31	Ferrone *FI*	43 L 15
Feroleto della Chiesa *RC*	88 L 30	Ferru (Monte) *CA*	119 J 10
Ferrandina *MT*	77 F 31	Ferru (Monte) *OG*	119 H 10
Ferrania *SV*	36 I 6	Ferru (Monte) *OR*	114 G 7
Ferranti (Masseria) *FG*	71 D 28	Ferruzzano *RC*	91 M 30
Ferrara di Monte Baldo *VR*	23 E 14	Fersinone *TR*	51 N 18
Ferraro *RC*	91 M 30	Ferto (Capo) *CA*	119 J 10
Ferrara *FE*	32 H 16		
Fertilia *SS*	110 F 6	Ficarazzi *PA*	98 M 22
Festiona *CN*	34 J 4	Ficarolo *RO*	32 H 16
Feto (Capo) *TP*	96 O 19	Ficarra *ME*	100 M 26
Fetovaia *LI*	48 N 12	Ficulle *TR*	51 N 18
Fetovaia (Punta di) *LI*	48 N 12	Ficuzza *PA*	98 N 22
Feverstein / Montarso *BZ*	3 B 15	Ficuzza (Bosco della) *PA*	98 N 22
Fiamenga *PG*	51 N 19	Ficuzza (Fattoria) *CL*	103 P 23
Fiamignano *RI*	59 P 21	Ficuzza (Fiume) *CT*	104 P 25
Fianello *RI*	58 O 19	Ficuzza (Pizzo) *AG*	99 O 23
Fiano *FI*	43 L 15	Ficuzza (Rocca) *AG*	97 O 21
Fiano *LU*	38 K 13	Fidenza *PR*	30 H 12
Fiano Romano *RM*	58 P 19		
Fiano *TO*	19 G 4	Fié allo Sciliar /	
Fiascherino *SP*	38 J 11	Völs am Schlern *BZ*	3 C 16
Fiaschetti *PN*	13 E 19	Fiemme (Val di) *TN*	12 D 16
Fiastra *MC*	52 M 21	Fiera di Primiero *TN*	12 D 17
Fiastra (Abbazia di) *MC*	52 M 22	Fiera (Monte della) *PA*	97 N 21
Fiastra (Lago di) *MC*	52 M 21	Fierozzo *TN*	12 D 15
Fiastra (Torrente) *MC*	52 M 22	Fieschi (Basilica dei) *GE*	37 J 10
Fiastrone *MC*	52 M 21	Fiesco *CR*	22 F 11
Fiavé *TN*	11 D 14	Fiesole *FI*	40 K 15
		Fiesse *BS*	22 G 12
		Fiesso d'Artico *VE*	24 F 18

Ariosto (Viale F.)	CU	15
Battisti (V. C.)	ET	18
Bentaccordi (V.)	EU	19
Calimala (V.)	DU	24
Cerretani (V. de')	DU	34
Conti (V. de')	DU	39
Don G. Minzoni (Viale)	ET	48
Giudici (Pza dei)	EU	60
Guicciardini (V. de')	DV	66
Martelli (V. de')	DU	82
Mazzetta (V.)	DV	84
Ognissanti (Borgo)	DU	93
Oriuolo (V. d.)	EU	96
Panzani (V.)	DU	102
Ponte Sospeso (V. del)	CU	124
Por S. Maria (V.)	DU	126
Proconsolo (V. del)	DU	130
Repubblica (Pza della)	DU	132
Ricorboli (V. di)	FV	133
Ridolfi (V. C.)	DU	135
Roma (V.)	DT	136
Rondinelli (V. de')	DU	136
Santissima Annunziata		
(Pza della)	ET	168
Santi Apostoli (Borgo)	DU	166
Speziali (V. degli)	EU	174
Strozzi (V. degli)	DU	178
S. Agostino (V.)	DV	145
S. Giorgio (Costa di)	EV	148
S. Jacopo (Borgo)	DU	153
S. Monaca (V.)	DU	156
Terme (V. delle)	DU	181
Tornabuoni (V.)	DTU	184
Torta (V.)	EU	186
Vigna Nuova (V. della)	DU	193
Battistero	EU	A
Campanile	EU	B
Casa Buonarroti	EU	M1
Crocifissione		
del Perugino	EU	C
Galleria degli Uffizi	EU	M3
La Badia	EU	E
Loggia della Signoria	EU	K
Loggia		
del Mercato Nuovo	DU	L
Museo della Casa Fiorentina		
Antica	DU	M4
Museo dell'Opera		
del Duomo	EU	M5
Museo di Storia		
della Scienza	EU	M6
Museo Horne	EU	M11
Museo Marino Marini	DU	M7
Opificio delle Pietre dure	ET	M9
Orsanmichele	EU	R2
Palazzo		
e museo del Bargello	EU	M10
Palazzo Medici-Riccardi	EU	S2
Palazzo Rucellai	DU	S3
Palazzo Strozzi	DU	S4
Palazzo Vecchio	EU	H
Santa Maria Novella	DU	W
Santa Trinita	DU	X

FIRENZE

Fiesso Umbertiano RO......32 H 16
Figari (Capo) SS........113 E 11
Figino Serenza CO........21 E 9
Figline PO........39 K 15
Figline Valdarno FI......44 L 16
Figline Vegliaturo CS....86 J 30
Filadelfia VV........88 K 30
Filadonna (Becco di) TN..11 E 15
Filaga PA........98 N 22
Filandari VV........88 L 30
Filattiera MS........38 J 11
Filau (Monte) CA......121 K 8
Filettino FR........63 Q 21
Filetto AN........46 L 21
Filetto AQ........59 O 22
Filetto CH........60 P 24
Filettole PI........38 K 13
Filiano PZ........71 E 29
Filibertu SS........110 E 6
Filicudi (Isola) ME......94 L 25
Filicudi Porto ME......94 L 25
Filighera PV........21 G 9
Filignano IS........64 R 24
Filio (Pizzo) ME......100 N 25
Filippa KR........87 J 32
Filaciano RM........58 P 19
Filo FE........32 I 17
Filogaso VV........88 K 30
Filottrano AN........47 L 22
Finale PA........99 M 24
Finale di Rero FE......32 H 17
Finale Emilia MO......32 H 15
Finale Ligure SV......36 J 7
Fine IV........42 L 13
Finero VB........8 D 7
Finestra di Champorcher AO..19 F 4
Finestre (Colle delle) TO..26 G 3
Fino PE........60 O 23
Fino del Monte BG......10 E 11
Fino Mornasco CO......21 E 9
Finocchio RM........62 Q 20
Fionchi (Monte) PG......52 N 20
Fiora GR........50 N 16
Fiorana FE........32 I 17
Fiorano Modenese MO....31 I 14
Fiordimonte MC......52 M 21
Fiore PG........51 N 19
Fiorentina BO........32 I 16
Fiorentino RSM......41 K 19
Fiorenzuola d'Arda PC....30 H 11
Fiorenzuola di Focara PS..46 K 20
Fiori (Montagna di) TE....53 N 22
Fiorino GE........36 I 8
Firenze FI........43 K 15
Firenzuola FI........40 J 16
Firenzuola TR........51 N 19
Firmo CS........85 H 30
Fiscalino (Campo) /
 Fischleinboden BZ......4 C 18
Fisciano SA........70 E 26
Fisciolo (Serra) PZ......77 G 29
Fisrengo NO........20 F 7
Fissa (Posta) FG......71 D 28
Fittanze della Sega

(Passo) TN........23 E 14
Fiuggi FR........63 Q 21
Fiumalbo MO........39 J 13
Fiumana FO........40 J 17
Fiumarella PZ........72 E 29
Fiumata RI........59 P 21
Fiumcella MC........46 L 22
Fiume (il) TV........16 E 19
Fiume RE........31 I 13
Fiume MC........52 M 21
Fiume Nicà (Punta) CS....87 I 33
Fiume Veneto PN......13 E 20
Fiumedinisi ME......90 M 28
Fiumefreddo Bruzio CS....86 J 30
Fiumefreddo di Sicilia CT..101 N 27
Fiumenero BG........10 D 11
Fiumi Uniti RA........41 I 18
Fiumicella MC........46 L 22
Fiumicello UD........17 E 22
Fiumicino RM........62 Q 19
Fiuminata MC........52 M 20
Fivizzano MS........38 J 12
Flaas / Valas BZ......3 C 15
Flagogna UD........14 D 20
Flaiban-Pacherini
 (Rifugio) UD........13 C 19
Flaibano UD........14 D 20
Flambruzzo UD........16 E 21
Flascio CT........100 N 26
Flassin AO........18 E 3
Flavia (Porto) CA......118 J 7
Flavon TN........11 D 15
Flegrei (Campi) NA......69 E 24
Fleres / Pflersch BZ......3 B 16
Fleres (Val di) BZ......3 B 16
Fleri CT........101 O 27
Flero BS........22 F 12
Flores (Genna) NU......115 G 9
Floresta ME........100 N 26
Floridia SR........105 P 27
Florinas SS........111 F 7
Floripotena ME......90 M 27
Flumendosa OG......115 H 10
Flumendosa (Foce del) CA..119 I 10
Flumendosa
 (Lago Alto del) OG..117 H 10
Flumendosa (Lago del) CA..119 H 9
Flumeri AV........71 D 27
Flumignano UD......16 E 21
Flumincella CA......119 I 9
Flumineddu
 (Cagliari e Nuoro) CA..119 I 10
Flumineddu NU......117 G 10
Fluminese CI........118 I 7
Flumini CA........119 J 9
Flumini (Rio) OR......115 H 9
Fluminimaggiore CI......118 I 7
Fluno BO........40 I 17
Fobello VC........7 E 6
Focà RC........88 L 31
Foce AP........52 N 21
Foce di Varano FG......67 B 29
Foce Verde LT........63 R 20
Focene RM........62 Q 18
Focette LU........38 K 12

Fodara Vedla BZ......4 C 18
Foén BL........12 D 17
Foggia FG........66 C 28
Foghe (Punta di) OR....114 G 7
Foglia PS........41 K 19
Foglianise BN........70 D 26
Fogliano RE........31 I 13
Fogliano (Lago di) LT....63 R 20
Fogliano (Monte) VT....57 P 18
Fogliano Redipuglia GO....17 E 22
Foglizzo TO........19 G 5
Fognano RA........40 J 17
Foi di Picerno (Monte li) PZ..76 F 29
Foiana / Vollan BZ......3 C 15
Foiano della Chiana AR....50 M 17
Foiano di Val Fortore BN....70 C 26
Folgaria TN........11 E 15
Folgarida TN........11 D 14
Folignano AP........53 N 22
Foligno PG........51 N 20
Follerato (Masseria) TA....78 F 32
Follina TV........13 E 18
Follo SP........38 J 11
Follone CS........85 I 30
Follonica GR........49 N 14
Follonica (Golfo di) LI....49 N 13
Folta PR........37 I 11
Fombio LO........21 G 10
Fondachelli-Fantina ME..101 N 27
Fondachello CT......101 N 27
Fondi LT........64 R 22
Fondi (Lago di) LT......63 S 22
Fondi (Lido di) LT......63 S 21
Fondiano RE........31 I 13
Fondo TN........11 C 15
Fondotoce VB........8 E 7
Fongara VI........23 E 15
Fonni NU........115 G 9
Fontainemore AO......19 F 5
Fontalcinaldo GR......49 M 14
Fontana TV........13 E 18
Fontana (Val) SO......10 D 11
Fontana Bianca (Lago di) BZ..3 C 14
Fontana Fredda PC......30 H 11
Fontana Liri Inferiore FR....64 R 22
Fontana Liri Superiore FR....64 R 22
Fontanafratta FR......64 Q 22
Fontanafredda PN......13 E 19
Fontanamare CI......118 J 7
Fontanarosa AV......70 D 27
Fontane Bianche SR....105 Q 27
Fontanefredde /
 Kaltenbrunn BZ......12 D 16
Fontanelice BO........40 J 16
Fontanella BG........22 F 11
Fontanella FI........43 L 14
Fontanella Grazioli MN....22 G 12
Fontanellato PR......30 H 12
Fontanelle CN........35 J 4
Fontanelle TE........60 O 23
Fontanelle PR........30 H 12
Fontanelle TV........16 E 19
Fontanelle VI........24 E 16
Fontaneto d'Agogna NO....20 F 7

Fontanetto Po VC......19 G 6
Fontanigorda GE......29 I 9
Fontanile AT........28 H 7
Fontaniva PD........24 F 17
Fonte TV........24 E 17
Fonte alla Roccia /
 Trinkstein BZ......4 A 18
Fonte Avellana (Eremo di) PS46 L 20
Fonte Cerreto AQ......59 O 22
Fonte Colombo
 (Convento di) RI......58 O 20
Fonte Lardina MC......52 M 21
Fonte Vetica (Rifugio) TE..60 O 23
Fonteblanda GR......55 O 15
Fontecchia (Monte) AQ....64 Q 23
Fontecchio AQ........59 P 22
Fontechiari FR........64 Q 23
Fontecorniale PS......46 K 20
Fontegreca CE........65 R 24
Fonteno BG........22 E 12
Fonterutoli SI........44 L 15
Fontespina MC........47 M 23
Fontevivo PR........30 H 12
Fonti (Cima) VI........24 E 16
Fontignano PG......51 M 18
Fonzaso BL........12 D 17
Foppa (Passo di) BS......10 D 12
Foppiano AP........53 N 22
Foppiano GE........29 I 9
Foppolo BG........10 D 11
Foradada (Isola) SS....110 F 6
Forani CN........34 J 3
Forano RI........58 P 19
Forano (Convento di) MC..47 L 22
Forbici (Passo di) RE....38 J 13
Forca di Valle TE......59 O 22
Force AP........52 N 22
Forcella MC........52 N 20
Forcella (Monte) SA......76 G 28
Forcella (Passo di) GE....37 I 10
Forcella Vallaga (Rifugio) BZ..3 B 16
Forchetta (Valico della) CH..64 Q 24
Forcito SR........104 P 26
Forcola (Pizzo di) /
 Furkel Spitze BZ......2 C 13
Forcoli PI........43 L 14
Forcuso (Monte) AV......71 E 27
Fordongianus OR......115 H 8
Forenza PZ........72 E 29
Foresta KR........87 J 32
Foresta CS........87 I 32
Foresta (Convento La) RI..58 O 20
Foresta di Burgos SS....115 F 8
Foresta (Timpone della) CS..85 H 31
Foresto CN........27 H 5
Foresto Sparso BG......22 E 11
Forgaria nel Friuli UD......14 D 20
Foria SA........76 G 27
Forino AV........70 E 26
Forio NA........74 E 23
Forlì FO........41 J 18
Forlì del Sannio IS......65 Q 24
Forlimpopoli FO......41 J 18
Formazza VB........8 C 7
Formazza (Val) VB......8 C 7
Forme AQ........59 P 22
Formello RM........58 P 19
Formeniga TV........13 E 18
Formia LT........68 S 22
Formica di Burano (Isola) GR..56 O 15
Formica (Isola) TP......96 N 19
Formiche (Punta delle) SR..107 Q 27
Formico (Pizzo) BG......22 E 11
Formicola CE........69 D 24
Formigara CR........22 G 11
Formigine MO........31 I 14
Formigliana VC......20 F 6
Formignana FE......32 H 17
Formigosa MN........31 G 14
Formole AR........45 L 18
Fornace BO........39 I 15
Fornace FI........40 K 16
Fornacette PI........43 L 15
Fornacette PI........43 K 13
Fornaci BS........22 F 12
Fornaci (Passo del) MC....52 N 21
Fornaci di Barga LU......38 J 13
Fornazzano RA........40 J 16
Fornazzo CT........101 N 27
Fornelli IS........65 R 24
Fornelli SS........110 E 6
Forni Avoltri UD......5 C 20
Forni di Sopra UD......13 C 19
Forni di Sotto UD......13 C 20
Forni (i) SO........11 C 13
Forni (Vedretta dei) SO..11 C 13
Fornisono (Masseria) BA..72 E 31

Forno VB........8 E 6
Forno MS........38 J 12
Forno TO........26 G 3
Forno (Monte) / Ofen UD..15 C 23
Forno (Monte del) SO....10 C 11
Forno Alpi Graie TO......18 F 3
Forno Canavese TO......19 G 4
Forno di Zoldo BL......13 C 18
Fornoli LU........39 J 13
Fornovo di Taro PR......30 H 12
Fornovolasco LU......38 J 13
Foro CH........60 P 24
Forotondo AL........29 H 9
Forte dei Marmi LU......38 K 12
Forte di Bibbona LI......48 M 13
Forte (Monte) SS......110 E 6
Fortezza / Franzensfeste BZ..4 B 16
Fortino PZ........76 G 29
Fortore BN........66 C 26
Fortuna (Passo della) RM..63 Q 20
Forza d'Agro ME......90 N 27
Frasso Telesino BN......70 D 25
Fosciandora LU......38 J 13
Foscagno (Monte) SO....2 C 12
Foscagno (Passo di) SO..2 C 12
Fosini SI........49 M 14
Fossa AQ........59 P 22
Fossa MO........31 H 15
Fossa delle Felci (Monte) ME..94 L 26
Fossacesia CH........61 P 25
Fossacesia Marina CH....61 P 25
Fossalta FE........32 H 17
Fossalta MO........31 I 14
Fossalta di Piave VE......16 F 19
Fossalta di Portogruaro VE..16 E 20
Fossalta Maggiore TV....16 E 19
Fossalto CB........65 Q 25
Fossalunga TV........24 E 18
Fossano CN........27 I 5
Fossanova (Abbazia di) LT..63 R 21
Fossanova S. Marco FE..32 H 16
Fossato (Colle di) AN....52 M 20
Fossato di Vico PG......52 M 20
Fossato Ionico RC......90 M 29
Fossato Serralta CZ......87 K 31
Fossazza (Monte) ME....47 M 27
Fossazzo ME........95 M 27
Fosse VR........23 F 14
Fosse (Monte le) AG....102 O 22
Fosso VE........24 F 18
Fosso del Lupo (Passo) VV..88 L 31
Fossola MS........38 J 12
Fossombrone PS......46 K 20
Foxi CA........119 J 9
Foxi (Porto) CA......118 J 9
Foxi Manna (Sa) OG....119 H 10
Fra (Monte) BS......10 E 12
Frabosa Soprana CN......35 J 5
Frabosa Sottana CN......35 J 5
Fraccano PG........45 L 18
Fracisco SO........9 C 10
Fraforeano UD......16 E 20
Fragagnano TA........79 F 34
Fragaiolo AR........45 L 17
Fragneto (Masseria) TA....80 F 33
Fragneto l'Abate BN......65 S 26
Fragneto Monforte BN....65 S 26
Fraigada (Sa) SS......111 F 8
Fraine BS........29 E 12
Fraine CH........65 Q 25
Fraioli FR........64 R 22
Fraisse TO........18 G 2
Fraiteve (Monte) TO......26 H 2
Fram (Punta) TP......96 Q 17
Framura SP........37 J 10
Francavilla al Mare CH....60 O 24
Francavilla Angitola VV....88 K 30
Francavilla Bisio AL......28 H 8
Francavilla d'Ete AP......53 M 22
Francavilla di Sicilia ME..101 N 27
Francavilla Fontana BR....79 F 34
Francavilla in Sinni PZ....77 G 30
Francavilla Marittima CS..85 H 31
Francenigo TV........13 E 19
Francesi (Punta di li) OT..109 D 9
Francica VV........88 L 30
Francofonte SR......104 P 26
Francolino FE........32 H 16
Francolise CE........69 D 24

Franscia SO........10 D 11
Franzensfeste / Fortezza BZ..4 B 16
Frasassi (Grotte di) AN..46 L 20
Frasca (Capo della) VS....114 H 7
Frascarolo PV........28 G 8
Frascati RM........62 Q 20
Frascineto CS........85 H 30
Frassanito LE........83 G 37
Frassené BL........12 D 17
Frassene GR........49 M 14
Frassinello Monferrato AL..28 G 7
Frassineta BO........40 J 16
Frassineti MO........39 I 14
Frassineto AR........44 L 17
Frassineto (Passo di) AR..45 K 18
Frassineto Po AL......28 G 7
Frassinetto TO........19 F 4
Frassino CN........26 I 3
Frassino MN........31 G 14
Frassinoro MO........39 J 13
Frasso Telesino BN......70 D 25
Fratta FO........41 J 18
Fratta (Fiume) PD......32 G 16
Fratta Polesine RO......32 G 16
Fratta Todina PG......51 N 19
Frattaguida TR........51 N 18
Frattamaggiore NA......69 E 24
Fratte PD........24 F 17
Fratte Rosa PS........46 L 20
Fratticiola Selvatica PG..51 M 19
Frattina PA........97 N 21
Frattocchie RM........62 Q 19
Frattuccia TR........58 O 19
Frattura AQ........64 Q 23
Frazzanò ME........100 M 26
Fredane AV........71 E 27
Freddo TP........97 N 20
Fregene RM........62 Q 18
Fregona TV........13 D 19
Freidour (Monte) TO......26 H 3
Freienfeld /
 Campo di Trens BZ......3 B 16
Frejus (Traforo del) TO..18 G 2
Fremamorta (Cima di) CN..34 J 3
Frenatni (Monti dei) CH..61 Q 25
Fresagrandinaria CH......61 Q 25
Fresciano AR........45 K 18
Fresonara AL........28 H 8
Frigento AV........71 D 27
Frigintini RG........104 Q 26
Frioland (Monte) TO......26 H 3
Frisa CN........34 I 3
Frise CN........34 I 3
Frisa CH........60 P 25
Frisolino GE........37 J 10
Frodolfo SO........10 C 13
Front TO........19 G 4
Frontale MC........46 L 21
Frontano (Monte) PG......45 L 19
Fronte (Monte) IM......35 J 5
Frontignano MC......52 N 21
Frontino PS........45 K 19
Frontone PS........46 L 20
Froppa (Cimon del) BL....4 C 19
Frosini SI........49 M 15
Frosinone FR........63 R 22
Frosolone IS........65 R 25
Frossasco TO........26 H 4
Frua (la) VB........8 C 7
Frugarolo AL........28 H 8
Frugno FG........71 D 28
Frusci PZ........71 E 29
Frusciu (Monte) SS......111 F 7
Fubine AL........28 H 7
Fucecchio FI........43 K 14
Fucecchio (Padule di) PT..43 K 14
Fucine TN........11 D 14
Fucino (Piana del) AQ....59 P 22
Fugazzolo PR........30 I 12
Fuipiano Valle Imagna BG..9 E 10
Fulgatore TP........97 N 20
Fumaiolo (Monte) FO......45 K 18
Fumane VR........23 F 14
Fumero SO........10 C 13
Fumo (Monte) BS......11 D 13
Fumo (Monte) /
 Rauchkofel BZ......4 A 18
Fumo (Val di) TN......11 D 13
Fumone FR........63 Q 21
Fundres / Pfunders BZ....4 B 17
Fúndres (Val di) BZ......4 B 17
Funes / Villnöß BZ......4 C 17
Funes (Val di) BZ......4 C 17

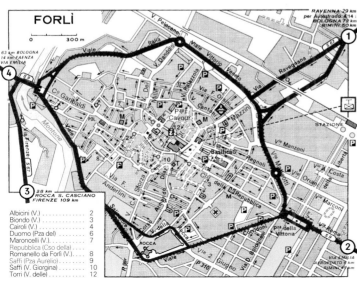

FORLÌ

0   300 m

Albicini (V.) 2
Biondo (V.) 3
Cairoli (V.) 4
Duomo (Pza del) 6
Maroncelli (V.) 7
Repubblica (Cso della) ....
Romanello da Forlì (V.) 8
Saffi (Pza Aurelio) 9
Saffi (V. Giorgina) 10
Torri (V. delle) 12

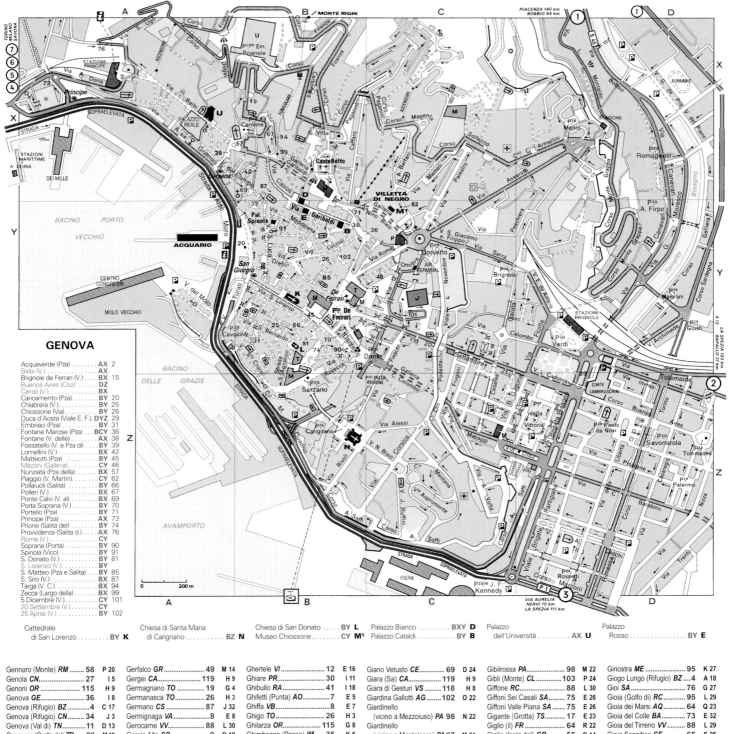

GENOVA

Acquaverde (Pza) . . . . AX 2
Balbi (V.) . . . . AX
Brignole de Ferrari (V.) . . . . BX 15
Buenos Aires (Cso) . . . . DZ
Cairoli (V.) . . . . BX
Caricamento (Pza) . . . . BY 20
Chiabrera (V.) . . . . BY 25
Chiossone (Via) . . . . DYZ 29
Duca d'Aosta (Viale E. F.) DYZ 31
Embriaci (Pza) . . . . BCY 36
Fontane Marose (Pza) . . . . . BX 38
Fontane (V. delle) . . . . AX 38
Fossatello (V. e Pza di) . . . . BY 39
Lomellini (V.) . . . . BX 42
Matteotti (Pza) . . . . BY 45
Mazzini (Galleria) . . . . CY 46
Nunziata (Pza della) . . . . . . BY 57
Piaggio (V. Martin) . . . . CY 62
Pollaiuoli (Salita) . . . . BY 66
Polleri (V.) . . . . BX 67
Ponte Calvi (V. al) . . . . BX 69
Porta Soprana (V.) . . . . BY 70
Portello (Pza) . . . . BY 71
Principe (Pza) . . . . AX 73
Prione (Salita del) . . . . BY 74
Provvidenza (Salita d.) . . . . AX 76
Roma (V.) . . . . CY
Soprana (Porta) . . . . BY 90
Spinola (Vico) . . . . BY 91
S. Donato (V.) . . . . BY 81
S. Lorenzo (V.) . . . . BY
S. Matteo (Pza e Salita) . . BY 85
S. Siro (V.) . . . . BX 87
Targa (V. C.) . . . . BX 94
Zecca (Largo della) . . . . . . BX 99
5 Dicembre (V.) . . . . CY
20 Settembre (V.) . . . . CY
25 Aprile (V.) . . . . BY 102

Cattedrale
di San Lorenzo . . . . BY **K**
Chiesa di Santa Maria
di Carignano . . . . BZ **N**
Chiesa di San Donato . . . . BY **L**
Museo Chiossone . . . . . . CY **M¹**
Palazzo Bianco . . . . BXY **D**
Palazzo Cataldi . . . . BY **B**
Palazzo
dell'Università . . . . AX **U**
Palazzo
Rosso . . . . BY **E**

Gennaro (Monte) *RM* . . . . . 58 P 20
Genola *CN* . . . . 27 I 5
Genoni *OR* . . . . 115 H 9
Genova *GE* . . . . 36 I 8
Genova (Rifugio) *BZ* . . . . . 4 C 17
Genova (Rifugio) *CN* . . . . . 34 J 3
Genova (Val di) *TN* . . . . . . 11 D 13
Genovese (Grotta del) *TP* . 96 M 18
Gentile (Col) *UD* . . . . 5 C 20
Genuardo (Monte) *AG* . . . . 97 N 21
Genuri *VS* . . . . 118 H 8
Genzana (Monte) *AQ* . . . . 64 Q 23
Genzano di Lucania *PZ* . . . 72 E 30
Genzano di Roma *RM* . . . . 63 Q 20
Genzano (Lago) *PZ* . . . . . . 72 E 30
Genziana (Monte) *OG* . . . . 117 G 10
Genzone *PV* . . . . 21 G 10
Gera Lario *CO* . . . . 9 D 10
Gerace *RC* . . . . 91 M 30
Geracello *EN* . . . . 103 O 24
Geraci Siculo *PA* . . . . 99 N 24
Gerano *RM* . . . . 63 Q 20
Gerbini *CT* . . . . 104 O 26
Gerchia *PN* . . . . 14 D 20
Geremeas *CA* . . . . 119 J 10
Gerenzago *PV* . . . . 21 G 10
Gerenzano *VA* . . . . 21 F 9

Gerfalco *GR* . . . . 49 M 14
Gergei *CA* . . . . 119 H 9
Germagnano *TO* . . . . 19 G 4
Germanasca *TO* . . . . 26 H 3
Germano *CS* . . . . 87 J 32
Germignaga *VA* . . . . 8 E 8
Gerocarne *VV* . . . . 88 L 30
Gerola Alta *SO* . . . . 9 D 10
Gerosa *BG* . . . . 21 E 10
Gerre de Caprioli *CR* . . . . 30 G 12
Gerrei *CA* . . . . 119 I 9
Gesico *CA* . . . . 119 I 9
Gessate *MI* . . . . 21 F 10
Gesso *CN* . . . . 34 J 3
Gesso *ME* . . . . 90 M 28
Gessopalena *CH* . . . . 60 P 24
Gesturi *VS* . . . . 118 H 9
Gesualdo *AV* . . . . 70 D 27
Gesuiti *CS* . . . . 86 I 30
Gfrill / Caprile
  (vicino a Merano) *BZ* . . . 3 C 15
Gfrill / Cauria
  (vicino a Salomo) *BZ* . . . 11 D 15
Ghedi *BS* . . . . 22 F 12
Ghemme *NO* . . . . 20 F 7
Gherardi *FE* . . . . 32 H 17
Gherra (Monte) *SS* . . . . . . 111 F 7

Ghertele *VI* . . . . 12 E 16
Ghiare *PR* . . . . 30 I 11
Ghibullo *RA* . . . . 41 I 18
Ghifetti (Punta) *AO* . . . . . . 7 E 5
Ghiffa *VB* . . . . 8 E 7
Ghigo *TO* . . . . 26 H 3
Ghilarza *OR* . . . . 115 G 8
Ghimbegna (Passo) *IM* . . . 35 K 5
Ghirla *VA* . . . . 8 E 8
Ghisalba *BG* . . . . 22 F 11
Ghisione *MN* . . . . 31 G 15
Ghislarengo *VC* . . . . 20 F 7
Ghivizzano *LU* . . . . 43 J 13
Ghizzano *PI* . . . . 43 L 14
Giacalone *PA* . . . . 97 M 21
Giacciano con
  Baruchella *RO* . . . . 32 G 16
Giacopiane (Lago di) *GE* . . 37 I 10
Giaf (Rifugio) *UD* . . . . 13 C 19
Giafaglione (Monte) *AG* . . 102 O 22
Giammaria (Monte) *PA* . . . 97 M 21
Giampaolo *ME* . . . . 90 M 28
Giampilieri *ME* . . . . 90 M 28
Gianforma *RG* . . . . 104 Q 26
Giano (Monte) *RI* . . . . 59 O 21
Giano dell'Umbria *PG* . . . . 51 N 19

Giano Vetusto *CE* . . . . 69 D 24
Giara (Sa) *CA* . . . . 119 H 9
Giara di Gesturi *VS* . . . . . . 118 H 8
Giardina Gallotti *AG* . . . . . 102 O 22
Giardinello
  (vicino a Mezzoiuso) *PA* 98 N 22
Giardinello
  (vicino a Montelepre) *PA* 97 M 21
Giardinetto *FG* . . . . 71 D 28
Giardini di Gioiosa *RC* . . . . 88 M 30
Giardini-Naxos *ME* . . . . . . 90 N 27
Giardino (il) *GR* . . . . 56 O 16
Giarole *AL* . . . . 28 G 7
Giarratana *RG* . . . . 104 P 26
Giarre *CT* . . . . 101 N 27
Giau (Passo di) *BL* . . . . . . 4 C 18
Giave *SS* . . . . 111 F 8
Giaveno *TO* . . . . 26 G 4
Giavera del Montello *TV* . . 25 E 18
Giavino (Monte) *TO* . . . . . . 19 F 4
Giazza *VR* . . . . 23 F 15
Giba *CI* . . . . 118 J 7
Gibele (Monte) *TP* . . . . 96 Q 18
Gibellina *TP* . . . . 97 N 20
Gibellina (Ruderi di) *TP* . . . 97 N 20
Gibilmanna (Santuario di) *PA* 99 N 24
Gibilmesi (Monte) *PA* . . . . 97 M 21

Gibilrossa *PA* . . . . 98 M 22
Gibli (Monte) *CL* . . . . 103 P 24
Giffone *RC* . . . . 88 L 30
Giffoni Sei Casali *SA* . . . . 75 E 26
Giffoni Valle Piana *SA* . . . 75 E 26
Gigante (Grotta) *TS* . . . . . . 17 E 23
Giglio (il) *FR* . . . . 64 R 22
Giglio (Isola del) *GR* . . . . . 55 O 14
Giglio Castello *GR* . . . . 55 O 14
Giglio Porto *GR* . . . . 55 O 14
Gignese *VB* . . . . 8 E 7
Gignod *AO* . . . . 18 E 3
Gilba *CN* . . . . 26 I 3
Gilberti (Rifugio) *UD* . . . . . 15 C 22
Gildone *CB* . . . . 65 R 26
Gimigliano *CZ* . . . . 88 K 31
Gimillan *AO* . . . . 18 F 4
Ginestra *FI* . . . . 43 K 15
Ginestra *PZ* . . . . 71 E 29
Ginestra degli Schiavoni *BN* 70 D 27
Ginestra (Portella) *PA* . . . . 97 N 21
Ginistrelli *PZ* . . . . 72 D 29
Ginnircu (Punta) *OG* . . . . . 117 G 10
Ginosa *TA* . . . . 78 F 32
Ginosa Marina *TA* . . . . 78 F 32

Ginostra *ME* . . . . 95 K 27
Giogo Lungo (Rifugio) *BZ* . 4 A 18
Gioi *SA* . . . . 76 G 27
Gioia (Golfo di) *RC* . . . . . . 95 L 29
Gioia dei Marsi *AQ* . . . . . . 64 Q 23
Gioia del Colle *BA* . . . . 73 E 32
Gioia del Tirreno *VV* . . . . . 88 L 29
Gioia Sannitica *CE* . . . . . . 65 S 25
Gioia Tauro *RC* . . . . 88 L 29
Gioiella *PG* . . . . 50 M 17
Gioiosa Ionica *RC* . . . . 88 L 30
Gioiosa Marea *ME* . . . . . . 100 M 26
Giordano (Capo) *CA* . . . . . 118 J 7
Giovà (Passo) *PC* . . . . 29 H 9
Giovagallo *MS* . . . . 38 J 11
Giove *TR* . . . . 58 O 18
Giove Anxur (Tempio di)
  (Terracina) *LT* . . . . 63 S 21
Giove (Monte) *VB* . . . . 8 C 7
Giovecca *RA* . . . . 32 I 17
Giovenco *AQ* . . . . 60 P 23
Giovenzano *PV* . . . . 21 G 9
Gioveretto *BZ* . . . . 2 C 14
Gioveretto (Lago di) *BZ* . . . 2 C 14
Giovi *AR* . . . . 45 L 17
Giovi (Monte) *FI* . . . . 40 K 16
Giovi (Passo dei) *GE* . . . . . 28 I 8

Giovi (Passo dei) *GE* ... 28 I 8
Giovinazzo *BA* ... 73 D 32
Giovo *TN* ... 11 D 15
Giovo (Colle del) *SV* ... 36 I 7
Giovo (Foce a) *LU* ... 39 J 13
Giovo (Monte) *MO* ... 39 J 13
Gioz *BL* ... 13 D 18
Girardi *RM* ... 58 P 19
Girasole *OG* ... 117 H 10
Girifalco *CZ* ... 88 K 31
Girlan / Cornaiano *BZ* ... 3 C 15
Gironico *CO* ... 21 E 9
Gissi *CH* ... 61 P 25
Giudicarie (Valli) *TN* ... 11 E 13
Giuggianello *LE* ... 83 G 37
Giugliano in Campania *NA* ... 69 E 24
Giulfo (Monte) *EN* ... 99 O 24
Giuliana *PA* ... 97 N 21
Giulianelli *LT* ... 63 Q 20
Giulianello (Lago di) *LT* ... 63 Q 20
Giuliano *PZ* ... 76 E 29
Giuliano di Roma *FR* ... 63 R 21
Giuliano Teatino *CH* ... 60 P 24
Giulianova *TE* ... 53 N 23
Giulianova Lido *TE* ... 53 N 23
Giumarra *CT* ... 104 O 25
Giumenta (Serra la) *SA* ... 76 G 29
Giuncarico *GR* ... 49 N 14
Giuncata (Masseria) *BA* ... 72 D 30
Giuncugnano *LU* ... 38 J 12
Giungano *SA* ... 75 F 27
Giurazzi (Masseria) *AV* ... 71 E 28
Giurdignano *LE* ... 83 G 37
Giussago *PV* ... 21 G 9
Giussago *VE* ... 16 E 20
Giussano *MI* ... 21 E 9
Giusvalla *SV* ... 36 I 7
Givoletto *TO* ... 19 G 4
Gizio *AQ* ... 60 P 23
Gizzeria *CZ* ... 88 K 30
Gizzeria Lido *CZ* ... 88 K 30
Glacier *AO* ... 6 E 3
Glacier (Monte) *AO* ... 19 F 4
Gleno (Monte) *BG* ... 10 D 12
Gleris *PN* ... 16 E 20
Gliaca *ME* ... 100 M 26
Glorenza / Glurns *BZ* ... 2 C 13
Glurns / Glorenza *BZ* ... 2 C 13
Gnignano *MI* ... 21 G 9
Gnocca *RO* ... 33 H 18
Gnocchetta *RO* ... 33 H 19
Gnutti (Rifugio) *BS* ... 10 D 13
Gobbera (Passo di) *TN* ... 12 D 17
Goceano *SS* ... 115 F 9
Goceano (Catena del) *SS* ... 111 F 8
Godega di S. Urbano *TV* ... 13 E 19
Godiasco *PV* ... 29 H 9
Godo *RA* ... 41 I 18
Godrano *PA* ... 98 N 22
Goglio *VB* ... 8 D 6
Goillet (Lago) *AO* ... 7 E 5
Goito *MN* ... 23 G 14
Gola (Passo di) /
   Klammljoch *BZ* ... 4 B 18
Golasecca *VA* ... 20 E 7
Goldrain / Coldrano *BZ* ... 3 C 14
Golferenzo *PV* ... 29 H 9
Golfo Aranci *OT* ... 109 E 10
Golfo Orosei e del Gennargentu
   (Parco Nazionale) *NU* ... 117 G 10
Gologone
   (Sorgente su) *NU* ... 117 G 10
Gomagoi *BZ* ... 2 C 13
Gombio *RE* ... 30 I 13
Gombola *MO* ... 39 I 14
Gonars *UD* ... 17 E 21
Goni *CA* ... 119 I 9
Gonnesa *CI* ... 118 J 7
Gonnoscodina *OR* ... 118 H 8
Gonnosfanadiga *VS* ... 118 I 7
Gonnosno *OR* ... 115 H 8
Gonnostramatza *OR* ... 118 H 8
Gonzaga *MN* ... 31 H 14
Goraiolo *PT* ... 39 K 14
Gordana *MS* ... 38 I 11
Gordona *SO* ... 9 D 10
Gorfigliano *LU* ... 38 J 12
Gorga *RM* ... 63 R 21
Gorga *SA* ... 76 G 27
Gorgo *UD* ... 16 E 21
Gorgo al Monticano *TV* ... 16 E 19
Gorgo (Laghetto) *AG* ... 102 O 24
Gorgofreddo *BA* ... 80 E 33
Gorgoglione *MT* ... 77 F 30
Gorgona (Isola di) *LI* ... 42 L 11
Gorgonzola *MI* ... 21 F 10
Goriano Sicoli *AQ* ... 60 P 23

Goriano Valli *AQ* ... 59 P 23
Goricizza *UD* ... 16 E 20
Gorino *FE* ... 33 H 19
Gorizia *GO* ... 17 E 22
Gorla Maggiore *VA* ... 20 F 8
Gorla Minore *VA* ... 20 F 8
Gorlago *BG* ... 22 E 11
Gornalunga *CT* ... 104 O 25
Goro *FE* ... 33 H 18
Gorra *SV* ... 36 J 6
Gorré *CN* ... 34 I 4
Gorreto *GE* ... 29 I 9
Gorruppu (Gola su) *OG* ... 117 G 10
Gorto (Canale di) *UD* ... 5 C 20
Gorzano *MO* ... 31 I 14
Gorzano (Monte) *TE* ... 59 O 22
Gorzegno *CN* ... 27 I 6
Gorzone (Canale) *PD* ... 32 G 17
Gosaldo *BL* ... 12 D 17
Gossensaß /
   Colle Isarco *BZ* ... 3 B 16
Gossolengo *PC* ... 29 G 10
Gottasecca *CN* ... 27 I 6
Gottero (Monte) *PR* ... 37 I 11
Gottolengo *BS* ... 22 G 12
Governolo *MN* ... 31 G 14
Govone *CN* ... 27 H 6
Govossai (Lago) *NU* ... 115 G 9
Gozzano *NO* ... 20 E 7
Grabellu (Punta su) *NU* ... 113 F 10
Gracciano *SI* ... 50 M 17
Gradara *PS* ... 41 K 20
Gradara (Monte) *PA* ... 97 M 21
Gradella *PC* ... 21 F 10
Gradisca *PN* ... 14 D 20
Gradisca d'Isonzo *GO* ... 17 E 22
Gradiscutta *UD* ... 16 E 20
Gradizza *FE* ... 32 H 17
Grado *GO* ... 17 E 22
Grado (Laguna di) *GO* ... 17 E 21
Grado Pineta *GO* ... 17 E 22
Gradoli *VT* ... 57 O 17
Graffignana *LO* ... 21 G 10
Graffignano *VT* ... 57 O 18
Graglia *BI* ... 19 F 5
Graglia (Santuario di) *BI* ... 19 F 5
Gragnanino *PC* ... 29 G 10
Gragnano *LU* ... 39 K 13
Gragnano *NA* ... 75 E 25
Gragnano Trebbiense *PC* ... 29 G 10
Gragnola *MS* ... 38 J 12
Graines *AO* ... 19 E 5
Gramignazzo *PR* ... 30 H 12
Grammatica *PR* ... 38 I 12
Grammichele *CT* ... 104 P 25
Gramolazzo *LU* ... 38 J 12
Gran Bagna *TO* ... 18 G 1
Gran Cratere *ME* ... 94 L 26
Gran Monte *UD* ... 13 D 21
Gran Paradiso *AO* ... 18 F 3
Gran Paradiso
   (Parco Nazionale del) *AO* ... 18 F 3
Gran Pilastro /
   Hochfeiler *BZ* ... 4 B 17
Gran Queyron *TO* ... 26 H 3
Gran S. Bernardo
   (Colle del) *AO* ... 6 E 3
Gran S. Bernardo
   (Traforo del) *AO* ... 6 E 3
Gran S. Bernardo
   (Valle del) *AO* ... 6 E 3
Gran S. Pietro *AO* ... 18 F 4
Gran Sasso d'Italia *TE* ... 59 O 22
Gran Sasso
   (Parco Naz. del) *TE* ... 59 Q 22
Gran Tournalin *AO* ... 7 E 5
Gran Truc *TO* ... 26 H 3
Gran Zebru *BS* ... 2 C 13
Grana *AT* ... 28 G 6
Grana (Torrente) *AL* ... 28 H 7
Grana (Torrente) *CN* ... 34 I 3
Granaglione *BO* ... 39 J 14
Granano (Monte di) *PS* ... 45 L 19
Granarolo *RA* ... 40 I 17
Granarolo dell'Emilia *BO* ... 32 I 16
Granarone *PA* ... 32 G 16
Granatello *TP* ... 96 N 19
Granaxiu *OR* ... 115 H 8
Grancona *VI* ... 24 F 16
Grand Assaly *AO* ... 18 F 2
Grand Eyvia *AO* ... 18 F 3
Grand Golliaz *AO* ... 6 E 3
Grande *PR* ... 30 H 12
Grande (Monte) *TP* ... 97 N 20
Grande o Imera
   Settentrionale *PA* ... 99 N 23

Grande Bonifica
   Ferrarese *FE* ... 33 H 18
Grande (Isola) *TP* ... 96 N 19
Grande (Lago) *TO* ... 26 G 4
Grande (Montagna)
   (I. di Pantelleria) *TP* ... 96 Q 18
Grande (Montagna) *ME* ... 101 N 20
Grande (Montagna) *TP* ... 97 N 20
Grande (Porto) *SR* ... 105 P 27
Grande (Punta) *AG* ... 102 P 22
Grande Rochère (la) *AO* ... 6 E 3
Grande Rousse *AO* ... 18 F 3
Grande Sassière *AO* ... 18 F 3
Grandola ed Uniti *CO* ... 9 D 9
Granero (Monte) *TO* ... 26 H 3
Granieri *CT* ... 104 P 25
Granieri (Masseria) *SR* ... 105 O 26
Granieri (Monte) *RC* ... 88 L 31
Graniti *ME* ... 101 N 27
Granitola (Punta) *TP* ... 97 O 20
Granozzo *NO* ... 20 F 7
Grantola *VA* ... 8 E 8
Grantorto *PD* ... 24 F 17
Granze *PD* ... 32 G 17
Grappa (Monte) *TV* ... 12 E 17
Grassano *MT* ... 77 F 30
Grassina Ponte a Ema *FI* ... 44 K 15
Grassobbio *BG* ... 21 F 11
Gratosoglio *MI* ... 21 F 9
Gratteri *PA* ... 99 N 23
Graun im Vinschgau /
   Curon Venosta *BZ* ... 2 B 13
Grauno *TN* ... 12 D 15
Grauson (Monte) *AO* ... 18 F 4
Grauzaria *UD* ... 14 C 21
Gravedona *CO* ... 9 D 9
Gravellona *PV* ... 20 G 8
Gravellona Toce *VB* ... 8 E 7
Gravina di Catania *CT* ... 101 O 27
Gravina di Laterza *TA* ... 78 F 32
Gravina di Matera *MT* ... 73 E 31
Gravina in Puglia *BA* ... 72 E 31
Graziano (Lago) *MC* ... 94 L 25
Grazie (Lago di) *MC* ... 52 M 21
Grazie (Monte le) *RM* ... 57 P 17
Grazzanise *CE* ... 69 D 24
Grazzano Badoglio *AT* ... 28 G 6
Grazzano Visconti *PC* ... 29 H 11
Grecale (Capo) *AG* ... 102 U 19
Greccio *RI* ... 58 O 20
Greci *AV* ... 71 D 27
Greco (Monte) *AQ* ... 64 Q 23
Greggio *VC* ... 20 F 7
Grego (Rifugio) *UD* ... 15 C 22
Gremiasco *AL* ... 29 H 9
Gressan *AO* ... 18 E 3
Gressoney (Val di) *AO* ... 19 F 5
Gressoney-la Trinité *AO* ... 7 E 5
Gressoney-St. Jean *AO* ... 19 E 5
Greve *FI* ... 43 L 15
Greve in Chianti *FI* ... 44 L 15
Grezzana *VR* ... 23 F 15
Grezzano *FI* ... 40 J 16
Gricuzzo (Monte) *CL* ... 103 P 24
Gries (Passo di) /
   Griespass *VB* ... 8 C 7
Grighini (Monte) *OR* ... 115 H 8
Grigna Meridionale *LC* ... 9 E 10
Grigna Settentrionale *LC* ... 9 E 10
Grignano *TS* ... 17 E 23
Grignano Polesine *RO* ... 32 G 17
Grignasco *NO* ... 20 E 7
Grigno *TN* ... 12 D 16
Grigno (Torrente) *TN* ... 12 D 16
Grilli *GR* ... 49 N 14
Grimaldi *CS* ... 86 J 30
Grimesi (Torre) *TP* ... 97 N 20
Grinzane Cavour *CN* ... 27 I 5
Grisi *PA* ... 97 N 21
Grisignano di Zocco *VI* ... 24 F 17
Grisolia *CS* ... 84 H 29
Grizzana *BO* ... 39 J 15
Grondana *PR* ... 37 I 10
Grondo *CS* ... 85 H 30
Grondola *MS* ... 38 I 11
Grondona *AL* ... 28 H 8
Grone *BG* ... 22 E 11
Gronlait *TN* ... 12 D 16

Gropa (Monte) *AL* ... 29 H 9
Gropello Cairoli *PV* ... 21 G 8
Gropello d'Adda *MI* ... 21 F 10
Gropina *AR* ... 44 L 16
Groppallo *PC* ... 29 H 10
Gropparello *PC* ... 29 H 11
Groppera (Pizzo) *SO* ... 9 C 10
Groppovisdomo *PC* ... 29 H 11
Gros Passet *TO* ... 26 H 3
Grosina (Valle) *SO* ... 10 C 12
Grosio *SO* ... 10 D 12
Grosotto *SO* ... 10 D 12
Groß Löffler /
   Lovello (Monte) *BZ* ... 4 A 17
Großer-Kinigat /
   Cavallino (Monte) *BZ* ... 5 B 19
Grosseto *GR* ... 49 N 15
Grosso (Capo)
   (I. Levanzo) *TP* ... 96 M 19
Grosso (Capo) *PA* ... 98 M 22
Grosso (Monte) *SR* ... 105 P 27
Groste (Cima) *TN* ... 11 D 14
Grottaferrata *RM* ... 62 Q 20
Grottaglie *TA* ... 79 F 34
Grottaminarda *AV* ... 70 D 27
Grottammare *AP* ... 53 N 23
Grottazza (Punta) *ME* ... 94 L 26
Grottazzolina *AP* ... 53 M 22
Grotte *AG* ... 103 O 23
Grotte di Castro *VT* ... 50 N 17
Grotte Sto Stefano *VT* ... 57 O 18
Grotteria *RC* ... 88 L 30
Grotti *PG* ... 52 N 20
Grotti *RI* ... 58 O 20
Grotti *SI* ... 50 M 15
Grotticelle (Monte) *AG* ... 103 O 23
Grottole *MT* ... 77 F 31
Grottolella *AV* ... 70 E 26
Gruaro *VE* ... 16 E 20
Grue *AL* ... 28 H 8
Gruf (Monte) *SO* ... 9 D 10
Grugliasco *TO* ... 27 G 4
Grugua *CI* ... 118 I 7
Grumello Cremonese *CR* ... 22 G 11
Grumello del Monte *BG* ... 22 F 11
Grumento Nova *PZ* ... 77 G 29
Grumentum *PZ* ... 77 G 29
Grumo Appula *BA* ... 73 D 32
Grumolo delle Abbadesse *VI* ... 24 F 16
Gruppa *CA* ... 119 I 10
Gruppo di Brenta *TN* ... 11 D 14
Gruppo (Monte) *BZ* ... 4 B 17
Gsies / Casies (Valle di) *BZ* ... 4 B 18
Guà *VI* ... 24 F 16
Guaceto (Torre) *BR* ... 80 E 35
Guadagnolo *RM* ... 63 Q 20
Guagnano *LE* ... 79 F 35
Gualdo *AR* ... 44 K 16
Gualdo *FE* ... 32 H 17
Gualdo *FO* ... 40 J 18
Gualdo
   (vicino a Sarnano) *MC* ... 52 M 21
Gualdo
   (vicino a Visso) *MC* ... 52 N 21
Gualdo (Monte) *MC* ... 52 N 21
Gualdo Cattaneo *PG* ... 51 N 19
Gualdo Tadino *PG* ... 52 M 20
Gualtieri *RE* ... 31 H 13
Gualtieri Sicaminò *ME* ... 90 M 27
Guamaggiore *CA* ... 119 I 9
Guanzate *CO* ... 21 E 9
Guarcino *FR* ... 63 Q 21
Guarda Ferrarese *FE* ... 32 H 17
Guarda Veneta *RO* ... 32 H 17
Guardamiglio *LO* ... 29 G 11
Guardapasso *RM* ... 62 R 19
Guardavalle *CZ* ... 89 L 31
Guardea *TR* ... 58 O 18
Guardia *CT* ... 101 O 27
Guardia (Serra la) *CS* ... 86 I 31
Guardia Alta *BZ* ... 3 C 15
Guardia dei Mori *CI* ... 120 J 6
Guardia Lombardi *AV* ... 71 E 27
Guardia (Monte della) *CL* ... 104 P 24
Guardia (Monte La) *EN* ... 99 N 25
Guardia Perticara *PZ* ... 77 F 30
Guardia Piemontese *CS* ... 85 I 30
Guardia Piemontese
   Marina *CS* ... 85 I 29
Guardia Sanframondi *BN* ... 65 D 25
Guardia Vomano *TE* ... 53 O 23
Guardiagrele *CH* ... 60 P 24
Guardialfiera *CB* ... 65 Q 26
Guardiaregia *CB* ... 65 R 25
Guardistallo *PI* ... 49 M 13

Guarene *CN* ... 27 H 6
Guarenna *CH* ... 60 P 25
Guasila *CA* ... 119 I 9
Guastalla *RE* ... 31 H 13
Guasticce *LI* ... 42 L 13
Guazzolo *AL* ... 28 G 6
Guazzora *AL* ... 28 G 8
Gubbio *PG* ... 45 L 19
Gudo Visconti *MI* ... 21 F 9
Guella (Rifugio) *TN* ... 23 E 14
Guello *CO* ... 9 E 9
Guerro *MO* ... 39 I 14
Guffone (Monte) *FO* ... 40 K 17
Guglielmo (Monte) *BS* ... 22 E 12
Guglionesi *CB* ... 66 B 26
Guidizzolo *MN* ... 23 G 13
Guidonia *RM* ... 58 Q 20
Guietta *TV* ... 12 E 18
Guiglia *MO* ... 39 I 14
Guilmi *CH* ... 61 Q 25
Guinza *PS* ... 45 L 18
Gulfi (Santuario di) *RG* ... 106 P 26
Gurlamanna *BA* ... 72 E 31
Gurro *VB* ... 8 D 7
Gurue *OG* ... 117 G 10
Gusana (Lago di) *NU* ... 115 G 9
Guselli *PC* ... 29 H 11
Guspini *VS* ... 118 I 7
Gussago *BS* ... 22 F 12
Gussola *CR* ... 30 G 13
Gutturu Mannu *CA* ... 118 J 8
Guzzafame *LO* ... 29 G 10
Guzzini (Monte) *CA* ... 119 H 9
Guzzurra (Cantoniera) *NU* ... 113 F 10

H

Hafling / Avelengo *BZ* ... 3 C 15
Halaesa *ME* ... 99 M 24
Helbronner (Pointe) *AO* ... 6 E 2
Helm / Elmo (Monte) *BZ* ... 5 B 19
Helvia Ricina *MC* ... 52 M 22
Hera Lacinia (Santuario) *KR* ... 87 J 33
Herbetet *AO* ... 18 F 3
Herculanum *NA* ... 69 E 25
Hintere Schwärze /
   Cime Nere *BZ* ... 3 B 14
Hintere Seelenkogl /
   Anime (Cima delle) *BZ* ... 3 B 15
Hirzerspitze /
   Cervina (Punta) *BZ* ... 3 B 15
Hochalpjoch /
   Oregone (Passo dell') *UD* ... 5 C 20
Hochfeiler / Gran Pilastro *BZ* ... 4 B 17
Hochgall / Collalto *BZ* ... 4 B 18
Hochjoch / Alto (Giogo) *BZ* ... 2 B 14
Hochkreuz Spitze /
   Altacroce (Monte) *BZ* ... 3 B 15
Hochwilde / L'Altissima *BZ* ... 3 B 14
Hohe Geisel /
   Rossa (Croda) *BL* ... 4 C 18
Hohe Warte /
   Cogliàns (Monte) *UD* ... 5 C 20
Hoher Treib / Cuestalta *UD* ... 5 C 21
Hoherfirst /
   Principe (Monte) *BZ* ... 3 B 15
Hone *AO* ... 19 F 5
Hundskehljoch /
   Cane (Passo del) *BZ* ... 4 A 18

I

Iacono (Casa) *RG* ... 104 Q 25
Iacurso *CZ* ... 88 K 31
Iano *FI* ... 43 L 14
Iano *RE* ... 31 I 14
Iato *PA* ... 97 M 21
Iazzo Vecchio (Monte) *AG* ... 102 O 22
Ible (Monti) *SR* ... 104 P 26
Idice *BO* ... 40 I 16
Idice (Torrente) *BO* ... 40 J 16
Idolo (Monte) *OG* ... 117 H 10
Idro *BS* ... 22 E 13
Idro (Lago d') *BS* ... 22 E 13
Iermanata *RC* ... 91 N 30
Iesce (Masseria) *MT* ... 73 E 31
Igea Marina *RN* ... 41 J 19
Iglesias *CI* ... 118 J 7
Iglesiente *CI* ... 118 I 7
Igliano *CN* ... 35 I 6
Igno (Monte) *MC* ... 52 M 20
Ilbono *OG* ... 117 H 10
Ilci *PG* ... 51 N 19
Illasi *VR* ... 23 F 15
Illasi (Torrente d') *VR* ... 23 F 15
Illegio *UD* ... 14 C 21
Illorai *SS* ... 115 F 9

Imbriaca (Portella) *PA* ... 98 N 22
Imele *AQ* ... 59 P 21
Imelle *RM* ... 58 P 19
Imer *TN* ... 12 D 17
Imera *PA* ... 99 N 23
Imera Meridionale *PA* ... 99 N 24
Imola *BO* ... 40 I 17
Impalata *BA* ... 80 E 33
Imperatore (Punta) *NA* ... 74 E 23
Imperia *IM* ... 35 K 6
Impiso (Colle d') *PZ* ... 85 H 30
Impiso (Ponte) *BA* ... 72 E 30
Impruneta *FI* ... 43 K 15
Inacquata (Masseria) *FG* ... 67 C 29
Incaroio (Canale d') *UD* ... 5 C 21
Incisa (Passo della) *FO* ... 41 K 18
Incisa in Val d'Arno *FI* ... 44 L 16
Incisa Scapaccino *AT* ... 28 H 7
Incoronata *FG* ... 71 C 28
Incoronata
   (Santuario dell') *FG* ... 71 C 28
Incudine *BS* ... 10 D 13
Indicatore *AR* ... 44 L 17
Indiritto *TO* ... 26 G 3
Indren (Punta) *VC* ... 7 E 5
Induno Olona *VA* ... 8 E 8
Infantino *CS* ... 87 J 32
Infemaccio (Gola dell') *AP* ... 52 N 21
Infernetto *RM* ... 62 Q 19
Inferno (Pizzo d') *SO* ... 9 C 10
Inferno (Ponte) *SA* ... 76 G 28
Infreschi (Punta degli) *SA* ... 84 H 28
Ingarano (Passo di) *FG* ... 66 B 28
Ingria *TO* ... 19 F 4
Ingurtosu *VS* ... 118 I 7
Innichen / S. Candido *BZ* ... 4 B 18
Intimiano *CO* ... 21 E 9
Intra *VB* ... 8 E 7
Intragna *VB* ... 8 E 7
Introbio *LC* ... 9 E 10
Introd *AO* ... 18 E 3
Introdacqua *AQ* ... 60 P 23
Inverigo *CO* ... 21 E 9
Inverno *MI* ... 21 G 9
Invorio *NO* ... 20 E 7
Invrea *SV* ... 36 I 7
Inzago *MI* ... 21 F 10
Ioanneddu (Punta) *NU* ... 113 F 11
Iolanda di Savoia *FE* ... 32 H 17
Ioppolo *VV* ... 39 K 15
Ioppolo Giancaxio *AG* ... 102 O 22
Iorenzo *PG* ... 71 C 28
Ippari *RG* ... 104 Q 25
Ippocampo *FG* ... 67 C 29
Irgoli *NU* ... 117 F 10
Iria *ME* ... 100 M 25
Irminio *RG* ... 104 P 26
Irpinia *AV* ... 71 D 27
Irsina *MT* ... 72 E 30
Irveri (Monte) *NU* ... 117 F 10
Isalle *NU* ... 117 F 10
Isarco / Eisack *BZ* ... 3 B 16
Isarco (Val) / Eisacktal *BZ* ... 3 B 16
Isca de sa Mela
   (Valico s') *NU* ... 115 G 9
Isca Marina *CZ* ... 89 L 31
Isca sullo Ionio *CZ* ... 89 L 31
Isca Mola *SS* ... 110 F 7
Ischia *NA* ... 74 E 23
Ischia di Castro *VT* ... 57 O 17
Ischia (Isola d') *NA* ... 74 E 23
Ischia-Ponte *NA* ... 74 E 23
Ischia-Porto *NA* ... 74 E 23
Ischitella *FG* ... 67 B 29
Ischitella Lido *CE* ... 69 E 24
Iscoba (monte) *SS* ... 111 E 8
Iselle *VB* ... 8 D 6
Iseo *BS* ... 22 F 12
Iseo (Lago d') *BS* ... 22 E 12
Isernia *IS* ... 65 R 24
Isili *CA* ... 119 H 9
Isnello *PA* ... 99 N 24
Isola *FO* ... 40 K 17
Isola *GE* ... 29 I 9
Isola Bella *LT* ... 63 Q 20
Isola d'Arbia *SI* ... 50 M 16
Isola d'Asti *AT* ... 27 H 6
Isola del Cantone *GE* ... 28 I 8
Isola del Gran
   Sasso d'Italia *TE* ... 59 O 22
Isola del Liri *FR* ... 64 Q 22
Isola della Scala *VR* ... 23 G 15
Isola delle Femmine *PA* ... 97 M 21
Isola di Capo Rizzuto *KR* ... 87 K 33
Isola di Fano *PS* ... 46 L 20

Isola di Piano *PS*............ 46   K 20
Isola Dovarese *CR*........... 22   G 12
Isola Farnese *RM*............ 58   P 19
Isola Fossara *PG*............ 46   L 20
Isola Pescaroli *CR*.......... 30   G 12
Isola Rizza *VR*.............. 23   G 15
Isola Rossa *OT*............. 108   D 8
Isola S. Antonio *AL*......... 28   G 8
Isola S. Biagio *AP*.......... 52   N 21
Isola Santa *LU*.............. 38   J 12
Isola Vicentina *VI*.......... 24   F 16
Isolabella *TO*............... 27   H 5
Isolabona *IM*................ 35   K 4
Isolaccia *SO*................. 2   C 12
Isoletta *FR*................. 64   R 22
Isonzo *GO*................... 17   E 22
Isorella *BS*................. 22   G 12
Isorno *VB*................... 8   D 7
Isorno (Valle dell') *VB*...... 8   D 7
Ispani *SA*................... 76   G 28
Ispica *RG*.................. 107   Q 26
Ispica (Cava d') *RG*........ 107   Q 26
Ispinigoli *NU*.............. 117   G 10
Ispra *VA*.................... 20   E 7
Issengo / Issing *BZ*.......... 4   B 17
Issime *AO*................... 19   E 5
Issing / Issengo *BZ*.......... 4   B 17
Isso *BG*..................... 22   F 11
Issogne *AO*.................. 19   F 5
Istia d'Ombrone *GR*.......... 49   N 15
Istrago *PN*.................. 14   D 20
Istrana *TV*.................. 25   E 18
Itala *ME*.................... 90   M 28
Itala Marina *ME*............. 90   M 28
Italba *FE*................... 33   H 18
Itri *LT*..................... 64   S 22
Itria (Valle d') *TA*......... 80   E 34
Ittia (Punta) *OT*........... 113   E 10
Ittireddu *SS*............... 111   F 8
Ittiri *SS*.................. 110   F 7
Iudica (Fattoria) *SR*....... 104   Q 26
Iudica (Monte) *CT*.......... 104   O 25
Iuvanum *CH*.................. 60   P 24
Ivigna (Punta) *BZ*............ 3   B 15
Ivrea *TO*.................... 19   F 5
Ixi (Monte) *CA*............. 119   I 9
Izano *CR*.................... 22   F 11
Izzana *OT*.................. 109   E 9

J

Jafferau (Monte) *TO*......... 26   G 2
Jamiano *GO*.................. 17   E 22
Jannarello (Bivio) *CT*...... 104   O 26
Jaufenpaß /
  Monte Giovo (Passo di) *BZ*...3   B 15
Jelsi *CB*.................... 65   R 26
Jenesien /
  S. Genesio Atesino *BZ*....3   C 15
Jenne *RM*.................... 63   Q 21
Jerzu *OG*................... 117   H 10
Jesi *AN*..................... 46   L 21
Jesolo *VE*................... 16   F 19
Joppolo *VV*.................. 88   L 29
Joux (Colle di) *AO*.......... 19   E 5
Joux (la) *AO*................ 18   E 2
Judrio *UD*................... 15   D 22

K

Kalch / Calice *BZ*............ 3   B 16
Kaltenbrunn /
  Fontanefredde *BZ*... 12   D 16
Kaltern a. d. Weinstraße /
  Caldaro s. str. d. V. *BZ*...11   C 15
Karerpaß /
  Costalunga (Passo di) *TN*..12   C 16
Karersee /
  Carezza al Lago *BZ*... 12   C 16
Kartibubbo *TP*............... 97   O 20
Kasern / Casere *BZ*........... 4   A 18
Kastelbell / Castelbello *BZ*...3   C 14
Kastelruth / Castelrotto *BZ*...3   C 16
Kematen / Caminata *BZ*........ 3   B 16
Khamma *TP*................... 96   Q 18
Kiens / Chienes *BZ*........... 4   B 17
Klammljoch / Gola
  (Passo di) *BZ*............ 4   B 18
Klausen / Chiusa *BZ*.......... 3   C 16
Klobenstein / Collalbo *BZ*....3   C 16
Knutten-Alm /
  Malga dei Dossi *BZ*........ 4   B 18
Kortsch / Corzes *BZ*.......... 2   C 14
Kreuzboden /
  Plan de Gralba *BZ*........ 4   C 17
Krimmlertauern /
  Tauri (Passo dei) *BZ*..... 4   A 18

Kronio (Monte) *AG*.......... 102   O 21
Kronplatz / Corones
  (Plan de) *BZ*............. 4   B 17
Kurtatsch a. d. Weinstraße /
  Cortaccia *BZ*............ 11   D 15
Kurtinig a. d. Wein-straße /
  Cortina *BZ*.............. 11   D 15
Kurzras / Maso Corto *BZ*.....2   B 14

L

La Barcaccia *PG*............. 51   M 19
La Berzigala *MO*............. 39   I 14
La Bottaccia *RM*............. 62   Q 18
La Briglia *PO*............... 39   K 15
La Caletta *CI*.............. 120   J 6
La Caletta *NU*.............. 113   F 11
La California *LI*............ 49   M 13
La Cassa *TO*................. 19   G 4
La Clava *BZ*................. 3   B 15
La Conia *OT*................ 109   D 7
La Corte *SS*................ 110   E 6
La Costa *PR*................. 30   I 13
La Crocina *AR*............... 44   L 17
La Crosetta *TV*.............. 13   D 19
La Crucca *SS*............... 110   E 7
La Fagosa *CS*................ 77   G 30
La Farnesiana *RM*............ 57   P 17
La Ficaccia *OT*............. 109   D 9
La Foce *SI*.................. 50   M 17
La Forca *AQ*................. 59   P 21
La Forca *RI*................. 59   O 21
La Gabellina *RE*............. 38   J 12
La Gala *ME*................. 101   M 27
La Gardenaccia *BZ*........... 4   C 17
La Giustiniana *RM*........... 58   Q 19
La Grivola *AO*............... 18   F 3
La Guardia *AQ*............... 64   Q 23
La Lama *TA*.................. 79   F 33
La Lima *PT*.................. 39   J 14
La Loggia *TO*................ 27   H 5
La Maddalena *OT*............ 109   D 10
La Madonnina *FR*............. 63   Q 22
La Maina *UD*................. 5   C 20
La Marchesa *FG*.............. 66   C 27
La Martella *MT*.............. 78   F 31
La Meta *FR*.................. 64   Q 23
La Monna *FR*................. 63   Q 21
La Montagna *MT*.............. 77   F 30
La Montagna *CT*............. 104   O 26
La Montagna *PA*.............. 98   N 22
La Montagna *NU*............. 100   N 27
La Morra *CN*................. 27   I 5
La Motticella *FG*............ 66   C 28
La Muda *BL*.................. 13   D 18
La Muddizza *SS*............. 108   E 8
La Mula *CS*.................. 85   H 29
La Nurra *SS*................ 110   F 6
La Palazza *AR*............... 45   L 18
La Palazzina *CE*............. 65   R 25
La Pedraia *SS*.............. 110   E 6
La Pescia *PG*................ 67   C 29
La Petrizia *CZ*.............. 89   K 32
La Picciola *SA*.............. 75   F 26
La Pizzuta *PA*............... 97   N 21
La Presanella *TN*............ 11   D 13
La Punta *CA*................ 120   J 6
La Reale *SS*................ 108   D 6
La Rocca *RE*................. 31   H 13
La Rotta *GR*................. 57   O 17
La Rotta *PI*................. 43   L 14
La Salute di Livenza *VE*..... 16   F 20
La Santona *MO*............... 39   J 14
La Scala *SI*................. 50   M 17
La Sellata *PZ*............... 76   F 29
La Selva *SI*................. 49   M 15
La Serra *PI*................. 43   L 14
La Serra d'Ivrea *TO*......... 19   F 5
La Serra Lunga *PA*........... 97   N 21
La Sila *CS*.................. 86   J 31
La Solfatara *NA*............. 69   E 24
La Spezia *SP*................ 38   J 11
La Stanga *BL*................ 13   D 18
La Sterza *PI*................ 43   L 14
La Strada *PR*................ 30   I 12
La Taverna *LT*............... 64   R 22
La Torraccia *LI*............. 49   M 13
La Torre *PS*................. 46   K 20
La Trinita *PC*............... 30   H 11
La Valle / Wengen *BZ*......... 4   C 17
La Valle Agordina *BL*........ 12   D 18
La Varella *BZ*............... 4   C 17
La Vecchia *RE*............... 31   H 13
La Verna *AR*................. 45   K 17
La Verna *MO*................. 39   I 13

La Villa *MC*................. 52   M 21
La Villa / Stern *BZ*.......... 4   C 17
Laas / Lasa *BZ*.............. 2   C 14
Laatsch / Laudes *BZ*......... 2   B 13
Labante *BO*.................. 39   J 15
L'Abbandonato *GR*............ 50   N 16
Labbro (Monte) *GR*........... 50   N 16
Labico *RM*................... 63   Q 20
Labro *RI*.................... 58   O 20
Lacchiarella *MI*............. 21   G 9
Laccio *GE*................... 29   I 9
Lacco Ameno *NA*.............. 74   E 23
Laccu sa Vitella
  (Punta) *OR*.............. 115   H 8
Lacedonia *AV*................ 71   D 28
Laceno (Lago di) *AV*......... 71   E 27
Laces / Latsch *BZ*........... 3   C 14
Lachelle *VC*................. 20   G 6
Lachia (Lago di) *VV*......... 88   L 31
Lacona *LI*................... 48   N 12
Laconi *OR*.................. 115   H 9
Lada (Perda) *CA*............ 119   I 10
Ladispoli *RM*................ 62   Q 18
Laerru *SS*.................. 111   E 8
Laga (Monti della) *TE*....... 52   O 22
Lagadello *PR*................ 30   I 11
Laganadi *RC*................. 90   M 29
Lagarina (Val) *TN*........... 11   E 15
Lagaro *BO*................... 39   J 15
Laghi *VI*.................... 23   E 15
Laghi del Sasso *GR*.......... 49   M 14
Lagundo / Algund *BZ*......... 3   B 15
Lagune *BO*................... 39   I 15
L'Aia *TR*.................... 58   O 19
Laiatico *PI*................. 43   L 14
Laigueglia *SV*............... 35   K 6
Lainate *MI*.................. 21   F 9
Laino *CO*.................... 9   E 9
Laino Borgo *CS*.............. 85   H 29
Laino Castello *CS*........... 85   H 29
Laives / Leifers *BZ*......... 12   C 16
Lajen / Lajon *BZ*............ 3   C 16
Lajen / Laion *BZ*............ 3   C 16
L'Altissima / Hochwilde *BZ*...3   B 15
Lama *BO*..................... 39   I 15
Lama *PG*..................... 45   L 18
Lama de Peligni *CH*.......... 60   P 24
Lama di Monchio *MO*.......... 39   I 14
Lama Iesa *SI*................ 49   M 15
Lama la Noce (Masseria) *BA*..72   E 31
Lama Mocogno *MO*............. 39   J 14
Lama Polesine *RO*............ 32   G 17
Lamalunga *BA*................ 72   D 29
Lamandia *BA*................. 80   E 34
Lambrinia *PV*................ 29   G 10
Lambro *CO*................... 9   E 9
Lambro *SA*................... 76   G 27
Lamezia Terme *CZ*............ 88   K 30
Lamole *FI*................... 44   L 16
Lamon *BL*.................... 12   D 17
Lamone *RA*................... 40   J 17
Lampedusa *AG*............... 102   U 19
Lampedusa (Isola di) *AG*.... 102   U 19
Lampione (Isola di) *AG*..... 102   U 19
Lamporecchio *PT*............. 39   K 14
Lamporo *VC*.................. 19   G 6
Lana (Col di) *BL*............ 4   C 17
Lanara (Monte) *CE*........... 65   R 24
Lanciaia *PI*................. 49   M 14
Lanciano *CH*................. 60   P 25
Lanciano (Passo) *CH*......... 60   P 24
Landiona *NO*................. 20   F 7
Landriano *PV*................ 21   G 9
Landro (Val di) *BZ*.......... 4   B 18
Landshuter Haus (Rifugio) *BZ*..3   B 16

Langan (Colla di) *IM*........ 35   K 5
Langhe *CN*................... 27   I 6
Langhirano *PR*............... 30   I 12
Langosco *PV*................. 20   G 7
L'Annunciata *AV*............. 70   D 26
L'Annunziata *FG*............. 67   C 29
Lanusei *OG*................. 117   H 10
Lanzada *SO*.................. 10   D 11
Lanzè *VI*.................... 24   F 16
Lanzo d'Intelvi *CO*.......... 9   E 9
Lanzo Torinese *TO*........... 19   G 4
Lanzone (Pizzo) *PA*.......... 98   N 22
Lao *CS*...................... 84   H 29
Laorca *LC*................... 9   E 9
Lapanu (Monte) *CA*.......... 120   K 8
Lapedona *AP*................. 53   M 23
Lapio *AV*.................... 70   E 26
Lapio *VI*.................... 24   F 16

Lappach / Lappago *BZ*......... 4   B 17
Lappago / Lappach *BZ*......... 4   B 17
L'Aquila *AQ*................. 59   O 22
Larcher (Rifugio) *TN*........ 11   C 13
Larciano *PT*................. 39   K 14
Lardaro *TN*.................. 11   E 13
Larderello *PI*............... 49   M 14
Larderia *ME*................. 90   M 28
Lardirago *PV*................ 21   G 9
Lari *PI*..................... 43   L 13
Lariano *RM*.................. 63   Q 20
Lario *CB*.................... 66   B 26
Lasa / Laas *BZ*.............. 2   C 14
Lasa (Punta di) *BZ*.......... 2   C 14
Lascari *PA*.................. 99   M 23
Lases *TN*.................... 11   D 15
Lasina (Piano) *CA*.......... 119   I 9
Lasino *TN*................... 11   D 14
Lasnigo *CO*.................. 9   E 9

Lastebasse *TN*............... 11   E 15
Lastra a Signa *FI*........... 43   K 15
Lastreto (Abbazia di) *PS*... 46   L 20
Lat (Piz) *BZ*................ 2   B 13
Látemar *BZ*.................. 12   C 16
Latera *VT*................... 57   O 17
Laterina *AR*................. 44   L 17
Laterza *TA*.................. 78   F 32
Latiano *BR*.................. 79   F 35
Latina *CE*................... 65   S 24
Latina *LT*................... 63   R 20
Latina (Lido di) *LT*......... 63   R 20
Latina Scalo *LT*............. 63   R 20
Latisana *UD*................. 16   E 20
Lato *TA*..................... 78   F 32
Latronico *PZ*................ 77   G 30
Latsch / Laces *BZ*........... 3   C 14
Lattari (Monti) *SA*.......... 75   F 25
Lattarico *CS*................ 85   I 30

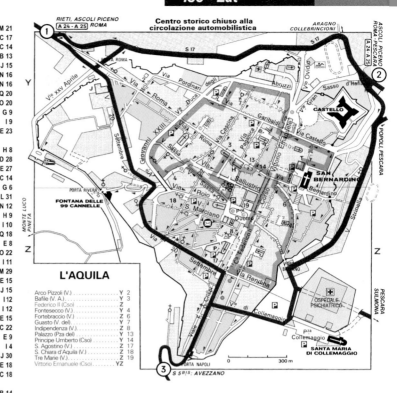

L'AQUILA

Arco Pizzoli (V.) .... Y 2
Bafile (V. A.) .... Y 3
Federico II (Cso) .... Z
Fontesecco (V.) .... Y 4
Fortebraccio (V.) .... Z 6
Guasto (V. del) .... Y 7
Indipendenza (V.) .... Z 8
Palazzo (Pza del) .... Y 13
Principe Umberto (Cso) .... Y 14
S. Agostino (V.) .... Z 17
S. Chiara d'Aquila (V.) .... Z 18
Tre Marie (V.) .... Z 19
Vittorio Emanuele (Cso) .... YZ

LA SPEZIA

Battisti (Pza Cesare) .... AB 2
Beverini (Pza G.) .... A 3
Brin (Pza Benedetto) .... A 4
Caduti del Lavoro (Piazzale) .. A 6
Cavour (Cso e Pza) .... AB
Chiodo (Pza e V. Domenico) .... B 8
Colli (V. dei) .... AB 9
Da Passano (V.) .... B 10
Europa (Pza) .... B 12
Fieschi (Viale Nicolò) ...... A 13
Fiume (V.) .... A 14
Manzoni (V.) .... B 15
Milano (V.) .... A 16
Mille (V. dei) .... A 17
Napoli (V.) .... A 18
Prione (V. del) .... AB
Rosselli (V. Fratelli) ...... A 20
Spallanzani (V. e Salita) ... A 22
Verdi (Pza Giuseppe) .... B 23
20 Settembre
  (V.) .... B 24
27 Marzo (V.) .... AB 26

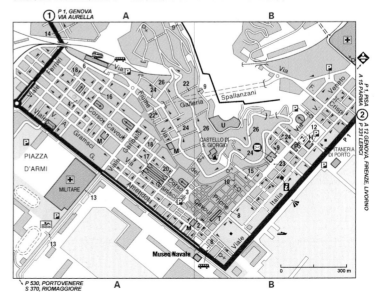

Latzfons / Lazfons *BZ* .... 3 B 16
Laudemio (Lago) *PZ* .... 77 G 29
Laudes / Laatsch *BZ* ...... 2 B 13
Laura *SA* .... 75 F 26
Laura (Serbatoio) *AG* ...... 103 P 23
Laurasca (Cima di) *VB* ...... 8 D 7
Laureana Cilento *SA* ..... 75 G 27
Laureana di Borrello *RC* .... 88 L 30
Laurenzana *PZ* .... 77 F 29
Laureto *BR* .... 80 E 34
Lauria *PZ* .... 77 G 29
Lauriano *TO* .... 19 G 5
Laurino *SA* .... 76 F 28
Laurito *SA* .... 76 G 28
Laurito (Masseria) *BR* .... 79 F 34
Lauro *AV* .... 70 E 25
Lauro *CE* .... 69 D 23
Lauro (Monte) *SR* .... 104 P 26
Lauropoli *CS* .... 85 H 31
Lauzacco *UD* .... 17 E 21
Lauzo (Monte) *LT* ...... 64 S 22
Lavachey *AO* .... 6 E 3
Lavagna *LO* .... 21 F 10
Lavagna *GE* .... 37 J 10
Lavagna (Torrente) *GE* .... 37 I 9
Lavaiano *PI* .... 43 L 13
Lavane (Monte) *FI* ...... 40 K 16
Lavardet (Forcella) *BL* ...... 5 C 19
Lavaredo (Tre Cime di) /
   Drei Zinnen *BL* .... 4 C 18
Lavariano *UD* .... 17 E 21
Lavarone *TN* .... 12 E 15
Lavaze (Passo di) *TN* .... 12 C 16
Lavello *PZ* .... 71 D 29
Lavena *VA* .... 8 E 8
Laveno *BS* .... 10 E 12
Laveno Monbello *VA* ...... 8 E 7
Lavenone *BS* .... 22 E 13
Lavezzola *RA* .... 32 I 17
Laviano *SA* .... 71 E 27
Lavinio-Lido di Enea *RM* .... 62 R 19
Lavino *BO* .... 39 I 15
Lavino di Mezzo *BO* .... 31 I 15
Lavis *TN* .... 11 D 15
Lavone *BS* .... 22 E 12
Lazfons / Latzfons *BZ* ...... 3 B 16
Lazise *VR* .... 23 F 14
Lazzaretti *VI* .... 12 E 16
Lazzaro *RC* .... 90 N 29

Lazzaro (Monte) *PC* ..... 29 H 10
Lazzi (Cima di) *VB* ...... 7 E 5
Le Bolle *FI* .... 44 L 15
Le Castella *KR* .... 89 K 33
Le Cerbaie *FI* .... 43 K 14
Le Conche *TA* .... 79 G 34
Le Conie *SI* .... 50 N 17
Le Cornate *GR* .... 49 M 14
Le Coste *MO* .... 39 I 14
Le Crete *SI* .... 50 M 16
Le Croci *CZ* .... 89 K 31
Le Grazie *SP* .... 38 J 11
Le Mainarde *FR* ...... 64 R 23
Le NU .... 115 D 8
Le Castella *KR* .... 89 K 33
Le Moline *PC* .... 29 I 10
Le Monache *LT* .... 63 R 21
Le Monachelle *CS* ..... 85 I 31
Le Murge *BA* .... 72 D 30
Le Murgie *KR* .... 87 J 33
Le Palombe *BA* ...... 72 D 30
Le Piastre *PT* .... 39 J 14
Le Pizzorne *LU* ...... 39 K 13
Le Polle *MO* .... 39 J 14
Le Pozze *PT* .... 39 K 14
Le Prese *SO* .... 10 C 13
Le Pulci *BA* .... 51 M 19
Le Regine *PT* .... 39 J 14
Le Rocchette *GR* ..... 49 N 14
Le Tagliole *MO* ...... 39 J 13
Le Tofane *BL* .... 4 C 18
Le Torri *FG* .... 72 D 29
Le Torri *PT* .... 51 N 19
Le Vigne *CS* .... 85 H 30
Le Volte *CN* .... 35 J 6
Leano (Monte) *LT* ..... 63 R 21
Leardo (Monte) *PA* .... 98 N 22
Lebbrosario *BA* ...... 73 E 32
Leca *SV* .... 35 J 6
Lecce *LE* .... 81 F 36
Lecce (Tavoliere di) *BR* .... 79 F 35
Lecchi *SI* .... 44 L 16
Lecchi nei Marsi *AQ* ... 64 Q 23
Lecchiore *IM* .... 35 K 5
Leccio (Poggio del) *GR* .. 56 O 15
Leccio (Rio) *LU* ...... 39 K 13
Lecco *LC* .... 9 E 10
Lecco (Lago di) *LC* .... 9 E 9
Lechaud (Pointe de) *AO* .. 18 E 2

Lechère (la) *AO* .... 7 E 4
Ledra (Canale) *UD* .... 14 D 21
Ledro (Lago di) *TN* .... 11 E 14
Ledro (Val di) *TN* ..... 11 E 14
Ledu (Pizzo) *SO* .... 9 D 9
Leffe *BG* .... 22 E 11
Legnago *VR* .... 24 G 15
Legnano *MI* .... 20 F 8
Legnaro *PD* .... 24 F 17
Legnone (Monte) *SO* .... 9 D 10
Legoli *PI* .... 43 L 14
Legri *FI* .... 39 K 15
Lei (Lago di) *SO* ...... 9 C 10
Lei (Valle di) *SO* ..... 9 C 10
Leia *VT* .... 57 O 17
Leifers / Làives *BZ* .... 12 C 16
Leini *TO* .... 19 G 5
Leivi *GE* .... 37 I 9
Lella (Masseria) *TA* .... 79 F 34
Lelo (Monte) *KR* ...... 87 I 32
Lema (Monte) *VA* ...... 8 D 8
Lemene *VE* .... 16 E 20
Lemie *TO* .... 18 G 3
Lemina *TO* .... 27 H 4
Lemma *CN* .... 26 I 4
Lemme *AL* .... 28 H 8
Lempa *TE* .... 53 N 22
Lena (Punta) *ME* ...... 95 K 27
Lendinara *RO* .... 32 G 16
Leni *VS* .... 118 I 7
Leni *ME* .... 94 L 26
Lenna *BG* .... 9 E 11
Lenno *CO* .... 9 E 9
Leno *BS* .... 22 F 12
Lenola *LT* .... 64 R 22
Lenta *VC* .... 20 F 7
Lentate sul Seveso *MI* ... 21 E 9
Lentiai *BL* .... 12 D 18
Lentigione *RE* .... 30 H 13
Lentini *SR* .... 105 P 27
Lentini (Serbatoio di) *CT* .. 104 P 26
Lentiscosa *SA* ...... 84 G 28
Lentula *PT* .... 39 J 15
Leo *MO* .... 39 J 14
Leofreni *RI* .... 59 P 21
Leone (Monte) *VB* ..... 7 D 6
Leone (Pizzo del) *PA* ... 98 N 22

Leonessa *RI* .... 58 O 20
Leonessa (Sella di) *RI* .. 59 O 21
Leonforte *EN* ...... 100 O 25
Leoni (Monte) *GR* ..... 49 N 15
Leontinoi *SR* .... 105 P 27
Leopardi *NA* .... 74 E 25
Lepini (Monti) *RM* ..... 63 R 20
Leporano *TA* .... 79 F 33
Lequile *LE* .... 81 G 36
Lequio Berria *CN* ..... 27 I 4
Lequio Tanaro *CN* .... 27 I 5
Lercara Bassa *PA* .... 98 N 22
Lercara Friddi *PA* .... 98 N 22
Lerchi *PG* .... 45 L 18
Lerici *SP* .... 38 J 11
Lerma *AL* .... 28 I 8
Lerno (Monte) *SS* .... 111 F 9
Lernu (Su) *OT* ...... 113 E 10
Lesa *NO* .... 20 E 7
Lese *CS* .... 87 I 32
Lesegno *CN* .... 35 I 5
Lesignano de' Bagni *PR* . 30 I 12
Lesima (Monte) *PC* .... 29 H 9
Lesina *FG* .... 66 B 28
Lesina (Lago di) *FG* ... 66 B 28
Lesmo *MI* .... 21 F 9
Lessini (Monte) *VR* .... 23 E 15
Lessinia *TO* .... 19 F 5
Lestans *PN* .... 14 D 20

Lestizza *UD* .... 16 E 21
Letegge (Monte) *MC* ... 52 M 21
Letino *CE* .... 65 R 24
Letojanni *ME* .... 90 N 27
Lettere *NA* .... 75 E 25
Lettomanoppello *PE* ... 60 P 24
Lettopalena *CH* ..... 60 P 24
Levada *PD* .... 24 F 18
Levada *TV* .... 16 E 19
Levaldigi *CN* .... 27 I 4
Levane *AR* .... 44 L 16
Levanna *TO* .... 18 F 3
Levante (Riviera di) *SP* .. 37 J 9
Levanto *SP* .... 37 J 10
Levanzo *TP* .... 96 N 18
Levanzo (Isola) *TP* .... 96 M 18
Levata *CR* .... 22 G 12
Levate *BG* .... 21 F 10
Leverano *LE* .... 83 G 36
Leverogne *AO* ...... 18 E 3
Levi-Molinari *TO* ..... 18 G 2
Levice *CN* .... 27 I 6
Levico Terme *TN* .... 12 D 15
Levigliani *LU* .... 38 J 12
Levone *TO* .... 19 G 4
Lezzeno *CO* .... 9 E 9

Libbiano *PI* .... 49 M 14
Libeccio (Punta) *LI* .... 54 O 12
Libeccio (Punta) *TP* ... 96 N 18
Liberi *CE* .... 69 D 24
Libertinia *CT* ...... 100 O 25
Libra (Monte) *CT* .... 104 O 25
Librari *TA* .... 79 G 34
Librizzi *ME* .... 100 M 26
Licata *AG* .... 103 P 23
Licciana Nardi *MS* .... 38 J 12
Licenza *RM* .... 58 P 20
Licodia Eubea *CT* .... 104 P 26
Licola Mare *NA* ..... 69 E 24
Licosa (Isola) *SA* .... 75 G 26
Licosa (Monte) *SA* ... 75 G 26
Licusati *SA* .... 76 G 28
Lidi Ferraresi *FE* .... 33 H 18
Lido *LI* .... 48 N 13
Lido (Porto di) *VE* .... 16 F 19
Lido Adriano *RA* ..... 41 I 18
Lido Azzurro *TA* ..... 78 F 33
Lido Bruno *TA* ...... 80 F 33
Lido Cannatello *AG* ... 103 P 22
Lido Cerano *BR* ..... 81 F 36
Lido degli Estensi *FE* .. 33 I 18
Lido degli Scacchi *FE* .. 33 H 18
Lido dei Maronti *NA* ... 74 E 23
Lido dei Pini *RM* ..... 62 R 19

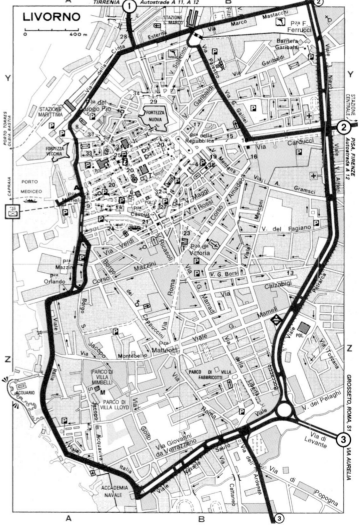

LIVORNO

S 224 : TIRRENIA — SUPERSTRADA : FIRENZE Autostrade A 11, A 12

0 400 m

Bettarini (Scali) .... BY 4
Cairoli (V.) .... AY 6
Cantine (Scali delle) .... AY 7
Cialdini (Scali Enrico) .... AY 8
Cisternone (Pza del) .... BY 10
Coccoluto Ferrigni (V. P.) ...... BZ 13
D'Azeglio (Scali) .... AY 14
Del Corona (V.) .... BY 15
De Larderel (V.) .... BY 15

Garibaldi (Pza) .... BY 17
Gazzarini (V.) .... BY 19
Grande (Pza e V.) .... AY 20
Indipendenza (V.) .... AY 21
Magenta (V.) .... BY 23
Manzoni (Scali) .... AY 24
Municipio (Pza) .... AY 25
Olandesi (Scali degli) ...... ABY 27
Orlando (V. Salvatore) .... AY 28

Pontino (Scali) .... AY 29
Porticciolo (V. del) .... AY 31
Ricasoli (V.) .... AY 21
Saffi (Scali Aurelio) .... AY 32
S. Giovanni (V.) .... AY 33
S. Marco (V.) .... AY 34
Venezia (V.) .... AY 37
20 Settembre
   (Pza) .... BY 38

Monumentato a Ferdinando I
   de' Medici .... AY A

LECCE

Aragona (V. F. d') .... YZ 3
Caracciolo (V. Roberto) ... Z 7
Cavallotti (Viale F.) ...... Y 8
Fazzi (V. Vito) .... Y 12
Imperatore Adriano (V.) ... Y 14
Imperatore Augusto (V.) .. Y 15
Jacobis (V. Agostino de) .. Z 17

Ludovico (V.) .... Y 21
Marche (Viale) .... Z 22
Orsini del Balzo (V.) ..... Z 25
Palazzo dei Conti di Lecce
   (V. del) .... Z 26
Pietro (V. M. del) .... Y 28
Realino (V. Bernardino) .. Y 29
Rubichi (V. Francesco) ... Y 32
S. Oronzo (Pza) .... Y
Taranto (V.) .... Y 38

Trinchese (V. Salvatore) ... Y
Vitt. Emanuele II (V.) ..... Y 42
Vitt. Emanuele (Pza) ..... Y 43
25 Luglio (V.) .... Y 44

Museo Provinciale ..... Z M

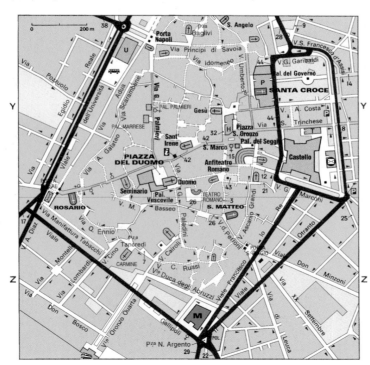

Lido del Sole *FG*	67	B 29	Lipuda *KR*	87	I 33
Lido del Sole *OT*	113	E 10	Liri *AQ*	63	Q 21
Lido delle Conchiglie *LE*	83	G 36	Liro *SO*	9	C 10
Lido delle Nazioni *FE*	33	H 18	Lis (Colle del) *TO*	18	G 4
Lido delle Sirene *RM*	62	R 19	Lisca Bianca (Isola) *ME*	94	L 27
Lido di Camaiore *LU*	38	K 12	Liscate *MI*	21	F 10
Lido di Campomarino *CB*	61	Q 27	Liscia *CH*	61	Q 25
Lido di Casalbordino *CH*	61	P 25	Liscia (Lago della) *OT*	109	E 9
Lido di Castel Fusano *RM*	62	Q 18	Lisciano *RI*	58	O 20
Lido di Cincinnato *RM*	62	R 19	Lisciano Niccone *PG*	51	M 18
Lido di Classe *RA*	41	J 19	Liscione (Lago del) *CB*	65	Q 26
Lido di Dante *RA*	41	I 18	Lisignago *TN*	11	D 15
Lido di Faro *RM*	62	Q 18	Lissone *MI*	21	F 9
Lido di Fermo *AP*	53	M 23	Lissone (Rifugio) *BS*	10	D 13
Lido di Jesolo *VE*	16	F 19	Liternum *NA*	69	E 24
Lido di Lonato *BS*	22	F 13	Littu Petrosu (Punta) *OT*	109	E 10
Lido di Metaponto *MT*	78	F 32	Liru (Monte) *CA*	119	J 10
Lido di Noto *SR*	105	Q 27	Livenza *PN*	13	D 19
Lido di Ostia *RM*	62	Q 18	Liveri *NA*	70	E 25
Lido di Pittulongu *OT*	109	E 10	Lividonia (Punta) *GR*	55	O 15
Lido di Policoro *MT*	78	G 32	Livigno *SO*	2	C 12
Lido di Pomposa *FE*	33	H 18	Livigno (Forcola di) *SO*	10	C 12
Lido di Portonuovo *FG*	67	B 30	Livigno (Valle di) *SO*	2	C 12
Lido di Procida *NA*	74	E 24	Livo *CO*	9	C 10
Lido di Rivoli *FG*	67	C 29	Livo *TN*	11	C 15
Lido di S. Giuliano *TP*	96	M 19	Livorno *LI*	42	L 12
Lido di Savio *RA*	41	J 19	Livorno Ferraris *VC*	19	G 6
Lido di Scanzano *MT*	78	G 32	Livraga *LO*	21	G 10
Lido di Siponto *FG*	67	C 29	Lizzanello *LE*	81	G 36
Lido di Spina *FE*	33	I 18	Lizzano *PT*	39	J 14
Lido di Tarquinia *VT*	57	P 17	Lizzano *TA*	79	F 34
Lido di Torre Mileto *FG*	66	B 28	Lizzano in Belvedere *BO*	39	J 14
Lido di Tortora *CS*	84	H 29	Lizzola *BG*	10	D 12
Lido di Venezia *VE*	17	F 19	Loano *SV*	35	J 6
Lido di Volano *FE*	33	H 18	Loazzolo *AT*	28	H 6
Lido Gandoli *TA*	79	F 33			
Lido Marausa *TP*	96	N 19	Lobbi *AL*	28	H 8
Lido Marini *LE*	83	H 36	Lobbia Alta *TN*	11	D 13
Lido Quarantotto *MT*	78	G 32	Lobbie (Cima delle) *CN*	26	I 3
Lido Riccio *CH*	60	O 25	Lobia *VR*	24	F 15
Lido S. Angelo *CS*	87	I 31	Locana *TO*	19	F 4
Lido Signorino *TP*	96	N 19	Locana (Valle di) *TO*	19	F 4
Lido Silvana *TA*	79	F 34	Locate di Triulzi *MI*	21	F 9
Lierna *LC*	9	E 9	Locatelli (Rifugio) *BZ*	4	C 18
Lignana *VC*	20	G 7	Locati *PA*	99	N 24
Lignano (Monte) *AR*	45	L 17	Loceri *OG*	117	H 10
Lignano Pineta *UD*	16	F 21	Loco *GE*	29	I 9
Lignano Riviera *UD*	16	F 21	Locone *NU*	116	G 10
Lignano Sabbiadoro *UD*	16	E 21	Locone *BA*	72	E 30
Ligonchio *RE*	38	J 13	Loconia *BA*	72	D 29
Ligoncio (Pizzo) *SO*	9	D 10	Locorotondo *BA*	80	E 33
Ligosullo *UD*	5	C 21	Locri *RC*	91	M 30
Lilibeo (Capo) *TP*	96	N 19	Locri Epizefiri *RC*	91	M 30
Lillaz *AO*	18	F 4	Loculi *NU*	117	F 10
Lillianes *AO*	19	F 5	Lodè *NU*	113	F 10
Lilliano *SI*	43	L 15	Lodi *LO*	21	G 10
Lima *LU*	39	J 13	Lodi Vecchio *LO*	21	G 10
Limana *BL*	13	D 18	Lodignano (Sella di) *PR*	30	I 12
Limatola *BN*	70	D 25	Lodine *NU*	115	G 9
Limbadi *VV*	88	L 29	Lodrino *BS*	22	E 12
Limbara (Monte) *OT*	111	E 9	Lodrone *TN*	23	E 13
Limbara (Passo del) *OT*	111	E 9	Loelle *OT*	111	F 9
Limbiate *MI*	21	F 9	Loggio (Monte) *AR*	45	K 18
Limena *PD*	24	F 17	Lograto *BS*	22	F 12
Limentra Inferiore *BO*	39	J 15	Logudoro *SS*	111	F 8
Limes *TN*	11	E 13	Loiano *BO*	40	J 15
Limidario (Monte) *VB*	8	D 7	Loiri *OT*	113	E 10
Limina *ME*	90	N 27	Lollove *NU*	115	F 9
Limina (Monte) *RC*	88	L 30	Lomaso *TN*	11	D 14
Limite *MI*	43	K 14	Lomazzo *CO*	21	E 9
Limito *MI*	21	F 9	Lombai *UD*	15	D 22
Limo (Passo di) *BZ*	4	C 18	Lombarda (Colle di) *CN*	34	J 3
Limone Piemonte *CN*	35	J 4			
Limone sul Garda *BS*	23	E 14	Lombardi *VT*	57	P 17
Limonetto *CN*	35	J 4	Lombardore *TO*	19	G 5
Limoni (Riviera dei) *CT*	101	O 27	Lombriasco *TO*	27	H 4
Limosano *CB*	65	Q 25	Lomellina *PV*	20	G 7
Limpida (Serra la) *CS*	84	H 29	Lomello *PV*	28	G 8
Limpiddu *OT*	113	E 11	Lonate Ceppino *VA*	20	E 8
Linaro *FO*	41	K 18	Lonate Pozzolo *VA*	20	F 8
Linaro (Capo) *RM*	57	P 17	Lonato *BS*	22	F 13
Linarolo *PV*	21	G 9	Loncon *VE*	16	E 20
Linas (Monte) *VS*	118	I 7	Londa *FI*	40	K 16
L'Incontro *FI*	44	K 16	Longa *VI*	24	E 16
Lindinuso *BR*	81	F 36	Longa (Serra) *SA*	76	G 29
Linera *CT*	101	O 27	Longano *IS*	65	R 24
Lingua *ME*	94	L 26	Longara *VI*	24	F 16
Linguaglossa *CT*	101	N 27	Longare *VI*	24	F 16
Linguaglietta *IM*	35	K 5	Longarini (Pantano) *SR*	107	Q 27
Linosa *AG*	102	T 20	Longarone *BL*	13	D 18
Linosa (Isola di) *AG*	102	T 20	Longastrino *FE*	32	I 18
Lio Piccolo *VE*	16	F 19	Longega / Zwischenwasser *BZ*	4	B 17
Lioni *AV*	71	E 27	Longerin (Crode dei) *BL*	5	C 19
Lipari *ME*	94	L 26	Longhena *BS*	22	F 12
Lipari (Isola) *ME*	94	L 26	Longhi *VI*	12	E 15
Lippiano *PG*	45	L 18	Longi *ME*	100	M 26
Lippo (Pizzo) *ME*	100	N 25	Longiano *FO*	41	J 18
			Longiarù / Campill *BZ*	4	C 17
			Longobardi *CS*	86	J 30
			Longobardi Marina *CS*	86	J 30
			Longobucco *CS*	85	I 31
			Longone al Segrino *CO*	21	E 9
			Longone Sabino *RI*	58	P 20
			Longoni (Rifugio) *SO*	10	D 11
			Longu *CA*	119	J 9
			Lonigo *VI*	24	F 16
			Loppio *TN*	11	E 14
			Loranzè *TO*	19	F 5
			L'Orecchia di Lepre *BZ*	3	C 14
			Loreggia *PD*	24	F 17
			Loreggiola *PD*	24	F 17
			Lorenzago di Cadore *BL*	5	C 19
			Lorenzana *PI*	43	L 13
			Lorenzatico *BO*	31	I 15
			Loreo *RO*	33	G 18
			Loretello *AN*	46	L 20
			Loreto *AN*	47	L 22
			Loreto Aprutino *PE*	60	O 23
			Loria *TV*	24	E 17
			Lorica *CS*	86	J 31
			Lorio (Monte) *SO*	10	D 12
			Lornano *SI*	43	L 15
			Loro Ciuffenna *AR*	44	L 16
			Loro Piceno *MC*	52	M 22
			Lorsica *GE*	37	I 9
			Losa (Abbasanta) *OR*	115	G 8
			Losciale-Garrappa *BA*	80	E 34
			Loseto *BA*	73	D 32
			Losine *BS*	10	D 12
			Lotzorai *OG*	117	H 10
			Lova *VE*	25	G 18
			Lovadina *TV*	25	E 18
			Lovello (Monte) / Groß Löffler *BZ*	4	A 17
			Lovere *BG*	22	E 12
			Lovero *SO*	10	D 12
			Lovoleto *BO*	32	I 16
			Loiano *BS*	10	E 12
			Loiano *NU*	115	F 9
			Lozio *BS*	10	D 12
			Lozzo Atestino *PD*	24	G 16
			Lozzo di Cadore *BL*	5	C 19
			Lozzolo *VC*	20	F 6
			Lu *AL*	28	G 7
			Lubriano *VT*	57	O 18
			Lucca *LU*	38	K 13
			Lucca Sicula *AG*	97	O 21
			Lucchio *LU*	39	J 14
			Lucco (Monte) *SI*	44	L 16
			Lucedio *VC*	20	G 6
			Lucera *FG*	66	M 18
			Lucignano *AR*	50	M 17
			Lucignano d'Arbia *SI*	50	M 16
			Lucinico *GO*	17	E 22
			Lucino *CO*	21	E 9
			Lucito *CB*	65	Q 26
			Luco (Monte) *SO*	9	O 22
			Luco dei Marsi *AQ*	59	Q 22
			Luco (Monte) *BZ*	3	C 15
			Lucolena *FI*	44	L 16
			Lucoli *AQ*	59	P 22
			Lucrezia *PS*	46	K 20
			Ludu (Genna su) *OG*	119	H 10
			Lüsen / Luson *BZ*	4	B 17
			Lugagnano *VR*	23	F 14
			Lugagnano Val d'Arda *PC*	30	H 11
			Lugano (Lago di) *VA*	8	E 8
			Luggeras (Cuccuru) *OG*	119	I 10
			Lugnano *PG*	45	L 18
			Lugnano in Teverina *TR*	58	O 18
			Lugnola *RI*	58	O 19
			Lugo *RA*	40	I 17
			Lugo *RE*	39	I 13
			Lugo *VR*	23	F 14
			Lugo di Vicenza *VI*	24	E 16
			Lugosano *AV*	70	E 26
			Lugugnana *VE*	16	E 20
			Lugugnano *PR*	38	I 12
			Luicciana *PO*	39	J 15

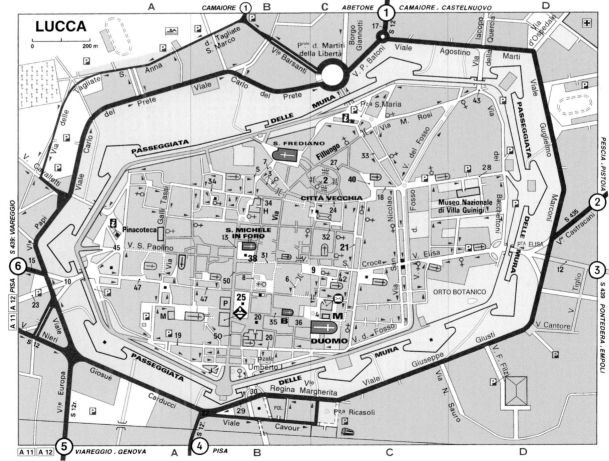

LUCCA

0 ___ 200 m

CAMAIORE ① — ABETONE ① — CAMAIORE . CASTELNUOVO

PESCIA . PISTOIA — S 435 — PONTEDERA . EMPOLI

A 11 A 12 PISA — S 439 : VIAREGGIO

A 11 A 12 ⑤ VIAREGGIO . GENOVA — ④ PISA

Circolazione regolamentata nel centro città

Anfiteatro (Pza dell')	C 2
Angeli (V. degli)	B 3
Antelminelli (Pza)	C 4
Asili (V. degli)	B 5
Battisti (V. C.)	B 7
Beccheria (V.)	B 8
Bernardini (Pza dei)	C 9
Boccherini (Pza L.)	A 10
Cadorna (Viale)	D 12
Calderia (V.)	B 13
Catalani (V.)	A 15
Civitali (V. M.)	C 17
Fillungo (V.)	BC
Fratta (V. della)	C 18
Garibaldi (Cso)	AB 20
Giglio (Pza del)	B 21
Guinigi (V.)	C 22
Indipendenza (Pza dell')	B 23
Mordini (V. A.)	C 24
Napoleone (Pza)	B 25
Pascoli (Viale)	B 26
Portico (V. del)	C 27
Quarquonia (V. della)	D 28
Repubblica (Viale)	B 29
Risorgimento (Pzale)	B 30
Roma (V.)	B 31
Servi (Pza dei)	C 42
S. Andrea (V.)	C 32
S. Gemma Galgani (V.)	C 33
S. Giorgio (V.)	B 34
S. Giovanni (Pza)	B 35
S. Martino (Pza)	B 36
S. Michele (Pza)	C 38
S. Pietro (Pza)	B 40
Varanini (Pza L.)	D 43
Verdi (Pzale G.)	A 45
Vittorio Emanuele II (V.)	AB 47
Vittorio Veneto (Via)	B 50

Luino VA ... 8 E 8
Lula NU ... 113 F 10
Lumarzo GE ... 37 I 9
Lumbaldu SS ... 111 E 8
Lumezzane BS ... 22 F 12
Lumiei UD ... 13 C 20
Luminaria (Pizzo) ME ... 100 N 25
Lumini VR ... 23 F 14
Luna (Alpe della) AR ... 45 L 18
Luna (Cala di) OG ... 117 G 10
Lunamatrona VS ... 118 I 8
Lunano PS ... 45 K 19
Lunella (Punta) TO ... 18 G 3
Lunga (Cala) CI ... 120 J 7
Lunga (Serra) AQ ... 64 Q 22
Lungavilla PV ... 29 G 9
Lunghezza RM ... 62 Q 20
Lungo (Lago) LT ... 68 S 22
Lungo (Lago) RI ... 58 O 20
Lungo (Sasso) BZ ... 4 C 17
Lungro CS ... 85 H 30
Luni SP ... 38 J 12
Lunigiana MS ... 38 J 11
Luogosano AV ... 70 E 26
Luogosanto OT ... 109 D 9
Lupara CB ... 65 Q 26
Lupara FG ... 72 C 29
Lupara (Masseria) PZ ... 72 E 29
Lupia VI ... 24 F 16
Lupicino / Wölfl BZ ... 12 C 16
Lupo (Portella del) PA ... 99 N 23
Lupo (Valico di) FG ... 67 B 30
Lupone (Monte) RM ... 63 R 20
Lura CO ... 21 E 9
Lurago d'Erba CO ... 21 E 9
Lurago Marinone CO ... 21 E 8
Luras OT ... 109 D 9
Lurate Caccivio CO ... 21 E 9
Luretta PC ... 29 H 10
Luriano SI ... 49 M 15
Lurisia CN ... 35 J 5
Luseney (Becca di) AO ... 7 E 4
Luserna TN ... 12 E 15
Luserna S. Giovanni TO ... 26 H 3
Lusevera UD ... 15 D 21
Lusia RO ... 32 G 16
Lusia (Passo di) TN ... 12 C 17
Lusiana VI ... 24 E 16
Lusiglié TO ... 19 G 5
Luson / Lüsen BZ ... 4 B 17
Lustignano PI ... 49 M 14
Lustra SA ... 75 G 27
Lusurasco PC ... 30 H 11
Lutago / Luttach BZ ... 4 B 17
Lutirano FI ... 40 J 17
Lutrano TV ... 16 E 19
Luttach / Lutago BZ ... 4 B 17
Luzzara RE ... 31 H 14
Luzzi CS ... 85 I 30
Luzzogno VB ... 8 E 7
Lys AO ... 19 F 5
Lyskamm AO ... 7 E 5

M

Macaion (Monte) / Gantkofel BZ ... 3 C 15
Macalube (Vulcanelli di) AG ... 103 O 22
Macari TP ... 97 M 20
Maccabei BN ... 70 D 26
Maccacari VR ... 31 G 15
Maccagno VA ... 8 D 8
Maccarese RM ... 62 Q 18
Maccarese (Bonifica di) RM ... 62 Q 18
Macchia CT ... 101 N 27
Macchia CS ... 85 I 31
Macchia (Coppa della) FG ... 67 B 29
Macchia da Sole TE ... 53 N 22
Macchia di Monte BA ... 80 E 33
Macchia d'Isernia IS ... 65 R 24
Macchia Rotonda FG ... 67 C 29
Macchia Valfortore CB ... 66 C 26
Macchiagodena IS ... 65 R 25
Macchialunga (Monte) TR ... 58 O 20
Macchiareddu CA ... 118 J 9
Macchiascandona GR ... 49 N 14
Macchiatornella TE ... 59 O 22
Macchie PG ... 51 M 18
Macchie TR ... 58 O 19
Macchina Lagana RC ... 88 L 30
Macchioni FR ... 63 R 22
Macciano PG ... 51 N 19
Macciano SI ... 50 M 17
Macconi (i) RG ... 104 Q 25
Macello TO ... 26 H 4
Mácera di Morte TE ... 52 N 22

Macerata MC ... 52 M 22
Macerata PI ... 42 L 13
Macerata Campania CE ... 69 D 24
Macerata Feltria PS ... 41 K 19
Macere RM ... 63 Q 20
Macereto (Santuario di) MC ... 52 N 21
Macerino TR ... 51 N 19
Maciano PS ... 41 K 18
Macina MC ... 53 M 22
Maciodo BS ... 22 F 12
Maclodio BS ... 22 F 12
Macomer NU ... 115 G 8
Macra CN ... 26 I 3
Macugnaga VB ... 7 E 5
Maddalena SV ... 28 I 7
Maddalena (Arcipelago della) OT ... 109 D 10
Maddalena (Colle della) TO ... 26 I 2
Maddalena (Colle della) TO ... 27 G 5
Maddalena (Isola) OT ... 109 D 10
Maddalena (Monte) BS ... 22 F 12
Maddalena (Monti della) PZ ... 76 F 28
Maddalena (Penisola della) SR ... 105 P 27
Maddalena Spiaggia CA ... 118 J 9
Maddalene CN ... 27 I 4
Maddaloni CE ... 70 D 25
Madesimo SO ... 9 C 10
Madone BG ... 21 F 10
Madonna Candelecchia AQ ... 64 Q 22
Madonna dei Bagni (Deruta) PG ... 51 N 19
Madonna dei Fornelli BO ... 39 J 15
Madonna dei Miracoli BA ... 72 D 30
Madonna dei Monti PG ... 51 L 19
Madonna del Buon Cammino BA ... 73 E 31
Madonna del Buonconsiglio CL ... 104 P 25
Madonna del Carmine SA ... 76 F 28
Madonna del Carmine TA ... 73 F 32
Madonna del Furi AV ... 97 K 13
Madonna del Ghisallo LC ... 9 E 9
Madonna del Monte FO ... 41 J 18
Madonna del Monte PG ... 52 N 20
Madonna del Monte Vivo SA ... 76 F 28
Madonna del Pettoruto SA ... 85 H 29
Madonna del Piano CT ... 104 P 25
Madonna del Ponte PS ... 46 K 21
Madonna del Sasso NO ... 20 E 7
Madonna della Cava TP ... 96 N 19
Madonna della Cima PG ... 46 L 19
Madonna della Civita LT ... 64 S 22
Madonna della Lanna AQ ... 64 Q 23
Madonna della Libera TP ... 97 N 20
Madonna della Neve PG ... 52 N 21
Madonna della Pace RM ... 63 Q 21
Madonna della Quercia VT ... 57 O 18
Madonna della Scala BA ... 73 E 33
Madonna della Scala (Santuario della) TA ... 78 F 33
Madonna della Stella PZ ... 77 G 30
Madonna della Valle PG ... 51 N 19
Madonna dell'Acero BO ... 39 J 14
Madonna dell'Acqua PI ... 42 K 13
Madonna dell'Alto TP ... 97 N 20
Madonna dell'Ambro AP ... 52 N 21
Madonna dell'Auricola FR ... 63 R 22
Madonna delle Grazie PD ... 24 G 18
Madonna di Baiano PG ... 51 N 20
Madonna di Campiglio TN ... 11 D 14
Madonna di Canneto CB ... 65 Q 25
Madonna di Canneto FR ... 64 Q 23
Madonna di Costantinopoli SA ... 76 F 27
Madonna di Cristo FG ... 67 C 28
Madonna di Fatima FG ... 67 F 9
Madonna di Gaspreano MC ... 52 M 21
Madonna di Mellitto BA ... 73 E 31
Madonna di Monserrato LI ... 48 N 13
Madonna di Novi Velia SA ... 76 G 28
Madonna di Pergamo MT ... 77 F 30
Madonna di Piano PS ... 46 L 20
Madonna di Picciano MT ... 72 E 31
Madonna di Pietralba BZ ... 12 C 16
Madonna di Porto Salvo AG ... 102 U 19
Madonna di Pugliano PS ... 41 K 19
Madonna di Ripalta FG ... 72 D 29
Madonna di S. Luca BO ... 40 I 15
Madonna di Senales / Unserfrau BZ ... 3 B 14
Madonna di Sterpeto BA ... 72 D 30

Madonna di Stignano (Santuario della) FG ... 66 B 28
Madonna di Tirano SO ... 10 D 12
Madonna di Viatosto AT ... 27 H 6
Madonna di Viggiano PZ ... 77 F 29
Madonnina SI ... 50 M 17
Madonnuzza (Portella) PA ... 99 N 24
Madrano TN ... 11 D 15
Mae BL ... 13 D 18
Maenza LT ... 63 R 21
Maerne VE ... 25 F 18
Maestrale (Stagno di) CI ... 120 K 7
Maestrello PG ... 51 M 18
Mafalda CB ... 61 Q 26
Maffiotto TO ... 18 G 3
Magagnaro (Monte) AG ... 97 N 20
Magasa BS ... 23 E 13
Magazzino MO ... 31 I 15
Magazzolo PA ... 98 O 22
Magdeleine (la) AO ... 7 E 4
Magenta MI ... 20 F 8
Maggio LC ... 9 E 10
Maggio (Monte) PG ... 52 M 20
Maggio (Monte) SI ... 44 M 15
Maggiora NO ... 20 E 7
Maggiore (Isola) (L. Trasimeno) PG ... 51 M 18
Maggiore (Lago) VA ... 8 E 7
Maggiore (Monte) CE ... 69 D 24
Maggiore (Monte) GR ... 57 O 16
Maggiore (Monte) PG ... 52 N 20
Maggiore (Punta) CT ... 113 E 10
Maggiore (Serra) MT ... 78 G 31
Magherno PV ... 21 G 9
Magisano CZ ... 87 J 31
Magliano Alfieri CN ... 27 H 6
Magliano Alpi CN ... 27 I 5
Magliano de' Marsi AQ ... 59 P 22
Magliano di Tenna AP ... 53 M 22
Magliano in Toscana GR ... 56 O 15
Magliano Romano RM ... 58 P 19
Magliano Sabina RI ... 58 O 19
Magliano Vetere SA ... 76 F 27
Magliati (Masseria) TA ... 78 F 32
Maglie LE ... 83 G 36
Magliolo SV ... 35 J 6
Maglione TO ... 19 F 6
Magnacavallo MN ... 31 G 15
Magnago MI ... 20 F 8
Magnano BI ... 19 F 6
Magnano CZ ... 87 J 31
Magnano PZ ... 77 G 30
Magnano in Riviera UD ... 14 D 21
Magnisi (Penisola) SR ... 105 P 27
Magnola BS ... 22 F 11
Magnolini (Rifugio) BG ... 10 E 12
Magra MS ... 38 I 11
Magras TN ... 11 C 14
Magré s. str. d. vino / Magreid BZ ... 11 D 15
Magredis UD ... 15 D 21
Magreglio CO ... 9 E 9
Magreid a. d. Weinstraße / Magré BZ ... 11 D 15
Magreta MO ... 31 I 14
Magugnano VT ... 57 O 18
Magusu (Punta) VS ... 118 I 7
Mai (Monte) SA ... 70 E 26
Maiano PG ... 51 N 20
Maiano PS ... 41 K 18
Maiano Monti RA ... 40 I 17
Maida CZ ... 88 K 31
Maida Marina CZ ... 88 K 30
Maiella (Montagna della) CH ... 60 P 24
Maiella (Parco Nazionale della) CH ... 60 Q 24
Maielletta (la) CH ... 60 P 24
Maierà CS ... 84 H 29
Maierato VV ... 88 K 30
Maiern / Masseria BZ ... 3 B 16
Maiero FE ... 32 H 17
Maiolati Spontini AN ... 46 L 21
Maiolo PS ... 41 K 18
Maiorana (Masseria) BA ... 72 E 31
Maiori SA ... 75 F 25
Maiori OT ... 109 E 9
Maiori (Monte) OR ... 118 H 8
Maira (Torrente) CN ... 26 I 3
Maira (Valle) CN ... 26 I 3
Mairago LO ... 21 G 10
Mairano BS ... 22 F 12
Maissana SP ... 37 I 10
Mal di Ventre (Isola di) OR ... 114 H 6
Malacalzetta CI ... 118 I 7
Malacoda (Punta) CN ... 34 J 3
Malagnino CR ... 30 G 12

Malagrotta RM ... 62 Q 19
Malaina (Monte) FR ... 63 R 21
Malalbergo BO ... 32 H 16
Malamocco VE ... 25 F 19
Malamocco (Porto di) VE ... 25 F 18
Malara (Monte) AV ... 71 D 27
Malborghetto UD ... 15 C 22
Malcesine VR ... 23 E 14
Malchina TS ... 17 E 22
Malciaussia TO ... 18 G 3
Malcontenta VE ... 25 F 18
Malé TN ... 11 C 14
Malegno BS ... 10 E 12
Maleo LO ... 22 G 11
Malesco VB ... 8 D 7
Maletto CT ... 100 N 26
Malfa ME ... 94 L 26
Malfatano (Capo) CA ... 120 K 8
Malga Bissina (Lago di) TN ... 11 D 13
Malga Boazzo (Lago di) TN ... 11 D 13
Malga dei Dossi / Knutten-Alm BZ ... 4 B 18
Malga di Valmaggiore TN ... 12 D 16
Malga Fana BZ ... 4 B 16
Malga Movlina TN ... 11 D 14
Malga Prato / Wieser Alm BZ ... 4 A 18
Malga Pudio / Pidig Alm BZ ... 4 A 18
Malga Sadole TN ... 12 D 16
Malghera SO ... 10 C 12
Malgrate LC ... 9 E 10
Malignano SI ... 49 M 15
Malina UD ... 15 D 21
Malinvern (Testa) CN ... 34 J 3
Malito CS ... 86 J 30
Malles Venosta / Mals BZ ... 2 B 13
Malnate VA ... 20 E 8
Malnisio PN ... 13 D 19
Malo VI ... 24 F 16
Malonno BS ... 10 D 12
Malopasseto (Passo) EN ... 99 N 24
Malosco TN ... 11 C 15
Malpaga BG ... 22 F 11
Malpaga BS ... 22 F 12
Mals / Malles Venosta BZ ... 2 B 13
Maltignano AP ... 53 N 23
Maltignano PG ... 52 N 21
Malu CA ... 118 I 8
Malvagna ME ... 100 N 27

Malvicino AL ... 28 I 7
Malvito CS ... 85 I 30
Malvizza AV ... 70 D 27
Malvizzo (Monte) AG ... 103 P 23
Mamiano PR ... 30 H 13
Mammola RC ... 88 L 30
Mamoiada NU ... 115 G 9
Mamone NU ... 113 F 10
Mamusi OT ... 113 E 10
Manacore (Monte) FG ... 67 B 30
Manara (Punta) GE ... 37 J 10
Manarola CI ... 118 I 7
Manciano GR ... 56 O 16
Mancuso (Monte) CZ ... 86 J 30
Mandas CA ... 119 I 9
Mandatoriccio CS ... 87 I 32
Mandatoriccio-Campana (Stazione di) CS ... 87 I 32
Mandela RM ... 58 P 20
Mandello del Lario LC ... 9 E 9
Mandello Vitta NO ... 20 F 7
Mandolossa BS ... 22 F 12
Mandra de Caia (Punta) NU ... 116 G 10
Mandrazzi (Portella) ME ... 101 N 27
Mandria Luci CS ... 85 H 30
Mandriole RA ... 33 I 18
Mandrioli (Passo dei) FO ... 45 K 17
Mandriolo (Cima) VI ... 12 E 16
Mandrogne AL ... 28 H 8
Mandrolisai NU ... 115 G 9
Mandrone (Monte) BS ... 11 D 13
Manerba del Garda BS ... 23 F 13
Manerbio BS ... 22 F 12
Manfredonia FG ... 67 C 29
Manfredonia (Golfo di) FG ... 67 C 30
Manfredonico (Mussomeli) CL ... 99 O 23
Manfria CL ... 103 P 24
Manganaro (Bivio) PA ... 98 N 22
Mangari (Monte) UD ... 15 C 22
Manghen (Passo) TN ... 12 D 16
Mangiante (Portella) PA ... 99 N 23
Mangiatoriello (Pizzo) PA ... 98 N 22
Mango CN ... 27 H 6
Mangone CS ... 86 J 30
Maniace (Abbazia di) CT ... 100 N 26
Maniago PN ... 13 D 20
Maniago (Rifugio) PN ... 13 D 19

Maniglia (Monte) CN ... 26 I 2
Maniva (Passo del) BS ... 22 E 13
Mannuad (Est di Teulada) CA ... 121 K 8
Mannu (a Nord di Nuoro) NU ... 115 F 9
Mannu (ad Ovest di Siniscola) NU ... 113 F 10
Mannu (a Sud di Terralba) SS ... 118 I 8
Mannu (Fluminimaggiore) CI ... 118 I 7
Mannu (vicino a Cuglieri) OR ... 114 G 7
Mannu (vicino a Narcao) CI ... 118 J 8
Mannu (vicino ad Ozieri) SS ... 111 F 8
Mannu (vicino a Samugheo) OR ... 115 H 8
Mannu (vicino a Santadi) CI ... 118 J 8
Mannu (vicino a Sassari) SS ... 110 F 7
Mannu (vicino a Villasor) VS ... 118 I 8
Mannu (Capo) OR ... 114 G 7
Mannu (Capo) SS ... 110 E 6
Mannu (Monte) OR ... 114 F 7
Mannu della Reale (Porto) SS ... 108 D 6
Manocalza AV ... 70 E 26
Manolino CN ... 35 J 5
Manoppello PE ... 60 P 24
Manoppello Scalo PE ... 60 P 24
Mansué TV ... 16 E 19
Manta CN ... 27 I 4
Mantignana PG ... 51 M 18
Mantova MN ... 31 G 14
Manzano UD ... 17 E 22
Manziana RM ... 57 P 18
Manzolino MO ... 31 I 15
Mapello BG ... 21 E 10
Mappa CL ... 99 O 23
Mara SS ... 115 F 7
Maracalagonis CA ... 119 J 9
Maragnole VI ... 24 E 16
Marana AQ ... 59 O 21
Marane AQ ... 60 P 23
Maranello MO ... 31 I 14
Marano BO ... 39 J 15
Marano (Laguna di) UD ... 16 E 21
Marano (Torrente) RN ... 41 K 19

MANTOVA

Accademia (V.) ... BY 2
Acerbi (V.) ... AZ 3
Broletto (V. e Pza) ... BZ 4
Canossa (Pza) ... AY 5
Don Leoni (Pza) ... AZ 6
Don Tazzoli (V. Enrico) ... BZ 7
Erbe (Pza delle) ... BZ 8
Fratelli Cairoli (V.) ... BY 10
Libertà (Cso) ... AZ 12
Mantegna (Pza Andrea) ... BZ 13
Marconi (V. e Pza) ... ABZ 15
Martiri di Belfiore (Pza) ... AZ 16
Matteotti (V.) ... AZ 17
Roma (V.) ... AZ
Sordello (Pza) ... BY 21
S. Giorgio (V.) ... BY 20
Umberto (Cso) ... AZ
Verdi (V. Giuseppe) ... AZ 24
Virgilio (V.) ... AY 25
20 Settembre (V.) ... BZ 27

Rotonda di San Lorenzo ... BZ B

Marano di Napoli *NA*........ 69 E 24
Marano Equo *RM*............ 59 Q 21
Marano Lagunare *UD*....... 16 E 21
Marano Marchesato *CS*.. 86 J 30
Marano Principato *CS*..... 86 J 30
Marano sul Panaro *MO*.... 39 I 14
Marano Ticino *NO*........... 20 F 7
Marano Valpolicella *VR*.... 23 F 14
Marano Vicentino *VI*....... 24 E 16
Maranola *LT*................. 64 S 22
Maranza / Meransen *BZ*....4 B 16
Maranzana *AT*............... 28 H 7
Maraone (Isola) *TP*......... 96 N 19
Marargiu (Capo) *NU*....... 114 F 7
Marasca (Colle) *CB*......... 65 Q 25
Maratea *PZ*.................. 84 H 29
Maratea (Grotta di) *PZ*.... 84 H 29
Marausa *TP*................. 96 N 19
Marazzino *OT*............... 109 D 9
Marcallo *MI*................. 20 F 8
Marcanzotta *TP*............. 96 N 19
Marcaria *MN*................ 31 G 13
Marcato Bianco *EN*........ 103 O 24
Marcato d'Arrigo *CL*....... 103 O 24
Marcatobianco *PA*......... 99 N 23
Marceddi *OR*................ 118 H 7
Marceddi (Stagno di) *OR*..118 H 7
Marcedusa *CZ*.............. 87 J 32
Marcelilinara *CZ*............ 88 K 31
Marcelli *AN*................. 47 L 22
Marcellina *CS*............... 84 H 29
Marcellina *RM*.............. 58 P 20
Marcellise *VR*............... 23 F 15
Marcetelli *RI*................ 59 P 21
Marcheno *BS*................ 22 E 12
Marchesa (Masseria la) *FG*.66 B 27
Marchesato *KR*............. 87 J 32
Marchese (Punta del) *LI*.. 54 O 12
Marchetti (Rifugio) *TN*.....11 E 14
Marchiazza *VC*............. 20 F 7
Marchione (Castello) *BA*..73 E 33
Marchioni (Masseria) *LE*..79 G 35
Marchirolo *VA*................8 E 8
Marciana *LI*................. 48 N 12
Marciana Marina *LI*........ 48 N 12
Marcianise *CE*.............. 69 D 24
Marciano *AR*................ 44 K 17
Marciano della Chiana *AR*..50 M 17
Marciaso *MS*................ 38 J 12
Marcignago *PV*............. 21 G 9
Marcignana *FI*.............. 43 K 14
Marcignano *PG*............. 45 L 18
Marco *TN*................... 23 E 15
Marcolano (Monte) *AQ*.. 64 Q 22
Marcon *VE*.................. 25 F 18
Marconi (Mausoleo di G.) *BO*.39 I 15
Marconia *MT*................ 78 F 32
Mardimago *RO*.............. 32 G 17
Mare Grande *TA*............ 78 F 33
Mare Piccolo *TA*............ 79 F 33
Mare (Portella di) *PA*...... 99 N 23
Mare (Val de la) *TN*........11 C 14
Marebbe / Enneberg *BZ*....4 B 17
Marebello *RN*............... 41 J 19
Marecchia *PS*............... 41 K 18
Marechiaro *NA*............. 69 E 24
Marega *VR*.................. 24 G 16
Maremma *GR*............... 56 O 15
Maremma
  (Parco Naturale della) *GR*.55 O 15
Marene *CN*.................. 27 I 5
Mareneve *CT*............... 100 N 27
Marengo *AL*.................. 28 H 8
Marengo *CN*................. 27 I 6
Marengo *MN*................ 23 G 14
Mareno di Piave *TV*........ 13 E 19
Marentino *TO*............... 27 G 5
Marepotamo *RC*............ 88 L 30
Maresca *PT*................. 39 J 14
Mareson *BL*................. 13 C 18
Mareto *PC*.................. 29 H 10
Marettimo *TP*............... 96 N 18
Marettimo (Isola) *TP*....... 96 N 18
Margana (Valle della) *PA*..98 N 22
Margarita *CN*................ 35 I 5
Marghera *VE*................ 25 F 18
Margherita di Savoia *FG*.. 72 C 30
Margherito Soprano *CT*.. 104 O 25
Margherito Sottano *CT*.. 104 O 25
Marghine (Catena di) *NU*..115 G 8
Margi *SR*................... 104 P 26
Margine di Momigno *PT*.. 39 K 14
Marginetto (Punta) *OT*... 109 D 10
Marginone *LU*............... 39 K 14
Margno *LC*....................9 D 10
Margone *TO*................. 18 G 3
Margorabbia *VA*..............8 E 8

Marguareis (Punta) *CN*..... 35 J 5
Mari Ermi *OR*............... 114 H 7
Maria e Franco (Rifugio) *BS*..10 D 13
Maria Luisa (Rifugio) *VB*....8 C 7
Maria (Monte) *CA*......... 119 J 10
Mariana Mantovana *MN*.. 22 G 13
Mariano Comense *CO*..... 21 E 9
Mariano del Friuli *GO*..... 17 E 22
Marianopoli *CL*............. 99 O 23
Marigliano *NA*.............. 70 E 25
Marilleva *TN*.................11 D 14
Marina *VE*................... 16 E 20
Marina (Torrente) *FI*....... 39 K 15
Marina dei Ronchi *MS*..... 38 K 12
Marina del Cantone *NA*.... 74 F 25
Marina di Alberese *GR*..... 55 O 15
Marina di Amendolara *CS*..85 H 31
Marina di Andora *SV*....... 35 K 6
Marina di Andrano *LE*..... 83 H 37
Marina di Arbus *VS*........ 118 I 7
Marina di Ascea *SA*........ 76 G 27
Marina di Avola *SR*........ 105 Q 27
Marina di Belmonte *CS*.... 86 J 30
Marina di Belvedere *CS*... 84 I 29
Marina di Bibbona *LI*....... 48 M 13
Marina di Camerota *SA*.... 84 G 28
Marina di Campo *LI*........ 48 N 12
Marina di Caronia *ME*..... 100 M 25
Marina di Carrara *MS*...... 38 J 12
Marina di Casal Velino *SA*..75 G 27
Marina di Castagneto-
  Donoratico *LI*............ 49 M 13
Marina di Caulonia *RC*..... 88 L 31
Marina di Cecina *LI*........ 48 M 13
Marina di Cetraro *CS*...... 85 I 29
Marina di Chieuti *FG*....... 66 B 27
Marina di Davoli *CZ*........ 89 L 31
Marina di Fuscaldo *CS*..... 86 I 30
Marina di Gairo *OG*........ 119 H 11
Marina di Gioia Tauro *RC*..88 L 29
Marina di Gioiosa Ionica *RC*.91 M 30
Marina di Grosseto *GR*.... 49 N 14
Marina di Lago di Patria *CE*.69 E 24
Marina di Lesina *FG*....... 66 B 28
Marina di Leuca *LE*........ 83 H 37
Marina di lu Impostu *OT*..113 E 11
Marina di Mancaversa *LE*..83 H 36
Marina di Maratea *PZ*..... 84 H 29
Marina di Massa *MS*....... 38 J 12
Marina di Melilli *SR*....... 105 P 27
Marina di Minturno *LT*..... 69 D 23
Marina di Modica *RG*...... 106 Q 26
Marina di Montemarciano *AN*.46 L 22
Marina di Montenero *CB*... 61 P 26
Marina di Novaglie *LE*..... 83 H 37
Marina di Orosei *NU*....... 117 F 11
Marina di Ostuni *BR*....... 80 E 34
Marina di Palma *AG*....... 103 P 23
Marina di Palmi *RC*........ 88 L 29
Marina di Paola *CS*........ 86 I 30
Marina di Patti *ME*........ 100 M 26
Marina di Pescia
  Romana *VT*.............. 56 O 16
Marina di Pescoluse *LE*... 83 H 36
Marina di Pietrasanta *LU*.. 38 K 12
Marina di Pisa *LI*........... 42 K 12
Marina di Pisciotta *SA*..... 76 G 27
Marina di Pisticci *MT*...... 78 G 32
Marina di Pulsano *TA*...... 79 F 34
Marina di Ragusa *RG*...... 106 Q 25
Marina di Ravenna *RA*..... 33 I 18
Marina di S. Lorenzo *RC*... 90 N 29
Marina di Salivoli *LI*....... 48 N 13
Marina di S. Antonio *CZ*... 89 L 31
Marina di S. Ilario *RC*...... 91 M 30
Marina di S. Lorenzo *RM*... 62 R 19
Marina di S. Vito *CH*....... 60 P 25
Marina di Sorso *SS*....... 110 E 7
Marina di Strongoli *KR*.... 87 J 33
Marina di Torre del Lago *LU*.38 K 12
Marina di Torre Grande *OR*.114 H 7
Marina di Varcaturo *NA*... 69 E 24
Marina di Vasto *CH*........ 61 P 26
Marina di Zambrone *VV*... 88 K 29
Marina Faleriense *AP*...... 53 M 23
Marina Grande *NA*......... 74 F 24
Marina Palmense *AP*...... 53 M 23
Marina Piccola *NA*........ 74 F 24
Marina Romea *RA*......... 33 I 18
Marina Roseto
  Capo Spulico *CS*........ 85 H 31
Marina Schiavonea *CS*.... 85 I 31
Marina Serra *LE*........... 83 H 37
Marina Velca *VT*........... 57 P 17
Marine di Posto Rossi *LE*..83 H 36
Marinella *TP*................ 97 O 19
Marinella *VE*................ 16 E 21

Marinella di Sarzana *SP*... 38 J 12
Marinella (Golfo di) *OT*... 109 D 10
Marinelli (Rifugio) *SO*......10 C 11
Marinelli (Rifugio) *UD*......5 C 20
Marineo *PA*.................. 98 N 22
Marineo (Monte) *CT*...... 104 P 26
Marini (Rifugio) *NA*........ 99 N 24
Marino *RM*.................. 62 Q 19
Marino (Monte) *FO*........ 40 K 17
Mariotti (Rifugio) *PR*...... 38 I 12
Mariotto *BA*................ 73 D 31
Maristella *SS*.............. 110 F 6
Marlengo / Marling *BZ*.....3 C 15
Marlia *LU*................... 39 K 13
Marliana *PT*................ 39 K 14
Marmagna (Monte) *PR*.... 38 I 11
Marmilla *VS*................ 118 H 8
Marmirolo *MN*.............. 23 G 14
Marmitte (Parco delle) *SO*.9 C 10
Marmolada *BL*.............. 12 C 17
Marmontana (Monte) *CO*...9 D 9
Marmora *PN*................ 26 I 3
Marmora (Punta la) *OG*... 115 H 9
Marmorata (Isola di) *OT*..109 D 9
Marmore *AO*................ 19 E 4
Marmore *TR*................ 58 O 20
Marmore (Cascata delle) *TR*.58 O 20
Marmorta *BO*............... 32 I 17
Marmottere (Punta) *TO*... 18 G 3
Marmuri (Su) *OG*.......... 117 H 10
Marocco *TV*................. 25 F 18
Marocco (Monte) *AQ*...... 64 Q 23
Marogella (Passo della) *BG*.10 E 11
Maroglio *CL*................ 104 P 24
Marola *RE*.................. 38 I 13
Marola *VI*................... 24 F 16
Marone *BS*.................. 22 E 12
Maropati *RC*................ 88 L 30
Marostica *VI*............... 24 E 16
Marotta *PS*................. 46 K 21
Marozzo *FE*................. 33 H 18
Marradi *FI*.................. 40 J 16
Marrara *FE*................. 32 H 17
Marro *RC*................... 88 L 29
Marroggia *PG*.............. 51 N 20
Marrubiu *OR*............... 114 H 7
Mars (Monte) *BI*........... 19 F 5
Marsaglia *CN*............... 27 I 5
Marsaglia *PC*............... 29 H 10
Marsala *TP*................. 96 N 19
Marsala (Punta) *TP*........ 96 N 19
Marsciano *PG*............. 51 N 19
Marsia *AQ*.................. 59 P 21
Marsiai *BL*.................. 12 D 18
Marsicano (Monte) *AQ*.... 64 Q 23
Marsico Nuovo *PZ*......... 76 F 29
Marsicovetere *PZ*.......... 77 F 29
Marsiliana *GR*.............. 56 O 16
Marsure *PN*................. 13 D 19
Marta *VT*................... 57 O 17
Marta (Fiume) *VT*.......... 57 O 17
Martana (Isola) *VT*........ 57 O 17
Martani (Monti) *PG*........ 51 N 19
Martano *LE*................. 83 G 36
Martano (Monte) *PG*...... 51 N 19
Martell / Martello *BZ*.......2 C 14
Martellago *VE*.............. 25 F 18
Martello / Martell *BZ*.......2 C 14
Martello (Pizzo) *SO*.........9 D 9
Martello (Val) *BZ*...........2 C 14
Marti *PI*..................... 43 L 14
Martignacco *UD*............ 14 D 21
Martignana di Po *CR*...... 30 G 13
Martignano *LE*.............. 83 G 36
Martignano (Lago di) *RM*.. 58 P 18
Martina Franca *TA*......... 80 E 34
Martina Olba *SV*........... 28 I 7
Martinelle *VE*............... 32 G 18
Martinengo *BG*............. 22 F 11
Martinetto *SV*.............. 35 J 6
Martinez (Case) *CL*....... 103 O 24
Martiniana Po *CN*.......... 26 I 4
Martino (Poggio) *VT*....... 57 O 17
Martinsicuro *TE*............ 53 N 23
Martirano *CZ*............... 86 J 30
Martirano Lombardo *CZ*... 86 J 30
Martis *SS*.................. 111 E 8
Martone *RC*................ 88 L 30
Martorano *FO*.............. 41 J 18
Maru *ME*................... 100 M 26
Maruggio *TA*............... 79 G 34
Marza *RG*.................. 107 Q 26
Marzabotto *BO*............ 39 I 15
Marzamemi *SR*............ 107 Q 27
Marzano *PV*................ 21 G 9
Marzano Appio *CE*........ 64 S 24

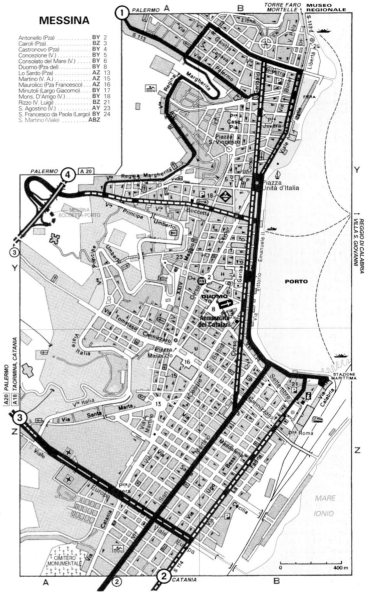

MESSINA

Antonello (Pza) .... BY 2
Cairoli (Pza) .... BZ 2
Castronovo (Pza) .... BY 4
Concezione (V.) .... BY 5
Consolato del Mare (V.) ..... BY 6
Duomo (Pza del) .... AZ 8
Lo Sardo (Pza) .... BY 8
Martino (V. A.) .... AZ 15
Maurolico (Pza Francesco) ... AZ 16
Minutoli (Largo Giacomo) .... BY 17
Mons. D'Arrigo (V.) .... BY 18
Rizzo (V. Luigi) .... BZ 21
S. Agostino (V.) .... AY 23
S. Francesco da Paola (Largo) BY 24
S. Martino (Viale) .... ABZ

Marzano di Nola *AV*........ 70 E 25
Marzeno *FO*................ 40 J 17
Marzettelle *MN*............ 31 H 14
Marzi *CS*................... 86 J 30
Marziano (il) *BA*........... 72 D 30
Marzio *VA*...................8 E 8
Marzo (Monte) *TO*......... 19 F 4
Marzocca *AN*............... 46 K 21
Marzolara *PR*............... 30 I 12
Mas *BL*..................... 13 D 18
Masainas *CI*............... 120 J 7
Masarè *BL*.................. 12 C 18
Masarolis *UD*............... 15 D 22
Masate *MI*.................. 21 F 10
Mascali *CT*................ 101 N 27
Mascalucia *CT*............ 100 O 27
Mascari *SS*................ 110 E 7
Maschito *PZ*................ 72 E 29
Maser *TV*................... 24 E 17
Masera *VB*...................8 D 6
Maserà di Padova *PD*..... 24 G 17
Maserada sul Piave *TV*... 25 E 18
Masi *PD*.................... 32 G 16
Masi di Cavalese *TN*...... 12 D 16
Masi S. Giacomo *FE*....... 32 H 17
Masi Torello *FE*............ 32 H 17
Masienera (Punta) *SS*.... 111 F 9
Masino *SO*...................9 D 10
Masino (Torrente) *SO*......9 D 10
Masio *AL*................... 28 H 7
Massimino *SV*.............. 35 J 6
Mason Vicentino *VI*........ 24 E 16

Masone *GE*................. 28 I 8
Masone *RE*................. 31 H 14
Massa *MS*.................. 38 J 12
Massa Annunziata *CT*.... 100 O 27
Massa d'Albe *AQ*.......... 59 P 22
Massa e Cozzile *PT*....... 39 K 14
Massa Fermana *AP*........ 52 M 22
Massa Finalese *MO*........ 31 H 15
Massa Fiscaglia *FE*........ 32 H 18
Massa Lombarda *RA*....... 40 I 17
Massa Lubrense *NA*....... 74 F 25
Massa Marittima *GR*....... 49 M 14
Massa Martana *PG*........ 51 N 19
Massa S. Giorgio *ME*...... 90 M 28
Massaciuccoli *LU*.......... 38 K 13
Massaciuccoli (Lago di) *LU*.38 K 13
Massafra *TA*................ 78 F 33
Massama *OR*.............. 114 H 7
Massanzago *PD*............ 24 F 17
Massarella *FI*............... 43 K 14
Massarosa *LU*.............. 38 K 13
Massazza *BI*................ 19 F 6
Massello *TO*................ 26 H 3
Massenzatica *FE*.......... 33 H 18
Masserano *BI*.............. 20 F 6
Masserecci (Poggio) *AR*.. 44 L 17
Masseria / Maiern *BZ*.......3 B 15
Massico (Monte) *CE*...... 69 D 23
Massignano *AP*............. 53 M 23
Massimino *SV*.............. 35 J 6
Massino Visconti *NO*...... 20 E 7
Massone (Monte) *VB*.......8 E 7

Mastallone *VC*...............8 E 6
Mastaun *BZ*..................3 B 14
Mastixi (Punta su) *NU*.... 117 H 11
Masua *CI*................... 118 I 7
Masuccio (Monte) *SO*..... 10 D 12
Masullas *OR*............... 118 H 8
Mataiur (Monte) *UD*....... 15 D 22
Matarazzo (Monte) *CL*.... 99 O 24
Matarocco *TP*............... 96 N 19
Matelica *MC*............... 52 M 21
Matera *MT*.................. 73 E 31
Matese (Lago del) *CE*..... 65 R 25
Matese (Monti del) *CB*.... 65 R 25
Mathi *TO*................... 19 G 4
Matigge *PG*................ 51 N 20
Matine di Latta
  (Masseria la) *BA*........ 72 D 31
Matinella *SA*................ 75 F 27
Matino *LE*.................. 83 G 36
Matraia *LU*................. 39 K 13
Matrice *CB*................. 65 R 26
Matsch / Mazia *BZ*.........2 B 13
Mattarana *SP*............... 37 I 11
Mattarello *TN*...............11 D 15
Matterhorn /
  Cervino (Monte) *AO*.......7 G 8
Mattie *TO*.................. 18 G 3
Mattina (Monte) *AV*....... 71 E 28
Mattinata *FG*............... 67 B 30
Mattinata (Porto di) *FG*... 67 B 30
Mattinatella *FG*............ 67 B 30

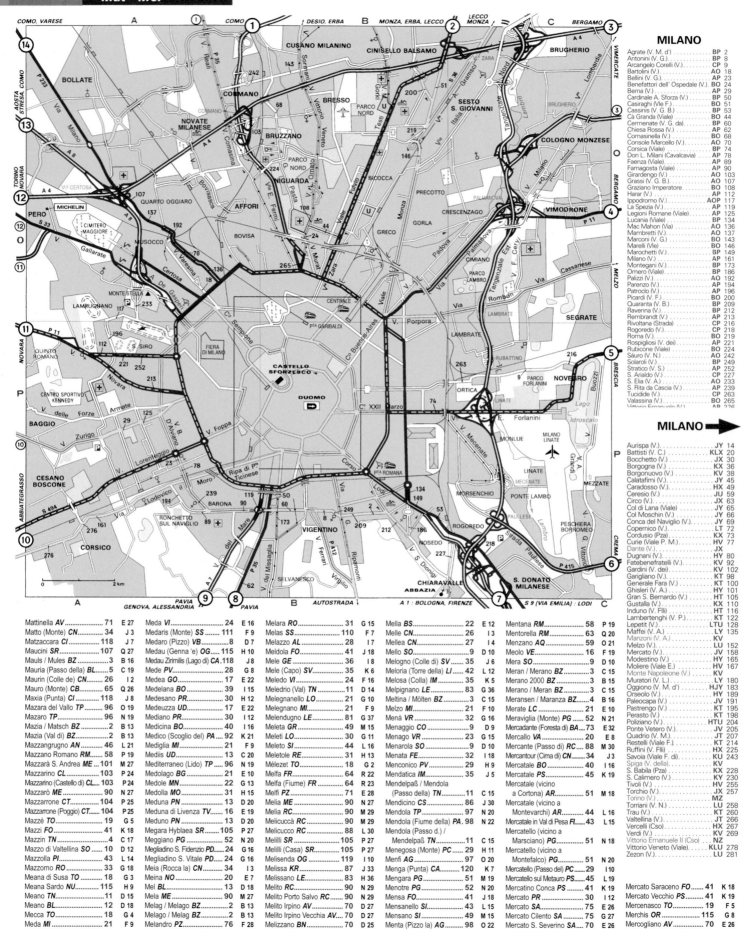

MILANO

Agrate (V. M. d')	BP 2
Antonini (V. G.)	BP 8
Arcangelo Corelli (V.)	CP 9
Bartolini (V.)	AO 18
Bellini (V. G.)	AP 23
Benefattori dell' Ospedale (V.)	BO 24
Berna (V.)	AP 29
Cardinale A. Sforza (V.)	BP 50
Casiraghi (Vle F.)	BO 51
Cassinis (V. G. B.)	BP 53
Cà Granda (Viale)	BO 44
Cermenate (V. G. da)	BP 60
Chiesa Rossa (V.)	AP 62
Comasinella (V.)	BO 68
Console Marcello (V.)	AO 70
Corsica (Viale)	BP 74
Don L. Milani (Cavalcavia)	AP 78
Faenza (Viale)	AP 83
Farnagosta (Viale)	AP 90
Girardengo (V.)	AO 103
Grassi (V. G. B.)	AO 107
Graziano Imperatore	BO 108
Harar (V.)	AP 112
Ippodromo (V.)	AOP 117
La Spezia (V.)	AP 119
Legioni Romane (Viale)	AP 125
Lucania (Viale)	BP 134
Mac Mahon (Via)	AO 136
Mambretti (V.)	AO 137
Marconi (V. G.)	AO 143
Marelli (Vle)	BO 143
Marochetti (V.)	BP 149
Milano (V.)	BP 161
Montegani (V.)	BP 173
Omero (Viale)	BP 186
Palizzi (V.)	AO 192
Parenzo (V.)	AP 194
Patroclo (V.)	AP 196
Picardi (V. F.)	BO 200
Quaranta (V. B.)	BP 209
Ravenna (V.)	AP 212
Rembrandt (V.)	AP 213
Rivoltana (Strada)	CP 216
Rogoredo (V.)	CP 216
Roma (V.)	BO 219
Rospigliosi (V. dei)	AP 221
Rubicone (Viale)	BO 224
Sáuro (V. N.)	AO 242
Solaroli (V.)	BP 249
Stratico (V. S.)	AO 252
S. Arialdo (V.)	CP 227
S. Elia (V. A.)	AP 233
S. Rita da Cascia (V.)	AP 239
Tucidide (V.)	CP 263
Valassina (V.)	BO 265
Vittorio Emanuele (V.)	AP 276

MILANO ➡

Aurispa (V.)	JY 14
Battisti (V. C.)	KLX 20
Bocchetto (V.)	JX 30
Borgogna (V.)	KX 36
Borgonuovo (V.)	KV 38
Calatafimi (V.)	JY 45
Caradosso (V.)	HX 49
Ceresio (V.)	JU 59
Circo (V.)	JX 63
Col di Lana (Viale)	JY 65
Col Moschin (V.)	JY 66
Conca del Naviglio (V.)	JY 69
Copernico (V.)	LT 72
Cordusio (Pza)	KX 73
Curie (Viale P. M.)	HV 77
Dante (V.)	JX
Dugnani (V.)	HY 80
Fatebenefratelli (V.)	KV 92
Gardini (V. dei)	KV 102
Garigliano (V.)	KT 98
Generale Fara (V.)	KT 100
Ghisleri (V. A.)	HY 101
Gran S. Bernardo (V.)	HT 105
Gustalla (V.)	KX 110
Induno (V. Flli)	HT 116
Lambertenghi (V. P.)	KT 122
Lepetit (V.)	LTU 128
Maffei (V. A.)	LV 135
Manzoni (V. A.)	KV
Melzo (V.)	LU 158
Mercato (V.)	JY 158
Modestino (V.)	HY 165
Moliere (Viale E.)	HV 167
Monte Napoleone (V.)	KV
Muratori (V. L.)	LY 180
Oggiono (V. M. d')	HJY 183
Orseolo (V.)	HY 189
Paleocapa (V.)	JV 191
Pastrengo (V.)	KT 195
Perasto (V.)	KT 198
Poliziano (V.)	HTU 204
Ponte Vetero (V.)	JV 205
Quadrio (V. M.)	JT 207
Restelli (Viale F.)	KT 214
Savoia (Viale F. di)	KU 243
Spiga (V. della)	KV
S. Babila (Pza)	KX
S. Calimero (V.)	KY 230
Tivoli (V.)	HV 255
Torchio (V.)	JX 257
Torino (V.)	MZ
Torriani (V. N.)	LU 258
Trau (V.)	KT 260
Valtellina (V.)	JT 266
Vercelli (Cso)	HX 267
Verdi (V.)	KV 269
Vittorio Emanuele II (Cso)	NZ
Vittorio Veneto (Viale)	KLU 278
Zezon (V.)	LU 281

Mercato Saraceno FO	41 K 18
Mercato Vecchio PS	41 K 19
Mercenasco TO	19 F 5
Merchis OR	115 G 8
Mercogliano AV	70 E 26

Mattinella AV	71	E 27
Matto (Monte) CN	34	J 3
Matzaccara CI	118	J 7
Maucini SR	107	Q 27
Mauls / Mules BZ	3	B 16
Mauria (Passo della) BL	5	C 19
Maurin (Colle de) CN	26	I 2
Mauro (Monte) CB	65	Q 26
Maxia (Punta) CI	118	J 8
Mazara del Vallo TP	96	O 19
Mazaro TP	96	N 19
Mazia / Matsch BZ	2	B 13
Mazia (Val di) BZ	2	B 13
Mazzangrugno AN	46	L 21
Mazzano Romano RM	58	P 19
Mazzarà S. Andrea ME	101	M 27
Mazzarino CL	103	P 24
Mazzarino (Castello di) CL	103	P 24
Mazzarò ME	90	N 27
Mazzarrone CT	104	P 25
Mazzarrone (Poggio) CT	104	P 25
Mazzé TO	19	G 5
Mazzi FO	41	K 18
Mazzin TN	4	C 17
Mazzo di Valtellina SO	10	D 12
Mazzolla PI	43	L 14
Mazzorno RO	33	G 18
Meana di Susa TO	18	G 3
Meana Sardo NU	115	H 9
Meano TN	11	D 15
Meano BL	12	D 18
Mecca TO	18	G 4
Meda MI	21	F 9

Meda VI	24	E 16
Medaris (Monte) SS	111	F 9
Medaro (Pizzo) VB	8	D 7
Medau (Genna 'e) OG	115	H 10
Medau Zirimilis (Lago di) CA	118	J 8
Mede PV	28	G 8
Medea GO	17	E 22
Medelana BO	39	I 15
Medredio (Val) TN	11	D 14
Medesano PR	30	H 12
Medeuzza UD	17	E 22
Mediano PR	30	I 12
Medicina BO	40	I 16
Medico (Scoglio del) PA	92	K 21
Mediglia MI	21	F 9
Mediis UD	13	C 20
Mediterraneo (Lido) TP	96	N 19
Medolago BG	21	E 10
Medole MN	22	G 13
Medolla MO	31	H 15
Meduna di Livenza TV	16	E 19
Meduno PN	13	D 20
Meggiano PG	52	N 20
Megliadino S. Fidenzio PD	24	G 16
Megliadino S. Vitale PD	24	G 16
Meia (Rocca la) CN	34	I 3
Meina NO	20	E 7
Mel BL	13	D 18
Mela ME	90	M 27
Melag / Melago BZ	2	B 13
Melago / Melag BZ	2	B 13
Melandro PZ	76	F 28

Melara RO	31	G 15
Melas SS	110	F 7
Meldola FO	41	J 18
Mele GE	36	I 8
Mele (Capo) SV	35	K 6
Meledo VI	24	F 16
Melegnanello LO	21	G 10
Melegnano MI	21	F 9
Melendugno LE	81	G 37
Meleta GR	49	M 15
Meleti LO	30	G 11
Meleto SI	44	L 16
Meletole RE	31	H 13
Melfa FR	64	R 22
Melfa (Fiume) FR	64	R 23
Melfi PZ	71	E 28
Melia ME	90	M 27
Melia RC	90	M 29
Melicuccà RC	90	M 29
Melicucco RC	88	L 30
Melilli SR	105	P 27
Melilli (Casa) SR	105	P 27
Melisenda OG	119	I 10
Melissa KR	87	J 33
Melissano LE	83	H 36
Melito RC	90	N 29
Melito Porto Salvo RC	90	M 29
Melito Irpino AV	70	D 27
Melito Irpino Vecchia AV	70	D 27
Melizzano BN	70	D 25

Mella BS	22	E 12
Melle CN	26	I 3
Mellea CN	27	I 4
Mello SO	9	D 10
Melogno (Colle di) SV	35	J 6
Meloria (Torre della) LI	42	L 12
Melosa (Colla) IM	35	K 5
Melpignano LE	83	G 36
Meltina / Mölten BZ	3	C 15
Melzo MI	21	F 10
Menà VR	32	G 16
Menaggio CO	9	D 9
Menago VR	23	G 15
Menarola SO	9	D 10
Menata FE	32	I 18
Menconico PV	29	H 9
Mendatica IM	35	J 5
Mendelpaß / Mendola (Passo della) TN	11	C 15
Mendicino CS	86	J 30
Mendola TP	97	N 20
Mendola (Fiume della) PA	98	N 22
Mendola (Passo d.) / Mendelpaß TN	11	C 15
Menfi AG	97	O 20
Menga (Punta) CA	120	K 7
Mengara PG	51	M 19
Mengosa (Monte) PC	29	H 11
Menotre PG	52	N 20
Mensa FO	41	J 18
Mensanello SI	43	L 15
Mensano SI	49	M 15
Menta (Pizzo la) AG	98	O 22

Mentana RM	58	P 19
Mentorella RM	63	Q 20
Menzano AQ	59	O 21
Meolo VE	16	F 19
Mera SO	9	D 10
Meran / Merano BZ	3	B 15
Merano 2000 BZ	3	B 15
Merano / Meran BZ	3	B 15
Meransen / Maranza BZ	4	B 16
Merate LC	21	E 10
Meravaglia (Monte) PG	52	N 21
Mercadante (Foresta di) BA	73	E 32
Mercallo VA	20	E 8
Mercante (Passo del) RC	88	M 30
Mercantour (Cima di) CN	34	J 3
Mercatale BO	40	I 16
Mercatale PS	45	K 19
Mercatale (vicino a Cortona) AR	51	M 18
Mercatale (vicino a Montevarchi) AR	44	L 16
Mercatale in Val di Pesa FI	43	L 15
Mercatale (vicino a Marsciano) PG	51	N 18
Mercatello (vicino a Marsciano) PG	51	N 20
Mercatello (Passo del) PC	29	I 10
Mercatello sul Metauro PS	45	L 19
Mercatino Conca PS	45	K 19
Mercato PR	30	I 12
Mercato SA	75	E 26
Mercato Cilento SA	75	G 27
Mercato S. Severino SA	70	E 26

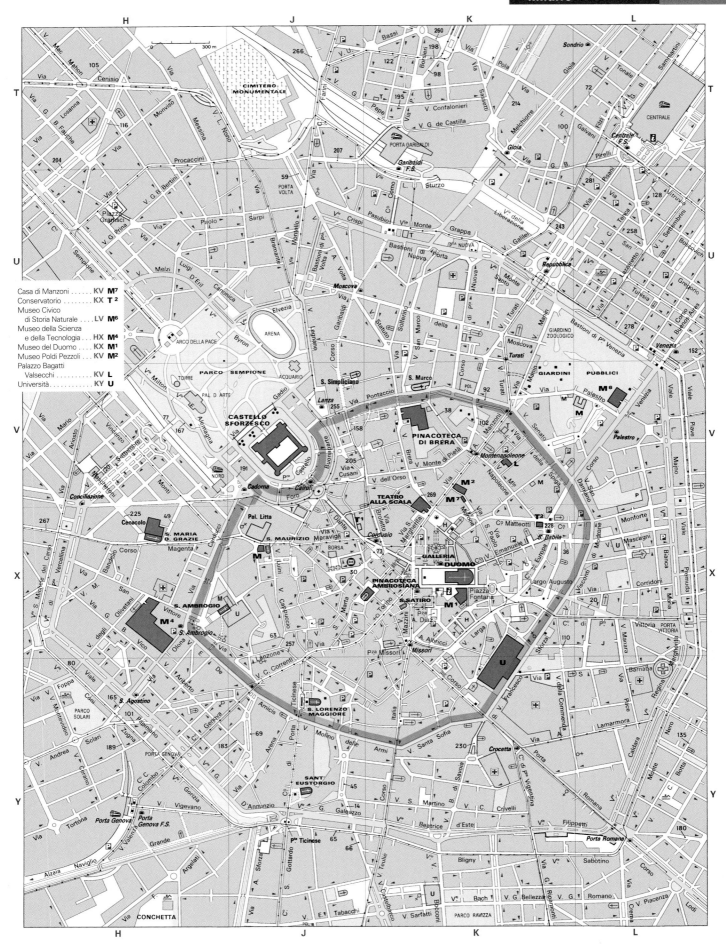

Casa di Manzoni ...... KV **M⁷**
Conservatorio .... KX **T²**
Museo Civico
di Storia Naturale ....LV **M⁶**
Museo della Scienza
e della Tecnologia ...HX **M⁴**
Museo del Duomo .... KX **M¹**
Museo Poldi Pezzoli ...KV **M²**
Palazzo Bagatti
Valsecchi .... KV **L**
Università .... KY **U**

MODENA

Acc. Militare (Cso) .... BY 2
Canalino (V.) .... BZ 5
Canal Chiaro (Cso) ..... AYZ
Duomo (Cso) .... AY 7
Emilia (V.) .... ABYZ
Farini (V.) .... BY
Fonteraso (V.) .... BY 8
Giannone (V. P.) .... AZ 9

Luca (Calle di) .... AZ 10
Mazzini (Pza) .... BY 13
Nonantolana (V.) ...... BY 15
Porta S. Agostino (Largo) . AY 17
Rismondo (V. F.) ...... ABY 18
Risorgimento (Piazzale) .. AY 19
Storchi (V. G.) .... AY 24
S. Carlo (V.) .... BZ 21
S. Francesco (Piazzale) .. AZ 22
S. Giovanni del Cantone (V.) BY 23
3 Febbraio (V.) .... BY 25

Museo del Duomo ...... AY **M¹**   Palazzo dei Musei ...... AY **M²**   Palazzo Ducale .... BY **A**

Mercore *PC*	30	H 11	Mesu 'e Roccas (Monte) *OR.*114	G 7	Mezzano *RA*	41	I 18	Micigliano *RI*	59	O 21
Mercure *CS*	85	H 30	Mesule / Möseler *BZ*	4	B 17	Mezzano *TN*	12	D 17	Midia (Monte) *AQ*	59	P 21
Mereto di Tomba *UD*	14	D 21	Meta *AQ*	63	Q 22	Mezzano (Valle del) *FE*	32	H 17	Miemo *PI*	43	L 14
Mergo *AN*	46	L 21	Meta *NA*	74	F 25	Mezzano Inferiore *PR*	30	H 13	Miggiano *LE*	83	H 36
Mergozzo *VB*	8	E 7	Meta (Monti della) *AQ*	64	Q 23	Mezzano (Lago di) *VT*	57	O 17	Migiana *PG*	51	M 18
Mergozzo (Lago di) *VB*	8	E 7	Meta (Serra) *RG*	104	Q 26	Mezzano Scotti *PC*	29	H 10	Migiana di Monte Tezio *PG*	51	M 19
Meri *ME*	95	M 27	Metaponto *MT*	78	F 32	Mezzano Superiore *PR*	30	H 13	Migianella dei Marchesi *PG*	51	M 18
Merine *LE*	81	G 36	Metapontum *MT*	78	F 32	Mezzaselva *VI*	12	E 16	Migliana *PO*	39	K 15
Merizzo *MS*	38	J 11	Metato *PI*	42	K 13	Mezzaselva /			Migliandola *CH*	60	O 24
Merlara *PD*	32	G 16	Metauro *PS*	46	L 19	Mittewald *BZ*	3	B 16	Migliaro *PG*	51	N 18
Merlino *LO*	21	F 10	Metramo *RC*	88	L 30	Mezzocampo *KR*	87	I 32	Migliara *RE*	30	I 13
Mernicco *GO*	15	D 22	Mezzalama (Rifugio) *AO*	7	E 5	Mezzocanale *BL*	13	D 18	Migliarina *MO*	31	H 14
Merone *CO*	21	E 9	Mezzana *AP*	53	N 22	Mezzocorona *TN*	11	D 15	Migliarino *FE*	32	H 17
Merse *SI*	49	M 15	Mezzana *PI*	42	K 13	Mezzogoro *FE*	33	H 18	Migliarino *PI*	42	K 12
Mesa *LT*	63	R 21	Mezzana *TN*	11	D 14	Mezzoiuso *PA*	98	N 22	Migliarino S. Rossore i Massaciuccoli		
Mesa (Punta sa) *OT*	111	F 9	Mezzana Bigli *PV*	28	G 8	Mezzola (Lago di) *SO*	9	D 10	(Parco Naturale) *PI*	42	K 12
Mesagne *BR*	79	F 35	Mezzana (Cima) *TN*	11	C 14	Mezzolago *TN*	11	E 14	Migliaro *FE*	32	H 17
Meschio *TV*	13	E 19	Mezzana Corti *PV*	29	G 9	Mezzolara *BO*	32	I 16	Miglierina *CZ*	88	K 31
Mesco (Punta) *SP*	37	J 10	Mezzanego *GE*	37	I 10	Mezzoldo *BG*	9	D 10	Miglionico *MT*	77	F 31
Mescolino (Monte) *FO*	40	K 18	Mezzana Grande			Mezzolombardo *TN*	11	D 15	Mignagola *TV*	25	E 18
Mesiano *VV*	88	L 30	(Masseria) *FG*	66	C 27	Mezzomerico *NO*	20	F 7	Mignanego *GE*	28	I 8
Mesima *VV*	88	L 30	Mezzana Rabattone *PV*	29	G 9	Miale Ispina (Monte) *SS*	110	F 7	Mignano (Lago di) *PC*	30	H 11
Mesola *FE*	33	H 18	Mezzana-Salice *PZ*	85	H 30	Miane *TV*	13	E 18	Mignano Monte Lungo *CE*	64	Q 23
Mesola (Bosco della) *FE*	33	H 18	Mezzane *BS*	22	F 13	Miano *FO*	40	J 17	Mignone *VT*	57	P 17
Mesoraca *KR*	87	J 32	Mezzane (Torrente) *VR*	23	F 15	Miano *TE*	59	O 23	Milano *MI*	21	F 9
Messignadi *RC*	91	M 29	Mezzane di Sotto *VR*	23	F 15	Miano (Monte) *FG*	66	C 27	Milano-Linate		
Messina *ME*	90	M 28	Mezzanego *GE*	37	I 10	Miasino *NO*	20	E 7	(Aeroporto di) *MI*	21	F 9
Messina (Stretto di) *ME*	90	M 28	Mezzanino *LO*	30	G 11	Miazzina *VB*	8	E 7	Milano-Malpensa		
Mestre *VE*	25	F 18	Mezzanino *PV*	29	G 9	Micciano *PI*	49	M 14	(Aeroporto di) *VA*	20	F 8
Mestrino *PD*	24	F 17	Mezzano *PC*	30	G 11	Micheli (Rifugio) *PR*	38	I 12	Milano Marittima *RA*	41	J 19

Milazzese (Punta) *ME*	94	L 27	Misano di Gera d'Adda *BG*	21	F 10	Mollia *VC*	19	E 6
Milazzo *ME*	95	M 27	Misano Monte *RN*	41	K 19	Mollières *TO*	26	H 2
Milazzo (Capo di) *ME*	95	M 27	Miscano *AV*	71	D 27	Mollo *FR*	64	Q 23
Milazzo (Golfo di) *ME*	95	M 27	Misciano *AR*	45	L 17	Molochio *RC*	91	M 30
Milena *CL*	103	O 23	Misegna *MT*	77	F 31	Molteno *LC*	21	E 9
Mileto *VV*	88	L 30	Miseno *NA*	69	E 24	Moltrasio *CO*	9	E 9
Miletto (Monte) *IS*	65	R 25	Miseno (Capo) *NA*	69	E 24	Molvena *VI*	24	E 16
Mili S. Pietro *ME*	90	M 28	Misericordia *AR*	50	L 17	Molveno *TN*	11	D 14
Milia *GR*	49	M 14	Miserin (Lago) *AO*	19	F 4	Molveno (Lago di) *TN*	11	D 14
Milianni *ME*	99	M 24	Misilbesi (Portella) *AG*	97	O 20	Mombaldone *AT*	28	I 6
Milici *ME*	101	M 27	Misilmeri *PA*	98	M 22	Mombarcaro *CN*	27	I 6
Milicia *PA*	98	N 22	Misinto *MI*	21	F 9	Mombaroccio *PS*	46	K 20
Milione (Portella) *AG*	102	O 22	Missaglia *LC*	21	E 10	Mombaruzzo *AT*	28	H 7
Milis *OR*	114	G 7	Missanello *PZ*	77	G 30	Mombasiglio *CN*	35	I 5
Militello in Val			Missano *MI*	18	G 3	Mombello Monferrato *AL*	28	G 6
di Catania *CT*	104	P 26	Missano *PG*	51	M 18	Mombercelli *AT*	28	H 6
Militello Rosmarino *ME*	100	M 26	Misserio *ME*	90	N 27	Momo *NO*	20	F 7
Millesimo *SV*	35	I 6	Misterbianco *CT*	100	O 27	Mompantero *TO*	18	G 3
Milo *CT*	101	N 27	Mistras (Stagno di) *OR*	114	H 7	Mompiano *BS*	22	F 12
Milzano *BS*	22	G 12	Misurina *BL*	4	C 18	Monaci (Isole)		
Mimola *AQ*	64	Q 23	Misurina (Lago di) *BL*	4	C 18	Monaci (Isole) *SS*	109	D 10
Mincio *MN*	23	F 14	Mistretta *ME*	99	N 25	Monaci (Lago di) *LT*	63	R 20
Mineo *CT*	104	P 26	Mittertal / Val di Mezzo *BZ*	3	B 16	Monaci (Masseria) *TA*	73	E 33
Mineo (Rio) *OR*	118	H 8	Mittewald / Mezzaselva *BZ*	3	B 16	Monacilioni *CB*	65	R 26
Minerbe *VR*	24	G 16	Mizofato *CS*	85	I 31	Monacizzo *TA*	79	G 34
Minerbio *BO*	32	I 16	Mizzole *VR*	23	F 15	Monaco Cappelli		
Minerva (Monte) *SS*	110	F 7	Mocasina *BS*	22	F 13	(Masseria) *FG*	66	C 28
Minervino di Lecce *LE*	83	G 37	Mocchie *TO*	18	G 3	Monaco (Monte) *TP*	97	M 20
Minervino Murge *BA*	72	D 30	Moccone *CS*	86	I 31	Monale *AT*	27	H 6
Mingardo *SA*	76	G 28	Moda (Pizzo della) *ME*	90	M 28	Monasterace *RC*	89	L 31
Minniminni (Monte) *CA*	119	J 10	Modditzi (Punta sa) *CA*	119	I 10	Monasterace Marina *RC*	89	L 31
Minore *SS*	111	F 9	Modena *MO*	31	I 14	Monasteri *SR*	105	P 27
Minori *SA*	75	F 25	Modena (Città di) *MO*	31	I 14	Monastero *MC*	52	M 21
Minozzo *RE*	38	I 13	Modica *RG*	106	Q 26	Monastero Bormida *AT*	28	I 6
Minturnæ *LT*	69	D 23	Modica (Villa) *RG*	107	Q 26	Monastero di Vasco *CN*	35	I 5
Minturno *LT*	69	D 23	Modigliana *FO*	40	J 17	Monasterolo *CR*	22	G 12
Minucciano *LU*	38	J 12	Modolena *RE*	31	I 13	Monasterolo		
Mioglia *SV*	28	I 7	Modolo *OR*	114	G 7	del Castello *BG*	22	E 11
			Modugno *BA*	73	D 32	Monasterolo		
Mira *VE*	25	F 18	Moena *TN*	12	C 16	di Savigliano *CN*	27	H 4
Mirabella *VI*	24	E 16	Mölten / Meltina *BZ*	3	C 15	Monastier di Treviso *TV*	16	F 19
Mirabella Eclano *AV*	70	D 26	Moggio *LC*	9	E 10	Monastir *CA*	119	I 9
Mirabella Imbaccari *CT*	104	P 25	Moggio Udinese *UD*	14	C 21	Monate (Lago di) *VA*	20	E 8
Mirabella (Pizzo) *PA*	97	M 21	Moggiona *AR*	44	K 17	Monbello di Torino *TO*	27	G 5
Mirabello Monferrato *AL*	28	G 7	Mogliano *MC*	52	M 22	Moncalieri *TO*	27	G 5
Mirabello Sannitico *CB*	65	R 26	Mogliano Veneto *TV*	25	F 18	Moncalvo *AT*	28	G 6
Miradolo Terme *PV*	21	G 10	Moglia *MN*	31	H 14	Moncenisio *TO*	18	G 2
Miralago (Passo di) *CE*	65	P 23	Mogliano *MC*	52	M 22	Monchio *MO*	39	I 13
Miramare *RN*	41	J 19	Mogorella *OR*	115	H 8	Monchio delle Corti *PR*	38	I 12
Miramare *TS*	17	E 23	Mogoro *OR*	118	H 8	Moncioni *AR*	44	L 16
Miranda *IS*	65	R 24	Mogoro (Rio) *OR*	118	H 8	Monclassico *TN*	11	C 14
Mirandola *MO*	31	H 15	Moi (Col de) *TV*	13	D 18	Moncolombone *TO*	19	G 4
Mirano *VE*	25	F 18	Moiano *PG*	51	M 18	Moncrivello *VC*	19	G 6
Mirasole *MN*	31	G 14	Moiano *BN*	70	D 25	Moncucco Torinese *AT*	27	G 5
Mirasole *MI*	21	F 9	Moiano *NA*	74	F 25	Mondaino *RN*	41	K 20
Miratoio *PS*	45	K 18	Moiazza (Monte) *BL*	12	C 18	Mondalavia *CN*	27	I 5
Miravalle (Monte) *AO*	18	E 2	Moie *AN*	46	L 21	Mondanica-Viola *RA*	40	I 17
Mirto *ME*	100	M 26	Moimacco *UD*	15	D 22	Mondavio *PS*	46	K 20
Mirto (Monte) *AO*	18	E 2	Moio (Monte) *SA*	76	E 28	Mondello *PA*	97	M 21
Mirto *TN*	11	D 15	Moio Alcantara *ME*	100	N 27	Mondole (Monte) *CN*	35	J 5
Mirto Crosia *CS*	87	I 32	Moio della Civitella *SA*	76	G 27	Mondolfo *PS*	46	K 21
Mis *BL*	13	D 18	Moiola *CN*	34	J 4	Mondovì *CN*	35	I 5
Mis *TN*	12	D 17	Mola di Bari *BA*	73	D 33	Mondragone *CE*	69	D 23
Mis (Canale del) *BL*	12	D 17	Molara (Isola) *OT*	113	E 11	Mondrone *TO*	18	G 3
Mis (Lago del) *BL*	12	D 18	Molare *AL*	28	I 7	Monega (Monte) *IM*	35	J 5
Misa *AN*	46	L 21	Molare *RC*	90	N 29	Moneglia *GE*	37	J 10
Misano Adriatico *RN*	41	K 20	Molassana *GE*	36	I 8	Mónesi di Triora *IM*	35	J 5

Mira *VE*	25	F 18	Molazzana *LU*	38	J 13	Monesiglio *CN*	27	I 6
Mirabella *VI*	24	E 16	Molella *LT*	68	S 21	Monestirolo *FE*	32	H 17
			Molentina *OG*	117	G 10	Moneta *OT*	109	D 10
			Molentis (Punta) *CA*	119	J 10	Monfalcon		
Mirabello Monferrato *AL*	28	G 7	Molfetta *BA*	73	D 31	di Montanaia *PN*	13	C 19
			Molfetta (Pulo di) *BA*	73	D 31	Monfalcone *GO*	17	E 22
			Molina *PG*	52	M 20	Monferrato *AT*	27	H 5
Miradolo Terme *PV*	21	G 10	Molina *TN*	12	D 16	Monforte d'Alba *CN*	27	I 5
Miralago (Passo di) *CE*	65	P 23	Molina Aterno *AQ*	60	P 23	Monforte S. Giorgio *ME*	90	M 28
Miramare *RN*	41	J 19	Molina di Ledro *TN*	11	E 14	Monfret (Cima) *TO*	18	F 3
Miramare *TS*	17	E 23	Molinaccio *RA*	41	I 18	Mongardino *AT*	27	H 6
Miranda *IS*	65	R 24	Molinara *BN*	70	D 26	Mongardino *BO*	39	I 15
Mirandola *MO*	31	H 15	Molinatico (Monte) *MS*	38	I 11	Mongerati *PA*	99	N 23
Mirano *VE*	25	F 18	Molinazzo *PC*	29	H 10	Monghidoro *BO*	40	J 15
Mirasole *MN*	31	G 14	Molini *AL*	28	I 8	Mongia *CN*	35	I 5
Mirasole *MI*	21	F 9	Molinetto *BS*	22	F 13	Mongiana *VV*	88	L 30
Miratoio *PS*	45	K 18	Molini *AL*	28	I 8	Mongiardino Ligure *AL*	29	I 9
Miravalle (Monte) *AO*	18	E 2	Molini *MI*	21	E 23	Mongioia *CN*	26	I 2
Mirra (Monte sa) *CA*	118	J 8	Molini di Triora *IM*	35	K 5	Mongioie (Monte) *CN*	35	J 5
Mirto *ME*	100	M 26	Molini di Tures / Mühlen *BZ*	4	B 17	Mongiuffi *ME*	90	N 27
Mirto Crosia *CS*	87	I 32	Molino del Piano *FI*	40	K 16	Mongrando *BI*	19	F 6
Mis *BL*	13	D 18	Molino di Bascio *PS*	45	K 18	Monguelfo / Welsberg *BZ*	4	B 18
Mis *TN*	12	D 17	Molino dei Torti *AL*	28	G 8	Moniga del Garda *BS*	23	F 13
Mis (Canale del) *BL*	12	D 17	Molise *CB*	65	R 25	Monna Casale		
Mis (Lago del) *BL*	12	D 18	Moliterno *PZ*	77	G 29	(Monte) *FR*	64	R 23
Misa *AN*	46	L 21	Molla (Capo) *SS*	108	D 6	Monno *BS*	10	D 13
Misano Adriatico *RN*	41	K 20	Molleone *PS*	46	L 20	Monopoli *BA*	80	E 33
			Molli *SI*	49	M 15	Monreale *VS*	118	I 8
						Monreale *PA*	97	M 21
						Monreale (Castellacio di) *PA*	97	M 21
						Monrupino *TS*	17	E 23

Monsampietro Morico AP...... 53 M 22
Monsampolo di Tronto AP..... 53 N 23
Monsano AN.............. 46 L 21
Monselice PD.............. 24 G 17
Monserrato CA............. 119 J 9
Monsignore (Casino di) BA.... 72 D 31
Monsola CN............... 27 I 4
Monsole VE............... 25 G 18
Monsummano Terme PT.. 39 K 14
Monta CN................ 27 H 5
Montabone AT............. 28 H 7
Montacuto AL............. 29 H 9
Montacuto AN............. 47 L 22
Montafia AT.............. 27 G 6
Montagano CB............. 65 R 26
Montagna AR.............. 45 L 18
Montagna CS.............. 84 H 29
Montagna (Cozzo) AG .... 103 P 23
Montagna Grande AQ...... 64 Q 23
Montagna / Montan BZ.... 12 D 15
Montagnana FI............ 43 K 15
Montagnana PD........... 24 G 16
Montagnano AR........... 50 L 17
Montagnareale ME....... 100 M 26
Montagnola AQ........... 64 Q 23
Montagnola (Monte) SI.... 49 M 15
Montagnone (il) AV........ 71 E 27
Montagnone-Sonico BS.... 22 F 12
Montaguto AV............ 71 D 27
Montaione FI............. 43 L 14
Montalbano BR........... 80 E 34
Montalbano RN........... 41 J 19
Montalbano Elicona ME...100 M 27
Montalbano FI............ 32 H 16
Montalbano Ionico MT...... 78 G 31
Montalbo PC.............. 29 H 10
Montalcinello SI........... 49 M 15
Montalcino SI............. 50 M 16
Montaldeo AL............. 28 H 8
Montaldo di Cosola AL...... 29 H 9
Montaldo di Mondovì CN.... 35 J 5
Montaldo Roero CN........ 27 H 5
Montaldo Scarampi AT...... 28 H 6
Montale SP............... 37 J 10
Montale MO.............. 31 I 14
Montale PT.............. 39 K 15
Montalenghe TO........... 19 G 5
Montalfoglio PS........... 46 L 20
Montali PG............... 51 M 18
Montallegro AG.......... 102 O 22
Montaltino BA............ 72 D 30
Montaltino PS............ 67 C 29
Montalto FO.............. 41 K 18
Montalto IS.............. 65 Q 24
Montalto RE.............. 31 I 13
Montalto (Monte) RC...... 90 M 29
Montalto di Castro VT...... 57 O 16
Montalto di Marche AP...... 53 N 22
Montalto Marina VT........ 57 P 16
Montalto Dora TO.......... 19 F 5
Montalto Ligure IM........ 35 K 5
Montalto Pavese PV........ 29 H 9
Montalto Uffugo CS........ 86 I 30
Montan / Montagna BZ.... 12 D 15
Montanara MN............ 31 G 14
Montanari RA............. 41 J 18
Montanaro CE............ 69 D 24
Montanaro PC............ 30 H 11
Montanaro TO............ 19 G 5
Montanaso Lombardo LO.... 21 F 10
Montanello (Pizzo) PA...... 97 M 21
Montanera CN............ 27 I 4
Montano Antilia SA........ 76 G 28
Montaperto AG.......... 102 P 22
Montappone AP........... 52 M 22
Montaquila IS............ 64 R 24
Montardone MO........... 39 I 14
Montarso / Feverstein BZ...3 B 15
Montasio (Jôf di) UD........ 15 C 22
Montasola RI............. 58 O 20
Montata RE.............. 30 I 13
Montauro CZ............. 88 K 31
Montazzoli CH............ 61 Q 25
Monte Amiata SI........... 50 N 16
Monte Antico GR.......... 50 N 16
Monte Bianco AO..........6 E 2
Monte Bianco
   (Traforo del) AO..........6 E 2
Monte Buono PG........... 51 M 18
Monte Calderaro BO........ 40 I 16
Monte Casale
   (Convento di) AR........ 45 L 18
Monte Castello di Vibio PG.. 51 M 18
Monte Catone BO.......... 40 I 16
Monte Cavallo MC......... 52 N 20
Monte Cerignone PS....... 41 K 19
Monte Codruzzo FO........ 41 J 18

Monte Corona PG .... 51 M 19
Monte Cotugno (Lago di) PZ...77 G 31
Monte Croce TN........... 12 D 17
Monte Croce Carnico (Passo di) /
   Plöckenpaß UD............5 C 20
Monte Croce di Comelico (Passo di) /
   Kreuzbergpass BL..........5 C 19
Monte Cucco GR.......... 50 N 15
Monte d'Accoddi SS...... 110 E 7
Monte del Lago PG......... 51 M 18
Monte di Malo VI.......... 24 F 16
Monte di Procida NA....... 69 E 24
Monte Domenico GE....... 37 J 10
Monte Falterona, Campigna e delle
   Foreste Casentinesi AR 40 K 17
Monte Giberto AP......... 53 M 22
Monte Giovo (Passo di) /
   Jaufenpaß BZ.............3 B 15
Monte Grande LT.......... 64 S 22
Monte Gridolfo RN........ 41 K 20
Monte Grimano PS........ 41 K 19
Monte Isola BS........... 22 E 12
Monte Lattaia GR......... 49 N 15
Monte Livata RM.......... 63 Q 21
Monte Maria (Abbazia di) BZ....2 B 13
Monte Mario RM.......... 62 Q 19
Monte Martello PS......... 46 L 20
Monte Melino PG.......... 51 M 18
Monte Nai CA............ 119 J 10
Monte Nero (Rif.) TO....... 26 H 2
Monte Nieddu CA......... 118 J 8
Monte Ombraro MO........ 39 I 15
Monte Orsello MO......... 39 I 14
Monte Paganuccio PS...... 46 L 20
Monte Porzio PS.......... 46 K 21
Monte Porzio Catone RM.... 63 Q 20
Monte Pranu (Lago di) CI...118 J 7
Monte Rinaldo AP......... 53 M 22
Monte Roberto AN......... 46 L 21
Monte Romano VT......... 57 P 17
Monte Rosa AO.............7 E 5
Monte Rota / Radsberg BZ..4 B 18
Monte Sacro RM.......... 62 Q 19
Monte S. Angelo FG........ 67 B 29
Monte S. Biagio LT......... 63 R 22
Monte S. Giacomo SA...... 76 F 28
Monte S. Giovanni BO...... 39 I 15
Monte S. Giovanni
   Campano FR............ 64 R 22
Monte S. Giovanni
   in Sabina RI............ 58 P 20
Monte S. Giusto MC........ 53 M 22
Monte Sta Maria Tiberina PG.. 45 L 18
Monte Ste Marie SI........ 50 M 16
Monte S. Martino MC....... 52 M 22
Monte S. Pietrangeli AP.... 53 M 22
Monte S. Pietro BO........ 39 I 15
Monte S. Pietro /
   Petersberg BZ........... 12 C 16
Monte S. Savino AR........ 50 M 17
Monte S. Vito AN.......... 46 L 21
Monte S. Vito PG.......... 52 N 20
Monte Santu (Capo di) NU..117 G 11
Monte Scuro (Valico di) CS.. 86 I 31
Monte Senario
   (Convento di) FI......... 40 K 16
Monte Sirai CI............ 118 J 7
Monte Sopra Rondine AR.... 45 L 17
Monte Terlago TN......... 11 D 15
Monte Urano AP.......... 53 M 23
Monte Vergine
   (Santuario di) AV........ 70 E 26
Monte Vidon Combatte AP.. 53 M 22
Monte Vidon Corrado AP... 52 M 22
Montea CS............... 85 I 29
Monteaperta UD.......... 15 D 21
Monteaperti SI........... 50 M 16
Montebamboli GR......... 49 M 14
Montebaranzone MO....... 39 I 14
Montebello RN........... 41 K 19
Montebello PS........... 46 K 20
Montebello VT........... 57 P 17
Montebello della Battaglia PV..29 G 9
Montebello di Bertona PE.. 60 O 23
Montebello Ionico RC...... 90 N 29
Montebello sul Sangro CH.. 60 Q 24
Montebello Vicentino VI.... 24 F 16
Montebelluna TV.......... 24 E 18
Montebenichi AR.......... 44 L 16
Montebibico PG.......... 58 O 20
Montebonello MO......... 39 I 14
Montebruno GE.......... 29 I 9
Montebufo PG........... 52 N 21

Montebuono RI............ 58 O 19
Montebuono Alppato GR... 50 N 16
Montecagnano RE......... 38 J 13
Montecalvello VT......... 57 O 18
Montecalvo in Foglia PS... 41 K 19
Montecalvo Irpino AV...... 70 D 27
Montecalvo Versiggia PV .. 29 H 9
Montecampano TR......... 58 O 19
Montecanepino MC........ 47 L 22
Montecarelli FI........... 39 J 15
Montecarlo LU........... 39 K 14
Montecarlo (Convento) AR..44 L 16
Montecarotto AN.......... 46 L 21
Montecarulli SI........... 43 L 14
Montecassiano MC........ 47 L 22
Montecassino
   (Abbazia di) FR........ 64 R 23
Montecastelli PG.......... 51 L 18
Montecastelli Pisano PI.... 49 M 14
Montecastello AL......... 28 H 8
Montecastrilli TR......... 58 O 19
Montecatini Alto PT....... 39 K 14
Montecatini Terme PT...... 39 K 14
Montecatini Val di Cecina PI..43 L 14
Montecchia di Crosara VR.. 23 F 15
Montecchio AR........... 50 M 17
Montecchio PG........... 51 M 20
Montecchio PS........... 41 K 20
Montecchio TR........... 58 O 18
Montecchio Emilia RE...... 30 H 13
Montecchio Maggiore VI.... 24 F 16
Montecchio Precalcino VI.. 24 F 16
Montecelio RM........... 58 P 20
Montecerboli PI.......... 49 M 14
Montecerreto MO......... 39 I 14
Montechiaro AG......... 103 P 23
Montechiaro d'Asti AT..... 27 G 6
Montechiaro Piana AL..... 28 I 7
Montechiarugolo PR...... 30 H 13
Monteciccardo PS........ 46 K 20
Montecilfone CB.......... 65 Q 26
Montecompatri RM........ 63 Q 20
Montecontieri SI.......... 50 M 16
Montecopiolo PS......... 41 K 19
Montecorice SA.......... 75 G 26
Montecoronaro (Valico di) FO..45 K 18
Montecorvino Pugliano SA.. 75 E 26
Montecorvino Rovella SA.. 75 E 26
Montecosaro MC......... 53 M 22
Montecreto MO........... 39 J 14
Montecristo (Formica di) LI.. 54 O 12
Montecristo (Isola di) LI.... 54 O 12
Montecuccoli FI.......... 39 J 15
Montedale PS............ 45 L 18
Montedinove AP.......... 53 N 22
Montedoro CL........... 103 O 23
Montefalcione AV......... 70 E 26
Montefalco PG........... 51 N 19
Montefalcone Appennino AP..52 N 22
Montefalcone
   di Val Fortore BN....... 70 D 27
Montefalcone nel Sannio CB..65 Q 25
Montefano MC........... 47 L 22
Montefegatesi LU......... 39 J 13
Montefelcino PS.......... 46 K 20
Montefeltro PS........... 41 K 18
Monteferrante CH......... 60 Q 25
Montefiascone VT........ 57 O 18
Montefino TE............ 60 O 23
Montefiore Conca RN...... 41 K 19
Montefiore dell'Aso AP.... 53 M 23
Montefiorentino
   (Convento di) PS....... 45 K 19
Montefiorino MO......... 39 I 13
Montefiridolfi FI.......... 43 L 15
Montefollonico SI......... 50 M 17
Monteforte SS........... 110 E 6
Monteforte Cilento SA..... 76 F 27
Monteforte d'Alpone VR.... 23 F 15
Monteforte Irpino AV...... 70 E 26
Montefosca UD.......... 15 D 22
Montefoscoli PI........... 43 L 14
Montefranco TR.......... 58 O 20
Montefredane AV........ 70 E 26
Montefusco AV.......... 70 D 26
Montegabbione TR....... 51 N 18
Montegalda VI........... 24 F 17
Montegaldella VI......... 24 F 17
Montegaudio PS......... 46 K 20
Montegelli FO........... 41 K 18
Montegemoli PI.......... 49 M 14

Montegiordano CS......... 78 G 31
Montegiordano Marina CS.. 78 G 31
Montegiorgio AP.......... 53 M 22
Montegiove TR........... 51 N 18
Montegiovi AR........... 45 L 17
Montegiovi GR........... 50 N 16
Montegonzi AR........... 44 L 16
Montegranaro AP......... 53 M 22
Montegrassano CS........ 85 I 30
Montegrazie IM........... 35 K 5
Montegrimano PS......... 41 K 19
Montegridolfo PS......... 41 K 19
Montegrino Valtravaglia VA....8 E 8
Montegroppo PR.......... 37 I 11
Montegrosso BA.......... 72 D 30
Montegrosso AT.......... 27 H 6
Montegrosso d'Asti AT..... 28 H 6
Montegrotto Terme PD.... 24 F 17
Monteguidi SI............ 49 M 15
Monteguiduccio PS....... 46 K 20
Monteiasi TA............ 79 F 34
Montelabate PG.......... 51 M 19
Montelabbate PS......... 46 K 20
Montelabreve AR......... 45 K 18
Montelago AN........... 46 L 20
Montelaguardia CT...... 100 N 26
Montelanico RM.......... 63 R 21
Monteleone PV........... 21 G 10
Monteleone di Fermo AP.. 53 M 22
Monteleone di Puglia FG... 71 D 27
Monteleone di Spoleto PG.. 58 O 20
Monteleone d'Orvieto TR .. 51 N 18
Monteleone Rocca Doria SS.110 F 7
Monteleone Sabino RI...... 58 P 20
Montelepre PA........... 97 M 21
Monteleto PG............ 45 L 19
Montelibretti RM.......... 58 P 20
Montella AV............. 70 E 26
Montello (il) TV.......... 25 E 18
Montelongo CB.......... 66 B 26
Montelparo AP........... 53 M 22
Monteluco PG........... 52 N 20
Montelungo MS.......... 38 I 11
Montelupo Albese CN...... 27 I 6
Montelupo Fiorentino FI.... 43 K 15
Montelupone MC......... 47 L 22
Montemaggio AN......... 45 K 19
Montemaggiore FO........ 40 J 17
Montemaggiore BN....... 58 P 20
Montemaggiore (vicino
   a Monteaperta) UD...... 15 D 22
Montemaggiore (vicino
   a Savogna) UD......... 15 D 22
Montemaggiore
   al Metauro PS.......... 46 K 20
Montemaggiore Belsito PA.. 99 N 23
Montemagno AT.......... 28 H 6
Montemale di Cuneo CN.... 26 I 4
Montemarano AV......... 70 E 26
Montemarcello SP........ 38 J 11
Montemarciano AN....... 46 L 21
Montemartano PG........ 51 N 19
Montemarzino AL......... 28 H 8
Montemassi GR.......... 49 N 15
Montemerano GR......... 56 O 16
Montemesola TA......... 79 F 34
Montemignaio AR......... 44 K 16
Montemiletto AV......... 70 D 26
Montemilone PZ......... 72 D 29
Montemitro CB.......... 65 Q 25
Montemonaco AP......... 52 N 21
Montemurlo PO.......... 39 K 15
Montemurro PZ.......... 77 G 29
Montenars UD........... 14 D 21
Montenero CS........... 87 J 31
Montenero FG........... 67 B 29
Montenero GR........... 50 N 16
Montenero LI............ 42 L 13
Montenero SA........... 75 E 27
Montenero di Bisaccia CB.. 61 Q 26
Montenero (Portella di) PA...99 N 23
Montenero Sabino RI...... 58 P 20
Montenero Val Cocchiara IS..64 Q 24
Monteneurodomo CH...... 60 Q 24
Montenotte Superiore SV..36 I 7
Monteodorisio CH........ 61 P 25
Monteorsaro RE.......... 38 J 13
Monteortone PD.......... 24 F 17
Montepagano TE......... 53 N 23
Monteparano TA......... 79 F 34
Montepastore BO......... 39 I 15
Montepescali GR......... 49 N 15
Montepescini SI.......... 50 M 16
Montepiano PO.......... 39 J 15
Monteponi CI............ 118 J 7

Monteponi (Lago) CI........ 118 I 7
Monteprandone AP........ 53 N 23
Montepulciano SI......... 50 M 17
Montepulciano (Lago di) SI.. 50 M 17
Montepulciano Stazione SI.. 50 M 17
Monterado AL............ 46 K 21
Monterano RM........... 57 P 17
Monterappoli FI.......... 43 K 14
Monterchi AR............ 45 L 18
Montereale AQ.......... 59 O 21
Montereale FO........... 41 J 18
Montereale Valcellina PN .. 13 D 19
Monterenzio BO.......... 40 J 16
Montereggi MS.......... 38 J 11
Montereggio MS......... 38 J 11
Monteriggioni SI......... 43 L 15
Monteroduni IS.......... 65 R 24
Monterolo PS............ 46 L 20
Monteroni d'Arbia SI...... 50 M 16
Monteroni di Lecce LE..... 81 G 36
Monterosi VT............ 58 P 18
Monterosi (Lago di) VT.... 58 P 18
Monterosso AN.......... 46 L 20
Monterosso BZ............3 B 14
Monterosso al Mare SP..... 37 J 10
Monterosso Almo RG..... 104 P 26
Monterosso Calabro VV.... 88 K 30
Monterosso Grana CN..... 34 I 3
Monterotondo RM........ 58 P 19
Monterotondo Marittimo GR.. 49 M 14
Monterotondo Scalo RM.... 58 P 19
Monterubbiano AP....... 53 M 23
Monterubiaglio TR....... 51 N 18
Monteruga (Masseria) LE.. 79 F 35
Montesano sulla
   Marcellana SA......... 76 G 29
Montesardo di Lussari UD.. 15 C 22
Montesarchio BN........ 70 D 25
Montescaglioso MT....... 78 F 32
Montescano PV.......... 29 G 9
Montescheno VB......... 8 C 7
Montescudaio PI......... 49 M 13
Montescudo RN.......... 41 K 19
Montese MO............ 39 J 14
Montesegale PV.......... 29 H 9
Montesicuro AN.......... 47 L 22
Montesilvano Marina PE... 60 O 24
Montesoffio PS.......... 45 K 19
Montesoro VV........... 88 K 30
Montespertoli FI......... 43 L 15
Montespluga SO.......... 9 C 10
Montespluga (Lago di) SO..9 C 10
Monteti GR............. 56 O 16
Monteu Roero CN........ 27 H 5
Montevaca (Passo di) PR.. 29 I 10
Montevago AG........... 97 N 20
Montevarchi AR.......... 44 L 16
Montevecchio VS........ 118 I 7
Monteveglio BO.......... 39 I 15
Monteventano PC........ 29 H 10
Monteverde AV.......... 71 D 28
Monteverdi Marittimo PI... 49 M 14
Montevettolini PT........ 39 K 14
Monteviale VI........... 24 F 16
Montevitozzo GR......... 50 N 17
Montezemolo CN......... 35 I 5
Monti OT............... 112 E 9
Monti SI............... 44 L 16
Monti U................ 18 G 4
Monti Sibillini
   (Parco Nazionale dei) AP.. 52 N 21
Montiano FO............ 41 J 18
Montiano GR............ 55 O 15
Monticano TV........... 16 E 19
Monticchiello SI......... 50 M 17
Monticchio (Laghi di) PZ.. 71 E 28
Monticchio Bagni PZ..... 71 E 28
Monticelli FR............ 64 R 22
Monticelli d'Ongina PC.... 30 G 11
Monticelli Pavese PV...... 29 G 10
Monticelli Terme PR...... 30 H 13
Monticello GR........... 50 N 16
Monticello LC........... 21 E 9
Monticello RN........... 29 H 10
Monticello GR........... 50 N 16
Montichiari BS.......... 22 F 13
Monticiano SI........... 49 M 15
Montieri GR............ 49 M 15
Montiglio AT............ 27 G 6
Montignano AN.......... 46 L 21
Montignoso MS......... 38 J 12
Montirone BS........... 22 F 12
Montisi SI.............. 50 M 16
Montjovet AO........... 19 E 5
Montjovet (Castello) AO... 19 E 4

Montodine CR............ 21 G 11
Montoggio GE............ 29 I 9
Montone PG............. 45 L 18
Montone TE............. 53 N 23
Montone (Fiume) FO....... 40 J 17
Montone (Monte) BZ........4 B 18
Montoni-Vecchio AG....... 99 N 23
Montopoli di Sabina RI..... 58 P 20
Montopoli in Val d'Arno PI... 43 K 14
Montorfano CO........... 21 E 9
Montorgiali GR.......... 50 N 15
Montoro GR............. 50 N 17
Montorio VR............ 23 F 15
Montorio al Vomano TE.... 59 O 22
Montorio nei Frentani CB.. 66 B 26
Montorio Romano RM..... 58 P 20
Montoro AN............. 47 L 22
Montoro Inferiore AV...... 70 E 26
Montorsaio GR.......... 49 N 15
Mont'Orso (Galleria di) LT.. 63 R 21
Montorso Vicentino VI.... 24 F 16
Montoso BZ............. 26 H 3
Montottone AP.......... 53 M 22
Montovolo BO........... 39 J 15
Montresta OR........... 114 F 7
Montù Beccaria PV....... 29 G 9
Monvalle VA............ 8 E 7
Monveso di Forzo AO...... 18 F 4
Monza MI............... 21 F 9
Monzambano MN........ 23 F 14
Monzone MS............ 38 J 12
Monzoni TN............ 12 C 17
Monzuno BO............ 39 J 15
Moos / S. Giuseppe BZ......4 B 19
Moos in Passeier /
   Moso in Passiria BZ.......3 B 15
Morano Calabro CS....... 85 H 30
Morano sul Po AL......... 20 G 7
Moraro GO............. 16 E 22
Morasco (Lago di) VB......8 C 7
Morazzone VA.......... 20 E 8
Morbegno SO............ 9 D 10
Morbello AL............ 28 I 7
Morcella PG............ 51 N 18
Morciano di Leuca LE..... 83 H 36
Morciano di Romagna RN.. 41 K 19
Morcone BN............ 65 R 25
Mordano BO............ 40 I 17
Morea (Masseria) BA...... 73 E 33
Morello EN............. 99 O 24
Morello (Monte) FI........ 39 K 15
Morena RM............. 45 L 19
Morena (Monte) RM...... 62 Q 19
Morengo BG........... 21 F 11
Moreri ME............. 100 M 27
Mores SS.............. 111 F 8
Moresco AP............ 53 M 23
Moretta CN............ 27 H 4
Morfasso PC........... 29 H 11
Morgantina EN......... 104 O 25
Morgex AO............. 18 E 3
Morgonzao AL.......... 18 E 4
Morgongiori OR......... 115 H 8
Mori TN............... 11 E 14
Moria PS.............. 45 L 19
Moriago della Battaglia TV... 13 E 18
Moricone RM........... 58 P 20
Morigerati SA.......... 76 G 28
Morimondo MI.......... 20 F 8
Morino AQ............. 64 Q 22
Morleschio PG.......... 51 M 19
Morlupo RM............ 58 P 19
Mormanno CS.......... 85 H 29
Mornago VA............ 20 E 8
Mornese AL............ 28 I 8
Mornico Losana PV...... 29 G 9
Moro CH............... 60 P 25
Moro (Monte) RI......... 59 P 21
Moro (Monte) OT....... 109 D 10
Moro (Passo di Monte) VB...7 E 5
Moro (Sasso) SO......... 10 D 11
Morolo FR............. 63 R 21
Morone (Colle) VV....... 88 L 30
Moronico RA........... 40 J 17
Morozzo CN............ 35 I 5
Morra PG.............. 45 L 18
Morra De Sanctis AV...... 71 E 27
Morra (Monte) RM....... 58 P 20
Morrano Nuovo TR....... 51 N 18
Morrea (Forchetta) AQ.... 64 Q 22
Morrice TE............. 52 N 22
Morro d'Alba AN......... 46 L 21
Morro d'Oro TE.......... 53 O 23
Morro (Monte del) ME....100 N 26
Morro Reatino RI......... 58 O 20
Morrone (Montagne del) PE..60 P 23

Morrone (Monte) *AQ* 60	P 23	Mosciano S. Angelo *TE* 53	N 23
Morrone del Sannio *CB* 65	Q 26	Moscufo *PE* 60	O 24
Morrovalle *MC* 53	M 22	Mosio *MN* 30	G 13
Morsano al Tagliamento *PN* .. 16	E 20	Moso in Passiria /	
Morsasco *AL* 28	I 7	Moos in Passeier *BZ* 3	B 15
Mortara *PV* 20	G 8	Mosorrofa *RC* 90	M 29
Mortegliano *UD* 16	E 21	Mossa *GO* 17	E 22
Mortelle *ME* 90	M 28	Mosso Sta Maria *BI* 19	F 6
Morter *BZ* 3	C 14	Mosson *VI* 24	E 16
Morterone *LC* 9	E 10	Mostri (Parco dei) *VT* 57	O 18
Mortizza *PC* 29	G 11	Moticella *RC* 91	M 30
Mortizzuolo *MO* 31	H 15	Mòtola (Monte) *SA* 76	F 28
Morto (Lago) *TV* 13	D 18	Motta *MO* 31	H 14
Morto di Primaro *FE* 32	H 16	Motta *VI* 24	F 16
Morto (Portella del) *CL* 99	O 24	Motta Baluffi *CR* 30	G 12
Mortola Inferiore *IM* 35	K 4	Motta Camastra *ME* 101	N 27
Mortorio (Isola) *OT* 109	D 10	Motta d'Affermo *ME* 99	N 24
Moscazzano *CR* 21	G 11	Motta de Conti *VC* 20	G 7
Moschella *FG* 72	D 29	Motta di Livenza *TV* 16	E 19
Moscheta *FI* 40	J 16	Motta Montecorvino *FG* ... 66	C 27
Moschiano *AV* 70	E 25	Motta S. Anastasia *CT* 100	O 26
Moschin (Col) *VI* 12	E 17	Motta S. Giovanni *RC* 90	M 29

Motta Sta Lucia *CZ* 86	J 30	Mühlwald /	
Motta Visconti *MI* 21	G 8	Selva dei Molini *BZ* 4	B 17
Mottafollone *CS* 85	I 30	Mugello (Autodromo	
Mottalciata *BI* 20	F 6	Internazionale del) *FI* .. 40	K 16
Mottarone *VB* 8	E 7	Muggia *TS* 17	F 23
Mottaziana *PC* 29	G 10	Muggia (Baia di) *TS* 17	F 23
Motteggiana *MN* 31	G 14	Muglia *EN* 100	O 26
Mottola *TA* 78	F 33	Mugnai *BL* 12	D 17
Mottorra *NU* 117	G 10	Mugnano *PG* 51	M 18
Mozia *TP* 96	N 19	Mugnano del Cardinale *AV* .. 70	E 25
Mozzagrogna *CH* 61	P 25	Mugnano di Napoli *NA* .. 69	E 24
Mozzanica *BG* 21	F 11	Mugnano in Teverina *VT* .. 58	O 18
Mozzate *CO* 20	E 8	Mugnone *FI* 40	K 15
Mozzecane *VR* 23	G 14	Mugnone (Punta) *TP* 96	N 18
Muccia *MC* 52	M 21	Mulargia *CA* 119	H 9
Mucone *CS* 85	I 30	Mulargia (Lago di) *CA* 119	I 10
Mucone (Lago di) *CS* 86	I 31	Mulazzana *LO* 21	F 10
Mucrone (Monte) *BI* 19	F 5	Mulazzano *PR* 30	I 12
Mühlbach /		Mulazzo *MS* 38	J 11
Rio di Pusteria *BZ* 4	B 16	Mules / Mauls *BZ* 3	B 16
Mühlbach / Riomolino *BZ* .. 4	B 17	Mulinello *EN* 104	O 25
Mühlen / Molini di Tures *BZ* .. 4	B 17	Mulino di Arzachena *OT* .. 109	D 10

Multeddu *SS* 111	E 8	Murro di Porco (Capo) *SR* 105	P 28
Mumullonis (Punta) *VS* ... 118	I 7	Murta Maria *OT* 113	E 10
Muntiggioni *OT* 108	E 8	Murtazzolu *NU* 115	G 8
Mura *BS* 22	E 13	Musano *TV* 25	E 18
Muraglione (Passo del) *FI* .. 40	K 16	Muscletto *UD* 16	E 21
Muggia *TS* 17	F 23	Musei *CI* 118	J 8
Murano *VE* 25	F 19	Musellaro *PE* 60	P 23
Muravera *CA* 119	I 10	Musi *UD* 15	D 21
Murazzano *CN* 27	I 6	Musignano *VA* 8	D 8
Murci *GR* 50	N 16	Musignano *VT* 57	O 17
Murello *CN* 27	H 4	Musile di Piave *VE* 16	F 19
Murera *CA* 119	H 9	Musone *MC* 46	L 21
Muretto (Passo del) *SO* 10	C 11	Mussolente *VI* 24	E 17
Murgetta *BA* 72	E 31	Mussomeli *CL* 99	O 23
Muri (Necropoli di li) *OT* ..109	D 9	Muta (Lago di) *BZ* 2	B 13
Murialdo *SV* 35	J 6	Mutignano *TE* 60	O 24
Muris *UD* 14	D 20	Mutria (Monte) *BN* 65	R 25
Murisengo *AL* 27	G 6	Muxarello *AG* 102	O 22
Murisrittu (Punta) *NU* 117	F 10	Muzza (Canale) *MI* 21	F 10
Murlo *SI* 50	M 16	Muzza S. Angelo *LO* 21	G 10
Muro Leccese *LE* 83	G 37	Muzzana del Turgnano *UD* ..16	E 21
Muro Lucano *PZ* 71	E 28	
Muros *SS* 110	E 7	

NAPOLI

Augusto (Viale) .... AU 10	
Capodichino (Calata) .... CT 16	
Caravaggio	
(V. Michelangelo Da)...... AU 19	

Casoria (Str. Prov.) .... CT 21	
Cilea (V. Francesco)......... BU 26	
Claudio (V.)................ AU 28	
De Amicis (V. Tommaso)..... BT 41	
De Pinedo (V.)............. CT 44	
Di Vittorio (Pzal.) .... AU 45	
Domiziana (V.)............. AU 46	

Don Bosco (V.) .... CT 47	
Europa (Cso) .... BU 52	
Ferraris (V. Galileo) .... CTU 54	
Garibaldi (Cso G.) .... DU 62	
Gianturco (V. E.) .... CTU 64	
Giulio Cesare (V.) .... AU 66	
Imparato (V. F.) .... CTU 68	

Jannelli (V. Gabriele) .... BT 69	
Kennedy (Viale J. F.) .... AU 70	
Maddalena (Viale U.) .... CT 71	
Miraglia (V. Nicola) .... CT 79	
Napoli Capodimonte (V.) .... BT 92	
Nicolini (V. Nicola)......... CT 95	
Orazio (V.) .... BU 103	

Piave (V.) .... AU 112	
Pietravalle (V. M.) .... BT 114	
Pigna (V.) .... BU 116	
Ponti Rossi (V.) .... BT 122	
Reggia di Portici (V.)	
.... CU 128	
Riposo (V. del) .... CT 132	

S. Giovanni a Teduccio	
(Cso) .... CU 141	
Taddeo da Sessa (V.) .... CT 157	
Tasso (V. Torquato) .... BU 158	
Tecchio (Piazzale V.) .... AU 160	
Traccia a Poggioreale (V.) ... CT 164	
Volta (V. A.) .... CU 173	

Palazzo e Galleria di Capodimonte......................... BT **M¹**

N

Nago *TN*	11 E 14
Nai (Monte) *CA*	119 J 10
Naia *PG*	51 N 19
Nàlles / Nals *BZ*	3 C 15
Nals / Nàlles *BZ*	3 C 15
Nambino (Monte) *TN*	11 D 14
Nanno *TN*	11 D 15
Nanto *VI*	24 F 16
Napola *TP*	96 N 19
Napoli *NA*	69 E 24
Napoli-Capodichino (Aeroporto) *NA*	69 E 24
Napoli (Golfo di) *NA*	69 E 24
Narba (Monte) *CA*	119 I 10
Narbolia *OR*	114 G 7
Narcao *CI*	118 J 8
Narcao (Monte) *CI*	118 J 7
Nardis (Cascata di) *TN*	11 D 14
Nardò *LE*	83 G 36
Nardodipace *VV*	88 L 31
Nardodipace Vecchio *VV*	88 L 31
Naregno *LI*	48 N 13
Narni *TR*	58 O 19
Narni Scalo *TR*	58 O 19
Naro *AG*	103 P 23
Naro (Fiume) *AG*	103 P 23
Naro (Portella di) *AG*	103 P 23
Narzole *CN*	27 I 5
Nasino *SV*	35 J 6
Naso *ME*	100 M 26

Naso (Fiume di) *ME*	100 M 26
Naßfeld-Paß / Pramollo (Passo di) *UD*	15 C 21
Natile Nuovo *RC*	91 M 30
Natisone *UD*	15 D 22
Naturno / Naturns *BZ*	3 C 15
Naturns / Naturno *BZ*	3 C 15
Natz / Naz *BZ*	4 B 17
Nava *IM*	35 J 5
Nava *PG*	52 N 20
Nava (Colle di) *IM*	35 J 5
Nave *BS*	22 F 12
Nave (Monte La) *CT*	100 N 26
Nave S. Felice *TN*	11 D 15
Navelli *AQ*	60 P 23
Navene *VR*	23 E 14
Navene (Bocca di) *VR*	23 E 14
Navicello *MO*	31 H 14
Navone (Monte) *EN*	104 O 24
Naxos *ME*	90 N 27
Naz / Natz *BZ*	4 B 17
Nazzano *RM*	58 P 19
Nazzano *PV*	29 H 9
Nebbiano *AN*	46 L 20
Nebbiuno *NO*	20 E 7
Nebida *CI*	118 J 7
Nebin (Monte) *CN*	26 I 3
Nebius (Monte) *CN*	34 I 3
Nebrodi *ME*	100 N 25
Negra (Punta) *SS*	108 E 6
Negrar *VR*	23 F 14

Neirone *GE*	37 I 9
Neive *CN*	27 H 6
Nembro *BG*	22 E 11
Nemi *RM*	63 Q 20
Nemi (Lago di) *RM*	63 Q 20
Nemoli *PZ*	77 G 29
Neoneli *OR*	115 G 8
Nepi *VT*	58 P 19
Nera (Croda) *BZ*	4 B 18
Nera (Punta) *AO*	19 E 4
Nera (Punta) *LI*	48 N 12
Nera (Punta) *NU*	117 F 11
Nerbisci *PG*	45 L 19
Nercone (Monte su) *OG*	117 H 10
Nereto *TE*	53 N 23
Nerina (Val) *PG*	52 N 20
Nero (Capo) *IM*	35 K 5
Nero (Monte) *CT*	100 N 27
Nero (Sasso) *SO*	10 D 11
Nero (Sasso) / Schwarzenstein *BZ*	4 A 17
Nerola *RM*	58 P 20
Nerone (Monte) *PS*	45 L 19
Nervesa d. Battaglia *TV*	25 E 18
Nervi *GE*	37 I 9
Nervia (Torrente) *IM*	35 K 4
Nervia (Val) *IM*	35 K 4
Nerviano *MI*	21 F 8
Nery (Monte) *AO*	19 E 5
Nespoledo *UD*	16 E 21

Nespolo *RI*	59 P 21
Nesso *CO*	9 E 9
Nestore (vicino a Marsciano) *PG*	51 N 18
Nestore (vicino a Trestina) *PG*	45 L 18
Neto *CS*	87 J 31
Netro *BI*	19 F 5
Nettuno *RM*	62 R 19
Nettuno (Grotta di) *SS*	110 F 6
Neumarkt / Egna *BZ*	11 D 15
Neurateis / Rattisio Nuovo *BZ*	3 B 14
Neustift / Novacella *BZ*	4 B 16
Neva (Torrente) *SV*	35 J 6
Neva (Val) *SV*	35 J 6
Nevea (Passo di) *UD*	15 C 22
Nevegal *BL*	13 D 18
Néves (Lago di) *BZ*	4 B 17
Neviano *LE*	83 G 36
Neviano de' Rossi *PR*	30 I 12
Neviano degli Arduini *PR*	30 I 12
Neviera (Serra la) *PZ*	77 F 29
Nevola *AN*	46 L 21
Niardo *BS*	10 E 13
Nibbia *NO*	20 F 7
Nibbiaia *LI*	42 L 13
Nibbiano *PC*	29 H 10
Nicà *CS*	87 I 32
Nica (I. di Pantelleria) *TP*	96 Q 17
Nicastro *CZ*	88 K 30
Niccioleta *GR*	49 M 14

Niccone *PG*	51 M 18
Niccone (Torrente) *PG*	51 M 18
Nichelino *TO*	27 H 4
Nicola Bove (Monte) *CA*	119 J 10
Nicola (Monte) *FG*	67 B 30
Nicoletti (Lago) *EN*	99 O 24
Nicolosi *CT*	100 O 27
Nicorvo *PV*	20 G 8
Nicosia *EN*	99 N 25
Nicotera *VV*	88 L 29
Nicotera Marina *VV*	88 L 29
Nieddu (Monte) *OT*	113 E 10
Nieddu di Ottana (Monte) *NU*	115 G 9
Niederdorf / Villabassa *BZ*	4 B 18
Niel *AO*	19 E 5
Niella Belbo *CN*	27 I 6
Niella Tanaro *CN*	35 I 5
Nigra (Passo) *BZ*	3 C 16
Ninfa *LT*	63 R 20
Niovole *PT*	39 K 14
Nirano *MO*	31 I 14
Niscemi *CL*	104 P 25
Nisida (Isola di) *NA*	69 E 24
Nissoria *EN*	100 O 25
Niviano *PC*	29 H 10
Niviere (Pizzo dello) *TP*	97 M 20
Nivolet (Colle del) *TO*	18 F 3
Nizza di Sicilia *ME*	90 N 28
Nizza Monferrato *AT*	28 H 7

Noale *VE*	25 F 18
Noasca *TO*	18 F 3
Nocara *CS*	78 G 31
Nocchi *LU*	38 K 13
Nocciano *PE*	60 O 23
Noce *PZ*	77 G 29
Noce *TN*	11 C 14
Nocelleto *CE*	69 D 24
Nocera Inferiore *SA*	75 E 25
Nocera Superiore *SA*	75 E 26
Nocera Terinese *CZ*	86 J 30
Nocera Umbra *PG*	52 M 20
Noceto *PR*	30 H 12
Noci *BA*	73 E 33
Nociara *EN*	104 O 24
Nociazzi *PA*	99 N 24
Nociglia *LE*	83 G 36
Noepoli *PZ*	77 G 30
Nogara *VR*	23 G 15
Nogarè *TV*	24 E 18
Nogaro al Torre *UD*	17 E 21
Nogarole Rocca *VR*	23 G 14
Nogarole Vicentino *VI*	23 F 15
Nogheredo *PN*	13 D 19
Nogna *PG*	45 L 19
Noha *LE*	83 G 36
Noicattaro *BA*	73 D 32
Nola *NA*	70 E 25
Nole *TO*	19 G 4
Noli *SV*	36 J 7
Noli (Capo di) *SV*	36 J 7

NAPOLI

Annunziata (V. dell')	LY	4
Arte della Lana (V.)	LY	8
Cangiani (Vicolo A.)	LY	14
Capitelli (V. D.)	KY	15
Chiaia (V.)	JZ	
Concezione a Montecalvario (V.)	JZ	31
Conforti (V.)	MY	32
Conte di Ruvo (V.)	KY	33
Cortese (V. Giuio C.)	KZ	34
Duca di S. Donato (V.)	LY	49
Egiziaca a Forcella (V.)	LY	57
Filangieri (V. Gaetano)	JZ	
Forcella (V.)	LY	60
Giudecca Vecchia (V.)	LY	65
Imbriani (V. M.R.)	JY	67
Maddalena (V.)	MY	71
Maddaloni (V.)	KY	72
Marchese Campodisola (V.)	KY	73
Marotta (V. G.)	LY	74
Miroballo al Pendino (V.)	LY	81
Monteoliveto (Pza)	KY	82
Montesanto (V.)	JY	83
Morgantini (V. M.)	KY	85
Museo Nazionale (Pza)	KY	88
Nicola (Pza E. de)	LY	89
Poerio (V. A.)	MY	120
Port'Alba (V.)	KY	123
Sedile di Porto (V. del)	KYZ	154
S. Anna dei Lombardi (V.)	KY	136
S. Arcangelo a Baiano (V.)	LY	
S. Brigida (V.)	LY	137
S. Domenico Maggiore (Pza)	KY	139
S. Gregorio Armeno (V.)	KY	142
S. Maria di Costantinopoli (V.)	KY	145
S. Pietro a Maiella (V.)	KY	148
S. Sebastiano (V.)	KY	149
Toledo (V.)	KY	
Trinità Maggiore (Calata)	KY	165
Vicaria Vecchia (V.)	LY	169
Vittorio Emanuele III (V.)	KZ	171

Teatro S. Carlo	KZ	T 1

NOVARA

Antonelli (V.)	A 2	
Bellini (Largo)	A 3	
Cavallotti (Cso F.)	B 4	
Cavour (V.)	B	
Don Minzoni (Largo)	A 5	
Ferrari (V. G.)	A 6	
Galilei (V. Galileo)	A 7	
Italia (Cso)	AB	
Martiri dlle Libertà (Pza)	A 8	
Mazzini (Cso)	B	
Puccini (V.)	A 13	
Risorgimento (Cso)	A 14	
San Francesco d'Assisi (V.)	B 15	
San Gaudenzio (V.)	A 17	
Trieste (Cso)	B 18	
Vittoria (Cso della)	B 19	
20 Settembre (Cso)	A 20	

Name			
Nomi TN	11	E 15	
Non (Val di) TN	11	D 15	
Nona BG	10	D 12	
Nonantola MO	31	H 15	
None TO	27	H 4	
Nongruella UD	15	D 21	
Nonio VB	8	E 7	
Nora CA	121	J 9	
Noragugume NU	115	G 8	
Norba LT	63	R 20	
Norbello OR	115	G 8	
Norchia VT	57	P 17	
Norcia PG	52	N 21	
Nordio-Deffar (Rif.) UD	15	C 22	
Norge Polesine RO	33	G 18	
Norma LT	63	R 20	
Nortiddi NU	113	F 10	
Nosate MI	20	F 8	
Nosedole MN	31	G 14	
Nostra Signora de Cabu Abbas SS	111	F 8	
Nostra Signora della Solitudine NU	116	G 10	
Nostra Signora di Bonaria SS	111	E 8	
Nostra Signora di Castro OT	111	E 9	
Nostra Signora di Gonari NU	115	G 9	
Nostra Signora di Monserrato NU	117	G 10	
Nostra Signora di Montallegro GE	37	I 9	
Notaresco TE	53	O 23	
Noto SR	105	Q 27	
Noto (Golfo di) SR	107	Q 27	
Noto Antica SR	105	Q 27	
Notteri (Stagno) CA	119	J 10	
Nova Levante / Welschnofen BZ	12	C 16	
Nova Milanese MI	21	F 9	
Nova Ponente / Deutschnofen BZ	12	C 16	
Nova Siri MT	78	G 31	
Nova Siri Marina MT	78	G 31	
Novacella / Neustift BZ	4	B 16	
Novafeltria PS	41	K 18	
Novale VI	23	F 15	
Novale / Rauth BZ	12	C 16	
Novaledo TN	12	D 16	
Novalesa TO	18	G 3	
Novara NO	20	F 7	
Novara di Sicilia ME	101	M 27	
Novate Mezzola SO	9	D 10	
Novate Milanese MI	21	F 9	
Nove VI	24	E 17	
Novedrate CO	21	E 9	
Noveglia PR	29	I 11	
Novegigola MS	38	J 11	
Novegno (Monte) VI	24	E 15	
Novellara RE	31	H 14	
Novello CN	27	I 5	
Noventa di Piave VE	16	F 19	
Noventa Padovana PD	24	F 17	
Noventa Vicentina VI	24	G 16	
Novi di Modena MO	31	H 14	
Novi Ligure AL	28	H 8	
Novi Velia SA	76	G 27	
Noviglio MI	21	F 9	
Novoli LE	81	F 36	
Nozza BS	22	E 13	
Nozzano LU	38	K 13	
Nubia TP	96	N 19	
Nuccio TP	96	N 19	
Nucetto CN	35	I 6	
Nuchis OT	109	E 9	
Nudo (Col) PN	13	D 19	
Nughedu di S. Nicolò SS	111	F 9	
Nughedu Sta Vittoria OR	115	G 8	
Nugola LI	42	L 13	
Nule SS	111	F 9	
Nulvi SS	111	E 8	
Numana AN	47	L 22	
Nunziata CT	101	N 27	
Nuoro NU	115	G 9	
Nuova Bisaccia AV	71	E 28	
Nuova Olonio SO	9	D 10	
Nuovo (Ponte) FG	71	D 28	
Nuracciolu (Punta) VS	118	I 7	
Nurachi OR	114	H 7	
Nuradeo OR	114	G 7	
Nuraghi (Valle dei) SS	111	F 8	
Nuragus CA	115	H 9	
Nurallao CA	115	H 9	
Nuraminis CA	118	I 9	
Nuraxi (Su) (Barumini) VS	118	H 8	
Nuraxi de Mesu (Valico) CA	120	K 8	
Nuraxi Figus CI	118	J 7	
Nure PC	29	H 11	
Nureci OR	115	H 8	
Nuria (Monte) RI	59	O 21	
Nurri CA	115	H 9	
Nurri (Cantoniera di) CA	119	H 9	
Nus AO	19	E 4	

Name			
Nuschele (Monte) NU	115	F 9	
Nusco AV	71	E 27	
Nusenna SI	44	L 16	
Nuvolato MN	31	G 15	
Nuvolau (Rifugio) BL	4	C 18	
Nuvolento BS	22	F 13	
Nuvolera BS	22	F 13	
Nuxis CI	118	J 8	

O

Name			
Ober Wielenbach / Vila di Sopra BZ	4	B 17	
Oberbozen / Soprabolzano BZ	3	C 16	
Obereggen / S. Floriano BZ	12	C 16	
Obolo PC	29	H 10	
Oca RO	33	H 18	
Occhieppo BI	19	F 6	
Occhiobello RO	32	H 16	
Occhione (Punta) OT	109	D 10	
Occhito (Lago di) FG	66	C 26	
Occimiano AL	28	G 7	
Oclini (Passo di) BZ	12	C 16	
Ocre AQ	59	P 22	
Ocre RI	58	O 20	
Ocre (Monte) AQ	59	P 22	
Odalengo Grande AL	27	G 6	
Oderzo TV	16	E 19	
Odle (le) / Geislerspitze BZ	4	C 17	
Odolo BS	22	F 13	
Oes SS	111	F 8	
Ofanto AV	71	E 28	
Ofanto (Foce dell') FG	72	C 30	
Ofen / Forno (Monte) UD	15	C 23	
Ofena AQ	60	P 23	
Offagna AN	47	L 22	
Offanengo CR	21	F 11	
Offida AP	53	N 23	
Offlaga BS	22	F 12	
Oggia (Colle di) IM	35	K 5	
Oggiona LC	21	E 10	
Oglianico OG	117	H 10	
Ogliastra (Isola dell') NU	117	H 11	
Ogliastro Cilento SA	75	F 27	
Ogliastro (Lago di) EN	104	O 25	
Ogliastro Marina SA	75	G 26	
Oglio BS	10	D 13	
Ogliolo BS	10	D 12	
Ogna (Monte) SA	76	E 28	
Ognina SR	105	Q 27	
Ognina (Capo) SR	105	Q 27	

Name			
Ognio GE	37	I 9	
Ognissanti BA	73	D 32	
Oisternig (Monte) UD	15	C 22	
Ola NU	115	G 9	
Olang / Valdaora BZ	4	B 18	
Olbia OT	109	E 10	
Olbia (Golfo di) SS	109	E 10	
Olbicella AL	28	I 7	
Olcenengo VC	20	F 6	
Olcio LC	9	E 9	
Olda BG	9	E 10	
Oleggio NO	20	F 7	
Oleggio Castello NO	20	E 7	
Oleis UD	15	D 22	
Olengo NO	20	F 7	
Olevano di Lomellina PV	20	G 8	
Olevano Romano RM	63	Q 21	
Olevano sul Tusciano SA	75	F 27	
Olgiasca LC	9	D 9	
Olgiata RM	58	P 19	
Olgiate Comasco CO	21	E 8	
Olgiate Olona VA	20	F 8	
Olginate LC	21	E 10	
Olia (Monte) OT	112	E 10	
Olia Speciosa CA	119	J 10	
Oliena NU	117	G 10	
Oliena (Rio d') NU	116	G 10	
Olinie (Monte) OG	117	G 10	
Olivadi CZ	88	K 31	
Olivarella ME	95	M 27	
Oliveri ME	100	M 27	
Oliveto RC	90	M 29	
Oliveto VE	25	F 18	
Oliveto AR	44	L 17	
Oliveto BO	39	I 15	
Oliveto (Masseria) BA	72	E 30	
Oliveto Citra SA	76	E 27	
Oliveto Lario LC	9	E 9	
Oliveto Lucano MT	77	F 30	
Oliveto Maggiore (Abbazia di Monte) SI	50	M 16	
Olivetta IM	34	K 4	
Olivieri (Masseria) BA	72	E 31	
Olivo EN	104	O 24	
Olivo (Ponte) CL	104	P 24	
Olivola MS	38	J 12	
Ollastra Simaxis OR	115	H 8	
Ollastu CA	119	I 10	
Ollolai NU	115	G 9	
Olle TN	12	D 16	
Ollomont AO	6	E 3	
Olmedo SS	110	F 7	
Olmeneta CR	22	G 12	
Olmi PT	39	K 14	
Olmi (Monte degli) BZ	3	C 16	
Olmo AR	44	L 17	
Olmo FI	40	K 16	
Olmo RE	30	H 13	
Olmo SO	9	C 10	
Olmo TV	24	E 17	
Olmo VI	24	F 16	
Olmo al Brembo BG	9	E 10	
Olmo Gentile AT	28	I 6	
Olmo VA	20	E 8	
Olonia MI	21	F 9	
Olpeta VT	57	O 17	
Oltre il Colle BG	10	E 11	
Oltre Vara SP	37	J 11	
Olza PC	30	G 11	
Olzai NU	115	G 9	
Ombrone (vicino a Grosseto) SI	50	M 16	
Ombrone (vicino a Pistoia) PT	39	K 14	
Ome BS	22	F 12	
Omegna VB	8	E 7	
Omignano SA	75	G 27	
Omignano Scalo SA	75	G 27	
Onamarra (Punta) OG	117	G 10	
Onani NU	113	F 10	
Onano VT	50	N 17	
Onara PD	24	F 17	
Oncino CN	26	H 3	
Oneglia IM	35	K 6	
Ongaro VI	24	E 15	
Ongina PR	30	H 12	
Oniferi NU	115	G 9	
Onigo di Piave TV	12	E 17	
Onno LC	9	E 9	
Onzo SV	35	J 6	
Opera MI	21	F 9	
Opi AQ	64	Q 23	
Opicina TS	17	E 23	
Oppeano VR	23	G 15	
Oppido Lucano PZ	72	E 29	
Oppido Mamertina RC	91	M 29	

Name			
Oppio (Passo di) PT	39	J 14	
Ora / Auer BZ	12	C 15	
Orani NU	115	G 9	
Orasso VB	8	D 7	
Oratino CB	65	R 25	
Orba AL	28	H 7	
Orbai (Monte) CA	121	J 8	
Orbassano TO	27	G 4	
Orbetello GR	55	O 15	
Orbetello (Laguna di) GR	55	O 15	
Orbetello Scalo GR	55	O 15	
Orcenico Inferiore PN	13	E 20	
Orcia SI	50	N 16	
Orciano di Pesaro PS	46	K 20	
Orciano Pisano PI	42	L 13	
Orciatico PI	43	L 14	
Orco TO	18	F 3	
Ordini (Monte) CA	119	I 10	
Ordona FG	71	D 28	
Orecchiella LU	38	J 13	
Oregone (Passo d.) / Hochalpljoch UD	5	C 20	
Orentano PI	43	K 13	
Orezzoli PC	29	I 10	
Orgiano VI	24	F 16	
Orgnano UD	16	D 21	
Orgosolo NU	116	G 10	
Oria BR	79	F 34	
Oria CO	9	D 9	
Orini-Nuovo OG	117	H 10	
Osini-Vecchio OG	117	H 10	
Osio Sotto BG	21	F 10	
Oslavia GO	17	E 22	
Osnago LC	21	E 10	
Osoppo UD	14	D 21	
Ospedaletti IM	35	K 5	
Ospedaletto LO	21	G 10	
Ospedaletto FO	41	J 18	
Ospedaletto RN	41	K 19	
Ospedaletto TR	51	N 18	
Ospedaletto TN	12	D 16	
Ospedaletto TV	25	F 18	
Ospedaletto UD	14	D 21	
Ospedaletto d'Alpinolo AV	70	E 26	
Ospedaletto Euganeo PD	24	G 16	
Ospedalicchio PG	51	M 19	
Ospitale FE	32	H 16	
Ospitale MO	39	J 14	
Ospitale di Cadore BL	13	D 18	
Ospitaletto BS	22	F 12	
Ospitaletto MN	31	G 13	
Ospitaletto MO	39	I 14	
Ospitalmonacale FE	32	H 17	
Ossago Lodigiano LO	21	G 10	
Ossalengo CR	22	G 12	
Ossegna SP	37	I 10	
Osservanza SI	50	L 16	
Ossi SS	110	E 7	
Ossola (Val d') VB	8	D 6	
Ossolaro CR	22	G 11	
Ossona MI	20	F 8	
Ossuccio CO	9	E 9	
Ostana CN	26	H 3	
Ostellato FE	32	H 17	
Osteria del Gatto PG	51	M 20	
Osteria dell'Osa RM	63	Q 20	
Osteria di Morano PG	51	M 20	
Osteria Grande BO	40	I 16	
Osteria Nuova RM	58	P 18	
Osterianove MC	47	L 22	
Ostia Antica RM	62	Q 18	
Ostia Parmense PR	30	I 11	
Ostiano CR	22	G 12	
Ostiglia MN	31	G 15	
Ostigliano SA	75	G 27	
Ostra AN	46	L 21	
Ostra Vetere AN	46	L 21	
Ostuni BR	80	E 34	
Oten (Valle d') BL	4	C 18	
Otranto LE	83	G 37	
Otranto (Capo d') LE	83	G 37	
Otricoli TR	58	O 19	
Ottana NU	115	G 9	
Ottati SA	76	F 27	
Ottava SA	110	E 7	
Ottavia RM	62	Q 19	
Ottaviano NA	70	E 25	
Ottiglio AL	28	G 7	
Ottiolu (Punta d') NU	113	E 11	
Ottobiano PV	20	G 8	
Ottone PC	29	I 10	
Oulx TO	26	G 2	
Ovada AL	28	I 7	
Ovaro UD	5	C 20	
Oviglio AL	28	H 7	
Ovindoli AQ	59	P 22	
Ovo (Torre dell') TA	79	G 34	
Ovodda NU	115	G 9	

PADOVA

Altinate (V.)		DYZ
Carmine (V. del)		DY 10
Cavour (Pza e V.)		DY 15
Cesarotti (V. M.)		DZ 17
Dante (V.)		CY
Erbe (Pza delle)		DZ 20
Eremitani (Pza)		DY 21
Filiberto (V. E.)		DY 24
Frutta (Pza della)		DZ 25
Garibaldi (Cso)		DY 27
Garibaldi (Pza)		DY 28
Gasometro (V. dell' ex)		DY 29
Guariento (V.)		DY 35
Insurrezione (Pza)		DY 39
Monte di Pietà (V. del)		CZ 45
Petrarca (V.)		CY 50
Ponte Molino (Vicolo)		CY 52
Ponti Romani (Riviera dei)		DYZ 53
Roma (V.)		DZ
S. Canziano (V.)		DZ 57
S. Fermo (V.)		DY
S. Lucia (V.)		DY 59
Vandelli (V. D.)		CY 66
Verdi (V. G.)		CY 67
Vittorio Emanuele II (Cso)		CY 70
8 Febbraio (V.)		DZ 74
58 Fanteria (V.)		DZ 75

Museo civico agli Eremitani	DY M
Oratorio di San Giorgio e Scuola di Sant'Antonio	DZ B
Palazzo della Regione	DZ J
Statua equestre del Gattamelata	DZ A

Palagiano *TA*	78	F 33	Palazzo *PG*	51	M 19
Palagogna (Masseria) *BR*	80	F 34	Palazzo Adriano *PA*	98	N 22
Palagonia *CT*	104	P 26	Palazzo d'Ascoli *FG*	71	D 28
Palai (Punta) *NU*	115	F 8	Palazzo del Pero *AR*	45	L 17
Palaia *PI*	43	L 14	Palazzo Foscarini (Mira) *VE*	24	F 17
Palanuda (Monte) *CS*	85	H 30	Palazzo S. Gervasio *PZ*	72	E 29
Palanzano *PR*	38	I 12	Palazzolo
Palanzone (Monte) *CO*	9	E 9	dello Stella *UD*	16	E 21
Palata *CB*	65	Q 26	Palazzolo Acreide *SR*	104	P 26
Palata Pepoli *BO*	31	H 15	Palazzolo sull'Oglio *BS*	22	F 11
Palau *SS*	109	D 10	Palazzolo Vercellese *VC*	20	G 6
Palavas (Monte) *TO*	26	H 2	Palazzone *SI*	50	N 17
Palazello *CS*	85	I 30	Palazzuolo *AR*	44	L 16
Palazzago *BG*	21	E 10	Palazzuolo sul Senio *FI*	40	J 16
Palazzelli *SR*	104	O 26	Palena *CH*	60	Q 24
Palazzetto *SI*	49	M 15	Paleparto (Monte) *CS*	85	I 31
Palazzine Sta Maria *MT*	77	F 30	Palermiti *CZ*	88	K 31
Palazzo *AN*	46	L 20	Palermo *PA*	98	M 22
Palazzo *LI*	48	N 13	Palermo (Golfo di) *PA*	98	M 22
Palazzo *MC*	52	M 20	Palermo (Portella) *PA*	99	O 23
			Palermo-Punta Raisi (Aeroporto di) *PA*	97	M 21
			Palese *BA*	73	D 32
			Palestrina *RM*	63	Q 20
			Palestro *PV*	20	G 7
			Paliano *FR*	63	Q 21
			Palidano *MN*	31	H 14
			Palidoro *RM*	62	Q 18
			Palinuro *SA*	84	G 27
			Palinuro (Capo) *SA*	84	G 27
			Palizzi *RC*	91	N 29
			Palizzi Marina *RC*	91	N 29
			Palla Palla *CS*	87	J 32
			Pallagorio *KR*	87	J 32
			Pallanfre *CN*	34	J 4
			Pallanza *VB*	8	E 7
			Pallare *SV*	36	J 6
			Pallareta (Monte) *PZ*	77	G 30
			Pallerone *MS*	38	J 12
			Pallosu (Cala su) *OR*	114	G 7

PALERMO

Oyace *AO*	6	E 4
Ozegna *TO*	19	G 5
Ozein *AO*	18	E 3
Ozieri *SS*	111	F 9
Ozzano dell'Emilia *BO*	40	I 16
Ozzano Monferrato *AL*	28	G 7
Ozzano Taro *PR*	30	H 12
Ozzero *MI*	20	F 8

P

Pabillonis *VS*	118	I 8
Pace *ME*	90	M 28
Pace del Mela *ME*	90	M 27
Paceco *TP*	96	N 19
Pacengo *VR*	23	F 14
Pacentro *AQ*	60	P 23
Pachino *SR*	107	Q 27
Paciano *PG*	51	M 18
Padenghe sul Garda *BS*	22	F 13
Padergnone *TN*	11	D 14
Paderno *BL*	13	D 18
Paderno *BO*	40	I 15
Paderno d'Adda *LC*	21	E 10
Paderno del Grappa *TV*	24	E 17
Paderno di Ponzano *TV*	25	E 18
Paderno Dugnano *MI*	21	F 9
Paderno Ponchielli *CR*	22	G 11

Padiglione *AN*	47	L 22
Padiglione (Bosco di) *LT*	62	R 19
Padola *BL*	5	C 19
Pàdola (Val) *BL*	5	C 19
Padova *PD*	24	F 17
Padova (Rifugio) *BL*	13	C 19
Padria *SS*	115	F 7
Padriciano *TS*	17	F 23
Padrio (Monte) *BS*	10	D 12
Padru *OT*	113	E 10
Padru (Monte) *OT*	109	D 9
Padula *SA*	76	F 28
Padule *PG*	51	M 19
Paduli *BN*	70	D 26
Paduli (Lago) *MS*	38	I 12
Paesana *CN*	26	H 3
Paese *TV*	25	E 18
Paestum *SA*	75	F 27
Paestum Antica *SA*	75	F 27
Paganella (Monte) *TN*	11	D 15
Pagani *SA*	75	E 25
Pagania *CS*	85	I 31
Paganica *AQ*	59	O 22
Paganico *GR*	49	N 15
Pagano (Monte) *AQ*	65	Q 24
Paganuccio (Monte) *PS*	46	L 20

Pagazzano *BG*	21	F 11
Paghera *BS*	10	E 13
Paglia *VT*	50	N 17
Paglia (Portella della) *PA*	97	M 21
Pagliara *ME*	90	N 28
Pagliare *AP*	53	N 23
Pagliarelle *KR*	87	J 32
Pagliaroli *TE*	59	O 22
Pagliarone (Monte) *FG*	71	C 27
Paglieres *CN*	26	I 3
Pagliericcio *AR*	44	K 17
Paglieta *CH*	61	P 25
Pagliosa (Isola sa) *NU*	114	F 7
Pagnacco *UD*	14	D 21
Pagnano *TV*	24	E 17
Pagno *CN*	26	I 4
Pagnona *LC*	9	D 10
Pago Veiano *BN*	70	D 26
Paidorzu (Monte) *SS*	111	F 9
Paisco *BS*	10	D 12
Paisco (Valle) *BS*	10	D 12
Palade (Passo delle) / Gampenjoch *BZ*	3	C 15
Palagano *MO*	39	J 13
Palagianello *TA*	78	F 32

Al-Sadat (V. A.)	FV 3	Empedocle Restivo (V.)	EV 47	Messina Marine (V.)	FV 77
Ammiraglio Rizzo (V. L.)	FV 4	Favorita (V. della)	FUV 50	Mondello (V.)	EU 78
Brigata Verona (V.)	EV 15	Finocchiaro Aprile (Cso C.)	FV 54	Montegrappa (V.)	EU 80
Cantieri (V. dei)	FV 17	Giachery (Pza)	FV 61	Monte Pellegrino (V.)	FV 83
Cappuccini (V.)	EV 19	Imperatore Federico (V.)	FV 66	Museo Etnografico (Vle)	EU 87
Croce Rossa (V.)	EUV 40	Marchese di Villabianca (V.)	FV 70	Notarbartolo (V. E.)	EFV 88
Dalla Chiesa (V. C. A.)	FV 41	Marescallo Diaz (V.)	FV 72	Palme (Viale delle)	EU 92
Duca degli Abruzzi (Viale)	EU 44	Mater Dolorosa (V.)	EU 74	Piazza Michele (V.)	EU 100
Duca della Verdura (V.)	FV 45			Resurrezione (V. della)	EU 114
				Resuttana (V.)	EU 116

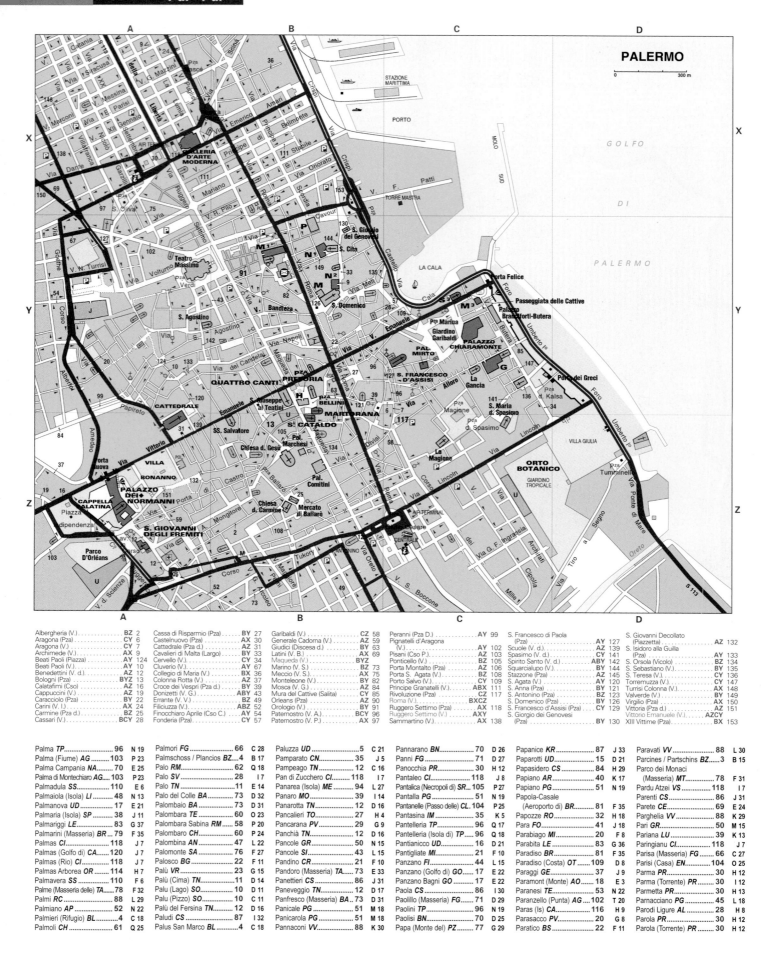

PALERMO

0   300 m

Alberghería (V.) .... BZ 2
Aragona (Pza) .... CY 6
Aragona (V.) .... CY 7
Archimede (V.) .... AX 9
Beati Paoli (Piazza) .... AY 124
Beati Paoli (V.) .... AY 10
Benedettini (V. d.) .... AZ 12
Bologni (Pza) .... BYZ 13
Calatafimi (Cso) .... AZ 16
Cappuccini (V.) .... AZ 19
Caracciolo (Pza) .... BY 22
Carini (V. I.) .... AX 24
Carmine (Pza d.) .... BZ 25
Cassari (V.) .... BCY 28

Cassa di Risparmio (Pza) ..... BY 27
Castelnuovo (Pza) .... AX 30
Cattedrale (Pza d.) .... AZ 31
Cavalieri di Malta (Largo) ... BY 33
Cervello (V.) .... CY 34
Collegio di Maria (V.) .... BX 36
Colonna Rotta (V.) .... AZ 37
Croce dei Vespri (Pza d.) .... BY 39
Donizetti (V. G.) .... ABY 43
Errante (V.) .... BZ 49
Filiciuzza (V.) .... ABZ 52
Finocchiaro Aprile (Cso C.) .. AY 54
Fonderia (Pza) .... CY 57

Garibaldi (V.) .... CZ 58
Generale Cadorna (V.) .... AY 59
Giudici (Discesa d.) .... BY 63
Latini (V. B.) .... AX 69
Maqueda (V.) .... BYZ
Marino (V. S.) .... AX 73
Meccio (V. S.) .... AX 75
Monteleone (V.) .... BY 82
Mosca (V.) .... AZ 84
Mura del Cattive (Salita) .... CY 85
Orleans (Pza) .... AZ 90
Orologio (V.) .... BY 91
Paternostro (V. A.) .... BCY 96
Paternostro (V. P.) .... AX 97

Peranni (Pza D.) .... AY 99
Pignatelli d'Aragona (V.) .... AY 102
Pisani (Cso P.) .... AZ 103
Ponticello (V.) .... BZ 105
Porta Montalto (Pza) .... AZ 106
Porta S. Agata (V.) .... BZ 108
Porto Salvo (V.) .... CY 109
Principe Granatelli (V.) ..... ABX 111
Rivoluzione (Pza) .... BZ 117
Roma (V.) .... BXCZ
Ruggero Settimo (Pza) .... AX 118
Ruggero Settimo (V.) .... AXY
Sammartino (V.) .... AX 138

S. Francesco di Paola (Pza) .. AY 127
Scuole (V. d.) .... AZ 139
Spasimo (V. d.) .... AZ 141
Spirito Santo (V. d.) .... ABY 142
Squarcialupo (V.) .... BY 144
S. Sebastiano (V.) .... BY 135
S. Teresa (V.) .... CY 136
S. Agata (Pza) .... AZ 145
S. Anna (Pza) .... BY 121
S. Antonino (Pza) .... BZ 123
S. Domenico (Pza) .... BY 126
S. Francesco d'Assisi (Pza) .. CY 129
S. Giorgio dei Genovesi (Pza) . BY 130

S. Giovanni Decollato (Piazzetta) ... AZ 132
S. Isidoro alla Guilla (Pza) ... AY 133
S. Orsola (Vicolo) .... BZ 134
S. Sebastiano (V.) .... BY 135
S. Teresa (V.) .... CY 136
Torremuzza (V.) .... CY 147
Turrisi Colonna (V.) .... AX 148
Valverde (V.) .... BY 149
Virgilio (V.) .... AX 150
Vittoria (Pza d.) .... AZ 151
Vittorio Emanuele (V.) .... AZCY
XIII Vittime (Pza) .... BX 153

Palma TP .... 96 N 19
Palma (Fiume) AG .... 103 P 23
Palma Campania NA .... 70 E 25
Palma di Montechiaro AG ..... 103 P 23
Palmadula SS .... 110 E 6
Palmaiola (Isola) LI .... 48 N 13
Palmanova UD .... 17 E 21
Palmaria (Isola) SP .... 38 J 11
Palmariggi LE .... 83 G 37
Palmarini (Masseria) BR ..... 79 F 35
Palmas CI .... 118 J 7
Palmas (Golfo di) CA .... 120 J 7
Palmas (Rio) CI .... 118 J 7
Palmas Arborea OR .... 114 H 7
Palmavera SS .... 110 F 6
Palme (Masseria delle) TA ... 78 F 32
Palmi RC .... 88 L 29
Palmiano AP .... 52 N 22
Palmieri (Rifugio) BL .... 4 C 18
Palmoli CH .... 61 Q 25

Palmori FG .... 66 C 28
Palmschoss / Plancios BZ .... 4 B 17
Palo RM .... 62 Q 18
Palo SV .... 28 I 7
Palo TN .... 11 E 14
Palo del Colle BA .... 73 D 32
Palombaio BA .... 73 D 31
Palombara TE .... 60 O 23
Palombara Sabina RM .... 58 P 20
Palombaro CH .... 60 P 24
Palombina AN .... 47 L 22
Palomonte SA .... 76 F 27
Palosco BG .... 22 F 11
Palù VR .... 23 G 15
Palù (Cima) TN .... 11 D 14
Palù (Lago) SO .... 10 D 11
Palu (Pizzo) SO .... 10 C 11
Palù del Fersina TN .... 12 D 16
Paludi CS .... 87 I 32
Palus San Marco BL .... 4 C 18

Paluzza UD .... 5 C 21
Pamparato CN .... 35 J 5
Pampeago TN .... 12 C 16
Pan di Zucchero CI .... 118 I 7
Panarea (Isola) ME .... 94 L 27
Panaro MO .... 39 I 14
Panarotta TN .... 12 D 16
Pancalieri TO .... 27 H 4
Pancarana PV .... 29 G 9
Pancole GR .... 50 N 15
Pancole SI .... 43 L 15
Pandino CR .... 21 F 10
Pandoro (Masseria) TA .... 73 E 33
Paneveggio TN .... 12 D 17
Panfresco (Masseria) BA ..... 73 D 31
Panicale PG .... 51 M 18
Panicarola PG .... 51 M 18
Pannaconi VV .... 88 K 30

Pannarano BN .... 70 D 26
Panni FG .... 71 D 27
Panocchia PR .... 30 H 12
Pantaleo CI .... 118 J 8
Pantalica (Necropoli di) SR . 105 P 27
Pantanelle (Passo delle) CL . 104 P 25
Pantelleria TP .... 96 Q 17
Pantelleria (Isola di) TP ... 96 Q 18
Pantianicco UD .... 16 D 21
Pantigliate MI .... 21 F 10
Panzano FI .... 44 L 15
Panzano (Golfo di) GO .... 17 E 22
Panzano Bagni GO .... 17 E 22
Paola CS .... 86 I 30
Paolisi BN .... 70 D 25
Papa (Monte del) PZ .... 77 G 29

Papanice KR .... 87 J 33
Paparotti UD .... 15 D 21
Papasidero CS .... 84 H 29
Papiano AR .... 40 K 17
Papiano PG .... 51 N 19
Papola-Casale (Aeroporto di) BR ... 81 F 35
Papozze RO .... 32 H 18
Para FO .... 41 J 18
Parabiago MI .... 20 F 8
Parabita LE .... 83 G 36
Paradiso BR .... 81 F 35
Paradiso (Costa) OT .... 109 D 8
Paraggi GE .... 37 J 9
Paramont (Monte) AO .... 18 E 3
Paranesi TE .... 53 N 22
Paranzello (Punta) AG .... 102 T 20
Paras (Is) CA .... 116 H 9
Paratico BS .... 22 F 11

Paravati VV .... 88 L 30
Parcines / Partschins BZ .... 3 B 15
Parco dei Monaci (Masseria) MT ... 78 F 31
Pardu Atzei VS .... 118 I 7
Parenti CS .... 86 J 31
Parete CE .... 69 E 24
Parghelia VV .... 88 K 29
Pari GR .... 50 M 15
Pariana LU .... 39 K 13
Paringianu CI .... 118 J 7
Parisa (Masseria) FG .... 66 C 27
Parisi (Casa) EN .... 104 O 25
Parma PR .... 30 H 12
Parma (Torrente) PR .... 30 I 12
Parmetta PR .... 30 H 13
Parnacciano PG .... 45 L 18
Parodi Ligure AL .... 28 H 8
Parola PR .... 30 H 12
Parola (Torrente) PR .... 30 H 12

PARMA

Bottego (Ponte)	BY 18	Garibaldi (Pza)	BZ 9	Ponte Caprazucca	BZ 19	Salnitrara (Borgo)	BZ 26
Cavour (Str.)	BY 3	Garibaldi (V.)	BCY	Ponte di Mezzo	BZ 21	Studi (Borgo degli)	CY 27
Duomo (Str. al)	CY 8	Mazzini (V.)	BZ 13	Ponte Italia	BZ 20	Toscanini (Viale)	BZ 28
		Pace (Pza della)	BY 15	Ponte Verdi	BY 22	Trento (V.)	CY 30
		Parmigianino (Borgo del)	CY 16	Reggio (V.)	BY 23	Varese (V.)	BZ 31
		Pilotta (Pza)	BY 17	Rustici (Viale G.)	BZ 24		

Battistero	CY A	Madonna della Steccata	BZ E	San Giovanni	
Casa Toscanini	BY M²	Museo Glauco Lombardi	BY M¹	Evangelista	CYZ D

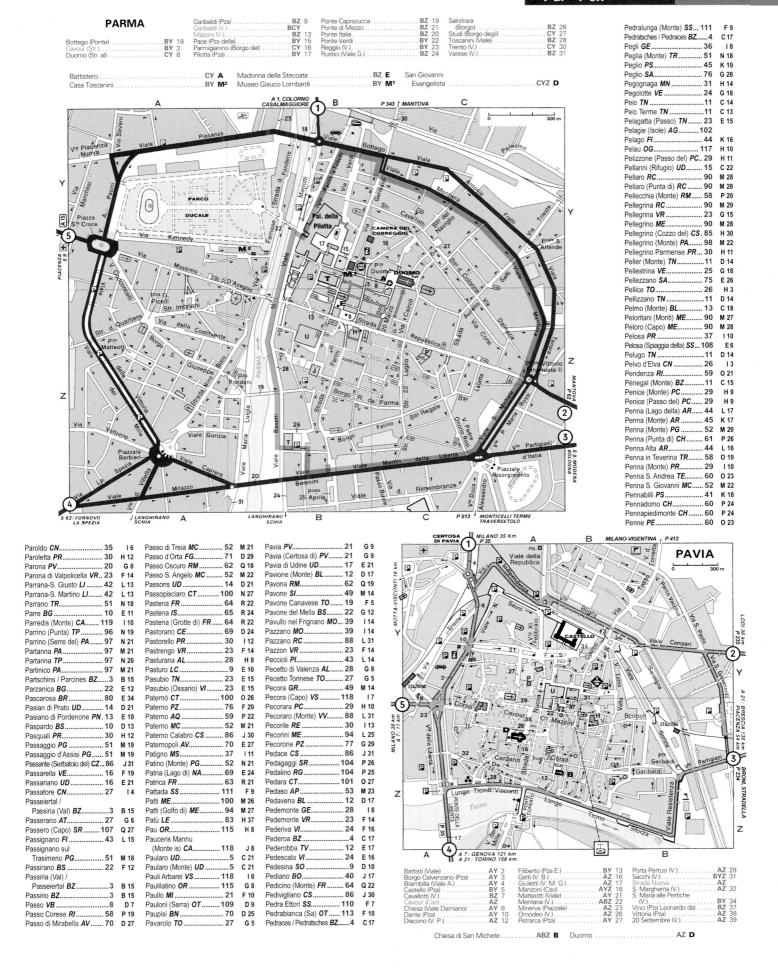

Pedralunga (Monte) SS... 111 F 9
Pedratsches / Pedraces BZ....4 C 17
Pegli GE ...... 36 I 8
Peglia (Monte) TR ...... 51 N 18
Peglio PS ...... 45 K 19
Peglio SA ...... 76 G 28
Pegognaga MN ...... 31 H 14
Pegolotte VE ...... 24 G 18
Peio TN ...... 11 C 14
Peio Terme TN ...... 11 C 13
Pelagatta (Passo) TN ...... 23 E 15
Pelagie (Isole) AG 102
Pelago FI ...... 44 K 16
Pelau OG ...... 117 H 10
Pelizzone (Passo del) PC... 29 H 11
Pellarini (Rifugio) UD ...... 15 C 22
Pellaro RC ...... 90 M 28
Pellaro (Punta di) RC ...... 90 M 28
Pellecchia (Monte) RM ...... 58 P 20
Pellegrina RC ...... 90 M 29
Pellegrina VR ...... 23 G 15
Pellegrino ME ...... 90 M 28
Pellegrino (Cozzo del) CS. 85 H 30
Pellegrino (Monte) PA..... 98 M 22
Pellegrino Parmense PR ... 30 H 11
Peller (Monte) TN .... 11 D 14
Pellestrina VE ...... 25 G 18
Pellezzano SA ...... 75 E 26
Pellice TO ...... 26 H 3
Pellizzano TN ...... 11 D 14
Pelmo (Monte) BL ...... 13 C 18
Peloritani (Monti) ME ...... 90 M 27
Peloro (Capo) ME ...... 90 M 28
Pelosa PR ...... 37 I 10
Pelosa (Spiaggia della) SS . 108 E 6
Pelugo TN ...... 11 D 14
Pelvo d'Elva CN ...... 26 I 3
Pendenza RI ...... 59 O 21
Pènegal (Monte) BZ........11 C 15
Penice (Monte) PC ...... 29 H 9
Penice (Passo del) PC ...... 29 H 9
Penna (Lago della) AR...... 44 L 17
Penna (Monte) AR ...... 45 K 17
Penna (Monte) PG .... 52 M 20
Penna (Punta di) CH ...... 61 P 26
Penna Alta AR ...... 44 L 16
Penna in Teverina TR....... 58 O 19
Penna (Monte) PR ...... 29 I 10
Penna S. Andrea TE ...... 60 O 23
Penna S. Giovanni MC...... 52 M 22
Pennabilli PS ...... 41 K 18
Pennadomo CH ...... 60 P 24
Pennapiedimonte CH........ 60 P 24
Penne PE ...... 60 O 23

Paroldo CN ...... 35 I 6
Paroletta PR ...... 30 H 12
Parona PV ...... 20 G 8
Parona di Valpolicella VR . 23 F 14
Parrana-S. Giusto LI ...... 42 L 13
Parrana-S. Martino LI ...... 42 L 13
Parrano TR ...... 51 N 18
Parre BG ...... 10 E 11
Parredis (Monte) CA ...... 119 I 10
Parrino (Punta) TP ...... 96 N 19
Parrino (Serre del) PA ...... 97 N 21
Partanna PA ...... 97 M 21
Partanna PA ...... 97 N 20
Partinico PA ...... 97 M 21
Partschins / Parcines BZ... 3 B 15
Parzanica BG ...... 22 E 12
Pascarosa BR ...... 80 E 34
Pasian di Prato UD ...... 14 D 21
Pasiano di Pordenone PN. 13 E 19
Paspardo BS ...... 10 D 13
Pasquali PR ...... 30 H 12
Passaggio PG ...... 51 M 19
Passaggio d'Assisi PG ...... 51 M 19
Passante (Serbatoio del) CZ.86 J 31
Passarella VE ...... 16 F 19
Passariano UD ...... 16 E 21
Passatore CN ...... 27 I 4
Passeiertal /
  Passiria (Val) BZ......3 B 15
Passerano AT ...... 27 G 6
Passero (Capo) SR ...... 107 Q 27
Passignano FI ...... 43 L 15
Passignano sul
  Trasimeno PG ...... 51 M 18
Passirano BS ...... 22 F 12
Passiria (Val) /
  Passeiertal BZ......3 B 15
Passirio BZ ...... 3 B 15
Passo VB ...... 8 D 7
Passo Corese RI ...... 58 P 19
Passo di Mirabella AV ...... 70 D 27

Passo di Treia MC ...... 52 M 21
Passo d'Orta FG ...... 71 D 29
Passo Oscuro RM ...... 62 Q 18
Passo S. Angelo MC ...... 52 M 22
Passons UD ...... 14 D 21
Passopisciaro CT ...... 100 N 27
Pastena FR ...... 64 R 22
Pastena IS ...... 65 R 24
Pastena (Grotte di) FR ...... 64 R 22
Pastorano CE ...... 69 D 24
Pastorello PR ...... 30 I 12
Pastrengo VR ...... 23 F 14
Pasturana AL ...... 28 H 8
Pasturo LC ...... 9 E 10
Pasubio TN ...... 23 E 15
Pasubio (Ossario) VI ...... 23 E 15
Paternò CT ...... 100 O 26
Paterno PZ ...... 76 F 29
Paterno AQ ...... 59 P 22
Paterno MC ...... 52 M 21
Paterno Calabro CS ...... 86 J 30
Paternopoli AV ...... 70 E 27
Patigno MS ...... 37 I 11
Patino (Monte) PG ...... 52 N 21
Patria (Lago di) NA ...... 69 E 24
Patrica FR ...... 63 R 21
Pattada SS ...... 111 F 9
Patti ME ...... 100 M 26
Patti (Golfo di) ME ...... 94 M 26
Patù LE ...... 83 H 37
Pau OR ...... 115 H 8
Pauceris Mannu
  (Monte is) CA ...... 118 J 8
Paularo UD ...... 5 C 21
Paularo (Monte) UD ...... 5 C 21
Pauli Arbarei VS ...... 118 I 8
Paulilatino OR ...... 115 G 8
Paullo MI ...... 21 F 10
Pauloni (Serra) OT ...... 109 D 9
Pavarolo TO ...... 27 G 5

Pavia PV ...... 21 G 9
Pavia (Certosa di) PV ...... 21 G 9
Pavia di Udine UD ...... 17 E 21
Pavione (Monte) BL ...... 12 D 17
Pavona RM ...... 62 Q 19
Pavone SI ...... 49 M 14
Pavone Canavese TO ...... 19 F 5
Pavone del Mella BS ...... 22 G 12
Pavullo nel Frignano MO . 39 I 14
Pazzano MO ...... 39 I 14
Pazzano RC ...... 88 L 31
Pazzon VR ...... 23 F 14
Peccioli PI ...... 43 L 14
Pecetto di Valenza AL ...... 28 G 8
Pecetto Torinese TO ...... 27 G 5
Pecora GR ...... 49 M 14
Pecora (Capo) VS ...... 118 I 7
Pecorara PC ...... 29 H 10
Pecoraro (Monte) VV ...... 88 L 31
Pecorile RE ...... 30 I 13
Pecorini ME ...... 94 L 25
Pecorone PZ ...... 77 G 29
Pedace CS ...... 86 J 31
Pedagaggi SR ...... 104 P 26
Pedalino SR ...... 104 P 26
Pedara CT ...... 101 O 27
Pedaso AP ...... 53 M 23
Pedavena BL ...... 12 D 17
Pedemonte GE ...... 28 I 8
Pedemonte VR ...... 23 F 14
Pederiva VI ...... 24 F 16
Pederoa BZ ...... 4 C 17
Pederobba TV ...... 12 E 17
Pedesina SO ...... 9 D 10
Pediano BO ...... 40 J 17
Pedicino (Monte) FR ...... 64 Q 22
Pedivigliano CS ...... 86 J 30
Pedra Ettori SS ...... 110 F 7
Pedrabianca (Sa) OT ...... 113 F 10
Pedraces / Pedratsches BZ....4 C 17

PAVIA

Battisti (Viale)	AY 2	Filiberto (Pza E.)	BY 13	Porta Pertusi (V.)	AZ 28		
Borgo Calvenzano (Pza)	AY 3	Gatti (V. B.)	AZ 16	Sacchi (V.)	BYZ 31		
Brambilla (Viale A.)	AY 4	Giulietti (V. M. G.)	AZ 17	Strada Nuova (V.)	AZ		
Castello (Pza)	BY 5	Manzoni (Cso)	AYZ 18	S. Margherita (V.)	AZ 32		
Cavallotti (V.)	BZ 7	Matteotti (Viale)	AY 21	S. Maria alle Pertiche (V.)	BY 34		
Cavour (Cso)	AY	Mentana (V.)	ABZ 22	Vinci (Pza Leonardo da)	BZ 37		
Chiesa (Viale Damiano)	AY 8	Minerva (Piazzale)	AZ 23	Vittoria (Pza)	AZ 38		
Dante (Pza)	AY 10	Omodeo (V.)	AY 24	20 Settembre (V.)	AZ 39		
Diacono (V. P.)	AY 12	Petrarca (Pza)	AZ 27				

Chiesa di San Michele .... ABZ B   Duomo .... AZ D

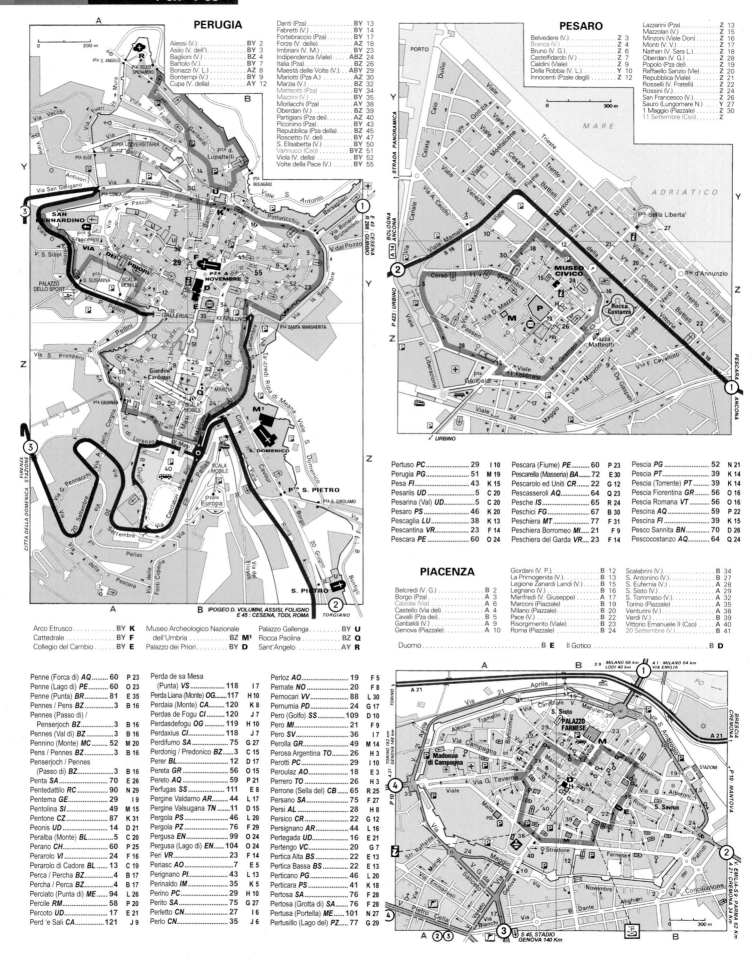

PERUGIA

Alessi (V.)	BY	2
Asilo (V. dell')	BY	3
Baglioni (V.)	BZ	5
Bartolo (V.)	BY	7
Bonazzi (V. L.)	AZ	8
Bontempi (V.)	BY	9
Cupa (V. della)	AY	12
Danti (Pza)	BY	13
Fabretti (V.)	BY	14
Fortebraccio (Pza)	BY	17
Forze (V. delle)	AZ	18
Imbriani (V. M.)	BY	23
Indipendenza (Viale)	ABZ	24
Italia (V.)	BZ	26
Maestà delle Volte (V.)	ABY	29
Mariotti (Pza A.)	AZ	30
Marzia (V.)	AZ	32
Matteotti (Pza)	BY	34
Mazzini (V.)	BY	35
Morlacchi (Pza)	AY	38
Oberdan (V.)	BZ	39
Partigiani (Pza dei)	AZ	40
Piccinino (Pza)	BY	43
Repubblica (Pza della)	BZ	45
Roscetto (V. del)	BY	47
S. Elisabetta (V.)	BY	50
Vannucci (Cso)	BYZ	51
Viola (V. della)	BY	52
Volte della Pace (V.)	BY	55

PESARO

Belvedere (V.)	Z	3
Branca (V.)	Z	4
Bruno (V. G.)	Z	6
Castelfidardo (V.)	Z	7
Cialdini (Viale)	Z	9
Della Robbia (V. L.)	Y	10
Innocenti (Pzale degli)	Z	12
Lazzarini (Pza)	Z	13
Mazzolari (Pza)	Z	15
Minzoni (Viale Don)	Z	16
Monti (V. V.)	Z	17
Nathan (V. Sara L.)	Z	18
Oberdan (V. G.)	Z	28
Popolo (Pza del)	Z	19
Raffaello Sanzio (Vle)	Z	20
Repubblica (Viale)	Z	21
Rosselli (V. Fratelli)	Z	22
Rossini (V.)	Z	24
San Francesco (V.)	Z	26
Sauro (Lungomare N.)	Y	27
1 Maggio (Piazzale)	Z	30
11 Settembre (Cso)	Z	

Arco Etrusco	BY	K
Cattedrale	BY	F
Collegio del Cambio	BY	E
Museo Archeologico Nazionale dell'Umbria	BZ	M¹
Palazzo dei Priori	BY	D
Palazzo Gallenga	BY	U
Rocca Paolina	BZ	Q
Sant'Angelo	AY	R

Pertuso *PC*	29	I	10
Perugia *PG*	51	M	19
Pesa *FI*	43	K	15
Pesariis *UD*	5	C	20
Pesarina (Val) *UD*	5	C	20
Pesaro *PS*	46	K	20
Pescaglia *LU*	38	K	13
Pescantina *VR*	23	F	14
Pescara *PE*	60	O	24
Pescara (Fiume) *PE*	60	P	23
Pescarella (Masseria) *BA*	72	E	30
Pescarolo ed Uniti *CR*	22	G	12
Pescasseroli *AQ*	64	Q	23
Pesche *IS*	65	R	24
Peschici *FG*	67	B	30
Peschiera *MT*	77	F	31
Peschiera Borromeo *MI*	21	F	9
Peschiera del Garda *VR*	23	F	14
Pescia *PG*	52	N	21
Pescia *PT*	39	K	14
Pescia (Torrente) *PT*	39	K	14
Pescia Fiorentina *GR*	56	O	16
Pescia Romana *VT*	56	O	16
Pescina *AQ*	59	P	22
Pescina *FI*	39	K	15
Pesco Sannita *BN*	70	D	26
Pescocostanzo *AQ*	64	Q	24

PIACENZA

Belcredi (V. G.)	B	2
Borgo (Pza)	A	3
Calzolai (Via)	A	6
Castello (Via del)	A	4
Cavalli (Pza dei)	B	5
Garibaldi (V.)	A	9
Genova (Piazzale)	A	10
Giordani (V. P.)	B	12
La Primogenita (V.)	B	13
Legione Zanardi Landi (V.)	B	15
Legnano (V.)	B	16
Manfredi (V. Giuseppe)	A	17
Marconi (Piazzale)	B	19
Milano (Piazzale)	B	20
Pace (V.)	B	22
Risorgimento (Viale)	B	23
Roma (Piazzale)	A	24
Scalabrini (V.)	B	34
S. Antonino (V.)	B	27
S. Eufemia (V.)	A	28
S. Sisto (V.)	B	29
S. Tommaso (V.)	A	32
Torino (Piazzale)	A	35
Venturini (V.)	B	38
Verdi (V.)	B	39
Vittorio Emanuele II (Cso)	A	40
20 Settembre (V.)	B	41

Duomo	B	E
Il Gotico	B	D

Penne (Forca di) *AQ*	60	P	23
Penne (Lago di) *PE*	60	O	23
Penne (Punta) *BR*	81	E	35
Pennes / Pens *BZ*	3	B	16
Pennes (Passo di) / Penserjoch *BZ*	3	B	16
Pennes (Val di) *BZ*	3	B	16
Pennino (Monte) *MC*	52	M	20
Pens / Pennes *BZ*	3	B	16
Penserjoch / Pennes (Passo di) *BZ*	3	B	16
Penta *SA*	70	E	26
Pentedattilo *RC*	90	N	29
Pentema *GE*	29	I	9
Pentolina *SI*	49	M	15
Pentone *CZ*	87	K	31
Peonis *UD*	14	D	21
Peralba (Monte) *BL*	5	C	20
Perano *CH*	60	P	25
Perarolo *VI*	24	F	16
Perarolo di Cadore *BL*	13	C	19
Perca / Percha *BZ*	4	B	17
Percha / Perca *BZ*	4	B	17
Perciato (Punta di) *ME*	94	L	26
Percile *RM*	58	P	20
Percoto *UD*	17	E	21
Perd 'e Sali *CA*	121	J	9
Perda de sa Mesa (Punta) *VS*	118	I	7
Perda Liana (Monte) *OG*	117	H	10
Perdaia (Monte) *CA*	120	K	8
Perdas de Fogu *CI*	120	J	7
Perdasdefogu *OG*	119	H	10
Perdaxius *CI*	118	J	7
Perdifumo *SA*	75	G	27
Perdonig / Predonico *BZ*	3	C	15
Pereta *GR*	56	O	15
Pereto *AQ*	59	P	21
Perfugas *SS*	111	E	8
Pergine Valdarno *AR*	44	L	17
Pergine Valsugana *TN*	11	D	15
Pergola *PS*	46	L	20
Pergola *PZ*	76	F	29
Pergusa (Lago di) *EN*	104	O	24
Pergusa *EN*	99	O	24
Peri *VR*	23	F	14
Periasc *AO*	7	E	5
Perinaldo *IM*	35	K	5
Perino *PC*	29	H	10
Perloz *AO*	19	F	5
Pernate *NO*	20	F	8
Pernocari *VV*	88	L	30
Pernumia *PD*	24	G	17
Pero (Golfo) *SS*	109	D	10
Pero *MI*	21	F	9
Pero *SV*	36	I	7
Perolla *GR*	49	M	14
Perosa Argentina *TO*	26	H	3
Perotti *PC*	29	I	10
Peroulaz *AO*	18	E	3
Perrero *TO*	26	H	3
Perrone (Sella del) *CB*	65	R	25
Persano *SA*	75	F	27
Persi *AL*	28	H	8
Persico *CR*	22	G	12
Persignano *AR*	44	L	16
Pertegada *UD*	16	E	21
Pertengo *VC*	20	G	7
Pertica Alta *BS*	22	E	13
Pertica Bassa *BS*	22	E	13
Perticara *PS*	41	K	18
Pertica *PG*	46	L	20
Pertosa *SA*	76	F	28
Pertosa (Grotta di) *SA*	76	F	28
Pertusa (Portella) *ME*	101	N	27
Pertusillo (Lago del) *PZ*	77	G	29

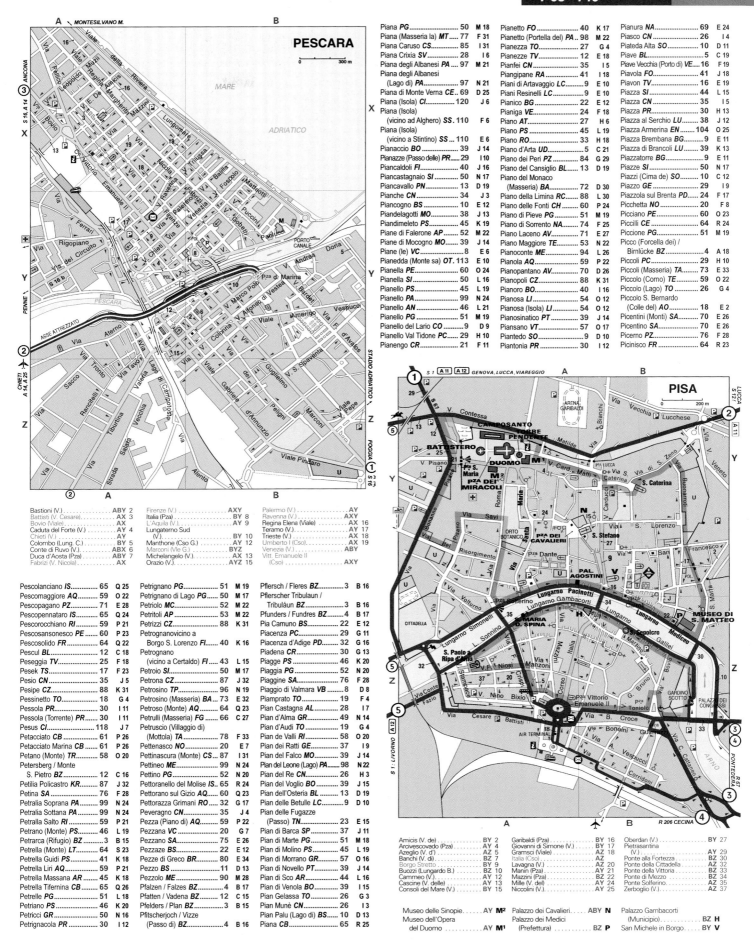

PESCARA

MARE ADRIATICO

PISA

Piana *PG* .... 50 M 18
Piana (Masseria la) *MT* ... 77 F 31
Piana Caruso *CS* .... 85 I 31
Piana Crixia *SV* .... 28 I 6
Piana degli Albanesi *PA* .. 97 M 21
Piana degli Albanesi
  (Lago di) *PA* .... 97 N 21
Piana di Monte Verna *CE* .. 69 D 25
Piana (Isola) *CI* .... 120 J 6
Piana (Isola)
  (vicino ad Alghero) *SS* . 110 F 6
Piana (Isola)
  (vicino a Stintino) *SS* .. 110 E 6
Pianaccio *BO* .... 39 J 14
Pianazze (Passo delle) *PR* .. 29 I 10
Piancaldoli *FI* .... 40 J 16
Piancastagnaio *SI* ...... 50 N 17
Piancavallo *PN* .... 13 D 19
Pianche *CN* .... 34 J 3
Piancogno *BS* .... 10 E 12
Piandelagotti *MO* ...... 38 J 13
Piandimeleto *PS* .... 45 K 19
Piane di Falerone *AP* ... 52 M 22
Piane di Mocogno *MO* ... 39 J 14
Piane (le) *VC* .... 8 E 6
Pianedda (Monte sa) *OT* . 113 E 10
Pianella *PE* .... 60 O 24
Pianella *SI* .... 50 L 16
Pianello *PS* .... 45 L 19
Pianello *AN* .... 46 L 21
Pianello *PG* .... 51 M 19
Pianello del Lario *CO* ... 9 D 9
Pianello Val Tidone *PC* .. 29 H 10
Pianengo *CR* .... 21 F 11

Pianetto *FO* .... 40 K 17
Pianetto (Portella del) *PA* .. 98 M 22
Pianezza *TO* .... 27 G 4
Pianezze *TV* .... 12 E 18
Pianfei *CN* .... 35 I 5
Piangipane *RA* .... 41 I 18
Piani di Artavaggio *LC* ... 9 E 10
Piani Resinelli *LC* ...... 9 E 10
Pianico *BG* .... 22 E 12
Pianiga *VE* .... 24 F 18
Piano *AT* .... 27 H 6
Piano *PS* .... 45 L 19
Piano *RO* .... 33 H 18
Piano d'Arta *UD* ...... 5 C 21
Piano dei Peri *PZ* ..... 84 G 29
Piano di Pieve *PG* ..... 51 M 19
Piano del Cansiglio *BL* .. 13 D 19
Piano del Monaco
  (Masseria) *BA* .... 72 D 30
Piano della Limina *RC* .. 88 L 30
Piano delle Fonti *CH* ... 60 P 24
Piano di Sorrento *NA* ... 74 F 25
Piano Laceno *AV* ...... 71 E 27
Piano Maggiore *TE* .... 53 N 22
Pianoconte *ME* .... 94 L 26
Pianola *AQ* .... 59 P 22
Pianopantano *AV* ..... 70 D 26
Pianopoli *CZ* .... 88 K 31
Pianoro *BO* .... 40 I 16
Pianosa *LI* .... 54 O 12
Pianosa (Isola) *LI* ..... 54 O 12
Pianosinatico *PT* ...... 39 J 14
Pianura *VT* .... 57 O 19
Piantedo *SO* .... 9 D 10
Piantonia *PR* .... 30 I 12

Pianura *NA* .... 69 E 24
Piasco *CN* .... 26 I 4
Piateda Alta *SO* .... 10 D 11
Piave *BL* .... 5 C 19
Piave Vecchia (Porto di) *VE* . 16 F 19
Piavola *FO* .... 41 J 18
Piavon *TV* .... 16 E 19
Piazza *SI* .... 44 L 15
Piazza *CN* .... 35 I 5
Piazza *PR* .... 30 H 13
Piazza al Serchio *LU* ... 38 J 12
Piazza Armerina *EN* .... 104 O 25
Piazza Brembana *BG* ... 9 E 11
Piazza di Brancoli *LU* .. 39 K 13
Piazzatorre *BG* .... 9 E 11
Piazze *SI* .... 50 N 17
Piazzi (Cima de) *SO* ... 10 C 12
Piazzo *GE* .... 28 I 9
Piazzola sul Brenta *PD* .. 24 F 17
Picchetta *NO* .... 20 F 8
Picciano *PE* .... 60 O 23
Piccilli *CE* .... 64 R 24
Piccione *PG* .... 51 M 19
Picco (Forcella dei) /
  Birnlücke *BZ* .... 4 A 18
Piccoli *PC* .... 29 H 10
Piccoli (Masseria) *TA* .. 73 E 33
Piccolo (Corno) *TE* .... 59 O 22
Piccolo (Lago) *TO* ..... 26 G 4
Piccolo S. Bernardo
  (Colle del) *AO* ...... 18 E 2
Picentini (Monti) *SA* ... 70 E 26
Picentino *SA* .... 70 E 26
Picerno *PZ* .... 76 F 28
Picinisco *FR* .... 64 R 23

Bastioni (V.) .... ABY
Battisti (V. Cesare) ...... AX 3
Bovio (Viale) .... AX
Caduta del Forte (V.) ..... AY 4
Chieti (V.) .... AY
Colombo (Lung. C.) .... BY 5
Conte di Ruvo (V.) .... ABX 6
Duca d'Aosta (Pza) ...... ABY 7
Fabrizi (V. Nicola) ...... AX

Firenze (V.) .... AXY
Italia (Pza) .... BY 8
L'Aquila (V.) .... AY 9
Lungaterno Sud
  (V.) .... BY 10
Manthone (Cso G.) ..... AY 12
Marconi (Vle G.) ...... BYZ
Michelangelo (V.) ...... AX 13
Orazio (V.) .... AYZ 15

Palermo (V.) .... AY
Ravenna (V.) .... AXY
Regina Elena (Viale) .... AX 16
Teramo (V.) .... AY 17
Trieste (V.) .... AX 18
Umberto I (Cso) .... AX 19
Venezia (V.) .... ABY
Vitt. Emanuele II
  (Cso) .... AXY

Pescolanciano *IS* ...... 65 Q 25
Pescomaggiore *AQ* ..... 59 O 22
Pescopagano *PZ* .... 71 E 28
Pescopennataro *IS* ..... 65 Q 24
Pescorocchiano *RI* ..... 59 P 21
Pescosansonesco *PE* ... 60 P 23
Pescosolido *FR* .... 64 Q 22
Pescul *BL* .... 12 C 18
Peseggia *TV* .... 25 F 18
Pesek *TS* .... 17 F 23
Pesio *CN* .... 35 J 5
Pesipe *CZ* .... 88 K 31
Pessinetto *TO* .... 18 G 4
Pessola *PR* .... 30 I 11
Pessola (Torrente) *PR* .. 30 I 11
Pesus *CI* .... 118 J 7
Petacciato *CB* .... 61 P 26
Petacciato Marina *CB* .. 61 P 26
Petano (Monte) *TR* .... 58 O 20
Petersberg / Monte
  S. Pietro *BZ* .... 12 C 16
Petilia Policastro *KR* ... 87 J 32
Petina *SA* .... 76 F 28
Petralia Soprana *PA* ... 99 N 24
Petralia Sottana *PA* ... 99 N 24
Petralla Salto *RI* ...... 59 P 21
Petrano (Monte) *PS* ... 46 L 19
Petrarca (Rifugio) *BZ* .. 3 B 15
Petrella (Monte) *LT* ... 64 S 23
Petrella Guidi *PS* ..... 45 K 18
Petrella Liri *AQ* ...... 59 P 21
Petrella Massana *AR* .. 45 K 18
Petrella Tifernina *CB* .. 65 Q 26
Petrelle *PG* .... 51 L 18
Petriano *PS* .... 46 K 20
Petricci *GR* .... 50 N 16
Petrignacola *PR* ...... 30 I 12

Petrignano *PG* .... 51 M 19
Petrignano di Lago *PG* . 50 M 17
Petriolo *MC* .... 52 M 22
Petritoli *AP* .... 53 M 22
Petrizzi *CZ* .... 88 K 31
Petrognano vicino a
  Borgo S. Lorenzo *FI* .. 40 K 16
Petrognano
  (vicino a Certaldo) *FI* . 43 L 15
Petroio *SI* .... 50 M 17
Petrona *CZ* .... 87 J 32
Petrosino *TP* .... 96 N 19
Petrosino (Masseria) *BA* . 73 E 32
Petroso (Monte) *AQ* ... 64 Q 23
Petruscio (Villaggio di)
  (Mottola) *TA* .... 78 F 33
Pettenasco *NO* .... 20 E 7
Pettinascura (Monte) *CS* . 87 I 31
Pettineo *ME* .... 99 N 24
Pettorano del Molise *IS* . 65 R 24
Pettorano sul Gizio *AQ* . 60 Q 23
Pettorazza Grimani *RO* . 32 G 17
Peveragno *CN* .... 35 J 4
Pezza (Piano di) *AQ* .. 59 P 22
Pezzana *VC* .... 20 G 7
Pezzano *SA* .... 75 E 26
Pezzaze *BS* .... 22 E 12
Pezze di Greco *BR* .... 80 E 34
Pezzo *BS* .... 11 D 13
Pezzolo *ME* .... 90 M 28
Pfalzen / Falzes *BZ* .... 4 B 17
Pfatten / Vadena *BZ* ... 12 C 15
Pfelders / Plan *BZ* ..... 3 B 15
Pfitscherjoch / Vizze
  (Passo di) *BZ* .... 4 B 16

Pflersch / Fleres *BZ* .... 3 B 16
Pflerscher Tribulaun /
  Tribuláun *BZ* .... 3 B 16
Pfunders / Fundres *BZ* .. 4 B 17
Pia Camuno *BS* .... 22 E 12
Piacenza *PC* .... 29 G 11
Piacenza d'Adige *PD* ... 32 G 16
Piadena *CR* .... 30 G 13
Piagge *PS* .... 46 K 20
Piaggia *PG* .... 52 N 20
Piaggine *SA* .... 76 F 28
Piaggio di Valmara *VB* .. 8 D 8
Piamprato *TO* .... 19 F 4
Pian Castagna *AL* ..... 28 I 7
Pian d'Alma *GR* .... 49 N 14
Pian d'Audi *TO* .... 19 G 4
Pian de Valli *RI* .... 58 O 20
Pian dei Ratti *GE* ..... 37 I 9
Pian del Falco *MO* .... 39 J 14
Pian del Leone (Lago) *PA* . 98 N 22
Pian del Re *CN* .... 26 H 3
Pian del Voglio *BO* .... 39 J 15
Pian dell'Osteria *BL* ... 13 D 19
Pian delle Betulle *LC* .. 9 D 10
Pian delle Fugazze
  (Passo) *TN* .... 23 E 15
Pian di Barca *SP* ..... 37 J 11
Pian di Marte *PG* ..... 51 M 18
Pian di Molino *PS* .... 45 L 19
Pian di Morrano *GR* ... 57 O 16
Pian di Novello *PT* .... 39 J 14
Pian di Sco *AR* .... 44 L 16
Pian di Venola *BO* .... 39 I 15
Pian Gelassa *TO* ..... 26 G 3
Pian Munè *CN* .... 26 I 3
Pian Palu (Lago di) *BS* . 10 D 13
Piana *CB* .... 65 R 25

Amicis (V. de) .... BY 2
Arcivescovado (Pza) ..... AY 4
Azeglio (V. d') .... AZ 5
Banchi (V.) .... AY 6
Borgo Stretto .... BY 9
Buozzi (Lungardo B.) ... BZ 10
Cammeo (V.) .... AY 12
Cascine (V. delle) ...... AY 13
Consoli del Mare (V.) ... BY 15

Garibaldi (Pza) .... BY 16
Giovanni di Simone (V.) . BZ 17
Gramsci (Viale) .... AZ 18
Italia (Cso) .... AZ
Lavagna (V.) .... AY 20
Manin (V.) .... AY 21
Mazzini (Pza) .... BZ 22
Mille (V. dei) .... AY 24
Niccolini (V.) .... AY 25

Oberdan (V.) .... BY 27
Pietrasantina .... AY 29
Ponte alla Fortezza .... BZ 30
Ponte della Cittadella .. AZ 32
Ponte della Vittoria ... BZ 33
Ponte di Mezzo .... BZ 34
Ponte Solferino .... AY 35
Zerboglio (V.) .... AZ 37

Museo delle Sinopie ... AY M2
Museo dell'Opera
  del Duomo .... AY M1
Palazzo dei Cavalieri .... ABY N
Palazzo dei Medici
  (Prefettura) .... BZ P
Palazzo Gambacorti
  (Municipio) .... BZ H
San Michele in Borgo ... BY V

Pico *FR*	64	R 22
Picognola (Monte) *PG*	46	L 19
Pideura *RA*	40	J 17
Pidig Alm / Malga Pudio *BZ*	4	B 18
Pidocchio (Masseria il) *FG*	71	D 28
Pie di Moggio *RI*	58	O 20
Pie di Via *PR*	30	H 11
Piedicavallo *BI*	19	E 5
Piediluco *TR*	58	O 20
Piediluco (Lago di) *TR*	58	O 20
Piedimonte *FI*	40	J 16
Piedimonte Alta *FR*	64	R 23
Piedimonte Etneo *CT*	101	N 27
Piedimonte Massicano *CE*	69	D 23
Piedimonte Matese *CE*	65	R 25
Piedimonte S. Germano *FR*	64	R 23
Piedimulera *VB*	8	D 6
Piedipaterno *PG*	52	N 20
Piediripa *MC*	52	M 22
Piedivalle *PG*	52	N 21
Piegaio *AR*	51	L 18
Piegaro *PG*	51	N 18
Piegolelle *SA*	75	E 26
Pielungo *PN*	14	D 20
Pienza *SI*	50	M 17
Pierabec *UD*	5	C 20
Pieranica *CR*	21	F 10
Pierantonio *PG*	51	M 19
Pierfaone (Monte) *PZ*	76	F 29
Pieris *GO*	17	E 22
Pietole *MN*	31	G 14
Pietra (Torre) *FG*	67	C 30
Pietra Bismantova *RE*	38	I 13
Pietra de' Giorgi *PV*	29	G 9
Pietra dell'Uso *FO*	41	K 18
Pietra Grande *TN*	11	D 14
Pietra Ligure *SV*	36	J 6
Pietra Marazzi *AL*	28	H 8
Pietra Spada (Passo di) *VV*	88	L 31
Pietrabbondante *IS*	65	Q 25
Pietrabruna *IM*	35	K 5
Pietrabuona *PT*	39	K 14
Pietracamela *TE*	59	O 22
Pietracupa *CB*	65	Q 25
Pietracuta *PS*	41	K 19
Pietradefusi *AV*	70	D 26
Pietrafaccia *GE*	28	I 8
Pietraferrazzana *CH*	60	Q 25
Pietrafitta *CS*	86	J 31
Pietrafitta *PG*	51	N 18
Pietrafitta *SI*	44	L 15
Pietragalla *PZ*	72	E 29
Pietragavina *PV*	29	H 9
Pietraia *AR*	50	M 17
Pietraia *PG*	51	M 18
Pietralacroce *AN*	47	L 22
Pietraliscia (Serra) *CT*	104	P 25
Pietralunga *PG*	45	L 19
Pietralunga (Villa) *EN*	100	N 25
Pietramelara *CE*	65	S 24
Pietramelina *PG*	51	M 19
Pietramonte-corvino *FG*	66	C 27
Pietramurata *TN*	11	D 14
Pietranico *PE*	60	P 23
Pietransieri *AQ*	64	Q 24
Pietrapaola *CS*	87	I 32
Pietrapaola (Stazione di) *CS*	87	I 32
Pietrapazza *FO*	40	K 17
Pietrapennata *RC*	91	N 30
Pietrapertosa *PZ*	77	F 30
Pietraperzia *EN*	103	O 24
Pietraporzio *CN*	34	I 3
Pietraroia *BN*	65	R 25
Pietrarossa *CT*	104	P 25
Pietrarossa (Serbatoio di) *CT*	104	O 25
Pietrarúbbia *PS*	45	K 19
Pietrasanta *LU*	38	K 12
Pietrasecca *AQ*	59	P 21
Pietrastornina *AV*	70	E 26
Pietravairano *CE*	65	S 24
Pietravecchia (Monte) *IM*	35	K 4
Pietre Nere (Punta) *FG*	66	B 28
Pietrelcina *BN*	70	D 26
Pietretagliate *TP*	96	N 19
Pietri *AV*	71	E 27
Pietroso (Monte) *PA*	97	N 19
Pieve *BS*	23	E 14
Pieve a Nievole *PT*	39	K 14
Pieve a Salti *SI*	50	M 16
Pieve al Toppo *AR*	44	L 17
Pieve Albignola *PV*	28	G 8
Pieve d'Alpago *BL*	13	D 19
Pieve del Cairo *PV*	28	G 8
Pieve del Pino *BO*	40	I 16
Pieve della Rosa *PG*	45	L 18
Pieve di Bono *TN*	11	E 13
Pieve di Cadore *BL*	13	C 19
Pieve di C. (Lago di) *BL*	13	C 19
Pieve di Cagna *PS*	45	K 19
Pieve di Cento *BO*	32	H 15
Pieve di Chio *AR*	50	L 17
Pieve di Compito *LU*	43	K 13
Pieve di Compresseto *PG*	51	M 20
Pieve di Coriano *MN*	31	G 15
Pieve di Gusaliggio *PR*	30	I 11
Pieve di Ledro *TN*	11	E 14
Pieve di Livinallongo *BL*	4	C 17
Pieve di Marebbe / Plaiken *BZ*	4	B 17
Pieve di Monti *MS*	38	J 12
Pieve di Rigutino *AR*	45	L 17
Pieve di S. Andrea *BO*	40	J 16
Pieve di Scalenghe *TO*	27	H 4
Pieve di Soligo *TV*	13	E 18
Pieve di Teco *IM*	35	J 5
Pieve d'Olmi *CR*	30	G 12
Pieve Emanuele *MI*	21	F 9
Pieve Fosciana *LU*	38	J 13
Pieve Ligure *GE*	37	I 9
Pieve Porto Morone *PV*	29	G 10
Pieve S. Giacomo *CR*	30	G 12
Pieve S. Giovanni *AR*	44	L 17
Pieve S. Nicolò *PG*	51	M 19
Pieve S. Vicenzo *RE*	38	I 12
Pieve Sto Stefano *AR*	45	K 18
Pieve Tesino *TN*	12	D 16
Pieve Torina *MC*	52	M 21
Pieve Trebbio *MO*	39	I 14
Pieve Vecchia *AR*	50	M 17
Pieve Vergonte *VB*	8	D 6
Pievebovigliana *MC*	52	M 21
Pievefavera (Lago di) *MC*	52	M 21
Pieveottoville *PR*	30	G 12
Pievepelago *MO*	39	J 13
Pievescola *SI*	49	M 15
Pievetta *CN*	35	J 6
Pievetta e Bosco Tosca *PC*	29	G 10
Pigazzano *PC*	29	H 10
Piglio *FR*	63	Q 21
Pigna *IM*	35	K 4
Pignataro Interamna *FR*	64	R 23
Pignataro Maggiore *CE*	69	D 24
Pignola *PZ*	76	F 29
Pignone *SP*	37	J 11
Pigra *CO*	9	E 9
Pila *AO*	18	E 3
Pila *PG*	51	M 18
Pila *RO*	33	H 19
Pila (La) *LI*	48	N 12
Pilastrello *FE*	32	H 15
Pilastrello *PR*	30	H 13
Pilastri *FE*	31	H 15
Pilastrino *PG*	30	H 12
Pilastro *MN*	31	G 13
Pilastro *PR*	30	H 12
Pilato (Monte) *PZ*	77	F 29
Pilcante *TN*	23	E 14
Pillaz *AO*	19	F 5
Pilli (Fattoria) *OR*	114	G 7
Pillonis (Is) *CI*	120	K 7
Pilo (Stagno di) *SS*	110	E 6
Pilosu (Monte) *SS*	111	E 8
Pilzone *BS*	22	E 12
Pimentel *CA*	119	I 9
Piminoro *RC*	91	M 30
Pimonte *NA*	75	E 25
Pinarella *RA*	41	J 19
Pinarolo Po *PV*	29	G 9
Pinasca *TO*	26	H 3
Pincara *RO*	32	H 16
Pinedo *PN*	13	D 19
Pinerolo *TO*	26	H 3
Pineta Grande *CE*	69	D 23
Pineta Mare *CE*	69	D 23
Pineto *TE*	60	O 24
Pineto (Bosco il) *TA*	78	F 32
Piniteddu (Monte) *CT*	100	N 27
Pino Grande *KR*	87	J 32
Pino Lago Maggiore *VA*	8	D 8
Pino (Porto) *CI*	120	K 7
Pino Torinese *TO*	27	G 5
Pinocchio *AN*	47	L 22
Pinu (Monte) *OT*	109	E 10
Pinzano al Tagliamento *PN*	14	D 20
Pinzolo *TN*	11	D 14
Pio XI (Rifugio) *BZ*	2	B 14
Piobbico *PS*	45	L 19
Piobesi Torinese *TO*	27	H 4
Pioltello *MI*	21	F 9
Pioltone (Pizzo) *VB*	7	D 6
Piombino *LI*	48	N 13
Piombino (Canale di) *LI*	48	N 13
Piombino Dese *PD*	24	F 17
Piombino (Monte) *PA*	99	N 23
Piombo (Cala) *CA*	120	K 7
Piona (Abbazia di) *LC*	9	D 9
Pione *PR*	29	I 10
Pioppa *MO*	31	H 14
Pioppi *SA*	75	G 27
Pioppo *PA*	97	M 21
Pioraco *MC*	52	M 20
Piosina *PG*	45	L 18
Piossasco *TO*	27	H 4
Piovà Massaia *AT*	27	G 6
Piovacqua (Masseria) *TA*	80	F 33
Piove di Sacco *PD*	24	G 18
Piovene Rocchette *VI*	24	E 16
Piovera *AL*	28	H 8
Pioverna *LC*	9	E 10
Piozzano *PC*	29	H 10
Piozzo *CN*	27	I 5
Pira (Cala) *CA*	119	J 10
Pira 'e Onni (Cantoniera) *OG*	116	G 10
Piraino *ME*	100	M 26
Piramide Vincent *VC*	7	E 5
Piras *OT*	113	F 10
Pirazzolu *OT*	109	D 10
Piretto *CS*	85	I 30
Piroi (Monte su) *CA*	119	I 10
Pirri *CA*	119	J 9
Pisa *PI*	42	K 13
Pisa (Certosa di) *PI*	42	K 13
Pisa-Galileo Galilei (Aeroporto) *PI*	42	K 13
Pisanino (Monte) *LU*	38	J 12
Pisano *NO*	20	E 7
Pisano (Monte) *LU*	43	K 13
Pisani Mele (Monte) *NU*	115	G 9
Piscicelli (Masseria) *FG*	66	B 29
Piscina *TO*	26	H 4
Piscinas (vicino a Santadi) *CI*	118	J 8
Piscinella (Masseria) *TA*	73	E 33
Pisciotta *SA*	76	G 27
Piscopio *VV*	88	L 30
Piscu *CA*	119	I 9
Pisignano *RA*	41	J 18
Pisogne *BS*	22	E 12
Pisoniano *RM*	63	Q 20
Pissignano *PG*	52	N 20
Pisterzo *LT*	63	R 21
Pisticci *MT*	78	F 31
Pisticci Scalo *MT*	78	F 31
Pistoia *PT*	39	K 14
Pistone (Monte) *SP*	37	J 10
Pistrino *PG*	45	L 18
Pisucerbu (Bruncu 'e) *OG*	117	G 10
Piteccio *PT*	39	J 14
Piteglio *PT*	39	J 14
Piticchio *AN*	46	L 20
Pitigliano *GR*	57	O 16
Pitigliano *PG*	45	L 18
Pitino *MC*	52	M 21
Pittada (Monte) *OR*	114	F 7
Pittu (Monte) *OR*	114	F 8
Pitursiddo (Cozzo) *CL*	99	O 23
Pitzinu *OR*	115	G 8
Piubega *MN*	23	G 13
Piumazzo *MO*	31	I 15
Piuro *SO*	9	D 10
Pizzale *PV*	29	G 9
Pizzeferro (Masseria) *TA*	78	F 33
Pizzighettone *CR*	22	G 11
Pizzillo (Monte) *CT*	100	N 27
Pizzini-Frattola (Rif.) *SO*	11	C 13
Pizzo *VV*	88	K 30
Pizzo Alto (Rifugio) *LC*	9	D 10
Pizzo (Torre del) *LE*	83	H 35
Pizzoc (Monte) *TV*	13	D 19
Pizzocorno *PV*	29	H 9
Pizzoferrato *CH*	65	Q 24
Pizzoferro Monsignore *TA*	73	E 32
Pizzolato *TP*	96	N 19
Pizzoli *AQ*	59	O 21
Pizzolungo *TP*	96	M 19
Pizzone *IS*	64	Q 24
Pizzoni *VV*	88	L 30
Pizzuto (Monte) *RI*	58	O 20
Placanica *RC*	88	L 30
Place Moulin (Lago di) *AO*	7	E 4
Plaesano *RC*	88	L 30
Plätzwiesen / Prato Piazza *BZ*	4	C 18
Plaia (Capo) *PA*	99	M 23
Plaia (Lido di) *CT*	105	O 27
Plaiken / Pieve di Marebbe *BZ*	4	B 17
Plampincieux *AO*	6	E 2
Plan / Pfelders *BZ*	3	B 15
Plan (Val di) *BZ*	3	B 15
Plan de Gralba / Kreuzboden *BZ*	4	C 17
Planaval (vicino a Courmayeur) *AO*	18	E 3
Planaval (vicino a Leverogne) *AO*	18	E 3
Planca di Sotto / Unterplanken *BZ*	4	B 18
Plancios / Palmschoss *BZ*	4	B 17
Planeil / Planol *BZ*	2	B 13
Planol / Planeil *BZ*	2	B 13
Plassas (Las) *VS*	118	H 8
Plataci *CS*	85	H 31
Platamona Lido *SS*	110	E 7
Platani *AG*	98	N 23
Platania *CZ*	86	J 30
Plateau Rosa *AO*	7	E 5
Plati *RC*	91	M 30
Platischis *UD*	15	D 22
Plauris (Monte) *UD*	14	C 21
Plaus *BZ*	3	C 15
Playa Grande *RG*	106	Q 25
Plesio *CO*	9	D 9
Ploaghe *SS*	111	F 8
Plöckenpaß / Monte Croce Carnico (Passo di) *UD*	5	C 20
Plose (Passo di) / Plose Bühel *BZ*	4	B 17
Plugna *UD*	5	C 20
Po *CN*	26	H 3
Po Bandino *PG*	50	M 17
Po della Donzella o di Gnocca *FE*	33	H 18
Po della Pila *RO*	33	H 19
Po della Pila (Bocche del) *RO*	33	H 19
Po delle Tolle *RO*	33	H 19
Po delle Tolle (Bocca del) *RO*	33	H 19
Po di Gnocca (Bocche del) *RO*	33	H 19
Po di Goro *RO*	33	H 18
Po di Goro (Bocca del) *RO*	33	H 19
Po di Levante *RO*	33	H 18
Po di Levante (Foce del) *RO*	33	G 19
Po di Maistra *RO*	33	H 19
Po di Maistra (Foce del) *RO*	33	H 19
Po di Venezia *RO*	33	H 19
Po di Volano *FE*	32	H 17
Pocapaglia *CN*	27	H 5
Pocenia *UD*	16	E 21
Pocol *BL*	4	C 18
Podenzana *MS*	38	J 11
Podenzano *PC*	29	H 11
Poderia *SA*	76	G 28
Poetto *CA*	119	J 9
Poffabro *PN*	13	D 20
Pofi *FR*	64	R 22
Poggetto *BO*	32	H 16
Poggi del Sasso *GR*	50	N 15
Poggiardo *LE*	83	G 37
Poggibonsi *SI*	43	L 15
Poggio *BO*	40	I 16
Poggio *LI*	48	N 12
Poggio *LU*	38	J 13
Poggio *MC*	52	M 20
Poggio a Caiano *PO*	39	K 15
Poggio alla Croce *FI*	44	L 16
Poggio alle Mura *SI*	50	N 16
Poggio Aquilone *TR*	51	N 18
Poggio Berni *RN*	41	J 19
Poggio Buco *GR*	57	O 16
Poggio Bustone *RI*	58	O 20
Poggio Cancelli *AQ*	59	O 21
Poggio Catino *RI*	58	P 20
Poggio d'Acona *AR*	45	L 17
Poggio d'Api *RI*	52	N 21
Poggio di Roio *AQ*	59	P 22
Poggio Filippo *AQ*	59	P 22
Poggio Imperiale *FG*	66	B 28
Poggio Imperiale *FI*	43	K 15
Poggio Mirteto *RI*	58	P 20
Poggio Moiano *RI*	58	P 20
Poggio Montone *TR*	51	N 18
Poggio Murella *GR*	50	N 16
Poggio Nativo *RI*	58	P 20
Poggio Picenze *AQ*	59	P 22
Poggio Primocaso *PG*	52	N 20
Poggio Renatico *FE*	32	H 16
Poggio Rusco *MN*	31	H 15
Poggio S. Polo *SI*	44	L 16
Poggio S. Lorenzo *RI*	58	P 20
Poggio S. Marcello *AN*	46	L 21
Poggio S. Romualdo *AN*	46	L 21
Poggio S. Vicino *MC*	46	L 21
Poggio Sannita *IS*	65	Q 25
Poggiodomo *PG*	52	N 20
Poggioferro *GR*	50	N 16
Poggiofiorito *CH*	60	P 24
Poggiola *AR*	44	L 17
Poggiomarino *NA*	70	E 25
Poggiomoretto *TE*	53	N 23
Poggioreale *TP*	97	N 21
Poggioreale (Ruderi di) *TP*	97	N 21
Poggiorsini *BA*	72	E 30
Poggiridenti *SO*	10	D 11
Pognana Lario *CO*	9	E 9
Pognano *BG*	21	F 10
Pogno *NO*	20	E 7
Poiana Maggiore *VI*	24	G 16
Poiana (Portella di) *PA*	97	N 21
Poira (Portella di) *PA*	97	N 21
Polcanto *FI*	40	K 16
Polcenigo *PN*	13	D 19
Polenta *FO*	41	J 18
Polesella *RO*	32	H 17
Polesine *FE*	32	H 17
Polesine (Isola di) *RO*	33	H 19
Polesine (Località) *MN*	31	H 14
Polesine Camerini *RO*	33	H 19
Polesine Parmense *PR*	30	G 12
Poli *RM*	63	Q 20
Polia *VV*	88	K 30
Policastro (Golfo di) *SA*	84	G 28
Policastro Bussentino *SA*	76	G 28
Policoro *MT*	78	G 32
Polignano *PC*	30	G 11
Polignano a Mare *BA*	73	E 33
Polinago *MO*	39	I 14
Polino *TR*	58	O 20
Polino (Monte) *EN*	103	O 24
Polistena *RC*	88	L 30
Polizzello *CL*	99	O 23
Polizzi Generosa *PA*	99	N 23
Polizzo (Monte) *TP*	97	N 20
Polla *SA*	76	F 28
Pollara *ME*	94	L 26
Pollastra *AL*	28	H 8
Pollena-Trocchia *NA*	70	E 25
Pollenza *MC*	52	M 22
Pollenzo *CN*	27	H 5
Pollica *SA*	75	G 27
Pollina *PA*	99	N 24
Pollina (Fiume) *PA*	99	N 24
Pollino *CS*	85	H 31
Pollino (Monte) *PZ*	85	H 30
Pollino (Parco Nazionale di) *PZ*	85	G 30
Pollone *BI*	19	F 5
Pollosu (Masseria) *FG*	67	C 28
Pollutri *CH*	61	P 25
Polonghera *CN*	27	H 4
Polpenazze del Garda *BS*	22	F 13
Polpet *BZ*	13	D 18
Polsa *TN*	23	E 14
Polsi (Santuario di) *RC*	91	M 30
Poltu Quatu *OT*	109	D 10
Polvano *AR*	45	L 18
Polveraia *GR*	50	N 15
Polveraia (Punta) *LI*	48	N 12
Polverara *PD*	24	G 17
Polverello *ME*	100	N 26
Polverigi *AN*	47	L 22
Polverina *AP*	52	N 22
Polverina *MC*	52	M 21
Polverina (Lago di) *MC*	52	M 21
Polveve (Isola) *PG*	51	M 18
Polvica Tramonti *SA*	75	E 25
Poma (Lago) *PA*	97	N 21
Poma (Passo di) *BZ*	4	C 17
Pomarance *PI*	49	M 14
Pomarico *MT*	78	F 31
Pomaro Monferrato *AL*	28	G 7
Pombia *NO*	20	F 7
Pomezia *RM*	62	Q 19
Pomiere (Monte) *ME*	100	N 25
Pomigliano d'Arco *NA*	70	E 25
Pomino *FI*	40	K 16
Pomo *PG*	45	L 19
Pomone *PG*	51	N 19
Pomonte *GR*	56	O 16
Pomonte *LI*	48	N 12
Pompagnano *PG*	51	N 20
Pompeano *MO*	39	I 14
Pompei *NA*	75	E 25
Pompei Scavi *NA*	74	E 25
Pompeiana *IM*	35	K 5
Pompiano *BS*	22	F 11
Pomponesco *MN*	31	H 13
Pomposa (Abbazia di) *FE*	33	H 18
Pompu *OR*	118	H 8
Poncarale *BS*	22	F 12
Ponente (Capo) *AG*	102	U 19
Ponente (Riviera di) *IM*	36	K 6
Ponsacco *PI*	43	L 13
Ponsano *PI*	43	L 14
Ponso *PD*	24	G 16
Pont *AO*	18	F 3
Pont Canavese *TO*	19	F 4
Pont-St. Martin *AO*	19	F 5
Pontassieve *FI*	44	K 16
Pontboset *AO*	19	F 5
Ponte *TP*	96	N 19
Ponte *UD*	14	C 21
Ponte *BN*	70	D 26
Ponte *CE*	64	S 23
Ponte Rizzoli *BO*	40	I 16
Ponte a Cappiano *FI*	43	K 14
Ponte a Egola *PI*	43	K 14
Ponte a Elsa *PI*	43	K 14
Ponte a Moriano *LU*	39	K 13
Ponte agli Stolli *FI*	44	L 16
Ponte Arche *TN*	11	D 14
Ponte Barizzo *SA*	75	F 27
Ponte Biferchia *BN*	70	D 25
Ponte Buggianese *PT*	39	K 14
Ponte Buriano *AR*	44	L 17
Ponte Caffaro *BS*	23	E 13
Ponte Cappuccini *PS*	41	K 19
Ponte Centesimo *PG*	51	M 20
Ponte d. Valle *MO*	40	J 17
Ponte d'Assi *PG*	51	M 19
Ponte della Venturina *PT*	39	J 14
Ponte dell'Olio *PC*	29	H 10
Ponte di Barbarano *VI*	24	F 16
Ponte di Brenta *PD*	24	F 17
Ponte di Ferro *PG*	51	N 19
Ponte di Ghiaccio (Passo di) *BZ*	4	B 17
Ponte di Legno *BS*	10	D 13
Ponte di Masino *FI*	43	K 14
Ponte di Nava *CN*	35	J 5
Ponte di Piave *TV*	16	E 19
Ponte di Samone *MO*	39	I 14
Ponte di Turbigo *NO*	20	F 8
Ponte di Verzuno *BO*	39	J 15
Ponte Erro *AL*	28	I 7
Ponte Ete *AP*	53	M 23
Ponte Felcino *PG*	51	M 19
Ponte Fontanelle (Lago di) *PZ*	77	F 29
Ponte Galeria *RM*	62	Q 19
Ponte Gardena / Waidbruck *BZ*	3	C 16
Ponte in Valtellina *SO*	10	D 11
Ponte Lambro *CO*	21	E 9
Ponte Ludovico *IM*	35	K 4
Ponte Marmora *CN*	26	I 3
Ponte Messa *PS*	41	K 18
Ponte Nizza *PV*	29	H 9
Ponte Nossa *BG*	10	E 11
Ponte Nova / Birchabruck *BZ*	12	C 16
Ponte Nuovo *MC*	52	N 21
Ponte Nuovo *PG*	51	M 19
Ponte Nuovo *PT*	39	K 14
Ponte Pattoli *PG*	51	M 19
Ponte Rio *AN*	46	K 21
Ponte Ronca *BO*	31	I 15
Ponte Samoggia *BO*	31	I 15
Ponte S. Giovanni *PG*	51	M 19
Ponte S. Marco *BS*	22	F 13
Ponte S. Nicolò *PD*	24	F 17
Ponte S. Pellegrino *MO*	31	H 15
Ponte S. Pietro *BG*	21	E 10
Ponte Taro *PR*	30	H 12
Ponte 13 Archi *FG*	66	C 26
Ponte Tresa *VA*	8	E 8
Ponte Uso *FO*	41	K 18
Ponte Valleceppi *PG*	51	M 19
Ponte Zanano *BS*	22	E 12
Pontebba *UD*	15	C 21
Pontecagnano *SA*	75	F 26
Pontecasale *PD*	24	G 17
Pontecchio Polesine *RO*	32	G 17
Ponteceno (vicino a Badia) *PR*	29	I 10

Ponteceno (vicino a Bedonia) PR .... 29 I 10
Pontechianale CN .... 26 I 3
Pontechiusita MC .... 52 N 20
Pontecorvo FR .... 64 R 23
Pontecurone AL .... 28 H 8
Pontedassio IM .... 35 K 6
Pontedazzo PS .... 46 L 19
Pontedecimo GE .... 28 I 8
Pontedera PI .... 43 L 13
Ponteginori PI .... 49 L 14
Pontegrande CZ .... 89 K 31
Pontegrande VB ....7 E 6
Pontegrosso PR .... 30 H 11
Pontelagoscuro FE .... 32 H 16
Pontelandolfo BN .... 65 S 26
Pontelatone CE .... 69 D 24
Pontelongo PD .... 24 G 18
Pontelungo PV .... 21 G 9
Pontenano AR .... 44 L 17
Pontenure PC .... 30 H 11
Pontepetri PT .... 39 J 14
Ponteranica BG .... 21 E 11
Ponteranica (Pizzo) BG ....9 D 10
Pontericcioli PS .... 46 L 19
Pontestrambo PR .... 37 I 10
Pontestura AL .... 20 G 7
Pontevico BS .... 22 G 12
Pontey AO .... 19 E 4
Ponti AL .... 28 I 7
Ponti di Spagna FE .... 32 H 16
Ponti sul Mincio MN .... 23 F 14
Ponticelli BO .... 40 J 16
Ponticelli FR .... 58 P 20
Ponticello / Brückele BZ ....4 B 18
Ponticino AR .... 44 L 17
Ponticino / Bundschen BZ ....3 C 16
Pontida BG .... 21 E 10
Pontinvrea SV .... 36 I 7
Pontirolo Nuovo BG .... 21 F 10
Pontoglio BS .... 22 F 11
Pontorme FI .... 43 K 14
Pontremoli MS .... 38 I 11
Ponzalla FI .... 40 J 16
Ponzano TE .... 53 N 23
Ponzano di Fermo AP .... 53 M 22
Ponzano Monferrato AL .... 28 G 6
Ponzano Romano RM .... 58 P 19
Ponzano Veneto TV .... 25 E 18
Ponze PG .... 52 N 20
Ponzone BI .... 19 F 6
Ponzone AL .... 28 I 7
Popelli RC .... 88 L 31
Popiglio PT .... 39 J 14
Popoli PE .... 60 P 23
Poppi AR .... 44 K 17
Populonia LI .... 48 N 13
Porano TR .... 51 N 18
Porassey AO .... 18 E 2
Porcari LU .... 39 K 13
Porcellengo TV .... 25 E 18
Porchette (Foce di) LU .... 38 J 13
Porchia AP .... 53 N 22
Porchiano AP .... 53 N 22
Porchiano TR .... 58 O 19
Porciano AR .... 40 K 17
Porcia PN .... 13 E 19
Porciano TR .... 58 O 19
Porcile (Monte) SP .... 37 I 10
Porco (Ponte di) FG .... 66 B 27
Pordenone PN .... 13 E 20
Pordenone (Rifugio) PN .... 13 C 19
Pordoi (Passo) BL ....4 C 17
Poreta S. Giacomo PG .... 52 N 20
Porlezza CO ....9 D 9
Pornassio IM .... 35 J 5
Pornello TR .... 51 N 18
Poro (Monte) VV .... 88 L 29
Porotto-Cassana FE .... 32 H 16
Porpetto UD .... 17 E 21
Porretta Terme BO .... 39 J 14
Porri (Isola dei) SS .... 110 E 6
Porro BZ ....4 B 17
Porro (Rifugio) SO .... 10 D 11
Portacomaro AT .... 28 H 6
Portalbera PV .... 29 G 9
Portaria TR .... 58 O 19
Portatore LT .... 63 S 21
Porte TO .... 26 H 3
Portelle EN .... 100 N 25
Portello (Passo di) GE .... 29 I 9
Portese BS .... 23 F 13
Porticello Soprane CT .... 100 N 25
Porticello PA .... 98 M 22
Porticello-Sta Trada RC .... 90 M 29
Portici NA .... 69 E 25

Portico di Caserta CE .... 69 D 24
Portico di Romagna FO .... 40 J 17
Portigliola RC .... 91 M 30
Portiglione GR .... 49 N 14
Portile MO .... 31 I 14
Portio SV .... 36 J 7
Portiolo MN .... 31 G 14
Portis UD .... 14 C 21
Portixeddu CI .... 118 I 7
Porto PG .... 50 M 17
Porto Alabe OR .... 114 G 7
Porto Azzurro LI .... 48 N 13
Porto Badino LT .... 63 S 21
Porto Badisco LE .... 83 G 37
Porto Botte (Stagno di) CA .. 120 J 7
Porto Ceresio VA ....8 E 8
Porto Cervo OT .... 109 D 10
Porto Cesareo LE .... 79 G 35
Porto Conte SS .... 110 F 6
Porto Corsini RA .... 33 I 18
Porto d'Ascoli AP .... 53 N 23
Porto di Falconera VE .... 16 F 20
Porto di Levante ME .... 94 L 26
Porto di Maratea PZ .... 84 H 29
Porto di Ponente ME .... 94 L 26
Porto di Vasto CH .... 61 P 26
Porto Empedocle AG .... 102 P 22
Porto Ercole GR .... 55 O 15
Porto Fuori RA .... 41 I 18
Porto Garibaldi FE .... 33 H 18
Porto Istana OT .... 113 E 10
Porto Levante RO .... 33 G 19
Porto Mandriola OR .... 114 G 7
Porto Mantovano MN .... 23 G 14
Porto Marghera VE .... 25 F 18
Porto Maurizio IM .... 35 K 6
Porto Nogaro UD .... 17 E 21
Porto Palma VS .... 118 H 7
Porto Palo AG .... 97 O 20
Porto Pino CI .... 120 K 7
Porto Potenza Picena MC .. 47 L 22
Porto Pozzo OT .... 109 D 9
Porto Raphael OT .... 109 D 10
Porto Recanati MC .... 47 L 22
Porto Rotondo OT .... 109 D 10
Porto S. Paolo OT .... 113 E 10
Porto S. Elpidio AP .... 53 M 23
Porto S. Giorgio AP .... 53 M 23
Porto Sta Margherita VE ... 16 F 20
Porto Sto Stefano GR .... 55 O 15
Porto Tolle RO .... 33 H 18
Porto Torres SS .... 110 E 7
Porto Tricase LE .... 83 H 37
Porto Valtravaglia VA ....8 E 8
Porto Viro RO .... 33 G 18
Portobello di Gallura OT... 109 D 9
Portobuffolé TV .... 13 E 19
Portocannone CB .... 66 B 27
Portoferraio LI .... 48 N 12
Portofino GE .... 37 J 9
Portofino (Penisola di) GE .... 37 J 9
Portofino Vetta GE .... 37 J 9
Portogreco FG .... 67 B 30
Portogruaro VE .... 16 E 20
Portomaggiore FE .... 32 H 17
Portonovo AN .... 47 L 22
Portonovo BO .... 32 I 17
Portopalo di Capo Passero SR .... 107 Q 27
Portoscuso CI .... 118 J 7
Portovenere SP .... 37 J 11
Portoverrara FE .... 32 H 17
Portovesme CI .... 118 J 7
Porziano PG .... 51 M 19
Posada NU .... 113 F 11
Posada (Fiume di) NU .... 113 F 11
Posada (Lago di) NU .... 113 F 10
Poscante BG .... 21 E 11
Posillesi TP .... 97 N 20
Posillipo NA .... 69 E 24
Posina VI .... 23 E 15
Positano SA .... 74 F 25
Possagno TV .... 12 E 17
Possidente PZ .... 71 E 29
Posta RI .... 59 O 21
Posta Fibreno FR .... 64 Q 23
Postal / Burgstall BZ .... 3 C 15
Postalesio SO .... 10 D 11
Postiglione SA .... 76 F 27
Postioma TV .... 25 E 18
Potame CS .... 86 J 30

Potenza Picena MC .... 47 L 22
Poti (Alpe di) AR .... 45 L 17
Pottu Codinu (Necropoli di) SS .... 110 F 7
Pove del Grappa VI .... 24 E 17
Povegliano TV .... 25 E 18
Povegliano Veronese VR .. 23 F 14
Poverella CS .... 86 J 31
Poverello (Monte) ME .... 90 M 28
Poviglio RE .... 31 H 13
Povolaro VI .... 24 F 16
Povoletto UD .... 15 D 21
Poza CE .... 64 S 24
Pozza MO .... 31 I 14
Pozza di Fassa TN .... 12 C 17
Pozzaglia Sabino RI .... 58 P 20
Pozzaglio ed Uniti CR .... 22 G 12
Pozzale FI .... 43 K 14
Pozzallo RG .... 107 Q 26
Pozzella (Torre) BR .... 80 E 35
Pozzengo AL .... 28 G 6
Pozzilli IS .... 64 R 24
Pozzillo CT .... 101 O 27
Pozzillo (Lago) EN .... 100 O 25
Pozzillo (Monte) AG .... 103 P 23
Pozzo AL .... 27 G 6
Pozzo AR .... 50 M 17
Pozzo Guacito BR .... 80 E 34
Pozzo Salerno BR .... 80 F 34
Pozzo S. Nicola SS .... 110 E 6
Pozzo Terraneo FG .... 71 D 29
Pozzo (vicino a Pasiano di P) PN .... 16 E 19
Pozzo (vicino a Provesano) PN .... 14 D 20
Pozzol-Groppo AL .... 29 H 9
Pozzolengo BS .... 23 F 13
Pozzoleone VI .... 24 F 17
Pozzolo MN .... 23 G 14
Pozzolo Formigaro AL .... 28 H 8
Pozzomaggiore SS .... 115 F 7
Pozzoni (Monte) RI .... 52 O 21
Pozzonovo PD .... 24 G 17
Pozzuoli NA .... 69 E 24
Pozzuolo PG .... 50 M 17
Pozzuolo del Friuli UD .... 17 E 21
Pozzuolo Martesana MI.... 21 F 10
Prà GE .... 36 I 8
Pra Campo SO .... 10 D 12
Pracchia PT .... 39 J 14
Pracchiola MS .... 38 I 11
Prad am Stilfserjoch / Prato allo Stelvio BZ.....2 C 13
Prada VR .... 23 E 14
Pradalunga BG .... 22 E 11
Pradamano UD .... 15 D 21
Pradarena (Passo di) LU .. 38 J 12
Prade TN .... 12 D 17
Pradello MN .... 31 G 14
Pradeltorno TO .... 26 H 3
Pradidali (Rifugio) TN....... 12 D 17
Pradielis UD .... 15 D 21
Pradipozzo VE .... 16 E 20
Pradleves CN .... 34 I 3
Pradovera PC .... 29 H 10
Pragelato TO .... 26 G 2
Praglia AR .... 28 I 8
Praglia (Abbazia di) PD .... 24 F 17
Prags / Braies BZ ....4 B 18
Pragser Wildsee / Braies (Lago di) BZ ....4 B 18
Praia a Mare CS .... 84 H 29
Praia a Mare TA .... 80 F 33
Praiano SA .... 75 F 25
Prainito (il) SR .... 105 Q 26
Pralboino BS .... 22 G 12
Prali TO .... 26 H 3
Pralormo TO .... 27 H 5
Pralungo BI .... 19 F 6
Pramaera OG .... 117 H 10
Pramaggiore VE .... 16 E 20
Pramaggiore (Monte) PN .. 13 C 19
Pramollo TO .... 26 H 3
Pramollo (Passo di) / Naßfeld-Paß UD .... 15 C 21
Pramper (Cima di) BL .... 13 D 18
Pramperet (Rifugio) BL .... 13 D 18
Pranello PR .... 30 I 12
Prano (Monte) LU .... 38 K 13
Pranolz BL .... 13 D 18
Pranu Mutteddu CA .... 119 I 9
Pranzo TN .... 11 E 14
Prarayer AO ....7 E 4
Prascorsano TO .... 19 F 4
Prastondu TO .... 19 F 4
Prata AV .... 70 E 26
Prata GR .... 49 M 14

Prata Camportaccio SO ....9 D 10
Prata d'Ansidonia AQ .... 59 P 22
Prata di Pordenone PN .... 13 E 19
Prata Sannita CE .... 65 R 24
Pratella CE .... 65 R 24
Pratello (Monte) AQ .... 64 Q 23
Prateria RC .... 88 L 30
Prati (i) TR .... 58 O 20
Prati di Tivo TE .... 59 O 22
Prati / Wiesen BZ ....3 B 16
Pratica di Mare RM .... 62 R 19
Praticello RE .... 30 H 13
Pratieghi AR .... 45 K 18
Pratiglioni TV .... 25 E 18
Prato PO .... 39 K 15
Prato GE .... 37 I 10
Prato RE .... 31 H 14
Prato TR .... 51 N 18
Prato (Monte) LU .... 38 J 13
Prato (Tempa del) SA .... 76 F 27
Prato alla Drava / Winnebach BZ ....4 B 19
Prato all'Isarco / Blumau BZ ....3 C 16
Prato allo Stelvio / Prad am Stilfser-joch BZ...2 C 13
Prato Carnico UD ....5 C 20
Prato di Campoli FR .... 64 Q 22
Prato Nevoso CN .... 35 J 5
Prato Perillo SA .... 76 F 28
Prato Piazza / Plätzwiesen BZ ....4 C 18
Prato Ranieri GR .... 49 N 14
Prato Selva TE .... 59 O 22
Prato Sopralacroce GE .... 37 I 10
Pratobello NU .... 115 G 9
Pratobotrile TO .... 18 G 3
Pratola Peligna AQ .... 60 P 23
Pratola Serra AV .... 70 E 26
Pratolino FI .... 40 K 15
Pratomagno AR .... 44 K 16
Pratomedici MS .... 38 J 12
Pratorsi PT .... 39 J 14
Pratovecchio AR .... 44 K 17
Pravisdomini PN .... 16 E 20
Pray BI .... 20 E 6
Praz AO ....7 E 4
Prazzo CN .... 26 I 3
Pré de Bar AO ....6 E 3
Pré-St. Didier AO .... 18 E 2
Prea CN .... 35 J 5
Precenicco UD .... 16 E 21
Preci PG .... 52 N 21
Preda Rossa SO ....9 D 11
Preda (Val) AQ .... 59 O 22

Predappio FO .... 40 J 17
Predappio Alta FO .... 40 J 17
Predazzo TN .... 12 D 16
Predel / Predil (Passo del) UD .... 15 C 22
Prediera RE .... 31 I 13
Predil (Lago del) UD .... 15 C 22
Predil (Passo del) / Predel UD .... 15 C 22
Predoi / Prettau BZ ....4 A 18
Predoi (Pizzo Rosso di) / Rötspitze BZ ....4 A 18
Predonico / Perdonig BZ.....3 C 15
Predore BG .... 22 E 12
Predosa AL .... 28 H 7
Preganziol TV .... 25 F 18
Preggio PG .... 51 M 18
Preglia VB ....8 D 6
Pregnana Milanese MI .... 21 F 9
Preit CN .... 26 I 3
Prelá IM .... 35 K 5
Prelerna PR .... 30 I 11
Premana LC .... 9 D 10
Premariacco UD .... 15 D 22
Premeno VB ....8 E 7
Premia VB ....8 D 7
Premilcuore FO .... 40 K 17
Premosello VB ....8 D 7
Prena (Monte) TE .... 59 O 23
Prenestini (Monti) RM .... 63 Q 20
Preola (Lago di) TP .... 96 O 19
Preone UD ....14 C 20
Prepotto UD .... 15 D 22
Presa (Isola la) OT .... 109 D 10
Presanella (Cima) TN .... 11 D 13
Presciano RM .... 63 R 20
Preseglie BS .... 22 E 13
Preselle GR .... 49 N 15
Presenzano CE .... 64 R 24
Presicce LE .... 83 H 36
Presolana (Passo della) BG.... 10 E 12
Presolana (Pizzo della) BG.. 10 E 12
Pressana VR .... 24 G 16
Presta (Forca di) AP .... 52 N 21
Prestianni CL .... 103 O 24
Prestine BS .... 22 E 12
Presta CE .... 64 S 24
Pretara TE .... 59 O 22
Pretare AP .... 52 N 21
Preti (Cima dei) PN .... 13 C 19
Pretoro CH .... 60 P 24
Prettau / Predoi BZ ....4 A 18
Preturo AQ .... 59 O 21
Prevalle BS .... 22 F 13

Prezza AQ .... 60 P 23
Priabona VI .... 24 F 16
Priatu OT .... 109 E 9
Priero CN .... 35 I 6
Prignano Cilento SA .... 75 G 27
Prignano sulla Secchia MO .. 39 I 14
Prima Porta RM .... 58 P 19
Primaluna LC ....9 E 10
Primero (Bocca di) GO .... 17 E 22
Primolano VI .... 12 E 17
Primolo SO .... 10 D 11
Principe (Monte) / Hoherfirst BZ ....3 B 15
Principina a Mare GR .... 49 N 15
Priocca d'Alba CN .... 27 H 6
Priola VB .... 35 J 6
Priola (Punta di) PA .... 98 M 22
Priolo CL .... 104 P 25
Priolo Gargallo SR .... 105 P 27
Priora (Monte) AP .... 52 N 21
Prisdarella RC .... 88 L 31
Priverno LT .... 63 R 21
Prizzi PA .... 98 N 22
Prizzi (Lago di) PA .... 98 N 22
Procchio LI .... 48 N 12
Proceno VT .... 50 N 17
Procida NA .... 74 E 24
Procida (Canale di) NA .... 69 E 24
Procida (Isola di) NA .... 74 E 24
Prodo TR .... 51 N 18
Progno VR .... 23 F 14
Promano PG .... 45 L 18
Propata GE .... 29 I 9
Prosciutto (Punta) LE .... 79 G 35
Prosecco TS .... 17 E 23
Prossedi LT .... 63 R 21
Prossenicco UD .... 15 D 22
Provaglio d'Iseo BS .... 22 F 12
Provaglio Val Sabbia BS .. 22 E 13
Provagna BL .... 13 D 18
Provazzano PR .... 30 I 13
Proveis / Pròves BZ ....3 C 15
Pròves / Proveis BZ ....3 C 15
Provesano PN .... 14 D 20
Provonda TO .... 26 G 3
Prudenzini (Rifugio) BS.... 10 D 13
Prun VR .... 23 F 14
Pruna (Sa) NU .... 117 G 10
Prunella RC .... 90 N 29
Prunetta PT .... 39 J 14
Prunetto CN .... 27 I 6
Pruno LU .... 38 J 12

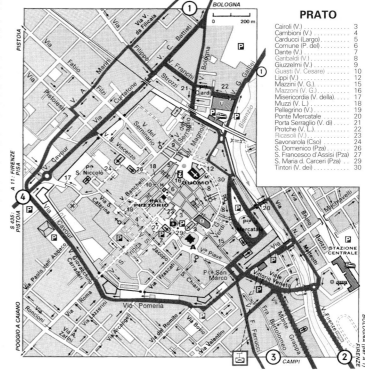

PRATO

Cairoli (V.) 3
Cambioni (V.) 4
Carducci (Largo) 5
Comune (P. del) 6
Dante (V.) 7
Garibaldi (V.) 8
Giuzelmi (V.) 9
Guasti (V. Cesare) 10
Lippi (V.) 12
Mazzini (V. G.) 15
Mazzoni (V. G.) 16
Misericordia (V. della) 17
Muzzi (V. L.) 18
Pellegrino (V.) 19
Ponte Mercatale 20
Porta Serraglio (V. di) 21
Protche (V. L.) 22
Ricasoli (V.) 23
Savonarola (Cso) 24
S. Domenico (Pza) 26
S. Francesco d'Assisi (Pza) 27
S. Maria d. Carceri (Pza) 29
Tintori (V. dei) 30

Castello dell'Imperatore......... A   Palazzo Pretorio .... D

Pruno (Poggio al) *PI* 49   M 14
Pucciarelli *PG* 51   M 18
Pudiano *BS* 22   F 12
Puegnago sul Garda *BS* ... 22   F 13
Puez (Rifugio) *BZ* 4   C 17
Puglianello *BN* 70   D 25
Pugnochiuso *FG* 67   B 30
Puia *PN* 13   E 19
Puianello *RE* 31   I 13
Pula *CA* 121   J 9
Pula (Capo di) *CA* 121   J 9
Pulfero *UD* 15   D 22
Pulicciano *AR* 44   L 16
Pullir *BL* 12   D 17
Pulsano *TA* 79   F 34
Pulsano (Santuario di) *FG* .. 67   B 29
Pumenengo *BG* 22   F 11
Punta Ala *GR* 49   N 14
Punta Braccetto *RG* 106   Q 25
Punta del Lago *VT* 57   P 18
Punta Gennarta (Lago) *CI* ..118   I 7
Punta Marina *RA* 41   I 18
Punta Sabbioni *VE* 16   F 19
Punta Secca *RG* 106   Q 25
Puntalazzo *CT* 101   N 27
Puntazza (Capo) *TP* 97   M 20
Punti (Li) *SS* 110   E 7
Puos d'Alpago *BL* 13   D 19
Pura (Passo del) *UD* 13   C 20
Puranno (Monte) *PG* 52   N 20
Purgatorio *TP* 97   M 20
Pusiano *CO* 21   E 9
Pusiano (Lago di) *LC* 21   E 9
Pusteria (Val) *BZ* 4   B 17
Putia (Sass de) *BZ* 4   C 17
Putifigari *SS* 110   F 7
Putignano *BA* 73   E 33
Putignano (Grotta di) *BA*.. 73   E 33
Putzu Idu *OR* 114   G 7
Puzzillo (Monte) *AQ* 59   P 22

Q

Quaderna *BO* 32   I 16
Quaderni *VR* 23   G 14
Quadri *CH* 65   Q 24
Quadro (Pizzo) *SO* 9   C 9
Quaglietta *AV* 71   E 27
Quaglio *RG* 104   P 25
Quáira (Lago di) *BZ* 3   C 14
Qualiano *NA* 69   E 24
Qualso *UD* 15   D 21
Quara *RE* 38   I 13
Quaranta *SI* 50   N 16
Quarantoli *MO* 31   H 15
Quargnento *AL* 28   H 7
Quarna *VB* 8   E 7
Quarnan (Rifugio) *UD*.. 15   D 21
Quarona *VC* 20   E 6
Quarrata *PT* 39   K 14
Quartaia *SI* 43   L 15
Quartesana *FE* 32   H 17
Quartiere Paolo VI *TA* 79   F 33
Quarto *FO* 41   K 18
Quarto *NA* 69   E 24
Quarto *PC* 29   G 11
Quarto (Lago di) *FO* 41   K 18
Quarto d'Altino *VE* 25   F 19
Quarto Inferiore *AT* 28   H 6
Quarto Inferiore *BO* 32   I 16
Quartu (Golfo di) *CA* 119   J 9
Quartu S. Elena *CA* 119   J 9
Quartucciu *CA* 119   J 9
Quasano *BA* 73   E 31
Quattordio *AL* 28   H 7
Quattro Castella *RE* 30   I 13
Quattrocase *MN* 31   H 15
Quattropani *ME* 94   L 26
Quattrostrade *GR* 55   O 15
Quattroventi *CE* 65   R 24
Querce al Pino *SI* 50   M 17
Quercegrossa *SI* 44   L 15
Querceta *LU* 38   K 12
Querceto *PI* 49   M 14
Quercia del Monaco (Passo
   della) *FR* 64   R 22
Quercianella *LI* 42   L 13
Querciola *BO* 39   J 14
Quero *BL* 12   E 17
Quezzi *GE* 36   I 8
Quiesa *LU* 38   K 13
Quiliano *SV* 36   J 7
Quincinetto *TO* 19   F 5
Quindici *AV* 70   E 25
Quingentole *MN* 31   G 15
Quinto al Mare *GE* 36   I 8
5)o Alpini (Rifugio) *SO* 2   C 13

Quinto di Treviso *TV* 25   F 18
Quinto di Valpantena *VR* .. 23   F 15
Quinto Vercellese *VC* 20   F 7
Quinto Vicentino *VI* 24   F 16
Quinzano d'Oglio *BS* 22   G 12
Quirra *CA* 119   I 10
Quirra (Isola di) *CA* 119   I 10
Quirra (Rio de) *OG* 119   H 10
Quistello *MN* 31   G 14

R

Rabbi *TN* 11   C 14
Rabbi (Fiume) *FO* 40   K 17
Rabbi (Val di) *TN* 11   C 14
Rabbini *PC* 29   H 11
Rabenstein / Corvara *BZ*..3   B 15
Racale *LE* 83   H 36
Racalmuto *AG* 103   O 23
Raccolana (Canale di) *UD*.. 15   C 22
Racconigi *CN* 27   H 5
Raccuia *ME* 100   M 26
Racines / Ratschings *BZ*..3   B 16
Racines (Val di) *BZ* 3   B 15
Radda in Chianti *SI* 44   L 16
Raddusa *CT* 104   O 25
Radein / Redagno *BZ* .. 12   C 16
Radi *SI* 50   M 16
Radici (Passo delle) *LU*.. 38   J 13
Radicofani *SI* 50   N 17
Radicondoli *SI* 49   M 15
Radogna *FG* 71   D 28
Radsberg / Monte Rota *BZ*..4   B 18
Raffadali *AG* 102   O 22
Ragada *TN* 11   D 13
Ragalna *CT* 100   O 26
Raganello *CS* 85   H 30
Ragazzola *PR* 30   G 12
Raggiolo (Ortignano-) *AR*.. 44   K 17
Ragogna *UD* 14   D 20
Ragola (Monte) *PR* 29   I 10
Ragoli *TN* 11   D 14
Ragusa *RG* 104   Q 26
Raia (Monte) *SA* 75   E 26
Raialunga (Monte) *SA*.. 76   G 28
Raiamagra (Monte) *AV*.. 71   E 27
Raiano *AQ* 60   P 23
Rain in Taufers /
   Riva di Tures *BZ* 4   B 18
Raisi (Punta) *PA* 97   M 21
Raisigerbi (Capo) *PA* 99   M 24
Raldon *VR* 23   F 15
Ram *BZ* 2   C 13
Rama (Capo) *PA* 97   M 21
Ramaceto (Monte) *GE*.. 37   I 9
Ramière (Punta) *TO* 26   H 2
Ramilia (Case) *CL* 103   O 23
Ramiseto *RE* 38   I 12
Ramon *TV* 24   E 17
Ramponio *CO* 9   E 9
Ramundo *CS* 87   J 31
Rancale *PG* 51   M 19
Ranchio *FO* 41   K 18
Rancia (Castello della) *MC*.. 52   M 22
Rancio Valcuvia *VA* 8   E 8
Ranco *AR* 45   L 18
Ranco *VA* 20   E 7
Randazzo *CT* 100   N 26
Rangona *FE* 32   H 16
Ranica *BG* 21   E 11
Ranzanico *BG* 22   E 11
Ranzano *PR* 38   I 12
Ranzo *IM* 35   J 6
Ranzo *TN* 11   D 14
Rapagnano *AP* 53   M 22
Rapallo *GE* 37   I 9
Rapagne (Monte) *PZ* 77   G 29
Rapegna *MC* 52   N 21
Rapino *CH* 60   P 24
Rapolano Terme *SI* 50   M 16
Rapolla *PZ* 71   E 28
Rapone *PZ* 71   E 28
Rasciesa *BZ* 4   C 16
Rascino (Lago) *RI* 59   O 21
Rasenna *MC* 52   N 20
Rasiglia *PG* 52   N 20
Rasocolmo (Capo) *ME*.. 90   M 28
Raspollino (Padule di) *GR*.. 49   N 15
Rassina *AR* 44   L 17
Rastrello (Valico del) *SP*.. 37   J 11
Rasu (Monte) *OG* 119   I 10
Rasu (Monte) *SS* 115   F 9
Rasun-Anterselva /
   Rasen-Antholz *BZ* 4   B 18

Rasura *SO* 9   D 10
Raticosa (Passo della) *FI*.. 40   J 16
Ratschings / Racines *BZ*..3   B 16
Rattisio Nuovo /
   Neurateis *BZ* 3   B 14
Ratzes / Razzes *BZ* 3   C 16
Rauchkofel /
   Fumo (Monte) *BZ* 4   A 18
Rauscedo *PN* 13   D 20
Rauth / Novale *BZ* 12   C 16
Rava (Cimon) *TN* 12   D 16
Ravadese *PR* 30   H 13
Ravagnese *RC* 90   M 28
Ravalle *FE* 32   H 16
Ravanusa *AG* 103   P 23
Ravarano *PR* 30   I 12
Ravari (Bocca di) *BO* 39   J 15
Ravarino *MO* 31   H 15
Ravascletto *UD* 5   C 20
Ravello *SA* 75   F 25
Ravenna *RA* 41   I 18
Raveo *UD* 14   C 20
Ravi *GR* 49   N 14
Ravina *TN* 11   D 15
Raviscanina *CE* 65   R 24
Razzà *RC* 91   N 30
Razzes / Ratzes *BZ* 3   C 16
Razzo (Sella di) *BL* 5   C 19
Razzoli (Isola) *SS* 109   D 10
Razzuolo *FI* 40   J 16
Re *VB* 8   D 7
Re (Serra del) *CT* 100   N 26
Rea *PV* 29   G 9
Reale (Canale) *BR* 79   F 35
Reale (Rada della) *SS* .. 108   D 6
Realmonte *AG* 102   P 22
Reana del Roiale *UD* 15   D 21
Reatini (Monti) *RI* 58   O 20
Rebeccu *SS* 115   F 8
Recanati *MC* 47   L 22
Recattivo *PA* 99   O 24
Recattivo (Portella) *PA*.. 99   O 24
Recchio *PR* 30   H 12
Recco *GE* 37   I 9
Recetto *NO* 20   F 7
Recoaro Mille *VI* 23   E 15
Recoaro Terme *VI* 23   E 15
Recoleta *MT* 78   G 31
Recovato *MO* 31   I 15
Reda *RA* 40   J 17
Redagno / Radein *BZ*.. 12   C 16
Redasco (Cime) *SO* 10   C 12
Redavalle *PV* 29   G 9
Redebus (Passo) *TN* 12   D 15
Redena *FE* 31   H 15
Redi Castello (Monte) *TN*.. 10   D 13
Redipuglia *GO* 17   E 22
Redona *PN* 13   D 20
Redondesco *MN* 30   G 13
Redone *BS* 23   F 13
Refavaie *TN* 12   D 16
Refrancore *AT* 28   H 7
Refrontolo *TV* 13   E 18
Regalbuto *EN* 100   O 25
Regalgioffoli *PA* 98   N 22
Reggello *FI* 44   K 16
Reggio di Calabria *RC* .. 90   M 28
Reggio nell' Emilia *RE* .. 31   H 13
Reggiolo *RE* 31   H 14
Regi Lagni *NA* 70   E 25
Regina *CS* 85   I 30
Regina Elena (Canale) *NO*.. 20   F 7
Regnano *MS* 38   J 12
Regona *CR* 22   G 11
Rei (Costa) *CA* 119   J 10
Reino *BN* 65   S 26
Reinswald / S. Martino *BZ*..3   B 16
Reit (Cresta di) *SO* 2   C 13
Reitano *ME* 99   N 25
Religione (Punta) *RG* .. 106   Q 26
Remanzacco *UD* 15   D 21
Remedello Sopra *BS* 22   G 13
Remedello Sotto *BS* 22   G 13
Remondò *PV* 20   G 8
Renaio *LU* 39   J 13
Renate *MI* 21   E 9
Renazzo *FE* 32   H 15
Rendale *VI* 12   E 16
Rende *CS* 86   J 30
Rendena (Valle) *TN* 11   D 14
Rendina (Lago del) *PZ* .. 71   D 29
Rendinara *AQ* 64   Q 22
Renna (Monte) *RG* 106   Q 26
Renna (Monte) *SR* 105   Q 26
Renno *MO* 39   J 14
Reno *PT* 39   J 14

RAVENNA

0   300 m

Caduti per la Libertà (Pza) ..... Z 4
Candiano (V.) ..... Z 5
Castel S. Pietro (V.) ..... Z 6
Corti alle Mura (V.) ..... Z 7
Diaz (V.) ..... Y 8
Falier (V.) ..... Y 9
Garibaldi (Pza) ..... Z 12
Gessi (V. Romolo) ..... Z 13
Ghiselli (V. G.) ..... Y 14
Gordini (V.) ..... Z 15
Guerrini (V.) ..... Z 16

Guidarelli (V.) ..... Z 17
Industrie (V. delle) ..... Y 18
Mariani (V.) ..... Z 19
Maroncelli (Viale) ..... Y 20
Molinetto (Circ. canale) ..... Z 21
Molino (V.) ..... Z 22
Monfalcone (V.) ..... Z 23
Oberdan (V.) ..... Z 24
Oriani (V.) ..... Z 25
Pallavicini (Viale G.) ..... Z 26
Piave (V.) ..... Z 27

Ponte Marino (V.) ..... Y 28
Popolo (Pza del) ..... Z 29
Rava (V.) ..... Y 30
Ricci (V.) ..... Z 31
Ricci (V. Romolo) ..... Z 32
Rocca Brancaleone
   (V.) ..... Y 33
Romea (V.) ..... Z 34
S. Teresa (V.) ..... Z 35
Trieste (V.) ..... Z 38
4 Novembre (V.) ..... Z 40

Battistero degli Ariani ..... Y D
Cattedrale ..... Z E

Mausoleo di Teodorico ..... Y B
Museo Arcivescovile ..... Z M²

Museo Nazionale ..... Y M¹
Sepolcro di Dante ..... Z A

REGGIO DI CALABRIA

Agam Spanò (V.) ..... Z 2
Arcovito (V.) ..... Z 3
Bàrlaam (V.) ..... Z 4
Cattolica dei Greci (V.) ..... Z 6
Cimino (V. Antonio) ..... Z 7
Crocefisso (V.) ..... Y 9
De Nava (Pzal) ..... Z 10
Garibaldi (Cso) ..... YZ
Garibaldi (Pza) ..... Z 12
Genoese Zerbi (Viale) ..... Y 14
Indipendenza (Pza) ..... Y 15
Italia (V.) ..... Y 17
Manfroce (Viale) ..... Y 18
Matteotti (Corso Giacomo) ..... YZ 28
Missori (V.) ..... Z 19
Popolo (Pza del) ..... Z 20
Salvatore (V. del) ..... Z 22
S. Caterina (V.) ..... Z 24
S. Francesco da Paola (V.) ..... Z 25
S. Marco (V.) ..... Y 27
Vitt. Emanuele III (Pza) ..... Z 29
25 Luglio 1943 (Viale) ..... Y 31

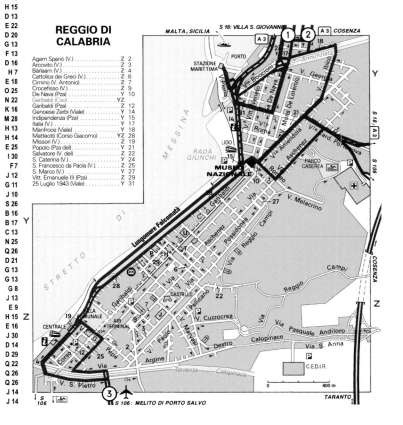

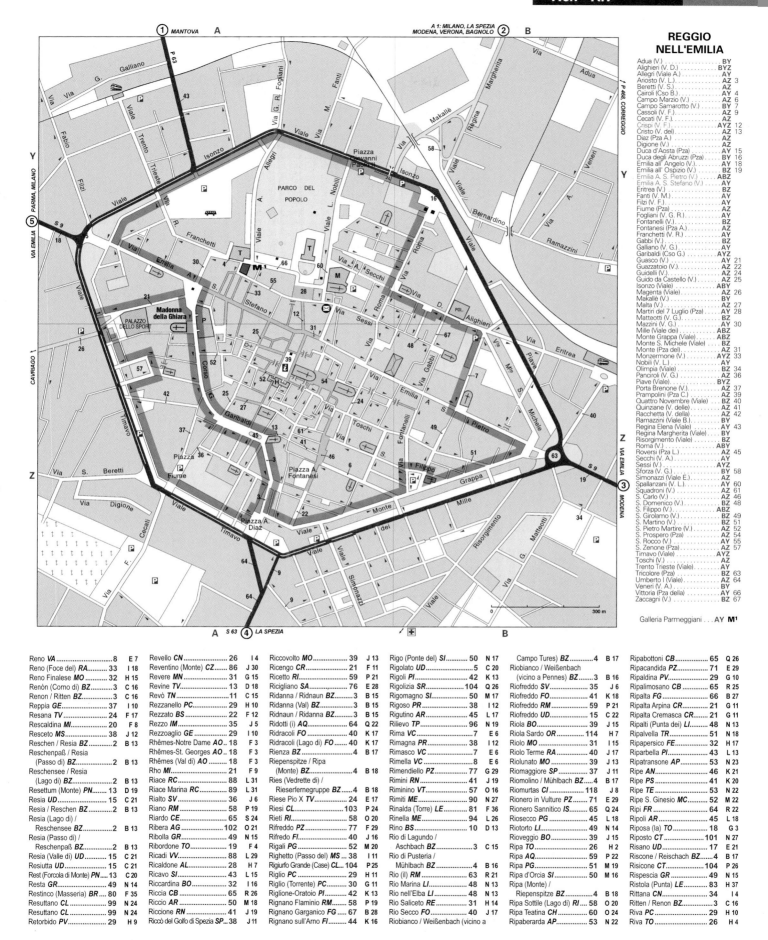

REGGIO NELL'EMILIA

Adua (V.) . . . . BY
Alighieri (V. D.) . . . . BYZ
Allegri (Viale A.) . . . . AY
Ariosto (V. L.) . . . . AZ 3
Beretti (V. S.) . . . . AZ
Cairoli (Cso B.) . . . . AY 4
Campo Marzio (V.) . . . . AZ 6
Campo Samarotto (V.) . . . . BY 7
Cassoli (V. F.) . . . . AZ 9
Cecati (V. F.) . . . . AZ
Crispi (V. F.) . . . . AYZ 12
Cristo (V. del) . . . . AZ 13
Diaz (Pza A.) . . . . AZ
Digione (V.) . . . . AZ
Duca d'Aosta (Pza) . . . . AZ 15
Duca degli Abruzzi (Pza) . . . . BY 16
Emilia all' Angelo (V.) . . . . . . AY 18
Emilia all' Ospizio (V.) . . . . . . BZ 19
Emilia A. S. Pietro (V.) . . . . . . ABZ
Emilia A. S. Stefano (V.) . . . . . ABZ
Eritrea (V.) . . . . BZ
Fanti (V. M.) . . . . AY
Filzi (V. F.) . . . . AY
Fiume (Pza) . . . . AZ
Fogliani (V. G. R.) . . . . AY
Fontanelli (V.) . . . . BZ
Fontanesi (Pza A.) . . . . AZ
Franchetti (V. R.) . . . . AY
Gabbi (V.) . . . . BZ
Galliano (V. G.) . . . . AY
Garibaldi (Cso G.) . . . . AYZ
Guasco (V.) . . . . AZ 21
Guazzatoio (V.) . . . . AZ 22
Guidelli (V.) . . . . AZ 24
Guido da Castello (V.) . . . . AZ 25
Isonzo (Viale) . . . . ABY
Magenta (Viale) . . . . AZ 26
Makallè (V.) . . . . BY
Malta (V.) . . . . AZ 27
Martiri del 7 Luglio (Pza) . . . . AY 28
Matteotti (V.) . . . . BZ
Mazzini (V. G.) . . . . AY 30
Mille (Viale dei) . . . . ABZ
Monte Grappa (Viale) . . . . . . ABZ
Monte S. Michele (Viale) . . . . . BZ
Monte (Pza del) . . . . AZ 31
Monzermone (V.) . . . . AYZ 33
Nobili (V. L.) . . . . AY
Olimpia (Viale) . . . . BZ 34
Panciroli (V. G.) . . . . AZ 36
Piave (Viale) . . . . BYZ
Porta Brenone (V.) . . . . AZ 37
Prampolini (Pza C.) . . . . AZ 39
Quattro Novembre (Viale) . . . . BZ 40
Quinzane (V. della) . . . . AZ 41
Racchetta (V.) . . . . AZ 42
Ramazzini (Viale B.) . . . . BY
Regina Elena (Viale) . . . . AY 43
Regina Margherita (Viale) . . . . BY
Risorgimento (Viale) . . . . BZ
Roma (V.) . . . . ABY
Roversi (Pza L.) . . . . AZ 45
Secchi (V. A.) . . . . AY
Sessi (V.) . . . . AYZ
Sforza (Viale E.) . . . . BY 58
Simonazzi (Viale E.) . . . . AZ
Spallanzani (V. L.) . . . . AY 60
Squadroni (V.) . . . . AZ 61
S. Carlo (V.) . . . . AZ 46
S. Domenico (V.) . . . . BZ 48
S. Filippo (V.) . . . . ABZ
S. Girolamo (V.) . . . . BZ 49
S. Martino (V.) . . . . BZ 51
S. Pietro Martire (V.) . . . . AZ 52
S. Prospero (Pza) . . . . AZ 54
S. Rocco (V.) . . . . AY 55
S. Zenone (Pza) . . . . AZ 57
Timavo (Viale) . . . . AYZ
Toschi (V.) . . . . AZ
Trento Trieste (Viale) . . . . AY
Tricolore (Pza) . . . . BZ 63
Umberto I (Viale) . . . . AZ 64
Veneri (V. A.) . . . . BY
Vittoria (Pza della) . . . . AY 66
Zaccagni (V.) . . . . BZ 67

Galleria Parmeggiani . . . AY M¹

Reno VA . . . . 8 E 7
Reno (Foce del) RA . . . . . 33 I 18
Reno Finalese MO . . . . . . 32 H 15
Renòn (Corno di) BZ . . . . . 3 C 16
Renon / Ritten BZ . . . . 3 C 16
Reppia GE . . . . 37 I 10
Resana TV . . . . 24 F 17
Rescaldina MI . . . . 20 F 8
Resceto MS . . . . 38 J 12
Reschen / Resia BZ . . . . . . 2 B 13
Reschenpaß / Resia
(Passo di) BZ . . . . 2 B 13
Reschensee / Resia
(Lago di) BZ . . . . 2 B 13
Resia UD . . . . 15 C 21
Resia / Reschen BZ . . . . . . 2 B 13
Resia (Lago di) /
Reschensee BZ . . . . 2 B 13
Resia (Passo di) /
Reschenpaß BZ . . . . 2 B 13
Resia (Valle di) UD . . . . . 15 C 21
Resiutta UD . . . . 15 C 21
Rest (Forcola di Monte) PN . . 13 C 20
Resta GR . . . . 49 N 14
Restinco (Masseria) BR . . . 80 F 35
Resuttano CL . . . . 99 N 24
Resuttano CL . . . . 99 N 24
Retorbido PV . . . . 29 H 9

Revello CN . . . . 26 I 4
Reventino (Monte) CZ . . . . 86 J 30
Revere MN . . . . 31 G 15
Revine TV . . . . 13 D 18
Revò TN . . . . 11 C 15
Rezzanello PC . . . . 29 H 10
Rezzato BS . . . . 22 F 12
Rezzo IM . . . . 35 J 5
Rezzoaglio GE . . . . 29 I 10
Rhêmes-Notre Dame AO . . 18 F 3
Rhêmes-St. Georges AO . . . 18 F 3
Rhêmes (Val di) AO . . . . . 18 F 3
Rho MI . . . . 21 F 9
Riace RC . . . . 88 L 31
Riace Marina RC . . . . 89 L 31
Rialto SV . . . . 36 J 6
Riano RM . . . . 58 P 19
Riardo CE . . . . 65 S 24
Ribera AG . . . . 102 O 21
Ribolla GR . . . . 49 N 15
Ribordone TO . . . . 19 F 4
Ricadi VV . . . . 88 L 29
Riccardina BO . . . . 32 I 16
Ricavo SI . . . . 43 L 15
Riccia CB . . . . 65 R 26
Riccio AR . . . . 50 M 18
Riccione RN . . . . 41 J 19
Riccò del Golfo di Spezia SP . . 38 J 11

Riccovolto MO . . . . 39 J 13
Ricengo CR . . . . 21 F 11
Ricetto RI . . . . 59 P 21
Ricigliano SA . . . . 76 E 28
Ridanna / Ridnaun BZ . . . . . 3 B 15
Ridanna (Val) BZ . . . . 3 B 15
Ridnaun / Ridanna BZ . . . . . 3 B 15
Ridotti (i) AQ . . . . 64 Q 22
Ridracoli FO . . . . 40 K 17
Ridracoli (Lago di) FO . . . . 40 K 17
Rienza BZ . . . . 4 B 17
Riepenspitze / Ripa
(Monte) BZ . . . . 4 B 18
Ries (Vedrette di) /
Rieserfernegruppe BZ . . . . . 4 B 18
Riese Pio X TV . . . . 24 E 17
Riesi CL . . . . 103 P 24
Rieti RI . . . . 58 O 20
Rifreddo PZ . . . . 77 F 29
Rifredo FI . . . . 40 J 16
Rigali PG . . . . 52 M 20
Righetto (Passo del) MS . . 38 I 11
Rigiurfo Grande (Case) CL . 104 P 25
Riglio PC . . . . 29 H 11
Riglio (Torrente) PC . . . . . 30 G 11
Riglione-Oratoio PI . . . . . 42 K 13
Rignano Flaminio RM . . . . 58 P 19
Rignano Garganico FG . . . 67 B 28
Rignano sull'Arno FI . . . . . 44 K 16

Rigo (Ponte del) SI . . . . . . 50 N 17
Rigolato UD . . . . 5 C 20
Rigoli PI . . . . 42 K 13
Rigolizia SR . . . . 104 Q 26
Rigomagno SI . . . . 50 M 17
Rigoso PR . . . . 38 I 12
Rigutino AR . . . . 45 L 17
Rilievo TP . . . . 96 N 19
Rima VC . . . . 7 E 6
Rimagna PR . . . . 38 I 12
Rimasco VC . . . . 7 E 6
Rimella VC . . . . 7 E 6
Rimendiello PZ . . . . 77 G 29
Rimini RN . . . . 41 J 19
Riminino VT . . . . 57 O 16
Rimiti ME . . . . 90 N 27
Rinalda (Torre) LE . . . . . . 81 F 36
Rinella ME . . . . 94 L 26
Rino BS . . . . 10 D 13
Rio di Lagundo /
Aschbach BZ . . . . 3 C 15
Rio di Pusteria /
Mühlbach BZ . . . . 4 B 16
Rio (il) RM . . . . 63 R 21
Rio Marina LI . . . . 48 N 13
Rio nell'Elba LI . . . . 48 N 13
Rio Saliceto RE . . . . 31 H 14
Rio Secco FO . . . . 40 J 17
Riobianco / Weißenbach (vicino a

Campo Tures) BZ . . . . 4 B 17
Riobianco / Weißenbach
(vicino a Pennes) BZ . . . . . . 3 B 16
Riofreddo SV . . . . 35 J 6
Riofreddo FO . . . . 41 K 18
Riofreddo RM . . . . 59 P 20
Riofreddo UD . . . . 15 C 22
Riola BO . . . . 39 J 15
Riola Sardo OR . . . . 114 H 7
Riolo MO . . . . 31 I 15
Riolo Terme RA . . . . 40 J 17
Riolunato MO . . . . 39 J 14
Riomaggiore SP . . . . 37 J 11
Riomolino / Mühlbach BZ . . . 4 B 17
Riomurtas CI . . . . 118 J 8
Rionero in Vulture PZ . . . . 71 E 29
Rionero Sannitico IS . . . . . 65 Q 24
Riosecco PG . . . . 45 L 18
Rioveggio BO . . . . 39 J 15
Ripa TO . . . . 26 H 2
Ripa AQ . . . . 59 P 22
Ripa (Monte) /
Riepenspitze BZ . . . . 4 B 18
Ripa AQ . . . . 59 P 22
Ripa d'Orcia SI . . . . 50 M 16
Ripa (Monte) /
Riepenspitze BZ . . . . 4 B 18
Ripa Sottile (Lago di) RI . . 58 O 20
Ripa Teatina CH . . . . 60 O 24
Ripaberarda AP . . . . 53 N 22

Ripabottoni CB . . . . 65 Q 26
Ripacandida PZ . . . . 71 E 29
Ripaldina PV . . . . 29 G 10
Ripalimosano CB . . . . 65 R 25
Ripalta FG . . . . 66 B 27
Ripalta Arpina CR . . . . . . 21 G 11
Ripalta Cremasca CR . . . . 21 G 11
Ripalti (Punta dei) LI . . . . 48 N 13
Ripalvella TR . . . . 51 N 18
Ripapersico FE . . . . 32 H 17
Riparbella PI . . . . 43 L 13
Ripatransone AP . . . . 53 N 22
Ripe AN . . . . 46 K 21
Ripe PS . . . . 41 K 20
Ripe TE . . . . 53 N 22
Ripe S. Ginesio MC . . . . . 52 M 22
Ripi FR . . . . 64 R 22
Ripoli AR . . . . 45 L 18
Riposa (la) TO . . . . 18 G 3
Risano UD . . . . 17 E 21
Riscone / Reischach BZ . . . 4 B 17
Risicone CT . . . . 104 P 26
Rispescia GR . . . . 49 N 15
Ristola (Punta) LE . . . . . . 83 H 37
Ritten / Renon BZ . . . . 3 C 16
Rittana CN . . . . 34 I 4
Riva PC . . . . 29 H 10
Riva TO . . . . 26 H 4

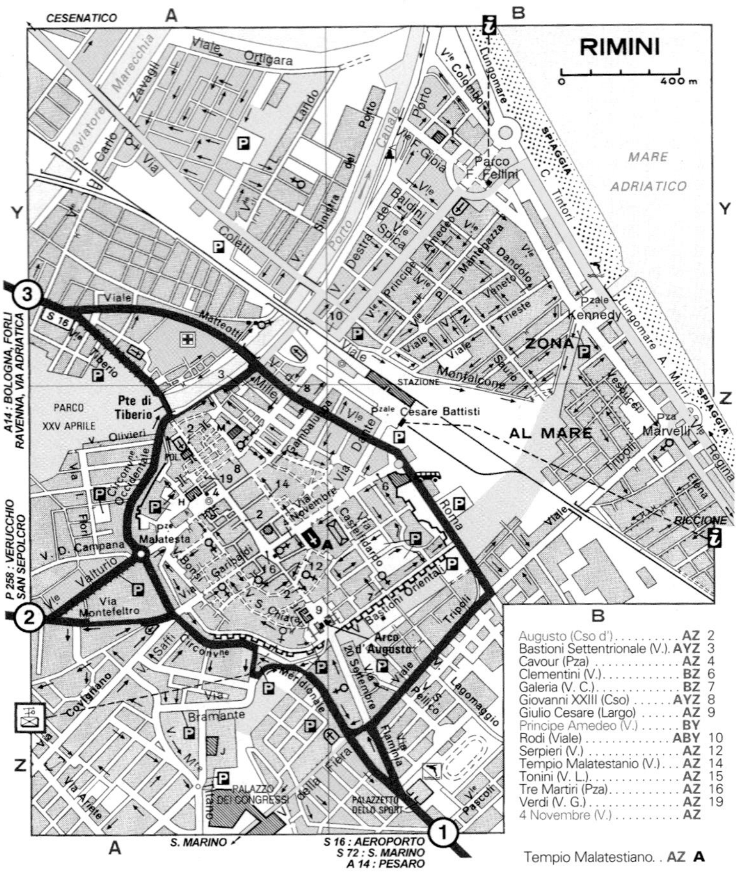

CESENATICO

RIMINI

0 — 400 m

MARE ADRIATICO

AL MARE

RICCIONE

Augusto (Cso d') .... AZ 2
Bastioni Settentrionale (V.) . AYZ 3
Cavour (Pza) .... AZ 4
Clementini (V.) .... BZ 6
Galeria (V. C.) .... BZ 7
Giovanni XXIII (Cso) .... AYZ 8
Giulio Cesare (Largo) .... AZ 9
Principe Amedeo (V.) .... BY
Rodi (Viale) .... ABY 10
Serpieri (V.) .... AZ 12
Tempio Malatestano (V.) .... AZ 14
Tonini (V. L.) .... AZ 15
Tre Martiri (Pza) .... AZ 16
Verdi (V. G.) .... AZ 19
4 Novembre (V.) .... AZ

Tempio Malatestiano. . AZ A

Riva (Valle di) BZ .... 4 A 17
Riva degli Etruschi LI .... 49 M 13
Riva dei Tarquini VT .... 57 P 16
Riva dei Tessali TA .... 78 F 32
Riva del Garda TN .... 11 E 14
Riva del Sole GR .... 49 N 14
Riva di Faggeto CO .... 9 E 9
Riva di Solto BG .... 22 E 12
Riva di Tures /
   Rain in Taufers BZ .... 4 B 18
Riva Ligure IM .... 35 K 5
Riva presso Chieri TO .... 27 H 5
Riva Trigoso GE .... 37 J 10
Riva Valdobbia VC .... 7 E 5
Rivabella LE .... 83 G 36
Rivabella RN .... 41 J 19
Rivabella BO .... 39 I 15
Rivalba TO .... 27 G 5
Rivalta RE .... 31 I 13
Rivalta Bormida AL .... 28 H 7
Rivalta di Torino TO .... 27 G 4
Rivalta Scrivia AL .... 28 H 8
Rivalta sul Mincio MN .... 23 G 14
Rivalta Trebbia PC .... 29 H 10
Rivamonte Agordino BL ..... 12 D 18
Rivanazzano PV .... 29 H 9
Rivara MO .... 31 H 15
Rivara TO .... 19 F 4
Rivarolo Canavese TO .... 19 F 5
Rivarolo del Re CR .... 30 G 13
Rivarolo Ligure GE .... 36 I 8
Rivarolo Mantovano MN ..... 30 G 13
Rivarone AL .... 28 H 8
Rivarossa TO .... 19 G 5
Rivazzurra RN .... 41 J 19
Rive VC .... 20 G 7
Rive d'Arcano UD .... 14 D 21
Rivello PZ .... 76 G 29
Rivergaro PC .... 29 H 10
Rivignano UD .... 16 E 21
Rivis UD .... 16 D 20
Rivisondoli AQ .... 64 Q 24
Rivo TR .... 58 O 19
Rivodutri RI .... 58 O 20
Rivoli TO .... 27 G 4
Rivoli Veronese VR .... 23 F 14
Rivolta d'Adda CR .... 21 F 10
Rivoltella PV .... 20 G 7
Rivoschio Pieve FO .... 41 J 18

Rizzacorno CH .... 60 P 25
Rizziconi RC .... 88 L 29
Rizzolo PC .... 29 H 11
Rizzuto (Capo) KR .... 89 K 33
Ro Ferrarese FE .... 32 H 17
Roana VI .... 12 E 16
Roaschia CN .... 34 J 4
Roasco SO .... 10 D 12
Robassomero TO .... 19 G 4
Robbio PV .... 20 G 7
Robecco d'Oglio CR .... 22 G 12
Robecco Pavese PV .... 29 H 9
Robecco sul Naviglio MI ..... 20 F 8
Robella AT .... 27 G 6
Roberti (Masseria) BA .... 73 D 33
Robilante CN .... 35 J 4
Roboaro AL .... 28 I 7
Roburent CN .... 35 J 5
Roca Vecchia LE .... 81 G 37
Rocca BL .... 12 E 17
Rocca Canterano RM .... 63 Q 21
Rocca Corneta BO .... 39 J 14
Rocca Corneta BO .... 39 J 14
Rocca d'Arazzo AT .... 28 H 6
Rocca de' Giorgi PV .... 29 H 9
Rocca d'Evandro CE .... 64 R 23
Rocca di Botte AQ .... 59 P 21
Rocca di Cambio AQ .... 59 P 22
Rocca di Capri Leone ME .. 100 M 26
Rocca di Cave RM .... 63 Q 20
Rocca di Corno RI .... 59 O 21
Rocca di Mezzo AQ .... 59 P 22
Rocca di Neto KR .... 87 J 33
Rocca di Papa RM .... 63 Q 20
Rocca di Roffeno BO .... 39 J 15
Rocca Fiorita ME .... 90 N 27
Rocca Grimalda AL .... 28 H 7
Rocca Imperiale CS .... 78 G 31
Rocca Imperiale Marina CS.. 78 G 31
Rocca Massima LT .... 63 R 21
Rocca Pia AQ .... 64 Q 24
Rocca Pietore BL .... 12 C 17
Rocca Priora AN .... 47 L 22
Rocca Priora RM .... 63 Q 20
Rocca Ricciarda AR .... 44 L 16
Rocca S. angelo PG .... 51 M 19
Rocca S. Casciano FO .... 40 J 17
Rocca S. Felice AV .... 71 E 27
Rocca San Giovanni CH ..... 61 P 25
Rocca Sta Maria TE .... 53 N 22

Rocca Sto Stefano RM .... 63 Q 21
Rocca Sinibalda RI .... 58 P 20
Rocca Susella PV .... 29 H 9
Rocca Tunda OR .... 114 G 7
Roccabascerana AV .... 70 D 26
Roccabernarda KR .... 87 J 32
Roccabianca PR .... 30 G 12
Roccacaramanico PE .... 60 P 24
Roccacasale AQ .... 60 P 23
Roccacinquemiglia AQ .... 64 Q 24
Roccadaspide SA .... 76 F 27
Roccaferrara PR .... 38 I 12
Roccafinadamo PE .... 60 O 23
Roccafluvione AP .... 52 N 22
Roccaforte del Greco RC .. 90 M 29
Roccaforte Ligure AL .... 29 H 9
Roccaforte Mondovì CN ..... 35 J 5
Roccaforzata TA .... 79 F 34
Roccafranca BS .... 22 F 11
Roccagiovine RM .... 58 P 20
Roccagloriosa SA .... 76 G 28
Roccagorga LT .... 63 R 21
Roccalbegna GR .... 50 N 16
Roccalumera ME .... 90 N 28
Roccalvecce VT .... 57 O 18
Roccamandolfi IS .... 65 R 25
Roccamare GR .... 49 N 14
Roccamena PA .... 97 N 21
Roccamonfina CE .... 64 S 23
Roccamontepiano CH .... 60 P 24
Roccamorice PE .... 60 P 24
Roccanova PZ .... 77 G 30
Roccantica RI .... 58 P 20
Roccapalumba PA .... 98 N 22
Roccarainola NA .... 70 E 25
Roccaraso AQ .... 64 Q 24
Roccaravindola IS .... 64 R 24
Roccaromana CE .... 65 S 24
Roccarossa
   (Tempa di) PZ .... 77 G 29
Roccasalli RI .... 52 O 21
Roccascalegna CH .... 60 P 24
Roccasecca IS .... 65 Q 24
Roccasecca dei Volsci LT.. 63 R 21
Roccasicura IS .... 65 Q 24
Roccaspinalveti CH .... 61 Q 25
Roccastrada GR .... 49 M 15
Roccatamburo PG .... 52 N 20

Roccatederighi GR .... 49 M 15
Roccavaldina ME .... 90 M 28
Roccaverano AT .... 28 I 6
Roccavione CN .... 34 J 4
Roccavivara CB .... 65 Q 25
Roccavivi AQ .... 64 Q 22
Roccazzo RG .... 104 P 25
Roccelito (Monte) PA .... 99 N 23
Roccella CL .... 103 O 23
Roccella CZ .... 89 K 31
Roccella Ionica RC .... 88 M 31
Roccella Valdemone ME ... 100 N 27
Rocchetta CE .... 69 D 24
Rocchetta MS .... 38 J 11
Rocchetta PG .... 52 N 20
Rocchetta a Volturno IS ..... 64 R 24
Rocchetta TN .... 11 D 15
Rocchetta Belbo CN .... 27 I 6
Rocchetta Cairo SV .... 36 I 6
Rocchetta di Vara SP .... 37 J 11
Rocchetta Ligure AL .... 29 H 9
Rocchetta Mattei BO .... 39 J 15
Rocchetta Nervina IM .... 35 K 4
Rocchetta Nuova IS .... 64 R 24
Rocchetta S. Antonio FG.... 71 D 28
Rocchetta Scrivia GE .... 28 I 8
Rocchetta Tanaro AT .... 28 H 7
Rocchette GR .... 50 N 16
Rocciamelone TO .... 18 G 3
Roccoli Lorla (Rifugio) LC .. 9 D 10
Rochemolles TO .... 18 G 2
Roddi CN .... 27 H 5
Roddino CN .... 27 I 6
Rodeano UD .... 14 D 21
Rodeneck / Rodengo BZ ..... 4 B 17
Rodengo / Rodeneck BZ ..... 4 B 17
Rodengo-Saiano BS .... 22 F 12
Rodi ME .... 101 M 27
Rodi Garganico FG .... 67 B 29
Rodia ME .... 90 M 28
Rodigo MN .... 23 G 13
Rodio SA .... 76 G 27
Rodoretto TO .... 26 H 3
Roen (Monte) BZ .... 11 C 15
Rofrano SA .... 76 G 28
Roggiano Gravina CS .... 85 I 30
Roggione (Pizzo) SO .... 9 D 9
Roghudi RC .... 90 M 29
Rogio (Canale) LU .... 43 K 13
Rogliano CS .... 86 J 30
Roglio PI .... 43 L 14
Rognano PV .... 21 G 9
Rogno BG .... 10 E 12
Rognosa (Punta) TO .... 26 H 2
Rogolo SO .... 9 D 10
Roia IM .... 35 K 4
Roia / Rojen BZ .... 2 B 13
Roiano TE .... 53 N 22
Roiate RM .... 63 Q 21
Roio del Sangro CH .... 65 Q 25
Roisan AO .... 18 E 3
Rojen / Roia BZ .... 2 B 13
Roletto TO .... 26 H 3
Rolle (Cima di) BZ .... 3 B 16
Rolle (Passo di) TN .... 12 D 17
Rolo RE .... 31 H 14
Roma RM .... 62 Q 19
Roma-Ciampino
   (Aeroporto) RM .... 62 Q 19
Roma-Fiumicino L. da Vinci
   (Aeroporto) RM .... 62 Q 18
Romagnano al Monte SA.. 76 F 28
Romagnano Sesia NO .... 20 F 7
Romagnese PV .... 29 H 9
Romana SS .... 110 F 7
Romanelli (Grotta) LE .... 83 G 37
Romanengo CR .... 22 F 11
Romano d'Ezzelino VI .... 24 E 17
Romano di Lombardia BG. 22 F 11
Romans d'Isonzo GO .... 17 E 22
Rombiolo VV .... 88 L 29
Rombo (Passo del) /
   Timmelsjoch BZ .... 3 B 15
Romena (Castello di) AR .. 44 K 17
Romena (Pieve di) AR ...... 44 K 17
Romeno TN .... 11 C 15
Romentino NO .... 20 F 8
Rometta MS .... 38 J 12
Rometta ME .... 90 M 28
Romitello
   (Santuario del) PA .... 97 M 21
Ron (Vetta di) SO .... 10 D 11
Roncà VR .... 23 F 15
Roncade TV .... 25 F 19
Roncadelle BS .... 22 F 12
Roncadelle TV .... 16 E 19

Roncagli IM .... 35 K 6
Roncaglia PC .... 30 G 11
Roncalceci RA .... 41 I 18
Roncanova VR .... 31 G 15
Roncarolo PC .... 30 G 11
Roncastaldo BO .... 40 J 15
Roncello MI .... 21 F 10
Ronchi TN .... 12 D 16
Roncello MI .... 21 F 10
Ronchi SV .... 35 J 6
Ronche PN .... 13 E 19
Ronchi (I) TV .... 25 E 18
Ronchis
   (vicino a Latisana) UD .... 16 E 20
Ronchis (vicino a Udine) UD.. 15 D 21
Ronciglione VT .... 57 P 18
Roncitelli AN .... 46 K 21
Ronco all'Adige VR .... 23 F 15
Ronco (Fiume) RA .... 41 J 18
Ronco Biellese BI .... 19 F 6
Ronco Campo Canetto PR.. 30 H 12
Ronco Canavese TO .... 19 F 4
Ronco Scrivia GE .... 28 I 8
Roncobello BG .... 10 E 11
Roncobilaccio BO .... 39 J 15
Roncoferraro MN .... 31 G 14
Roncofreddo FO .... 41 J 18
Roncola BG .... 21 E 10
Roncole Verdi PR .... 30 H 12
Roncoleva VR .... 23 G 14
Roncone TN .... 11 E 13
Rondanina GE .... 29 I 9
Rondelli GR .... 49 N 14
Rondine (Pizzo della) AG.. 98 O 22
Rondissone TO .... 19 G 5
Ronsecco VC .... 20 G 6
Ronta FI .... 40 J 16
Ronzo Chienis TN .... 11 E 14
Ronzone TN .... 11 C 15
Ropola (Passo di) RC .... 91 M 30
Rora TO .... 26 H 3
Rore CN .... 26 I 3
Rosa PN .... 16 E 20
Rosà VI .... 24 E 17
Rosa dei Bianchi TO .... 19 F 4
Rosa Marina BR .... 80 E 34
Rosalì RC .... 90 M 29
Rosanisco FR .... 64 R 23
Rosano FI .... 44 K 16
Rosano RE .... 38 I 13
Rosapineta RO .... 33 G 18
Rosario (Santuario del) PA.. 97 N 21
Rosarno RC .... 88 L 29
Rosaro MS .... 38 J 12
Rosasco PV .... 20 G 7
Roscigno-Nuovo SA .... 76 F 28
Roscigno-Vecchio SA .... 76 F 28
Rosciolo dei Marsi AQ ...... 59 P 22
Rose CS .... 86 I 30
Rose (Monte) AG .... 99 O 22
Rose (Pieve delle) PG .... 45 L 18
Rose (Timpa delle) SA ...... 76 F 28
Rosello CH .... 65 Q 25
Rosennano SI .... 44 L 16
Rosengarten / Catinaccio BZ.. 4 C 16
Roseto Capo Spulico CS.. 78 H 31
Roseto degli Abruzzi TE ... 53 N 24
Roseto Valfortore FG .... 70 C 27
Rosia SI .... 49 M 15
Rosignano Marittimo LI ..... 42 L 13
Rosignano Monferrato AL. 28 G 7
Rosignano Solvay LI .... 42 L 13
Rosito KR .... 87 K 33
Rosola MO .... 39 J 14
Rosolina RO .... 33 G 18
Rosolina Mare RO .... 33 G 18
Rosolini SR .... 107 Q 26
Rosone TO .... 18 F 4
Rospa NO .... 46 L 21
Rossa (Croda) /
   Hohe Geisel BL .... 4 C 18
Rossa (Isola) CA .... 120 K 7
Rossa (Isola) NU .... 114 G 7
Rossa (Isola) OT .... 108 D 8
Rossa (Punta) OT .... 109 D 10
Rossa (Punta) FG .... 67 B 30
Rossa (Punta) LI .... 54 P 12
Rossana CN .... 26 I 4

Rossano CS .... 87 I 31
Rossano MS .... 38 J 11
Rossano Stazione CS .... 87 I 31
Rossano Veneto VI .... 24 E 17
Rosse (Cuddie) TP .... 96 Q 17
Rossenna MO .... 39 I 14
Rossiglione GE .... 28 I 8
Rosso (Monte) ME .... 100 N 27
Rossola (Pizzo di) VB .... 8 D 7
Rossomanno (Monte) EN .. 104 O 25
Rosta VR .... 31 G 15
Rota RM .... 57 P 18
Rota d'Imagna BG .... 21 E 10
Rota Greca CS .... 85 I 30
Rotale PZ .... 76 G 29
Roteglia RE .... 39 I 14
Rotella AP .... 53 N 22
Rotella (Monte) AQ .... 64 Q 24
Rotello CB .... 66 B 27
Rotonda PZ .... 85 H 30
Rotondella MT .... 78 G 31
Rotondella (Monte) CS ...... 78 G 31
Rotondi AV .... 70 D 25
Rotondo (Monte) SA .... 76 G 28
Rotondo (Monte) (vicino
   a Campo Felice) AQ .... 59 P 22
Rotondo (Monte) (vicino a
   Scanno) AQ .... 64 Q 23
Rottanova VE .... 32 G 18
Rottofreno PC .... 29 G 10
Rotzo VI .... 12 E 16
Roure TO .... 26 H 3
Rovagnate LC .... 21 E 10
Rovale CS .... 86 J 31
Rovasenda VC .... 20 F 6
Rovasenda (Torrente) VC.. 20 F 6
Rovato BS .... 22 F 11
Roveda TN .... 11 D 15
Rovegno GE .... 29 I 9
Roveleto Landi PC .... 29 H 10
Rovellasca CO .... 21 E 9
Rovello Porro CO .... 21 F 9
Roverbella MN .... 23 G 14
Roverchiara VR .... 23 G 15
Rovere AQ .... 59 P 22
Rovere FO .... 40 J 17
Rovere della Luna TN .... 11 D 15
Rovere Veronese VR .... 23 F 15
Roveredo di Guà VR .... 24 G 16
Roveredo in Piano PN .... 13 D 19
Rovereto FE .... 32 H 17
Rovereto TN .... 11 E 15
Rovescala PV .... 29 G 10
Roveto (Pantano) SR ...... 107 Q 27
Roveto (Val) AQ .... 64 Q 22
Rovetta BG .... 10 E 11
Roviasca SV .... 36 J 7
Rovigliano PG .... 45 L 18
Rovigo RO .... 32 G 17
Rovina PR .... 30 H 11
Rovito CS .... 86 J 30
Rovittello CT .... 101 N 27
Rozzano MI .... 21 F 9

Rua la Cama (Forca) PG... 52 N 20
Rua (Monte) PD .... 24 G 17
Ruazzo (Monte) LT .... 64 S 22
Rubano PD .... 24 F 17
Rubbio VI .... 24 E 16
Rubiana TO .... 18 G 4
Rubicone FO .... 41 J 19
Rubiera RE .... 31 I 14
Rubino (Lago) TP .... 97 N 20
Rubizzano BO .... 32 H 16
Rucas CN .... 26 H 3
Ruda UD .... 17 E 22
Rudiano BS .... 22 F 11
Rueglio TO .... 19 F 5
Rufeno (Monte) VT .... 50 N 17
Ruffano LE .... 83 H 36
Ruffi (Monti) RM .... 59 Q 21
Ruffia CN .... 27 H 4
Rufina FI .... 40 K 16
Ruggiano FG .... 67 B 29
Rughe (Monte) SS .... 115 G 7
Ruia (Isola) NU .... 113 F 11
Ruina FE .... 32 H 17
Ruinas OR .... 115 H 8
Ruino PV .... 29 H 9
Ruiu (Monte) (vicino ad
   Arzachena) OT .... 109 D 10
Ruiu (Monte) (vicino a
   Porto S. Paolo) OT .... 113 E 10
Ruiu (Monte) (vicino a Villanova
   Mont.) SS .... 110 F 7
Rumo TN .... 11 C 15
Runzi RO .... 32 H 16
Ruocce AN .... 46 L 20

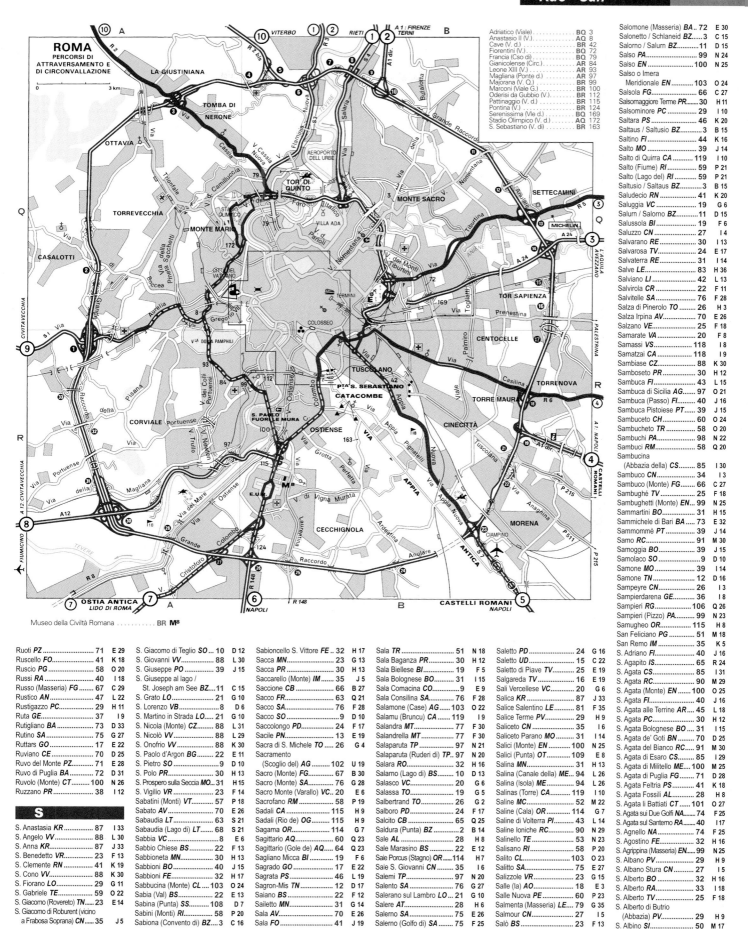

ROMA
PERCORSI DI
ATTRAVERSAMENTO E
DI CIRCONVALLAZIONE

Adriatico (Viale) .... BQ 3
Anastasio II (V.) .... AQ 8
Cave (V. d.) .... BR 42
Fiorentini (V. d.) .... BQ 72
Francia (Cso di) .... BQ 79
Gianicolense (Circ.) .... AR 84
Leone XIII (V.) .... AR 93
Magliana (Ponte d.) .... AR 97
Majorana (V. Q.) .... BR 99
Marconi (Viale G.) .... BR 100
Oderisi da Gubbio (V.) .... BR 112
Pattinaggio (V. d.) .... BR 115
Pontina (V.) .... BR 124
Serenissima (Vle d.) ...... BQ 169
Stadio Olimpico (V. d.) .... AQ 172
S. Sebastiano (V. di) ...... BR 163

Museo della Civiltà Romana .... BR M8

Ruoti PZ .... 71 E 29
Ruscello FO .... 41 K 18
Ruscio PG .... 58 O 20
Russi RA .... 40 I 18
Russo (Masseria) FG .... 67 C 29
Rustico AN .... 47 L 22
Rustigazzo PC .... 29 H 11
Ruta GE .... 37 I 9
Rutigliano BA .... 73 D 33
Rutino SA .... 75 G 27
Ruttars GO .... 17 E 22
Ruviano CE .... 70 D 25
Ruvo del Monte PZ .... 71 E 28
Ruvo di Puglia BA .... 72 D 31
Ruvolo (Monte) CT .... 100 N 26
Ruzzano PR .... 38 I 12

S

S. Anastasia KR .... 87 I 33
S. Angelo VV .... 88 L 30
S. Anna KR .... 87 J 33
S. Benedetto VR .... 23 F 13
S. Clemente RN .... 41 K 18
S. Cono VV .... 88 K 30
S. Fiorano LO .... 29 G 11
S. Gabriele TE .... 59 O 22
S. Giacomo (Rovereto) TN .. 23 E 14
S. Giacomo di Roburent (vicino
  a Frabosa Soprana) CN .... 35 J 5

S. Giacomo di Teglio SO ... 10 D 12
S. Giovanni VV .... 88 L 30
S. Giuseppe PO .... 39 J 15
S. Giuseppe al lago /
  St. Joseph am See BZ .... 11 C 15
S. Grato LO .... 21 G 10
S. Lorenzo VB .... 8 D 6
S. Martino in Strada LO ... 21 G 10
S. Nicola (Monte) CZ ...... 88 L 31
S. Nicolò VV .... 88 L 29
S. Onofrio VV .... 88 K 30
S. Paolo d'Argon BG .... 22 E 11
S. Pietro SO .... 9 D 10
S. Polo PR .... 30 H 13
S. Prospero sulla Secchia MO .. 31 H 15
S. Vigilio VR .... 23 F 14
Sabatini (Monti) VT .... 57 P 18
Sabato AV .... 70 E 26
Sabaudia LT .... 63 S 21
Sabaudia (Lago di) LT ..... 68 S 21
Sabbia VC .... 8 E 6
Sabbio Chiese BS .... 22 F 13
Sabbioneta MN .... 30 H 13
Sabbioni BO .... 40 J 15
Sabbioni FE .... 32 H 17
Sabbucina (Monte) CL .... 103 O 24
Sabina (Punta) SS .... 108 D 7
Sabini (Monti) RI .... 58 P 20
Sabiona (Convento di) BZ .. 3 C 16

Sabioncello S. Vittore FE .. 32 H 17
Sacca MN .... 23 G 13
Sacca PR .... 30 H 13
Saccarello (Monte) IM ..... 35 J 5
Saccione CB .... 66 B 27
Sacco FR .... 63 Q 21
Sacco SA .... 76 F 28
Sacco SO .... 9 D 10
Saccolongo PD .... 24 F 17
Sacile PN .... 13 E 19
Sacra di S. Michele TO .... 26 G 4
Sacramento
  (Scoglio del) AG .... 102 U 19
Sadali CA .... 115 H 9
Sadali (Rio di) OG .... 115 H 9
Sagama OR .... 114 G 7
Sagittario AQ .... 60 Q 23
Sagittario (Gole de) AQ ... 64 Q 23
Sagliano Micca BI .... 19 F 6
Sagrado GO .... 17 E 22
Sagrata PS .... 46 L 19
Sagron-Mis TN .... 12 D 17
Saiano BS .... 22 F 12
Sailetto MN .... 31 G 14
Sala AV .... 70 E 26
Sala FO .... 41 J 19

Sala TR .... 51 N 18
Sala Baganza PR .... 30 H 12
Sala Biellese BI .... 19 F 5
Sala Bolognese BO .... 31 I 15
Sala Comacina CO .... 9 E 9
Sala Consilina SA .... 76 F 28
Salandra MT .... 77 F 30
Salandrella MT .... 77 F 30
Salaparuta TP .... 97 N 21
Salaparuta (Ruderi di) TP.. 97 N 20
Salara RO .... 32 H 16
Salarno (Lago di) BS ...... 10 D 13
Salasco VC .... 20 G 6
Salassa TO .... 19 G 5
Salbertrand TO .... 26 G 2
Saldura (Punta) BZ .... 2 B 14
Sale AL .... 28 H 8
Sale Marasino BS .... 22 E 12
Saie Porcus (Stagno) OR .. 114 H 7
Sale S. Giovanni CN ...... 35 I 4
Salemi TP .... 97 N 20
Salento SA .... 76 G 27
Salerano sul Lambro LO ... 21 G 10
Salerno SA .... 75 E 26
Salerno (Golfo di) SA ..... 75 F 25

Saletto PD .... 24 G 16
Saletto UD .... 15 C 22
Saletto di Piave TV .... 25 E 19
Salgareda TV .... 16 E 19
Sali Vercellese VC .... 20 G 6
Salice KR .... 87 J 33
Salice Salentino LE .... 81 F 35
Salice Terme PV .... 29 H 9
Saliceto CN .... 35 I 6
Saliceto Parano MO .... 31 I 14
Salici (Monte) EN .... 100 N 25
Salici (Punta) OT .... 109 E 8
Salina MN .... 31 H 13
Salina (Canale della) ME .. 94 L 26
Salina (Isola) ME .... 94 L 26
Salinas (Torre) CA .... 119 I 10
Saline MC .... 52 M 22
Saline (Cala) OR .... 114 G 7
Saline di Volterra PI ...... 43 L 14
Saline Ioniche RC .... 90 N 29
Salisano RI .... 58 P 20
Salito CL .... 103 O 23
Salizzole VR .... 23 G 15
Salle (la) AO .... 18 E 3
Salle Nuova PE .... 60 P 23
Salmenta (Masseria) LE .. 79 G 35
Salmour CN .... 27 I 5
Salò BS .... 23 F 13

Salomone (Masseria) BA .. 72 E 30
Salonetto / Schlaneid BZ .. 3 C 15
Salorno / Salurn BZ .... 11 D 15
Salso PA .... 99 N 24
Salso EN .... 100 N 25
Salso o Imera
  Meridionale EN .... 103 O 24
Salsola FG .... 66 C 27
Salsomaggiore Terme PR ... 30 H 11
Salsominore PC .... 29 I 10
Saltara PS .... 46 K 20
Saltaus / Saltusio BZ ...... 3 B 15
Saltino FI .... 44 K 16
Salto MO .... 39 J 14
Salto di Quirra CA .... 119 I 10
Salto (Fiume) RI .... 59 P 21
Salto (Lago del) RI .... 59 P 21
Saltusio / Saltaus BZ ...... 3 B 15
Saludecio RN .... 41 K 20
Saluggia VC .... 19 G 6
Salurn / Salorno BZ .... 11 D 15
Salussola BI .... 19 F 6
Saluzzo CN .... 27 I 4
Salvarano RE .... 30 I 13
Salvarosa TV .... 24 E 17
Salvaterra RE .... 31 I 14
Salve LE .... 83 H 36
Salviano LI .... 42 L 13
Salvirola CR .... 22 F 11
Salvitelle SA .... 76 F 28
Salza di Pinerolo TO ...... 26 H 3
Salza Irpina AV .... 70 E 26
Salzano VE .... 25 F 18
Samarate VA .... 20 F 8
Samassi VS .... 118 I 8
Samatzai CA .... 118 I 9
Sambiase CZ .... 88 K 30
Samboseto PR .... 30 H 12
Sambuca FI .... 43 L 15
Sambuca di Sicilia AG ..... 97 O 21
Sambuca (Passo) FI .... 40 J 16
Sambuca Pistoiese PT ..... 39 J 15
Sambuceto CH .... 60 O 24
Sambucheto TR .... 58 O 20
Sambuchi PA .... 98 N 22
Sambuci RM .... 58 Q 20
Sambucina
  (Abbazia della) CS ...... 85 I 30
Sambuco CN .... 34 I 3
Sambuco (Monte) FG ..... 66 C 27
Sambughé TV .... 25 F 18
Sambughetti (Monte) EN .. 99 N 25
Sammartini BO .... 31 H 15
Sammichele di Bari BA .... 73 E 32
Sammommè PT .... 39 J 14
Samo RC .... 91 M 30
Samoggia BO .... 39 J 15
Samolaco SO .... 9 D 10
Samone MO .... 39 I 14
Samone TN .... 12 D 16
Sampeyre CN .... 26 I 3
Sampierdarena GE .... 36 I 8
Sampieri RG .... 106 Q 26
Sampieri (Pizzo) PA ...... 99 N 23
Samugheo OR .... 115 H 8
San Remo IM .... 35 K 5
S. Adriano FI .... 40 J 16
S. Agapito IS .... 65 R 24
S. Agata CS .... 85 I 31
S. Agata RC .... 90 M 29
S. Agata (Monte) EN ..... 100 O 25
S. Agata FI .... 40 J 16
S. Agata alle Terrine AR ... 45 L 18
S. Agata PC .... 30 H 12
S. Agata Bolognese BO ... 31 I 15
S. Agata de' Goti BN ..... 70 D 25
S. Agata del Bianco RC ... 91 M 30
S. Agata di Esaro CS ..... 85 I 29
S. Agata di Militello ME .. 100 M 25
S. Agata di Puglia FG .... 71 D 28
S. Agata Feltria PS ...... 41 K 18
S. Agata Fossili AL ...... 28 H 8
S. Agata li Battiati CT ... 101 O 27
S. Agata sui Due Golfi NA .. 74 F 25
S. Agata sul Santerno RA .. 40 I 17
S. Agnello NA .... 74 F 25
S. Agostino FE .... 32 H 16
S. Agrippina (Masseria) EN .. 99 N 25
S. Albano FG .... 29 H 9
S. Albano Stura CN .... 27 I 5
S. Alberto BO .... 32 H 16
S. Alberto RA .... 33 I 18
S. Alberto TV .... 25 F 18
S. Alberto di Butrio
  (Abbazia) PV .... 29 H 9
S. Albino SI .... 50 M 17

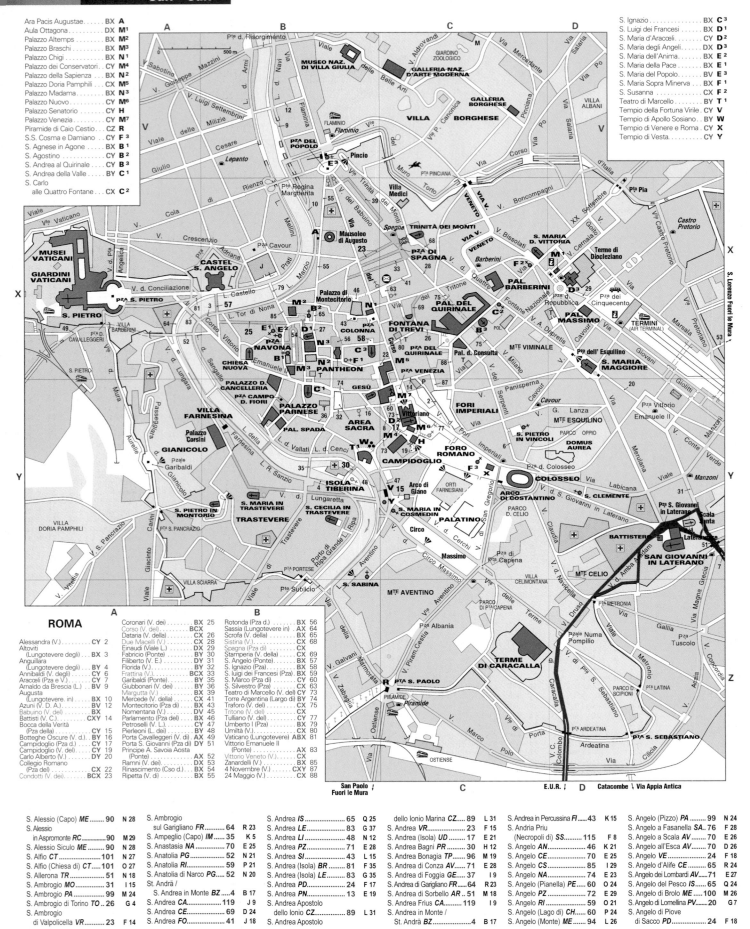

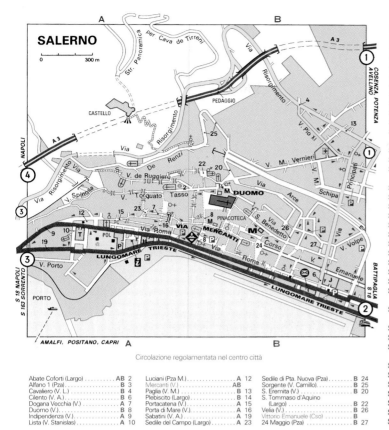

SALERNO

0 — 300 m

Abate Coforti (Largo)	AB 2
Alfano 1 (Pza)	B 3
Cavaliero (V. L.)	B 4
Cilento (V. A.)	B 6
Dogana Vecchia (V.)	A 7
Duomo (V.)	B 8
Indipendenza (V.)	A 9
Lista (V. Stanislas)	A 10
Luciani (Pza M.)	A 12
Mercanti (V.)	AB
Paglia (V. M.)	B 13
Piebiscito (Largo)	B 14
Portacatena (V.)	A 15
Porta di Mare (V.)	A 16
Sabatini (V. A.)	A 19
Sedile del Campo (Largo)	A 23
Sedile di Pta. Nuova (Pza)	B 24
Sorgente (V. Camillo)	B 25
S. Eremita (V.)	B 20
S. Tommaso d'Aquino (Largo)	B 22
Velia (V. A.)	B 26
Vittorio Emanuele (Cso)	B
24 Maggio (Pza)	B 27

S. Carlo *PA*	97	O 21
S. Carlo *FG*	71	D 29
S. Carlo *FE*	32	H 16
S. Carlo *FO*	41	J 18
S. Carlo *LI*	49	M 13
S. Carlo *RC*	90	N 29
S. Carlo (Colle) *AO*	18	E 2
S. Carlo Terme *MS*	38	J 12
S. Carlo Vanzone *VB*	7	E 6
S. Casciano (Lago di) *VT*	50	N 17
S. Casciano dei Bagni *SI*	50	N 17
S. Casciano in Val d'Pesa *FI*	43	L 15
S. Cassiano *RA*	40	J 17
S. Cassiano *SO*	9	D 10
S. Cassiano / St. Kassian *BZ*	4	C 17
S. Cassiano (Cima) *BZ*	3	B 16
S. Cassiano in Pennino *FO*	40	J 17
S. Cataldo *LE*	81	F 36
S. Cataldo *CL*	103	O 23
Sta Caterina *GR*	50	N 16
Sta Caterina *LE*	83	G 35
Sta Caterina *OR*	114	G 7
Sta Caterina (Stagno di) *CI*	118	J 7
Sta Caterina *BL*	5	C 19
Sta Caterina Albanese *CS*	85	I 30
Sta Caterina *PR*	30	H 12
Sta Caterina / St. Katharina (vicino a Merano) *BZ*	3	C 15
Sta Caterina (vicino a Rattisio Nuovo) *BZ*	3	B 14
Sta Caterina del Sasso *VA*	8	E 7
Sta Caterina dello Ionio *CZ*	89	L 31
Sta Caterina dello Ionio Marina *CZ*	89	L 31
Sta Caterina di Pittinuri *OR*	114	G 7
Sta Caterina (Monte) *TP*	96	N 18
Sta Caterina Valfurva *SO*	10	C 13
Sta Caterina Villarmosa *CL*	99	O 24
S. Centignano *VT*	58	O 18
Sta Cesarea Terme *LE*	83	G 37
S. Cesareo *RM*	63	Q 20
S. Cesario di Lecce *LE*	81	G 36
S. Cesario sul Panaro *MO*	31	I 15
S. Chiaffredo *CN*	27	I 4
S. Chiara *OR*	115	G 8
S. Chirico (Masseria) *FG*	67	C 29
S. Chirico Nuovo *PZ*	77	E 30
S. Chirico Raparo *PZ*	77	G 30
St. Christina i. Gröden / Sta Cristina Valgardena *BZ*	4	C 17
S. Cipirello *PA*	97	N 21
S. Cipriano d'Aversa *CE*	69	D 24
S. Cipriano Picentino *SA*	75	E 26
S. Cipriano Po *PV*	29	G 9
S. Ciro *TP*	97	N 20
S. Claudio al Chienti *MC*	53	M 22
S. Clemente *BO*	40	J 16
S. Clemente *CE*	64	R 23
S. Clemente a Casauria (Abbazia) *PE*	60	P 23
S. Clemente al Vomano *TE*	60	O 23
S. Colombano *BS*	22	E 13
S. Colombano al Lambro *MI*	21	G 10
S. Colombano Certenoli *GE*	37	I 9
S. Colombano *FO*	41	J 18
S. Cono *CT*	104	P 25
S. Corrado di Fuori *SR*	105	Q 27
S. Cosimo della Macchia *BR*	79	F 35
Santi Cosma e Damiano *LT*	64	S 23
S. Cosmo Albanese *CS*	85	I 31
S. Costantino *PZ*	76	G 29
S. Costantino Albanese *PZ*	77	G 30
S. Costantino Calabro *VV*	88	L 30
S. Costanzo *PS*	46	K 21
S. Cresci *FI*	40	K 16
S. Crispieri *TA*	79	F 34
S. Crista d'Acri *CS*	85	I 31
S. Cristina *OR*	115	G 8
S. Cristina (Chiesa di) *OR*	115	G 8
S. Cristina e Bissone *PV*	29	G 10
Sta Cristina Gela *PA*	97	N 21
Sta Cristina Valgardena / St. Christina in Gröden *BZ*	4	C 17
S. Cristoforo *AL*	28	H 8
S. Cristoforo *AR*	45	L 17
S. Cristoforo *TN*	11	D 15
Sta Croce *SO*	9	D 10
Sta Croce *AN*	46	L 20
Sta Croce *CE*	64	S 23
Sta Croce *RI*	59	O 21
Sta Croce *TS*	17	E 23
Sta Croce (Capo) *SR*	105	P 27
Sta Croce (Forca di) *PG*	52	N 21
Sta Croce (Monte) *CE*	64	S 23
Sta Croce (Monte) *PZ*	71	E 28
Sta Croce Cameina *RG*	106	Q 25
Sta Croce (Capo) *SV*	35	J 6
Sta Croce del Lago *BL*	13	D 18
Sta Croce del Sannio *BN*	65	R 26
Sta Croce di Magliano *CB*	66	B 26
Sta Croce (Lago di) *BL*	13	D 19
Sta Croce sull'Arno *PI*	43	K 14
Sta Crocella (Passo) *CB*	65	R 25
S. Dalmazio *MO*	39	I 14
S. Dalmazio *PI*	49	M 14
S. Dalmazio *SI*	50	L 15
S. Damaso *MO*	31	I 14
S. Damiano *PG*	51	N 19
S. Damiano *PC*	29	H 11
S. Damiano (Assisi) *PG*	51	M 19
S. Damiano al Colle *PV*	29	G 10
S. Damiano d'Asti *AT*	27	H 6
S. Damiano Macra *CN*	26	I 3
S. Daniele del Friuli *UD*	14	D 21
S. Daniele Po *CR*	30	G 12
S. Demetrio *SR*	105	O 27
S. Demetrio Corone *CS*	85	I 31
S. Demetrio ne' Vestini *AQ*	59	P 22
S. Desiderio *GE*	37	I 9
Sta Domenica *VV*	88	L 29
Sta Domenica (Abbazia di) *CS*	86	J 30
Sta Domenica Talao *CS*	84	H 29
Sta Domenica Vittoria *ME*	100	N 26

S. Angelo in Colle *SI*	50	N 16
S. Angelo in Formis *CE*	69	D 24
S. Angelo in Lizzola *PS*	46	K 20
S. Angelo in Pontano *MC*	52	M 22
S. Angelo in Theodice *FR*	64	R 23
S. Angelo in Vado *PS*	45	L 19
S. Angelo in Villa *FR*	64	R 22
S. Angelo le Fratte *PZ*	76	F 28
S. Angelo Limosano *CB*	65	Q 25
S. Angelo Lodigiano *LO*	21	G 10
S. Angelo (Monte) *LT*	68	S 22
S. Angelo Muxaro *AG*	102	O 22
S. Angelo Romano *RM*	58	P 20
S. Anna *AG*	97	O 21
S. Anna *OR*	115	H 7
S. Anna (vicino a Bianco) *RC*	91	M 30
S. Anna (vicino a Seminara) *RC*	90	M 29
S. Anna *LU*	38	K 12
S. Anna Arresi *CI*	120	J 7
S. Anna *VE*	33	G 18
S. Anna (vicino a Bellino) *CN*	26	I 2
S. Anna (vicino a Cuneo) *CN*	34	I 4
S. Anna (vicino a Demonte) *CN*	34	J 3
S. Anna (Sant.) *CN*	34	J 3
S. Anna d'Alfaedo *VR*	23	F 14
S. Anna di Boccafossa *VE*	16	F 20
S. Anna Morosina *PD*	24	F 17
S. Anna Pelago *MO*	39	J 13
S. Ansano *FI*	43	K 14
S. Antimo *NA*	69	E 24
S. Antimo (Castelnuovo dell'Abate) *SI*	50	M 16
Santu Antine *SS*	111	F 8
Santu Antine (Santuario) *OR*	115	G 8
S. Antioco *CI*	118	J 7
S. Antioco (Isola di) *CI*	118	J 7
S. Antioco di Bisarcio *SS*	111	F 8
S. Antonino di Susa *TO*	26	G 3
S. Antonio *AQ*	65	Q 24
S. Antonio *BL*	13	D 18
S. Antonio *BO*	32	I 17
S. Antonio *FR*	63	R 22
S. Antonio *MO*	39	I 14
S. Antonio (Monte) *NU*	115	G 8
S. Antonio *SO*	2	C 13
S. Antonio *VA*	8	E 8
S. Antonio *VI*	23	E 15
S. Antonio *VT*	57	O 17
S. Antonio (Eremo di) *AQ*	64	Q 24
S. Antonio (Santuario) *BR*	79	F 35
S. Antonio Abate *NA*	75	E 25
S. Antonio di Gallura *OT*	109	E 9
S. Antonio di Mavignola *TN*	11	D 14
S. Antonio di Ranverso *TO*	26	G 4
S. Antonio di Santadi *VS*	118	H 7
S. Antonio in Mercadello *MO*	31	H 14
S. Antonio (Lago di) *LT*	63	R 20
S. Antonio Negri *CR*	22	G 12
S. Antonio Ruinas *OR*	115	H 8
S. Antonio (Serra) *AQ*	63	Q 22
S. Apollinare *FR*	64	R 23
S. Apollinare in Classe *RA*	41	I 18
S. Arcangelo *PG*	51	M 18
S. Arcangelo *PZ*	77	G 30
S. Arcangelo (Monte) *MT*	77	G 31
S. Arcangelo Trimonte *BN*	70	D 26
S. Arpino *CE*	69	E 24
S. Arsenio *SA*	76	F 28
Sta Barbara *NU*	115	G 8
Sta Barbara *SA*	76	G 27
Sta Barbara *ME*	100	M 27
Sta Barbara *RG*	106	Q 25
S. Barnaba *RA*	40	J 17
S. Baronto *PT*	39	K 14
St. Barthelemy *AO*	19	E 4
S. Bartolo *ME*	95	K 27
S. Bartolo (Bivio) *AG*	97	O 21
S. Bartolomeo *CN*	35	J 4
S. Bartolomeo *PG*	45	L 19
S. Bartolomeo *TR*	58	O 19
S. Bartolomeo *TS*	17	F 23
S. Bartolomeo (Colle) *IM*	35	J 5
S. Bartolomeo al Mare *IM*	35	K 5
S. Bartolomeo de' Fossi *PG*	51	M 18
S. Bartolomeo in Bosco *FE*	32	H 16
S. Bartolomeo in Galdo *BN*	70	C 27
S. Bartolomeo Val Cavargna *CO*	9	D 9
S. Basile *CS*	85	H 30
S. Basilio *CA*	119	I 9
S. Basilio *ME*	101	M 27
S. Bassano *CR*	22	G 11
S. Bellino *RO*	32	G 16
S. Benedetto *CI*	118	I 7
S. Benedetto (Subiaco) *RM*	63	Q 21
S. Benedetto (vicino a Pietralunga) *PG*	45	L 19
S. Benedetto (vicino ad Umbertide) *PG*	51	L 19
S. Benedetto (Alpe di) *FO*	40	K 17
S. Benedetto dei Marsi *AQ*	59	P 22
S. Benedetto del Querceto *BO*	40	J 16
S. Benedetto del Tronto *AP*	53	N 23
S. Benedetto in Alpe *FO*	40	K 17
S. Benedetto in Perillis *AQ*	60	P 23
S. Benedetto Po *MN*	31	G 14
S. Benedetto Ullano *CS*	86	I 30
S. Benedetto Val di Sambro *BO*	39	J 15
S. Benigno Canavese *TO*	19	G 5
S. Bernardino *TO*	26	G 4
S. Bernardino *PS*	46	K 19
S. Bernardino *RA*	32	I 17
S. Bernardo *SO*	10	D 11
S. Bernardo (Colla) *IM*	35	J 5
S. Bernardo (Colle) *CN*	35	J 6
S. Berniero *SA*	75	F 26
S. Bernolfo *CN*	34	J 3
S. Biagio *PV*	20	G 8
S. Biagio *ME*	101	M 27
S. Biagio *MO*	31	H 15
S. Biagio *PA*	97	O 21
S. Biagio *PD*	24	F 17
S. Biagio *FR*	64	R 23
S. Biagio (vicino ad Argenta) *FE*	32	I 17
S. Biagio (vicino a Bondeno) *FE*	32	H 16
S. Biagio (Santuario) *PZ*	84	H 29
S. Biagio della Cima *IM*	35	K 4
S. Biagio di Callalta *TV*	25	E 19
S. Biagio Platani *AG*	102	O 22
S. Biagio Saracinisco *FR*	64	R 23
Sta Bianca *FE*	32	H 16
S. Biase *CB*	65	Q 25
S. Biase *SA*	76	F 27
S. Boldo (Passo di) *TV*	13	D 18
S. Bonico *PC*	29	G 11
S. Bonifacio *VR*	23	F 15
S. Bortolo delle Montagne *VR*	23	F 15
Sta Brigida *BG*	9	E 10
Sta Brigida *FI*	40	K 16
S. Brizio *PG*	51	N 20
S. Bruzio *GR*	56	O 15
S. Buono *CH*	61	Q 25
S. Calogero *VV*	88	L 30
S. Calogero (Monte) *PA*	99	N 23
S. Candido / Innichen *BZ*	4	B 18
S. Canzian d'Isonzo *GO*	17	E 22
S. Carlo *GE*	28	I 8

SAN GIMIGNANO

| Berignano (V.) | |
| Bonda (V. di) | 2 |

Circolazione stradale regolamentata nel centro città

Capassi (V.)	
Castello (V. del)	3
Cisterna (Pza della)	
Diacceto (V.)	4
Duomo (Pza del)	
Folgore da S. Gimignono (V.)	
Fonti (V. delle)	
Fossi (V. dei)	
Garibaldi (V.)	
Ghiacciaia (V.)	
Mainardi (V.)	7
Martiri di Montemaggio (Piazzale dei)	
Pecori (Pza Luigi)	9
Piandornella (V.)	
Quercecchio (V. di)	8
Romite (V. delle)	
Santo Stefano (V.)	12
S. Giovanni (V.)	
S. Matteo (V.)	
20 Settembre (V.)	13

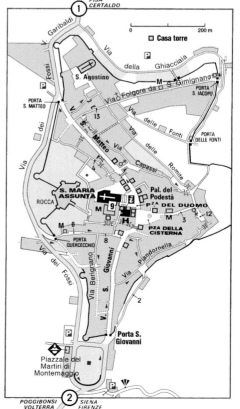

S. Domenico *VB*	8	D 6
S. Domenico (Masseria) *TA*	78	F 32
S. Domino *FG*	66	A 28
S. Domino (Isola) (I. Tremiti)	66	A 28
S. Donà di Piave *VE*	16	F 19
S. Donaci *BR*	79	F 35
S. Donato *TA*	79	F 33
S. Donato *GR*	55	O 15
S. Donato *LU*	38	K 13
S. Donato *SI*	43	L 15
S. Donato di Lecce *LE*	83	G 36
S. Donato di Ninea *CS*	85	H 30
S. Donato in Collina *FI*	44	K 16
S. Donato in Poggio *FI*	43	L 15
S. Donato in Tavignone *PS*	45	K 19
S. Donato Milanese *MI*	21	F 9
S. Donato Val di Comino *FR*	64	Q 23
S. Donnino *FI*	43	K 15
S. Donnino *MO*	31	I 14
S. Dono *VE*	24	F 18
S. Dorligo della Valle *TS*	17	F 23
S. Efisio *CA*	121	J 9
S. Egidio *PG*	51	M 19
S. Egidio alla Vibrata *TE*	17	N 23
S. Elena *MC*	52	M 21
S. Elena *PD*	24	G 17
S. Elena Sannita *IS*	65	R 25
S. Elia *CA*	119	J 9
S. Elia *ME*	100	N 25
S. Elia *AN*	46	L 21
S. Elia *CZ*	89	K 31
S. Elia *RC*	90	N 29
S. Elia *RI*	58	O 20
S. Elia (Monte) *RC*	88	L 29
S. Elia (Monte) *TA*	73	F 33
S. Elia a Pianisi *CB*	66	C 26
S. Elia (Capo) *CA*	119	J 9
S. Elia Fiumerapido *FR*	64	R 23
S. Elisabetta *AG*	102	O 22
S. Elisabetta *TO*	19	F 4
S. Ellero *FI*	44	K 16
S. Ellero *FO*	40	K 17
S. Elpidio *RI*	59	P 21
S. Elpidio a Mare *AP*	53	M 23
S. Elpidio Morico *AP*	53	M 23
S. Enea *PG*	51	M 19
S. Eraclio *PG*	51	N 20
S. Erasmo *MC*	52	M 21
S. Erasmo *TR*	58	O 19
S. Eufemia *FO*	40	K 17
S. Eufemia (Faro di) *FG*	67	B 30
S. Eufemia (Golfo di) *VV*	88	K 29
S. Eufemia a Maiella *PE*	60	P 24
S. Eufemia d'Aspromonte *RC*	90	M 29
S. Eufemia della Fonte *BS*	22	F 12
S. Eufemia Lamezia *CZ*	88	K 30
S. Eufemia Vetere *CZ*	88	K 30
S. Eurosia *BI*	19	F 6
S. Eusanio del Sangro *CH*	60	P 24
S. Eusebio *BS*	22	F 13
S. Eusebio *MO*	31	I 14
S. Eutizio (Abbazia di) *PG*	60	N 21
S. Faustino *PG*	45	L 19
S. Fedele Intelvi *CO*	9	E 9
S. Fele *PZ*	71	E 28
S. Felice *CE*	65	S 24
S. Felice a Cancello *CE*	70	D 25
S. Felice Circeo *LT*	68	S 23
S. Felice del Benaco *BS*	23	F 13
S. Felice del Molise *CB*	65	Q 26
S. Felice / S. Felix *BZ*	3	C 15
S. Felice sul Panaro *MO*	31	H 15
St. Felix / S. Felice *BZ*	3	C 15
S. Ferdinando *RC*	88	L 29
S. Ferdinando di Puglia *FG*	72	D 30
S. Fidenzio (Abbazia) *PG*	51	N 19
S. Fili *CS*	86	I 30
S. Filippo *RI*	58	O 20
S. Filippo *OT*	109	E 9
S. Filippo del Mela *ME*	90	M 27
S. Filippo di Fragala *ME*	100	M 26
Ss. Filippo e Giacomo *TP*	96	M 19
S. Fior *TV*	13	E 19
Sta Fiora *GR*	50	N 16
S. Fiorano *PS*	46	L 19
Sta Firmina *AR*	45	L 17
Sta Flavia *PA*	98	M 22
S. Floreano *UD*	14	D 21
S. Floriano / Obereggen *BZ*	12	C 16
S. Floriano del Collio *GO*	17	E 22
S. Floro *CZ*	89	K 31
S. Foca *LE*	81	G 37
S. Foca *PN*	13	D 20
S. Fortunato (Montefalco) *PG*	51	N 19

Sta Francesca *FR*	64	Q 22
S. Francesco *RI*	58	O 20
S. Francesco *TA*	73	E 32
S. Francesco (Santuario di) (Paola) *CS*	86	I 30
S. Francesco a Folloni *AV*	70	E 27
S. Francesco al Campo *TO*	019	G 4
S. Francesco *PN*	14	D 20
S. Francesco *TN*	12	D 16
S. Francesco *VR*	23	F 15
S. Fratello *ME*	100	M 25
S. Fruttuoso *GE*	37	J 9
S. Gabriele *BO*	32	I 16
S. Gaetano *VE*	16	F 20
S. Galgano (Abbazia di) *SI*	49	M 15
S. Gavino Monreale *VS*	118	I 8
S. Gemiliano *CA*	119	I 9
S. Gemini *TR*	58	O 19
S. Gemini Fonte *TR*	58	O 19
S. Genesio Atesino / Jenesien *BZ*	3	C 15
S. Genesio ed Uniti *PV*	21	G 9
S. Gennaro *LU*	39	K 13
S. Gennaro Vesuviano *NA*	70	E 25
S. Georgen / S. Giorgio *BZ*	4	B 17
S. Germano Chisone *TO*	26	H 3
S. Germano dei Berici *VI*	24	F 16
S. Germano Vercellese *VC*	20	F 6
Sta Gertrude / St. Gertraud *BZ*	3	C 14
S. Gervasio *BI*	43	L 14
S. Gervasio Bresciano *BS*	22	G 12
S. Giacomo *RG*	104	Q 26
S. Giacomo *CH*	61	P 25
S. Giacomo *TE*	53	N 22
S. Giacomo (Masseria) *BR*	79	F 34
S. Giacomo / St. Jakob (vicino a Bolzano) *BZ*	3	C 15
S. Giacomo *PV*	29	G 9
S. Giacomo *RE*	31	H 13
S. Giacomo (vicino a Boves) *CN*	35	J 4
S. Giacomo (vicino a Demonte) *CN*	34	I 3
S. Giacomo (Passo di) *VB*	8	C 7
S. Giacomo (Val) *SO*	9	C 10
S. Giacomo / St. Jakob *vicino a Vipiteno BZ*	4	B 16
S. Giacomo (Cima) *BZ*	3	B 16
S. Giacomo (Convento) *RI*	58	O 20
S. Giacomo d'Acri *CS*	85	I 31
S. Giacomo degli Schiavoni *CB*	61	Q 26
S. Giacomo delle Segnate *MN*	31	H 15
S. Giacomo di Fraele (Lago di) *SO*	2	C 12
S. Giacomo di Martignone *BO*	31	I 15
S. Giacomo di Veglia *TV*	13	E 18
S. Giacomo Filippo *SO*	9	C 10
S. Giacomo Maggiore *MO*	39	J 14
S. Giacomo Roncole *MO*	31	H 15
S. Giacomo Vercellese *VC*	20	F 6
S. Gillio *TO*	19	G 4
S. Gimignanello *SI*	50	M 16
S. Gimignano *SI*	43	L 15
S. Ginesio *MC*	52	M 21
S. Giorgio *CA*	118	J 8
S. Giorgio *SV*	36	J 7
S. Giorgio *AG*	102	O 24
S. Giorgio *BA*	73	D 32
S. Giorgio *CT*	100	O 27
S. Giorgio *EN*	100	O 25
S. Giorgio *FE*	32	I 17
S. Giorgio *FO*	41	J 18
S. Giorgio *ME*	94	M 26
S. Giorgio *PS*	45	K 20
S. Giorgio *PZ*	72	E 29
S. Giorgio *RI*	59	O 21
S. Giorgio *TR*	59	O 20
S. Giorgio (Chiesa) *CS*	85	I 31
S. Giorgio *UD*	15	C 21
S. Giorgio *VR*	23	E 15
S. Giorgio / St. Georgen *BZ*	4	B 17
S. Giorgio a Colonica *FI*	39	K 15
S. Giorgio a Cremano *NA*	69	E 25
S. Giorgio Albanese *CS*	85	I 31
S. Giorgio Canavese *TO*	19	F 5
S. Giorgio della Richinvelda *PN*	14	D 20
S. Giorgio delle Pertiche *PD*	24	F 17
S. Giorgio di Cesena *FO*	41	J 18
S. Giorgio di Livenza *VE*	16	F 20
S. Giorgio di Lomellina *PV*	20	G 8
S. Giorgio di Nogaro *UD*	17	E 21

S. Giorgio di Pesaro *PS*	46	K 20
S. Giorgio di Piano *BO*	32	I 16
S. Giorgio in Bosco *PD*	24	F 17
S. Giorgio in Salici *VR*	23	F 14
S. Giorgio Ionico *TA*	79	F 34
S. Giorgio la Molara *BN*	70	D 26
S. Giorgio Lucano *MT*	77	G 31
S. Giorgio Monferrato *AL*	28	G 7
S. Giorgio Morgeto *RC*	88	L 30
S. Giorgio Piacentino *PC*	29	H 11
S. Giorgio (Rio di) *OG*	119	I 10
S. Giorio di Susa *TO*	18	G 3
San Giovanni *PC*	29	H 10
S. Giovanni *AQ*	59	P 21
S. Giovanni *AP*	52	N 22
S. Giovanni *CZ*	87	J 31
S. Giovanni *CI*	118	I 7
S. Giovanni (vicino a Castelsardo) *SS*	111	E 8
S. Giovanni (vicino a Sassari) *SS*	110	E 7
S. Giovanni (Lago) *AG*	103	P 23
S. Giovanni a Piro *SA*	76	G 28
S. Giovanni a Teduccio *NA*	69	E 24
S. Giovanni *CN*	27	I 5
S. Giovanni *FE*	33	H 18
S. Giovanni *TN*	11	E 14
S. Giovanni (vicino a Polcenigo) *PN*	13	D 19
S. Giovanni (vicino a S. Vito al T.) *PN*	13	E 20
S. Giovanni / St. Johann *BZ*	4	B 17
S. Giovanni al Mavone *TE*	59	O 23
S. Giovanni al Natisone *UD*	17	E 22
S. Giovanni al Timavo *TS*	17	E 22
S. Giovanni Bianco *BG*	9	E 10
S. Giovanni d'Asso *SI*	50	M 16
S. Giovanni del Dosso *MN*	31	H 15
S. Giovanni del Pantano *PG*	51	M 18
S. Giovanni delle Contee *GR*	50	N 17
S. Giovanni di Baiano *PG*	51	N 20
S. Giovanni di Gerace *RC*	88	L 30
S. Giovanni di Sinis *OR*	114	H 7
S. Giovanni Galermo *CT*	100	O 27
S. Giovanni Gemini *AG*	98	O 22
S. Giovanni Ilarione *VR*	23	F 15
S. Giovanni in Argentella *RM*	58	P 20
S. Giovanni in Croce *CR*	30	G 13
S. Giovanni in Fiore *CS*	87	J 32
S. Giovanni in Fonte *PZ*	71	D 29
S. Giovanni in Galdo *CB*	65	R 26
S. Giovanni in Galilea *FO*	41	K 19
S. Giovanni in Ghiaiolo *PS*	45	K 19
S. Giovanni in Marignano *RN*	41	K 20
S. Giovanni in Persiceto *BO*	31	I 15
S. Giovanni in Venere *CH*	61	P 25
S. Giovanni Incarico *FR*	64	R 22
S. Giovanni Incarico (Lago di) *FR*	64	R 22
S. Giovanni la Punta *CT*	101	O 27
S. Giovanni Lipioni *CH*	65	Q 25
S. Giovanni Lupatoto *VR*	23	F 15
S. Giovanni Maggiore *FI*	40	K 16
S. Giovanni Reatino *RI*	58	O 20
S. Giovanni Rotondo *FG*	67	B 29
S. Giovanni Suergiu *CI*	118	J 7
S. Giovanni Teatino *CH*	60	O 24
S. Giovanni Valdarno *AR*	44	L 16
S. Girolamo *OG*	117	H 10
Sta Giulia *SV*	27	I 6
S. Giuliano *PC*	30	G 11
S. Giuliano *VT*	57	O 17
S. Giuliano (Lago di) *MT*	77	F 31
S. Giuliano del Sannio *CB*	65	R 25
S. Giuliano di Puglia *CB*	66	B 26
S. Giuliano Milanese *MI*	21	F 9
S. Giuliano Nuovo *AL*	28	H 8
S. Giuliano Terme *PI*	42	K 13
S. Giulio (Isola) *NO*	20	E 7
S. Giuseppe *FE*	33	H 18
S. Giuseppe *MC*	52	M 21
S. Giuseppe *SI*	50	M 17
S. Giuseppe Iato *PA*	97	N 21
S. Giuseppe Vesuviano *NA*	70	E 25
Sta Giusta *OR*	114	H 7
Sta Giusta (Monte) *SS*	110	E 6
Sta Giusta (Ponte) *FG*	66	C 28
S. Giusta (Stagno di) *OR*	114	H 7
Sta Giustina *PR*	29	I 10
Sta Giustina *RN*	41	J 19
Sta Giustina *BL*	12	D 18
Sta Giustina (Lago di) *TN*	11	C 15
Sta Giustina in Colle *PD*	24	F 17

S. Giustino *PG*	45	L 18
S. Giustino Valdarno *AR*	44	L 17
S. Giusto *MC*	52	M 21
S. Giusto Canavese *TO*	19	G 5
S. Godenzo *FI*	40	K 16
S. Grato *AO*	19	E 5
S. Gregorio *CA*	119	J 10
S. Gregorio *PG*	51	M 19
S. Gregorio *VR*	24	F 15
S. Gregorio *LE*	83	H 36
S. Gregorio *RC*	90	M 28
S. Gregorio da Sassola *RM*	63	Q 20
S. Gregorio d'Ippona *VV*	88	L 30
S. Gregorio Magno *SA*	76	F 28
S. Gregorio Matese *CE*	65	R 25
S. Gregorio nelle Alpi *BL*	12	D 18
S. Guglielmo al Goleto (Abbazia) *AV*	71	E 27
S. Guido *LI*	49	M 13
S. Gusme *SI*	44	L 16
Sto Ianni *CE*	69	D 24
S. Ignazio *OR*	115	G 8
S. Ilario *PZ*	71	E 28
S. Ilario dello Ionio *RC*	91	M 30
S. Ilario d'Enza *RE*	30	H 13
S. Ilario di Baganza *PR*	30	I 12
S. Ilario Trebbio *MC*	52	M 21
S. Imento *PC*	29	G 10
S. Ippolito *PS*	46	K 20
S. Ippolito *PI*	49	M 14
S. Isidoro *LE*	79	G 35
S. Isidoro (vicino a Quartu S. Elena) *CA*	119	J 9
S. Isidoro (vicino a Teulada) *CA*	120	K 8
St. Jacques *AO*	7	E 5
S. Johann / S. Giovanni *BZ*	4	B 17
S. Jorio (Passo di) *CO*	9	D 9
St. Kassian / S. Cassiano *BZ*	4	C 17
S. Latino *CR*	22	G 11
S. Lazzaro *NA*	75	F 25
S. Lazzaro *PS*	46	K 20
S. Lazzaro di Savena *BO*	40	I 16
S. Leo *RC*	90	M 28
S. Leo *AR*	44	L 17
S. Leo *PS*	41	K 19
S. Leonardo *FG*	71	D 29
S. Leonardo *OR*	115	G 8
S. Leonardo *UD*	15	D 22
S. Leonardo (Passo) *AQ*	60	P 24
S. Leonardo / St. Leonhard *BZ*	4	B 17
S. Leonardo de Siete Fuentes *OR*	115	G 7

S. Leonardo di Cutro *KR*	89	K 32
S. Leonardo di Siponto *FG*	67	C 29
S. Leonardo in Passiria / St. Leonhard in Passeier *BZ*	3	B 15
S. Leonardo Valcellina *PN*	13	D 20
S. Leone *AG*	102	P 22
S. Leonardo in Passeier / S. Leonardo in Passiria *BZ*	3	B 15
St. Leonhard / S. Leonardo *BZ*	4	B 17
S. Leucio del Sannio *BN*	70	D 26
S. Liberale *VE*	25	F 19
Sta Liberata *GR*	55	O 15
S. Liberato *TR*	58	O 19
S. Liberato (Lago di) *TR*	58	O 19
S. Liberatore (Cappella) *AV*	70	D 27
S. Loe *PA*	97	N 21
S. Lorenzello *BN*	65	S 25
S. Lorenzo *RC*	90	M 29
S. Lorenzo *LT*	64	S 23
S. Lorenzo *MC*	52	M 21
S. Lorenzo *OT*	113	E 11
S. Lorenzo *SS*	111	E 7
S. Lorenzo (Certosa di) (Padula) *SA*	76	F 28
S. Lorenzo a Merse *SI*	49	M 15
S. Lorenzo (vicino a Camagnola) *CN*	27	H 5
S. Lorenzo (vicino a Cuneo) *CN*	35	I 4
S. Lorenzo (vicino a Savigliano) *CN*	27	I 5
S. Lorenzo al Lago *MC*	52	M 21
S. Lorenzo al Mare *IM*	35	K 5
S. Lorenzo *PN*	13	E 20
S. Lorenzo *UD*	17	E 22
S. Lorenzo Bellizzi *CS*	85	H 30
S. Lorenzo del Vallo *CS*	85	H 30
S. Lorenzo de' Picenardi *CR*	30	G 12
S. Lorenzo di Rabatta *PG*	51	M 19
S. Lorenzo di Sebato / St. Lorenzen *BZ*	4	B 17
S. Lorenzo e Flaviano *RI*	52	O 21
S. Lorenzo in Campo *PS*	46	L 20
S. Lorenzo in Correggiano *RN*	41	J 19
S. Lorenzo in Noceto *FO*	40	J 18
S. Lorenzo Isontino *GO*	17	E 22
S. Lorenzo Maggiore *BN*	65	S 25
S. Lorenzo Nuovo *VT*	50	N 17
S. Lorenzo Vecchio *SR*	107	Q 27
S. Luca *PG*	51	N 20

S. Luca *RC*	91	M 30
Sta Luce *PI*	43	L 13
Sta Luce (Lago di) *PI*	42	L 13
Sta Lucia *CA*	119	I 9
Sta Lucia *BA*	80	E 33
Sta Lucia *BN*	65	R 25
Sta Lucia *FI*	39	J 15
Sta Lucia *NU*	113	F 11
Sta Lucia *PG*	45	L 18
Sta Lucia *RI*	59	P 21
Sta Lucia *SI*	43	L 15
Sta Lucia (vicino a Nocera) *AV*	75	E 26
Sta Lucia (Chiesa di) *AV*	71	E 27
Sta Lucia *MN*	31	G 15
Sta Lucia *SO*	2	C 13
Sta Lucia (Terme di) *RE*	38	I 12
Sta Lucia del Mela *ME*	90	M 27
Sta Lucia delle Spianate *RA*	40	J 17
Sta Lucia di Serino *AV*	70	E 26
Sta Lucia (Rio) *CA*	118	J 8
S. Lucido *CS*	86	J 30
S. Lugano *BZ*	12	D 16
S. Lugano (Pale di) *BL*	12	D 17
S. Lugano (Val di) *BL*	12	D 17
S. Lupo *BN*	65	S 25
Santu Lussurgiu *OR*	115	H 8
Santu Lussurgiu (Località) *OR*	115	G 7
S. Macario in Piano *LU*	38	K 13
S. Macario (Isola) *CA*	121	J 9
Sta Maddalena in Casies / St. Magdalena *BZ*	4	B 18
Sta Maddalena Vallalda / S. Magdalena *BZ*	4	C 17
S. Magno *BA*	72	D 31
S. Mamete *CO*	9	D 9
S. Mango *SA*	75	G 27
S. Mango d'Aquino *CZ*	86	J 30
S. Mango Piemonte *SA*	75	E 26
S. Mango sul Calore *AV*	70	E 26
St. Marcel *AO*	19	E 4
S. Marcello *AN*	46	L 21
S. Marcello Pistoiese *PT*	39	J 14
S. Marco *ME*	101	M 27
S. Marco *AQ*	59	O 21
S. Marco *BA*	80	E 33
S. Marco *CT*	90	N 27
S. Marco *PG*	51	M 19
S. Marco *RA*	41	I 18
S. Marcovicino a Caserta *CE*	70	D 25

SAN MARINO

0 — 300 m

Circolazione automobilistica vietata entro le mura

RIMINI — S 72 — A 14

Venti otto — Via — Luglio — Giorgio

Ventidue — Marzo — Via O. — Scarito

BORGO MAGGIORE

Via — Piana

Costa dell'Arnella

Strada Sottomontana

Ordelaffi

Via — Montello

Via — Campo

PALAZZO DEL TURISMO

GUARDIA DI ROCCA

San Marino

Palazzo Pubblico

ROCCA GUÀITA

Via — Giudei

Via — Napoleone

Salita alla Cesta

ROCCA DELLA FRATTA

Via A. Onofri

S. Giulio (Isola) — Via — dei

Via — G. Giacomini

Bonaparte

Via — della — Piana

Via P. Franciosi

PANORAMICA

ROCCA MONTALE

STRADA

Via G. Matteotti

Via J. F. Kennedy

Belli

Bella — V. d. — Vallone

CATTOLICA

Basilicius (V.) ... Y 2
Capannacia (V. della) ... Z 3
Collegio (Contrada del) ... Y 5
Domus Plebis (Piazzale) ... Y 6
Donna Felicissima (V.) ... Y 7
Fratta (V. della) ... Y 8
Libertà (Pza della) ... Y 9
Maccioni (V. Francesco) ... Z 12
Mura (Contrada delle) ... Y 13
Omerelli (Contrada) ... Y 15
Salita alla Rocca (V.) ... Y 16
Santa Croce (Contrada) ... Y 19

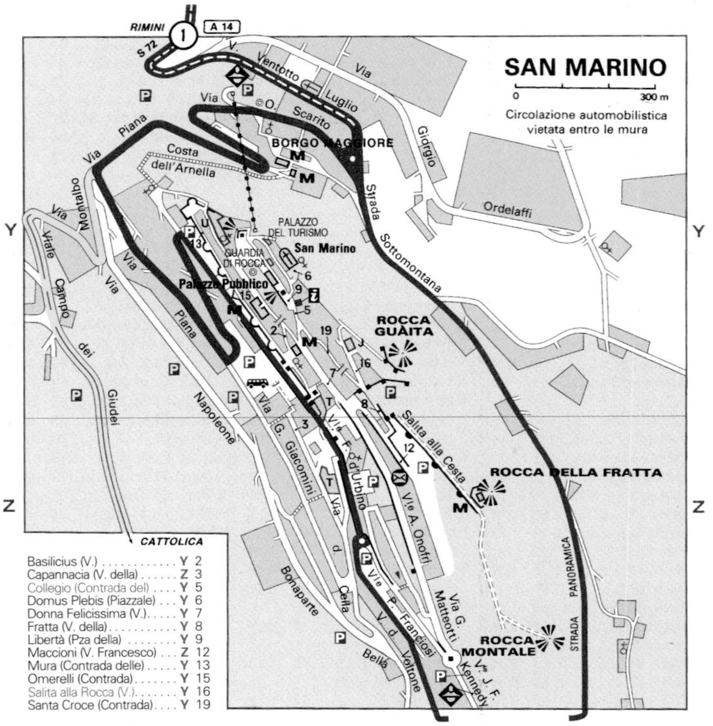

S. Marco (vicino a Castellabate) *SA*... 75 G 26
S. Marco (vicino a Teano) *CE*... 69 D 24
S. Marco (vicino a Teggiano) *SA*... 76 F 28
S. Marco *PD*... 24 G 16
S. Marco Argentano *CS*... 85 I 30
S. Marco *UD*... 14 D 21
S. Marco (Capo) *AG*... 102 O 21
S. Marco (Capo) *OR*... 114 H 7
S. Marco d'Alunzio *ME*... 100 M 26
S. Marco dei Cavoti *BN*... 70 D 26
S. Marco Evangelista *CE*... 69 D 25
S. Marco in Lamis *FG*... 67 B 28
S. Marco in Lamis (Stazione di) *FG*... 66 B 28
S. Marco la Catola *FG*... 66 C 27
S. Marco (Passo) *BG*...9 D 10
S. Marco (Rifugio) *BL*...4 C 18
Sta Margherita *CA*... 121 K 8
Sta Margherita *AP*... 52 M 22
Sta Margherita *FI*... 39 J 15
Sta Margherita *PR*... 30 H 12
Sta Margherita d'Adige *PD*... 24 G 16
Sta Margherita di Belice *AG*... 97 N 21
Sta Margherita di Staffora *PV*... 29 H 9
Sta Margherita Ligure *GE*... 37 J 9
Sta Maria *CI*... 118 J 7
Sta Maria *CZ*... 89 K 31
Sta Maria *ME*... 100 M 26
Sta Maria (Isola) *OT*... 109 D 10
Sta Maria de Siones *MO*... 39 I 14
Sta Maria *TR*... 58 O 19
Sta Maria (Canale) *RI*... 66 C 27
Sta Maria (Monte) *CT*... 100 N 26
Sta Maria *PC*... 29 H 10
Sta Maria *VR*... 23 F 15
Sta Maria *VC*...7 E 6
Sta Maria a Belverde *SI*... 50 N 17
Sta Maria a Mare (Giogo di) / Umbrail (Pass) *SO*...2 C 13
Sta Maria a Mare *AP*... 53 M 23
Sta Maria a Mare *FG*... 66 A 28
Sta Maria a Monte *PI*... 43 K 14
Sta Maria a Pantano *CE*... 69 E 24
Sta Maria a Pié di Chienti *MC*... 53 M 22
Sta Maria a Vezzano *FI*... 40 K 16
Sta Maria a Vico *CE*... 70 D 25
Sta Maria al Bagno *LE*... 83 G 35
Sta Maria alla Fonderia *BZ*...2 C 14
Sta Maria Amaseno *FR*... 64 Q 22
Sta Maria Arabona *PE*... 60 P 24
Sta Maria Capua Vetere *CE*... 69 D 24
Sta Maria Codifiume *BO*... 32 I 16
Sta Maria Coghinas *SS*... 111 E 8
Sta Maria d'Anglona *MT*... 78 G 31
Sta Maria d'Armi (Santuario) *CS*... 85 H 31
Sta Maria d'Attoli *TA*... 78 F 32
Sta Maria degli Angeli *PG*... 51 M 19
Sta Maria dei Bisognosi *AQ*... 59 P 21
Sta Maria dei Lattani *CE*... 64 S 23
Sta Maria dei Martiri *SA*... 76 G 28
Sta Maria dei Sabbioni *CR*... 22 G 11
Sta Maria del Bosco *PA*... 97 N 21
Sta Maria del Bosco *VV*... 88 L 30
Sta Maria del Calcinaio *AR*... 50 M 17
Sta Maria del Casale *BR*... 81 F 35
Sta Maria del Cedro *CS*... 84 H 29
Sta Maria del Lago (Moscufo) *PE*... 60 O 24
Sta Maria del Monte *VA*...8 E 8
Sta Maria del Monte *CS*... 85 H 30
Sta Maria del Monte *RN*... 41 K 20
Sta Maria del Patire (Santuario) *CS*... 85 I 31
Sta Maria del Plano *FR*... 64 R 23
Sta Maria del Rivo *PC*... 29 H 11
Sta Maria del Taro *PR*... 37 I 10
Sta Maria della Colonna (Convento) *BA*... 72 D 31
Sta Maria della Consolazione *PG*... 51 N 19
Sta Maria della Matina *CS*. 85 I 30
Sta Maria della Strada *CB*. 65 R 26
Sta Maria della Versa *PV*... 29 H 9
Sta Maria delle Grazie di Forno *FO*... 41 J 18
Sta Maria delle Grazie *ME* 95 M 27
Sta Maria delle Grotte *AQ*. 59 P 22
Sta Maria delle Vertighe *AR*... 50 M 17
Sta Maria di Antico *PS*... 41 K 18
Sta Maria di Arzilla *PS*... 46 K 20

Sta Maria di Barbana *GO*.. 17 E 22
Sta Maria di Bressanoro *CR*... 22 G 11
Sta Maria di Castellabate *SA*... 75 G 26
Sta Maria di Cerrate (Abbazia) *LE*... 81 F 36
Sta Maria di Corte (Abbazia) *NU*... 115 G 8
Sta Maria di Flumentepido *CI*... 118 J 7
Sta Maria di Galeria *RM*... 58 P 18
Sta Maria di Gesù *PA*... 98 M 22
Sta Maria di Giano *BA*... 72 D 31
Sta Maria di Legarano *RI*... 58 O 20
Sta Maria di Leuca (Capo) *LE*. 83 H 37
Sta Maria di Leuca (Santuario) *LE*... 83 H 37
Sta Maria di Licodia *CT*... 100 O 26
Sta Maria di Loreto *SA*... 76 E 27
Sta Maria di Merino *FG*... 67 B 30
Sta Maria di Pieca *MC*... 52 M 21
Sta Maria di Portonovo *AN*... 47 L 22
Sta Maria di Propezzano *TE* 53 O 23
Sta Maria di Pugliano *FR*... 63 Q 21
Sta Maria di Rambona *MC*... 52 M 21
Sta Maria di Ronzano *TE*... 59 O 23
Sta Maria di Sala *VE*... 24 F 18
Sta Maria di Sala *VT*... 57 O 17
Sta Maria di Sette *PG*... 51 L 18
Sta Maria di Siponto *FG*... 67 C 29
Sta Maria d'Irsi *MT*... 72 E 31
Sta Maria in Castello *FO*... 40 J 17
Sta Maria in Selva (Abbazia di) *MC*... 52 M 22
Sta Maria in Stelle *VR*... 23 F 15
Sta Maria in Valle Porclaneta *AQ*... 59 P 22
Sta Maria in Vescovio *RI*... 58 P 19
Sta Maria Infante *LT*... 64 S 23
Sta Maria la Fossa *CE*... 69 D 24
Sta Maria la Longa *UD*... 17 E 21
Sta Maria la Palma *SS*... 110 F 6
Sta Maria Lignano *PG*... 51 M 20
Sta Maria Maddalena *SS* 111 F 9
Sta Maria Maddalena *RO*.. 32 H 16
Sta Maria Maggiore *VB*... 8 D 7
Sta Maria Navarrese *OG*. 117 H 11
Sta Maria Nuova *AN*... 46 L 21
Sta Maria Nuova *FO*... 41 J 18
Sta Maria Occorrevole *CE*. 65 R 25
Sta Maria Orsoleo *PZ*... 77 G 30
Sta Maria Pietrarossa *PG*.. 51 N 20
Sta Maria Rassinata *AR*... 45 L 18
Sta Maria Rezzonico *CO*...9 D 9
S. Mariano *PG*... 51 M 18
Ste Marie *AQ*... 59 P 21
Sta Marina *FO*... 40 J 17
Sta Marina *SA*... 76 G 28
Sta Marina Salina *ME*... 94 L 26
Sta Marinella *RM*... 57 P 17
Sto Marino *MO*... 31 H 14
Sta Marino *TR*... 51 N 18
San Marino (Repubblica di) *RSM*... 41 K 19
S. Maroto *MC*... 52 M 21
St. Martin / S. Martino *BZ*... 4 B 18
St. Martin in Passeier / S. Martino in Passiria *BZ*..3 B 15
St. Martin in Thurn / S. Martino in Badia *BZ*...4 B 17
S. Martino *BO*... 40 I 17
S. Martino *LI*... 48 N 12
S. Martino *PG*... 45 L 19
S. Martino *RI*... 59 O 22
S. Martino / Reinswald *BZ*...3 B 16
S. Martino *BS*... 22 E 13
S. Martino *CN*... 26 H 4
S. Martino *NO*... 20 F 8
S. Martino *PR*... 30 H 13
S. Martino *SV*... 36 I 7
S. Martino *SO*...9 D 10
S. Martino / St. Martin *BZ*... 4 B 18
S. Martino (Pal di) *TN*... 12 D 17
S. Martino a Maiano *FI*... 40 K 16
S. Martino a Scopeto *FI*... 40 K 16
S. Martino al Cimino *VT*... 57 O 18
S. Martino al Monte *BZ*...3 C 14
S. Martino al Tagliamento *PN*... 16 D 20
S. Martino Alfieri *AT*... 27 H 6
S. Martino alla Palma *FI*... 43 K 15
S. Martino Buon Albergo *VR*.. 23 F 15
S. Martino Canavese *TO*... 19 F 5
S. Martino d'Agri *PZ*... 77 G 30
S. Martino dall'Argine *MN*.. 30 G 13
S. Martino dei Muri *PS*... 46 L 20
S. Martino del Piano *PS*... 45 L 19

S. Martino della Battaglia *BS*... 23 F 13
S. Martino delle Scale *PA*.. 97 M 21
S. Martino di Campagna *PN*... 13 D 19
S. Martino di Castrozza *TN*... 12 D 17
S. Martino di Finita *CS*... 85 I 30
S. Martino di Lupari *PD*... 24 F 17
S. Martino di Venezze *RO*. 32 G 17
S. Martino in Argine *BO*... 32 I 16
S. Martino in Badia / St. Martin in Thurn *BZ*...4 B 17
S. Martino in Beliseto *CR*... 22 G 11
S. Martino in Campo *PG*... 51 M 19
S. Martino in Colle (vicino a Gubbio) *PG*... 51 L 19
S. Martino in Colle (vicino a Perugia) *PG*... 51 M 19
S. Martino in Freddana *LU* 38 K 13
S. Martino in Gattara *RA*... 40 J 17
S. Martino in Passiria / St. Martin in Passeier *BZ*..3 B 15
S. Martino in Pensilis *CB*... 66 B 27
S. Martino in Rio *RE*... 31 H 14
S. Martino in Soverzano *BO*... 32 I 16
S. Martino in Strada *FO*... 41 J 19
S. Martino Montenero *BZ*...3 B 15
S. Martino Pizzo *VB*...7 D 6
S. Martino Siccomario *PV*.. 21 G 9
S. Martino Spino *MO*... 31 H 15
S. Martino sul Fiora *GR*... 50 N 16
S. Martino Valle Caudina *AV*... 70 D 25
S. Marzano di S. Giuseppe *TA*... 79 F 34
S. Marzano Oliveto *AT*... 28 H 6
S. Marzano sul Sarno *SA*.. 70 E 25
S. Massimo *CB*... 65 R 25
S. Matteo *CN*... 34 I 4
S. Matteo *FG*... 66 B 28
S. Matteo (Punta) *SO*...11 C 13
San Matteo della Decima *BO*. 31 H 15
S. Matteo delle Chiaviche *MN*. 31 G 13
S. Matteo in Lamis (S. Marco) *FG*... 67 B 28
S. Maurizio Canavese *TO*... 19 G 4
S. Maurizio d'Opaglio *NO*... 20 E 7
S. Mauro *NU*... 115 G 9
S. Mauro (Varco) *CS*... 86 I 31
S. Mauro a Mare *FO*... 41 J 19
S. Mauro Castelverde *PA*.. 99 N 24
S. Mauro Cilento *SA*... 75 G 27
S. Mauro di Saline *VR*... 23 F 15
S. Mauro Forte *MT*... 77 F 30
S. Mauro la Bruca *SA*... 76 G 27
S. Mauro Marchesato *KR*.. 87 J 32
S. Mauro (Monte) *CA*... 119 I 9
S. Mauro Pascoli *FO*... 41 J 19
S. Mauro Torinese *TO*... 27 G 5
S. Mazzeo *CZ*... 86 J 30
S. Menaio *FG*... 67 B 29
S. Miai Terraseo (Monte) *CI*.. 118 J 7
S. Miali (Punta di) *VS*... 118 I 8
S. Michele *VS*... 118 I 8
S. Michele *BS*... 23 E 14
S. Michele *IM*... 35 K 4
S. Michele *LT*... 63 R 20
S. Michele *NA*... 75 F 25
S. Michele *PS*... 46 L 20
S. Michele *PC*... 29 H 11
S. Michele (Punta) *CI*... 118 I 7
S. Michele *RA*... 41 I 18
S. Michele *RE*... 31 H 14
S. Michele *SA*... 76 F 28
S. Michele (Abbazia) *PZ*... 71 E 28
S. Michele (Monte) *LT*... 64 R 20
S. Michele all'Adige *TN*... 11 D 15
S. Michele al Tagliamento *VE*... 16 E 20
S. Michele Arenas (Monte) *CI*... 118 J 7
S. Michele dei Mucchietti *MO*... 31 I 14
S. Michele di Ganzaria *CT*... 104 P 25
S. Michele di Piave *TV*... 25 E 19
S. Michele di Plaiano *SS*. 110 E 7
S. Michele di Salvenero *SS*... 111 F 8
S. Michele di Serino *AV*... 70 E 26
S. Michele Gatti *PR*... 30 H 12
S. Michele in Bosco *MN*... 31 G 13
S. Michele in Teverina *VT*.. 57 O 18
S. Michele Mondovì *CN*... 35 I 5
S. Michele (Monte) (Gorizia) *GO*... 17 E 22
S. Michele Salentino *BR*... 80 F 34
S. Miniato *PI*... 43 K 14
Sta Monica *RN*... 41 K 20
S. Morello *CS*... 87 I 32
S. Nazario (Santuario) *FG*. 66 B 28

S. Nazzaro *PR*... 30 H 12
S. Nazzaro *PC*... 30 G 11
S. Nazzaro Sesia *NO*... 20 F 7
S. Nicola *AQ*... 59 P 21
S. Nicola *ME*... 100 M 26
S. Nicola *PZ*... 72 E 29
S. Nicola *SA*... 76 G 27
S. Nicola (vicino ad Ardore) *RC*... 91 M 30
S. Nicola (vicino a Caulonia) *RC*... 88 L 31
S. Nicola Arcella *CS*... 84 H 29
S. Nicola Baronia *AV*... 71 D 27
S. Nicola da Crissa *VV*... 88 L 30
S. Nicola dell'Alto *KR*... 87 J 32
S. Nicola la Strada *CE*... 69 D 25
S. Nicola l'Arena *PA*... 98 M 22
S. Nicola Manfredi *BN*... 70 D 26
S. Nicola (Monte) *BA*... 80 E 33
S. Nicola (Monte) *PA*... 102 O 22
S. Nicola Varano *FG*... 67 B 29
St. Nicolas *AO*... 18 E 3
S. Nicolò *PC*... 29 G 10
S. Nicolò *FE*... 32 H 17
S. Nicolò *PG*... 51 N 20
S. Nicolò a Tordino *TE*... 53 N 23
S. Nicolò / St. Nikolaus *BZ*...3 C 14
S. Nicolò d'Arcidano *OR*.. 118 H 7
S. Nicolò di Comelico *BL*...5 C 19
S. Nicolò di Trullas *SS*... 115 F 8
S. Nicolò Gerrei *CA*... 119 I 9
S. Nicolò Po *MN*... 31 G 13
S. Nikolaus / S. Nicolò *BZ*...3 C 14
Sta Ninfa *TP*... 97 N 20
S. Odorico *UD*... 14 D 20
S. Olcese *GE*... 28 I 8
St. Pierre *AO*... 18 E 3
Sta Oliva *FR*... 64 R 22
S. Omero *TE*... 53 N 23
S. Omobono Imagna *BG*... 21 E 10
S. Onofrio *CS*... 85 H 30
S. Onofrio *LT*... 64 R 22
S. Onofrio *TE*... 53 N 23
S. Oreste *RM*... 58 P 19
S. Orsola *TN*... 12 D 15
S. Osvaldo (Passo di) *PN*.. 13 D 19
St. Oyen *AO*...6 E 3
Sto Padre delle Perriere *TP*.. 96 N 19
Sta Panagia *SR*... 105 P 27
Sta Panagia (Capo) *SR*... 105 P 27
S. Pancrazio *OT*... 109 D 9
S. Pancrazio *AR*... 44 L 16
S. Pancrazio *FI*... 43 L 15
S. Pancrazio *PR*... 30 H 12
S. Pancrazio *RA*... 41 I 18
S. Pancrazio Salentino *BR*... 79 F 35
S. Pancrazio / St. Pankraz *BZ*...3 C 15
S. Panfilo d'Ocre *AQ*... 59 P 22
St. Pankraz / S. Pancrazio *BZ*...3 C 15
S. Pantaleo *OT*... 109 D 10
S. Pantaleo (Isola) *TP*... 96 N 19
S. Pantaleone *RC*... 90 N 29
Sta Paolina *AV*... 70 D 26
S. Paolino (Monte) *CL*... 103 O 23
S. Paolo *SR*... 107 Q 27
S. Paolo *OT*... 113 E 10
S. Paolo *TA*... 80 F 33
S. Paolo (Isola) *TA*... 78 F 33
S. Paolo (Masseria) *TA*... 79 F 33
S. Paolo Albanese *PZ*... 77 G 31

S. Paolo *BS*... 22 F 12
S. Paolo Bel Sito *NA*... 70 E 25
S. Paolo Cervo *BI*... 19 F 6
S. Paolo di Civitate *FG*... 66 B 27
S. Paolo di Jesi *AN*... 46 L 21
S. Paolo *PN*... 16 E 20
S. Paolo Solbrito *AT*... 27 H 5
S. Pasquale *OT*... 109 D 9
S. Paterniano *AN*... 47 L 22
S. Patrizio *RA*... 32 I 17
Santu Pedru (Tomba) *SS*... 110 F 7
S. Pelino (Corfinio) *AQ*... 60 P 23
S. Pelino (vicino ad Avezzano) *AQ*... 59 P 22
S. Pelino (vicino a Montereale) *AQ*... 59 O 21
S. Pellegrinetto *MO*... 39 I 14
S. Pellegrino *FI*... 40 J 16
S. Pellegrino *PT*... 39 J 14
S. Pellegrino (vicino a Fossato di Vico) *PG*... 51 M 20
S. Pellegrino (vicino a Norcia) *PG*... 52 N 21
S. Pellegrino (Passo) *TN*... 12 C 17
S. Pellegrino (Val di) *TN*... 12 C 17
S. Pellegrino in Alpe *MO*... 38 J 13
S. Pellegrino Terme *BG*... 21 E 10
St. Peter / S. Pietro *BZ*...4 A 18
S. Pier d'Isonzo *GO*... 17 E 22
S. Pier Niceto *ME*... 90 M 28
S. Piero a Grado *PI*... 42 K 13
S. Piero a Ponti *FI*... 39 K 15
S. Piero a Sieve *FI*... 40 K 15
S. Piero in Bagno *FO*... 40 K 17
S. Piero in Campo *LI*... 48 N 12
S. Piero in Campo *SI*... 50 N 17
S. Piero Patti *ME*... 100 M 26
S. Pietro *AQ*... 59 O 22
S. Pietro *VS*... 118 I 8
S. Pietro *ME*... 94 L 27
S. Pietro *NA*... 74 F 25
S. Pietro *OR*... 114 H 7
S. Pietro *PG*... 51 N 20
S. Pietro *RI*... 58 O 20
S. Pietro *VT*... 57 O 17
S. Pietro (Badia di) *AN*... 47 L 22
S. Pietro (Lago di) *AV*... 71 D 28
S. Pietro (Monte) *CI*... 118 I 7
S. Pietro (Monte) *OT*... 109 E 9
S. Pietro (Chiesa) *LC*... 21 E 9
S. Pietro a Maida *CZ*... 88 K 31
S. Pietro a Maida Scalo *CZ*... 88 K 30
S. Pietro a Monte *PG*... 51 L 18
S. Pietro *VE*... 33 G 15
S. Pietro (Canale di) *UD*...5 C 21
S. Pietro al Natisone *UD*... 15 D 22
S. Pietro al Tanagro *SA*... 76 F 28
S. Pietro all'Olmo *MI*... 21 F 9
S. Pietro Apostolo *CZ*... 86 J 31
S. Pietro Avellana *IS*... 65 Q 24
S. Pietro Belvedere *PI*... 43 L 13
S. Pietro Casasco *PV*... 29 H 9
S. Pietro Clarenza *CT*... 100 O 26
S. Pietro di Carida *RC*... 88 L 30
S. Pietro di Carnia *UD*...5 C 21
S. Pietro di Feletto *TV*... 13 E 18
S. Pietro di Morubio *VR*... 23 G 15

S. Pietro di Ruda *OT*... 109 E 9
S. Pietro di Simbranos *SS* 111 E 8
S. Pietro di Sorres *SS*... 111 F 8
Ss. Pietro e Paolo *ME*... 90 N 27
S. Pietro in Amantea *CS*... 86 J 30
S. Pietro in Bevagna *TA*... 79 G 35
S. Pietro in Campiano *RA*. 41 J 18
S. Pietro in Cariano *VR*... 23 F 14
S. Pietro in Casale *BO*... 32 H 16
S. Pietro in Cerro *PC*... 30 G 11
S. Pietro in Curolis *FR*... 64 R 23
S. Pietro in Gu *PD*... 24 F 16
S. Pietro in Guarano *CS*... 86 I 30
S. Pietro in Lama *LE*... 81 G 36
S. Pietro in Palazzi *LI*... 48 M 13
S. Pietro in Silvis *RA*... 40 I 17
S. Pietro in Valle *IS*... 65 R 25
S. Pietro in Valle *TR*... 58 O 20
S. Pietro in Vincoli *RA*... 41 J 18
S. Pietro in Volta *VE*... 25 G 18
S. Pietro Infine *CE*... 64 R 23
S. Pietro (Isola) *TA*... 78 F 33
S. Pietro (Isola di) *CI*... 118 J 6
S. Pietro Mosezzo *NO*... 20 F 7
S. Pietro Mussolino *VI*... 23 F 15
S. Pietro Polesine *RO*... 32 G 16
S. Pietro Valdastico *VI*... 12 E 16
S. Pietro Vara *SP*... 37 I 10
S. Pietro Vernotico *BR*... 81 F 35
S. Pietro Viminario *PD*... 24 G 17
S. Pio delle Camere *AQ*... 59 P 22
S. Polo *AR*... 45 L 17
S. Polo dei Cavalieri *RM*... 58 P 20
S. Polo d'Enza *RE*... 30 I 13
S. Polo di Piave *TV*... 25 E 19
S. Polo in Chianti *FI*... 44 K 16
S. Polo Matese *CB*... 65 R 25
S. Possidonio *MO*... 31 H 14
S. Potito *AQ*... 59 P 22
S. Potito Sannitico *CE*... 65 R 25
S. Presto *PG*... 51 M 20
S. Priamo *CA*... 119 I 10
S. Primo (Monte) *CO*...9 E 9
S. Prisco *CE*... 69 D 24
S. Procopio *RC*... 90 M 29
Sta Procula Maggiore *RM*... 62 R 19
S. Prospero *PG*... 51 I 15
S. Prospero *PR*... 30 H 13
S. Protaso *PC*... 30 H 11
S. Puoto (Lago) *LT*... 64 S 22
San Quirico *PO*... 39 J 15
S. Quirico *GR*... 50 N 17
S. Quirico *LU*... 38 K 13
S. Quirico *PG*... 51 M 19
S. Quirico d'Orcia *SI*... 50 M 16
Sta Rania *KR*... 87 J 32
S. Regolo *SI*... 44 L 16
Sta Reparata *OT*... 109 D 9
Sta Reparata (Chiesa) *OT*... 111 F 9
Sta Restituta *SS*... 115 F 9
Sta Restituta *TR*... 58 O 19
Sta Rita *CL*... 103 O 24
S. Roberto *RC*... 90 M 29
S. Rocco *CN*... 27 I 6
S. Rocco *GE*... 37 I 9
S. Rocco *LU*... 38 K 13
S. Rocco *RE*... 31 H 13
S. Rocco *SO*... 2 C 12
S. Rocco (Galleria) *RI*... 59 P 21

SAN REMO

Cassini (Pza) ... B 2
Cavallotti (Cso) ... B 3
Colombo (V.) ... B 4
Dante Alighieri (V.) ... B 5
Feraldi (V.) ... B 6
Gioberti (V.) ... B 7
Manzoni (V.) ... B 8
Matteotti (V.) ...
Matuzia (Cso) ... A 10
Mombello (Cso) ... B 13
Palazzo (V.) ... B 14
Roccasterone (V.) ... B
Roma (V.) ... B
San Francesco (Pza) ... B 17
San Siro (Pza) ... B 19
20 Settembre (V.) ... B 18

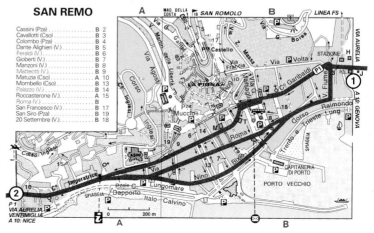

S. Rocco a Pilli *SI* 50   M 15
S. Rocco al Porto *LO* 29   G 11
S. Romano *PI* 43   K 14
S. Romano *RE* 31   I 13
S. Romano
  in Garfagnana *LU* 38   J 13
S. Remedio *TN* 11   C 15
S. Romolo *IM* 35   K 5
Sta Rosalia *AG* 98   O 22
S. Rossore (Tenuta di) *PI*.. 42   K 12
Sta Rufina *RI* 58   O 20
S. Rufino (Abbazia di) *AP*. 52   M 22
S. Rufo *SA* 76   F 28
S. Saba *ME* 90   M 28
Sta Sabina *BR* 80   E 35
Sta Sabina *NU* 115   G 8
S. Salvatore *BS* 10   D 13
S. Salvatore *OR* 114   H 7
S. Salvatore *AV* 70   E 26
S. Salvatore *BA* 72   D 30
S. Salvatore *FG* 67   B 29
S. Salvatore (Monte) *PA*... 99   N 24
S. Salvatore (Badia) *PG*... 51   M 19
S. Salvatore
  Monferrato *AL* 28   G 7
S. Salvatore Telesino *BN*.. 70   D 25
S. Salvo *CH* 61   P 26
S. Salvo Marina *CH* 61   P 26
S. Saturnino (Terme di) *SS*.115   F 9
S. Savino *FO* 40   J 17
S. Savino *PG* 51   M 18
S. Savino *PS* 46   L 20
S. Savino *RA* 40   I 17
S. Savino *SI* 50   M 17
Sta Scolastica
  (Subiaco) *RM* 63   Q 21
S. Sebastiano
  al Vesuvio *NA* 70   E 25
S. Sebastiano Curone *AL*. 29   H 9
S. Sebastiano da Po *TO*... 19   G 5
S. Secondo *PG* 45   L 18
S. Secondo di Pinerolo *TO*... 26   H 3
S. Secondo Parmense *PR*.. 30   H 12
Sta Severa *RM* 57   P 17
Sta Severina *KR* 87   J 32
S. Severino Lucano *PZ* ... 77   G 30
S. Severino Marche *MC* ... 52   M 21
S. Severo *BS* 66   B 28
S. Severo *TR* 51   N 18
S. Silvestro *PE* 60   O 24
S. Silvestro (vicino a
  Fabriano) *AN* 52   M 20
S. Silvestro (vicino a
  Senigallia) *AN* 46   L 21
S. Silvestro *MN* 31   G 14
S. Silvestro (Rocca di) *LI*. 49   M 13
S. Simone *BG* 9   D 11
S. Simone *CA* 119   I 9
S. Simone *TA* 80   F 33
S. Simone (Rio) *OT* 113   N 10
S. Siro *CO* 9   D 9
S. Siro *PD* 24   G 17
S. Siro Foce *GE* 37   I 10
S. Sisto *PG* 45   K 19
S. Sisto *RE* 30   H 13
Sta Sofia *FO* 40   K 17
Sta Sofia d'Epiro *CS* 85   I 30
S. Sosio *FR* 63   R 22
S. Sossio Baronia *AV* 71   D 27
S. Sostene *CZ* 88   L 31
S. Sosti *CS* 85   I 30
S. Sperate *CA* 118   I 9
Sto Spirito *BA* 73   D 32
Sto Spirito *CL* 103   O 24
Sto Spirito *PE* 60   P 24
Sto Stefano (Isola) *OT*... 109   D 10
Sto Stefano *AN* 46   L 20
Sto Stefano *AV* 59   P 21
Sto Stefano *CB* 65   R 25
Sto Stefano *FI* 43   L 14
Sto Stefano *LI* 48   N 14
Sto Stefano *RA* 41   J 18
Sto Stefano *TE* 53   O 22
Sto Stefano (Monte) *LT*.... 63   R 21
Sto Stefano al Mare *IM*..... 35   K 5
Sto Stefano *RO* 31   G 15
Sto Stefano *FR* 64   F 16
Sto Stefano Belbo *CN* 27   H 6
Sto Stefano d'Aveto *GE* ... 29   I 10
Sto Stefano del Sole *AV*... 70   E 26
Sto Stefano di Briga *ME*... 90   M 28
Sto Stefano di Cadore *BL*.. 5   C 19
Sto Stefano
  di Camastra *ME* 99   M 25
Sto Stefano di Magra *SP*.. 38   J 11
Sto Stefano di Sessanio *AQ*.59   O 22

Sto Stefano
  in Aspromonte *RC* 90   M 29
Sto Stefano Lodigiano *LO*.. 29   G 11
Sto Stefano Quisquina *AG*.. 98   O 22
Sto Stino di Livenza *VE*... 16   E 20
S. Tammaro *CE* 69   D 24
Sta Tecla *CT* 101   O 27
S. Teodoro *ME* 100   N 26
S. Teodoro *OT* 113   E 11
S. Teodoro (Grotta di) *ME*.. 100   M 25
S. Teodoro (Stagno di) *OT*.113   E 11
S. Teodoro (Terme di) *AV*. 71   E 27
S. Terenziano *PG* 51   N 19
S. Terenzo *SP* 38   J 11
S. Teresa di Riva *ME* 90   N 28
S. Teresa Gallura *OT* 109   D 9
Sto Todaro *VV* 88   L 31
S. Tomaso Agordino *BL*... 12   C 17
S. Tommaso *CH* 60   P 25
S. Tommaso *PE* 60   P 23
SS. Trinità di Delia *TP*...... 97   N 20
SS. Trinità di Saccargia *SS*.. 111   E 8
S. Trovaso *TV* 25   F 18
S. Ubaldo *Gubbio PG*..... 45   L 19
St. Ulrich / Ortisei *BZ*...... 4   C 17
S. Urbano *PD* 32   G 16
S. Urbano *MC* 46   L 21
S. Urbano *TR* 58   O 19
Sta Valburga /
  St. Walburg *BZ* 3   C 15
S. Valentin a. d. Haide /
  S. Valentino alla Muta *BZ*.2   B 13
S. Valentino *TN* 23   E 14
S. Valentino *GR* 50   N 17
S. Valentino *PG* 51   N 19
S. Valentino *TR* 58   O 19
S. Valentino alla Muta /
  S. Valentin a. d. Haide *BZ*.2   B 13
S. Valentino in Abruzzo *PE*. 60   P 24
S. Valentino Torio *SA* 70   E 25
S. Veit / S. Vito *BZ* 4   B 18
S. Venanzio *MO* 31   I 14
S. Venanzo *TR* 51   N 18
S. Vendemiano *TV* 13   E 19
Sta Venera *CT* 101   N 27
Sta Venere *ME / SR*..... 104   P 26
Sta Venere (Ponte) *SA*.... 71   D 28
Sta Venerina *CT* 101   N 27
S. Vero Milis *OR* 114   G 7
S. Vicino (Monte) *MC* 52   M 21
St. Vigil / S. Vigilio *BZ*...... 3   C 15
St. Vigil / S. Vigilio
  di Marebbe *BZ* 4   B 17
S. Vigilio / St Vigil *BZ*...... 3   C 15
S. Vigilio di Marebbe /
  St. Vigil *BZ* 4   B 17
S. Vincent *AO* 19   E 4
S. Vincenzo *BO* 32   H 16
S. Vincenzo *ME* 95   K 27
S. Vincenzo *FR* 64   Q 22
S. Vincenzo *LI* 49   M 13
S. Vincenzo (Masseria) *BA*.72   D 30
S. Vincenzo a Torri *FI*...... 43   K 15
S. Vincenzo al Voltumo *IS*.... 64   E 32
S. Vincenzo la Costa *CS*... 86   I 30
S. Vincenzo Valle Roveto *AQ*.64   Q 22
S. Vincenzo Valle Roveto
  Superiore *AQ* 64   Q 22
S. Vitale (Pineta) *RA*...... 33   I 18
S. Vitale di Baganza *PR*.... 30   I 12
S. Vito *CA* 119   I 10
S. Vito (I. di Pantelleria) *TP*.. 96   Q 17
S. Vito *AV* 71   D 27
S. Vito *BA* 73   D 33
S. Vito *BN* 70   D 26
S. Vito *LT* 63   S 21
S. Vito *MO* 31   I 14
S. Vito *TE* 53   N 22
S. Vito *TR* 58   O 19
S. Vito (vicino a
  Bassano del G.) *TV* 24   E 17
S. Vito (vicino a
  Valdobbiadene) *TV* 12   E 17
S. Vito / St. Veit *BZ* 4   B 18
S. Vito al Tagliamento *PN*.. 16   E 20
S. Vito al Torre *UD* 17   E 22
S. Vito (Capo) *TA* 78   F 33
S. Vito (Capo) *TP* 97   M 20
S. Vito Chietino *CH* 61   P 25
S. Vito dei Normanni *BR*... 80   F 35
S. Vito di Cadore *BL*...... 4   C 18
S. Vito di Fagagna *UD* ... 14   D 21
S. Vito di Leguzzano *VI*... 24   E 16
S. Vito in Monte *TR* 51   N 18
S. Vito lo Capo *TP* 97   M 20
S. Vito (Monte) *SC* 99   O 23
S. Vito (Monte) *FG* 71   D 27

S. Vito Romano *RM* 63   Q 20
S. Vito sullo Ionio *CZ* 88   K 31
S. Vittore *FO* 41   J 18
S. Vittore *MC* 11   D 14
S. Vittore del Lazio *FR*.... 64   R 23
S. Vittore di Chiuse *AN*... 46   L 20
S. Vittore Olona *MI* 20   F 8
S. Vittore *VR* 23   F 15
Sta Vittoria *AQ* 59   O 21
Sta Vittoria *RE* 31   H 13
Sta Vittoria *SS* 111   E 8
Sta Vittoria (Monteleone
  Sabino) *RI* 58   P 20
Sta Vittoria d'Alba *CN*..... 27   H 5
Sta Vittoria in Matenano *AP*.52   M 22
Sta Vittoria (Monte) *CA*... 115   H 9
Sta Vittoria (Nuraghe) *CA*119   H 9
S. Vittorino *AQ* 59   O 21
S. Vittorino *PE* 60   P 23
S. Vivaldo *FI* 43   L 14
S. Zaccaria *RA* 72   E 29
S. Zeno di Montagna *VR*.. 23   F 14
S. Zeno Naviglio *BS* 22   F 12
S. Zenone al Lambro *MI*... 21   G 10
S. Zenone al Po *PV* 29   G 10
S. Zenone degli Ezzelini *TV*24   E 17
Sanarica *LE* 83   G 37
Sanarezzano *AL* 28   H 8
Sand in Taufers /
  Campo Tures *BZ* 4   B 17
Sandalo (Capo) *CI*...... 120   J 6
Sandjöchl / Santicolo
  (Passo di) *BZ* 3   B 16
Sandrà *VR* 23   F 14
Sandrigo *VI* 24   E 16
Sanfatucchio *PG* 51   M 18
Sanfrè *CN* 27   H 5
Sanfront *CN* 26   I 3
Sangiano *VA* 8   E 7
Sangineto *CS* 84   I 29
Sangineto Lido *CS* 84   I 29
Sangone *TO* 27   G 4
Sangro *AQ* 64   Q 23
Sangro (Lago di) *CH*...... 60   Q 25
Sanguigna *PR* 30   H 13
Sanguignano *PV* 29   H 9
Sanguinaro *PR* 30   H 12
Sanguinetto *VR* 23   G 15
Sanluri *VS* 118   I 8
Sannace (Monte) *BA*...... 73   E 32
Sannazzaro de' Burgondi *PV*.28   G 8
Sannicandro di Bari *BA*.... 73   D 32
Sannicandro Garganico *FG*..66   B 28
Sannicola *LE* 83   G 36
Sannio (Monti del) *CB* 65   R 26
Sannoro *PN* 71   D 27
Sansepolcro *AR* 45   L 18
Santadi *CI* 118   J 8
Santadi Basso *CI* 118   J 8
Santandra *TV* 25   E 18
Santarcangelo
  di Romagna *RN* 41   J 19
Santena *TO* 27   H 5
Santeramo in Colle *BA*.... 73   E 32
Santerno *FI* 41   J 16
Santhià *VC* 19   F 6
Santicolo (Passo di) /
  Sandjöchl *BZ* 3   B 16
Santo *SS* 110   E 6
Santo (Col) *TN* 23   E 15
Santo (Lago) *MO* 39   J 13
Santo (Lago) *TN* 11   D 15
Santo (Monte) *CA* 121   J 8
Santo (Monte) *SS* 111   F 8
Santomenna *SA* 71   E 27
Santopadre *FR* 64   R 22
Santorso *VI* 24   E 16
Santoru (Porto) *OG* 119   I 10
Santuario *SV* 36   I 7
Sanza *SA* 76   G 28
Sanzeno *TN* 11   C 15
Saonara *PD* 24   F 17
Saonda *PG* 51   M 19
Saoseo (Cima) *SO* 10   C 12
Sapienza (Rifugio) *CT*...... 100   N 26
Saponara *ME* 90   M 28
Sappada *BL* 5   C 20
Sapri *SA* 76   G 29
Sara (Monte) *AG* 102   O 22
Saracena *CS* 85   H 30
Saraceni (Monte dei) *ME*.. 100   M 26
Saraceno *CS* 85   H 31
Saraceno (Monte) *AG* 103   O 23
Saraceno (Punta del) *TP*... 97   M 20
Saracinesco *RM* 58   P 20
Saragiolo *SI* 50   N 16

Saraloi (Monte) *NU* 113   F 10
Sarbene (Genna) *OG*..... 117   G 10
Sarcedo *VI* 24   E 16
Sarche *TN* 11   D 14
Sarcidano *CA* 115   H 9
Sarconi *PZ* 77   G 29
Sardagna *TN* 11   D 15
Sardara *VS* 118   I 8
Sardigliano *AL* 28   H 8
Sarentina (Valle) *BZ* 3   C 16
Sarentino / Sarnthein *BZ*.... 3   C 16
Sarezzano *AL* 28   H 8
Sarezzo *BS* 22   F 12
Sarginesco *MN* 23   G 13
Sarnano *RO* 32   G 16
Sarmato *PC* 29   G 10
Sarmede *TV* 13   E 19
Sarmego *VI* 24   F 16
Sarmento *PZ* 77   G 31
Sarnano *MC* 52   M 21
Sarnico *BG* 22   E 11
Sarno *SA* 70   E 25
Sarno (Fiume) *SA* 75   E 25
Sarnonico *TN* 11   C 15
Sarone *PN* 13   E 19
Saronno *VA* 21   F 9
Sarrabus *CA* 119   I 9
Sarraina (Cala) *OT* 109   D 8
Sarre *AO* 18   E 3
Sarroch *CA* 121   J 9
Sarsina *FO* 41   K 18
Sartano *CS* 85   I 30
Sarteano *SI* 50   N 17
Sartirana Lomellina *PV*.... 28   G 7
Sarturano *PC* 29   H 10
Sarule *NU* 115   G 9
Sarzana *SP* 38   J 11
Sassa *PI* 49   M 14
Sassalbo *MS* 38   J 12
Sassari *SS* 110   E 7
Sassello *SV* 28   I 7
Sassetta *LI* 49   M 13
Sassi (Musone dei) *PD*.... 24   F 17
Sassinoro *BN* 65   R 25
Sasso *PR* 30   I 12
Sasso *RM* 57   P 18
Sasso *VI* 12   E 16

Sasso di Castalda *PZ* 76   F 29
Sasso d'Ombrone *GR* 50   N 15
Sasso Marconi *BO* 39   I 15
Sasso Morelli *BO* 40   I 17
Sassocorvaro *PS* 45   K 19
Sassoferrato *AN* 46   L 20
Sassofortino *GR* 49   M 15
Sassoleone *BO* 40   J 16
Sassonero *BO* 40   J 16
Sassovivo (Abbazia di) *PG*. 51   N 20
Sassu (Monte) *SS* 111   E 8
Sassuolo *MO* 31   I 14
Sataria *TP* 96   Q 17
Satriano *CZ* 88   L 31
Satriano di Lucania *PZ*.... 76   F 28
Saturnia *GR* 56   O 16
Sauris *UD* 5   C 20
Sauris (Lago di) *UD* 5   C 20
Sauro *MT* 77   F 30
Sauze di Cesana *TO* 26   H 2
Sauze d'Oulx *TO* 26   G 2
Sava *TA* 79   F 34
Sava (Masseria) *BA* 73   E 32
Savara *AO* 18   F 3
Savarenche (Val) *AO* 18   F 3
Savarna *RA* 33   I 18
Savelletri *BR* 80   E 34
Savelli *KR* 87   J 32
Savelli *PG* 52   N 21
Savena *BO* 40   J 15
Savi *AT* 27   H 5
Saviano *NA* 70   E 25
Savigliano *CN* 27   I 4
Savignano di Rigo *FO* 41   K 18
Savignano Irpino *AV* 71   D 27
Savignano sul Panaro *MO*.39   I 15
Savignano
  sul Rubicone *FO* 41   J 19
Savigno *BO* 39   I 15
Savignone *GE* 28   I 8
Savio *RA* 41   J 18
Savio (Fiume) *FO* 41   J 18
Savio (Foce del) *RA* 41   J 18
Saviore (Val di) *BS* 10   D 13
Saviore dell'Adamello *BS*.. 10   D 13
Savoca *ME* 90   N 28
Savogna *UD* 15   D 22
Savogna d'Isonzo *GO* 17   E 22
Savognatica *RE* 39   I 13
Savoia di Lucania *PZ* 76   F 28

Savona *SV* 36   J 7
Savoniero *MO* 39   I 13
Savorgnano *AR* 45   L 17
Savorgnano *PN* 16   E 20
Savorgnano *UD* 15   D 21
Savoulx *TO* 26   G 2
Savuto *CS* 86   J 30
Savuto (Fiume) *CS* 86   J 31
Scacciano *RN* 41   K 19
Scafa *PE* 60   P 24
Scafati *SA* 75   E 25
Scaglieri *LI* 48   N 12
Scagnello *CN* 35   J 5
Scai *RI* 59   O 21
Scala *ME* 90   M 28
Scala (Monte della) *CT*... 104   P 25
Scala Coeli *CS* 87   I 32
Scala Ruia *OT* 111   E 8
Scalambri (Capo) *RG* 106   Q 25
Scaldasole *PV* 28   G 8
Scala (Corno alle) *BO* 39   J 14
Scalea *CS* 84   H 29
Scalea (Capo) *CS* 84   H 29
Scalenghe *TO* 27   H 4
Scalera *PZ* 71   E 29
Scaleres / Schalders *BZ*.... 4   B 16
Scaletta Uzzone *CN* 27   I 6
Scaletta Zanclea *ME* 90   M 28
Scalino (Pizzo) *SO* 10   D 11
Scalone (Passo dello) *CS*.. 86   I 29
Scaltenigo *VE* 25   F 18
Scalvaia *SI* 49   M 15
Scalve (Val di) *BS* 10   E 12
Scampitella *AV* 71   D 27
Scanaiol (Cima) *TN* 12   D 17
Scanarello *RO* 33   G 19
Scandale *KR* 87   J 32
Scandarello (Lago di) *RI*... 59   O 21
Scandiano *RE* 31   I 14
Scandicci *FI* 43   K 15
Scandolara Ravara *CR* 30   G 12
Scandolara Ripa d'Oglio *CR*..22   G 12
Scandolaro *PG* 52   N 20
Scandriglia *RI* 58   P 20
Scannata (Portella) *PA*.... 98   N 22
Scanno *AQ* 64   Q 23
Scanno (Lago di) *AQ* 64   Q 24
Scano di Montiferro *OR*... 114   G 7

SASSARI

Alberto (V. C.) . . . . Z 2
Azuni (Pza) . . . . Y 6
Cavallotti (Largo) . . . . Y 8
Duomo (Pza) . . . . Y 9
Fiume (Pza) . . . . Y 12
Gazometro (Vicolo) . . . . Y 14
Nuova (Porta) . . . . Y 15
Rosello (V.) . . . . Y 18
Saffi (V. A.) . . . . Y 20
Sicilia (Viale) . . . . Y 26
S. Antonio (Pza) . . . . Y 21
S. Caterina (V.) . . . . Y 23
S. Donato (V.) . . . . Y 23
S. Elisabetta (V.) . . . . Y 24
Turritana (V.) . . . . Z 28
Vitt. Emanuele II (Cso) . . . . Y

Museo Nazionale Sanna . . . . Z **M**

Scansano *GR* 50   N 16
Scanzano *AQ* 59   P 21
Scanzano Ionico *MT* ... 78   G 32
Scanzano (Lago dello) *PA*.98   N 22
Scanzorosciate *BG* 21   E 11
Scapezzano *AN* 46   K 21
Scapoli *IS* 64   R 24
Scaramia (Capo) *RG*.. 106   Q 25
Scarcelli *CS* 86   I 30
Scardovari *RO* 33   H 19
Scardovari
   (Sacca degli) *RO* 33   H 19
Scario *SA* 76   G 28
Scarlino *GR* 49   N 14
Scarlino Scalo *GR* 49   N 14
Scarmagno *TO* 19   F 5
Scarnafigi *CN* 27   H 4
Scarperia *FI* 40   K 16
Scarperia (Giogo di) *FI*.. 40   J 16
Scarzana *AQ* 40   J 17
Scattas (Is) *CI* 120   J 8
Scauri *LT* 69   D 23
Scauri (I. di Pantelleria) *TP*.96   Q 17
Scavignano *RA* 40   J 17
Scavo (Portella dello) *PA*..99   N 23
Scena / Schenna *BZ* 3   B 15
Scerne *TE* 53   O 24
Scerni *CH* 61   P 25
Scesta *LU* 39   J 13
Schabs / Sciaves *BZ* 4   B 16
Schalders / Scaleres *BZ*.... 4   B 16
Scheggia *PG* 46   L 20
Scheggia (Valico di) *AR*.. 45   L 17
Scheggino *PG* 52   N 20
Schenna / Scena *BZ* 3   B 15
Schia *PR* 38   I 12
Schiara (Monte) *BL* 13   D 18
Schiava *NA* 70   E 25
Schiavi di Abruzzo *CH*.. 65   Q 25
Schiavon *VI* 24   E 16
Schievenin *BL* 12   E 17
Schignano *PO* 39   K 15
Schilpario *BG* 10   D 12
Schino della Croce
   (Monte) *EN* 100   N 25
Schio *VI* 24   E 16
Schisò (Capo) *ME* 90   N 27
Schivenoglia *MN* 31   H 15
Schlanders / Silandro *BZ*.. 2   C 14
Schlaneid / Salonetto *BZ*..3   C 15
Schluderbach / Carbonin *BZ*.4   C 18
Schluderns / Sluderno *BZ*.. 2   C 13
Schnals / Senales *BZ* 3   B 14
Schönau / Belprato *BZ*.... 3   B 15
Schwarzenstein /
   Nero (Sasso) *BZ* 4   A 17
Sciacca *AG* 102   O 21
Scianne (Masseria) *LE*.. 83   G 35
Sciara *PA* 99   N 23
Sciarborasca *GE* 36   I 7
Sciaves / Schabs *BZ* 4   B 16
Scicli *RG* 106   Q 26
Scido *RC* 90   M 29
Scifelli *FR* 64   Q 22
Scigliano *CS* 86   J 30
Sciliar (Monte) *BZ* 3   C 16
Scilla *RC* 90   M 29
Scillato *PA* 99   N 23
Sciolze *TO* 27   G 5
Sciorino (Monte) *EN* ... 103   O 24
Sclafani Bagni *PA* 99   N 23
Scoffera (Passo di) *GE*.. 29   I 9
Scoglietti (Punta) *SS* .. 110   E 6
Scoglitti *RG* 104   Q 25
Scoltenna *MO* 39   J 14
Scomunica
   (Punta della) *SS* 108   D 6
Scontrone *AQ* 64   Q 24
Scopello *TP* 97   M 20
Scopello *VC* 8   E 6
Scopetone (Foce di) *AR*.. 45   L 17
Scoppio *TR* 51   N 19
Scoppito *AQ* 59   O 21
Scorace (Monte) *TP* 97   N 20
Scorciavacche (Portella) *PA*.97   N 21
Scorda (Monte) *RC* 91   M 29
Scordia *CT* 104   P 26
Scorgiano *SI* 49   L 15
Scorno (Punta dello) *SS*..108   D 6
Scorrano *LE* 83   G 36
Scortichino *FE* 32   H 15
Scorzè *VE* 25   F 18
Scorzo *SA* 76   F 27
Scova (Monte sa) *NU*... 115   H 9
Scravaion (Colle) *SV* 35   J 6
Scrisà *RC* 91   M 30
Scritto *PG* 51   M 19

Scrivia *GE* 28   I 9
Scudo (Porto) *CA* 120   K 8
Scurcola Marsicana *AQ*.. 59   P 22
Scurtabò *SP* 37   I 10
Scurzolengo *AT* 28   H 6
Sdobba (Punta) *GO* 17   E 22
Sdruzzina *TN* 23   E 14
Sebera (Punta) *CA* 121   J 8
Seborga *IM* 35   K 5
Seccagrande *AG* 102   O 21
Secchia *RE* 31   I 14
Secchia (Fiume) *RE* 39   I 13
Secchiano
   (vicino a Cagli) *PS* ... 46   L 19
Secchiano
   (vicino a S. Leo) *PS*.. 41   K 18
Secchiello *RE* 38   J 13
Secchieta (Monte) *FI*.. 44   K 16
Secinaro *AQ* 59   P 23
Secine (Monte) *AQ* 65   Q 24
Secondigliano *NA* 69   E 24
Secugnago *LO* 21   G 10
Sedegliano *UD* 16   D 20
Sedico *BL* 13   D 18
Sedilis *UD* 15   D 21
Sedilo *OR* 115   G 8
Sedini *SS* 111   E 8
Sedita (Monte) *AG* 102   O 22
Sedrano *PN* 13   D 20
Sedriano *MI* 20   F 8
Sedrina *BG* 21   E 10
Seduto (Monte) *RC* 88   L 30
Seekofel / Becco
   (Croda di) *BL* 4   B 18
Sefro *MC* 52   M 20
Sega (Valico di) *VR* 23   F 14
Segalare *FE* 33   H 18
Segariu *VS* 118   I 8
Segesta *TP* 97   N 20
Seggiano *GR* 50   N 16
Seghe *VI* 24   E 16
Segni *RM* 63   Q 21
Sego *SV* 36   J 7
Segonzano *TN* 11   D 15
Segrate *MI* 21   F 9
Segromigno in Monte *LU*.39   K 13
Segusino *TV* 12   E 17
Seigne (Col de la) *AO*.. 18   E 2
Seis / Siusi *BZ* 3   C 16
Seiser Alm /
   Siusi (Alpe di) *BZ* 4   B 16
Selargius *CA* 119   J 9
Selci *PG* 45   L 18
Selci *RI* 58   P 19
Sele *AV* 71   E 27
Sele (Foce del) *SA* 75   F 26
Sele (Piana del) *SA* 75   F 26
Selegas *CA* 119   I 9
Selinunte *TP* 97   O 20
Sella *TN* 12   D 16
Sella (Gruppo del) *TN* 4   C 17
Sella (Passo di) *TN* 4   C 17
Sella (Lago della) *CN*.. 34   J 3
Sella Nevea *UD* 15   C 22
Sellano *PG* 52   N 20
Sellate *SI* 49   M 14
Sellia *CZ* 87   K 31
Sellia Marina *CZ* 89   K 32
Selva *BZ* 80   E 33
Selva *GR* 50   N 16
Selva *PC* 29   I 10
Selva *TN* 12   D 16
Selva (Bocca della) *BN*.. 65   R 25
Selva dei Molini /
   Mühlwald *BZ* 4   B 17
Selva dei Molini (Val) *BZ*.. 4   B 17
Selva del Montello *TV*.. 25   E 18
Selva di Cadore *BL* 4   C 18
Selva di Progno *VR* 23   F 15
Selva di Trissino *VI* 24   F 15
Selva di Val Gardena /
   Wölkenstein in Gröden *BZ*.4   C 17
Selva Grossa *PV* 30   I 12
Selva Malvezzi *BO* 32   I 16
Selvacava *FR* 64   R 23
Selvapiana (Cona di) *RM*.63   R 21
Selvazzano Dentro *PD*.. 24   F 17
Selvena *GR* 50   N 16
Selvino *BG* 22   E 11

Sempio (Monte) *OT*.... 113   E 10
Sempione (Galleria del) *VB*.8   D 6
Semprevisa (Monte) *RM*.63   R 21
Semproniano *GR* 50   N 16
Senago *MI* 21   F 9
Senáiga *TN* 12   D 17
Senáiga (Lago di) *BL* ... 12   D 17
Senale / Unsere liebe
   Frau im Walde *BZ*........ 3   C 15
Senales / Schnals *BZ*..... 3   B 14
Senales (Val di) *BZ* 3   B 14
Seneghe *OR* 114   G 7
Senerchia *AV* 71   E 27
Senes (Monte) *NU* 113   F 10
Seniga *BS* 22   G 12
Senigallia *AN* 46   K 21
Senio *RA* 40   J 16
Senis *OR* 115   H 8
Senise *PZ* 77   G 30
Senna Lodigiana *LO* 29   G 10
Sennariolo *OR* 114   G 7
Sennori *SS* 110   E 7
Senorbì *CA* 119   I 9
Senora di Boccadirio *BO*.39   J 15
Sentino *PG* 46   L 20
Sepino *CB* 65   R 25
Seppio *MC* 52   M 21
Sequals *PN* 13   D 20
Serano (Monte) *PG* 52   N 20
Serapo *LT* 68   S 22
Seravezza *LU* 38   K 12
Serchio *LU* 38   J 12
Serdiana *CA* 119   I 9
Seregno *MI* 21   F 9
Seren del Grappa *BL* ... 12   E 17
Sergnano *CR* 21   F 11
Seriana (Valle) *BG* 10   E 11
Seriate *BG* 21   E 11
Serina *BG* 9   E 11
Serino *AV* 70   E 26
Serino (Monte) *CS* 87   I 32
Serio *BG* 10   D 11
Serio (Monte) *BA* 73   E 33
Serle *BS* 22   F 13
Sermenza *VC* 7   E 6
Sermide *MN* 32   G 15
Sermoneta *LT* 63   R 20
Sermugnano *VT* 57   O 18
Sernaglia della Battaglia *TV*.12   E 18
Sernio (Monte) *UD* 5   C 21
Serole *AT* 28   I 6
Serottini (Monte) *SO* ... 10   D 13
Serpeddi (Punta) *CA*... 119   I 9
Serpentara (Isola) *CA*.. 119   J 10
Serra *SS* 110   F 7
Serra (Alpe di) *AR* 45   K 17
Serra d'Aiello *CS* 86   J 30
Serra de' Conti *AN* 46   L 21
Serra del Corvo (Lago di) *BA*.72   E 30
Serra della Stella *BA* 72   E 31
Serra di Croce *MT* 77   F 31
Serra di Sotto *RN* 41   K 19
Serra Ficaia (Murgia di) *BA*.72   E 31
Serra Marina (Masseria) *MT*.78   F 32
Serra (Monte) *I. d'Elba* *LI*.48   N 13
Serra (Monte) *PG* 51   M 19
Serra Orrios (Nuraghe) *NU*..117   F 10
Serra Ricco *GE* 28   I 8
Serra S. Abbondio *PS* .. 46   L 20
Serra S. Bruno *VV* 88   L 30
Serra S. Quirico *AN* 46   L 21
Serracapriola *FG* 66   B 27
Serrada *TN* 11   E 15
Serrada (Monte) *LC* 9   E 10
Serradarce *SA* 75   F 27
Serradica *AN* 52   M 20
Serradifalco *CL* 103   O 23
Serradipiro *CS* 86   J 31
Serraglio *MN* 31   G 14
Serraia (Lago di) *TN* 11   D 15
Serralta di S. Vito *CZ* ... 88   K 31
Serralunga *AT* 27   G 5
Serralunga d'Alba *CN*... 27   I 6
Serralunga di Crea *AL*.. 28   G 6
Serramale (Monte) *CS*.. 84   H 29
Serramanna *VS* 118   I 8
Serramazzoni *MO* 39   I 14
Serramezzana *SA* 75   G 27
Serramonacesca *PE* 60   P 24
Serrano *LE* 83   G 37
Serranova *BR* 80   E 35
Serrapetrona *MC* 52   M 21
Serrastretta *CZ* 86   J 31
Serratore (Monte) *CS*... 86   J 30
Serravalle *AT* 27   H 6
Serravalle *AR* 44   K 17

Serravalle *FE* 32   H 18
Serravalle *PG* 52   N 21
Serravalle *RSM* 41   K 19
Serravalle a Po *MN* 31   G 15
Serravalle all'Adige *TN*.. 23   E 15
Serravalle di Carda *PS*.. 45   L 19
Serravalle di Chienti *MC*.52   M 20
Serravalle Langhe *CN*... 27   I 6
Serravalle Pistoiese *PT*.. 39   K 14
Serravalle Scrivia *AL* 28   H 8
Serravalle Sesia *VC* 20   E 6
Serrazzano *PI* 49   M 14
Serre *CN* 26   H 3
Serre *PA* 98   N 22
Serre *SA* 75   F 27
Serre (Passo di) *FR* 64   R 23
Serre di Rapolano *SI* 50   M 16
Serrenti *VS* 118   I 9
Serri *CA* 119   H 9
Serriola (Bocca) *PG* 45   L 19
Serristori (Rifugio) *BZ*.... 2   C 13
Serrone *FR* 63   Q 21

Serrungarina *PS* 46   K 20
Sersale *CZ* 87   J 32
Seruci (Nuraghe) *CI* 118   J 7
Serva (Monte) *BL* 13   D 18
Servedio (Masseria) *BA*.73   E 32
Servigliano *AP* 52   M 22
Servo *BL* 12   D 17
Sesi *TP* 96   Q 15
Sesia *VC* 7   E 6
Sesia (Cascata di) *VC*..... 7   E 5
Sesia (Val) *VC* 7   E 6
Sessa Aurunca *CE* 69   D 23
Sessa Cilento *SA* 75   G 27
Sessame *AT* 28   H 7
Sessano del Molise *IS*... 65   R 25
Sesso *RE* 31   H 13
Sesta Godano *SP* 37   J 11
Sestino *AR* 45   K 18
Sesto / Sexten *BZ* 4   B 19
Sesto al Reghena *PN* 13   E 20
Sesto Calende *VA* 20   E 7

Sesto Campano *IS* 64   R 24
Sesto ed Uniti *CR* 22   G 11
Sesto Fiorentino *FI* 39   K 15
Sesto Imolese *BO* 40   I 17
Sesto S. Giovanni *MI*... 21   F 9
Sestola *MO* 39   J 14
Sestri Levante *GE* 37   J 10
Sestri Ponente *GE* 36   I 8
Sestriere *TO* 26   H 2
Sestu *CA* 119   J 9
Sesvenna (Piz) *BZ* 2   B 13
Setta *BO* 39   I 15
Settala *MI* 21   F 10
Sette Comuni
   (Altopiano dei) *VI* 24   E 16
Sette Feudi *CT* 104   P 25
Sette Fratelli
   (Monte dei) *CA* 119   J 10
Sette Poste *FG* 67   C 29
Sette Selle (Cima di) *TN*.. 12   D 16
Sette Soldi (Monte) *TP*.. 97   N 20
Sette Vene *VT* 58   P 19

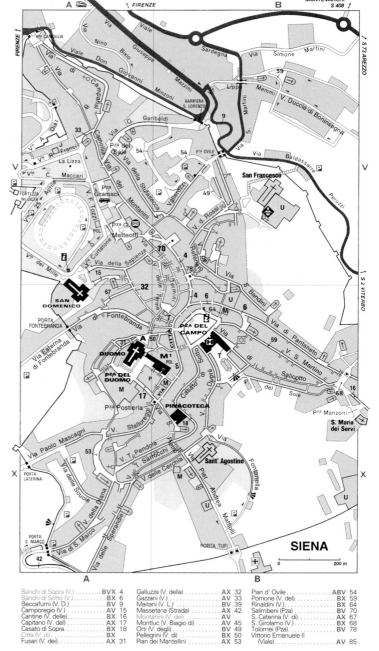

SIENA

0 _____ 200 m

Banchi di Sopra (V.) .... BVX 4
Banchi di Sotto (V.) .... BX 6
Beccafumi (V. D.) .... BV 9
Camporegio (V.) .... AV 15
Cantine (V. delle) .... BX 16
Capitano (V. del) .... AX 17
Casato di Sopra .... BX 18
Città (V. di) .... BX
Fusari (V. dei) .... AX 31
Galluzza (V. della) .... AX 32
Gazzani (V.) .... AV 33
Maitani (V. L.) .... AV 41
Massetana (Strada) .... AX 42
Montanini (V. dei) .... AV 44
Montluc (V. Biagio di) .... AV 45
Orti (V. degli) .... AV 49
Pellegrini (V. di) .... BX 50
Pian dei Mantellini .... AX 53
Pian d' Ovile .... ABV 54
Porrione (V. del) .... BX 59
Rinaldini (V.) .... BX 64
Salimbeni (Pza) .... BV 70
S. Caterina (V. di) .... AX 67
S. Girolamo (V.) .... BV 68
Tolomei (Pza) .... BV 78
Vittorio Emanuele II
   (Viale) .... AV 85

Battistero S. Giovanni .... **A**
Museo dell'Opera Metropolitana ..... **M¹**
Palazzo Pubblico .... **H**

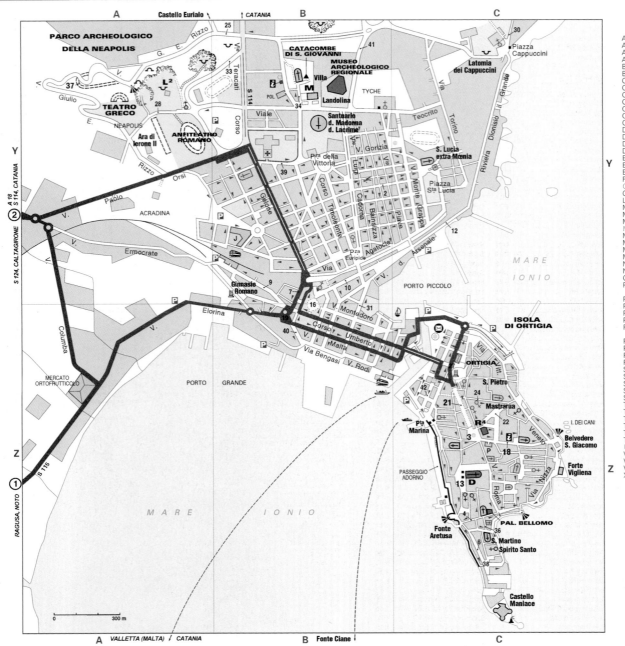

SIRACUSA

Agatocle (V.) .... BCY
Agrigento (V.) .... BCY 2
Archimede (Pza) .... CZ 3
Arsenale (V. d.) .... BCY
Bainsizza (V.) .... BY
Bengasi (V.) .... BZ
Cadorna (Viale L.) .... BY
Capodieci (V.) .... CZ 4
Cappuccini (Pza) .... CY
Castello Maniace (V.) .... CZ 6
Catania (V.) .... BY 7
Columba (V.) .... AYZ
Crispi (V. F.) .... BY 9
Diaz (Viale A.) .... BY 10
Dionisio il Grande (Riviera) CY 12
Duomo .... CZ
Duomo (Pza) .... CZ 13
Elorina (V.) .... ABZ
Ermocrate (V.) .... AY
Euripide (Pza) .... BY
Foro Siracusano .... BYZ 16
Gelone (Cso) .... BY
Gorizia (V.) .... BY
Latomia del Paradiso .... AY
Maestranza (V. d.) .... CZ 18
Malta (V.) .... BZ
Marconi (Piazzale) .... BZ 19
Matteotti (Cso G.) .... CZ 21
Mergulensi (V.) .... CZ 22
Mirabella (V.) .... CZ 24
Montedoro (V.) .... BZ
Montegrappa (V.) .... CY
Necropoli Groticelle (V. d.) BY 25
Nizza (V.) .... CZ
Orsi (Viale P.) .... ABY
Palazzo Mergulese-
  Montalto .... CZ
Pancali (Pza) .... CZ 27
Paradiso (V.) .... AY 28
Piave (V.) .... BCY
Puglia (V.) .... CY 30
Regina Margherita
  (Viale) .... BYZ 31
Rizzo (Viale G. E.) .... AY
Rodi (V.) .... BZ
Romagnoli (V.) .... ABY 33
Roma (V.) .... CZ
Sepolcri (V. d.) .... AY 37
Svevia (Pza F. d.) .... CZ 38
S. Giovanni (Viale) .... BY 34
S. Lucia (Pza) .... CY
S. Martino (V.) .... CZ 36
Teocrito (Viale) .... BCY
Testaferrata (V. G.) .... BY 39
Timoleonte (Cso) .... CY
Torino (V.) .... CY
Tripoli (V.) .... BZ 40
Umberto I (Cso) .... BZ
Vittoria (Pza d.) .... BY
Vittorio Veneto (V.) .... CZ
Von Platen (V. A.) .... BY 41
XX Settembre (V.) .... CZ 42

Settebagni RM .... 58 P 19
Settecamini RM .... 62 Q 19
Settefrati FR .... 64 Q 23
Settepani (Monte) SV .... 35 J 6
Settignano FI .... 44 K 15
Settignano FR .... 64 R 23
Settima PC .... 29 H 10
Settimana (Val) PN .... 13 D 19
Settime AT .... 27 G 6
Settimo VR .... 23 F 14
Settimo Milanese MI .... 21 F 9
Settimo San Pietro CA .... 119 J 9
Settimo Torinese TO .... 19 G 5
Settimo Vittone TO .... 19 F 5
Settingiano CZ .... 88 K 31
Setzu VS .... 118 H 8
Seui OG .... 115 H 9
Seulo CA .... 115 H 9
Seuni CA .... 119 I 9
Seveso MI .... 21 F 9
Seveso (Torrente) CO .... 21 F 9
Sevizzano PC .... 29 H 10
Sexten / Sesto BZ .... 4 B 19
Sextental / Sesto (Val di) BZ .... 4 B 19
Sezzadio AL .... 28 H 7
Sezze LT .... 63 R 21
Sfercia MC .... 52 M 21
Sferracavallo PA .... 97 M 21

Sferracavallo (Capo) NU .... 119 H 11
Sferro CT .... 100 O 26
Sforzacosta MC .... 52 M 22
Sforzesca GR .... 50 N 17
Sforzesca PV .... 20 G 8
Sfruz TN .... 11 C 15
Sgolgore (Murgia) BA .... 73 E 32
Sgonico TS .... 17 E 23
Sgurgola FR .... 63 Q 21
Siamaggiore OR .... 114 H 7
Siamanna OR .... 115 H 8
Siano SA .... 70 E 26
Siapiccia OR .... 115 H 8
Siba TP .... 96 Q 17
Sibari CS .... 85 H 31
Sibari (Piana di) CS .... 85 H 31
Sibilla (Monte) AP .... 52 N 21
Sibillini (Monti) MC .... 52 N 21
Sicaminò ME .... 90 M 27
Sicani (Monti) AG .... 97 O 23
Sicignano degli Alburni SA .... 76 F 27
Sicilì SA .... 76 G 28
Sicilia (Parco Zoo di) CT .... 100 O 26
Siculiana AG .... 102 O 22
Siculiana Marina AG .... 102 O 22
Siddi CA .... 119 I 9
Siderno RC .... 91 M 30
Siderno Superiore RC .... 91 M 30

Sieci FI .... 44 K 16
Siena SI .... 50 M 16
Sierio (Monte) PZ .... 76 F 28
Sieti SA .... 75 E 26
Sieve FI .... 40 K 16
Sigillo PG .... 51 M 20
Sigillo RI .... 59 O 21
Signa FI .... 43 K 15
Signora Pulita (Monte) BA .... 80 E 34
Signoressa TV .... 25 E 18
Signorino PT .... 39 J 14
Sila Grande CS .... 86 I 31
Sila Greca CS .... 85 I 31
Sila Piccola CZ .... 87 J 31
Silana (Genna) OG .... 117 G 10
Silandro / Schlanders BZ .... 2 C 14
Silanus NU .... 115 G 8
Sile PN .... 13 E 20
Sile TV .... 25 F 18
Silea TV .... 25 F 18
Sili OR .... 114 H 7
Siligo SS .... 111 F 8
Siliqua CA .... 118 J 8
Silis SS .... 111 E 7
Silius CA .... 119 I 9
Silla BO .... 39 J 14
Silla SA .... 76 F 28
Sillano LU .... 38 J 12

Sillara (Monte) MS .... 38 I 12
Sillara (Passo di) PR .... 38 I 12
Sillaro BO .... 40 J 16
Silvana Mansio CS .... 86 J 31
Silvano d'Orba AL .... 28 H 8
Silvano Pietra PV .... 28 G 8
Silvi Marina TE .... 60 O 24
Silvi Paese TE .... 60 O 24
Silvignano PG .... 52 N 20
Simala OR .... 118 H 8
Simaxis OR .... 115 H 8
Simbario VV .... 88 L 31
Simbirizzi (Lago di) CA .... 119 J 9
Simbruini (Monti) FR .... 63 Q 21
Simeri CZ .... 89 K 31
Simeri-Crichi CZ .... 89 K 31
Simeto CT .... 100 N 26
Simeto (Foce di) CT .... 105 O 27
Similaun BZ .... 3 B 14
Simoncello PS .... 41 K 18
Sinagra ME .... 100 M 26
Sinalunga SI .... 50 M 17
Sinarca CB .... 61 Q 26
Sindacale VE .... 16 E 20
Sindia NU .... 115 G 7
Sinello CH .... 61 P 25
Sini OR .... 115 H 8
Sinio CN .... 27 I 6

Sinis OR .... 114 H 7
Siniscola NU .... 113 F 11
Siniscola (Rio de) NU .... 113 F 11
Sinnai CA .... 119 J 9
Sinni PZ .... 77 G 29
Sinopoli RC .... 90 M 29
Sinzias (Cala di) CA .... 119 J 10
Siracusa SR .... 105 P 27
Sirente (Monte) AQ .... 59 P 22
Sirino (Monte) PZ .... 77 G 29
Siris OR .... 118 H 8
Sirmione BS .... 23 F 13
Sirolo AN .... 47 L 22
Siror TN .... 12 D 17
Sirri CI .... 118 J 7
Sises (Monte) TO .... 26 H 2
Sisini CA .... 119 I 9
Sissa PR .... 30 H 12
Sistiana TS .... 17 E 22
Sisto LT .... 63 R 21
Sitigliano MC .... 54 M 21
Sitizzerri OR .... 118 I 7
Sitran BL .... 12 E 17
Sizzon BL .... 12 E 17

Siusi allo Scialar /
  Seis am Schlern BZ .... 3 C 16
Siusi (Alpe di) /
  Seiser Alm BZ .... 4 C 16
Siziano PV .... 21 G 9
Slingia BZ .... 2 B 13
Slizza BZ .... 15 C 22
Sluderno / Schluderns BZ .... 2 C 13
Smeralda (Costa) OT .... 109 D 10
Smeraldo (Grotta delle) SA .... 75 F 25
Smerillo AP .... 52 M 22
Smirra PS .... 46 L 20
Soana TO .... 19 F 4
Soarza PC .... 30 G 12
Soave MN .... 23 G 14
Soave VR .... 23 F 15
Sobretta (Monte) SO .... 10 C 13
Socchieve UD .... 13 C 20
Soci AR .... 44 K 17
Sodano (Monte) MT .... 77 G 31
Soddi OR .... 115 G 8
Soffi (Isola) SS .... 109 D 10
Soglio AT .... 27 G 6
Soglio CN .... 26 I 3
Sola BG .... 21 F 10
Solagna VI .... 24 E 17

SORRENTO

De Maio (V.) . . . . **B** 3
Italia (Cso) . . . . **AB**
S. Antonino (Pza) . . . . **B** 6
S. Cesareo (V.) . . . . **AB** 7
S. Maria d. Grazie
(V.) . . . . **A** 8
Vittoria (Pza della) . . . **A** 9

Belvedere di Correale . . . . **B A**   Museo Correale
Chiesa di San Francesco . . . . . **A F**   di Terranova . . . . **B M**

Solaio *SI* . . . . 49 M 14	Sora *FR* . . . . 64 Q 22	Sparone *TO* . . . . 19 F 4
Solanas (Cagliari) *CA* . . . 119 J 10	Soraga di Fassa *TN* . . . . 12 C 16	Sparta *ME* . . . . 90 M 28
Solanas (Oristano) *OR* . . 114 H 7	Soragna *PR* . . . . 30 H 12	Spartivento (Capo) *CA* . . 121 K 8
Solanas (Rio) *CA* . . . . . 119 J 10	Sorano *GR* . . . . 50 N 17	Spartivento (Capo) *RC* . . 91 N 30
Solano *RC* . . . . 90 M 29	Soratte (Monte) *RM* . . . . 58 P 19	Sparviere (Monte) *CS* . . . 85 H 31
Solanto (Punta di) *TP* . . 97 K 22	Sorbara *MO* . . . . 31 H 15	Sparviero (Scoglio dello) *GR* ..49 N 14
Solara *MO* . . . . 31 H 15	Sorbo *AQ* . . . . 59 P 21	Sparvo *BO* . . . . 39 J 15
Solarino *SR* . . . . 105 P 27	Sorbo S. Basile *CZ* . . . . . 87 J 31	Spazzate Sassatelli *BO* . . 32 I 17
Solaro *MI* . . . . 21 F 9	Sorbolo *PR* . . . . 30 H 13	Specchia *LE* . . . . 83 H 36
Solaro (Monte) *NA* . . . . . 74 F 24	Sordevolo *BI* . . . . 19 F 5	Specchia (Torre) *LE* . . . . 81 G 37
Solarolo *RA* . . . . 40 I 17	Sordiglio *RE* . . . . 30 I 13	Specchiolla *BR* . . . . 80 E 35
Solarussa *OR* . . . . 115 H 8	Sordillo (Monte) *CS* . . . . 87 I 31	Speco (Convento lo) *TR* . . 58 O 19
Solbiate Olona *VA* . . . . . 20 F 8	Soresina *CR* . . . . 22 G 11	Spello *PG* . . . . 51 N 20
Solda / Sulden *BZ* . . . . . . 2 C 13	Sorgono *NU* . . . . 115 G 9	Spergolaia *GR* . . . . 49 N 15
Solda di Fuori /	Sori *GE* . . . . 37 I 9	Sperlinga *EN* . . . . 99 N 25
Ausser Sulden *BZ* . . . . . . 2 C 13	Sorianello *VV* . . . . 88 L 30	Sperlonga (Bosco di) *EN* . . 99 N 24
Sole (Monti del) *BL* . . . . 13 D 18	Soriano Calabro *VV* . . . . 88 L 30	Sperlonga *LT* . . . . 68 S 22
Sole (Vado di) *AQ* . . . . . 60 O 23	Soriano nel Cimino *VT* . . . 57 O 18	Sperone *TP* . . . . 97 M 20
Sole (Val di) *TN* . . . . . . 11 C 14	Sorico *CO* . . . . 9 D 10	Sperone (Capo) *CI* . . . . 120 K 7
Soleminis *CA* . . . . 119 I 9	Soriso *NO* . . . . 20 E 7	Spert *BL* . . . . 13 D 19
Solere *CN* . . . . 27 I 4	Sorisole *BG* . . . . 21 E 10	Spessa *PV* . . . . 29 G 10
Solero *AL* . . . . 28 H 7	Sormano *CO* . . . . 9 E 9	Spessa *UD* . . . . 15 D 22
Solesino *PD* . . . . 24 G 17	Soro (Monte) *ME* . . . . . 100 N 26	Spessa *VI* . . . . 24 F 16
Soleto *LE* . . . . 83 G 36	Sorradile *OR* . . . . 115 G 8	Spezia (Golfo della) *SP* . . 38 J 11
Solfagnano *PG* . . . . 51 M 19	Sorrentina (Penisola) *NA* . . 74 F 25	Speziale *BR* . . . . 80 E 34
Solferino *MN* . . . . 23 F 13	Sorrento *NA* . . . . 74 F 25	Speziale (Monte) *TP* . . . . 97 M 20
Solicchiata *CT* . . . . . . 100 N 27	Sorrivoli *FO* . . . . 41 J 18	Spezzano Albanese *CS* . . 85 H 30
Soliera *MO* . . . . 31 H 14	Sorso *SS* . . . . 110 E 7	Spezzano Albanese
Solighetto *TV* . . . . 13 E 18	Sorti *MC* . . . . 52 M 20	Terme *CS* . . . . 85 H 30
Solignano *PR* . . . . 30 I 11	Sortino *SR* . . . . 105 P 27	Spezzano della Sila *CS* . . 86 J 31
Solignano Nuovo *MO* . . . 31 I 14	Sospiro *CR* . . . . 30 G 12	Spezzano Piccolo *CS* . . . 86 J 31
Soligo *TV* . . . . 13 E 18	Sospirolo *BL* . . . . 12 D 18	Spiaggia di Rio Torto *RM* . . 62 R 19
Solofra *AV* . . . . 70 E 26	Sossano *VI* . . . . 24 F 16	Spiaggia Scialmarino *FG* . . 67 B 30
Sologno *RE* . . . . 38 I 13	Sostegno *BI* . . . . 20 F 6	Spiazzi *BG* . . . . 10 E 11
Sologo *NU* . . . . 117 F 10	Sostegno *PV* . . . . 29 G 10	Spiazzi *VR* . . . . 23 F 14
Solopaca *BN* . . . . 70 D 25	Sotto il Monte	Spiazzo *TN* . . . . 11 D 14
Solto Collina *BG* . . . . . . 22 E 12	Giovanni XXIII *BG* . . . . 21 E 10	Spigno Monferrato *AL* . . . 28 I 7
Soluntο *PA* . . . . 98 M 22	Sottile (Punta)	Spigno (Monte) *FG* . . . . . 67 B 29
Somaggia *SO* . . . . 9 D 10	(I. di Lampedusa) *AG* ..102 U 19	Spigno Saturnia *LT* . . . . . 64 S 23
Somaglia *LO* . . . . 29 G 10	Sottile (Punta)	Spigno Saturnia
Somana *LC* . . . . 9 E 9	(I. Favignana) *TP* . . 96 N 18	Superiore *LT* . . . . 64 S 23
Somano *CN* . . . . 27 I 6	Sotto di Troina *EN* . . . . 100 N 25	Spigone *RE* . . . . 38 I 13
Sombreno *BG* . . . . 21 E 10	Sovana *GR* . . . . 57 O 16	Spilamberto *MO* . . . . . . 31 I 15
Sambucheto *MC* . . . . . . 47 L 22	Soverato *CZ* . . . . 89 K 31	Spilimbergo *PN* . . . . 14 D 20
Somma Lombardo *VA* . . . 20 E 8	Sovere *BG* . . . . 22 E 12	Spilinga *VV* . . . . 88 L 29
Somma (Monte) *NA* . . . . 70 E 25	Sovereto *BA* . . . . 73 D 31	Spina *FE* . . . . 33 H 18
Somma (Valico di) *PG* . . 51 N 20	Soveria Mannelli *CZ* . . . . 86 J 31	Spina (Località) *PG* . . . . 51 N 18
Somma Vesuviana *NA* . . . 70 E 25	Soveria Simeri *CZ* . . . . . 89 K 32	Spina (Genna) *OR* . . . . . 115 H 8
Sommacampagna *VR* . . . 23 F 14	Soverzene *BL* . . . . 13 D 18	Spina (Monte la) *PZ* . . . . 77 G 29
Sommariva del Bosco *CN* . . 27 H 5	Sovicille *SI* . . . . 49 M 15	Spina Nuova *PG* . . . . . . 52 N 20
Sommariva Perno *CN* . . . 27 H 5	Sovico *MI* . . . . 21 F 9	Spinaceto *RM* . . . . 62 Q 19
Sommati *RI* . . . . 59 O 21	Sovizzo *VI* . . . . 24 F 16	Spinadesco *CR* . . . . 30 G 11
Sommatino *CL* . . . . 103 O 23	Sozzago *NO* . . . . 20 F 8	Spinale (Monte) *TN* . . . . 11 D 14
Sommeiller (Punta) *TO* . . 18 G 2	Spaccato (Colle) *CH* . . . . 60 P 24	Spinazzola *BA* . . . . 72 E 30
Sommo *PV* . . . . 29 G 9	Spada (Monte) *NU* . . . . 115 G 9	Spindoli *MC* . . . . 52 M 20
Sommo (Monte) *BZ* . . . . . 3 B 17	Spadafora *ME* . . . . 90 M 28	Spinea *VE* . . . . 25 F 18
Sommo (Passo di) *TN* ...11 E 15	Spadarolo *RN* . . . . 41 J 19	Spineda *CR* . . . . 30 G 13
Sompdogna (Sella di) *UD*.. 15 C 22	Spadillo (Punta) *TP* . . . . 96 Q 18	Spinello *FO* . . . . 40 K 17
Sompiano *PS* . . . . 45 L 18	Spadola *VV* . . . . 88 L 31	Spineta Nuova *SA* . . . . . 75 F 26
Somplago *UD* . . . . 14 C 21	Spagnoletti (Masseria) *BA*..72 D 30	Spinetoli *AP* . . . . 53 N 23
Sona *VR* . . . . 23 F 14	Spalavera (Monte) *VB* . . . . 8 D 7	Spinetta *AL* . . . . 28 H 8
Soncino *CR* . . . . 22 F 11	Spalmatore	Spinetta *CN* . . . . 35 I 4
Sondalo *SO* . . . . 10 D 12	(Punta della) *ME* . . 92 M 24	Spino d'Adda *CR* . . . . . . 21 F 10
Sondrio *SO* . . . . 10 D 11	Sparacia *AG* . . . . 99 O 23	Spino (Monte) *BS* . . . . . . 23 E 13
Sonico *BS* . . . . 10 D 13	Sparacollo *EN* . . . . 100 N 25	Spino (Valico dello) *AR* . . 45 K 17
Sonino (Rifugio) *BL* . . . . 12 C 18	Sparagio (Monte) *TP* . . . 97 M 20	Spinone al Lago *BG* . . . . 22 E 11
Sonnino *LT* . . . . 63 R 21	Sparanise *CE* . . . . 69 D 24	Spinoso *PZ* . . . . 77 G 29
Soprabolzano /	Spargi (Isola) *OT* . . . . . 109 D 10	Spirano *BG* . . . . 21 F 11
Oberbozen *BZ* . . . . 3 C 16		Spluga (Passo dello) /
Sopramonte *NU* . . . . . . 117 G 10		Splügenpass *SO* . . . . . . 9 C 9
Sopramonte *TN* . . . . . . 11 D 15		
Soprano (Monte) *CS* . . . 78 G 31		
Soprano (Monte) *SA* . . . 75 F 27		

Spoleto *PG* . . . . 51 N 20	Stagno *PR* . . . . 30 G 12	Stellata *FE* . . . . 32 H 16
Spoltore *PE* . . . . 60 O 24	Stagno *LI* . . . . 42 L 13	Stelle delle Sute (Monte) *TN*12 D 16
Spondigna / Spöndinig *BZ* ..2 C 13	Stagno Lombardo *CR* . . . 30 G 12	Stellone *TO* . . . . 27 H 4
Spondinig / Spondigna *BZ* ..2 C 13	Stagnone (Isole dello) *TP*. 96 N 19	Stelvio / Stilfs *BZ* . . . . . . 2 C 13
Spongano *LE* . . . . 83 G 37	Staiti *RC* . . . . 91 M 30	Stelvio (Parco
Spormaggiore *TN* . . . . . 11 D 15	Staletti *CZ* . . . . 89 K 31	Nazionale dello) *BZ* . . . 2 C 13
Sporminore *TN* . . . . 11 D 15	Staletti (Punta di) *CZ* . . . 89 K 31	Stelvio (Passo dello) /
Spotorno *SV* . . . . 36 J 7	Stallavena *VR* . . . . 23 F 14	Stilfserjoch *SO* . . . . 2 C 13
Spresiano *TV* . . . . 25 E 18	Stalle (Passo) /	Stenico *TN* . . . . 11 D 14
Spriana *SO* . . . . 10 D 11	Stallersattel *BZ* . . . . 4 B 18	Stephanago *PV* . . . . 29 H 9
Spropolo *RC* . . . . 91 N 30	Stallersattel /	Stern / La Villa *BZ* . . . . . . 4 C 17
Spugna (Passo di) *PS* . . 45 K 18	Stalle (Passo) *BZ* . . . . . . 4 B 18	Sternai (Cima) *BZ* . . . . . 2 C 14
Spulico (Capo) *CS* . . . . . 85 H 31	Stanghella *PD* . . . . 32 G 17	Sterza *PI* . . . . 49 M 14
Squaneto *AL* . . . . 28 I 7	Staranzano *GO* . . . . 17 E 22	Sterzing / Vipiteno *BZ* . . . 3 B 16
Squaranto *VR* . . . . 23 F 15	Starleggia *SO* . . . . 9 C 9	Stezzano *BG* . . . . 21 F 10
Squarzanella *MN* . . . . . 31 G 13	Starlex (Piz) *BZ* . . . . 2 C 13	Stia *AR* . . . . 40 K 17
Squillace *CZ* . . . . 89 K 31	Stasulli (Masseria) *BA* . . . 73 E 31	Sticciano *GR* . . . . 49 N 15
Squillace (Golfo di) *CZ* . . 89 K 32	Statte *TA* . . . . 78 F 33	Stienta *RO* . . . . 32 H 16
Squinzano *LE* . . . . 81 F 36	Staulanza (Forcella) *BL* . . 13 C 18	Stigliano *MT* . . . . 77 F 30
St. Christophe *AO* . . . . . 18 E 4	Stava *TN* . . . . 12 D 16	Stignano *RC* . . . . 88 L 31
St. Gertraud /	Stavel *TN* . . . . 11 D 13	Stilfs / Stelvio *BZ* . . . . . . 2 C 13
Sta Gertrude *BZ* . . . . . . 3 C 14	Stazione di Roccastrada *GR* 49 N 15	Stilfserjoch / Stelvio
St. Jakob / S. Giacomo *vicino a*	Stazzano *AL* . . . . 28 H 8	(Passo dello) *SO* . . . . . 2 C 13
Bolzano *BZ* . . . . 3 C 15	Stazzano *RM* . . . . 58 P 20	Stilla (Masseria) *FG* . . . . 66 C 27
St. Jakob / S. Giacomo *vicino a*	Stazzema *LU* . . . . 38 K 12	Stilo *RC* . . . . 88 L 31
Vipiteno BZ . . . . 4 B 16	Stazzo *CT* . . . . 101 O 27	Stilo (Punta) *RC* . . . . . . 89 L 31
St. Joseph am See / S. Giuseppe al	Stazzona *CO* . . . . 9 D 9	Stimigliano *RI* . . . . 58 P 19
lago *BZ* . . . . 11 C 15	Stazzona *SO* . . . . 10 D 12	Stimpato (Masseria) *CT* .. 104 O 26
St. Katharina / Sta Caterina *vicino a*	Steccato *KR* . . . . 89 K 32	Stintino *SS* . . . . 108 E 6
Merano BZ . . . . 3 C 15	Stefanaconi *VV* . . . . 88 K 30	Stio *SA* . . . . 76 G 27
St. Rhémy-en-Bosses *AO* . . 6 E 3	Steinegg / Collepietra *BZ* . . 3 C 16	Stipes *RI* . . . . 58 P 20
Stabiae *NA* . . . . 75 E 25	Steinhaus / Cadipietra *BZ* ..4 B 17	Stirone *PR* . . . . 30 H 11
Stabiziane *BL* . . . . 4 C 18	Steinkarspitz /	Stivo (Monte) *TN* . . . . . . 11 E 14
Stacciola *PS* . . . . 46 K 21	Antola (Monte) *BL* . . . . . 5 C 20	Stolvizza *UD* . . . . 15 C 22
Staffarda (Abbazia di) *CN*. 26 H 4	Stella *AP* . . . . 53 N 23	Stoner *VI* . . . . 12 E 17
Staffoli *PI* . . . . 43 K 14	Stella *MO* . . . . 39 I 14	Stornara *FG* . . . . 71 D 29
Staffolo *AN* . . . . 46 L 21	Stella (Monte della) *SA* . . 75 G 27	Stornarella *FG* . . . . 71 D 29
Staffolo *VE* . . . . 16 F 20	Stella Cilento *SA* . . . . . . 75 G 27	Storo *TN* . . . . 23 E 13
Staffora *PV* . . . . 29 H 9	Stella *UD* . . . . 16 E 21	Strà *VE* . . . . 24 F 18
Staggia *SI* . . . . 43 L 15	Stella (Pizzo) *SO* . . . . . . 9 C 10	Stracia *RC* . . . . 91 N 29
Stagnali *OT* . . . . 109 D 10	Stella (Torrente) *PT* . . . . 39 K 14	Straciugo (Monte) *VB* . . . 7 D 6
Stagnataro (Cozzo) *AG* .. 98 O 22		

SPOLETO

Arringo (V. dell') . . . . YZ 2
Cecili (V.) . . . . Y 3
Duchi (V. dei) . . . . Z 4
Filitteria (V.) . . . . Y 5
Flaminia Vecchia (V.) . . . Y 6
Garibaldi (Cso) . . . .
Giustolo (V.) . . . . Y 7
Libertà (Pza della) . . . . . Z 8
Mazzini (Cso) . . . . YZ
Mentana (Pza) . . . . Y 9
Ponzianina (V. della) . . . . Z 12
Saffi (V. Aurelio) . . . . . . Z 13
Salara Vecchia (V.) . . . . Y 14
Seminario (V.) . . . . Y 15
Sordini (Pza) . . . . Z 16
Torre dell' Olio (Pza) . . . . Y 18
Vaita S. Andrea (V.) . . . . Y 20

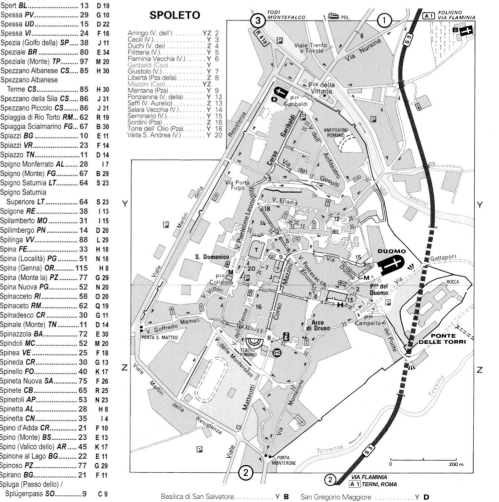

Basilica di San Salvatore . . . . Y B   San Gregorio Maggiore . . . . Y D

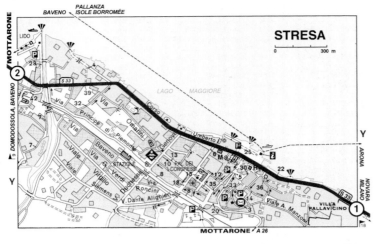

STRESA

0   300 m

Bolongaro (V. F.)	Y 3	De Amicis (V. E.)	Y 12	Mazzini (V. G.)	Y 30
Borromeo (V. F.)	Y 4	De Martini (V. C.)	Y 13	Monte Grappa (V. del)	Y 32
Cadorna (Pza)	Y 5	Europa (Piazzale)	Y 15	Principe Tomaso (V.)	Y 33
Canonica (V. P.)	Y 6	Fulgosi (V.)	Y 18	Roma (V.)	Y 35
Cardinale F. Borromeo (V.)	Y 7	Garibaldi (V. G.)	Y 17	Rosmini (V. A.)	Y 36
Carducci (V. G.)	Y 8	Gignoso (V.)	Y 20	Sempione	
Cavour (V.)	Y 9	Italia (Cso)	Y 22	(Strada	
D'Azeglio (V. M.)	Y 10	Lido (Viale)	Y 23	statale del)	Y 39
Devit (V.)	Y 14	Marconi (Pza)	Y 25	Volta (V. A.)	Y 42

Strada MC	46 L 21	Strombolicchio (Isola) ME	95 K 27	Subasio (Monte) PG	51 M 20
Strada Casale (La) RA	40 J 17	Strona BI	19 F 6	Subbiano AR	45 L 17
Strada in Chianti FI	44 L 15	Strona (Torrente) VA	20 E 8	Subiaco RM	63 Q 21
Strada S. Zeno FO	40 J 17	Strona (Torrente) VB	8 E 7	Subit UD	15 D 22
Stradella PV	29 G 9	Stroncone TR	58 O 20	Succiano AQ	59 P 22
Stradella vicino a		Strongoli KR	87 J 33	Succiso RE	38 I 12
Borgo Val di T. PR	29 I 11	Stroppiana VC	20 G 7	Succiso (Alpe di) RE	38 J 12
Stradella		Stroppo CN	26 I 3	Sud (Costa del) CA	121 K 8
vicino a Parma PR	30 H 12	Strozzacapponi PG	51 M 18	Sueglio LC	9 D 9
Stradola AV	71 D 27	Strove SI	43 L 15	Suelli CA	119 I 9
Strambino TO	19 F 5	Strovina VS	118 I 8	Sugana (Val) TN	12 D 16
Strangolagalli FR	64 R 22	Struda LE	81 G 36	Sugano TR	51 N 18
Strano RC	88 L 31	Struda di Ala TO	18 G 3	Sughera FI	43 L 14
Strasatti TP	96 N 19	Stuffione MO	31 H 15	Suisio BG	21 F 10
Strassoldo UD	17 E 21	Stupinigi TO	27 G 4	Sulau OR	115 H 9
Straulas OT	113 E 10	Stupizza UD	15 D 22	Sulcis CI	118 J 7
Stregna UD	15 D 22	Stura (vicino a		Sulden / Solda BZ	2 C 13
Stresa VB	8 E 7	Murisengo) AL	28 G 6	Sulmona AQ	60 P 23
Stretti VE	16 F 20	Stura (vicino ad Ovada) GE	28 I 8	Sulpiano TO	19 G 6
Strettoia LU	38 K 12	Stura (Valle) CN	34 J 3	Sulzano BS	22 E 12
Strettura PG	58 O 20	Stura di Demonte CN	34 I 2	Sumbraida (Monte) SO	2 C 13
Strevi AL	28 H 7	Stura di Lanzo TO	19 G 4	Summaga VE	16 E 20
Striano NA	70 E 25	Stura di Val Grande TO	19 F 7	Suni OR	114 G 7
Stribugliano GR	50 N 16	Stura di Viù TO	18 G 3	Suno NO	20 F 7
Strigno TN	12 D 16	Sturno AV	71 D 27	Superga TO	27 G 5
Strognano PR	30 I 12	Suardi PV	28 G 8	Supersano LE	83 G 36
Stromboli (Isola) ME	95 K 27			Supino FR	63 R 21

Surano LE	83 G 37	Talana OG	117 G 10	Tarvisio UD	15 C 22
Surbo LE	81 F 36	Talarico CN	34 J 2	Tarvisio (Foresta di) UD	15 C 22
Suretta (Pizzo) SO	9 C 10	Talbignano MO	39 I 14	Tarzo TV	13 E 18
Surier AO	18 F 3	Taleggio BG	9 E 10	Tassara PC	29 H 10
Susa TO	18 G 3	Talla AR	44 L 17	Tassarolo AL	28 H 8
Susa (Valle di) TO	18 G 2	Tallacano AP	52 N 22	Tassei BL	13 D 18
Susano MN	23 G 14	Talmassons UD	16 E 21	Tassu (Serra di lu) OT	109 E 9
Susegana TV	13 E 18	Talocci RI	58 P 20	Tatti GR	49 M 15
Sustinente MN	31 G 15	Taloro NU	115 G 9	Taufers im Münstertal /	
Sutera CL	103 O 23	Talsano TA	79 F 33	Tubre BZ	2 C 13
Sutri VT	57 P 18	Talucco TO	26 H 3	Taurasi AV	70 D 26
Sutrio UD	5 C 20	Talvacchia AP	53 N 22	Taureana RC	88 L 29
Suvaro (Monte) KR	87 I 32	Talvera (Passo dei) /		Tauri (Passo dei) /	
Suvereto LI	49 M 14	Tamai PN	13 E 19	Krimmlertauern BZ	4 A 18
Suvero SP	38 J 11	Tamara FE	32 H 17	Tauriano PN	14 D 20
Suvero (Capo) CZ	88 K 30	Tambo (Pizzo) SO	9 C 9	Taurianova RC	88 L 30
Suviana BO	39 J 15	Tambre BL	13 D 19	Taurine (Terme) RM	57 P 17
Suviana (Lago di) BO	39 J 15	Tambulano (Pizzo) ME	100 N 25	Taurisano LE	83 H 36
Suzza (Monte) AG	102 O 22	Tambura (Monte) LU	38 J 12	Tauro (Monte) SR	105 P 27
Suzzara MN	31 H 14	Tamburello (Bivio) AG	102 O 21	Tavagnacco UD	15 D 21
Suzzi PC	29 I 9	Tamburino FI	40 K 16	Tavarnelle	
Swölferkofel /		Tamer (Monte) BL	13 D 18	Val di Pesa FI	43 L 15
Toni (Croda di) BL	4 C 19	Tammaro CB	65 R 25	Tavarnuzze FI	43 K 15
Sybaris CS	85 H 31	Tanabuto (Portella) AG	98 O 22	Tavarone SP	37 J 10
Sybaris Marine CS	85 H 31	Tanagro SA	76 F 28	Tavazzano con	

T		Tanai / Thanai BZ	2 B 14	Villavesco LO	21 G 10
		Tanamea (Passo di) UD	15 D 22	Tavenna CB	65 Q 26
Tabaccaro TP	96 N 19	Tanaro CN	35 J 3	Taverna RN	41 K 19
Tabellano MN	31 G 14	Tanas / Tannas BZ	2 C 14	Taverna CZ	87 J 31
Tabiano PR	30 H 12	Tanaunella OT	113 E 11	Taverna FR	64 R 23
Tabiano Bagni PR	30 H 12	Tanca (Sa) CA	119 J 9	Taverna Nuova	
Tablà / Tabland BZ	3 C 14	Tanca Marchese OR	118 H 7	(Masseria) BA	72 E 30
Taburno (Monte) BN	70 D 25	Taneto RE	30 H 13	Taverna (Pizzo) ME	99 N 24
Taccone MT	72 E 30	Tanga (Masseria) AV	71 D 27	Tavernacce PG	51 M 19
Taceno LC	9 D 10	Tangi TP	97 N 20	Tavernazza FG	71 C 28
Tacina KR	87 J 32	Tannas / Tanas BZ	2 C 14	Taverne MC	52 M 20
Tadasuni OR	115 G 8	Tannure (Punta) TP	97 M 20	Taverne d'Arbia SI	50 M 16
Tafuri (Masseria) TA	73 E 32	Taormina ME	90 N 27	Tavernelle MS	38 J 12
Taggia IM	35 K 5	Taormina (Capo) ME	90 N 27	Tavernelle PG	51 M 18
Tagliacozzo AQ	59 P 21	Tappino CB	65 R 26	Tavernelle PS	46 K 20
Tagliaferro (Monte) VC	7 E 5	Taramelli (Rifugio) TN	12 C 17	Tavernelle SI	50 M 16
Tagliamento LC	9 C 19	Tarano RI	58 O 19	Tavernelle VI	24 F 16
Tagliamento (Foce del) VE	16 F 21	Taranta Peligna CH	60 P 24	Tavernelle d'Emilia BO	31 I 15
Tagliata MO	39 I 14	Tarantasca CN	27 I 4	Tavernerio CO	21 E 9
Tagliata RE	31 H 14	Taranto TA	80 F 33	Tavernette TO	26 H 4
Tagliata (Monte La) PR	30 I 11	Taranto (Golfo di) TA	79 G 33	Tavernola FG	67 C 29
Taglio Corelli RA	32 I 18	Tarcento UD	15 D 21	Tavernola Bergamasca BG	22 E 12
Taglio della Falce FE	33 H 18	Tarderia CT	100 O 27	Tavernole CE	64 R 24
Taglio di Po RO	33 G 18	Tarino (Monte) FR	63 Q 21	Tavernole sul Mella BS	22 E 12
Tagliolo Monferrato AL	28 I 8	Tarmassia VR	23 G 15	Taverone MS	38 J 12
Tai di Cadore BL	13 C 19	Tarnello BZ	2 C 14	Taviano LE	83 H 36
Taibon Agordino BL	12 D 18	Taro PR	29 I 10	Tavo PE	60 O 23
Taiet (Monte) PN	14 D 20	Tarquinia VT	57 P 17	Tavolara (Isola) SS	113 E 11
Taino VA	20 E 7	Tarres BZ	3 C 14	Tavole Palatine MT	78 F 32
Taio TN	11 D 15	Tarsia CS	85 I 30	Tavoleto PS	41 K 19
Taipana UD	15 D 22	Tarsia (Lago di) CS	85 I 30	Tavolicci FO	41 K 18
Taisten / Tesido BZ	4 B 18	Tarsogno PR	37 I 10	Tavullia PS	41 K 20
Talamello PS	41 K 18	Tartano SO	9 D 11	Teana PZ	77 G 30
Talamona SO	9 D 10	Tartano (Passo di) SO	9 D 11	Teano CE	69 D 24
Talamone GR	55 O 15	Tartaro VR	23 G 14	Tebaldi VR	23 F 15
Talarico		Tarugo PS	46 L 20	Tebano RA	40 J 17

TAORMINA

Carmine (Pza d.)	AZ 3
Don Bosco (V.)	BZ 6
Duomo (Pza d.)	AZ 7
Fazzelo (V.)	AZ 9
Giardinazzo (V.)	BZ 10
Ginnasio (V. d.)	BZ 12
Giovanni (V. d.)	BZ 13
Guardiola Vecchia (V.)	BCZ 15
Jallia Bassia (V.)	BZ 16
S. Antonio (Pza)	AZ 18
S. Caterina (Largo)	BZ 19
S. Domenico (Piazzale)	AZ 21
Umberto I (Cso)	ABZ
Von Gloeden (V. W.)	AZ 22

Circolazione regolamentata nel centro città da giugno a settembre

Tecchia Rossa *MS*............38 I 11
Teggiano *SA*................76 F 28
Téglia (Monte) *AP*..........52 N 22
Teglio *SO*..................10 D 12
Teglio Veneto *VE*...........16 E 20
Teia (Punta della) *LI*......48 M 11
Telegrafo (il) *GR*..........55 O 15
Telegrafo (Pizzo) *AG*.......97 O 21
Telese *BN*..................70 D 25
Telesia *BN*.................70 D 25
Telessio (Lago di) *TO*......18 F 4
Telgate *BG*.................22 F 11
Tellaro *SP*.................38 J 11
Tellaro *SR*................105 Q 26
Tellaro (Villa
   Romana del) *SR*........105 Q 27
Telti *OT*..................112 E 10
Telti (Monte) *OT*..........113 E 10
Telve *TN*...................12 D 16
Temo *SS*...................110 F 7
Tempio Pausania *OT*........111 E 9
Templi (Valle dei) *AG*.....103 P 22
Tempone *SA*.................76 G 28
Temù *BS*....................10 D 13
Tenaglie *TR*................58 O 18
Tenda (Colle di) *CN*........35 J 4
Tendola *MS*.................38 J 12
Tenna *AP*...................52 N 21
Tenna *TN*...................11 D 15
Tenno *TN*...................11 E 14
Tenno (Lago di) *TN*.........11 E 14
Teodorano *FO*...............41 J 18
Teodulo (Colle di) *AO*......7 E 5
Teolo *PD*...................24 F 17
Teor *UD*....................16 E 21
Teora *AV*...................71 E 27
Teora *AQ*...................59 O 21
Teppia *LT*..................63 R 20
Teramo *TE*..................53 N 23
Terdobbiate *NO*.............20 F 8
Terdoppio *NO*...............20 F 7
Terdoppio *PV*...............20 G 8
Tereglio *LU*................39 J 13
Terelle *FR*.................64 R 23
Terenten / Terento *BZ*......4 B 17
Terento / Terenten *BZ*......4 B 17
Terenzo *PR*.................30 I 12
Tergola *PD*.................24 F 17
Tergu *SS*..................111 E 8
Terlago *TN*.................11 D 15
Terlan / Terlano *BZ*........3 C 15
Terlano / Terlan *BZ*........3 C 15
Terlato (Villa) *RG*........104 Q 25
Terlizzi *BA*................73 D 31
Terme di Bagnolo *GR*........49 M 14
Terme di Brennero /
   Brennerbad *BZ*..........3 B 16
Terme di Cotilia *RI*........59 O 21
Terme di Firenze *FI*........43 K 15
Terme di Fontecchio *PG*.....45 L 18
Terme di Miradolo *PV*.......21 G 10
Terme di Salvarola *MO*......31 I 14
Terme di S. Calogero *ME*....94 L 26
Terme di Sardara *VS*.......118 I 8
Terme di Saturnia *GR*.......56 O 16
Terme di Suio *LT*...........64 S 23
Terme di Valdieri *CN*.......34 J 3
Terme Luigiane *CS*..........85 I 29
Terme Pompeo *FR*............63 Q 21
Terme Vigliatore *ME*.......101 M 27
Termeno s. str. d. vino /
   Tramin *BZ*..............11 C 15
Termina *PR*.................30 I 13
Termine *AQ*.................59 O 21
Termine Grosso *KR*..........87 J 32
Termine (Passo di) *PG*......52 M 20
Termini *NA*.................74 F 25
Termini Imerese *PA*.........98 N 23
Termini Imerese
   (Golfo di) *PA*..........99 M 23
Terminillo *RI*..............58 O 20
Terminillo (Monte) *RI*......59 O 20
Terminio (Monte) *AV*........70 E 26
Termoli *CB*.................61 P 26
Ternavasso *TO*..............27 H 5
Terni *TR*...................58 O 19
Terno d'Isola *BG*...........21 E 10
Terontola *AR*...............51 M 18
Terra del Sole *FO*..........40 J 17
Terra (Pizzo) *VB*...........7 D 6
Terracina *LT*...............63 S 21
Terracino *RI*...............52 N 21
Terradura *SA*...............76 G 27
Terragnolo *TN*..............11 E 15
Terralba *OR*...............118 H 7
Terralba (Monte) *OG*.......115 H 10
Terrana (Poggio) *CT*.......104 P 25

Terranera *AQ*...............59 P 22
Terranova *AL*...............20 G 7
Terranova da Sibari *CS*.....85 I 31
Terranova dei Passerini *LO*.21 G 10
Terranova di Pollino *PZ*....85 H 30
Terranova Sappo Minulio *RC*.91 M 30
Terranuova Bracciolini *AR*..44 L 16
Terrarossa *GE*..............37 I 10
Terrasini *PA*...............97 M 21
Terrati *CS*.................86 J 30
Terrauzza *SR*..............105 P 27
Terravecchia *CS*............87 I 32
Terrazzo *VR*................24 G 16
Terrenove *TP*...............96 N 19
Terreti *RC*.................90 M 29
Terria *RI*..................58 O 20
Terriccio *PI*...............43 L 13
Terricciola *PI*.............43 L 14
Tersadia (Monte) *UD*........5 C 21
Tersiva (Punta) *AO*.........19 F 4
Tertenia *OG*...............119 H 10
Tertiveri *FG*...............66 C 27
Terza Grande (Monte) *BL*....5 C 19
Terzigno *NA*................70 E 25
Terzo d'Aquileia *UD*........17 E 22
Terzo S. Severo *PG*.........51 N 19
Terzone S. Pietro *RI*.......59 O 21
Tesa *BL*....................13 D 19
Tesero *TN*..................12 D 16
Tesido / Taisten *BZ*........4 B 18
Tesimo / Tisens *BZ*.........3 C 15
Tesina *VI*..................24 F 16
Tesino *AP*..................53 N 23
Tesoro (Becca del) *SV*......36 I 7
Tessa (Giogaia di) /
   Texelgruppe *BZ*.........3 B 14
Tessennano *VT*..............57 O 17
Tessera *VE*.................25 F 18
Testa (Capo) *OT*...........109 D 9
Testa del Rutor *AO*.........18 F 3
Testa dell'Acqua *SR*.......105 Q 26
Testa Grigia *AO*............7 E 5
Testa Grossa (Capo) *ME*....94 L 26
Testa (Pozzo Sacro sa) *OT*.109 E 10
Testico *SV*.................35 J 6
Tête Blanche *AO*...........7 E 4
Teti *NU*...................115 G 9
Tetto (Sasso) *MC*...........52 M 21
Teulada *CA*................120 K 8
Teulada (Capo) *CA*.........120 K 7
Teulada (Porto di) *CA*.....120 K 8
Teveno *BG*..................10 E 12
Tevere *AR*..................45 K 18
Teverola *CE*................69 E 24
Teverone *PG*................51 N 19
Texelgruppe /
   Tessa (Giogaia di) *BZ*..3 B 14
Tezio (Monte) *PG*...........51 M 19
Tezze *TN*...................12 E 17
Tezze *TV*...................25 E 19
Tezze sul Brenta *VI*........24 E 17
Thanai / Tanai *BZ*..........2 B 14
Thapsos *SR*................105 P 27
Tharros *OR*................114 H 7
Thiene *VI*..................24 E 16
Thiesi *SS*.................111 F 8
Tho (Pieve del) *RA*.........40 J 17
Thuile (la) *AO*.............18 E 2
Thuins / Tunes *BZ*..........3 B 16
Thuras *TO*..................26 H 2
Thures *TO*..................26 H 2
Thurio *CS*..................85 H 31
Tiana *NU*..................115 G 9
Tiarno di Sopra *TN*.........11 E 13
Tiberina (Val) *PG*..........45 L 18
Tiberio (Grotta di)
   (Sperlonga) *LT*........68 S 22
Tibert (Monte) *CN*..........34 I 3
Tiburtini (Monti) *RM*.......63 Q 20
Ticchiano (Passo di) *PR*....38 I 12
Ticengo *CR*.................22 F 11
Ticino *AL*..................28 G 7
Ticino *MI*..................20 F 8
Tidone *PC*..................29 H 10
Tiers / Tires *BZ*...........3 C 16
Tiezzo *PN*..................13 E 20
Tiana *NU*..................115 G 9
Tigliano *FI*................40 K 16
Tiglieto *GE*................28 I 7
Tiglione *AT*................27 H 6
Tignaga (Pizzo) *VC*.........7 E 6
Tignale *BS*.................23 E 14
Tignino (Serra) *PA*.........99 N 23
Tigullio (Golfo del) *GE*....37 J 9
Timau *UD*...................5 C 21

Timeto *ME*.................100 M 26
Timidone (Monte) *SS*.......110 F 6
Timmari *MT*.................77 F 31
Timmelsjoch /
   Rombo (Passo del) *BZ*...3 B 15
Timone *VT*..................57 O 17
Timone (Punta) *OT*.........113 E 11
Timpa del Grillo *PA*........99 N 24
Tinchi *MT*..................77 F 31
Tindari (Capo) *ME*.........100 M 27
Tinnari (Monte) *OT*........108 D 8
Tinnura *OR*................114 G 7
Tino *NU*...................115 G 9
Tino (Isola del) *SP*........38 J 11
Tintinnano *SI*..............50 M 16
Tione *VR*...................23 G 14
Tione degli Abruzzi *AQ*.....59 P 22
Tione di Trento *TN*.........11 D 14
Tirano *SO*..................10 D 12
Tires / Tiers *BZ*...........3 C 16
Tiria (Monte) *NU*..........115 F 9
Tiriolo *CZ*.................88 K 31
Tirivolo *CZ*................87 J 31
Tirli *GR*...................49 N 14
Tirolo / Tirol *BZ*..........3 B 15
Tirrenia *PI*................42 L 13
Tirso *SS*..................111 F 9
Tirso (Cantoniera del) *SS*.115 G 9
Tirso (Foce del) *OR*.......114 H 7
Tisens / Tesimo *BZ*.........3 C 15
Tisoi *BL*...................12 D 17
Tissi *SS*..................110 E 7
Titele *BL*..................12 D 17
Titiano *UD*.................16 E 21
Tito *PZ*....................76 F 29
Tivoli *BO*..................31 I 15
Tivoli *RM*..................63 Q 20
Tizzano Val Parma *PR*.......30 I 12
Toano *RE*...................39 I 13
Tobbiana *PT*................39 K 15
Tobbio (Monte) *AL*.........28 I 8
Tobia *VT*...................57 O 18
Toblach / Dobbiaco *BZ*......4 B 18
Toblacher Pfannhorn /
   Fana (Corno di) *BZ*.....4 B 18
Toblino (Lago di) *TN*.......11 D 14
Tocco Caudio *BN*............70 D 25
Tocco da Casauria *PE*.......60 P 23
Toce (Cascata del) *VB*......8 C 7
Toce (Fiume) *VB*............8 D 7
Toceno *VB*..................8 D 7
Todi *PG*....................51 N 19
Togano (Monte) *VB*..........8 D 7
Toggia (Lago di) *VB*........8 C 7
Togliano *UD*................17 D 22
Toiano *PI*..................43 L 14
Toirano *SV*.................35 J 6
Toirano (Giogo di) *SV*......35 J 6
Toirano (Grotte di) *SV*.....35 J 6
Tolè *BO*....................39 J 15
Tolentino *MC*...............52 M 21
Tolfa *RM*...................57 P 17
Tolfa (Monti della) *RM*.....57 P 17
Tolfaccia (Monte) *RM*.......57 P 17
Tolle *RO*...................33 H 19
Tollegno *BI*................19 F 6
Tollo *CH*...................60 O 24
Tolmezzo *UD*................14 C 21
Tolu *CA*...................119 I 10
Tolve *PZ*...................77 E 30
Tomaiolo *FG*................67 B 29
Tomba (Monte) *VR*...........23 E 15
Tombolo *PD*.................24 F 17
Tombolo (Pineta del) *GR*....49 N 14
Tombolo (Tenuta di) *PI*.....42 L 12
Tommaso Natale *PA*..........97 M 21
Ton *TN*.....................11 D 15
Tonadico *TN*................12 D 17
Tonale (Monte) *BS*.........11 D 13
Tonale (Passo del) *BS*......11 D 13
Tonara *NU*.................115 G 9
Tonco *AT*...................27 G 6
Tonengo *TO*.................27 G 6
Tonengo *AT*.................27 G 5
Tonezza del Cimone *VI*......12 E 16
Toni (Croda dei) /
   Swölferkofel *BL*........4 C 19
Tonini (Rifugio) *TN*........12 D 16
Tonnara Bonagia *TP*.........96 M 19
Tonnare *CI*................120 J 6
Tonneri (Monte) *OG*........116 H 10
Tonnicoda *RI*...............59 P 21
Tonno *GE*...................29 I 9
Tono *ME*....................95 M 27
Tonolini (Rifugio) *BS*......10 D 13
Tontola *FO*.................40 J 17
Topi (Isola dei) *LI*........48 N 13
Topino *PG*..................52 M 20

TARANTO

Aquino (V. d').
Arcivescovado (Pza) 2
Battisti (V. Cesare) 3
Cugini (V.) 4
De Cesare (V. G.) 5
Duca d'Aosta (Viale) 6
Ebalia (Pza) 8
Falanto (V.) 9
Mari (Cso due) 10
Massari (V. G.) 12
Mignogna (V. Nicola) 13
Palma (V. di).
Ponte (Vico del) 14
Porto Mercantile (V.) 16
Pupino (V.) 17
Roma (V.) 18
Vasto (V. del) 19

Toppe del Tesoro *AQ*......64 Q 24
Toppo *PN*.................13 D 20
Tor d'Andrea *PG*..........51 M 19
Tor Paterno *RM*...........62 Q 19
Tor S. Lorenzo *RM*........62 R 19
Tor Sapienza *RM*..........62 Q 19
Tor Vaianica *RM*..........62 Q 19
Tora *CE*..................64 R 24
Torano *AR*................59 P 21
Torano Castello *CS*.......85 I 30
Torano Nuovo *TE*..........53 N 23
Torbido *RC*...............88 L 30
Torbole *TN*...............11 E 14
Torbole-Casaglia *BS*......22 F 12
Torcegno *TN*..............12 D 16
Torcello *VE*..............16 F 19
Torchiara *SA*.............75 G 27
Torchiarolo *BR*...........81 F 36
Torchiati *AV*.............70 E 26
Tordinia *TE*..............59 O 22
Torella dei Lombardi *AV*..71 E 27
Torella del Sannio *CB*....65 R 25
Torena (Monte) *BG*........10 D 12
Torgiano *PG*..............51 M 19
Torgnon *AO*...............19 E 4
Torino *TO*................27 G 5
Torino di Sangro *CH*......61 P 25
Torino di Sangro Marina *CH*.61 P 25
Torino (Rifugio) *AO*......6 E 2
Toritto *BA*...............73 E 32

Torlano *UD*...............15 D 21
Tormine *VR*...............23 G 14
Tormini *BS*...............22 F 13
Tornaco *NO*...............20 F 8
Tornareccio *CH*...........60 P 25
Tornata *CR*...............30 G 13
Tornimparte *AQ*...........59 P 21
Torno *CO*.................20 E 9
Torno *SA*.................76 G 27
Tornolo *PR*...............29 I 10
Tornova *RO*...............33 G 18
Toro *CB*..................65 R 26
Torpè *NU*................113 F 11
Torraca *SA*...............76 G 28
Torralba *SS*.............111 F 8
Torrazza Coste *PV*........29 H 9
Torrazza Piemonte *TO*.....19 G 5
Torrazzo *BI*..............19 F 5
Torre *MC*.................46 L 21
Torre *UD*.................15 D 21
Torre a Mare *BA*..........73 D 33
Torre Alfina *VT*..........57 N 17
Torre Annunziata *NA*......74 E 25
Torre Astura *RM*..........63 R 20
Torre Beretti
   e Castellaro *PV*......28 G 8
Torre Bormida *CN*.........27 I 6
Torre Caietani *FR*........63 Q 21
Torre Calzolari *PG*.......51 M 20
Torre Canavese *TO*........19 F 5

Torre Canne *BR*...........80 E 34
Torre Cavalo (Capo di) *BR*.81 F 36
Torre Cervia (Faro di) *LT*.68 S 21
Torre Ciana (Punta di) *GR*.55 O 15
Torre Civette *GR*.........49 N 14
Torre Colimena *TA*........79 G 35
Torre de' Busi *LC*........21 E 10
Torre de' Passeri *PE*.....60 P 23
Torre de' Picenardi *CR*...30 G 12
Torre degli Alberi *PV*....29 H 9
Torre dei Corsari *VS*....118 H 7
Torre del Colle *PG*.......51 N 19
Torre del Greco *NA*.......70 E 25
Torre del Lago Puccini *LU*.38 K 12
Torre del Lauro *ME*......100 M 25
Torre del Mangano *PV*.....21 G 9
Torre delle Stelle *CA*...119 J 10
Torre dell'Impiso *TP*.....97 M 20
Torre dell'Orso *LE*.......81 G 37
Torre di Bari *OG*........117 H 11
Torre di Bocca
   (Masseria) *BA*.........72 D 30
Torre di Fine *VE*.........16 F 20
Torre di Mosto *VE*........16 E 20
Torre di Palme *AP*........53 M 23
Torre di Ruggiero *CZ*.....88 L 31
Torre di Sta Maria *SO*....10 D 11
Torre d'Ovarda *TO*........18 G 3
Torre Falcone *SS*........110 E 6
Torre Faro *ME*............90 M 28
Torre Lapillo *LE*.........79 G 35
Torre le Nocelle *AV*......70 D 26

Torre Lupara *RM*	58	P 19	
Torre Maggiore (Monte) *TR*	58	O 19	
Torre Maina *MO*	31	I 14	
Torre Mattarelle *BR*	81	F 36	
Torre Melissa *KR*	87	J 33	
Torre Mileto *FG*	66	B 28	
Torre Mozza *LE*	83	H 36	
Torre Olevola *LT*	68	S 21	
Torre Orsaia *SA*	76	G 28	
Torre Pali *LE*	83	H 36	
Torre Pallavicina *BG*	22	F 11	
Torre Pedrera *RN*	41	J 19	
Torre Pellice *TO*	26	H 3	
Torre S. Giovanni *LE*	83	H 36	
Torre S. Gennaro *BR*	81	F 36	
Torre S. Giorgio *CN*	27	H 4	
Torre S. Marco *PS*	46	L 20	
Torre S. Patrizio *AP*	53	M 22	
Torre Sta Susanna *BR*	79	F 35	
Torre Spagnola (Masseria) *MT*	73	E 32	
Torre Suda *LE*	83	H 36	
Torre Vado *LE*	83	H 36	
Torre Varcaro (Masseria) *FG*	67	C 29	
Torrebelvicino *VI*	24	E 15	
Torrebruna *CH*	65	Q 25	
Torrechiara *PR*	30	I 12	
Torrecuso *BN*	70	D 26	
Torregaveta *NA*	69	E 24	
Torreglia *PD*	24	F 17	
Torregrotta *ME*	90	M 28	
Torremaggiore *FG*	66	B 27	
Torremenapace *PV*	29	G 8	
Torremuzza *ME*	99	M 24	
Torrenieri *SI*	50	M 16	
Torrenova *ME*	100	M 26	
Torrenova *RM*	62	Q 19	
Torresina *CN*	35	I 6	
Torretta *PI*	42	L 13	
Torretta *RO*	32	G 15	
Torretta *TA*	79	F 34	
Torretta *CL*	103	O 23	
Torretta *PA*	97	M 21	
Torretta (Portella) *PA*	97	M 21	
Torretta-Granitola *TP*	97	O 19	
Torretta (Masseria) *FG*	71	D 29	
Torretta (Monte) *PZ*	72	E 29	
Torrette *AN*	47	L 22	
Torrette *PS*	46	K 21	
Torrevecchia *PV*	21	G 9	
Torrevecchia *RM*	62	Q 19	
Torrevecchia Teatina *CH*	60	O 24	
Torri *IM*	35	K 4	
Torri *RA*	33	I 18	
Torri *SI*	49	M 15	
Torri del Benaco *VR*	23	F 14	
Torri di Quartesolo *VI*	24	F 16	
Torri in Sabina *RI*	58	O 19	
Torriana *FR*	41	K 19	
Torrice *FR*	63	R 22	
Torricella *CS*	85	I 31	
Torricella *TA*	79	F 34	
Torricella in Sabina *RI*	58	P 20	
Torricella *MN*	31	G 14	
Torricella *PR*	30	H 12	
Torricella Peligna *CH*	60	P 24	
Torriglia *GE*	29	I 9	
Torrile *PR*	30	H 12	
Torrita *RI*	59	O 21	
Torrita di Siena *SI*	50	M 17	
Torrita Tiberina *RM*	58	P 19	
Torsa *UD*	16	E 21	
Torsana *MS*	38	J 12	
Torto *PA*	99	N 23	
Torto *TO*	26	H 4	
Tortoli *OG*	117	H 10	
Tortoli (Stagno di) *OG*	117	H 11	
Tortona *AL*	28	H 8	
Tortora *CS*	84	H 29	
Tortorella *SA*	76	G 28	
Tortoreto *TE*	53	N 23	
Tortoreto Lido *TE*	53	N 23	
Tortorici *ME*	100	M 26	
Torviscosa *UD*	17	E 21	
Torza *SP*	37	J 10	
Tosa (Cima) *TN*	11	D 14	
Toscanella *BO*	40	I 16	
Toscano (Arcipelago) *LI*	48	M 12	
Toscolano *TR*	58	O 19	
Toscolano-Maderno *BS*	23	F 13	
Tosi *FI*	44	K 16	
Tossicia *TE*	59	O 22	
Tossignano *BO*	40	J 16	
Tossino *FO*	40	J 17	
Tottubella *SS*	110	E 7	
Tout Blanc (Monte) *AO*	18	F 3	
Tovel (Lago di) *TN*	11	D 14	
Tovena *TV*	13	E 18	
Tovo *BL*	12	E 17	
Tovo di S. Agata *SO*	10	D 12	
Tovo (Monte) *TO*	18	F 4	
Tovo S. Giacomo *SV*	36	J 6	
Trabacche (Grotta delle) *RG*	104	Q 25	
Trabaria (Bocca) *PG*	45	L 18	
Trabia *PA*	98	N 22	
Trabuccato (Punta) *SS*	108	D 7	
Tracchi *VR*	23	E 15	
Tracino *TP*	96	Q 18	
Tracino (Punta) *TP*	96	Q 18	
Tradate *VA*	20	E 8	
Traessu (Monte) *SS*	111	F 8	
Trafficanti *BG*	22	E 11	
Traffiume *VB*	8	D 8	
Trafoi *BZ*	2	C 13	
Traghetto *FE*	32	I 17	
Tragliata *RM*	62	Q 18	
Tramariglio *SS*	110	F 6	
Tramatza *OR*	115	G 7	
Tramazzo *FO*	40	J 17	
Trambileno *TN*	11	E 15	
Tramin / Termeno *BZ*	11	C 15	
Tramontana (Punta) *SS*	111	E 7	
Tramonti (Lago di) *PN*	13	D 20	
Tramonti di Sopra *PN*	13	D 20	
Tramonti di Sotto *PN*	13	D 20	
Tramuschio *MN*	31	H 15	
Tramutola *PZ*	77	G 29	
Trana *TO*	26	G 4	
Trani *BA*	72	D 31	
Tranquillo (Monte) *AQ*	64	Q 23	
Traona *SO*	9	D 10	
Trapani *TP*	96	M 19	
Trapani-Birgi (Aeroporto di) *TP*	96	N 19	
Trappa *PZ*	19	F 5	
Trappeto *PA*	97	M 21	
Trappeto Bambino *RC*	88	L 30	
Trarego Viggiona *VB*	8	D 7	
Trasacco *AQ*	59	Q 22	
Trasaghis *UD*	14	D 21	
Traschio *PC*	29	I 9	
Trasimeno (Lago) *PG*	51	M 18	
Trasquera *VB*	8	D 6	
Tratalias *CI*	118	J 7	
Travacò Siccomario *PV*	29	G 9	
Travagliato *BS*	22	F 12	
Travale *GR*	49	M 15	
Travalle *FI*	39	K 15	
Travedona Monate *VA*	20	E 8	
Traversa *FI*	39	J 15	
Traversara *RA*	40	I 18	
Traversella *TO*	19	F 5	
Traversetolo *PR*	30	I 13	
Travesio *PN*	14	D 20	
Travignolo (Val) *TN*	12	D 17	
Travo *PC*	29	H 9	
Trazzonara (Monte) *TA*	79	F 34	
Tre Cancelli *RM*	63	R 20	
Tre Cancelli (Valico) *MT*	77	F 30	
Tre Croci *VT*	57	O 18	
Tre Croci (Passo) *BL*	4	C 18	
Tre Fontane *TP*	97	O 20	
Tré-la-Tête *AO*	6	E 2	
Tre Pietre (Punta dei) *TP*	96	Q 17	
Tre Pizzi *MC*	52	M 20	
Tre Signori (Como dei) *TN*	11	C 13	
Tre Signori (Picco dei) / Dreiherrnspitze *BZ*	3	A 18	
Tre Signori (Pizzo dei) *BG*	9	D 10	
Tre Termini (Passo dei) *BS*	22	F 12	
Trearie *CT*	100	N 26	
Trebaseleghe *PD*	24	F 18	
Trebbia *PC*	29	I 9	
Trebbiantico *PS*	46	K 20	
Trebbio *TI*	40	K 15	
Trebecco *PC*	29	H 9	
Trebecco (Lago di) *PV*	29	H 9	
Trebisacce *CS*	85	H 31	
Trecasali *PR*	30	H 12	
Trecastagni *CT*	101	O 27	
Trecate *NO*	20	F 8	
Trecchina *PZ*	77	G 29	
Trecenta *RO*	32	G 16	

TORINO

Aeroporto (Strada dell')	GT 2
Agnelli (Cso G.)	FU 3
Agudio (V. T.)	HT 5
Bogino (V.)	GU 8
Borgaro (V.)	GT 9
Cebrosa (Str. d.)	HT 22
Cosenza (Cso)	FGU 29
De Sanctis (V. F.)	FT 30
Garibaldi (Cso)	GT 36
Grosseto (Cso)	GT 39
Maroncelli (Cso P.)	GU 43
Potenza (Cso)	GT 58
Rebaudengo (P. Conti)	GT 59
Regio Parco (Cso)	HT 61
Sansovino (V. A.)	FGT 71
Savona (Cso)	GU 72
Sestriere (V.)	GU 74
Stampini (V. E.)	GT 78
Stradella (V.)	GT 79
S. M. Mazzarello (V.)	FT 68
Thovez (Viale E.)	GHT 80
Torino (Strada)	GU 81
Torino (Viale)	FU 82
Unità d'Italia (Cso)	GU 86
Vercelli (V.)	HT 89
Voghera (Lungo Dora)	HT 92

Museo dell' Automobile Carlo Biscaretti di Ruffia ... GU M5

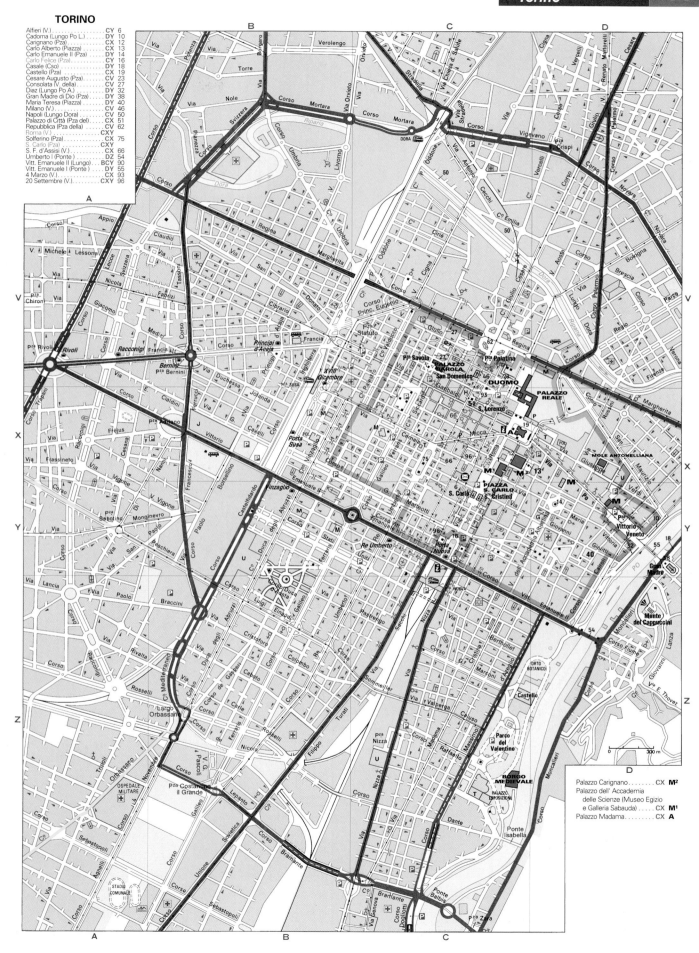

Trecine *PG*	51	M 18	Tresnuraghes *OR*	114	G 7	Trieste (Golfo di) *TS*	17	F 22
Tredozio *FO*	40	J 17	Tressanti *FG*	67	C 29	Triggianello *BA*	73	E 33
Trefinaidi (Monte) *ME*	100	N 25	Tressi *TO*	19	F 4	Triggiano *BA*	73	D 32
Treglio *CH*	60	P 25	Treste *CH*	61	P 25	Trigna (Pizzo della) *PA*	98	N 22
Tregnago *VR*	23	F 15	Trestina *PG*	45	L 18	Trigno *IS*	65	Q 24
Treia *MC*	52	M 21	Tretto *VI*	24	E 16	Trigolo *CR*	22	G 11
Tremalzo (Passo di) *TN*	23	E 14	Trevenzuolo *VR*	23	G 14	Trigona *SR*	104	P 26
Trematerra (Monte) *CZ*	88	L 31	Trevesina (Pizzo) *SO*	10	D 12	Trigus (Serra) *CI*	118	I 7
Tremenico *LC*	9	D 10	Trevi *PG*	51	N 20	Trimezzo *RI*	59	O 21
Tremestieri *ME*	90	M 28	Trevi nel Lazio *FR*	63	Q 21	Trinità *SA*	76	F 28
Tremezzo *CO*	9	E 9	Trevico *AV*	71	D 27	Trinità *RE*	30	I 13
Tremiti (Isole) *FG*	66	A 28	Treviglio *BG*	21	F 10	Trinità (vicino ad		
Tremoli *CS*	84	H 29	Trevignano *TV*	25	E 18	Entracque) *CN*	34	J 4
Tremosine *BS*	23	E 14	Trevignano Romano *RM*	57	P 18	Trinità (vicino a Fossano) *CN*	27	I 5
Trenta *CS*	86	J 30	Treville *TV*	24	F 17	Trinità (Abbazia della)		
Trentangeli (Masseria) *PZ*	72	D 29	Trevinano *VT*	50	N 17	(Cava de' Tirreni) *SA*	75	E 26
Trentinara *SA*	75	F 27	Treviolo *BG*	21	E 10	Trinità (Abbazia della)		
Trento *TN*	11	D 15	Treviso *TV*	25	E 18	(Venosa) *PZ*	72	E 29
Trentola-Ducenta *CE*	69	E 24	Treviso (Rifugio) *TN*	12	D 17	Trinità d'Agultu e Vignola *OT*	108	E 8
Trenzano *BS*	22	F 12	Treviso Bresciano *BS*	22	E 13	Trinità (Lago della) *TP*	97	N 20
Trepalle *SO*	2	C 12	Trevozzo *PC*	29	H 10	Trinitapoli *FG*	72	C 30
Trepidò Soprano *KR*	87	J 32	Trexenta *CA*	119	I 9	Trinkstein /		
Trepidò Sottano *KR*	87	J 32	Trezzano sul Naviglio *MI*	21	F 9	Fonte alla Roccia *BZ*	4	A 18
Treponti *PD*	24	F 17	Trezzo sull'Adda *MI*	21	F 10	Trino *VC*	20	G 6
Treporti *VE*	16	F 19	Trezzo Tinella *CN*	27	H 6	Triolo *FG*	66	C 27
Treppio *PT*	39	J 15	Triana *GR*	50	N 16	Triona (Monte) *PA*	97	N 21
Treppo Carnico *UD*	5	C 21	Trianelli *BA*	72	D 30	Trionto *CS*	85	I 31
Treppo Grande *UD*	14	D 21	Triangolo di Riva /			Trionto (Capo) *CS*	87	I 32
Trepuzzi *LE*	81	F 36	Dreieck-Spitze *BZ*	4	B 18	Triora *IM*	35	K 5
Trequanda *SI*	50	M 17	Tribano *PD*	24	G 17	Tripi *ME*	101	M 27
Tres *TN*	11	D 15	Tribiano *MI*	21	F 10	Triponzo *PG*	52	N 20
Tresa *PG*	51	M 18	Tribolina *BG*	22	E 11	Trischiamps *UD*	5	C 20
Tresa *VA*	8	E 8	Tribulàun / Pflerscher			Triscina *TP*	97	O 20
Tresana *MS*	38	J 11	Tribulaun *BZ*	3	B 16	Trisobbio *AL*	28	I 7
Tresauro *RG*	104	Q 25	Tricarico *MT*	77	F 30	Trissino *VI*	24	F 16
Trescore Balneario *BG*	22	E 11	Tricase *LE*	83	H 37	Trisulti (Certosa di) *FR*	63	Q 22
Trescore Cremasco *CR*	21	F 10	Tricerro *VC*	20	G 6	Triuggio *MI*	21	F 9
Tresenda *SO*	10	D 12	Tricesimo *UD*	15	D 21	Trivento *CB*	65	Q 25
Tresigallo *FE*	32	H 17	Trichiana *BL*	13	D 18	Trivero *BI*	19	E 6
Tresinaro *RE*	39	I 13	Tricoli (Punta) *OG*	117	H 10	Trivigliano *FR*	63	Q 21
Tresino (Monte) *SA*	75	F 26	Tridentina (Rifugio) *BZ*	4	A 18	Trivignano *VE*	25	F 18
Tresino (Punta) *SA*	75	F 27	Triei *OG*	117	G 10	Trivignano Udinese *UD*	17	E 22
Tresivio *SO*	10	D 11	Trieste *TS*	17	F 23	Trivigno *PZ*	77	F 29

Alpini (Cso degli)	AY 2	Manci (V.)	BZ 14	Simonino (V. del)	BZ 32
Battisti (Pza C.)	BZ 3	Mazzini (V.)	BZ 15	S. Lorenzo (Cavalcavia)	AZ 27
Belenzani (V. R.)	BZ 4	Oriola (V.)	BZ 16	S. Marco (V.)	BZ 30
Carducci (Largo)	BZ 6	Oss Mazzurana (V.)	BZ 17	S. Pietro (V.)	BZ 31
Clesio (V. B.)	BY 7	Pilati (V. C. A.)	BZ 19	S. Vigilio (V.)	BZ 33
Dogana (V.)	BY 8	Porta Nuova (Largo)	BZ 20	Torre Vanga	
Duomo (Pza del)	BZ 10	Pozzo (V.)	AY 22	(V.)	BZ 35
Garibaldi (V.)	BZ 12	Prepositura (V.)	AZ 24	Torre Verde (V.)	BZ 37
Grazioli (V. G.)	BZ 13	Sta Croce (V.)	BZ 34	Ventuno (V. dei)	BZ 40

Museo Diocesano Tridentino .... BZ **M¹** Palazzo Tabarelli .... BZ **F**

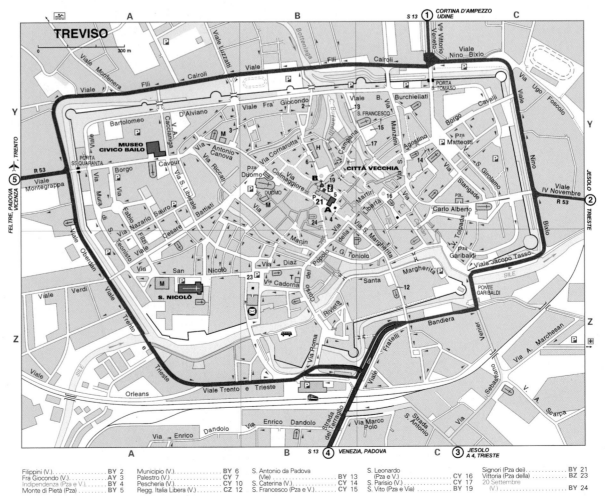

Filippini (V.)	BY 2	Municipio (V.)	BY 6	S. Antonio da Padova	
Fra Giocondo (V.)	AY 3	Palestro (V.)	CY 7	(Vle)	BY 13
Indipendenza (Pza e V.)	BY 4	Pescheria (V.)	CY 10	S. Caterina (V.)	CY 14
Monte di Pietà (Pza)	BY 5	Regg. Italia Libera (V.)	CZ 12	S. Francesco (Pza e V.)	CY 15
				S. Leonardo	
				(Pza e V.)	CY 16
				S. Parisio (V.)	CY 17
				S. Vito (Pza e Via)	BY 19
				Signori (Pza dei)	BY 21
				Vittoria (Pza della)	BZ 23
				20 Settembre	
				(V.)	BY 24

Palazzo dei Trecento .... BY **A**   Santa Lucia .... BY **B**

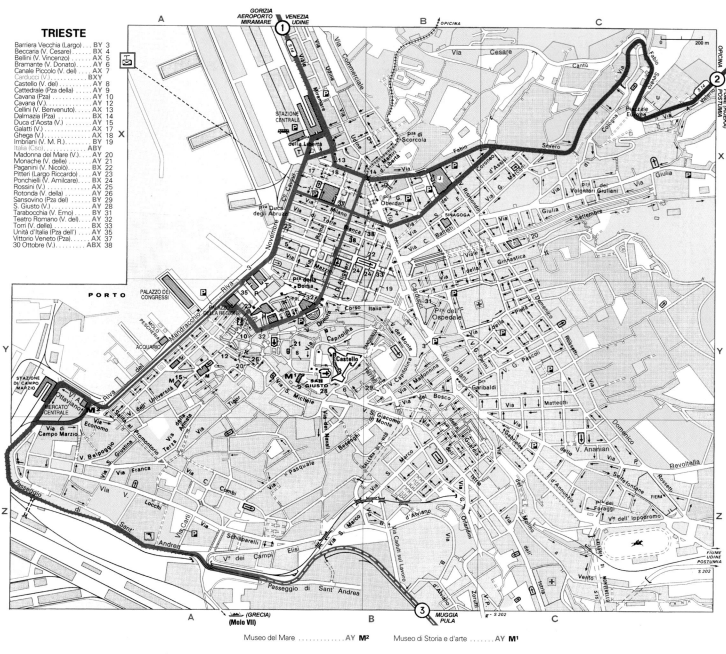

TRIESTE

Barriera Vecchia (Largo) . . . BY 3
Beccaria (V. Cesare) . . . . . BX 4
Bellini (V. Vincenzo) . . . . . AX 5
Bramante (V. Donato) . . . . AY 6
Canale Piccolo (V. del) . . . AX 7
Carducci (V.) . . . . BXY
Castello (V. del) . . . . AY 8
Cattedrale (Pza della) . . . . AY 9
Cavana (Pza) . . . . AY 12
Cellini (V. Benvenuto) . . . . AX 13
Dalmazia (Pza) . . . . BX 14
Duca d'Aosta (V.) . . . . . . AX 15
Galatti (V.) . . . . AX 18
Ghega (V.) . . . . AX 18
Imbriani (V. M. R.) . . . . . . BY 19
Italia (Cso) . . . . ABY
Madonna del Mare (V.) . . . AY 20
Monache (V. delle) . . . . . . AY 21
Paganini (V. Nicolò) . . . . . BX 22
Pitteri (Largo Riccardo) . . . AY 23
Ponchielli (V. Amilcare) . . . AX 24
Rossini (V.) . . . . AX 25
Rotonda (V. della) . . . . . . AY 26
Sansovino (Pza del) . . . . . BY 29
S. Giusto (V.) . . . . AY 28
Tarabocchia (V. Emo) . . . . BY 31
Teatro Romano (V. del) . . . AY 32
Torri (V. delle) . . . . BX 33
Unità d'Italia (Pza dell') . . . AY 35
Vittorio Veneto (Pza) . . . . AX 37
30 Ottobre (V.) . . . . ABX 38

Museo del Mare . . . . AY **M²**   Museo di Storia e d'arte . . . . AY **M¹**

Trivio *PG*	58	O 20	Trullo (Masseria) *BA*	72	E 30	Turano *RI*	58	O 20
Trodena / Truden *BZ*	12	D 16	Truzzo (Lago del) *SO*	9	C 9	Turano (Lago di) *RI*	58	P 20
Trodica *MC*	53	M 22	Tualis *UD*	5	C 20	Turano Lodigiano *LO*	21	G 10
Trofarello *TO*	27	H 5	Tubre / Taufers im			Turate *CO*	21	F 9
Trogkofel / Aip (Creta di) *UD*	14	C 21	Münstertal *BZ*	2	C 13	Turbigo *MI*	20	F 8
Trognano *PG*	59	O 21	Tudaio di Razzo (Monte) *UD*	5	C 19	Turchi (Balata dei) *TP*	96	Q 18
Troia *FG*	71	C 27	Tudderi (Monte) *SS*	111	E 8	Turchino (Passo del) *GE*	28	I 8
Troia (Ponte di) *FG*	66	C 28	Tudia *PA*	99	N 23	Turchio (Monte) *CT*	100	N 26
Troia (Punta) *TP*	96	N 18	Tuenno *TN*	11	D 15	Turcio *VI*	24	E 16
Troina *EN*	100	N 25	Tufara *CB*	66	C 26	Tures (Val di) *BZ*	4	B 17
Troina (Fiume) *ME*	100	N 25	Tufillo *CH*	65	Q 25	Turi *BA*	73	E 33
Tromello *PV*	20	G 8	Tufo *AV*	70	D 26	Turlago *MS*	38	J 12
Trompia (Val) *BS*	22	E 12	Tufo Basso *AQ*	59	P 21	Turri *VS*	118	H 8
Trona (Lago di) *SO*	9	D 10	Tuglie *LE*	83	G 36	Turri (Monte) *CA*	119	I 9
Troncia *CI*	118	J 7	Tuili *VS*	118	H 8	Tursi *MT*	77	G 31
Trontano *VB*	8	D 7	Tula *SS*	111	E 8	Turuddo (Monte) *NU*	113	F 10
Tronto *TE*	53	N 22	Tului (Monte) *NU*	117	G 10	Turusele *OG*	117	G 10
Tronzano Vercellese *VC*	19	F 6	Tumbarino (Punta) *SS*	108	D 6	Tusa *ME*	99	N 24
Tropea *VV*	88	K 29	Tumboi *OR*	115	H 8	Tusa (Fiume di) *ME*	99	N 24
Trovigiano *MC*	46	L 21	Tundu (Monte) *NU*	113	F 10	Tuscania *VT*	57	O 17
Trovo *PV*	21	G 9	Tundu (Monte) *OT*	111	E 9	Tusciano *SA*	75	E 27
Truccazzano *MI*	21	F 10	Tunes / Thuins *BZ*	3	B 16	Tussio *AQ*	59	P 22
Trucchi *CN*	35	I 4	Tuoma *SI*	50	M 16	Tuttavista (Monte) *NU*	117	F 10
Trucco *IM*	35	K 4	Tuoro sul Trasimeno *PG*	51	M 18	Tuturano *BR*	79	F 35
Truden / Trodena *BZ*	12	D 16	Tupei *CI*	118	J 7	Tyndaris *ME*	100	M 27
Trulli (Regione dei) *BA*	80	E 33	Turago Bordone *PV*	21	G 9			
Trulli (Zona dei) *BA*	80	E 33	Turania *RI*	59	P 21			

U

Uatzu *NU*	115	H 9	Ultimo (Val d') / Ultental *BZ*	3	C 14	Urbe *SV*	28	I 7
Uboldo *VA*	21	F 9	Umbertide *PG*	51	M 18	Urbino *PS*	46	K 19
Uccea *UD*	15	D 22	Umbra (Foresta) *FG*	67	B 29	Urbino (Monte) *PG*	51	M 19
Ucina (Pizzo d') *ME*	100	M 26	Umbrail (Pass) /			Urbisaglia *MC*	52	M 22
Ucria *ME*	100	M 26	Sta Maria (Giogo di) *SO*	2	C 13	Urbs Salvia *MC*	52	M 22
Uda (Monte) *CA*	119	I 9	Umbriatico *KR*	87	I 32	Urgnano *BG*	21	F 11
Udine *UD*	15	D 21	Umito *AP*	52	N 22	Uri *SS*	110	F 7
Uffente *LT*	63	R 21	Ummari *TP*	97	N 20	Uri (Flumini) *CA*	119	I 10
Ufita *AV*	71	D 27	Uncinano *PG*	51	N 19	Ursini *RC*	88	L 31
Ugento *LE*	83	H 36	Unghiasse (Monte) *TO*	18	F 3	Urtigu (Monte) *OR*	114	G 7
Uggiano la Chiesa *LE*	83	G 37	Ungroni (S') *OR*	114	H 7	Ururi *CB*	66	B 27
Uggiano Montefusco *TA*	79	F 34	Unnichedda (Punta) *NU*	113	F 11	Urzano *PR*	30	I 12
Uggiate Trevano *CO*	20	E 8	Unsere liebe Frau im Walde /			Urzulei *OG*	117	G 10
Uia Bessanese *TO*	18	G 3	Senale *BZ*	3	C 15	Usago *PN*	14	D 20
Uia di Ciamarella *TO*	18	G 3	Unserfrau /			Uscerno *AP*	52	N 22
Uia (Monte) *TO*	26	G 3	Madonna di Senales *BZ*	3	B 14	Uscio *GE*	37	I 9
Ulà Tirso *OR*	115	G 8	Untermoi / Antermoia *BZ*	4	B 17	Usellus *OR*	115	H 8
Ulassai *OG*	117	H 10	Unterplanken /			Usi *GR*	50	N 16
Ulignano *PI*	43	L 14	Planca di Sotto *BZ*	4	B 18	Usini *SS*	110	F 7
Uliveto Terme *PI*	42	K 13	Uomo (Capo d') *GR*	55	O 15	Usmate Velate *MI*	21	F 10
Ulmi *TP*	97	N 20	Upega *CN*	35	J 5	Uso *FO*	41	K 18
Ulten / Ultimo *BZ*	3	C 15	Urago d'Oglio *BS*	22	F 11	Ussana *CA*	119	I 9
Ultental / Ultimo (Val d') *BZ*	3	C 14	Uras *OR*	118	H 8	Ussaramanna *VS*	118	H 8
Ultimo / Ulten *BZ*	3	C 15	Urbana *PD*	24	G 16	Ussassai *OG*	116	H 10
			Urbania *PS*	45	K 19	Usseglio *TO*	18	G 3
						Ussita *MC*	52	N 21
						Ustica *PA*	92	K 21

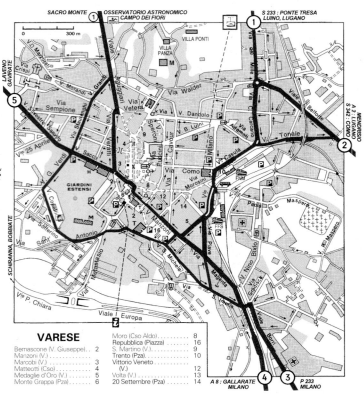

UDINE

Bartolini (Riva)	AY	3
Calzolai (V.)	BZ	4
Carducci (V.)	BZ	5
Cavedalis (Piazzale G. B.)	AY	6
Cavour (V.)	AY	7

D'Annunzio (Piazzale)	BZ	8
Diacono (Piazzale Paolo)	AY	9
Gelso (V. del)	AZ	12
Leopardi (Viale G.)	BZ	13
Libertà (Pza della)	AY	14
Manin (V.)	BY	16
Marconi (Pza)	AY	17

Matteotti (Pza)	AY	18
Mercato Vecchio (V.)	AY	19
Patriarcato (Pza)	BY	20
Piave (V.)	BYZ	21
Rialto (V.)	AY	22
Vittorio Veneto (V.)	BY	23
26 Luglio (Piazzale)	AZ	24

Duomo .... BY **B**   Palazzo Arcivescovile .... BY **A**

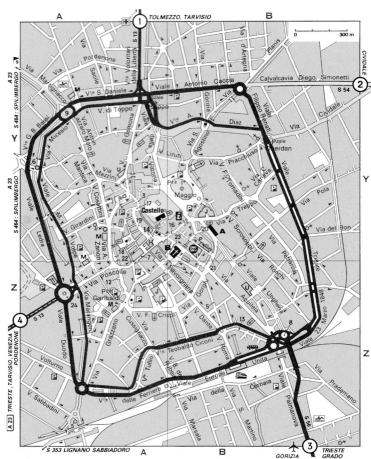

URBINO

Barocci (V.)	2
Comandino (Viale)	4
Don Minzoni (Viale)	5
Duca Federico (Pza)	6
Giro dei Debitori (V.)	8
Matteotti (V.)	10
Mazzini (V.)	12
Mercatale (Borgo)	13
Piave (V.)	16
Puccinotti (V.)	17
Raffaello (V.)	19
Repubblica (Pza della)	20
Rinascimento (Pza)	22
Stazione (V. della)	28
S. Chiara (V.)	23
S. Francesco (Pza)	24
S. Girolamo (V.)	25
Virgili (V.)	29
Vitt. Veneto (V.)	30

Casa di Raffaello	**A**
Chiesa	
di San Giuseppe	**B**
Chiesa-oratorio di San Giovanni Battista	**F**
Galleria Nazionale delle Marche	**M**

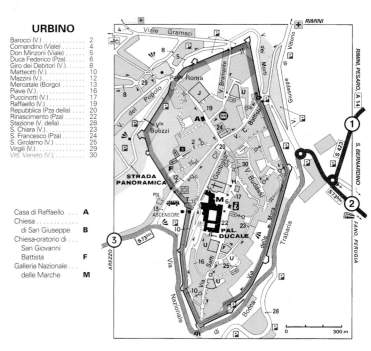

VARESE

Bernascone (V. Giuseppe)		2
Manzoni (V.)		
Marcobi (V.)		3
Matteotti (Cso)		4
Medaglie d'Oro (V.)		5
Monte Grappa (Pza)		6

Moro (Cso Aldo)		8
Repubblica (Piazza)		16
S. Martino (V.)		9
Trento (Pza)		10
Vittorio Veneto (V.)		12
Volta (V.)		13
20 Settembre (Pza)		14

Ustica (Isola di) *PA*	92	K 21	Val Grande (Parco Nazionale della) *VB*	8	D 7
Uta *CA*	118	J 8	Val Noana (Lago di) *TN*	12	D 17
Utero (Monte) *RI*	52	N 21	Valas / Flaas *BZ*	3	C 15
Uttenheim / Villa Ottone *BZ*	4	B 17	Valbella (Punta) *BZ*	2	B 14
			Valbona (Cima di) *TN*	11	D 13
V			Valbondione *BG*	10	D 12
Vacca (Isola la) *CI*	120	K 7	Valbrevenna *GE*	29	I 9
Vaccarile *AN*	46	L 21	Valbrona *CO*	9	E 9
Vaccarizza *PV*	29	G 9	Valbruna *UD*	15	C 22
Vaccarizzo *CT*	105	O 27	Valcaira *CN*	35	J 5
Vaccarizzo *CS*	86	I 30	Valcanale *BG*	10	E 11
Vaccarizzo Albanese *CS*	85	I 31	Valcasotto *CN*	35	J 5
Vacchelli (Canale) *CR*	21	F 10	Valcava *LC*	21	E 10
Vaccolino *FE*	33	H 18	Valcavera (Colle di) *CN*	34	I 3
Vacheres *AO*	19	F 5	Valchiusella *TO*	19	F 5
Vacone *RI*	58	O 19	Valcimarra *MC*	52	M 21
Vacri *CH*	60	P 24	Valda *TN*	11	D 15
Vada *LI*	48	L 13	Valdagno *VI*	24	F 15
Vada (Secche di) *LI*	48	M 13	Valdaora / Olang *BZ*	4	B 18
Vadena / Pfatten *BZ*	12	C 15	Valdarno *AR*	44	L 16
Vado *BO*	39	J 15	Valdena *PR*	38	I 11
Vado (Capo di) *SV*	36	J 7	Valdengo *BI*	19	F 6
Vado Ligure *SV*	36	J 7	Valderice *TP*	96	M 19
Vado Mistongo *BN*	65	R 26	Valdicastello Carducci *LU*	38	K 12
Vaggimal *VR*	23	F 14	Valdichiesa *ME*	94	L 26
Vaggio *FI*	44	L 16	Valdidentro *SO*	2	C 12
Vagli (Lago di) *LU*	38	J 12	Valdieri *CN*	34	J 4
Vagli Sopra *LU*	38	J 12	Valdimonte *PG*	45	L 18
Vagli Sotto *LU*	38	J 12	Valdina *ME*	90	M 28
Vaglia *FI*	40	K 15	Valdobbiadene *TV*	12	E 17
Vagliagli *FI*	44	L 16	Valdorbia *PG*	46	L 20
Vaglie *RE*	38	J 12	Valdritta (Cima) *VR*	23	E 14
Vaglierano *AT*	27	H 6	Valduggia *VC*	20	E 6
Vaglio Basilicata *PZ*	77	E 29	Valdurna *BZ*	3	B 16
Vagnole (le) *CE*	69	D 23	Valdurna / Durnholz *BZ*	3	B 16
Vahrn / Varna *BZ*	4	B 16	Valeggio *PV*	20	G 8
Vaiano *PO*	39	K 15	Valeggio sul Mincio *VR*	23	F 14
Vaiano Cremasco *CR*	21	F 10	Valentano *VT*	57	O 17
Vailate *CR*	21	F 10	Valenza *AL*	28	G 7
Vaiont (Lago del) *PN*	13	D 19	Valenzano *BS*	22	F 12
Vairano Patenora *CE*	65	R 24	Valenzano *BA*	73	D 32
Vairano Scalo *CE*	64	S 24	Valera Fratta *LO*	21	G 10
Vairo *PR*	38	I 12	Valeriano *PN*	14	D 20
Vajont *PN*	13	D 20	Valestra *RE*	39	I 13
Val d'Asso *SI*	50	M 16	Valfabbrica *PG*	51	M 19
Val della Torre *TO*	19	G 4	Valfenera *AT*	27	H 5
Val di Meda *FI*	40	J 16	Valfloriana *TN*	11	D 16
Val di Mela *OT*	109	D 9	Valfredda (Sasso di) *TN*	12	C 17
Val di Mezzo / Mittertal *BZ*	3	B 16	Valfurva *SO*	11	C 13
Val di Nizza *PV*	29	H 9	Valgioie *TO*	26	G 4
Val di Sogno *VR*	23	E 14	Valgoglio *BG*	10	E 11
Val Grande (Parco Nazionale) *TO*	18	F 3	Valgrana *CN*	34	I 4
			Valgrisenche *AO*	18	F 3
Valguarnera *EN*	104	O 25			
Valiano *SI*	50	M 17			
Vallà *TV*	24	E 17			
Vallada Agordina *BL*	12	C 17			
Valle *BO*	39	J 15			
Valle *BS*	10	D 13			
Valle *MS*	38	I 11			
Valle Agricola *CE*	65	R 24			
Valle Aurina / Ahrntal *BZ*	4	B 17			
Valle Castellana *TE*	53	N 22			
Valle Dame *AR*	51	M 18			
Valle di Cadore *BL*	13	C 18			
Valle di Maddaloni *CE*	70	D 25			
Valdisotto *SO*	10	C 13			
Valle Lomellina *PV*	20	G 7			
Valle Mosso *BI*	19	F 6			
Valle S. Bartolomeo *AL*	28	H 7			
Valle S. Felice *TN*	11	E 14			
Valle S. Giovanni *TE*	59	O 22			
Vallebona *IM*	35	K 5			
Vallecorsa *FR*	64	R 22			
Vallecrosia *IM*	35	K 4			
Vallecupa *AQ*	59	P 22			
Valledolmo *PA*	99	N 23			
Vallefiorita *CZ*	88	K 31			
Vallegrande *FR*	64	R 23			
Vallelonga *VV*	88	L 30			
Vallelunga *CE*	65	R 24			
Vallelunga *RM*	58	P 19			
Vallelunga Piatameno *CL*	99	N 23			
Vallemaio *FR*	64	R 23			
Vallemare *RI*	59	O 21			
Vallenoncello *PN*	13	E 19			
Vallepietra *RM*	63	Q 21			
Valleranello *RM*	62	Q 19			
Vallerano *PR*	30	I 12			
Vallerano *VT*	58	O 19			
Valleremita *AN*	52	M 20			
Vallermosa *CA*	118	J 8			
Vallerona *GR*	50	N 16			
Vallerotonda *FR*	64	R 23			
Valles / Vals *BZ*	4	B 16			
Valles (Passo di) *TN*	12	C 17			
Valles (Val di) *BZ*	4	B 16			
Vallesaccarda *AV*	71	D 27			
Valleverde (Santuario di) *FG*	71	D 28			

Vallevona (Cima di) *AQ*...59 P 21	Valnogaredo *PD*...24 G 16	Valva *SA*...71 E 27
Vallevona (Masseria) *FG*...66 C 27	Valnontey *AO*...18 F 4	Valvasone *PN*...16 E 20
Valli del Pasubio *VI*...23 E 15	Valosio *AL*...28 I 7	Valverde *CT*...101 O 27
Valli Grandi Veronesi *VR*...32 G 15	Valpantena *VR*...23 F 14	Valverde *FO*...41 J 19
Valli Mocenighe *PD*...32 G 16	Valparola (Passo di) *BL*...4 C 17	Valverde (Santuario di) *SS*...110 F 7
Vallicciola *OT*...111 E 9	Valpelina *VE*...16 F 21	Valvestino *BS*...23 E 13
Vallico *LU*...38 J 13	Valpelline *AO*...7 E 4	Valvestino (Lago di) *BS*...23 E 13
Vallinfante *MC*...52 N 21	Valpelline (Località) *AO*...6 E 3	Valvisciolo (Abbazia di) *LT*...63 R 20
Vallinfreda *RM*...59 P 20	Valperga *TO*...19 F 4	Valvori *FR*...64 R 23
Vallingegno	Valpiana *GR*...49 M 14	Valzurio *BG*...10 E 11
(Abbazia di) *PG*...51 M 19	Valpolicella *VR*...23 F 14	Vancimuglio *VI*...24 F 16
Vallio Terme *BS*...22 F 13	Valprato Soana *TO*...19 F 4	Vancori (i) *ME*...95 K 27
Vallisnera *RE*...38 I 12	Valpromaro *LU*...38 K 13	Vandoies / Vintl *BZ*...4 B 17
Vallo *TO*...19 G 5	Valrovina *VI*...24 E 17	Vandra *IS*...65 R 24
Vallo della Lucania *SA*...76 G 27	Vals / Valles *BZ*...4 B 16	Vaneze *TN*...11 D 15
Vallo di Nera *PG*...52 N 20	Valsanzibio *PD*...24 G 17	Vanga / Wangen *BZ*...3 C 16
Vallocchia *PG*...52 N 20	Valsassina *LC*...9 E 10	Vanno (Lago) *VB*...8 C 7
Vallombrosa *FI*...44 K 16	Valsavarenche *AO*...18 F 3	Vanoi *TN*...12 D 17
Valloni *IS*...64 R 24	Valsavignone *AR*...45 K 18	Vanzago *MI*...21 F 8
Valloria *LO*...29 G 10	Valsecca *BG*...21 E 10	Vanzanghello *MI*...20 F 8
Valloriate *CN*...34 I 4	Valsinni *MT*...77 G 31	Vanze *LE*...81 G 36
Vallugana *VI*...24 F 16	Valsolda *CO*...9 D 9	Vaprio d'Adda *MI*...21 F 10
Vallurbana *PG*...45 L 18	Valstagna *VI*...12 E 16	Vaprio d'Agogna *NO*...20 F 7
Valmacca *AL*...28 G 7	Valstrona *VB*...8 E 7	Vara *SP*...37 I 10
Valmadonna *AL*...28 H 7	Valsura *BZ*...3 C 15	Vara Inferiore *SV*...28 I 7
Valmadrera *LC*...21 E 10	Valtellina *SO*...10 D 12	Varaita *CN*...26 I 3
Valmala *CN*...26 I 4	Valtina / Walten *BZ*...3 B 15	Varaita (Valle) *CN*...26 I 3
Valmeronte (Monte) *PG*...45 L 18	Valtopina *PG*...51 M 20	Varallo *VC*...20 E 6
Valmontone *RM*...63 Q 20	Valtorta *BG*...9 E 10	Varallo Pombia *NO*...20 E 7
Valmorel *BL*...13 D 18	Valtournenche *AO*...7 E 4	Varano Borghi *VA*...20 E 8
Valmozzola *PR*...30 I 11	Valtournenche (Località) *AO*...7 E 4	

Varano de Melegari *PR*...30 H 12	Vastogirardi *IS*...65 Q 24	Vellano *PT*...39 K 14
Varano (Lago di) *FG*...67 B 29	Vaticano (Capo) *VV*...88 L 29	Vellego *SV*...35 J 6
Varano Marchesi *PR*...30 H 12	Vaticano (Città del) *RM*...62 Q 19	Velleia *PC*...29 H 11
Varapodio *RC*...91 M 29	Vatolla *SA*...75 G 27	Velletri *RM*...63 Q 20
Varazze *SV*...36 I 7	Vauda Canavese *TO*...19 G 4	Velloi / Vellau *BZ*...3 B 15
Varco Sabino *RI*...59 P 21	Vazia *RI*...58 O 20	Velo d'Astico *VI*...24 E 16
Varedo *MI*...21 F 9	Vazzano *VV*...88 L 30	Velo Veronese *VR*...23 F 15
Varena *TN*...12 D 16	Vazzola *TV*...25 E 19	Velturno /
Varenna *LC*...9 D 9	Vazzoler (Rifugio) *BL*...12 C 18	Feldthurns *BZ*...4 B 16
Varese *VA*...20 E 8	Vecchiano *PI*...42 K 13	Velva *SP*...37 J 10
Varese (Lago di) *VA*...20 E 8	Vedano Olona *VA*...20 E 8	Vena *CT*...101 N 27
Varese Ligure *SP*...37 I 10	Veddasca (Val) *VA*...8 D 8	Vena *CZ*...88 K 31
Vargo *AL*...28 H 8	Vedegheto *BO*...39 I 15	Venafro *IS*...64 R 24
Vari *MC*...52 N 21	Vedelago *TV*...24 E 18	Venagrande *AP*...53 N 22
Varigotti *SV*...36 J 7	Vedeseta *BG*...9 E 10	Venaria Reale *TO*...19 G 4
Varignana *BO*...40 I 16	Vedrana *BO*...32 I 16	Venarotta *AP*...52 N 22
Varmo *UD*...16 E 20	Vedriano *RE*...30 I 13	Venas di Cadore *BL*...13 C 18
Varna / Vahrn *BZ*...4 B 16	Veggiano *PD*...24 F 17	Venasca *CN*...26 I 4
Varone *TN*...11 E 14	Veggio *BO*...39 J 15	Venaus *TO*...18 G 3
Varrone *LC*...9 D 10	Veglie *LE*...81 G 35	Venda (Monte) *PD*...24 G 17
Varsi *PR*...30 I 11	Veiano *VT*...57 P 19	Vendicari (Isola) *SR*...107 Q 27
Varzi *PV*...29 H 9	Veio *RM*...58 P 19	Vendone *SV*...35 J 6
Varzo *VB*...8 D 6	Veirera *SV*...28 I 7	Vendrogno *LC*...9 D 9
Vas *BL*...12 D 17	Vela (Villa) *SR*...105 Q 27	Venegazzù *TV*...25 E 18
Vasanello *VT*...58 O 19	Vélan (Monte) *AO*...6 E 3	Venegono *VA*...20 E 8
Vasco *CN*...35 I 5	Veleso *CO*...9 E 9	Venere *AQ*...59 Q 22
Vascon *TV*...25 E 18	Velezzo Lomellina *PV*...20 G 8	Venere (Monte) *VT*...57 O 18
Vasia *IM*...35 K 5	Velia *SA*...75 G 27	Veneria *VC*...20 G 6
Vason *TN*...11 D 15	Velino *RI*...58 O 20	Venetico *ME*...90 M 28
Vasto *CH*...61 P 26	Velino (Gole del) *RI*...59 O 21	Venezia *VE*...25 F 19
Vasto *MN*...23 G 13	Velino (Monte) *AQ*...59 P 22	Venezia (Rifugio) *BL*...13 C 18

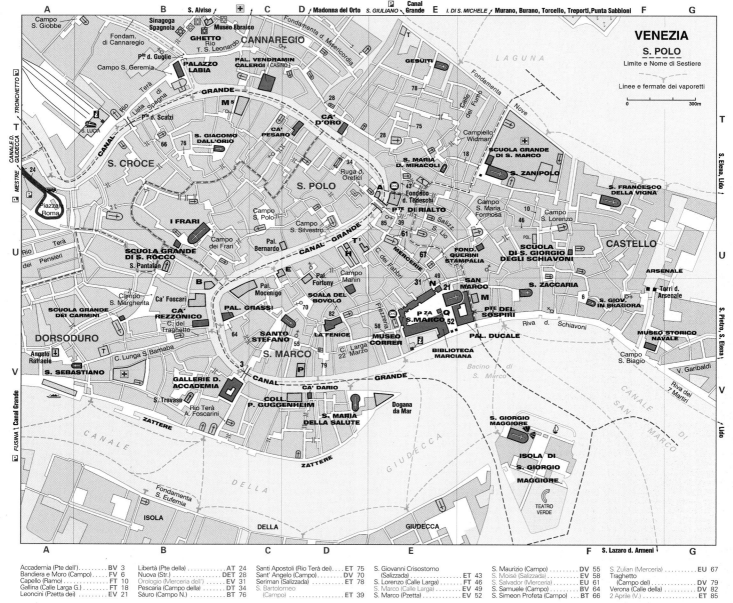

Accademia (Pte dell')...BV 3	Libertà (Pte della)...AT 24	Santi Apostoli (Rio Terà dei)...ET 75	S. Giovanni Crisostomo
Bandiera e Moro (Campo)...FV 6	Nuova (Str.)...DET 28	Sant' Angelo (Campo)...DV 70	(Salizzada)...ET 43
Capello (Ramo)...FT 10	Orologio (Merceria dell')...EV 31	Seriman (Salizzada)...ET 78	S. Lorenzo (Calle Larga)...ET 46
Gallina (Calle Larga G.)...FT 18	Pescaria (Campo della)...DT 34	S. Bartolomeo	S. Marco (Calle Larga)...EV 49
Leoncini (Pzetta dei)...EV 21	Sáuro (Campo N.)...BT 76	(Campo)...ET 39	S. Marco (Pzetta)...EV 52
			S. Maurizio (Campo)...DV 55
			S. Moisè (Salizzada)...EV 58
			S. Salvador (Merceria)...EU 61
			S. Samuele (Campo)...BV 64
			S. Simeon Profeta (Campo)...BT 66
			S. Zulian (Merceria)...EU 67
			Traghetto
			(Campo del)...DV 79
			Verona (Calle della)...DV 82
			2 Aprile (V.)...ET 85

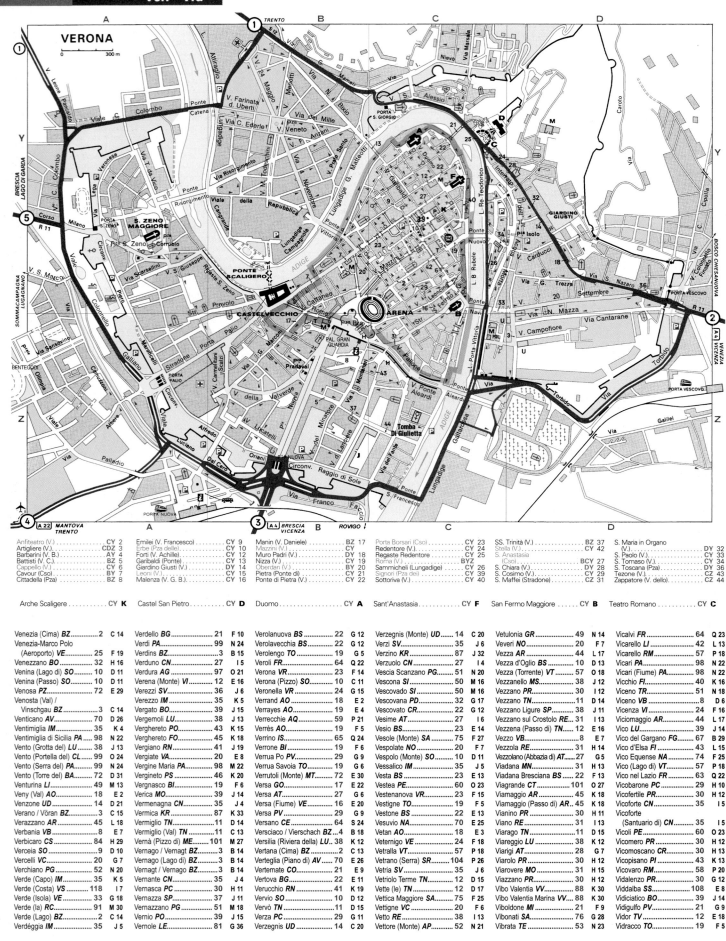

Anfiteatro (V.) . . . . CY 2	Emilei (V. Francesco) . . . . CY 9	Manin (V. Daniele) . . . . BZ 17
Artigliere (V.) . . . . CDZ 3	Èrbe (Pza delle) . . . . CY 10	Mazzini (V.) . . . . CY
Barbarini (V. B.) . . . . AY 4	Forti (V. Achille) . . . . CY 12	Muro Padri (V.) . . . . DY 18
Battisti (V.) . . . . BZ 5	Garibaldi (Ponte) . . . . CY 13	Nizza (V.) . . . . CY 19
Cappello (V.) . . . . CY 6	Giardino Giusti (V.) . . . . DY 14	Oberdan (V.) . . . . BY 20
Cavour (Cso) . . . . BZ 7	Leoni (V.) . . . . CY 15	Pietra (Ponte di) . . . . CY 21
Cittadella (Pza) . . . . BZ 8	Malenza (V. G. B.) . . . . CY 16	Ponte di Pietra (V.) . . . . CY 22

Porta Borsari (Cso) . . . . CY 23	SS. Trinità (V.) . . . . BZ 37	S. Maria in Organo
Redentore (V.) . . . . CY 24	Stella (V.) . . . . CY 42	(V.) . . . . DY 32
Regaste Redentore (V.) . . . . . CY 25	S. Anastasia	S. Paolo (V.) . . . . CY 33
Roma (V.) . . . . BYZ	(Cso) . . . . BCY 27	S. Toscana (V.) . . . . CY 34
Sammicheli (Lungadige) . . . . CY 26	S. Chiara (V.) . . . . DY 28	S. Toscana (Pza) . . . . DY 36
Signori (Pza dei) . . . . CY 39	S. Cosimo (V.) . . . . CY 29	Tezone (V.) . . . . CZ 43
Sottoriva (V.) . . . . CY 40	S. Maffei (Stradone) . . . . CZ 31	Zappatore (V. dello) . . . . CZ 44

Arche Scaligere . . . . CY K	Castel San Pietro . . . . CY D	Duomo . . . . CY A	Sant'Anastasia . . . . CY F	San Fermo Maggiore . . . . . . CY B	Teatro Romano . . . . CY C

Venezia (Cima) BZ . . . . 2 C 14	Verdello BG . . . . 21 F 10	Verolanuova BS . . . . 22 G 12	Verzegnis (Monte) UD . . . . . 14 C 20	Vetulonia GR . . . . 49 N 14	Vicalvi FR . . . . 64 Q 23
Venezia-Marco Polo	Verdi PA . . . . 99 N 24	Verolavecchia BS . . . . 22 G 12	Verzi SV . . . . 35 J 6	Veveri NO . . . . 20 F 7	Vicarello LI . . . . 42 L 13
(Aeroporto) VE . . . . 25 F 19	Verdins BZ . . . . 3 B 15	Verolengo TO . . . . 19 G 5	Verzino KR . . . . 87 J 32	Vezza AR . . . . 44 L 17	Vicarello RM . . . . 57 P 18
Venezzano BO . . . . 32 H 16	Verduno CN . . . . 27 I 5	Veroli FR . . . . 64 Q 22	Verona VR . . . . 23 F 14	Vezza d'Oglio BS . . . . 10 D 13	Vicari PA . . . . 98 N 22
Venina (Lago di) SO . . . . . 10 D 11	Verdura AG . . . . 97 O 21	Verona (Pizzo) SO . . . . 10 C 11	Vescia Scanzano PG . . . . . 51 N 20	Vezza (Torrente) VT . . . . . 57 O 18	Vicari (Fiume) PA . . . . . . 98 N 22
Venina (Passo) SO . . . . . . 10 D 11	Verena (Monte) VI . . . . 12 E 16	Verrand AO . . . . 18 E 2	Vescona SI . . . . 50 M 16	Vezzanello MS . . . . 38 J 12	Vicchio FI . . . . 40 K 16
Venosa PZ . . . . 72 E 29	Verezzi SV . . . . 36 J 6	Verrayes AO . . . . 19 E 4	Vescovo SI . . . . 50 M 16	Vezzano PR . . . . 30 I 12	Viceno TR . . . . 51 N 18
Venosta (Val) /	Vernuola VR . . . . 24 G 15	Verrecchie AQ . . . . 59 P 21	Vescovana PD . . . . 32 G 17	Vezzano TN . . . . 11 D 14	Viceno VB . . . . 8 D 6
Vinschgau BZ . . . . 3 C 14	Verezzo IM . . . . 35 K 5	Verrès AO . . . . 19 F 5	Vescovato CR . . . . 22 G 12	Vezzano Ligure SP . . . . . . 38 J 11	Vicenza VI . . . . 24 F 16
Venticano AV . . . . 70 D 26	Vergato BO . . . . 39 J 15	Verrone BI . . . . 19 F 6	Vesime AT . . . . 27 I 6	Vezzano sul Crostolo RE . . 31 I 13	Viciomaggio AR . . . . 44 L 17
Ventimiglia IM . . . . 35 K 4	Vergemoli LU . . . . 38 J 13	Verrua Po PV . . . . 29 G 9	Vesio BS . . . . 23 E 14	Vezzena (Passo di) TN . . . 12 E 16	Vico LU . . . . 39 J 14
Ventimiglia di Sicilia PA . . 98 N 22	Verghereto PO . . . . 43 K 15	Verrès AO . . . . 19 F 5	Vesole (Monte) SA . . . . . . 75 F 27	Vezzo VB . . . . 8 E 7	Vico del Gargano FG . . . . 67 B 29
Vento (Grotta del) LU . . . . 38 J 13	Verghereto FO . . . . 45 K 18	Verrico (Monte) SO . . . . . . 10 D 11	Vespolate NO . . . . 20 F 7	Vezzola RE . . . . 31 H 14	Vico d'Elsa FI . . . . 43 L 15
Vento (Portella del) CL . . . 99 O 24	Vergiano PS . . . . 41 J 19	Vesole (Monte) SA . . . . . . 75 F 27	Vespolo (Monte) SO . . . . . 10 D 11	Vezzola RE . . . . 31 H 14	Vico Equense NA . . . . . . 74 F 25
Vento (Serra del) PA . . . . . 99 N 24	Vergiate VA . . . . 20 E 8	Versa GO . . . . 17 E 22	Vesta BS . . . . 23 E 13	Vezzolano (Abbazia di) AT . 27 G 5	Vico (Lago di) VT . . . . . . 57 P 18
Vento (Torre del) BA . . . . . 72 D 31	Vergineto PS . . . . 46 K 20	Versa AT . . . . 27 G 6	Vestea PE . . . . 60 O 23	Viadana MN . . . . 31 H 13	Vico nel Lazio FR . . . . . . 63 Q 22
Venturina LI . . . . 49 M 13	Vergnasco BI . . . . 19 F 6	Versa (Fiume) VE . . . . 16 E 20	Vestenanova VR . . . . 23 F 15	Viadana Bresciana BS . . . 22 F 13	Vicobarone PC . . . . 29 H 10
Veny (Val) AO . . . . 18 E 2	Vermenagna CN . . . . 35 J 4	Versa PV . . . . 29 G 9	Vestignè TO . . . . 19 F 5	Viamaggio AR . . . . 45 K 18	Vicofertile PR . . . . 30 H 12
Venzone UD . . . . 14 D 21	Vermica KR . . . . 87 K 33	Versano CE . . . . 64 S 24	Vestone BS . . . . 22 E 13	Viamaggio (Passo di) AR . 45 K 18	Vicoforte CN . . . . 35 I 5
Verano / Vöran BZ . . . . . . 3 C 15	Vermiglio TN . . . . 11 D 14	Versciaco / Vierschach BZ . . 4 B 18	Vesuvio NA . . . . 70 E 25	Vianino PR . . . . 30 H 11	Vicoforte
Verbania VB . . . . 8 E 7	Vermiglio (Val) TN . . . . 11 D 14	Versilia (Riviera della) LU . 38 K 12	Vetan AO . . . . 18 E 3	Viano RE . . . . 31 I 13	(Santuario di) CN . . . . 35 I 5
Verbicaro CS . . . . 84 H 29	Vernà (Pizzo di) ME . . . . . 101 M 27	Vertana (Cima) BZ . . . . 2 C 13	Vetralla VT . . . . 57 P 18	Viarago TN . . . . 11 D 15	Vicoli PE . . . . 60 O 23
Verceia SO . . . . 9 D 10	Vernà / Vernagt BZ . . . . . . 3 B 14	Verteglia (Piano di) AV . . . 70 E 26	Vetrano (Serra) SR . . . . . 104 P 26	Viareggio LU . . . . 38 K 12	Vicomero PR . . . . 30 H 12
Vercelli VC . . . . 20 G 7	Vernago (Lago di) BZ . . . . . 3 B 14	Vertemate CO . . . . 21 E 9	Vetria SV . . . . 35 J 6	Viarigi AT . . . . 28 G 7	Vicomoscano CR . . . . . . 30 H 13
Verchiano PG . . . . 52 N 20	Vernagt / Vernago BZ . . . . . 3 B 14	Vertova BG . . . . 22 E 11	Vetta SV . . . . 35 J 6	Viarovere MO . . . . 31 H 15	Vicovaro RM . . . . 58 P 20
Verde (Capo) IM . . . . 35 K 5	Vernante CN . . . . 35 J 4	Verucchio RN . . . . 41 K 19	Vetto RE . . . . 38 I 13	Viazzano PR . . . . 30 H 12	Vidalenzo PR . . . . 30 G 12
Verde (Costa) VS . . . . . . 118 I 7	Vernasca PC . . . . 30 H 11	Vervio SO . . . . 10 D 12	Vettica Maggiore SA . . . . 75 F 25	Vibo Valentia VV . . . . 88 K 30	Viddalba SS . . . . 108 E 8
Verde (la) RC . . . . 91 M 30	Vernazzano PG . . . . 51 M 18	Vervò TN . . . . 11 D 15	Vettigne VC . . . . 20 F 6	Vibo Valentia Marina VV . . 88 K 30	Vidiciatico BO . . . . 39 J 14
Verde (Lago) BZ . . . . 2 C 14	Vernio PO . . . . 39 J 15	Verza PC . . . . 29 G 11	Vetto RE . . . . 38 I 13	Viboldone MI . . . . 21 F 9	Vidigulfo PV . . . . 21 G 9
Verdéggia IM . . . . 35 J 5	Vernole LE . . . . 81 G 36	Verzegnis UD . . . . 14 C 20	Vettore (Monte) AP . . . . . 52 N 21	Vibonati SA . . . . 76 G 28	Vidor TV . . . . 12 E 18
				Vibrata TE . . . . 53 N 23	Vidracco TO . . . . 19 F 5

Viepri *PG*...........51 N 19
Vierschach / Versciaco *BZ*....4 B 18
Viesci *RI*...........59 O 21
Vieste *FG*...........67 B 30
Vietri di Potenza *PZ*....76 F 28
Vietri sul Mare *SA*....75 F 26
Vietti *TO*...........19 G 4
Vieyes *AO*...........18 F 3
Viganella *VB*.......8 D 6
Vigarano Mainarda *FE*..32 H 16
Vigarano Pieve *FE*....32 H 16
Vigasio *VR*...........23 G 14
Vigevano *PV*.........20 G 8
Vigezzo (Piana di) *VB*..8 D 7
Vigezzo (Val) *VB*....8 D 7
Viggianello *PZ*.......85 H 30
Viggiano *PZ*.........77 F 29
Viggiù *VA*...........8 E 8
Vighizzolo *BS*.......22 F 13
Vighizzolo *CO*.......21 E 9
Vighizzolo d'Este *PD*..24 G 16
Vigliano *AQ*.........59 O 21
Vigliano Biellese *BI*..19 F 6
Viglio (Monte) *AQ*....63 Q 22
Viglione (Masseria) *BA*..73 E 32
Vigna di Valle *RM*....57 P 18
Vignai *IM*...........35 K 5
Vignale Monferrato *AL*..28 G 7
Vignanello *VT*.......58 O 18
Vignate *MI*...........21 F 10
Vigne *TR*...........58 O 19
Vignola *OT*...........109 D 9
Vignola *MS*...........38 I 11
Vignola *MO*...........109 I 15
Vignola Mare *OT*....109 D 9
Vignola (Monte) *TN*..23 E 14
Vignole *BL*...........13 D 18
Vignole Borbera *AL*..28 H 8
Vignolo *CN*...........34 I 4
Vigo *VR*...........32 G 15
Vigo di Cadore *BL*....5 C 19
Vigo di Fassa *TN*....12 C 17
Vigo Rendena *TN*....11 D 14
Vigodarzere *PD*.......24 F 17
Vigoleno *PC*...........30 H 11
Vigolo *BG*...........22 E 12
Vigolo Baselga *TN*..11 D 15
Vigolo Marchese *PC*..30 H 11
Vigolo Vattaro *TN*..11 D 15
Vigolzone *PC*.........29 H 11
Vigone *TO*...........27 H 4
Vigonovo *PN*.........13 E 19
Vigonovo *VE*.........24 F 18
Vigonza *PD*...........24 F 17
Vigorovea *PD*.........24 G 18
Viguzzolo *AL*.........28 H 8
Vila di Sopra /
 Ober Wielenbach *BZ*..4 B 17
Villa *PG*...........51 M 18
Villa *BS*...........10 E 12
Villa *SV*...........28 I 6
Villa a Sesta *SI*....44 L 16
Villa *UD*...........14 C 20
Villa Adriana (Tivoli) *RM*..63 Q 20
Villa Baldassarri *LE*..81 F 35
Villa Barbaro *Maser TV*..24 E 17
Villa Bartolomea *VR*..32 G 16
Villa Basilica *LU*....39 K 13
Villa Bozza *TE*.......60 O 23
Villa Caldari *CH*....60 P 25
Villa Canale *IS*....65 Q 25
Villa-Carcina *BS*....22 F 12
Villa Carlotta
 (Tremezzo) *CO*..9 E 9
Villa Castelli *BR*....79 F 34
Villa Celiera *PE*....60 O 23
Villa Col de' Canali *PG*..46 L 20
Villa Collemandina *LU*..38 J 13
Villa Cordellina-Lombardi
 (Tavernelle) *VI*..24 F 16
Villa d'Adda *BG*....21 E 10
Villa d'Agri *PZ*....77 F 29
Villa d'Aiano *BO*....39 J 14
Villa d'Almè *BG*....21 E 10
Villa d'Artimino *PO*..43 K 15
Villa del Bosco *BI*..20 F 6
Villa del Bosco *PD*..24 G 18
Villa del Conte *PD*..24 F 17
Villa del Foro *AL*..28 H 7
Villa della Petraia *FI*..39 K 15
Villa di Artimino *PO*..43 K 15
Villa di Briano *CE*....69 D 24
Villa di Castello *FI*..39 K 15
Villa di Chiavenna *SO*..9 D 10
Villa di Poggio a Caiano *PO*..39 K 15
Villa di Sério *BG*....21 E 11

Villa di Tirano *SO*..10 D 12
Villa Dogana *FI*....39 J 15
Villa d'Ogna *BG*....10 E 11
Villa d'Orri *CA*....118 J 9
Villa Estense *PD*....24 G 17
Villa Faraldi *IM*....35 K 6
Villa Fastiggi *PS*....46 K 20
Villa Fontana *BO*....32 I 16
Villa Forci *LU*....38 K 13
Villa Foscari
 (Malcontenta) *VE*..25 F 18
Villa Gamberaia
 (Settignano) *FI*..44 K 15
Villa Garibaldi *MN*..31 G 14
Villa Grande *CH*....60 P 25
Villa Hanbury *IM*....35 K 4
Villa Jovis *Capri NA*..74 F 24
Villa La Rotonda *VI*..24 F 16
Villa Lagarina *TN*..11 E 15
Villa Lante (Bagnaia) *VT*..57 O 18
Villa Latina *FR*....64 R 23
Villa le Sabine *LI*..49 M 13
Villa Literno *CE*....69 D 24
Villa Littorio *SA*....76 F 28
Villa Manin
 (Passariano) *UD*..16 E 21
Villa Mansi
 (Segromigno) *LU*..39 K 13
Villa Margherita *LI*..49 M 13
Villa Minozzo *RE*....38 I 13
Villa Napoleone
 (S. Martino) *LI*..48 N 12
Villa Oliveti *PE*....60 O 24
Villa Olmo *CO*....21 E 9
Villa Ottone / Uttenheim *BZ*..4 B 17
Villa Pasquali *MN*....30 G 13
Villa Passo *TE*....53 N 22
Villa Pisani *Strà VE*..24 F 18
Villa Pliniana *Torno CO*..9 E 9
Villa Poma *MN*....31 H 15
Villa Potenza *MC*....52 M 22
Villa Reale di Marlia *LU*..39 K 13
Villa Rendena *TN*..11 D 14
Villa Rosa *TE*....53 N 23
Villa S. Giovanni *PE*..60 O 24
Villa S. Giovanni *RC*..90 M 28
Villa Saletta *PI*....43 L 14
Villa S. Angelo *AQ*..59 P 22
Villa S. Antonio *AP*..53 N 23
Villa Sta Croce *CE*..69 D 24
Villa S. Faustino *PG*..51 N 19
Villa S. Giovanni in Tuscia *VT*..57 P 18
Villa S. Leonardo *CH*..60 P 25
Villa Sta Lucia *FR*..64 R 23
Villa Sta Lucia
 degli Abruzzi *AQ*..60 O 23
Villa Sta Maria *CH*..60 Q 25
Villa S. Pietro *CA*..121 J 8
Villa S. Sebastiano *AQ*..59 P 21
Villa S. Secondo *AT*..27 G 6
Villa Sto Stefano *FR*..63 R 21
Villa Santina *UD*....14 C 20
Villa Saviola *MN*....31 G 14
Villa Serraglio *RA*..32 I 17
Villa Torrigiani
 (Segromigno) *LU*..39 K 13
Villa Vallucci *TE*....59 O 22
Villa Verde *OR*....115 H 8
Villa Verdi (S. Agata) *PC*..30 G 12
Villa Verucchio *RN*..41 J 19
Villa Vomano *TE*....60 O 23
Villabassa / Niederdorf *BZ*..4 B 17
Villabate *PA*....98 M 22
Villabella *AL*....28 G 7
Villaberza *RE*....38 I 13
Villabruna *BL*....12 D 17
Villachiara *BS*....22 F 11
Villacidro *VS*....118 I 8
Villadeati *AL*....27 G 6
Villadoro *EN*....99 N 24
Villadose *RO*....32 G 17
Villadossola *VB*....8 D 6
Villafalletto *CN*....27 I 4
Villafelice *FR*....64 R 22
Villafontana *VR*....23 G 15
Villafora *RO*....32 G 16
Villafranca d'Asti *AT*..27 H 6
Villafranca di Forlì *FO*..40 J 18
Villafranca di Verona *VR*..23 F 14
Villafranca in Lunigiana *MS*..38 J 11
Villafranca Padovana *PD*..24 F 17
Villafranca Piemonte *TO*..27 H 4
Villafranca Sicula *AG*..97 O 21
Villafranca Tirrena *ME*..90 M 28
Villafrati *PA*....98 N 22
Villaggio Amendola *FG*..67 C 29
Villaggio Frasso *CS*..85 I 31

Villaggio Mancuso *CZ*..87 J 31
Villaggio Mosé *AG*..103 P 22
Villaggio Racise *CZ*..87 J 31
Villaggio Resta *LE*..83 G 35
Villaggio Sta Margherita *EN*..100 N 25
Villagrande *PS*....41 K 19
Villagrande (Tomimparte) *AQ*..59 P 21
Villagrappa *FO*....40 J 17
Villagrazia *PA*....97 M 21
Villagrazia di Carini *PA*..97 M 21
Villagreca *CA*....118 I 9
Villalago *AQ*....64 Q 23
Villalba *CL*....99 O 23
Villalfonsina *CH*....61 P 25
Villalunga *SV*....35 J 6
Villalvernia *AL*....28 H 8
Villamagna *CH*....60 P 24
Villamagna *FI*....44 K 16
Villamagna *PI*....43 L 14
Villamaina *AV*....71 E 27
Villamar *VS*....118 I 8
Villamarzana *RO*....32 G 17
Villammare *SA*....76 G 28
Villandro / Villanders *BZ*....3 C 16
Villandro (Monte) *BZ*....3 C 16
Villaneto *PZ*....77 G 30
Villanoce *GE*....29 I 10
Villanova *BO*....32 I 16
Villanova *FO*....43 K 14
Villanova *FO*....40 J 17
Villanova *MO*....31 H 14
Villanova *CR*....30 G 13
Villanova *PE*....60 O 24
Villanova *RA*....4 I 18
Villanova *VE*....16 E 20
Villanova *VE*....16 E 20
Villanova (Masseria) *BR*..81 F 36
Villanova d'Albenga *SV*..35 J 6
Villanova d'Ardenghi *PV*..21 G 9
Villanova d'Asti *AT*..27 H 5
Villanova del Battista *AV*..71 D 27
Villanova del Ghebbo *RO*..32 G 16
Villanova del Sillaro *LO*..21 G 10
Villanova di
 Camposampiero *PD*..24 F 17
Villanova Franca *VS*..118 I 9
Villanova Maiardina *MN*..23 G 14
Villanova Marchesana *RO*..32 H 17
Villanova Mondovì *CN*..35 I 5
Villanova Monferrato *AL*..20 G 7
Villanova Monteleone *SS*..110 F 7
Villanova Solaro *CN*..27 H 4
Villanova Strisaili *OG*..117 H 10
Villanova sull'Arda *PC*..30 H 11
Villanova Truschedu *OR*..115 H 8
Villanova Tulo *CA*..115 H 9
Villanovaforru *VS*..118 I 8
Villanterio *PV*....21 G 10
Villanuova *BS*....22 F 11
Villanuova sul Clisi *BS*..22 F 12
Villaorba *UD*....16 D 21
Villapaiera *BL*....12 D 17
Villapiana *BL*....12 D 17
Villapiana *CS*....85 H 31
Villapiana Lido *CS*..85 H 31
Villapiana Scalo *CS*..85 H 31
Villapriolo *EN*....99 O 24
Villaputzu *CA*....119 I 10
Villar Focchiardo *TO*..26 G 3
Villar Pellice *TO*..26 H 3
Villar Perosa *TO*..26 H 3
Villarbasse *TO*....27 G 4
Villarboit *VC*....20 F 7
Villareggia *TO*....19 G 5
Villareia *PE*....60 O 24
Villaretto *TO*....26 G 3
Villarios *CI*....120 J 7
Villaro *CN*....26 H 3
Villaromagnano *AL*..28 H 8
Villarosa *EN*....99 O 24
Villarosa (Lago) *EN*..99 O 24
Villarotta *RE*....31 H 14
Villasalto *CA*....119 I 10
Villasanta *MI*....21 F 9
Villaseta *AG*....102 P 22
Villasimius *CA*....119 J 10
Villasmundo *SR*....105 P 27
Villasor *CA*....118 I 8
Villaspeciosa *CA*..118 J 8
Villastellone *TO*....27 H 5
Villastrada *MN*....31 H 13
Villastrada *PG*....50 M 18
Villata *CN*....26 I 4

Villata *VC*....20 F 7
Villatalla *IM*....35 K 5
Villatella *IM*....35 K 4
Villaurbana *OR*....115 H 8
Villaurea *PA*....99 N 23
Villavallelonga *AQ*..64 Q 22
Villaverla *VI*....24 F 16
Ville di Fano *CH*....59 O 21
Ville sur Sarre *AO*..18 E 3
Villefranche *AO*..19 E 4
Villeneuve *AO*....18 E 3
Villerose *RI*....59 P 21
Villesse *GO*....17 E 22
Villetta Barrea *AQ*..64 Q 23
Villimpenta *MN*....31 G 15
Villnöß / Funes *BZ*..4 C 17
Villongo *BG*....22 E 11
Villorba *TV*....25 E 18
Villore *FI*....40 K 16
Villoresi (Canale) *MI*..20 F 8
Villotta *PN*....13 E 20
Vilminore di Scalve *BG*..10 E 12
Vilpian / Vilpiano *BZ*..3 C 15
Vilpiano / Vilpian *BZ*..3 C 15
Vimercate *MI*....21 F 10
Vimodrone *MI*....21 F 9
Vinadio *CN*....34 J 3
Vinaio *UD*....5 C 20
Vinca *MS*....38 J 12
Vinchiaturo *CB*....65 R 25
Vinchio *AT*....28 H 6
Vinci *FI*....43 K 14
Vinciarello *CZ*....89 L 31
Vinco *RC*....90 M 29
Vindoli *RI*....59 O 21
Vinovo *TO*....27 H 4
Vinschgau / Venosta (Val) *BZ*..2 C 13
Vintl / Vandoies *BZ*..4 B 17
Vinzaglio *NO*....20 G 7
Viola *CN*....35 J 5
Viola (Val) *SO*....2 C 12
Vione *BS*....10 D 13
Vipiteno / Sterzing *BZ*..3 B 16
Vipulzano (Canale) *GO*..17 E 22
Virgilio *MN*....31 G 14
Virle Piemonte *TO*..27 H 4
Visaille (la) *AO*....6 E 2
Visano *BS*....22 G 13
Vische *TO*....19 G 5
Visciano *NA*....70 E 25
Viscigli eto (Masseria) *FG*..66 C 28
Visdende (Valle) *BL*..5 C 19
Visentin (Col) *TV*..13 D 18
Viserba *RN*....41 J 19
Viserbella *RN*....41 J 19
Visgnola *CO*....9 E 9
Visiano *PR*....30 H 8
Visnadello *TV*....25 E 18
Viso (Monte) *CN*....26 H 3
Visome *BL*....13 D 18
Visone *AL*....28 I 7
Visso *MC*....52 N 21
Vistarino *PV*....21 G 9
Vistrorio *TO*....19 F 5
Vita *TP*....97 N 20
Vita (Capo della) *LI*..48 N 13
Vitalba (Poggio) *PI*..43 L 13
Vitamore (Masseria) *AV*..71 E 28
Viterbo *VT*....57 O 18
Viticuso *FR*....64 R 23
Vitinia *RM*....62 Q 19
Vito (Serra di) *CT*..100 N 26
Vitorchiano *VT*....57 O 18
Vitravo *KR*....87 J 32
Vitriola *MO*....39 I 13
Vittoria *RG*....104 Q 25
Vittoriale (il) *BS*..23 F 13
Vittorio Veneto *TV*..13 E 18
Vittorio Veneto (Rifugio) *BZ*..4 A 17
Vittorito *AQ*....60 P 23

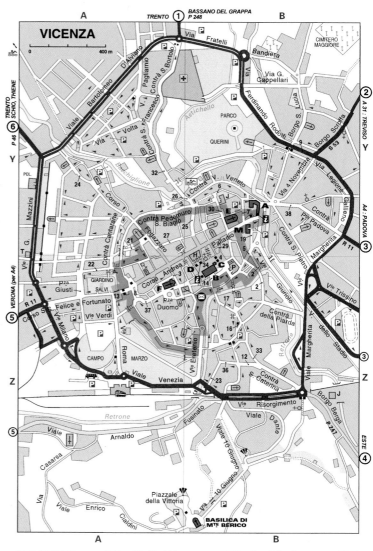

VICENZA

Barche (Contrà delle) . . . . BZ 2
Battisti (V. C.) . . . . AZ 3
Biade o della Biava (Pza d.) . . . . BZ 4
Cabianca (Contrà J.) . . . . BYZ 5
Canove Vecchie (Contrà) . . . . . . BY 7
Canove (Contrà delle) . . . . BY 6
Castello (Pza del) . . . . AZ 8
Ceccarini (V.) . . . . BY 9
Chinotto (V. G.) . . . . BZ 12
De Gasperi (Piazza) . . . . AZ 13

Erbe (Pza delle) . . . . BZ 14
Gualdi (Pza) . . . . BZ 16
Lioy (V. P.) . . . . BZ 17
Matteotti (Pza) . . . . BY 19
Montagna (V. B.) . . . . AY 21
Mure Pta Nuova (Contrà) . . . AZ 22
Palladio (Cso A.) . . . . ABYZ
Porta Lupia (Contrà) . . . . . . BZ 23
Porta S. Croce (Contrà) . . . . AZ 24
Porti (Contrà) . . . . BY 25

Pusterla (Contrà) . . . . BY 26
Riale (Contrà) . . . . AY 27
Signori (Pza dei) . . . . BZ 34
S. Barbara (Contrà) . . . . BZ 29
S. Corona (Contrà) . . . . BY 30
S. Marco (Contrà) . . . . AY 32
S. Tomaso (Contrà) . . . . BY 33
Valmerlara (Contrà) . . . . BZ 36
Vescovado (Contrà) . . . . AZ 37
20 Settembre (Contrà) . . . . . BY 38

Basilica Palladiana . . . . BZ **B**
Chiesa delle Santa Corona . BY **E**
Duomo . . . . AZ **F**

Loggia del Capitanio . . . . . BZ **D**
Museo
 Civico . . . . BY **M**

Teatro
 Olimpico . . . . BY **A**
Torre Bissara . . . . BZ **C**

VITERBO

Ascenzi (V. F.)	Y	2
Caduti (Pza dei)	Y	3
Cardinale la Fontaine (V.)	Z	4
Carmine (V. del)	Z	6
Crispi (Pza F.)	Y	7
Fabbriche (V. delle)	Z	10
Gesù (Pza del)	Z	12
Italia (Cso)	Y	
Lorenzo da Viterbo (V.)	Z	13

Marconi (V. G.)	Y	
Maria SS. Liberatrice (V.)	Y	15
Matteotti (V. G.)	Y	
Meone (V. del)	Z	16
Mille (V. dei)	Z	17
Morte (V. della)	Z	18
Orologio Vecchio (V.)	Y	19
Pace (V. della)	Z	20
Piaggiarelle (V. D.)	Z	23
Pianoscarano (V. di)	Z	24
Pietra del Pesce (V.)	Z	25
Plebiscito (Pza del)	Y	26

Roma (V.)	Y	27
Rosselli (V. Fratelli)	Y	28
Saffi (V.)	YZ	29
San Bonaventura (V.)	Y	32
San Carluccio (Pza)	Z	33
San Leonardo (V.)	Z	36
San Pellegrino (Pza)	Z	37
San Pellegrino (V.)	Z	39
Trinità (Pza della)	Y	40
Vallepiatta (V.)	Y	41
Verità (V. della)	Y	43

Circolazione regolamentata nel centro città

Vogogna VB	8	D 6	
Volania FE	33	H 18	
Volano FE	33	H 18	
Volano TN	11	E 15	
Volargne VR	23	F 14	
Volciano BS	22	F 13	
Volla NA	69	E 25	
Vollan / Foiana BZ	3	C 15	
Volmiano FI	39	K 15	
Vologno RE	38	I 13	
Volongo CR	22	G 12	
Volpago del Montello TV	25	E 18	
Volpara PV	29	H 9	
Volpara AL	29	H 9	
Volparo SA	75	F 27	
Volpe (Cala di) OT	109	D 10	
Volpe (Punta della) OT	109	D 10	
Volpedo AL	28	H 8	
Volperino PG	52	N 20	
Volpiano TO	19	G 5	
Volsini (Monti) VT	57	O 17	
Volta SO	9	D 10	
Volta Mantovana MN	23	G 13	
Voltaggio AL	28	I 8	
Voltago Agordino BL	12	D 18	
Voltana RA	32	I 17	
Volterra PI	43	L 14	
Voltido CR	30	G 13	
Voltre FO	41	J 18	
Voltri GE	36	I 8	
Volturara Appula FG	66	C 27	
Volturara Irpina AV	70	E 26	
Volturino FG	66	C 27	
Volturara (Fiumara) FG	66	C 27	
Volturino (Monte) PZ	77	F 29	
Volturno IS	64	R 24	
Volumni (Ipogeo di) PG	51	M 19	
Volvera TO	27	H 4	
Vomano TE	59	O 22	
Vomano (Val di) AQ	59	O 22	
Vöran / Verano BZ	3	C 15	
Vorno LU	42	K 13	
Vottignasco CN	27	I 4	
Votturino (Lago) CS	86	J 31	
Voturo (Pizzo) PA	99	N 24	
Vulcanello (Monte) ME	94	L 26	
Vulcano (Bocche di) ME	94	L 26	
Vulcano (Isola) ME	94	L 26	
Vulcano (Monte) AG	102	T 20	
Vulci VT	57	O 16	
Vulgano FG	71	C 27	
Vulture (Monte) PZ	71	E 28	

Welsberg / Monguelfo BZ	4	B 18	
Welschnofen / Nova Levante BZ	12	C 16	
Wengen / La Valle BZ	4	C 17	
Wiesen / Prati BZ	3	B 16	
Wieser Alm / Malga Prato BZ	4	A 18	
Wilde Kreuzspitze / Croce (Picco di) BZ	3	B 16	
Willy Jervis TO	26	H 3	
Winnebach / Prato alla Drava BZ	4	B 19	
Wölkenstein in Gröden / Selva di Valgardena BZ	4	C 17	
Wölfl / Lupicino BZ	12	C 16	

X-Z

Xirbi CL	99	O 24	
Xireni (Masseria) PA	99	N 23	
Xitta TP	96	N 19	
Xomo (Passo di) VI	23	E 15	
Xon (Passo) VI	23	E 15	
Zaccanopoli VV	88	L 29	
Zaccaria NA	69	E 24	
Zaccheo TE	53	N 23	
Zacchi (Rifugio) UD	15	C 23	
Zafferana Etnea CT	101	N 27	
Zafferano (Capo) PA	98	M 22	
Zafferano (Porto) CA	120	K 7	
Zagarise CZ	87	K 31	
Zagarolo RM	63	Q 20	
Zaiama UD	15	D 21	
Zambana TN	11	D 15	
Zambla BG	10	E 11	
Zamboni RE	38	J 13	
Zambrone VV	88	K 29	
Zambrone (Punta di) VV	88	K 29	
Zancona GR	50	N 16	
Zané VI	24	E 16	
Zangarona CZ	88	K 31	
Zanica BG	21	F 11	
Zanotti CN	34	J 2	
Zappolino BO	39	I 15	
Zapponeta FG	67	C 29	
Zappulla ME	100	M 26	
Zappulla (Case) RG	107	Q 26	
Zatta (Monte) GE	37	I 10	
Zattaglia RA	40	J 17	
Zavattarello PV	29	H 9	
Zeccone PV	21	G 9	
Zeda (Monte) VB	8	D 7	
Zeddiani OR	114	H 7	
Zelbio CO	9	E 9	
Zelo RO	32	G 16	
Zelo Buon Persico LO	21	F 10	
Zeme PV	20	G 7	
Zena BO	40	I 16	
Zenna VA	8	D 8	
Zenobito (Punta del) LI	48	M 11	
Zenson di Piave TV	16	E 19	
Zeppara OR	115	H 8	
Zerba PC	29	I 9	
Zerbio PC	30	G 11	
Zerbion (Monte) AO	19	E 4	
Zerbolò PV	21	G 9	
Zerfaliu OR	115	H 8	
Zeri MS	38	I 11	
Zerman TV	25	F 18	
Zero TV	25	F 18	
Zero Branco TV	25	F 18	

Zevio VR	23	F 15	
Ziano di Fiemme TN	12	D 16	
Ziano Piacentino PC	29	G 10	
Zibello PR	30	G 12	
Zibido PV	21	G 9	
Zibido S. Giacomo MI	21	F 9	
Zignano SP	37	J 11	
Zimardo RG	107	Q 26	
Zimella VR	23	F 15	
Zimmara (Monte) PA	99	N 24	
Zimone BI	19	F 6	
Zinasconuovo PV	29	G 9	
Zinascovecchio PV	29	G 9	
Zinga KR	87	J 32	
Zingarini RM	62	R 19	
Zingonia BG	21	F 10	
Zinnigas CA	118	J 8	
Zinola SV	36	J 7	
Zinzulusa (Grotta) LE	83	G 37	
Zippo (Masseria) TA	80	E 33	
Ziracco UD	15	D 22	
Zita (Passo della) ME	100	M 26	
Zoagli GE	37	I 9	
Zocca MO	39	I 14	
Zóccolo (Lago di) BZ	3	C 14	
Zogno BG	21	E 10	
Zola Pedrosa BO	31	I 15	
Zoldo Alto BL	13	C 18	
Zoldo (Valle di) BL	13	C 18	
Zollino LE	83	G 36	
Zomaro RC	91	M 30	
Zone BS	22	E 12	
Zone LU	39	K 13	
Zoppé TV	13	E 19	
Zoppé di Cadore BL	13	C 18	
Zoppo (Portella dello) ME	100	N 26	
Zoppola PN	13	E 20	
Zorlesco LO	21	G 10	
Zorzoi BL	12	D 17	
Zovallo (Passo) PR	29	I 10	
Zovello UD	5	C 20	
Zovo (Passo del) BL	5	C 19	
Zsigmondy-Comici (Rifugio) BZ	4	C 19	
Zubiena BI	19	F 5	
Zuccarello SV	35	J 6	
Zucco (Piano) PA	99	N 23	
Zucco (Lo) PA	97	M 21	
Zuccone Campelli LC	9	E 10	
Zuccone (Monte) SP	37	I 10	
Zuddas (Is) CI	120	G 8	
Zuel BL	4	C 18	
Zugliano VI	24	E 16	
Zuglio UD	5	C 21	
Zugna (Monte) TN	23	E 15	
Zula BO	40	I 16	
Zum Zeri MS	37	I 11	
Zumaglia BI	19	F 6	
Zungoli AV	71	D 27	
Zungri VV	88	L 29	
Zuppino SA	76	F 27	
Zurco RE	31	H 13	
Zuri OR	115	G 8	
Zurrone (Monte) AQ	64	Q 24	
Zwischenwasser / Longega BZ	4	B 17	

W

Waidbruck / Ponte Gardena BZ	3	C 16	
Walten / Valtina BZ	3	B 15	
Wangen / Vanga BZ	3	C 16	
Weißenbach / Riobianco (vicino a Campo Tures) BZ	4	B 17	
Weißenbach / Riobianco (vicino a Pennes) BZ	3	B 16	
Weißkugel / Bianca (Palla) BZ	2	B 14	
Weisslahnbad / Bagni di Lavina Bianca BZ	3	C 16	
Weißseespitze / Lago Bianco (Punta) BZ	2	B 14	
Weitental / Vallarga BZ	4	B 17	

Vittuone MI	20	F 8	
Vitulano BN	70	D 25	
Vitulazio CE	69	D 24	
Viù TO	18	G 4	
Viù (Val di) TO	18	G 3	
Vivaro PN	13	D 20	
Vivaro Romano RM	59	P 21	
Viverone BI	19	F 6	
Viverone (Lago di) BI	19	F 6	

Viviere CN	26	I 2	
Vivione (Passo del) BG	10	D 12	
Vivo d'Orcia SI	50	N 16	
Vizze (Passo di) / Pfitscherjoch BZ	4	B 16	
Vizze (Val di) BZ	3	B 16	
Vizzini CT	104	P 26	
Vizzola Ticino VA	20	F 8	
Vo PD	24	G 16	

Vo VI	24	F 16	
Vobarno BS	22	F 13	
Vobbia GE	29	I 9	
Vocca VC	8	E 6	
Vodo Cadore BL	13	C 18	
Völs am Schlern / Fié allo Sciliar BZ	3	C 16	
Voghera PV	29	H 9	
Voghiera FE	32	H 17	

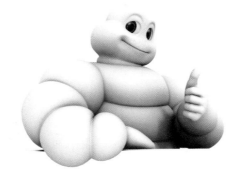

Dressée par la Manufacture Française des Pneumatiques MICHELIN
© 2012 Michelin, Propriétaires-éditeurs
Société en commandite par actions au capital de 504 000 004 EUR.
R.C.S. Clermont-Fd B 855 200 507
Place des Carmes-Déchaux - 63 Clermont-Ferrand (France)
Printed in Italy - NIIAG - Nuovo Istituto Italiano d'Arti Grafiche S.p.A. - Via Zanica, 92 - 24126 Bergamo - DL 01/2012

Tous droits réservés. Aucune partie de cette publication ne peut être reproduite ou enregistrée sous aucune forme ou par aucun moyen de duplication électronique, mécanique, reprographique ou autre sans la permission des éditeurs et des propriétaires des droits.

All rights reserved. No part of this publication may be reproduced, stored in a retrieval system or transmitted, in any form or by any means, electronic, mechanical, photocopying, recording or otherwise without the permission of the Publishers and the copyright owners.

CARTE STRADALI E TURISTICHE PUBBLICAZIONE PERIODICA
Reg. Trib. Di Milano N° 80 del 24/02/1997 Dir. Resp. FERRUCCIO ALONZI

While every effort is made to ensure that all information printed in this publication is correct and up-to-date, Michelin accepts no liability for any direct, indirect or consequential losses howsoever caused so far as such can be excluded by law.
Please help us to correct errors and omissions by writing to us at
MICHELIN Cartes et Plans - 27 Cours de l'Ile Seguin, 92105 Boulogne-Billancourt Cedex.